Azoren – Allgemeines
Stop-over Lissabon

 Santa Maria

 São Miguel

 Terceira

 Graciosa

 Faial

 Pico

 São Jorge

 Flores

 Corvo

Text und Recherche:	Michael Bussmann und Gabriele Tröger
Lektorat:	Angela Nitsche; Dagmar Tränkle (Überarbeitung)
Redaktion und Layout:	Claudia Hutter
Fotos:	siehe Fotonachweis S. 7
Titelfotos:	Markus Mauthe
Titelmotive:	Horta, Faial (oben), São Lourenço, Santa Maria (unten)
Umschlaggestaltung:	Karl Serwotka
Karten:	Susanne Handtmann, Gábor Sztrecska, Joachim Bode

Die in diesem Reisebuch enthaltenen Informationen wurden von den Autoren nach bestem Wissen erstellt und von ihnen und dem Verlag mit größtmöglicher Sorgfalt überprüft. Dennoch sind, wie wir im Sinne des Produkthaftungsrechts betonen müssen, inhaltliche Fehler nicht mit letzter Gewissheit auszuschließen. Daher erfolgen die Angaben ohne jegliche Verpflichtung oder Garantie der Autoren bzw. des Verlags. Beide übernehmen keinerlei Verantwortung bzw. Haftung für mögliche Unstimmigkeiten. Wir bitten um Verständnis und sind jederzeit für Anregungen und Verbesserungsvorschläge dankbar.

ISBN 978-3-89953-576-1

© Copyright Michael Müller Verlag GmbH, Erlangen 1999, 2002, 2006, 2010. Alle Rechte vorbehalten. Alle Angaben ohne Gewähr.

Druck: Wilhelm & Adam, Heusenstamm.

Aktuelle Infos zu unseren Titeln, Hintergrundgeschichten zu unseren Reisezielen sowie brandneue Tipps erhalten Sie in unserem regelmäßig erscheinenden Newsletter, den Sie im Internet unter **www.michael-mueller-verlag.de** kostenlos abonnieren können.

4. aktualisierte und erweiterte Auflage 2010

AZOREN

Michael Bussmann

INHALT

Azoren – Allgemeines   S. 12

Azoren: Die Inseln, die Menschen, das Meer	15	Flora	24
Die Azoren im Überblick	15	Fauna	27
Geographie	16	Bevölkerung	31
Vulkanismus und Geologie	17	Politik und Verwaltung	34
Klima und Reisezeiten	22	Wirtschaft	35

Anreise   38

Unterwegs auf den Azoren   42

Flugzeug	42	Taxi	48
Schiff	44	Trampen	48
Bus	46	Wandern	48
Mietfahrzeug	46	Fahrrad	50

Übernachten   51

Essen und Trinken   55

Lokale	56	Getränke	58
Mahlzeiten im Lokal	57		

Wissenswertes von A bis Z   62

Azulejos	62	Kriminalität	71
Baden	63	Landkarten	72
Bücher	64	Öffnungszeiten	73
Diplomatische Vertretungen	65	Polizei (Polícia)	73
Einkaufen	65	Post (Correio)	74
Elektrizität	66	Reisedokumente	74
Feiertage	66	Schwule und Lesben	74
Folklore und Musik	66	Sport	75
Funk und Fernsehen	68	Sprachkenntnisse	77
Geld	68	Telefonieren	78
Gesundheit	69	Toiletten	78
Information	69	Zeit	78
Internet	70	Zeitungen/Zeitschriften	79
Kinder	71	Zigaretten	79
Kleidung	71	Zoll	79

Geschichte Portugals und der Azoren   80

Stop-over Lissabon   93

Ostgruppe (grupo oriental) — S. 112

Santa Maria 114

Vila do Porto und der Westen	121	Der Osten	133
Bucht von Figueiral	127	Östliches Inselinneres	133
Anjos	128	São Lourenço	136
Westliches Inselinneres	129	Santo Espírito	137
Praia Formosa	131	Maia	137

São Miguel 144

Ponta Delgada	152	Ribeira Grande	210
Östlich von Ponta Delgada	175	In die Serra de Água de Pau	218
Ponta Delgada/östliche Vororte	175	Lagoa do Fogo	218
Lagoa	178	Caldeiras	220
Água de Pau	180	Inselosten	222
Caloura	181	Porto Formoso	223
Praia	183	São Bras/Lagoa de São Bras	223
Vila Franca do Campo	184	Maia	224
Inselwesten	192	Fenais da Ajuda	226
Ponta Delgada/		Salga	226
Westliche Umgebung	193	Achada und Umgebung	227
Sete Cidades und die Vulkanseen		Algarvia, Santo António de	
Lagoa Azul und Lagoa Verde	194	Nordestinho und São Pedro de	
Weitere Ziele im westlichen		Nordestinho	228
Inselinneren	197	Nordeste	228
Weiter die Küste entlang	198	Weiter die Küste entlang	232
Candelária und Ginetes	198	Povoação	234
Mosteiros	200	Ribeira Quente	237
Bretanha	203	Das Tal von Furnas	
Santo António	203	(Vale das Furnas)	239
Capelas	204	Furnas	240
Pico da Pedra	207	Lagoa das Furnas	247
Rabo de Peixe	208		

Zentralgruppe (grupo central) — S. 268

Terceira 270

Angra do Heroísmo	278	Alagoa da Fajãzinha	301
Zwischen Angra und Praia	291	Quatro Ribeiras/Baden	302
Porto Judeu	291	Biscoitos	302
São Sebastião	293	Altares	303
Bucht von Salgueiros	293	Raminho	304
Porto Martins	294	Mata da Serreta	305
Praia da Vitória	294	Ponta do Queimado	305
Lajes	300	Cinco Ribeiras	308
Fontinhas	300	São Mateus da Calheta	308
Weiter die Küste entlang	301	Inselinneres	311
Praia de Banhos/Baden	301	Serra de Santa Bárbara	311

Lagoa do Negro/Gruta do Natal	312	Caldeira de Guilherme Moniz	313
Furnas do Enxofre	312	Höhle Furna d'Água	313
Höhle Algar do Carvão	312	Serra do Cume	313

Graciosa 319

Santa Cruz da Graciosa	324	Ziele im Süden der Insel	334
Weitere Ziele in der Nordhälfte	330	Praia (São Mateus)	334
Guadalupe	331	Luz und Umgebung	336
Barro Vermelho/Baden	331	Die Caldera	337
Farol da Ponta da Barca	332	Furna do Enxofre	337
Vitória	332	Furna de Abel	338
Porto Afonso/Baden	333	Furna da Maria Encantada	338
Ribeirinha	333	Carapacho	338
Serra Branca	333		

Faial 344

Horta	351	Ribeira Funda und Umgebung	374
Flamengos	369	Praia do Norte/Baden	375
Die Caldera	370	Norte Pequeno und Umgebung	375
Rund um die Insel	371	Ponta dos Capelinhos/Capelo	376
Praia do Almoxarife/Baden	371	Varadouro	378
Pedro Miguel/Ribeirinha	371	Castelo Branco	379
Salão	372	Feteira	380
Cedros	372		

Pico 387

Madalena do Pico	393	Manenha	409
Zwischen Madalena und		Piedade	410
Lajes do Pico	399	Miradouro Terra Alta	411
Criação Velha	399	Santo Amaro	411
Pocinho/Baden	399	Prainha do Norte und Umgebung	412
Porto Calhau/Baden	400	São Roque do Pico (Cais do Pico)	413
São Mateus	401	Zwischen São Roque do	
São Caetano und Porto da		Pico und Madalena	416
Praínha/Baden	401	Santa Luzia und Umgebung	416
São João	401	Porto Cachorro und	
Lajes do Pico	402	die Zona das Adegas	417
Zwischen Lajes und		Das Inselinnere	418
São Roque do Pico	408	Pico Alto	418
Ribeiras/Santa Cruz	408	Die Lagoas im Hochland	418
Calheta de Nesquim	408		

São Jorge 428

Velas	435	Die Südküste zwischen	
Die Westspitze	442	Velas und Calheta	444
Parque das Sete Fontes und		Ponta da Queimada	444
Umgebung	442	Fajã de Santo Amaro	445
Ponta dos Rosais	442	Ribeira do Nabo	445
Fajã do João Dias/Baden	443	Urzelina	445

Manadas	447	Toledo	453
Fajã das Almas/Baden	447	Die Ostspitze	453
Calheta	448	Ribeira Seca	453
Die Nordküste	450	Fajã dos Vimes	454
Norte Pequeno und Umgebung	450	Parque da Silveira	454
Fajã da Ribeira da Areia	452	Lourais	455
Norte Grande	452	Fajã de São João	455
Fajã do Ouvidor	452	Topo	455

Westgruppe (grupo ocidental)　　　　　　　　　　　　　　S. 464

Flores　　　　　　　　　　　　　　　　　　　　　　　　　466

Santa Cruz das Flores	473	Moinho da Alagoa	484
Der Norden der Insel	477	Poço da Alagoinha	484
Fazenda de Santa Cruz	478	Fajãzinha	484
Parque de Lazer da Alagoa	478	Caldeira	485
Cedros	479	Mosteiro	485
Ponta Ruiva	479	Lajedo und Umgebung	485
Ponta Delgada	479	Lajes das Flores	
Die Lagoas im Inselinneren	480	und der Südosten	487
Kleine Berg- und Seentour	480	Fajã de Lopo Vaz/Baden	488
Fajã Grande und der Südwesten	482	Lomba und Umgebung	489
Ponta da Fajã/Baden	483	Caveira und Umgebung	490

Corvo　　　　　　　　　　　　　　　　　　　　　　　　　496

Vila Nova do Corvo	501	Caldeirão	505

Etwas Portugiesisch　　　　　　　　　　　　　　　　　　508

Register　　　　　　　　　　　　　　　　　　　　　　　521

Fotonachweis

Schwarzweißfotos:

alle *Michael Bussmann* außer: S. 19, S. 353 (*Foto Jovial*); S. 80 (*Foto Nóbrega*); S. 88, S. 89, S. 306 (*Foto Iris*); S. 93, S. 97, S. 104, S. 107, S. 108, S. 111 (*Johannes Beck*); S. 100, S. 102 (*Michael Müller*); S. 332 (*Markus Mauthe*)

Farbfotos:

alle *Markus Mauthe* außer Fotos mit Kürzel MB (*Michael Bussmann*)

Verzeichnis der Wanderungen

Wanderung 1: Vom Pico Alto durch die rote Wüste nach Anjos 138
Wanderung 2: Von Santo Espírito nach Maia 140
Wanderung 3: Rundwanderung um São Lourenço 142
Wanderung 4: Das Tal des Ribeira da Praia
entlang zum Lagoa do Fogo 247
Wanderung 5: Rund um Sete Cidades 249
Wanderung 6: Von Sete Cidades oder Mosteiros nach Ginetes 250
Wanderung 7: Umrundung der Caldera 252
Wanderung 8: Durch die Serra Devassa 254
Wanderung 9: Zum höchsten Berg der Insel – von Algarvia
auf den Pico da Vara und weiter nach Povoação 256
Wanderung 10: Kurzwanderung von Faial da Terra
zum Wasserfall Salto do Prego 259
Wanderung 11: Rundtour von Faial da Terra nach Água Retorta 260
Wanderung 12: Von Povoação nach Faial da Terra 261
Wanderung 13: Um den Lagoa das Furnas 262
Wanderung 14: Von Furnas über Ribeira Quente nach Povoação 264
Wanderung 15: Von Ponta Garça über Ribeira Quente nach Povoação 265
Wanderung 16: Auf den Spuren der Karrenspuren 314
Wanderung 17: Von Raminho nach Serreta 315
Wanderung 18: In die Mistérios Negros 317
Wanderung 19: Einmal quer über die Insel 340
Wanderung 20: In die Baía da Folga 341
Wanderung 21: Von Fonte do Mato rund um die Caldera
und weiter bis nach Carapacho 342
Wanderung 22: Umrundung der Caldera 380
Wanderung 23: Von der Caldera nach Ribeira Funda 381
Wanderung 24: Zum Leuchtturm von Ribeirinha 381
Wanderung 25: Der Nordwesten – von Cedros nach Capelo 383
Wanderung 26: Von Praia do Norte in die Baía da Ribeira das Cabras 385
Wanderung 27: Durchs Anbaugebiet des Verdelho-Weines 419
Wanderung 28: Rund um Santa Luzia 421
Wanderung 29: Besteigung des Pico 423
Wanderung 30: Vom Hochland hinab in die Baía de Canas 425
Wanderung 31: Vom Pico das Calderinhas
über den Pico da Esperança nach Norte Pequeno 456
Wanderung 32: Vom Pico das Calderinhas nach Velas 457
Wanderung 33: In die Fajã de Além 458
Wanderung 34: Von der Fajã dos Vimes in die Fajã de São João 460
Wanderung 35: Von der Serra do Topo über
die Fajã da Caldeira de Santo Cristo bis zur Fajã dos Cubres 461
Wanderung 36: Von Ponta Delgada nach Fajã Grande 490
Wanderung 37: Vom Lagoa Comprida nach Fajã Grande 492
Wanderung 38: Von Lajedo nach Fajã Grande 493
Wanderung 39: Von Vila Nova do Corvo zum Caldeirão 505

Kartenverzeichnis

Ponta Delgada (Überblick)...Umschlag vorne
São Miguel..Umschlag hinten

Angra do Heroismo	280/281	Wanderung 4	248
Calheta	448/449	Wanderung 5, 6 und 7	253
Corvo und Wanderung 39	499	Wanderung 8	255
Faial	347	Wanderung 9	257
Flores	468	Wanderung 10 und 11	259
Flugverbind., innerazoreanisch	43	Wanderung 12	261
Furnas	241	Wanderung 13	263
Graciosa	323	Wanderung 14	264
Horta	356/357	Wanderung 15	267
Lajes do Pico	403	Wanderung 16	314
Lissabon Innenstadt	98/99	Wanderung 17	317
Madalena do Pico	395	Wanderung 18	318
Pico	388	Wanderung 19	340
Ponta Delgada	156/157	Wanderung 20 und 21	341
Povoação	235	Wanderung 22 und 23	381
Praia da Vitória	297	Wanderung 24	382
Ribeira Grande	210/211	Wanderung 25	384
Santa Cruz da Graciosa	325	Wanderung 26	386
Santa Cruz das Flores	474/475	Wanderung 27	420
Santa Maria	115	Wanderung 28	422
São Jorge	433	Wanderung 29	423
São Roque do Pico/Cais do Pico	415	Wanderung 30	427
Sete Cidades	195	Wanderung 31	457
Terceira	273	Wanderung 32	458
Velas	438/439	Wanderung 33	459
Vila do Porto	123	Wanderung 34	461
Vila Nova do Corvo	504	Wanderung 35	462
Villa Franca do Campo	186/187	Wanderung 36 und 37	491
Wanderung 1	139	Wanderung 38	494
Wanderung 2	141	Wanderung 39 (siehe Corvo)	499
Wanderung 3	142		

Zeichenerklärung für die Karten und Pläne

───── Asphaltstraße	▲ Berggipfel	🛈 Information
─── Piste	∩ Höhle	🅿 Parkplatz
- - - - Wanderweg	🔆 Aussichtspunkt	✆ Post
Gewässer	⛪ Kirche, Kapelle	🚌 Bushaltestelle
Grünanlage	🗼 Leuchtturm	🚕 Taxistandplatz
	Badestrand	✈ Flughafen
	Weinstock	Λ Campingplatz
	Windmühle	✚ Krankenhaus
		Ⓣ Tankstelle

Danksagungen

Für die freundliche Unterstützung bei der Recherche bedanken wir uns bei Frau Inês Tomé (SATA Ponta Delgada), Herrn Bernhard Doerfel (Associação Turismo dos Açores) und João Luís Cogumbreiro (Bensaude Turismo). Ein ganz besonderer Dank gilt auch Gabriele Tröger für die wertvolle Mitarbeit bei der Aktualisierung dieses Buches, und Johannes Beck, Autor des Michael-Müller-Titels Lissabon, für seine Infos zu Portugal und insbesondere zu Lissabon. Herrn Dr. Ulrich Küppers danken wir für seinen Beitrag zum Kapitel „Vulkanismus und Geologie".

Bei Gerd und Gabriele Hochleitner sowie bei Jochen Schober bedanken wir uns für die vielen Tipps zu São Miguel, bei Robert und Petra Minderlein für ihre Tipps zu Santa Maria, bei Elfi Görke und Christian Imlau für ihre Tipps zu São Jorge, bei der Familie Köhler für die Tipps zu Terceira und bei Pierluigi Bragaglia für die Tipps zu Flores. Ein herzlicher Dank gilt ferner den Lesern, die durch ihre Zuschriften eine Qualitätssteigerung dieses Reiseführers ermöglichten: Alexandra Thalhammer und Christian Wasserfallen (CH-Bern), Sandra Groll, Wolfgang Närdemann (Schwerte), Karina Keuper, Helmut Frie (Wesel), Manfred Brettschneider (Moers), Tobi Feltgen, Peggy Braun (Leipzig), Jürgen Heitzmann (Kreuzlingen), Dr. Thorsten Hemming (München), Barbara und Manfred Meraner, Martha Zäch-Edelmann und Ernst Edelmann, Markus Hinder (CH-Zürich), Jörg Wesnigk (Vetschau), Dr. Michael Schwarz (Köln), Christiane v. Rabenau (Freising), Waltraut Zöller (Moers), Frank und Andrea Jeitner, Irina Keller, Mara Schmiing (Horta/Faial), Hartmut Bindig, Susanne Hämke (Stuttgart), Kerstin Kopitzsch, Ulrich Esselborn, Harald Peterzelka, Katharina Hebisch und Birgit Knötzele, Monika Riepl (Leipzig), Gero Frömel, Richard Thompson, Nadine Wollnitz (Bad Homburg), Dr. Erik Rausch und Gabriele Möller (Berlin), Caroline Kappler (Rheurd), Oliver Breda (Duisburg), Matthias Jost (München), Wilhelmina Polski, Daniela Schwarz und Axel Bausch (CH-Brugg), Fritz Bründl (A-Wien), Guenther Schatter (Weimar), Bärbel und Rolf Birk (Freiburg), Helene Leicht (Memmelsdorf), Frank Ceglarz, Joachim Schneider (Lindenberg), Christine Zeddies und Jörg Hauke, Edith Renford, Marika Lerch, Silvia und Klaus Meyer (Dresden), Daniela und Jakob Marti (CH-Nidfurn), Christl Germann, Valerie Schreiweis, Michael Gretler, Bernhard Gersbach, Ingrid Promnitz und Thomas Tennler (Stuttgart), Anne Ackers-Weiss und Axel Weiss, Judith Maurer, Detlef Garte, Irene und Felix Meier (CH-Erlinsbach), Roman Martin (Reutlingen), Andrea und Paul-Wilhelm Sepke (Berg), Sonja Grilc und Harald Römer (A-Ferlach), Rainer Scherbeck (Lünen), Gabi Schießl, Astrid Arndt (Leipzig), Jürgen Mai (Offenburg), Josef Rainer, Nick van Bergen (NL-Huissen), Martin Pfleiderer, Birgit Kastner und R. Nick, Anette Miracle, Heidi Müller, Familie Sonnefeld, Mike O'Doherty (Lübeck), Reiner Drees, Fabienne Pfyffer und Martin Burger (CH-Fällanden), Thomas Stanzel (Berlin), Daniela Wolter und Tobias Mielbrecht (Meerbusch), Maria und Siegmund Schrempf, Volker Bracke (Bad Grönenbach), Holger Halfmann, Jürgen Brüster, Kees Verplanke (NL-Den Haag), Hermann Onischke, Huber Hansheiri, Anne Junge und Alfred H. Schenkmann (Krefeld), Ulli Kron (Wuppertal), Sabine Witter (Rödental), Thomas und Agnes Nelson (München), Thomas Schlorke (Leipzig), Christine Brinkel (CH-Winterthur), Margit und Wulf Hagen, Klaus

Wulff, Dr. Gabriele Hrauda (A-Wien), Eva-Maria Kuck und Martin Wimmer, Steffi Treml, Sabine und Harald Keim (Bamberg), Beat und Marianne Fürst, Melanie und Andreas Böhm (Dortmund), Martin Weitershaus, Katrin Ebermann, Katja Grach, Heike Laux und Simon Pink, Theda von Toll, Rosi Tonke, Klaus-Peter Rug, Susan Abdou, Angela Hübner, Philip Ohnewein, Waltraud und Peter Lorenz, Michael Müller (Heidelberg), Ralph Kunze (Eigeltingen), Aloys Hausknecht (Solingen), Petra und Michael Freund, Petra Seger, Ursula Asel, Dr. Ralph Lüdicke (Altötting), Gudrun und Udo Mattheus (Schwaigern), Thomas und Birgit Lange, Friedrich König (São Mateus/Graciosa), Dietmar Weenink, Meike Ruegenberg, Dorothea Hertig (CH-Riehen), Hans-Gerd Maas, Sven Zeeb, Anja Lampl, Bernd Köhler, Walter-G. Kauntz (München), Margot Sonnenberg (Frankfurt/Main), Dr. Klaus Busch (Osnabrück), Ernst-F. Labsch, Manfred Rieg (Straßdorf), Sophie Holzgang, Stephan Lüttecke, Carsten Mundt, Rudolf Weber (München), Jürgen Lotz (Hanau), Christian Gummich, Ingrid Promnitz und Thomas Tennler (Stuttgart), Robert Fleischmann (München), Norbert Finger, Thomas Freund, Tilman Burmester (Hannover), Runa Klemm, Axel Klesper, Petra Schnüll, Karin und Klaus Thilenius, Alf Bergner (Halle), D. Ulbrich, Ines Koch, Änne Baum, Familie Sonnefeld, Eva Linder, Jens Willhardt (München), Anke Förnges und Harald Kalinke, Hermann-Josef Hucke (Daubach), Thomas Nelson und Agnes, Christiane Gummich, Roland und Elsbeth Stübi (CH-Horgen), Thomas Mueller, Gisela Blädel, Florian und Beate Tripes, Heinz Bachmann (CH-Zollikon) und Karl-Heinz Heckel (Gotha).

Was haben Sie entdeckt?

Haben Sie die Quinta Ihrer Träume gefunden, die Marisqueira mit dem besten gegrillten Fisch, die freundlichste Pensão, einen herrlichen Wanderweg zu einer verborgenen Fajã oder die verschollenen phönizischen Münzen von Corvo? Wenn Sie Ergänzungen, Verbesserungen oder neue Tipps zum Buch haben, lassen Sie es uns bitte wissen. Auch für Kritik sind wir dankbar.

Schreiben Sie an:

Michael Bussmann
Stichwort „Azoren"
c/o Michael Müller Verlag
Gerberei 19
91054 Erlangen
E-Mail: michael.bussmann@michael-mueller-verlag.de

▲ Meterhohe Hortensienhecken auf dem Weg zur Caldeira (Faial)

Die Azoren – Allgemeines

Die Inseln, die Menschen, das Meer ... 14	Essen und Trinken ... 55
Anreise ... 38	Wissenswertes von A bis Z ... 62
Unterwegs ... 42	Geschichte ... 80
Übernachten ... 51	Stop-over Lissabon ... 93

Dörfliches Idyll auf Flores

Azoren:
die Inseln, die Menschen, das Meer

Die Azoren, das sind neun Inseln vulkanischen Ursprungs mitten im Atlantik. Jede einzelne ist eine Reise wert, jede einzelne präsentiert sich landschaftlich äußerst reizvoll: sattgrüne, von blühenden Hortensien gesäumte Weiden mit bimmelnden Kühen darauf, wildromantische Höhenzüge, unterbrochen von tiefblauen Kraterseen, rauschende Wasserfälle an idyllischen Küsten ... Und drum herum der Atlantik – Meer, so weit das Auge reicht, gelegentlich mit der Fontäne eines Wals garniert.

Wer gerne wandert, radelt, segelt oder taucht, wer offene Gastgeber schätzt und sich am Anblick einer faszinierenden Landschaft erfreuen kann, für den kommt die Reise auf den Azoren-Archipel einer Reise ins Paradies gleich. Wem dagegen tiefes Urlaubsglück erst nach einem Schaufensterbummel widerfährt oder am Pool eines All-inclusive-Clubs, wer Restaurantvielfalt schätzt oder sich gern ins Nachtleben stürzt, mit Leidenschaft historische Grabungsstätten durchstreift oder am liebsten per organisierter Tagesrundfahrt unterwegs ist – der fährt besser woanders hin.

Weil aber bislang noch alle Flüge der TAP über Lissabon führen, bietet sich ein Zwischenaufenthalt in der portugiesischen Hauptstadt als Ergänzung zu einer Azorenreise an: All das, was man auf den Azoren (vielleicht) vermisst, wird dort in Hülle und Fülle geboten. Alles Wichtige für einen Zwischenstopp in Lissabon finden Sie ab S. 93.

Die Praia do Almoxarife an Faials Küste

Die Azoren im Überblick

Inseln der Ostgruppe: Die Insel **São Miguel** vereint in sich die landschaftliche Vielfalt des gesamten Archipels. São Miguel hat alles zu bieten – von Sandstränden über heiße Quellen bis zu grün und blau schimmernden Kraterseen. Allein diese Insel ist eine Reise wert, ohne Zweifel ist sie die abwechslungsreichste Azoreninsel. Zugleich ist sie die am dichtesten besiedelte, die wirtschaftlich fortschrittlichste und touristisch am meisten erschlossene.

Weitaus beschaulicher ist dagegen das Leben auf der kleinen Nachbarinsel **Santa Maria**. Die Insel begeistert durch traumhafte Buchten, die gerne mit denen der Algarve verglichen werden, was allerdings etwas hoch gegriffen ist. Wem das Strandvergnügen besonders wichtig ist, der sollte Santa Maria oder São Miguel den Vorzug geben, nirgendwo sonst auf den Azoren lässt es sich besser baden, nirgendwo sonst ist die Auswahl an Stränden größer.

Inseln der Zentralgruppe: **Faial** strahlt in blauer Hortensienpracht, weshalb die Insel auch *Ilha Azul* genannt wird. An der Ponta dos Capelinhos überrascht das Eiland jedoch durch eine Mondlandschaft, die an den letzten großen Vulkanausbruch von 1957/58 erinnert. Das Flair eines internationalen Seglerzentrums weht über Horta, für viele die charmanteste Stadt des Archipels.

Gegenüber von Faial erhebt sich majestätisch die Insel **Pico** mit dem gleichnamigen Vulkan, dem höchsten Berg Portugals (2351 m). Wer lieber auf Meeresniveau bleiben möchte, schließt sich einer Whale-Watching-Fahrt an. Pico ist diesbezüglich die beste Adresse.

São Jorge, das lange, schmale Eiland fast parallel zu Pico, lugt wie der Rückenpanzer eines Seeungeheuers aus dem Atlantik. Die sehr bergige Insel bezaubert durch

Azulejos – Zierde vieler Hausfassaden

ihre abgeschiedenen Küstenebenen, von denen sich viele nur auf Schusters Rappen erkunden lassen.

Nördlich davon liegt **Graciosa**, bekannt durch die Furna da Enxofre, die Höhle der Unterwelt, in die man durch einen Vulkanschlot hinabsteigt.

Das östliche **Terceira** war über Jahrhunderte die bedeutendste Insel der Azoren. Sehenswert ist der Hauptort Angra do Heroísmo, eine Renaissancestadt, die zweimal in ihrer Geschichte kurzzeitig zur Hauptstadt Portugals aufstieg und heute zum UNESCO-Welterbe zählt. Ein Erlebnis der besonderen Art ist der Besuch einer *Festa do Espírito Santo*, eines Heilig-Geist-Festes, dessen Höhepunkt ein Stierkampf auf der Straße ist.

Inseln der Westgruppe: Hunderte von Kilometern weit abgelegen, ragen **Flores** und **Corvo** aus dem Atlantik, die westlichsten Inseln der Azoren. Auf ihnen geht das Leben oft einen anderen Gang – im Einklang mit der Natur: Wenn hier die Fische anbeißen, sind viele Läden geschlossen und die Ladeninhaber beim Volkssport Nr. 1, dem Angeln, an der Mole vereint. Auch die Natur ist hier anders, es ist stürmischer und regnet häufiger als auf den anderen Inseln. Flores und Corvo sind eine Welt für sich. Flores, das westliche Ende Europas, ist ein farbenfroher Blumentraum. Auf Corvo, der kleinsten Insel des Archipels, gibt es nur eine Stadt, und die ist mit rund 500 Einwohnern zugleich eine der kleinsten Europas.

Geographie

Lage/Entfernung: Die Inseln der Azoren liegen zwischen Europa und Amerika weit verstreut südlich des 40. Breitengrads (etwa auf Höhe von Sizilien), fernab von jeder Festlandsküste. Sie verteilen sich über ein Meeresgebiet, das fast so groß ist wie Portugal. Die östlichste Insel, Santa Maria, liegt annähernd 600 km von Flores, der westlichsten Insel, entfernt.

Schroff zeigt sich vielerorts die azoreanische Küste – hier bei Capelinhos auf Faial

Nach Portugal, dem nächstgelegenen Festland, sind es rund 1500 km. Westlich stößt man nach etwa 3600 km auf den amerikanischen Kontinent. Nach Norden kommt lange Zeit nichts: Würde eine Jacht von Horta aus diesen Kurs einschlagen, träfe sie irgendwann auf Grönlands Küsten. Führe sie geradewegs gen Süden, würde sich ihre Besatzung nach Wochen inmitten von Antarktis-Eisbergen wiederfinden.

Geografische Einteilung: Wie schon erwähnt, werden die Azoren geographisch, jedoch nicht politisch in drei Gruppen eingeteilt. Santa Maria und São Miguel bilden die Ostgruppe *(grupo oriental)*, Terceira, Graciosa, Faial, Pico und São Jorge die Zentralgruppe *(grupo central)*, Flores und Corvo die Westgruppe *(grupo ocidental)*.

Fläche/Topographie: Die größte Insel des Archipels ist São Miguel, gefolgt von Pico, Terceira, São Jorge, Faial, Flores, Santa Maria, Graciosa und Corvo. Zusammen haben sie eine Fläche von 2335 km², damit sind alle Inseln in ihrer Gesamtfläche zusammengerechnet immer noch kleiner als Mallorca (3618 km²).

Mit Ausnahme Graciosas und dem Westen Santa Marias sind die Inseln überaus bergig. Pico kann sich sogar mit dem höchsten Berg Portugals rühmen, dem Pico Alto, der 2351 m aus dem Meer ragt. Der Anteil der Inselfläche, der über 300 m ü. d. M. liegt, beträgt auf Santa Maria 14 %, auf São Miguel 47 %, auf Terceira 45 %, auf Graciosa 5 %, auf Faial 46 %, auf Pico 59 %, auf São Jorge 70 %, auf Flores 68 % und auf Corvo 55 %.

Vulkanismus und Geologie   von Dr. Ulrich Küppers

Geologischer Rahmen: Naturphänomene wie heiße Quellen und z. T. katastrophale Naturereignisse wie Erdbeben und Vulkanausbrüche führen uns immer wieder vor Augen, dass die Erde ein Eigenleben führt. All diese Erscheinungen sind das Ergebnis der Tatsache, dass die Erde seit ihrer Entstehung nicht ausgekühlt ist und im Erdinneren Druck- und Temperaturbedingungen herrschen, bei denen Gestein ge-

18   Azoren allgemein

schmolzen oder plastisch verformbar ist. Die Erdkruste, auf der wir leben, ist alles andere als stabil: Sie ist lediglich 15 bis 80 km dick, also im Vergleich zum Durchmesser der Erde (ca. 12.750 km) hauchdünn. Vor ca. 250 Mio. Jahren bildeten alle Erdplatten einen gemeinsamen Riesenkontinent, der sukzessive in ein Dutzend Platten unterschiedlicher Größe zerfiel – ein Prozess, der noch immer nicht abgeschlossen ist. Die heutige Verteilung der Kontinente stellt somit nur eine Momentaufnahme dar. Temperaturunterschiede zwischen der Erdoberfläche und dem Erdinneren erzeugen Wärmeströmungen unter dem Erdmantel und führen dazu, dass sich die Erdplatten relativ zueinander bewegen. An den Nahtstellen der Platten ereignen sich häufig Erdbeben und liegen die meisten Vulkane.

Die Entstehung des Atlantiks und der Azoren ist unmittelbar verbunden mit der Bewegung der Erdplatten. Vor ca. 200 Mio. Jahren begann sich durch das Auseinanderdriften von Platten jenes Becken zu bilden, in dem sich heute der Atlantik ausbreitet. Die Bewegung dieser Platten dauert nach wie vor an und vergrößert die Breite des Atlantiks jährlich um ca. 2,5 cm. Entlang der meist unterseeischen Riftzonen – die Nahtstellen zwischen zwei Kontinentalplatten – kann Magma aufsteigen und austreten. Wenn dieses Magma über mehrere Millionen Jahre hinweg an ein und demselben Ort austritt, türmt sich immer mehr Lava auf und es entsteht ein submariner Vulkan. Mit zunehmendem Wachstum wird dieser irgendwann über den Meeresspiegel hinausragen und eine Insel bilden – so, wie wir es von den Azoren kennen. Da der Atlantik im Durchschnitt 4000 m tief ist, bedeutet das, dass jeder Vulkan der Azoren, von seiner Basis am Meeresgrund aus gemessen, ein sehr hoher Berg ist. Der Pico z. B., mit 2351 m der höchste Berg Portugals, ist also eigentlich über 6000 m hoch!

Die Inseln wandern: Die Riftzone des Mittelatlantischen Rückens wird von einer Kette unterseeischer Vulkane begleitet, von denen allerdings nur wenige über den Meeresspiegel hinausragen. Im Osten des Mittelatlantischen Rückens befinden sich die Eurasische und die Afrikanische Platte, im Westen erstreckt sich die Amerikanische Platte. Die Inseln der Westgruppe – Flores und Corvo – sind Teil der amerikanischen Platte, wobei deren Vulkane als nicht mehr aktiv gelten. Sie türmten sich einst an der Riftzone zwischen der Amerikanischen und Eurasischen Platte auf und drifteten dann quasi huckepack auf der Amerikanischen Platte gen Westen ab. Dieser Prozess hält bis in die Gegenwart an und sorgt dafür, dass die Entfernung der beiden Inseln zum Rest des Archipels jedes Jahr zunimmt.

Die Inseln der Zentral- und Ostgruppe liegen auf der komplexen Plattengrenze zwischen der Eurasischen Platte im Norden und der Afrikanischen Platte im Süden. Von diesen Inseln gelten nur die Vulkane von Santa Maria und Graciosa als erloschen. Auf allen anderen fünf Inseln (Faial, Pico, São Jorge, Terceira und São Miguel) wurden seit der Besiedlung im 15. Jh. immer wieder Vulkanausbrüche registriert, die Vulkane werden nach wie vor als aktiv eingestuft.

Das Alter der Azoren: Die Datierung von Vulkanen ist schwierig, da das älteste Gestein für die Wissenschaft unerreichbar „ganz unten und ganz in der Mitte" eines Vulkans liegt. Die im Folgenden genannten Altersangaben sind daher Mindestalter, die sich anhand der ältesten, vor Ort gefundenen Gesteine nachweisen lassen. Die älteste Insel ist Santa Maria mit über acht Millionen Jahren. Sie ist übrigens auch die einzige Insel, auf der man Fossilien finden kann. Zutage gefördert wurden

Ausbruch des Vulkans Capelinhos in den 1950er Jahren

20　Azoren allgemein

diese als Folge tektonischer Prozesse, in deren Verlauf die Kalk- und Sandsteine des Meeresbodens emporgehoben wurden.

Im Osten von São Miguel wurden die nächstjüngeren Gesteine entdeckt, sie sind ca. vier Millionen Jahre alt. Der zentrale Bereich und der Westen São Miguels sind interessanterweise geologisch unabhängig von diesem Komplex und deutlich jünger – der letzte Vulkanausbruch in diesem Bereich ereignete sich im 17. Jh. Vor der Küste fand der letzte Ausbruch indes 1911 statt.

Auch Terceira ist mit 3,5 Millionen Jahren sehr alt. Die jüngsten Inseln hingegen sind Pico mit einem Alter von 250.000 und São Jorge mit einem Alter von 550.000 Jahren.

Vulkanausbrüche auf dem Gebiet der Azoren: Seit der Besiedlung der Azoren im 15. Jh. haben sich knapp 30 Vulkanausbrüche ereignet. Etwa die Hälfte fand auf den Inseln statt: São Miguel erlebte 1439/43, 1563, 1564 und 1652 Ausbrüche, Terceira 1761, São Jorge 1580 und 1808, Pico 1562, 1718 und 1720 und Faial 1672 und 1957. Die andere Hälfte der Ausbrüche ereignete sich vor den Inseln im Meer. Der Mensch wurde nur von wenigen submarinen Ausbrüchen direkter Zeuge, so z. B. von der Geburt und dem Untergang der Insel Sabrina (1811 südwestlich von São Miguel, → S. 200) oder vom Ausbruch nahe der Ortschaft Serreta an der Westspitze Terceiras zwischen 1998 und 2001 (→ S. 305), zugleich der letzte wissenschaftlich gesicherte Ausbruch im Bereich der Azoren. Bis heute unvergessen ist der Ausbruch des Capelinhos im Herbst 1957 ca. 1 km vor der Westküste Faials. Über zwölf Monate hinweg war der Vulkan aktiv. Im Zuge dieses Ausbruchs entstand eine neue Insel, die sich mit Faial verband. Dieser Ausbruch und die mit ihm einhergehenden Zerstörungen durch Erdbeben und Aschefall führten dazu, dass knapp ein Viertel der Bevölkerung die Insel dauerhaft verließ (mehr zum Ausbruch des Capelinhos → S. 376). Rund um die Inseln sind weitere aktive submarine Vulkane bekannt wie der Vulkan Banco D. João de Castro auf halber Strecke zwischen São Miguel und Terceira. Ihm fehlen momentan nur 12 m bis zur Meeresoberfläche.

Vulkantypen auf den Azoren: Für Vulkanologen sind die Azoren ein einzigartiges Forschungsgebiet, jüngst stellten sie eines der vorrangigen Forschungsziele europäischer Wissenschaftsprojekte dar, nicht zuletzt aufgrund der Diversität der vulkanischen Erscheinungsformen.

Generell fördern Vulkane zwei unterschiedliche Arten von Magma, die wegen ihrer unterschiedlichen Eigenschaften unterschiedliche Ausbruchstypen und somit Landschaftsformen bedingen – die Rede ist von Trachyt und Basalt, wobei Letzterer deutlich dünnflüssiger ist.

Vulkane, die basaltische Lava fördern, gehören zum strombolianischen (nach dem Vulkan Stromboli in Italien) oder hawaiianischen Typ (nach den Vulkanen auf Hawaii). Der strombolianische Typ ist im Vergleich zum hawaiianischen Typ etwas explosiver. In beiden Fällen erreicht das ausgeworfene Material jedoch selten Höhen von mehreren hundert Metern und bildet die auf den Azoren charakteristischen, relativ steilen Schlackenkegel an den Flanken der großen Vulkane. Bis in die Gegenwart werden diese Schlackenkegel gerne für die Gewinnung von Baumaterial abgetragen. Bei basaltischen Ausbrüchen entstehen zudem Lavaströme, also Flüsse aus geschmolzenem Gestein, welche die Hänge der Insel mit wenigen km/h hinabfließen und häufig die Küste erreichen.

Der andere Magmatyp, Trachyt, steigt langsamer durch die Erdkruste auf. Dabei verändert sich seine Zusammensetzung und somit auch seine Materialeigenschaft – das Magma wird zähflüssiger. Im Magma gelöste Gase können dann nur sehr

Vulkanismus und Geologie 21

schwer oder gar nicht entweichen, ein gewaltiger Überdruck kann, wie bei einer geschüttelten Sektflasche, die Folge sein. Kommt es zu einem explosiven Vulkanausbruch mit trachytischem Magma, so spricht man auch von einem plinianischen Vulkanausbruch. Plinius der Ältere hatte im Jahre 79 n. Chr. den Ausbruch des Vesuvs (Italien) beobachtet und erstmals eine detailgenaue, objektive Beschreibung dieses Phänomens verfasst. Bei diesen Ausbrüchen können Eruptionswolken von mehreren Kilometern Höhe entstehen, die Asche und Gase in die oberen Schichten der Atmosphäre transportieren. Diese Art der Eruptionen beeinträchtigt damit auch ein viel größeres Gebiet durch fallende Asche und hat spürbare Auswirkungen auf das globale Klima (vgl. Vulkan Pinatubo auf den Philippinen, 1991). Häufig werden diese Ausbrüche von pyroklastischen Strömen begleitet, heißen gas-, asche- und gesteinsreichen Lawinen, welche die Flanken der Vulkane mit bis zu 300 km/h Geschwindigkeit hinabrasen und alles auf ihrem Weg zerstören. Nicht selten wird im Laufe eines solchen Ausbruchs so viel Material zu Tage gefördert, dass der Vulkan in sich zusammenstürzt. Zurück bleiben dann tiefe Einsturzkrater, sog. Calderen (portug. *Caldeiras*), wie die von Sete Cidades oder Furnas auf São Miguel oder die große Caldera auf Faial.

Aktuelle Situation: Leichte Erdstöße werden rund um die Azoren beinahe täglich registriert, die meisten davon sind allerdings so schwach, dass sie nur mit äußerst sensiblen Geräten aufgezeichnet werden können. Vulkanausbrüche kündigen sich an, vor ihnen kann i. d. R. gewarnt werden. Beispielsweise verformen sich die Vulkane vor Ausbrüchen, zwar nicht für den Menschen sichtbar, aber mithilfe geodätischer Messungen feststellbar. Weitere Indizien können ansteigende Wassertemperaturen von Quellen sein, und Erdbebenherde rücken näher an die Oberfläche. Sämtliche Vulkane der Azoren sind bestens überwacht, zuständig dafür ist das *Centro de Vulcanologia e Avaliação de Riscos Geológicos (CVARG)* in Ponta Delgada. Das letzte Mal gab das CVARG im Jahr 2005 eine Warnung vor einem möglichen Vulkanausbruch heraus. Damals registrierte man auf São Miguel unter der Nordost-Flanke des Vulkans Fogo zahlreiche Erdbeben (eine sog. „seismische Krise"). Die Situation beruhigte sich aber wieder, es kam zu keinem Ausbruch. Aktuelle Informationen des Vulkanobservatoriums findet man unter http://www.cvarg.azores.gov.pt/Cvarg/.

● *Vulkanologische Fachbegriffe* **Caldera**: Ein von der Caldera de Taburiente auf La Palma entlehnter Begriff aus dem Spanischen, der auf Deutsch „Kessel" bedeutet. Heute werden die weiten vulkanischen Einsturzkrater weltweit als Calderen bezeichnet. Übrigens weiß man mittlerweile, dass die Caldera de Taburiente keine Caldera im Sinne der Definition ist, sondern eine Erosionsstruktur.

Magma/Lava: Die glühend-flüssige Gesteinsschmelze, die aus dem Erdinneren nach oben steigt, wird Magma genannt; tritt sie an der Erdoberfläche aus, bezeichnet man sie als Lava.

Fumarolen: Stellen, an denen aus Erdrissen Dämpfe und Gase austreten, nennt man Fumarolen. Wegen des hohen Schwefelanteils verbreiten sie einen Geruch von faulen Eiern.

Basaltsäulen: Sie entstehen durch das schnelle Abkühlen basaltischer Lava, was mehr-, meist sechseckige Säulenformationen zur Folge hat (→ Flores/Rocha dos Bordões, S. 485).

Dr. Ulrich Küppers lehrt und forscht am Department für Geo- & Umweltwissenschaften der Ludwig-Maximilians-Universität München. Von 2006 bis 2008 war er als Vulkanologe am Centro de Vulcanologia e Avaliação de Riscos Geológicos in Ponta Delgada tätig.

Klima und Reisezeiten

Nie heiß, nie kalt – das ist das Azorenklima, zumindest wenn man einen Blick auf die Tabelle wirft. Wegen der stets hohen Luftfeuchtigkeit im Sommer empfindet man die Temperaturen jedoch um einiges höher als sie in Grad-Celsius sind. Im Winter dagegen können starke Winde die Temperaturen um einiges tiefer erscheinen lassen, als sie tatsächlich sind.

Auf Wetterkapriolen gefasst sein: Im Herbst, Winter und Frühjahr spielt das Azorenwetter oft verrückt – regnet es zum Frühstück, scheint zum Mittagessen die Sonne oder andersrum. Binnen weniger Stunden kann sich das Wetter mehrmals ändern, muss es aber nicht. Der Sommer ist warm und relativ trocken. Dennoch ist das ganze Jahr über mit Regen zu rechnen – zum Glück jedoch selten mit restlos verregneten Tagen, wie man sie von zuhause kennt. Nebel gibt es in den Bergen oft, unmittelbar an der Küste jedoch selten. Sollten Sie unter einem grauen Himmel erwachen, so fahren Sie einfach auf die andere Inselseite – nicht selten scheint dort die Sonne. Denn je nachdem, von wo der Wind weht, stauen sich die Wolken über der einen Inselhälfte an den Bergen und sorgen für Regen, während man auf der anderen Inselhälfte davon gar nichts mitbekommt. Die Azorenstürme können v. a. im Winter heftig, aber auch faszinierend sein – sofern man nicht gerade im Flugzeug sitzt oder mit der Fähre unterwegs ist.

Im Vergleich zu Deutschland: Damit Sie die unten angegebenen Daten besser in Relation setzen können, hier ein paar Vergleichsdaten zu Deutschland: Die mittlere Tiefsttemperatur beträgt in Deutschland im Januar, dem kältesten Monat, -3 °C, die mittlere Höchsttemperatur 2,9 °C. Im heißesten Monat Juli beträgt die mittlere Tiefsttemperatur 12,3 °C, die mittlere Höchsttemperatur 22 °C. Im Februar, dem trockensten Monat in Deutschland, werden gerade mal 40 mm Niederschlag gemessen, im Juni 77 mm. All das aber sind Zahlenspiele. Welches Wetter Sie wann erwartet, ist in Deutschland wie auf den Azoren letztendlich Glückssache.

Wassertemperaturen: Eine Tabelle mit den Durchschnittswerten der einzelnen Inselgruppen finden Sie im Kapitel „Wissenswertes von A bis Z/Baden" auf S. 63.

Das Azorenhoch

Wer den beliebten Luftdruckklassiker, der in Mitteleuropa tagelang blauen Himmel garantiert, richtig genießen will, bleibt am besten zuhause. Das Azorenhoch entsteht zwar meist bei den Azoren, jedoch in der Regel ein paar hundert Kilometer südlich davon in den Subtropen und nur selten exakt über dem Archipel. Das Hochdruckgebiet erhielt den Zusatz „Azoren" nur, weil weit und breit kein anderer Bezugspunkt existiert.

Das Azorenhoch entsteht durch Zirkulation warmer Luft, die am Äquator aufsteigt, nach Norden strömt und im Gebiet der Azoren wieder nach unten sinkt. Einer der Gegenspieler des Azorenhochs ist das Islandtief. Dringt dieses zu weit nach Süden vor, weicht das Azorenhoch oft in Form eines Keils bis nach Mitteleuropa aus.

Reisemonate: Wie den Klimatabellen zu entnehmen ist, weisen die Monate Juli, August und September die höchsten Temperaturen auf. Diese Monate sind auch die

Klima und Reisezeiten 23

Monat	Mittlere Höchsttemperatur (in °C)	Mittlere Tiefsttemperatur (in °C)	Regenfall (in mm)	Sonnenstunden	Luftfeuchtigkeit (in %)
Klima der Ostgruppe (São Miguel und Santa Maria)					
Jan.	17,1	11,5	139,9	93,6	55,3
Feb.	16,8	10,8	111,6	100,2	46,3
März	17,3	11,3	110,3	125,6	62,7
April	18,2	12,0	68,1	143,1	64,2
Mai	20,0	13,3	47,4	178,7	67,2
Juni	22,2	15,2	39,5	172,1	61,9
Juli	24,5	17,0	27,9	208,4	68,4
Aug.	25,7	18,0	32,6	218,9	74,8
Sept.	24,8	17,5	81,4	181,8	72,4
Okt.	22,3	15,8	119,2	146,7	66,4
Nov.	19,6	13,9	131,0	104,3	59,4
Dez.	17,9	12,4	111,3	92,1	57,0

Klima der Zentralgruppe (Terceira, Graciosa, Faial, Pico, São Jorge)

Monat	Mittlere Höchsttemperatur (in °C)	Mittlere Tiefsttemperatur (in °C)	Regenfall (in mm)	Sonnenstunden	Luftfeuchtigkeit (in %)
Jan.	15,8	11,6	145,2	83,1	81,0
Feb.	15,3	11,0	131,8	87,3	74,9
März	15,7	11,2	123,6	113,9	79,7
April	16,8	12,1	93,5	134,2	76,5
Mai	18,6	13,6	46,7	167,8	82,5
Juni	20,8	15,5	49,0	169,5	77,2
Juli	23,3	17,3	37,8	200,7	84,8
Aug.	24,4	18,6	47,4	226,6	90,7
Sept.	23,4	18,5	89,6	167,0	87,4
Okt.	20,8	16,1	129,6	132,7	89,8
Nov.	18,3	14,0	121,8	93,4	77,4
Dez.	16,7	12,7	118,5	80,1	79,7

Klima der Westgruppe (Flores und Corvo)

Monat	Mittlere Höchsttemperatur (in °C)	Mittlere Tiefsttemperatur (in °C)	Regenfall (in mm)	Sonnenstunden	Luftfeuchtigkeit (in %)
Jan.	16,5	12,3	205,6	79,7	81,3
Feb.	16,0	11,6	149,8	84,3	73,0
März	16,6	12,0	164,2	111,5	75,5
April	17,7	13,0	108,2	141,4	71,0
Mai	19,5	14,4	89,0	168,8	67,6
Juni	21,9	16,8	68,1	172,6	61,3
Juli	24,2	18,9	67,0	214,2	77,4
Aug.	25,7	20,1	78,3	220,7	90,3
Sept.	24,3	19,0	111,4	170,6	89,6
Okt.	21,5	16,7	144,9	118,2	94,2
Nov.	19,1	15,0	130,6	81,5	90,0
Dez.	17,6	13,7	161,9	67,3	86,4

24   Azoren allgemein

beste Zeit, um die Azorenreise mit einem Badeurlaub zu koppeln. Allerdings ist die hohe Luftfeuchtigkeit in dieser Zeit nicht jedermanns Sache. Wer gern wandert oder Rad fährt, sollte die Reise in die weniger schweißtreibenden Monate Mai, Juni bzw. September und Oktober legen. Bis in den Spätherbst kann man abends oft noch im T-Shirt draußen sitzen oder sogar baden, da die Wassertemperaturen nicht so schnell sinken. Im Frühling dagegen kühlt es nach Sonnenuntergang recht schnell ab. Berüchtigt sind die Winterstürme. Im Winter kann man zudem durch tief ziehende Wolken für ein oder zwei Tage selbst nahe der Küste im Nebel versinken. Dennoch ist von Azorenreisen im Winter nicht grundsätzlich abzuraten, auch wenn die Gut-Wetter-Wahrscheinlichkeit geringer ist. An windgeschützten Orten kann man sich selbst im Winter bei wolkenlosem Himmel mitunter zum Bräunen in die Sonne legen. Die **Hochsaison** dauert von Ende Juni bis Anfang September.

Vor- und Nachteile Hochsaison: Mehr Flug- und Fährverbindungen zwischen den Inseln, erstere jedoch oft ausgebucht. Die Campingplätze sind offen, auf den Picknickplätzen liegt Holz zum Grillen parat. Da die Inseln im Hochsommer jedoch ziemlich überlaufen sind (viele Festlandportugiesen machen dann Urlaub, Emigranten besuchen ihre Familien), kann es schwierig sein, ein Zimmer zu finden, bei den Autoverleihern gibt es oft nur noch Wagen der teu-

ersten Kategorie oder gar keine mehr. An manchen Orten nerven Mücken.
Vor- und Nachteile Nebensaison: Die Inseln sind schön leer, vieles ist billiger, trotz weniger Flüge bekommt man fast immer einen Platz. Die Fährverbindungen sind jedoch stark eingeschränkt oder aber es geht gar nichts. Tauchgänge, Whale-Watching-Fahrten usw. werden wegen geringer Nachfrage nur noch unregelmäßig angeboten, viele Campingplätze sind geschlossen.

Flora

Gestern und heute: Vor der Besiedlung waren alle Inseln des Archipels dicht bewaldet, heute sind viele kahl geschlagen. Das Landschaftsbild prägen saftig grüne Weiden, auf denen Rinder grasen, dazwischen kilometerlange Hortensienhecken. Auch wenn die Hortensie mittlerweile das Aushängeschild der Azoren und von den Inseln nicht mehr wegzudenken ist, zur ursprünglichen Vegetation, wie sie die ersten Siedler vorfanden, gehört sie nicht. Sie wurde wie viele Pflanzen des Archipels erst später eingeführt.

Artenvielfalt: Der natürliche Blumenreichtum der Azoren hat sich v. a. von Flores aus, jener Insel, deren Name nichts anderes als Blütenpracht verspricht, auf die anderen Inseln des Archipels ausgebreitet. Nach Flores selbst gelangte der Samen im Gefieder der Zugvögel, die von der amerikanischen Ostküste kamen, wobei für die Vögel die westlichste Insel die erste Rastmöglichkeit darstellte. Aber auch Seeleute, heimkehrende Emigranten und Botaniker brachten Pflanzen aus den entlegensten Gebieten der Welt auf die Azoren. So weisen heute alle Inseln eine üppige und vielfältige Vegetation auf, die jedem Hobbygärtner das Herz höher schlagen lässt. Aufgrund der klimatischen Bedingungen wächst, sprießt oder gedeiht nahezu alles, was man in den Boden steckt oder sät. Das Mikroklima der Inseln lässt sogar den Anbau tropischer Pflanzen wie Bananen zu, auch die einzigen Teeplantagen Europas befinden sich hier (auf São Miguel). Im Winter verlieren nur Platanen und Weinstöcke ihre Blätter. Insgesamt wachsen auf den Azoren rund 850 verschiedene Farne und Samen- bzw. Blütenpflanzen, darunter 56 endemische. Die hiesigen Floristenläden spiegeln den Blumenreichtum der Inseln jedoch überhaupt nicht wider – vorrangig werden tatsächlich Plastikblumen für den Grabschmuck verkauft! Wo Lilien, Drillingsblumen, Paradiesvogelblumen und Orchideen am Straßenrand

Flora

wachsen, braucht man Sie nicht im Laden anzubieten.

Vegetationszonen: In der Küstenzone (0–200 m) zeigt die Vegetation Gräser, Zwergsträucher und Blütenpflanzen. Wälder findet man in Küstennähe nur selten, durch Rodung überwiegen hier heute die Felder und Weiden. Oberhalb der Küstenzone erstreckt sich fast ausschließlich Weideland (200–600 m). Zum Wohl der Milchkühe wurde auch hier fast alles gerodet. Lediglich Taleinschnitte sind noch bewaldet. Weiter höher existiert auf vielen Inseln noch heute die ursprüngliche Vegetation, oft ausgedehnte Lorbeerwälder (600–1100 m). Auffallend und ein Indiz für die saubere Luft sind die in dieser Region gedeihenden Moose – über 400 Arten soll es auf den Azoren geben.

Die wichtigsten und auffälligsten Pflanzen (eine Auswahl)

• *Endemische Pflanzen* **Erica azorica**: Portugiesisch *urze* genannt, ist eine einheimische Baumheide, die v. a. oberhalb der Lorbeerwälder wächst. Was in der Lüneburger Heide als Erika gerade bis zum Fußknöchel reicht, streckt sich hier bis zu 6 m in die Höhe.

Myrica faya: Vor Ort wird der kleine Baum, einst fälschlicherweise für eine Buche (*faia*) gehalten, *faia-da-terra* genannt. Er ist mit dem deutschen Gagelstrauch verwandt und meist in Nachbarschaft zur *Erica azorica* anzutreffen – leicht zu erkennen an den immergrünen, dunklen, glänzenden, bis zu 10 cm langen Blättern.

Ilex perado azorica: Eine Stechpalmenart, die die Azoreaner *azevinho* nennen. Man findet den immergrünen, bis zu 5 m großen Baum auf allen Inseln mit Ausnahme Graciosas. Meist wächst er auf Höhen über 500 m, gerne in der Nähe von Lorbeerwäldern und trägt rote, runde Früchte.

Laurus azorica: Der **Azoreanische Lorbeer** heißt auf Portugiesisch *louro*. Seine duftenden Blätter eignen sich zum Würzen von Suppen und Soßen. Der immergrüne Busch schmückt sich im Juni mit gelblich-weißen Blüten.

Badebucht im Osten von Santa Maria

Beim Wandern fällt am Wegesrand zuweilen eine Pflanze mit Früchten auf, deren Aussehen der Walderdbeere gleicht. Dabei handelt es sich aber um die sog. Duchesnea indica, die **Indische Scheinerdbeere**. Sie ist völlig geschmacklos.

Juniperus brevifolia: Wegen seiner Ähnlichkeit mit der Zeder nennen die Einheimischen den Baum *cedro-do-mato*. Tatsächlich handelt es sich bei dem einzigen endemischen Nadelbaum aber um eine Wacholderart. Er ist nur in Höhen über 500 m anzutreffen und fällt durch seinen windgekrümmten Stamm auf.

26   Azoren allgemein

Picconia azorica: Der kleine, immergrüne Baum mit seinen lanzettenförmigen, fingerlangen Blättern gehört zur Familie der Ölbaumgewächse. Mit Glück entdeckt man ihn in Höhen zwischen 300 und 600 m. Er blüht nicht nur weiß, sondern hat auch weißliches Holz, weswegen man ihn auf Portugiesisch *pau-branco* nennt. Das Holz wird von Tischlern verarbeitet.

• *Eingeführte Pflanzen* **Hortensie (Hydrangea)**: Die Pflanze aus der Familie der Steinbrechgewächse wurde vor ca. 150 Jahren auf den Azoren eingeführt. Von Juni (auf Meereshöhe) bis September (in den Bergen) blüht sie weiß, blau und lila. Die schier endlosen Hecken müssen regelmäßig nachgeschnitten werden, da die Pflanze sonst alles überwuchert.

Bougainvillea (Nyctaginacea): Die auch als Drillingsblume bekannte Kletterpflanze stammt ursprünglich aus Brasilien. Kräftig lila, karminrot, rosa und orange prunkt sie an den Pergolen; ihre Farbigkeit verdankt sie den Hochblättern, also nicht den eigentlichen Blüten. Der Name geht auf den französischen Entdecker Louis-Antoine de Bougainville zurück.

Ananas werden insbesondere auf São Miguel kultiviert

Amaryllis belladonna: Die Belladonnalilie ist der Traum jedes Gärtners, ca. 70 cm hoch und mit ca. 10 cm großen, rosafarbenen Blüten gesegnet. Die Pflanzen vermehren sich natürlich, sodass sie im Laufe der Zeit dichte Bestände bilden können. Auf den Azoren zieren Sie zuweilen den Straßenrand und schmücken Picknickplätze. Die Pflanze stammt aus Südafrika.

Schmucklilie (Agapanthus praecox): Auch diese bis zu 1 m hohe Blume kommt aus Südafrika, ihre prächtigen lavendelblauen Blüten sind in Dolden angeordnet.

Strandgoldrute (Solidago sempervirens L.): Eine Staudenart mit leuchtend gelben Blüten, die bis zu 1,5 m hoch werden kann und auf Meereshöhe vorkommt. Im Portugiesischen heißt sie *Flor de Cubres*, auf São Jorge ist eine Fajã nach ihr benannt. Die Insel Flores soll gar ihren Namen dem großen Vorkommen der Strandgoldrute zur Zeit der Besiedlung verdanken. Die Pflanze stammt aus Nordamerika und der Karibik.

Drachenbaum (Dracaena draco): Bis zu 20 m ragt dieses auffällige Liliengewächs in die Höhe, das in Wirklichkeit gar kein Baum ist. Sein bizarres, urzeitliches Aussehen trug ihm den Namen Drachenbaum ein. Um die Pflanze, die bis zu 400 Jahre alt werden kann, ranken sich unzählige Legenden. Auf den Kanarischen Inseln wurde ihr Harz früher als Heilmittel verwendet.

Hibiscus (Hibuscus rosa-sinensis): Weiß, rosa und rot blüht der Roseneibisch den Sommer über. Bis zu 2 m hoch kann er werden, wird aber wegen der üppigen Blütenpracht häufig geschnitten. Aus China fand er im 17. Jh. seinen Weg auf die Azoren.

Feigenkaktus (Opuntia ficus-indica): Außer auf Santa Maria nur in Parks zu finden. Der bis zu 2 m hohe Kaktus stammt ursprünglich aus Mexiko und kam bereits im 16. Jh. auf die Azoren. Die essbaren Früchte (Achtung beim Schälen – böse, winzige Stacheln!) schmecken ähnlich wie Kiwis.

Oleander (Nerium oleander): In Mitteleuropa muss er sein Dasein meist in einem Kübel fristen. Anders auf den Azoren, wo er die ihm beschiedene Freiheit mit Höhen von weit über 2 m belohnt. Weiß und rosa blüht er des Öfteren am Straßenrand. Vorsicht, sein milchiger Saft ist giftig.

Blumenrohr (Canna): Die 1 bis 3 m hohe Pflanze kommt aus Südamerika. Ihre zusammengerollten Blattblasen mit schlanken Blütenstengeln an der Spitze erfreuen in verschiedenen Farben.

Montbretie (crocosmia): Diese Pflanzen werden bis zu 1 m hoch und wachsen wie Gladiolen fächerförmig von der Basis aus. Im Sommer begeistern ihre leuchtend gefärbten Blüten (meist orange oder rot) in verzweigten Ähren.

Eukalyptus (Eucalyptus globulus): Erst 1988 begann man, diesen Baum in Monokulturen für die portugiesische Zellstoffindustrie anzupflanzen. Da der Blaugummibaum dem Boden viel Wasser entzieht, ist das Aufforsten von Wäldern mit Eukalyptus umstritten.

Japanische Sicheltanne (Cryptomeria japonica): Sie wurde um 1860 aus Japan eingeführt, heute hat sie für die Forstwirtschaft große Bedeutung. Der rotbraune Stamm mit den kurzen Ästen wird bis zu 20 m hoch.

Metrosideros excelsus: Der aus Neuseeland stammende Strauch gehört zur Familie der Eisenholzbäume. Im Lauf der Zeit bildet sich aus dem Strauch ein kräftiger, knorriger Stamm mit einem schirmförmigen Blätterdach. Das Holz wird von Bildhauern geschätzt. Man sieht ihn in Gärten, aber auch an Meeresklippen, die salzige Gischt schadet ihm nicht. Der Baum kann bis zu 20 m hoch werden. Purpurrote Staubgefäße ragen aus seinen Blüten heraus.

Persea indica: Die bis zu 20 m hohen, immergrünen Bäume (portugiesisch *vinhático*) sind Lorbeergewächse, die man überwiegend oberhalb 200 m findet. Ihre Früchte sind mit Oliven zu verwechseln, aber eigentlich mit den Avocados verwandt.

Araukarie (Araucaria araucana): Wie ein fein ausgeschnittener Muster-Tannenbaum sieht er aus, stammt aber nicht vom deutschen Weihnachtsmarkt, sondern aus Südchile. Benannt ist der Baum nach dem einst dort ansässigen Indianerstamm der Araukaner.

Abelia x grandiflora: Die aus Asien stammende Pflanze erreicht Höhen von über 2 m. Ins Auge fallen ihre trompetenförmigen, malvenfarbenen und weißen Blüten. Zuweilen sieht man sie als Strauchhecken.

Brandaloe (Aloe arborescens): Eine der schönsten Pflanzen, der man in Parkanlagen häufig begegnet. Sie kommt aus Südafrika und kann bis zu 3 m hoch werden. Charakteristisch ist ihre Rosette aus schwertförmigen, fleischigen, bis zu 60 cm langen, graublauen Blättern am Ende des Schafts.

Ingwerlilie (Hedychium gardnerianum): Die bis zu 2 m hohe Pflanze aus der Familie der Ingwergewächse stammt aus der Himalaya-Region und wird auf den Inseln *Roca-davelha* genannt. Während ihrer Blütezeit im Juli/Aug. strahlt sie gelb und duftet stark. Einst sollte sie nur Gärten zieren, breitete sich aber so stark aus, dass sie mittlerweile die ursprüngliche Vegetation bedroht.

> **Literaturtipp**: *Azorenflora* von Andreas Stieglitz (ISBN 3-8334-0888-X). Die 70 bedeutendsten Pflanzen der Inselgruppe werden mit Fotos vorgestellt und beschrieben. Mehr zum Buch und zur Flora der Inseln auf www.azorenflora.de.
>
> **Internettipp**: Alles zu Flora und Fauna über und unter Wasser auf www.azoresbioportal.angra.uac.pt – die Universität der Azoren klärt diesbezüglich u. a. auf Englisch auf.

Schwarzholzakazie (Acacia melanoxylon): Aus Australien stammt dieser Baum, der bis zu 30 m hoch werden kann und zu Möbelstücken verarbeitet wird. Seine buschige Krone fällt im Frühjahr durch seine kugeligen Blütenköpfchen aus blassgelben Blüten auf.

Australische Klebsame (Pittosporum undulatum): Der immergrüne Baum (mit weißen Trugdolden zur Blütezeit im Frühjahr) wurde einst als Windschutz für die Orangenhaine eingeführt. Heute ist die Klebsame der vorherrschende Baum in Höhenlagen zwischen 50 und 500 m. Sie verbreitet sich krautartig und erobert als Pionierpflanze aufgegebene Stallungen und Häuser.

Yams (Dioscorea): Die auf Portugiesisch *inhame* genannte tropische Dauerpflanze ist an den großen, herzförmigen Blättern leicht zu erkennen. Die Knollen werden wie Kartoffeln gekocht.

Fauna

Tier-Geschichte(n): Ein Ruderboot setzt mit der letzten Woge am Strand auf. Zwei Männer springen mit Macheten heraus, zerren einen Ziegenbock an Land, binden ihn an den nächsten Baum, während zwei andere Männer das Boot im Wasser halten – allzeit zur Flucht bereit. Schweiß perlt ihnen noch immer von der Stirn, als sie zu ihrem Schiff zurückrudern, das weit vor der Küste Anker geworfen hat. Dort warten sie mit den anderen Siedlern zwei Tage, dann lassen sie wieder ein Boot zu Wasser, um zu sehen, ob der Ziegenbock noch lebt.

So oder so ähnlich spielte sich der Beginn der Besiedlung auf allen Azoreninseln ab. Der Ziegenbock lebte. Das war der Beweis, dass es keine wilden und gefährlichen

28 Azoren allgemein

Tiere gab, keine Ungeheuer oder Ähnliches – die Siedler konnten guten Gewissens an Land.

Tierarten: Im Gegensatz zur Flora ist die Fauna der Azoren ausgesprochen artenarm (außer im Meer). Das einzige heimische Säugetier zur Zeit der Besiedlung soll die Fledermaus gewesen sein. Daneben gab es eine Vielzahl von Insekten, Kriechtieren und Vögeln, unter letzteren auch einige endemische Arten. Schlangen, egal ob giftig oder ungiftig, gab und gibt es nicht.

Fast alle Tiere, die uns heute zu Gesicht kommen, wurden eingeführt, ob Ratten oder Haustiere wie Katze, Hund oder Rind. Letzteres sieht man mit Abstand am häufigsten, Milchkühe sind allgegenwärtig.

Kreischen, Krächzen, Singen – die Gelbschnabelsturmtaucher

Wer zwischen April und September campt oder sich nach Einbruch der Dunkelheit an der Küste aufhält, wird dem Gelbschnabelsturmtaucher (portug. *cagarro*) sein Ohr schenken – gewollt oder ungewollt: Zu überhören ist er nicht. Man kann sich streiten, ob sein Singsang der Sirene eines New Yorker Streifenwagens ähnelt oder dem Jaulen einer angefahrenen Katze. Tatsache ist, dass seine „Aua-aua-aua-äh-äh"-Laute nicht mit dem vogelüblichen Gezwitscher zu vergleichen sind. Umstritten ist dagegen, ob er die Romantik verdirbt oder bereichert – die erstaunlich vielen Leserzuschriften zu diesem Thema halten sich diesbezüglich in etwa die Waage.

Damit Ihr eigenes Urteil eine gewisse fachlich-sachliche Unterfütterung erhält, hier ein paar Informationen über den ungewöhnlichen Zeitgenossen: Die Gelbschnabeltaucher *(Calonectris diomedea borealis)*, Verwandte der Albatrosse, kommen zum Brüten auf die Azoren. Ihre Nester bauen sie an steilen, schwer zugänglichen Küsten. Gelbschnabeltaucher werden bis zu 40 Jahre alt und sind erst nach acht Jahren geschlechtsreif. Angeblich haben sie nur ein Weibchen. Dieses legt ein oder zwei Eier, das von Männchen und Weibchen in einem Turnus von zwei Tagen abwechselnd ausgebrütet wird. Die Brutzeit selbst beträgt sieben bis acht Wochen.

Die Gelbschnabelsturmtaucher jagen auf See und ernähren sich von kleinen Fischen. Dabei folgen sie nicht selten Thunfischschwärmen – für Fischer eine wertvolle Orientierungshilfe auf See. Die Gelbschnabeltaucher selbst, so vermutet man, orientieren sich an Mond und Sternen. Nach der Aufzucht des Nachwuchses fliegen sie vorbei an der Westküste Afrikas an die Küste von Ghana – für die 5000 km brauchen sie rund zwei Wochen. Dort bleiben sie bis in den Dezember; wo sie die Zeit zwischen Dezember und April verbringen, weiß man nicht genau, man vermutet auf See. Achtung: Rufen Sie einer zeternden Frau nie „Cagarro" hinterher – insbesondere auf Santa Maria ein böses Schimpfwort!

Hinweis Wenn die Jungvögel im Spätsommer das erste Mal fliegen, findet das nachts statt. Durch künstliches Licht an Land verlieren die Kleinen immer wieder die Orientierung und fliegen über Land statt übers Meer. Wenn Sie einen verwirrten Jungvogel an Land finden, so bringen Sie ihn am besten geschützt in einer Decke oder einem Karton ans Meer (achten sie darauf, dass sich an dem Küstenabschnitt keine streunenden Hunde herumtreiben!) und lassen ihn dort wieder frei.

Fauna

Keine lila Kunstkuh – echtes Azorenrindvieh

● *Weitere Vogelarten* **Mäusebussard**: Den **Buteo buteo rothschildi** hielten die ersten Siedler für einen Habicht, in der Pluralform des Portugiesischen *açores* genannt – der Name des gesamten Archipels.

Priôlo: Der mit dem Gimpel (Dompfaff) verwandte Priôlo (Pyrrhula pyrrhula murina) ist eine endemische Art und war einst eine Plage in den Orangenhainen der Insel. Mit dem Verschwinden der Orangenhaine und der Abholzung der Lorbeerwälder ging sein Lebensraum verloren. Der Priôlo galt als ausgestorben, bis man ihn zufällig am Pico da Vara auf São Miguel wiederentdeckte. Er gehört heute zu den meistbedrohten Vogelarten, die Population wird auf 200–300 Tiere geschätzt.

> Häufig begegnet man der **Madeira-Mauereidechse (Lacerta dugesii)**, die nicht davor zurückschreckt, Leckereien aus dem Picknickkorb zu stibitzen. Auch auf der einheimischen Speisekarte taucht die Eidechse *(lagarto)* zuweilen auf. Aber keine Sorge, hier werden Ihnen keine Reptilien angeboten – als *Lagarto* wird auch das Filetstück von Rind oder Schwein bezeichnet.

Unterwasserwelt: Die Meeresfauna rund um die Azoren fasziniert durch Vielzahl und Vielfalt. Rund um die Inseln tummeln sich Papageien-, Kugel- und Drückerfische, Zacken- und Neonriffbarsche, Adler- und Stechrochen, Barrakudas, Nacktschnecken, Spanische Tänzer, Bärenkrebse, verschiedenste Muränenarten und Ähnliches mehr. Zudem ziehen auch Meeressäuger durch die Gewässer. Man braucht kein erfahrener Taucher sein, um von dem Reichtum des Meeres etwas mitzubekommen. Oft reicht schon eine Überfahrt mit der Fähre von São Jorge nach Pico, und eine sog. Delfinschule (Gruppe von Delfinen) begleitet plötzlich das Boot. Mit viel Glück sieht man auch die Fontäne eines Wals. Wer nicht auf den Zufall hoffen will, kann an einer Whale-Watching-Ausfahrt teilnehmen.

Delfine und Wale: 24 Delfin- und Walarten wurden in den Gewässern rund um die Azoren bislang gesichtet. Mehrere Delfinarten sind hier zuhause, Wale aber kommen

30 Azoren allgemein

nur auf der Durchreise vorbei, im Sommer ziehen sie von Süd nach Nord, im Winter umgekehrt. Für die Wale sind die Azoren wegen ihres Fischreichtums eine Art Meeresraststätte, an der es sich lohnt, eine längere Pause einzulegen.

Bei Whale-Watching-Ausfahrten ist am häufigsten der *Gewöhnliche Delfin* (*Delphinus delphis*, bis zu 2,6 m lang) zu sehen, der *Kurzflossen-Grindwal* (*Globicephala macrorhynchus*, bis zu 6,5 m), der *Blau-Weiße Delfin* (*Stenella coeruleoalba*, bis zu 2,7 m), der *Atlantische Fleckendelfin* (*Stenella frontalis*, bis zu 2,3 – mit diesen Tieren kann man auch schwimmen), der *Große Tümmler* (*Tursiops truncatus*, auch als *Flipper* bekannt, bis zu 4 m) und *Pottwale* (Physeter macrocephalus, bis zu 20 m).

> **Schwimmen mit Delfinen:** Nur wenige Anbieter sind darauf spezialisiert. Falls Sie keinen Experten wie z. B. Espaço Talassa auf Pico wählen, wird das Erlebnis möglicherweise zu einer Enttäuschung. Wenn Touristen mit Delfinen schwimmen wollen, heißt das nämlich noch lange nicht, dass die Delfine auch mit Touristen schwimmen wollen. So mancher Anbieter versucht nur, Sie dort ins Wasser springen zu lassen, wo irgendeine Delfinschule den Weg kreuzt. Die schwimmt dann an Ihnen vorbei – das war's.

Nur selten hingegen sieht man *Schwertwale* (*Orcinus orca*, auch *Killerwal* genannt, bis zu 10 m), *Seiwale* (*Balaenoptera borealis*, bis zu 20 m), *Blauwale* (*Balaenoptera musculus*, mit bis zu 33 m Länge und bis zu 130 t Gewicht das größte Tier der Welt) und *Buckelwale* (*Megaptera novaeangliae*, bis zu 15 m).

Das letzte Foto ...   *... und Tschüß!*

Bevölkerung 31

Azoren – Allgemeines

Pottwal, der Wal der Azoren

Der Pottwal – auf den Azoren schlicht *Baleia* („Wal") genannt, auf Portugiesisch *Cachalote* – ist der Großwal, der in den Gewässern um die Azoren am häufigsten gesichtet wird. Aufgrund seines Blases, der im Winkel von 45 Grad nach vorne spritzt, ist er leicht zu erkennen. Bis in die 1980er Jahre war der Pottwal auch der am meisten gejagte Wal (→ Kasten S. 406). Er besitzt keine Barten, sondern Zähne. Aus ihnen schnitzten die Walfänger zum Zeitvertreib einst Figuren, oder sie verzierten die Zähne mit Gravuren. Über dem Peter Café Sport in Horta auf Faial (→ S. 361) finden Sie eine einzigartige Sammlung solcher (heute bedenklicher) Kunstwerke.

Männliche Pottwale erreichen Längen von bis zu 20 m und ein Gewicht von bis zu 70 t; die weiblichen Tiere sind etwas kleiner und leichter. Rund drei Kälber bringen sie in ihrem Leben zur Welt, die Stillzeit dauert drei Jahre. Die Tiere kommunizieren untereinander mit Klicklauten, ähnlich einem Morsecode. Ihre Schwimmgeschwindigkeit beträgt 3 bis 5 Knoten, bei der Jagd bis zu 20 Knoten. Pottwale ernähren sich in erster Linie von Tintenfischen (rund 1500 kg pro Tag!), die sie mit Hilfe von Schallwellen orten; dabei können sie bis zu 2000 m tief abtauchen. Es gibt Theorien, nach denen der Schall so stark ist, dass er kleinere Kraken töten kann. Das Hirn der Tiere ist so groß wie ein Fußball. Im Kopf des Pottwals, der rund ein Drittel des Körpers einnimmt, befindet sich das sog. *Spermaceti* oder *Spermazot* („Walrat"), das man anfangs für Spermien hielt (daher auch der englische Name *Spermwhale*). Die ölig-wachsartige Flüssigkeit wurde früher zum Schmieren hochwertiger feinmotorischer Anlagen verwendet. Im Darm des Pottwals wiederum befindet sich Amber, ein ebenfalls wachsartiger, grauer und zudem sehr wohlriechender Stoff.

Die durchschnittliche Lebenserwartung des Pottwals beträgt bei männlichen Tieren 50 Jahre, bei weiblichen 30 bis 40 Jahre. Es gibt aber auch Theorien, nach denen die Tiere viel älter (mehr als das Dreifache!) werden und die bisherigen Erkenntnisse zweifelhaft sind.

Bevölkerung

Azoreaner und Portugiesen: Was die Azoreaner mit den Festlandsportugiesen gemein haben, ist die Nationalität und, damit verbunden, weite Teile der Gesetzgebung, die Schriftsprache und Ähnliches mehr. Es gibt aber auch sicht- und hörbare Unterschiede. So ist z. B. ein blondgelockter Jüngling an der Algarve eine Seltenheit, auf den Azoren nicht. Der Grund liegt in der Geschichte: Waren die ersten Siedler auf den Azoren noch überwiegend Portugiesen – v. a. aus der Estremadura, dem Alentejo und von der Algarve sowie vertriebene Juden aus sämtlichen Regionen Portugals –, gesellten sich bald Einwanderer aus den verschiedensten Ecken Europas hinzu, insbesondere Flamen und Bretonen, später auch Spanier und Mauren, letztere nicht freiwillig, sondern als Sklaven. Daraus entwickelte sich eine bunt gemischte Gesellschaft. Die großen Distanzen zwischen den Inseln und fehlende Verkehrswege zwischen den abgeschiedenen, schwer zugänglichen Siedlungen auf den Inseln führten dazu, dass die verschiedenen Einwanderergruppen ihre Traditio-

32   Azoren allgemein

nen pflegen konnten, ohne mit anderen Gruppen groß in Berührung zu kommen. Bis heute noch lassen sich die Dialekte der einzelnen Inseln unterscheiden. Aus demselben Grund entwickelte sich über lange Zeit auch keine gemeinsame azoreanische Identität, ausgenommen in den Einwanderungsgebieten in Übersee. Die *Micaelenses*, die Bewohner von São Miguel, interessierten sich nur wenig für die Bewohner der 500 km entfernten Insel Flores – eher spottete man übereinander, als dass man Einigkeit bezeugte. Erst seit die Azoren eine autonome Region sind, hat sich die Situation geändert, nicht zuletzt deshalb, weil der Ausbau der Infrastruktur endlich ein gegenseitiges Kennenlernen ermöglichte.

Die Fakten: Insgesamt 244.780 Menschen (Stand 2008) leben auf den Inseln – das entspricht einer Einwohnerdichte von 105 Personen pro Quadratkilometer. Diese schwankt zwischen den einzelnen Inseln jedoch enorm, am dichtesten besiedelt ist São Miguel mit 179 Einwohnern, das Schlusslicht bildet Corvo mit 28 Einwohnern pro Quadratkilometer. Die kleineren Inseln sind stark überaltert. Wer jung ist, findet dort nur wenig Perspektiven und sucht sein Glück auf São Miguel, Terceira oder gleich auf dem portugiesischen Festland. Aber auch in die USA oder nach Kanada zieht es die Jugend. Die Verbindungen vieler Azoreaner nach Amerika sind enger geknüpft als die zum Festland. Es gibt unzählige Azoreaner, die schon mehrmals in die Staaten geflogen sind, aber noch nie eine Maschine nach Lissabon bestiegen haben.

Auswanderung und Einwanderung: Die ersten Siedler kamen auf die Azoren, um eine neue Heimat zu finden. Hunger und Not ließen aber viele wieder auswandern – die Hauptziele waren Brasilien, die USA und Kanada. Das hatte besonders zwei Gründe: Zum einen lagen die Azoren auf den Schifffahrtsrouten in die Neue Welt, zum anderen wurden im 18. Jh. durch amerikanische Walfangschiffe mehr Kontakte in Richtung Westen geknüpft als zu den Ländern im Osten, wo die Lebensverhältnisse auch nicht immer besser waren.

Anhand der Bevölkerungsstatistik der einzelnen Inseln lässt sich nachvollziehen, wann und wo man Hunger litt und die Perspektiven am schlechtesten waren. Aus großer wirtschaftlicher Not wandert seit Anfang der 1990er Jahre niemand mehr aus. Im Gegenteil: Ging noch der Vater als Gastarbeiter nach Brasilien, stellt der Sohn heute brasilianische Gastarbeiter ein. Dieses Beispiel macht überdeutlich, welch wirtschaftlichen Aufschwung die Inseln in den letzten Jahren erfuhren, der EU sei Dank. Mittlerweile zählt der Archipel rund 9000 Einwanderer, darunter nicht nur Brasilianer, sondern auch viele Kapverdier, Ukrainer und Angolaner.

Bevölkerungsentwicklung

	1864	1900	1960	1970	1981	1991	2008
Santa Maria	5863	6359	13.233	9762	6500	5922	5574
São Miguel	105.404	122.169	168.691	151.454	131.908	125.915	133.816
Terceira	45.781	48.518	71.610	65.852	53.570	55.706	55.923
Graciosa	8718	8359	8669	7420	5377	5189	4910
São Jorge	17.998	16.074	15.895	13.186	10.361	10.219	9.473
Pico	27.721	24.184	21.837	18.490	15.483	15.202	14.850
Faial	26.259	22.075	20.281	17.068	15.489	14.920	15.629
Flores	10.508	8127	6582	5379	4352	4329	4117
Corvo	883	808	681	485	370	393	488
insgesamt	249.135	256.673	327.479	289.096	243.410	237.795	244.780

Bevölkerung 33

Religion: Die Azoreaner sind zu annähernd 90 % katholisch. Von der Besiedlung der Inseln über deren Erschließung bis in die Gegenwart spielte die Kirche eine bedeutende Rolle. Der tiefe Glaube vieler Azoreaner ist nicht zuletzt wegen der ständigen Bedrohung durch die Naturgewalten so lebendig.

Die USA – zehnte Insel der Azoren

Fall River, Massachusetts, ist eine typische Kleinstadt an der Ostküste der USA. Nichts unterscheidet den Ort von anderen der Gegend. Jedes Jahr im August jedoch wälzen sich kilometerlange Autokolonnen dem Ort entgegen, über 100.000 amerikanische Azoreaner zieht es dann nach Fall River, um die *Grandes Festas do Espírito Santo da Nova Inglaterra* auf den Straßen zu feiern, das Fest des Heiligen Geistes, eine der größten Touristenattraktionen von Massachusetts.

Wie in der vor langer Zeit verlassenen Heimat wird das Fest mit viel Musik, Pomp und Ausgelassenheit begangen. In Fall River und New Bedford (ebenfalls Massachusetts) stammen 60 bis 70 % der jeweils knapp 100.000 Einwohner ursprünglich von den Azoren, in den Neuenglandstaaten Connecticut, Rhode Island, Massachusetts, Vermont, New Hampshire und Maine leben insgesamt fast 700.000 Amerikaner azoreanischer Herkunft. Dagegen zählt die Gesamtbevölkerung des Archipels keine 250.000. Es gibt kaum einen Azoreaner, der keine Verwandten in den USA hat.

Allein in den letzten zwei Jahrhunderten wanderten weitaus mehr Bewohner der Azoren aus, als heute auf dem Archipel leben; Armut und Arbeitslosigkeit waren die Ursachen. Auf Walfangschiffen, die in den Häfen der Heimatinseln ankerten, heuerten sie an oder kauften sich einen Passagierschein. Zunächst siedelten sie an der Ostküste der USA, später auch in Kalifornien. Um die San Francisco Bay, rund um San Jose, Tulare, Modesto oder Artisia, schätzt man die Zahl der Amerikaner azoreanischer Herkunft auf ca. 300.000. Die ersten Generationen versuchten ihr Glück in der Landwirtschaft, die heutige arbeitet auch im Silicon Valley. Selbst im US-Bundesstaat Hawaii ist der Anteil der Azoreaner an der Bevölkerung relativ hoch. Wie in Fall River werden auch in Honolulu auf der Insel Oahu alljährlich die Festas do Espírito Santo begangen – ein Ausdruck der tiefen Verbundenheit mit der alten Heimat.

Den amerikanischen Traum konnten so manche Auswanderer oder deren Kinder verwirklichen. Zum Beispiel Tony Coelho, dessen Familie aus São Miguel emigrierte und der einer der Ratgeber wie auch ein enger Freund des amerikanischen Präsidenten Bill Clinton war. Azoreanische Wurzeln hat auch Starfotograf Pete Souza, den Barack Obama ins Weiße Haus holte. Oder Cameron Craig Mello, der 2006 den Nobelpreis für Medizin erhielt. Im Musikbereich ist das Standardbeispiel für erfolgreiche Azoreaner der auf Terceira geborene Rockgitarrist Nuno Bettencourt. Jahrelang war er mit seiner Band *Extreme* weltweit Dauergast in den Charts, heute arbeitet er als Solokünstler. International berühmt sind auch die Pop- und Rocksängerin Nelly Furtado, die Jazzsängerin Suzana da Camara und der Modedesigner Arthur Mendonça – alle haben zwar einen kanadischen Pass, dreimal dürfen Sie aber raten, von welcher Inselgruppe deren Eltern stammen …

Katja Ferwagner

34   Azoren allgemein

Bildung: Auf den Azoren herrschen extreme Bildungsdefizite, v. a. abseits der Inselmetropolen. Die Analphabetenrate unter älteren Frauen liegt in abgeschiedenen Gemeinden bei knapp 20 %. 80 % aller Berufstätigen besitzen lediglich eine Grundausbildung, was sich mit Hilfe der EU ändern soll. Der Europäische Sozialfonds unterstützt die Azoren für die Jahre 2007 bis 2013 mit 190 Mio. Euro zur Förderung von Bildung und Gesundheit. Dadurch soll das Qualifikationsniveau auf den Inseln angehoben werden, wobei das Geld u. a. der Universität der Azoren und dem Ausbau des Schulwesens zugutekommt.

Doch die Modernisierung bzw. der Neubau von Schulen bedeutet nicht automatisch eine Verbesserung der schulischen Ausbildung – v. a. auf den kleinen Inseln ist diese noch immer verhältnismäßig schlecht. Die Lehrer kommen überwiegend vom Festland, viele von ihnen haben bei Lehrantritt ihr Studium erst beendet, keine oder nur wenig Berufserfahrung und einen Zeitvertrag unterschrieben, um der Arbeitslosigkeit zu entgehen.

Azoreaner und Touristen: Der höfliche Umgang der Inselbewohner untereinander und mit den Touristen ist auffallend. Selten wird man einem Azoreaner begegnen, der nicht versucht, auf eine Frage erschöpfend Antwort zu geben. Und immer wieder wird man ein Stück begleitet, wenn man sein Ziel nicht findet. Insbesondere abseits der größeren Orte und auf den kleineren Inseln ist der Fremde noch immer ein Gast, um dessen Wohl man sich kümmert. Doch Zeit und *paciência* (Geduld) muss man mitbringen. Nicht alles wird schnell und sofort erledigt. *Amanhã*, wörtlich übersetzt „morgen", kann genauso gut übermorgen oder in drei Tagen bedeuten.

Politik und Verwaltung

Status: Die Azoren sind Teil des portugiesischen Staatsgebiets. Seit 1976 genießen sie autonomen Status und nennen sich *Região Autónoma dos Açores*.

Die weiß-blaue **Flagge der Azoren** ziert der Mäusebussard (→ S. 29), umrahmt von neun goldenen Sternen, für jede Insel einen. Sie darf nur neben der Nationalflagge Portugals gehisst werden.

Kommunalverwaltung: Die Azoren gliedern sich in drei Verwaltungsdistrikte, sog. *Distritos Autónomos*. São Miguel und Santa Maria bilden zusammen einen Verwaltungsbezirk mit der Distrikthauptstadt Ponta Delgada auf São Miguel. Terceira, Graciosa und São Jorge werden von Angra do Heroísmo auf Terceira verwaltet. Faial, Pico, Flores und Corvo haben als Distrikthauptstadt Horta auf der Insel Faial. Die drei großen Verwaltungsdistrikte unterteilen sich in 19 *Concelhos* mit je einem Hauptort, einer sog. *Vila* – etwa vergleichbar mit einer deutschen Kreisstadt. Alles in allem gibt es in den 19 azoreanischen Kreisen 149 Gemeinden, sog. *Freguesias*.

Exekutive und Legislative: Die Regierung der Autonomen Region der Azoren hat ihren Sitz in Ponta Delgada, das Parlament tagt in Horta. Santa Maria stellt dafür drei Abgeordnete, São Miguel 19, Terceira zehn, São Jorge, Pico und Faial jeweils vier, Graciosa und Flores jeweils drei und Corvo zwei. Die 52 Abgeordneten des Azoren-Parlaments werden alle vier Jahre gewählt, zuletzt im Oktober 2008. Danach kam es zu folgender Sitzverteilung: Die PS (Sozialisten) hält 30 Sitze, die PSD (Sozialdemokraten) 18, die PP/CDS (Konservative) fünf, die BE (Linke) zwei, die CDU (Bündnis aus Kommunisten und Grünen) einen und die PPM (Monarchisten) ebenfalls einen Sitz. Derzeit regieren die Sozialisten, Regierungspräsident der Azoren ist Carlos Manuel Martins do Vale César.

Die Azoreaner sind ferner durch fünf Abgeordnete im Nationalparlament in Lissabon vertreten.

Wirtschaft

Inseln im Wandel: Einst zählte Portugal zum Armenhaus Europas und die Azoren zu den ärmsten Regionen Portugals. Man überlebte durch den engen familiären Zusammenhalt – die Verwandten im Ausland unterstützten die Daheimgebliebenen. Auch trug das Stückchen Land, das viele Azoreaner besitzen, zur Grundversorgung bei. Denn das Leben auf den Azoren war nicht einfach. Die Löhne waren (und sind noch immer) niedriger als auf dem Festland, die Lebenshaltungskosten z. T. jedoch höher. Nahezu alles, was industriell gefertigt wird, muss importiert werden, das fängt beim Auto an und hört bei der Zahnpasta auf. Doch zu den allerärmsten Regionen Europas zählen die Azoren dank großzügiger EU-Subventionen seit jüngster Zeit nicht mehr. Allein in den letzten zehn Jahren verdoppelte sich das Bruttoinlandsprodukt pro Kopf auf den Inseln nahezu; es müsste sich aber nochmals verdoppeln, um mit dem Österreichs gleichzuziehen.

Am Tropf der EU: Der Fortschritt auf den Inseln war und ist in erster Linie Geldern aus Brüssel und Lissabon zu verdanken. Nahezu überall auf den Azoren fallen die blauen Schilder mit der Aufschrift „FEDER" ins Auge *(Fundo Europeu do Desenvolvimento Regional)*. Fast alle öffentlichen Bau- und Restaurierungsmaßnahmen wurden und werden mit Mitteln des Europäischen Fonds für regionale Entwicklung (EFRE) im Rahmen des sog. „Konvergenz"-Ziels (Proconvergencia) realisiert. Dabei übernimmt die EU bis zu 85 % der Investitionssummen. Für die Jahre 2007 bis 2013 stellt die EU dafür 966 Mio. Euro bereit (zwischen 2000 und 2006 waren es 854 Mio. Euro). Diese Finanzierung im Rahmen der Kohäsionspolitik wird übrigens allen Regionen der EU zuteil, in denen das Bruttoinlandsprodukt pro Kopf unter 75 % des EU-Durchschnittes liegt. Das trifft auch auf das Gros der neuen Bundesländer in Deutschland zu; im Vergleich zu den neuen Bundesländern jedoch erhalten die Azoren noch einen geringen Aufschlag aufgrund ihrer Randlage. Damit wird u. a. der Luftverkehr zwischen den Inseln gefördert, um die medizinische Versorgung aller Insulaner sicherzustellen, aber auch der Schiffsverkehr zur Entsorgung von Sondermüll. Neben der EU schießt auch Portugal kräftig zu. Das alles verschlingt Millionensummen. Für die Insel Corvo z. B. wurde einmal ausgerechnet, dass es billiger wäre, alle Einwohner auf Lebenszeit in die besten Hotels von Lissabon einzuquartieren, als eine funktionierende Infrastruktur und Verwaltung aufrechtzuerhalten (Corvo ist allerdings auch das krasseste Beispiel).

Der Aufschwung: Die vielen Investitionen zeigen Wirkung und sorgten für eine Belebung der lokalen Wirtschaft. Wachsende Wirtschaftsleistung und erhöhter privater Konsum spiegeln sich auch im stetig steigenden Stromverbrauch: Dieser legte zwischen 2000 und 2009 um 70 % zu. Verantwortlich sind neue Industriebetriebe, neue Hotels, neue Straßenlaternen, neue Klimaanlagen, neue Fernseher etc. Dem steuert man durch den Ausbau der geothermischen Energiegewinnung und der Energieerzeugung durch Wind- und Wasserkraft entgegen – immerhin 30 % des Energiebedarfs werden mittlerweile durch diese alternativen Energietechniken gedeckt. Langfristig soll auf diese Weise nahezu der gesamte Energiebedarf der Inseln gedeckt werden, schon bis 2015 will man weit mehr als 50 % auf diesem Wege erreichen – auch dafür kommen EU-Mittel zum Einsatz. Die vielen neuen Autos auf den Straßen zeugen weniger von steigenden Löhnen als vielmehr von einer neuen Kreditwürdigkeit der Azoreaner.

36 Azoren allgemein

Beschäftigungsstruktur: Nur wenige Arbeitsplätze gibt es, die nicht direkt oder indirekt durch Portugal oder die EU bezuschusst werden. Von den erwerbstätigen Azoreanern arbeitet weit mehr als jeder Zweite im Dienstleistungssektor. Der Anteil an Erwerbstätigen in der Landwirtschaft und der weiterverarbeitenden Industrie (z. B. Käseherstellung) wird auf rund 30 % geschätzt. Der Rest verdient seinen Lebensunterhalt überwiegend in der Fischerei. Die Arbeitslosigkeit lag bei Ausbruch der Finanzkrise bei 3,5 % (2007) und verdoppelte sich danach auf rund 7 % (2009). Die Arbeitslosenquote war aber auf den Azoren noch nie allzu hoch, denn wer früher keine Arbeit fand, verließ die Inseln. Es verlassen aber auch heute noch vielfach jene die Inseln, die spielend eine Arbeit finden könnten, da sie über eine solide Ausbildung verfügen oder studiert haben. Sie zieht es aufs Festland, weil sie dort im Durchschnitt 30 % mehr verdienen können, ein Umstand, der für Fachkräftemangel auf den Azoren sorgt.

Landwirtschaft auf den Azoren heißt in erster Linie Viehwirtschaft. Molkereiprodukte, überwiegend Käse, und lebende Rinder machen den Löwenanteil der insularen Exporte aus. Auf den Inseln werden rund 230.000 Rinder gehalten, darunter ca. 100.000 Milchkühe. Um die 60.000 Tiere werden jedes Jahr zur Fleischverarbeitung aufs Festland verschifft, 33.000 zum Eigenbedarf vor Ort geschlachtet. Die Konzentration auf die Viehwirtschaft hat weniger mit EU-Subventionen zu tun, die Viehhaltung war schon bedeutsam für die Azoren, bevor Portugal der EU beitrat. Aufgrund des Landschaftsbildes der Inseln – viele steile Hänge – ist die Produktion vieler anderer landwirtschaftlicher Erzeugnisse zu arbeitsintensiv und damit im internationalen Vergleich unrentabel. Das bewirtschaftete Land ist vielerorts im Besitz von Großgrundbesitzern, die es parzellenweise den Bauern verpachten. Nur auf Corvo und Flores existiert viel kommunales Weideland.

Angebaut wird in erster Linie das, was man für den Eigenbedarf benötigt oder wofür eine weiterverarbeitende Industrie existiert. Auf São Miguel sind das v. a. Ananas, Tee, Tabak, Zucker und Maracuja. Trauben (25.000 t für die Weinkelterei) werden auf fast allen Inseln angebaut, professionell gekeltert wird aber nur auf São Miguel, Pico,

Delikatesse – Käse von den Azoren

Wirtschaft   37

Terceira und Graciosa. Der Bioanbau steckt noch in den Kinderschuhen, immer mehr Bauern aber interessieren sich dafür. Mittlerweile ist man ohnehin bemüht, Marktlücken zu entdecken, um weniger von der Viehwirtschaft abhängig zu sein. Unter anderem setzt man auf die *Protea*-Zucht – die edlen, auch als Silberbaum, Schimmerbaum oder Wunderfichte bekannten Pflanzen werden bereits in die EU exportiert.

Fischerei: Die Azoren beanspruchen eine Fischereizone rund um die Inseln, die in etwa der zehnfachen Fläche Portugals entspricht. Durch die Ausweisung von Meeresgrund als Hoheitsgebiet soll die Fläche weiter ausgedehnt werden.

Die größten Fischereihäfen sind Ponta Delgada und Rabo de Peixe auf São Miguel, Praia da Vitória auf Terceira, Madalena do Pico auf Pico und Horta auf Faial. Auf allen vier Inseln findet man auch Konservenfabriken. Verarbeitet wird in erster Linie Thunfisch, in guten Jahren rund 10.000 t. An der Fischerei hängen 5 % aller Jobs, die Ausfuhr von Frischfisch, Krustentieren und Fischkonserven macht rund 40 % der Inselexporte aus. Seit 2005 darf rund um die Azoren Thunfisch nicht mehr mit Netzen gefischt werden. Der Fang mit Leinen und Haken verringert den Beifang von Haien und Delfinen. Außerdem werden so die Kaltwasser-Korallenriffe auf den Seebergen um die Inseln geschont. Umweltschützer bezeichnen die Azoren daher als eine der wenigen Regionen der EU, in der weitgehend nachhaltig gefischt wird. Bei den neuen Fangmethoden wurden die Fischer von der Meeresbiologischen Fakultät der Azoren (in Horta) unterstützt. Aber noch läuft alles nicht perfekt: Beim Fischfang mit Haken schnappen auch die Meeresschildkröten nach den Ködern, Tausende kommen so jährlich um. Aber auch viele Fischer lassen ihr Leben auf See, man schätzt, dass nur ein Viertel der Fischer schwimmen kann.

Tourismus: Seit Jahrzehnten gelten die Inseln als Geheimtipp im Atlantik, und insbesondere auf São Miguel ist man bemüht, das zu ändern. Ob das klappt, ist fraglich, denn die Voraussetzungen für breiten Massentourismus fehlen: 300 Tage Sonnenschein und weite, weite Strände. Immerhin hat man es geschafft, die Zahl der Übernachtungen auf São Miguel durch den Bau etlicher Hotels in Ponta Delgada in den letzten 15 Jahren auf annähernd eine Million zu verdoppeln. Ohne die Finanzkrise hätte man die Millionengrenze voraussichtlich schon geknackt, so aber gingen die Übernachtungszahlen zuletzt wieder leicht zurück. Die anderen Inseln führen gegenüber São Miguel beinahe ein touristisches Schattendasein. Terceira statten nur knapp 18 % aller Azorenreisenden einen Besuch ab, Faial knapp 11 %, Pico 4,5 %, Santa Maria keine 3 %. Nicht einmal 2 % aller Übernachtungen können Flores, Graciosa und Corvo für sich verbuchen. Das heißt zugleich, dass mit Ausnahme São Miguels alle Inseln weiterhin Geheimtipps bleiben werden. Mehr als die Hälfte aller Touristen kommt vom portugiesischen Festland. Rund ein Fünftel der Urlauber sind Skandinavier – sie belegen zu 98 % als Pauschaltouristen die Hotels in Ponta Delgada. Keine 5 % aller Besucher kommen aus Deutschland.

Industrie: Betriebe, die etwas anderes verarbeiten als das, was Landwirtschaft, Holzwirtschaft oder die Fischerei zur Verfügung stellen, gibt es nur wenige. Weit mehr als die Hälfte aller produzierten Güter sind Molkereiprodukte und Fischkonserven. Mit Steuererleichterungen und Subventionen versucht man, Unternehmen vom portugiesischen Festland und aus dem Ausland zu Investitionen auf den Inseln zu locken – bislang ohne großen Erfolg.

Umweltprobleme: *National Geographic* kürte die Azoren 2007 zum zweitschönsten Inselparadies der Welt, als noch schöner wurden lediglich die Färöer-Inseln

38   Anreise

eingestuft. Für die 522 Experten zählende Jury war dabei die landschaftliche Schönheit der Inselgruppe ebenso ausschlaggebend wie die niedrige Kriminalitätsrate, der Umgang mit dem kulturellen Erbe, die bislang ausgebliebenen negativen Veränderungen infolge des Tourismus und vor allem: die ökologischen Aspekte. Auf den ersten Blick scheinen die Azoren auch wirklich keinerlei Umweltprobleme zu haben oder zu verursachen. Ganz so ist es allerdings nicht; das Problem lauert nur ausgerechnet da, wo man es zuletzt vermuten würde: auf den grünen Weiden mit den bimmelnden Kühen. Die Weiden selbst sind nämlich häufig überdüngt, was nicht ohne Folgen für das Grundwasser und die küstennahe Meeresflora bleibt. Und obendrein sind die vielen Rindviecher pupsende Klimakiller. Der jährliche Methan-Ausstoß einer Kuh wirkt sich auf das Klima aus wie die CO_2-Emission eines Mittelklassewagens mit 18.000 km Jahresleistung. So sind die Emissionwerte der Azoren pro Kopf gesehen alles andere als gut.

Anreise

Viel Auswahl haben Sie nicht, wenn die Reise auf die Azoren geht: Direktflüge aus dem deutschsprachigen Raum bieten bislang nur die SATA Internacional und Air Berlin. Zudem besteht die Möglichkeit, die Inselgruppe mit Zwischenstopp in Lissabon oder Porto anzufliegen. Alternativen dazu gibt es so gut wie nicht, nur Kreuzfahrt- und Cargo-Schiffe steuern den Archipel an.

Die Erfahrung zeigt, dass sich die Flugmöglichkeiten auf die Azoren nahezu jedes Jahr ändern. Daher gilt: Wer wann von wo wohin fliegt, erfahren Sie am einfachsten über das Internet (die Webseiten der Airlines sind unten aufgeführt) oder bei einem Azorenspezialisten (→ Reiseveranstalter, S. 41). Zuweilen bekommen Sie dort sogar bessere Angebote als direkt bei den Airlines, da die Reisebüros über Kontingente verfügen. Dem Großteil der überwiegend auf Pauschaltourismus spezialisierten Reisebüros um die Ecke muss man im Hinblick auf die Azoren leider jegliche Kompetenz absprechen.

Flughafencodes São Miguel: PDL. Santa Maria: SMA. Terceira: TER. Graciosa: GRW. Pico: PIX. Faial: HOR. São Jorge: SJZ. Flores: FLW. Corco: CVU.

Mit SATA Internacional von Frankfurt, Amsterdam und Kopenhagen nonstop auf die Azoren: Von Ostern bis Mitte November fliegt SATA Internacional (www.sata.pt) 1-mal wöchentlich, von Mitte Mai bis Mitte September 2-mal wöchentlich, von Frankfurt nonstop nach São Miguel. Im Flugpreis inbegriffen ist von diversen deutschen Städten die Zugreise zum Flughafen Frankfurt. Die Flugdauer beträgt ca. 4 ½ Stunden. Es gibt Pläne, zukünftig weitere Destinationen im deutschsprachigen Raum anzufliegen, in der Vergangenheit gab es z. B. schon Flüge mit SATA von Zürich und München aus. Des Weiteren wird Ponta Delgada mit der SATA direkt von Amsterdam und Kopenhagen aus angeflogen.

SATA-Informationen Leonhardstraße 22, 61169 Friedberg, ✆ 06031/737640.

Mit Air Berlin von Nürnberg und Düsseldorf nonstop auf die Azoren, von Wien via Nürnberg: Von November bis April fliegt Air Berlin (www.airberlin.com) 1-mal wöchentlich von Nürnberg nonstop nach São Miguel, von Mai bis Oktober 1-mal wöchentlich nonstop von Düsseldorf nach São Miguel. Zum Drehkreuz Nürnberg bestehen im Winter Zubringerflüge (geringer Aufpreis) von Berlin, Düsseldorf, Dresden, Erfurt, Hamburg, Hannover, Leipzig, Münster/Osnabrück, Paderborn und von

Anreise 39

Wien aus. Zum Drehkreuz Düsseldorf werden im Sommer Zubringerflüge von Berlin, Hamburg, München und Nürnberg angeboten. Es würde nicht verwundern, wenn die Airline weitere Zubringerflüge aus Österreich und der Schweiz einrichten würde, es würde aber auch nicht verwundern, wenn die Airline in den nächsten Jahren die Azoren wieder ganz aus dem Flugplan streicht.

Air-Berlin-Servicenummern Deutschland ✆ 01805737800, Schweiz ✆ 0848737800, Österreich ✆ 0820737800.

Mit TAP Air Portugal von Deutschland, Schweiz oder Österreich auf die Azoren: Als Zielinseln auf den Azoren stehen Ihnen mit TAP Air Portugal (www.flytap.com) São Miguel, Terceira, Faial und Pico zur Verfügung, über Codesharing mit SATA auch Santa Maria. Wer mit der TAP fliegt, muss in Lissabon umsteigen.

Kurs auf den sicheren Hafen

Der Flug nach Lissabon geht von Deutschland, der Schweiz oder Österreich entweder mit TAP über die Bühne oder über einen Partner der *Star Alliance*, zu der u. a. Lufthansa und Austrian Airline gehören. D. h., wer bei der TAP bucht, kann von Frankfurt, Berlin, Düsseldorf, Hamburg, Hannover, Köln, München, Nürnberg, Stuttgart, Dresden, Leipzig, Köln, Münster, Genf, Zürich oder Wien über Lissabon (in Ausnahmefällen auch über Porto) auf die Azoren fliegen. Je nach Verbindung kann es vorkommen, dass Sie in Lissabon übernachten müssen. In diesem Fall ist es überlegenswert, nicht nur eine Nacht zu bleiben, sondern die Azorenreise gleich mit einem Lissabonaufenthalt zu koppeln.

Gabelflüge auf die Azoren sind eine interessante Alternative für alle, die Lissabon und mehrere Inseln besuchen möchten. So können Sie z. B. einen Hinflug über Lissabon nach Santa Maria wählen und zurück von Horta oder Pico über Lissabon fliegen. Das ist bei der **TAP** mit dem **MultiCity-Ticket** möglich. Auch das **MultiCity-Ticket** der **SATA** ist ideal zum Inselhüpfen mit Start in Lissabon (→ Unterwegs auf den Azoren/Flugzeug).

• *TAP-Informationen* **Deutschland**: Zentrale Information und Reservierungen unter ✆ 01803000341.
Schweiz: Zentrale Information und Reservierungen unter ✆ 448009652.
Österreich: Über den Star-Alliance-Partner Austrian Airlines (✆ 0517661000) oder über das Callcenter in Deutschland.

Weitere Möglichkeiten: Mit einem Billigflieger oder einem Sonderangebot einer renommierten Airline nach Lissabon und von dort weiter auf die Azoren. Flüge zwischen Lissabon und den Azoren (egal ob São Miguel, Santa Maria, Terceira, Faial oder Pico) kosten hin und zurück 150 bis 350 €. Dabei haben Sie ebenfalls die Möglichkeit eines Gabelfluges (s. o.).

40   Anreise

Informationen zu allen Flughäfen auf den Azoren (Transfer, Mietwagenverleiher am Airport usw.) im Reiseteil unter „An- und Weiterreise mit dem Flugzeug" zu Beginn jedes Inselkapitels.

Flugpreise: Um nicht nur zu erfahren, was wann, wie und wo angeboten wird, sondern auch noch, was am preiswertesten ist, kommt man um einen Blick auf die Internetseiten der Azorenspezialisten (→ Reiseveranstalter) und (!) direkt auf die Seiten der Airlines kaum herum – es lohnt in jedem Fall zu vergleichen. Nicht jedes Angebot, das Sie bei den Airlines finden, können Sie auch über einen Azorenreiseanbieter buchen, den umgekehrten Fall gibt es aber auch und das sehr oft. Vergleichen Sie stets die Endpreise! Die Preise für Nonstop-Flüge aus Deutschland bewegen sich bei der SATA, sofern kein Special angeboten wird, zwischen 350 und 650 € für einen Hin- und Rückflug inkl. Steuern und Gebühren. Wenn Sie großes Glück haben und früh buchen, können Sie mit Air Berlin auch billiger auf die Azoren gelangen, one way ab 99 € (mit Zubringer ab 119 €) inkl. Steuern und Gebühren. Sofern die TAP kein Special anbietet, müssen Sie mit 400 bis 800 € für einen Flug aus dem deutschsprachigen Raum über Lissabon auf die Azoren rechnen, ein Gabelflug kostet zuweilen gar nicht mehr. Last-Minute-Flüge ab 100 € findet man immer wieder bei Azoren-Archipel (→ Reiseveranstalter).

Für Flüge nach Lissabon können Sie sich auf folgenden Webseiten informieren:

Air Berlin: www.airberlin.com
Austrian Airlines: www.aua.com
Brussels Airlines:
www.brusselsairlines.com
Condor: www.condor.de
Edelweiss Air: www.edelweissair.ch
Easyjet: www.easyjet.com
Germanwings: www.germanwings.de
Lufthansa: www.lufthansa.de
Ryanair: www.ryanair.com
Sky Europe: www.skyeurope.com
Swiss: www.swiss.com
TUI: www.tuifly.com
Eine sehr gute Suchmaschine für Flüge nach Lissabon ist **www.swoodoo.com**.

Gepäck: Die Freigepäckgrenze für Flüge nach Lissabon oder auf die Azoren beträgt bei den meisten Airlines 20 kg für aufgegebenes Gepäck und 6 bis 8 kg für Handgepäck, das die Maße 18 x 40 x 50 cm (variiert je nach Airline) nicht überschreiten darf. Wer jedoch Business anstatt Tourist Class fliegt, länger als 28 Tage vor Ort bleibt oder im Besitz einer Kundenkarte der Airline oder seines Reiseveranstalters ist, darf meist 30 kg mitnehmen – erkundigen Sie sich diesbezüglich bei Ihrer Airline. Achtung aber bei Billigfliegern: So manche Billigflieger erlauben nur die kostenlose Mitnahme von Handgepäck. Für die Aufgabe von Gepäckstücken fallen oft schon Gebühren an, bei der Aufgabe von Sportgepäck werden die Billigflieger zuweilen ihrem Namen alles andere als gerecht. Die SATA nimmt z. B. den Golfbag, die Tauchausrüstung (bis 10 kg) oder das Surfbrett (bis 150 cm) umsonst mit, Gleiches gilt für Fahrräder, sofern sie verpackt sind, andernfalls fallen dafür 50 € an. Die TAP hingegen verlangt 38 bis 100 € für ein Surfbrett, 50 € für ein Fahrrad und 30 € für die Tauchausrüstung, lediglich das Golfbag (bis 15 kg) geht kostenlos mit. Air Berlin nimmt für Fahrrad, Surfbrett oder Tauchgepäck 25 €. Rechtzeitige Anmeldung und sachgerechte Verpackung sind in jedem Fall obligatorisch.

Mitnahme von Haustieren: Der Azorenurlaub mit dem geliebten Vierbeiner ist nahezu unmöglich. Allein die Quarantänezeiten sind i. d. R. um einiges länger als Ihr Aufenthalt. Außerdem warnen Tierschützer immer wieder vor den Strapazen einer Flugreise.

Anreise 41

Hinweis zur Reiseplanung: Auch wenn es verlockend ist, alle neun Inseln ins Programm zu packen – weniger ist oft mehr. Reisen zwischen den Inseln kostet viel Zeit. Wer auf den Azoren nicht mehr fliegen oder sich nicht längeren Fährpassagen aussetzen möchte, dem sei São Miguel als Reiseziel empfohlen, die abwechslungsreichste Insel des Archipels, oder Faial, von wo sich Pico und São Jorge unkompliziert und relativ schnell mit dem Schiff ansteuern lassen.

Reiseveranstalter – Rundumexperten für die Azoren: Seit Jahren erfahrene und von Lesern immer wieder empfohlene Azorenspezialisten, die auch kleine Häuser, Boutiquehotels und Ferienwohnungen, Whale-Watching-Ausfahrten, Wander- und Golfangebote oder auch Nur-Flüge im Programm haben:

Azoren Archipel, Ludwig-Erhard-Platz 2–4, 63110 Rodgau, ✆ 06106/876406, www.azorenarchipel.de.
Check-In Individuelle Flugreisen, Bergstraße 25, 56812 Cochem an der Mosel, ✆ 02671/

916660, www.check-in-reisen.de.
Sea Breeze, Franz-Kobinger-Str. 3, 86157 Augsburg, ✆ 0821/2278370, www.seabreeze-travel.de und www.ferienhausazoren.de.

Spezialisten für Studienreisen, insbesondere mit Schwerpunkt Wandern und/oder Whale-Watching, z. T. ergänzt durch die Möglichkeit einer Pico-Besteigung oder einer Rundreise, sind:

Colibri Reisen, Bahnhofstr. 154 d, 14624 Dallgow, ✆ 03322/1299-0, www.colibri-berlin.de.
Diamir Erlebnisreisen, Loschwitzer Str. 58, 01309 Dresden, ✆ 0351/312077, www.diamir.de.
Fauna Reisen, Schlossallee 8, 13156 Berlin, ✆ 030/4762382, www.fauna-reisen.de.
Hauser Exkursionen, Spiegelstr. 9, 81241 München, ✆ 089/2350060, www.hauser-exkursionen.de.
Hoch und Hinaus, Sitio das Eiras, Vereda do Moinho 9100-115 Santa Cruz, Madeira, ✆ 00351/291934065, www.hochundhinaus.de.
Ikarus Tours, Am Kaltenborn 49–51, 61462 Königstein, ✆ 06174/29020, www.ikarus.com.
Reisestudio Lippelt, Wilmersdorfer Str. 100,

10629 Berlin, ✆ 030/3279430, www.reisestudio-lippelt.de.
Lupe Reisen, Weilbergstraße 12 a, 53844 Troisdorf, ✆ 0228/654555, www.lupereisen.com.
Natur und Kultur, Blütenweg 32, 89155 Erbach-Ringingen, ✆ 07344/921222, www.natur-und-kultur.com.
Schulz Aktiv Reisen, Bautzner Str. 39, 01099 Dresden, ✆ 0351/266255, www.schulz-aktiv-reisen.de.
TourBalance, Tangstedter Weg 35a, 22397 Hamburg, ✆ 040/64861609, www.tourbalance.com.
Urlaub & Natur, Schultheiß-Kiefer-Str. 23, 76229 Karlsruhe, ✆ 0721/9463616, www.urlaubundnatur.de.

Weitere Veranstalter, die Rund- und Individualreisen, große Hotelanlagen wie auch kleine Ferienhäuser im Programm haben:

Amin Travel Zürich, Wander-, Reiter- und Rundreisen, Hochseefischen u. v. m. Badener Straße 427, 8003 Zürich, ✆ 044/4924266, www.amintravel.ch.
Atlantis Travel, Reisebüro unter deutscher Leitung auf Santa Maria, spezialisiert auf die Vermietung von Ferienhäusern. ✆ 00351/296295476, www.atlantistravel.de.
Olimar Reisen, bietet zuweilen sehr preiswerte Flüge an, überwiegend große Hotels. Auch Wanderrundreisen. Glockengasse 2, 50667 Köln, ✆ 0221/20590490, in der Schweiz

044/9282030 www.olimar.de.
Outdoor-Reisecenter, im Programm neben Flügen, Ferienhäusern und Mietfahrzeugen auch Ausflüge mit dem Tauchboot *Lula* in die Tiefsee. Essener Straße 99c, 46047 Oberhausen, ✆ 0208/9603949. Gute Webseite: www.azoren-reisen.net.
Reiseagentur Portuteam, Schwerpunkt auf der Vermittlung von Ferienhäusern und Ferienwohnungen. Dazu Flüge, Mietwagen usw. Kaiserdamm 88, 14057 Berlin, ✆ 030/29032627, www.portuteam.de.

Azoren – Allgemeines

Sierramar, Angebote für Individualreisende. Sägereistr. 20, 8152 Glattbrug, ☎ 043/2117133, www.sierramar.ch.

Studiosus, Wander- und Schiffsrundreisen.

Riesstraße 25, 80992 München, ☎ 00800 24022402 (gebührenfrei aus D, CH und A), www.studiosus.de.

Mit dem Schiff auf die Azoren: Regelmäßig sind Cargoschiffe der **Reederei Brise** zwischen Lissabon und den Azoren für die *Box Lines* im Einsatz. Sofern Kabinen frei sind, können Touristen mitfahren, ein Fahrplan existiert jedoch nicht. Den genauen Termin für eine Fahrt erfährt man meist erst zwei Wochen vor Abfahrt (Infos dazu auch unter www.boxlines.pt). Kostenpunkt: 50 € pro Tag zuzüglich einer Versicherungspauschale von ca. 70 €/Woche. Infos und Buchung bei der Brise Schiffahrts-GmbH, Hafenstraße 12, 26789 Leer, ☎ 0491/925200, www.brise.de.

Unterwegs auf den Azoren

Von der einen zur anderen Azoreninsel kommt man ganzjährig mit dem Flugzeug und im Sommer mit der Fähre relativ einfach. Mit öffentlichen Verkehrsmitteln auf den Inseln unterwegs zu sein, gestaltet sich dagegen häufig schwierig.

Lediglich auf São Miguel ist das öffentliche Transportsystem auch dem Touristen von Nutzen und zu empfehlen. Auf allen anderen Inseln kommt man um das Trampen, das Fahrrad, Taxi oder einen Mietwagen kaum herum, will man Ausflüge in das landschaftlich meist reizvollere Inselinnere unternehmen. Bei der Reiseplanung sollte man aber einkalkulieren, dass Mietfahrzeuge auf einigen Inseln stark zu Buche schlagen.

Flugzeug

Alle Inseln der Azoren verfügen über einen Flughafen, die meisten Inseln werden nahezu täglich von **SATA Air Açores**, der innerazoreanischen Fluggesellschaft, angesteuert. Im Einsatz zwischen den Inseln waren bislang vier *British-Aerospace-ATP*-Maschinen mit 64 Sitzen und zwei *Bombardier-Dash-Q-200*-Maschinen mit 37 Sitzen. Die Anschaffung von vier Maschinen des Typs *Bombardier Dash Q 400* mit 80 Sitzen zur Erneuerung der Flotte ist angekündigt. Die Maschinen verkehren zuverlässig und pünktlich. Wie man sich anderswo in den Zug setzt, setzt man sich hier ins Flugzeug. Wegen schlechter Wetterbedingungen – das Risiko ist zwischen Herbst und Frühjahr am größten – fallen jedoch immer wieder Flüge aus, und wenn die Maschinen wieder starten können, wollen nicht selten mehr Leute mit als es Plätze gibt. Kalkulieren Sie daher immer ein paar Puffertage ein, der letzte innerazoreanische Flug sollte spätestens zwei Tage vor dem Rückflug erfolgen, von Corvo oder Flores sogar drei.

• *Informationen* Die **Adressen der SATA-Büros** auf den Inseln finden Sie unter den Hauptorten unter der Rubrik „Adressen". Aktuelle **Sommer- und Winterflugpläne** liegen an den Flughäfen und in allen SATA-Büros aus. Im **Internet** können Sie sich unter www.sata.pt (auch in englischer Version) informieren.

• *Einchecken* Mit Gepäck 60 Min. vor Abflug, ohne Gepäck 40 Min. davor.

• *Handgepäck* Das Gewicht von 6 kg und die Maße von 45 x 35 x 20 cm dürfen nicht überschritten werden.

• *Stornierung des Flugs* Wird ein Flug wegen Schlechtwetter oder aus anderen Gründen storniert, bekommen Sie, sofern

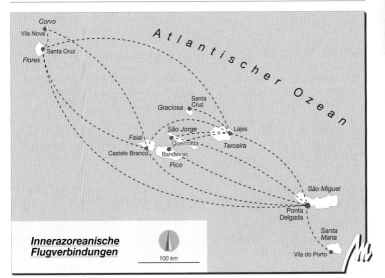

Innerazoreanische Flugverbindungen

man Sie nicht auf einen anderen Flug am selben Tag umbuchen kann, eine Hotelübernachtung von der SATA bezahlt.
• *Sportgerät-Mitnahme* Tauchausrüstung (bis 10 kg), Golfbag, Surfbrett (bis 150 cm) und Fahrrad (fest verpackt) gehen umsonst mit. Wichtig ist eine rechtzeitige Anmeldung des Sportgepäcks.

> **Tipp**: Um nicht Gefahr zu laufen, dass ein Flug ausgebucht ist, reservieren Sie insbesondere für Flüge in den Monaten Juli und August so früh wie möglich.

Flüge zwischen den Azoreninseln: Die meisten Maschinen pendeln zwischen São Miguel, Terceira und Faial. Alle drei Inselflughäfen spielen auch eine wichtige Rolle als Drehkreuz im innerazoreanischen Flugverkehr. Neben den regulären Flugverbindungen, die Sie der Übersicht entnehmen können, gibt es eine Reihe außerplanmäßiger Flüge auch zwischen den Inseln, zwischen denen offiziell keine Verbindung besteht. Dafür genügt es meist, dass die Fußballmannschaft oder Blaskapelle von Graciosa auf Flores aufspielen soll. Infos dazu vor Ort in allen SATA-Büros.

> **Informationen zu den Flughäfen entlang der Fluglinien und zu den Flugverbindungen zwischen den Inseln** finden Sie am Anfang jedes Inselkapitels unter „An- und Weiterreise/Flugzeug". Die dort angegebene Häufigkeit der Flüge bezieht sich auf den Sommerflugplan, der von Ende März bis Ende Oktober gültig ist. Da der Flugplan in dieser Zeit ebenfalls Änderungen unterliegt (die meisten Flüge im Juli und Aug.), sind die Angaben mehr als Anhaltspunkte zu verstehen.

Flugpreise: Flüge innerhalb der Azoren sind teuer und preiswert zugleich. Teuer wird es, wenn Sie lediglich zwei Inseln besuchen, d. h. nur von einer zur anderen gelangen wollen. Preiswerter wird es mit dem **Azoren Air Pass** (s. u.) und – je nachdem, welche Inseln Sie besuchen – sogar sehr preiswert mit einem **MultiCity-Ticket**,

44   Unterwegs auf den Azoren

bei dem Sie unterwegs Zwischenstopps einlegen können. Mit dem MultiCity-Ticket können Sie Ihre Reise in einer Flugrichtung (Drehkreuze beachten!) unterbrechen – so oft und so lange Sie wollen. Sprich: Wenn Sie ein MultiCity-Ticket von Santa Maria nach Flores besitzen, können Sie z. B. ein paar Tage auf São Miguel, auf Terceira und auf Horta verbringen. Der normale Flugpreis für die Strecke Santa Maria–Flores erhöht sich dabei nur um die zusätzlich anfallenden Flughafensteuern und Gebühren. Wo Sie unterbrechen wollen, müssen Sie beim Ticketkauf angeben. Als offenes Ticket ist dies nicht möglich, Sie müssen die Flugdaten bei der Eingabe der Buchung nennen. Eine spätere Umbuchung ist jedoch kostenlos möglich.

• *Flugpreise* Die Preise für innerazoreanische Flüge der SATA sind nur geringfügig von der Auslastung bzw. dem Zeitpunkt der Buchung des Fluges abhängig. Specials für ein paar Euros oder Wucherpreise für ganz arg viele Euros gibt es bislang nicht (Stand Januar 2010). Für die Strecke Flores–Corvo (die kürzeste Distanz zwischen allen Inseln) müssen Sie für das One-Way-Ticket zum sog. *Flex-Tarif* mit rund 33 €, für den Flug zwischen Santa Maria und Corvo (die längste Distanz zwischen allen Inseln) mit rund 96 € rechnen. Wenn Sie das Rückflugticket gleich mitbuchen, können Sie je nach Auslastung ca. 15 % sparen. Tickets zum *Flex-Tarif* können Sie stornieren und kostenlos umbuchen, zum *Semi-Flex-Tarif* (rund 20 % billiger als der *Flex-Tarif*) nicht.

• *Azoren Air Pass* Der Name ist ein wenig verwirrend. Dabei kaufen Sie Coupons, mit denen Sie vor Antritt der Reise Ihre innerazoreanischen Flüge fest buchen müssen.

Eine spätere Umbuchung ist gegen eine Gebühr von 25 €/Flug möglich. Je nachdem, wie viele Coupons Sie kaufen, kostet ein innerazoreanischer Flug dann zwischen 50 und 60 €. Den *Azoren Air Pass* erhält man nicht direkt bei der SATA, er ist nur über Reiseveranstalter erhältlich und nur buchbar, wenn mindestens ein Flug (egal ob Hin- oder Rückflug) aus dem Ausland mit der SATA erfolgt.

• *Weitere Ermäßigungen* **Kinder** unter 12 Jahren bekommen 50 % Ermäßigung. Kinder unter 2 Jahren, die keinen Sitzplatz brauchen, zahlen 10 %. **Studenten** und **Senioren** erhalten nur Ermäßigungen, wenn sie auf den Inseln studieren oder länger als sechs Monate leben. Als Passagiertyp **Tourist in the Azores** erhalten Sie bis zu 20 % Rabatt, dafür benötigen Sie einen internationalen Flugschein und müssen Ihre Flüge mindestens 15 Tage im Voraus buchen. **Für weitere Infos** → www.sata.pt.

Schiff

Im Sommer gibt es erheblich mehr Fahrten als im Winter. Alle Fährverbindungen sind von Wind, Wetter und der Funktionstüchtigkeit der Maschine abhängig. Bedenken Sie auch, dass man für Fahrten von Inselgruppe zu Inselgruppe – je nachdem, wie gut die Verbindung ist – viel Zeit braucht. Kalkulieren Sie immer ein paar Puffertage ein. Für Frachtschiffe gilt zusätzlich: Passagiere dürfen nur mitfahren, wenn keine explosiven Stoffe an Bord mitgeführt werden.

Schiffsverbindungen zwischen den Inselgruppen: Zwischen den Inseln der West-, Zentral- und Ostgruppe (Ausnahme Corvo) verkehren Autofähren der *Atlântico Line*, einer Reederei, die seit Jahren v. a. wegen ihrer Unzuverlässigkeit Schlagzeilen macht. Die Reederei setzt zwei Schiffe ein, wobei laut Fahrplan eine Fähre der *Atlântico Line* von Mitte Mai bis Ende September unterwegs ist, eine zweite im Juli und August. Laut Auskunft der Reederei soll zukünftig der Fährverkehr zwischen den Inselgruppen auf das ganze Jahr ausgedehnt werden.

Weitere Infos zu den Schiffsverbindungen zwischen den Inseln finden Sie am Anfang jedes Inselkapitels unter der Rubrik „An- und Weiterreise/Schiff". Aktuelle Fahrpläne der Atlântico Line unter www.atlanticoline.pt, die Fahrpläne von Transmaçor sind unter www.transmacor.pt zu finden.

Im folgenden Kasten (s. u.) sind die grob gerundeten Reisezeiten und Tarife (Stand 2009) der *Atlântico Line* aufgeführt. Den fett markierten Zeiten liegen direkte Fährverbindungen von Insel zu Insel (ohne Zwischenstopps) zugrunde. Die unterschiedlichen Reisezeiten ergeben sich weniger dadurch, dass die Schiffe unterschiedlich schnell sind, sondern durch die Anzahl und Dauer der Zwischenstopps in den Häfen. Bei den Preisen steht der erste Tarif für die einfache Passage in der preiswertesten Klasse, der Betrag dahinter für ein Retour-Ticket. Senioren erhalten 11 € Ermäßigung, Kinder bis zwei Jahre fahren umsonst, bis zwölf Jahre bezahlen sie die Hälfte. Zudem gibt es den **Blue Sea Pass** für Touristen. Dieser ermöglicht drei Fährpassagen für 80 € (als eine Fährpassage wird die Strecke Santa Maria–Flores gewertet, sofern Sie in den Häfen dazwischen das Schiff nicht verlassen). Des Weiteren gibt es den **Interjouvem Pass**, den Junior-Pass für den Personenkreis zwischen 13 und 29 Jahren. Dieser kostet einmalig 50 €, für jede Fährpassage fällt dann nur noch 1 € an.

Std. / €	Santa Maria	São Miguel	Ter- ceira	Gra- ciosa	Pico	São Jorge	Faial	Flores
Santa Maria	–	3½	11–19	16–23	21–28	20–27	23–30	34–44
São Miguel	28/56	–	5½	10–11	15–16	13–14	17–18	24–36
Ter- ceira	49/98	49/98	–	3	4–8	4–6½	5–10	20–24
Gra- ciosa	49/98	59/98	28/55	–	4	2½	5–6	26–64
Pico	49/98	49/98	32/64	32/64	–	1	1	10–15
São Jorge	49/98	49/98	32/64	32/64	11/22	–	2–4	15–36
Faial	49/98	49/98	32/64	32/64	11/22	11/22	–	8½
Flores	49/98	49/98	35/79	35/79	35/79	35/79	35/79	–

Schiffsverbindungen innerhalb der Inselgruppen: Zwischen den Inseln der Ostgruppe verkehrt ganzjährig nur ein Frachtschiff, das auch Passagiere mitnimmt. Im Sommer tuckern zudem die Autofähren der *Atlântico Line* (s. o.) zwischen São Miguel und Santa Maria. Auch zwischen allen Inseln der Zentralgruppe sorgen die Autofähren der *Atlântico Line* im Sommer für regelmäßige Fährverbindungen. Zudem hat zwischen den Inseln der Zentralgruppe die Reederei *Transmaçor* Personenfähren im Einsatz. Diese steuern im Sommer alle Inseln mit Ausnahme Graciosas an, im Winter verkehren diese jedoch nur zwischen Faial, Pico und São Jorge. Ergänzt wird der Fährbetrieb innerhalb der Zentralgruppe ganzjährig durch Fracht-

46   Unterwegs auf den Azoren

schiffe, die meist auch Passagiere mitnehmen. In der Westgruppe, zwischen Flores und Corvo, fährt ganzjährig eine kleine, robuste Personenfähre der *Atlântico Line*, dazu ein kleines Frachtschiff. Im Sommer jagen zwischen diesen beiden Inseln zudem schnelle, kleine Motorboote übers Wasser.

Bus

Auf allen Inseln (ausgenommen Corvo) verkehren preiswert Busse – 10 km kosten meist nicht viel mehr als 1 €. So kommt man mit der Bevölkerung in Kontakt, erfährt etwas vom Inseltratsch oder wird kurzerhand selbst zum Inselgespräch. Als öffentliches Transportmittel und wirklich zu empfehlen ist der Bus jedoch nur auf São Miguel. Terceira, Faial und Pico lassen sich mit gutem Willen zumindest eingeschränkt per Bus erkunden.

Die Busverbindungen sind bei den jeweiligen Orten detailliert aufgeführt. Die Häufigkeit der Fahrten bezieht sich (sofern nicht anders erwähnt) auf Werktage. An Wochenenden, besonders sonntags, werden viele Verbindungen nur eingeschränkt bedient oder ganz gestrichen.

Fast alle Busrouten führen an der Küste entlang, da dort die Siedlungen sind. Das landschaftlich reizvolle, aber unbesiedelte Inselinnere mit seinen Kratern und Seen erreicht man mit dem Bus dagegen kaum. Routen und Fahrzeiten sind in erster Linie den Bedürfnissen der Inselbevölkerung angepasst. Frühmorgens startet ein Bus im äußersten Zipfel der Insel und klappert alle Dörfer ab, um die Kinder in die Schule oder die Älteren zum Einkaufen in den Hauptort zu bringen. Am Nachmittag geht's dann zurück. D. h. vom Inselhauptort, wo die meisten Unterkünfte liegen, könnte man zwar auch nachmittags per Bus zu einem abgelegenen Ziel aufbrechen, zurück geht es aber erst am nächsten Morgen wieder.

● *Information* Die Turismo-Büros halten **aktuelle Busfahrpläne** bereit. Die Busse fahren meist pünktlich.

● *Bushaltestellen* In den meisten Ortschaften vor oder in der Nähe der Pfarrkirche. Ansonsten genügt es meist, am Straßenrand zu winken.

● *Fahrkarten* Tickets kauft man beim Einsteigen im Bus. Kontrollen sind häufig, heben Sie daher das Ticket bis zum Ende der Fahrt auf. Halten Sie Kleingeld parat, die Busfahrer haben selten viel Wechselgeld, auch deshalb, weil die meisten Fahrgäste über Wochen- oder Monatskarten verfügen.

Mietfahrzeug

Die Straßen auf den Azoren sind insgesamt in gutem Zustand. Vorsicht ist aber v. a. am Abend und nachts geboten: Viele Azoreaner schalten ihr Licht erst bei absoluter Finsternis ein, Traktorfahrer oft gar nicht.

Mietwagen: Selbstverständlich ist das Unterwegssein mit dem Auto eine der bequemsten Varianten, im Vergleich zu vielen anderen europäischen Urlaubszielen aber nicht gerade preiswert, v. a. wenn in der Hochsaison die billigste Kategorie ausgebucht ist. Für alle aber, die in kurzer Zeit viel sehen wollen oder abseits der Inselhauptorte logieren, ist der Pkw nahezu unerlässlich. Verleiher findet man auf allen Inseln mit Ausnahme von Corvo.

Scooter (Motorroller) haben nicht alle Verleiher im Programm, die Preise liegen oft nur geringfügig unter denen von Pkws. Da Scooter meist nur über einen kleinen

Mietfahrzeug   47

Tank verfügen, ist es auf den dünn besiedelten Inseln ratsam, sich vom Verleiher die Tankstellen in eine Karte einzeichnen zu lassen. Wer die Inseln per **Fahrrad** erkunden möchte, sollte sein Bike von zu Hause mitbringen, zu mieten gibt es überwiegend Kaufhausqualität. Mehr zum Thema → Unterwegs mit dem Fahrrad, S. 50.

Fahrzeugpreise: Eine Buchung von zuhause über das Internet ist oft erheblich billiger als eine Buchung vor Ort. Über Internetseiten wie www.billiger-mietwagen.de können Sie verhältnismäßig preiswert Autos auf den Inseln Santa Maria, São Miguel, Terceira, Faial oder Pico klarmachen. Fündig wird man auch direkt auf den Seiten der international operierenden Autovermietungen wie www.sixt.de, www.hertz.de, www.avis.de oder www.europcar.de. Die großen international operierenden Gesellschaften arbeiten zumeist mit lokalen Verleihern zusammen, jedoch hat nicht jede einen Vertragspartner auf jeder Insel. Ganz ohne Vertragspartner sind bislang die Verleiher von Graciosa, São Jorge und Flores – aber das kann sich ändern.

Achten Sie beim Preisvergleich auf die **Endpreise**! Die Tarife der großen international operierenden Gesellschaften beinhalten i. d. R. eine Vollkaskoversicherung und unbegrenzte Kilometer. Falls Sie erst vor Ort ein Fahrzeug reservieren möchten, so vergleichen Sie in jedem Fall die Preise direkt am Schalter und nicht nur im Prospekt. Die von den Verleihern ausgegebenen Prospekte sind oft sehr unübersichtlich, z. B. ist die Mehrwertsteuer (14 %, für die Azoren gilt ein ermäßigter Steuersatz) nicht immer im Preis inbegriffen. Etwas teurer erscheinende Verleiher haben nicht selten Sonderangebote und die preiswerter erscheinenden nicht immer das billigste Fahrzeug verfügbar. Bei der Anmietung wird man auch meist vor die Frage gestellt, ob man das Auto mit oder ohne Kilometerabrechnung wünscht. Bedenken Sie, dass man selbst auf kleineren Inseln am Tag spielend 100 und mehr Kilometer zusammenfährt. Manche Verleiher bieten die Möglichkeit, erst bei Rückgabe des Fahrzeugs die jeweils günstigere Variante zu wählen. Fragen Sie nach, welche Versicherungen im Preis inbegriffen sind. Erkundigen Sie sich auch, ob das Fahrzeug gewaschen zurückgebracht werden muss; manche Verleiher berechnen für die Reinigung eine satte Gebühr. Auch verlangen immer mehr Verleiher einen Aufpreis für die Übergabe des Fahrzeugs am Flughafen, z. T. von bis zu 25 €. Und ganz wichtig: Begutachten Sie das Fahrzeug bei der Übergabe und lassen Sie, falls vorhanden, Schäden oder Kratzer vermerken! Kindersitze kosten ca. 5 € extra pro Tag. Bei mehr als drei Tagen Leihdauer werden gute Rabatte gewährt. Die Verleiher sind am Anfang jedes Inselkapitels unter der Rubrik „Mietwagen" aufgeführt.

● *Versicherungen* Eine **Insassenversicherung** (P.A.I.) kostet um die 3 €, eine **Diebstahlversicherung** für die billigste Kategorie ca. 5 € (Autodiebstähle sind jedoch äußerst selten!). Die **Vollkaskoversicherung** (CDW) mit Eigenanteil im Schadensfall (400–900 € bei Fahrzeugen der billigsten Kategorie) kostet je nach Fahrzeugklasse 10–15 €/Tag. Bei der SUPER CDW, die ca. 20–30 € kostet, beträgt der Eigenanteil im Schadensfall meist nur noch 50–100 €. Unterboden- und Reifenschäden sind in den meisten Fällen dennoch nicht versichert. Das Verlassen geteerter Straßen mit Mietfahrzeugen ist nicht bei allen Verleihern erlaubt.

● *Mindest- und Höchstalter* Die meisten Unternehmen vermieten nur an Personen, die mindestens 23 Jahre alt und seit einem Jahr im Besitz einer Fahrerlaubnis sind. Wer älter als 65 Jahre ist, bekommt nicht überall ein Fahrzeug.

● *Dokumente* Reisepass bzw. Personalausweis und Führerschein. Oft wird auch eine Kreditkarte verlangt.

● *Spritpreise* Im Oktober 2009 kostete der Liter Super 1,19 €, Benzin 1,13 €, Diesel 0,94 €.

● *Verkehrsvorschriften* Werden vielerorts leider nur selten beachtet. Die **Höchstge-**

48   Unterwegs auf den Azoren

schwindigkeit beträgt innerorts 50 km/h, außerorts 80 km/h. **Telefonieren** während des Fahrens ist verboten. Die **Promillegrenze** liegt bei 0,5. Das Fahren mit 0,5–0,8 Pro-mille schlägt mit 250–1250 € zu Buche, von 0,8–1,2 Promille mit 500–2500 €, über 1,2 Promille wird es als Straftat geahndet. Nur auf Corvo werden die Gesetze anders ausgelegt.

Taxi

Taxis findet man auf allen Inseln in allen größeren Orten – Ausnahme wie immer Corvo. Farbe, Fabrikate und Bezeichnung wie in Deutschland, nur die Preise liegen darunter. Mit dem Taxi können auch **Inseltouren** unternommen werden.

● *Offizielle Tarife 2009*   Am besten den Fahrpreis im Voraus vereinbaren. Über ein Taxameter verfügen nur wenige Taxis; abgerechnet wird nach Kilometern. Mindesttarif 3,50 €; pro Kilometer 0,61 €; eine 10 km lange Fahrt kostet also knapp 10 €. Sa/So, feiertags und nachts 20 % Aufschlag. Bei telefonischer Bestellung ist nicht selten auch die Anfahrt zu bezahlen. Rundfahrten werden mit rund 16,50 €/Std. abgerechnet. Üblich ist ein Trinkgeld von 5 %.

Trampen

Noch bis Anfang der 1990er Jahre gab es nur wenige private Pkws auf den Inseln, und das öffentliche Transportsystem per Bus war – wie vielerorts heute noch – unzureichend. Damals nahm der Laster, der von Milchsammelstelle zu Milchsammelstelle ratterte, nicht nur die Kannen vom Straßenrand mit. Es gab eine Art stumme Vereinbarung mit dem Fahrer – wer am Straßenrand winkte, konnte aufspringen. Heute ist diese Praxis nicht mehr ganz so gängig. Aber auf den weniger erschlossenen Inseln wie São Jorge oder Flores wird man meist immer noch sofort mitgenommen. Verkehren jedoch regelmäßig Busse wie auf São Miguel, fühlt sich nur selten jemand für Sie verantwortlich.

Wandern

Die Azoren sind ein Paradies für Wanderer – und es gibt kaum eine schönere Art, die Inseln zu entdecken. Etwas Ausdauer und Kondition sollte man aber mitbringen, viele Wanderungen sind mit anstrengenden Anstiegen verbunden. Doch wer sich mit dem Rucksack aufmacht, den belohnen die Azoren mit versteckten, nur über alte Saumpfade zu erreichenden Schönheiten, mit ausgedehnten Blumenteppichen im Frühjahr, kleinen Fjorden und Schluchten, mit Wasserfällen, imposanten Kratern und einsamen Seen und nicht zuletzt mit grandiosen Ausblicken über sattgrüne Wiesen und das tiefblaue Meer.

Wege einst und heute: Einst waren alle Inseln von einem dichten Netz an Saumpfaden überzogen. Die Pfade waren vielfach mit unbehauenen Steinen befestigt, damit die Bauern (barfuß und damit trittsicherer als jeder Wanderer heute) mit ihren Lasttieren nicht im Schlamm versanken. Als in der zweiten Hälfte des 20. Jh. immer mehr Straßen und Feldwege angelegt wurden, auf denen die Bauern nunmehr mit ihren Pick-ups von Dorf zu Dorf und zu den Weiden gelangen konnten, wurden viele Saumpfade aufgegeben und verwilderten. Lediglich die Pfade zu abgeschiedenen Weiden oder Fajãs (→ S. 388) wurden weiterhin genutzt. Im neuen Jahrtausend wurden schließlich die ersten Wanderwege von offizieller Seite mit EU-Fördermitteln erschlossen, wobei man anfangs dafür v. a. Feldwege nutzte. Doch so manch neu markierter Wanderweg wurde kurze Zeit später wiederum mit EU-Fördermitteln geteert und verlor so seinen Reiz. Heute besinnt man sich darauf, die alten Saumpfade wieder freizuschneiden und als Wanderwege zu erschließen.

Wandern

Wandern im Hochland: Mal sieht man das Meer, mal nur Nebel

Markierte Wanderwege: 2009 existierten rund 50 markierte Wanderwege, neue sollen hinzukommen. Die schönsten sind im Buch beschrieben, auf weniger reizvolle wird z. T. verwiesen. Der Haken vieler offizieller Wanderwege: Ausgangs- und Endpunkte sind selten identisch und oft nicht mit öffentlichen Verkehrsmitteln erreichbar. Teils führen die Wege von einem Punkt im Nirgendwo zu einem anderen Punkt im Nirgendwo. Man könnte fast meinen, dass die Taxifahrer an der Routenplanung beteiligt waren, um sich eine goldene Nase mit Shuttle-Diensten zu verdienen ... Wo es machbar war, haben wir versucht, die Wanderwege zu Rundwegen oder zu Touren auszubauen, bei denen man Anschluss an das öffentliche Verkehrsnetz hat. Alle offiziellen Wanderwege sind gelb-rot markiert. Die Seite **www.trailsazores.com** bietet die Möglichkeit, zu allen offiziellen Wanderwegen die jeweiligen GPS-Daten, eine Wanderkarte mit Routenverlauf und die englischsprachigen Wegbeschreibungen herunterzuladen und auszudrucken.

Wandervorschläge: Die im Buch vorgeschlagenen Wanderungen lassen sich anhand der Wegbeschreibungen und Kartenskizzen einfach nachvollziehen. Viele Wanderungen oder Abschnitte davon sind markiert, nicht immer aber ist der von uns beschriebene Weg identisch mit dem markierten. Unsere Zeitangaben beziehen sich auf die reine Gehzeit (ohne Pausen). Grundsätzlich gilt dennoch: Durch Erdrutsche, Rodungen, Sturmschäden o. Ä. kann es passieren, dass der Weg vor Ort nicht mehr mit der Beschreibung übereinstimmt. Gehen Sie dann bitte kein Risiko ein. Auch Straßenbaumaßnahmen können schuld daran sein, dass Routenbeschreibungen evtl. nicht mehr aktuell sind: Durch die Anlegung neuer und die Asphaltierung alter Feldwege sowie durch den Bau von Zufahrtsstraßen tauchen plötzlich neue Weggabelungen auf. Andere Probleme stellen verwachsene Pfade (nicht alle, die mit der Pflege der markierten Wanderwege betraut sind, nehmen ihren Job ernst) und von Bauern entfernte Wegmarkierungen dar. Dieses Ärgernis kommt aber fast ausschließlich bei Pfaden vor, die durch Weideland im Hochland führen.

50   Unterwegs auf den Azoren

• *Jahreszeiten* Eine angenehme Jahreszeit zum Wandern ist das Frühjahr, auch wenn die Gefahr plötzlicher Wetterumschwünge noch groß ist oder man gelegentlich ein oder zwei Tage warten muss, bis die Wolken das Inselhochland wieder freigeben. Dafür sind die Tage schon relativ lang und die Temperaturen noch nicht so hoch. Wäre der Sommer nicht so schweißtreibend, wäre er am idealsten, zumal dann die Blütenpracht am größten ist. Der Herbst ähnelt klimatisch mehr dem Frühjahr, doch sind die Tage dann deutlich kürzer. Auch im Winter kann man wandern, nur kann dann Sturm oder Regen zu mehrtägigem Warten führen, insbesondere bei Touren in die Berge.

• *Basisausrüstung* Viele Wegstrecken sind steinig, steil oder matschig, z. T. auch äußerst glatt; daher sind gut eingelaufene, wasserdichte Wanderstiefel mit festem Profil dringend zu empfehlen. Auch geben Wanderstöcke einen besseren Halt. Kniestrümpfe oder lange Hosen aus festem Stoff verhindern beim Laufen durch stacheliges Gebüsch böse Kratzer. Nicht vergessen: Sonnenschutzmittel, Sonnenbrille und Kopfbedeckung. Empfehlenswert ist auch eine kleine Gartenschere, insbesondere im Frühjahr, wenn Sie einer der Ersten sind, die sich durchs wild wuchernde Gebüsch aufmachen.

• *Verpflegung* Ausreichender Wasservorrat ist dringend zu empfehlen. Auf fast allen Wanderungen finden Sie herrliche Picknickmöglichkeiten. Sich unterwegs in den Dörfern mit Proviant einzudecken ist nicht immer möglich – zumal Sie nur auf wenigen Wanderungen welche passieren.

• *Karten* → Wissenswertes von A bis Z/ Landkarten, S. 72.

> **Tipp:** In sumpfigen und matschigen Gebieten empfiehlt sich, den meist von Moosen überzogenen Grund mit einem Stock abzustochern, um nicht gerade da hinzutreten, wo man bis zur Wade einsackt.

• *Sicherheit* Gehen Sie nicht alleine, und wenn doch, informieren Sie eine verantwortungsbewusste Person oder die Rezeption Ihre Hotels über Ihr Vorhaben und teilen Sie ihr Ihre voraussichtliche Rückkehr mit. Eine Trillerpfeife für Notsignale ist ratsam. Sie brauchen keine Angst vor Schlangen zu haben, es gibt auf den Azoren keine. Wenn die Bauern zu den Melkzeiten bei ihren Herden sind (morgens und am frühen Abend), können deren Hunde den zufällig vorbeikommenden Wanderer ganz schön einschüchtern. Hilfreich ist hier Pfefferspray oder ein *Dog Chaser*, der durch Hochfrequenztöne die Hunde verjagt. Azoreaner werfen übrigens mit Steinen nach aufdringlichen Kötern – meist genügt es daher schon, einfach so zu tun, als hebe man einen Stein auf, um den Hund in die Flucht zu schlagen.

• *Organisierte Wanderungen* Werden in den Sommermonaten auf manchen Inseln von Reisebüros angeboten.

Fahrrad

Zum Radeln eignen sich am besten die Inseln Graciosa, Pico, São Jorge und Faial – dort existiert ein relativ gutes Straßennetz mit verhältnismäßig wenig Verkehr. Wegen der vielen Steigungen ist für alle Inseln (ausgenommen Graciosa und Santa Maria) eine sehr gute Kondition Voraussetzung. Wer die Inseln ausschließlich per Rad erkunden will, sollte sein Bike von zu Hause mitbringen (→ Mietfahrzeuge). Dabei gilt die Grundregel: Ein gutes älteres Rad ist besser als ein gutes neues, für das ggf. Ersatzteile nur schwer erhältlich sind. Für Touren jeglicher Art sollte stets wind- und regensichere Kleidung im Gepäck sein.

• *Ersatzteile* Bekommt man z. T. von den örtlichen Verleihern. Ansonsten hält man am besten nach einem Moped- oder Motorradhändler Ausschau, viele verkaufen nebenbei auch hochwertigere Mountainbikes. Auf São Miguel ist z. B. **Horacio da Silva Garcia**, die Yamaha-Vertretung in Ponta Delgada, eine gute Anlaufstelle (Ecke Rua João Sousa/Rua Tavares Resende). Exotische Ersatzteile bringt man aber besser von daheim mit.

• *Fahrradtransport* Mit dem Flugzeug bei der Anreise → S. 40, bei Flügen zwischen den Inseln → S. 43. Auf den **Fährschiffen** ist die Fahrradmitnahme z. T. kostenlos oder bewegt sich um die 5–10 €.

Kann Camping schöner sein? – Zeltplatz in Urzelina auf São Jorge

Übernachten

Das Angebot an Übernachtungsmöglichkeiten auf dem gesamten Archipel ist vielseitig, auf den einzelnen Inseln variiert es aber enorm. Die meisten Unterkünfte befinden sich in den Hauptorten der Inseln, die schönsten in Land- und Herrenhäusern drum herum. Überaus preiswert übernachtet man auf den teils traumhaften Campingplätzen.

Die meisten Hotels sind ganzjährig geöffnet. Eine größere Auswahl an Betten für jeden Geschmack und Geldbeutel bieten São Miguel, Terceira, Faial und Pico. Auf den touristisch weniger erschlossenen Inseln ist zwar auch für fast jeden Geschmack etwas dabei, nur kann von großer Auswahl dort kaum die Rede sein. Aus Mangel an Konkurrenz werden z. T. überhöhte Preise verlangt; die Hoteliers und Zimmervermieter können eben davon ausgehen, dass ihre Betten auch ohne Komfort und Service in der Hochsaison belegt sind. Ein gutes Preis-Leistungs-Verhältnis bieten meist die Land- und Herrenhäuser sowie Campingplätze.

• *Auswahl der Unterkünfte im Buch* In den Ortsbeschreibungen jener Inseln, die über eine nur geringe Bettenkapazität verfügen, sind nahezu alle offiziellen Unterkünfte aufgeführt. Dort aber, wo man die Qual der Wahl hat, haben wir die besten Adressen für Sie ausgewählt. Kriterien bei der Auswahl waren Leserbeurteilungen, unser Eindruck bei der Recherche vor Ort und das Preis-Leistungs-Verhältnis. Als Preis wurde die Walk-in-Rate angesetzt, nicht der Sondertarif, den man vielleicht über eine Hotelbuchungsseite im Internet oder über einen Reiseveranstalter bekommt.

• *Preisangaben* Die Preisangaben (Walk-in-Rates) pro Übernachtung beziehen sich auf die Hochsaison (HS). In manchen Häusern gelten die Hochsaisonpreise nur für Juli und August, in manchen von Mai oder Juni bis September oder Oktober. In der Nebensaison (NS) bezahlt man im Schnitt 30–70 % weniger, wobei dabei gilt: Die größten Preisnachlässe räumen die teureren Hotels ein, die geringsten die preiswerten Pensionen. Ein Zusatzbett kostet rund 30 % des Zimmerpreises.

52   Übernachten

• *Sauberkeit* Schmutzige Zimmer sind die absolute Ausnahme. Vor allem im Winter und Frühjahr sind viele Zimmer und ganz besonders viele Ferienhäuser jedoch etwas muffig – Ergebnis der hohen Luftfeuchtigkeit und mangelnder Lüftung.

Übernachtungs-Tipps für Individualisten

Wer als Individualtourist unterwegs ist und Stress bei der Zimmersuche vermeiden möchte, sollte für die Monate Juli und August im Voraus reservieren – in dieser Zeit kommt es häufig zu Engpässen. Zwar muss niemand auf der Straße schlafen, aber nicht selten bleibt einem nichts anderes übrig, als dankbar das letzte Zimmer zu nehmen, das noch frei ist. Grundsätzlich gilt, dass man auf **Campingplätzen** nicht nur preiswerter, sondern auch schöner und idyllischer übernachtet als in den meisten **Privatzimmern** oder einfachen Hotels. Wer nicht auf jeden Cent achten muss, dem sind die Unterkünfte der Kategorie **Turismo no Espaço Rural** („Tourismus im ländlichen Raum", s. u.) zu empfehlen. Zum einen befinden sie sich meist in herrlicher Natur abseits der Inselhauptorte, zum anderen sind sie in Privatbesitz – man ist hier also mehr um das Wohl seiner Gäste bemüht als in unpersönlichen Stadthotels. Einziger Haken: Für das Gros dieser Unterkünfte bedarf es einer Reservierung im Voraus, nur wenige dieser Häuser lassen sich bei einer Rundreise unmittelbar vor Ort buchen. Ebenfalls zu empfehlen sind die mittlerweile zahlreichen Privatunterkünfte (Zimmer, Bungalows, selbst komplette Ferienhäuser) von Ausländern, die sich auf den Azoren niedergelassen haben. Auch sie sind oft liebevoll ausgestattet. Zu bedenken ist aber, dass fast alle Unterkünfte außerhalb der Inselhauptorte einen Mietwagen voraussetzen – aber den braucht man auf den meisten Inseln ohnehin.

Übernachtungsmöglichkeiten

Hotels: Es stehen bislang überwiegend Hotels mit vier und drei Sternen zur Auswahl, dazu ein paar wenige Häuser mit zwei und einem Stern. Das erste Fünf-Sterne-Hotel der Inseln soll schon seit Jahren in Ponta Delgada auf São Miguel eröffnen (vielleicht ist es ja bis zu Ihrem Besuch so weit!), auch in Angra do Heroísmo auf Terceira ist ein Fünf-Sterne-Hotel im Bau. Die Zahl der Sterne orientiert sich in erster Linie an Ausstattungskriterien wie Aufzug, Klimaanlage, Fitnessraum usw. Die architektonische Gestaltung oder die Lage der Gebäude wird nicht erfasst; nur bei Häusern, die sich „Estalagem" oder „Pousada" nennen, spielt auch dieses Kriterium ein Rolle. Egal wie viel Sterne, ein kontinentales Frühstück ist meist im Preis enthalten und begeistert selbst in den teuersten Häusern nicht. Standard sind in den meisten Hotelzimmern Satelliten-TV, Minibar und privates Bad. Fast allen Hotels ist ein Restaurant angeschlossen. Aparthotels servieren i. d. R. kein Frühstück.

Turismo no Espaço Rural (TER): Die Kategorie „Tourismus im ländlichen Raum" fasst charmante Unterkünfte zusammen, die ganz unterschiedlicher Art sein können: *Turismo de Habitação (TH)* sind Herbergen in feudalen Herrenhäusern, sog. *Quintas*. Rustikaler, aber noch immer sehr komfortabel, wohnt man in Unterkünften mit der Plakette *Turismo Rural (TR)* oder *Agro-Turismo (AG)*. Meist sind oder waren die Häuser Weingütern oder Bauernhöfen angeschlossen. Die Kategorie *Turismo de Aldeia (TA)* umfasst Anlagen, bei denen aufgegebene Weiler oder ganze Häuserkomplexe touristisch aufgewertet wurden. *Casas de Campo (CC)* schließlich sind meist kleine, schmucke Landhäuser, die sich harmonisch in die Landschaft einfügen. Solche Häuser bieten oft nur Platz für zwei oder drei Personen.

Übernachtungsmöglichkeiten 53

Das Preis-Leistungs-Verhältnis der TER-Unterkünfte ist meist sehr gut. Da die Bettenzahl jedoch beschränkt ist, ist eine frühzeitige Buchung empfehlenswert. Leider sind nicht alle offiziell geführten Unterkünfte in dieser Kategorie auch für Touristen gedacht. Mit EU-Hilfen, die zum Ziel haben, den Tourismus auf den Inseln zu fördern, ließ so mancher korrupte Kopf seine Quinta restaurieren. Die Gästezimmer gibt es zwar nun, aber diese sind lediglich für Freunde gedacht. Ein Interesse zu vermieten besteht nicht.

> **Buchen** können Sie TER-Unterkünfte über die meisten Azorenspezialisten (→ Reiseveranstalter, S. 41). Auch auf der Webseite www.toprural.com oder auf www.casaacorianas.com finden Sie viele Häuser.

Pensão/Residencial: Pensionen sind in drei Kategorien unterteilt. Die *1.ª Categoria* kann zuweilen mit dem Komfort eines Drei-Sterne-Hotels lässig konkurrieren und ist oft schöner und familiärer, da kleiner. Die Zimmer in Pensionen der *1.ª* und *2.ª Categoria* verfügen fast immer über ein eigenes Bad. Die *3.ª Categoria* birgt so manche positive wie negative Überraschung. Das Frühstück ist nicht immer im Preis inbegriffen und fällt meist bescheiden aus. Pensionen ohne Restaurant nennen sich „Pensão Residencial", häufig auch einfach nur „Residencial".

Pensionen ohne Klassifizierung sind nicht offiziell und werden somit nicht von der *Direcção-Geral de Turismo*, der portugiesischen Tourismusdirektion, überwacht, was ein gewisses Qualitätsrisiko mit sich bringt. Man erkennt diese Pensionen daran, dass das offizielle blaue Schild am Eingang fehlt.

Casa de Hóspedes: In der Regel die billigste und einfachste Unterkunftsmöglichkeit. Die Gäste sind meist Arbeiter von auswärts. So etwas wie Charme dürfen Sie hier nicht erwarten. Die Unterkünfte werden nicht von der Tourismusbehörde, sondern von den Stadtverwaltungen überwacht. Es gibt aber auch Ausnahmen: So manches Appartement oder Zimmer in einem stilvollen Landsitz fällt auch unter die Kategorie Casa de Hóspedes. Der Grund: Der Vermieter scheut die Mühen und Kosten für die Auflagen, die mit einer TER-Lizenzierung verbunden sind.

Horta: Zimmer mit Aussicht

Quartos Particulares (Privatzimmer): Man findet sie über die örtliche Touristeninformation, das Rathaus, und wenn das nicht weiter weiß, über die nächste Bar. Die Ausstattung der Zimmer ist meist recht üppig: Kommode an Kommode, Bild an Bild und Schrank an Schrank – nicht selten steht hier alles, wovon der Vermieter sich nicht trennen konnte. Familienanschluss und Sprachkurs sind im Preis enthalten.

54 Übernachten

> **Hinweis**: Auf manchen Inseln gibt es weit mehr Privatzimmer als die Turismo-Büros bekannt geben wollen. Aus steuerlichen und rechtlichen Gründen vermieten einige ihre Zimmer nur unter der Hand und wollten deshalb in diesem Buch nicht genannt werden. Die Adressen erfahren Sie vor Ort von Taxifahrern oder in Cafés.

Pousadas de Juventude (Jugendherbergen): Auf den Azoren gibt es bislang drei Jugendherbergen: eine auf São Miguel, eine auf Terceira und eine auf Pico. Weitere sind auf São Miguel und Santa Maria geplant. Alle bisher existierenden Jugendherbergen sind zu empfehlen. Ein internationaler Jugendherbergsausweis ist vonnöten, man bekommt ihn aber auch vor Ort.

• *Reservierungen* Im Sommer sind die Jugendherbergen meist ausgebucht, deshalb ist eine Reservierung dringend anzuraten. Reservierungen können in allen Jugendherbergen in Portugal sowie über www.pousadasjuventude.pt vorgenommen werden.

Campismo (Camping): Einen *Parque de campismo* findet man auf allen Inseln. Teils handelt es sich um eine Wiese mit einfachen sanitären Einrichtungen, teils um ausgesprochen idyllisch gelegene und sehr gepflegte Plätze mit Kochgelegenheit und Tennisplatz. Hat man bei vielen Zimmern den Eindruck, sie seien überteuert, ist bei den Campingplätzen eher das Gegenteil der Fall: Zelten kostet meist nur ein paar Euros oder gar nichts. Zum Teil sind die Plätze umzäunt (Öffnungszeiten im Reiseteil), z. T. frei zugänglich. Letztere kann man das ganze Jahr über aufsuchen, jedoch sind außerhalb der Saison (Mitte Sept. bis Mitte Juni) die Sanitäranlagen oft verschlossen. Den Schlüssel dafür bekommt man meist im nächsten Rathaus. Auch auf Campingplätzen herrscht im Juli und August Hochsaison, davor und danach sind Sie zuweilen der einzige Gast. Wo Camping-Gas verkauft wird, erfahren Sie unter dem Stichwort „Einkaufen" im Reiseteil. Es werden vorrangig Steckkartuschen verkauft, nur selten Ventilkartuschen.

Ländliches Idyll im Osten von Santa Maria

Lapas aus dem Ofen *Spezialität Seepocken*

Essen und Trinken

Einfache, gehaltvolle Gerichte zeichnen die traditionelle Küche der Azoren aus. Auf den Speisekarten halten sich Fisch- und Fleischgerichte die Waage. Während letztere keinen Hobbykoch umhauen, sind erstere oft exzellent.

International berühmt ist die azoreanische Küche nicht. Das wird sie auch so schnell nicht werden, auch der portugiesischen Küche hinkt sie hinterher. Das liegt nicht an den Zutaten – die sind meist von bester Qualität –, sondern eher an der oft lieblosen Zubereitung, insbesondere in den einfachen Restaurants: Ein paar bleiche Pommes oder durchs Wasser gezogener Reis neben einem dünnen Fleischlappen mit Spiegelei obenauf machen zwar satt, aber nicht unbedingt froh. Zum Glück steigt die Zahl niveauvoller Restaurants Jahr für Jahr. Sie sind oft gar nicht viel teurer, qualitativ aber oft um Welten besser. Die delikate Hausmannskost der Hausfrauen bleibt Touristen leider in der Regel versagt. Dafür kann man sich hin und wieder selbst etwas zaubern: ein mariniertes Steak oder Fischfilet auf einem traumhaften Picknickplatz gegrillt, dazu ein Stück Käse und eine Flasche Rotwein – und das Azorenerlebnis ist perfekt.

Exzellent sind die Nachspeisen. Zu den Errungenschaften aus anderen Ländern zählen Pizza und Fastfood. Aufgrund der kolonialen Vergangenheit werden gelegentlich auch afrikanische, brasilianische und chinesische Gerichte angeboten.

Frühstück heißt übrigens **Pequeno Almoço**, Mittagessen **Almoço** und Abendessen **Jantar**.

> **Vegetarier**, die auch auf Fisch verzichten, brauchen die Speisekarte leider meist gar nicht aufzuklappen. Rühren, grillen oder kochen Sie sich am besten selbst etwas Feines. Nur von Beilagen zu leben, macht nicht glücklich.

56 Essen und Trinken

Lokale

Restaurants (Restaurantes): Die größte Restaurantvielfalt bieten São Miguel, Terceira und Faial. Anderswo ist die Auswahl eher bescheiden. Ein oder zwei gute Restaurants findet man aber auf jeder Insel (mit Ausnahme von Corvo). Das Gros der Restaurants ist eher rustikal angehaucht, in Schale werfen braucht man sich so gut wie nirgendwo. Serviert wird fast überall nur von 12 bis 15 Uhr und abends ab 19 Uhr (gegen 22 Uhr schließen die meisten Küchen). Neben den gewöhnlichen Restaurants gibt es noch sog. **Marisqueiras**, Restaurants, die sich auf Meeresfrüchte spezialisiert haben, und **Churrasqueiras**, die den Fokus auf Gegrilltes legen. In gediegenen Restaurants kosten Hauptgerichte (Hg.) um die 20 €, in den einfacheren Lokalen beginnen die Preise bei rund 7 €. Im Kommen sind **Selbstbedienungslokale**, wo man sich für einen festen Betrag (meist um die 8 €) an einem Büfett bedienen darf oder nach Gewicht bezahlt. Diese Lokale sind meist nur mittags geöffnet.

In der **Cervejaria** wird – wie der Name schon sagt – vorwiegend Bier getrunken. Das Speisenangebot ist nicht selten auf die Tageskarte beschränkt. Je nach Lokal stehen *Bifes* (Steaks), *Mariscos* (Meerestiere), *Omeletas* (Omeletts) und evtl. einige Fischgerichte zur Wahl. Das Ambiente ist meist alles andere als gediegen. Tagesessen kostet hier 5 bis 7 €.

Casas de pasto sind ebenfalls einfache Lokale, z. T. ohne Namen über dem Eingang, gelegentlich an eine Bar oder einen Laden angegliedert. Auf den Tisch kommt deftige Hausmannskost. Hier isst man, um satt zu werden, und nicht, um die Geliebte auszuführen. Das Publikum ist bunt gemischt. Die Speisen (manchmal gibt es gar keine Karte; gegessen wird, was auf den Tisch kommt) sind preiswert, dazu kann man den offenen, günstigen *Vinho de Cheiro* bestellen. Hg. ab 5 €.

> **Não Fumadores – Rauchverbot:** In Portugal und auf den Azoren herrscht seit 2008 ein Rauchverbot in Restaurants, Cafés und Bars mit über 100 m^2 Größe. Das heißt aber nicht, dass Rauchen überall verboten ist. Größere Restaurants haben zuweilen Nebenzimmer, die für Raucher reserviert sind. Kleineren Lokalen, Bars und Cafés ist es freigestellt, ob sie das Rauchen zulassen wollen oder nicht. Auf Restaurantterrassen darf fast immer geraucht werden.

Cafés: Auf den Azoren begegnet man wie in ganz Portugal einer ausgeprägten Kaffeekultur. Da sich die Azoreaner äußerst ungern zu Hause verabreden, sind die Cafés ein beliebter Treffpunkt – hier wird geschwatzt, studiert, aber auch Geschäftliches besprochen. Kaffee ist preiswert, einen Espresso *(Café)* bekommt man ab ca. 0,60 €. Cafés und **Pastelarias** (Café-Konditoreien) sind zudem gute Frühstücksadressen, die Azoreaner frühstücken für gewöhnlich aber eher bescheiden: Zum *Galão* (Milchkaffee) nehmen sie ein *Sandes* (Brötchen) oder ein *Bolo* (süßes Teilchen). Mittags bieten viele Cafés ein paar günstige Tagesgerichte – die Tische sind dann mit Büroangestellten und Arbeitern belegt.

Snackbars: Einfache Stehrestaurants mit Bar. Am Tresen kann man belegte Brötchen *(Sandes)* kaufen, außerdem gibt es meist *Pregos* (würzige Rindfleischlappen im Brötchen), *Bifanas* (das Pendant aus Schweinefleisch), *Schinken-Käse-Toasts (Tosta mista)*, *Empanadas* (gefüllte Pasteten) oder *Rissóis* (frittierte Kabeljau- oder Krabbenbällchen). Zu Mittag werden oft ein oder zwei Tagesgerichte angeboten. Preiswert.

Mahlzeiten im Lokal 57

• *Preise* Speise- bzw. Getränkekarten müssen sichtbar ausgehängt sein – diese Regelung wird außerhalb der größeren Orte nicht immer eingehalten. *Serviço* (Bedienung) und *Imposto sobre o Valor Acrescentado*/IVA (Mehrwertsteuer) müssen in allen Preisen enthalten sein. Fische und Meeresfrüchte werden oft nach Gewicht berechnet.

• *Rechnung* Um die Rechnung bittet man mit „A conta, por favor" oder noch höflicher mit „A conta, se faça favor". Sie wird auf einem Teller gereicht, auf den man dann sein Geld legt. Ist der Kellner mit dem Wechselgeld zurückgekommen, lässt man schließlich auch das Trinkgeld auf dem Teller. In Cafés oder Bars, wo man an den Tresen bedient wird, gibt man kein Trinkgeld. Fühlt man sich betrogen, sollte man reklamieren und notfalls das Reklamationsbuch *(livro de reclamações)* verlangen, das jedes Restaurant führen muss – allein die Frage kann schon Wunder wirken.

• *Angaben im Buch* Durch Koch- oder Besitzerwechsel können sich die empfohlenen Restaurants schnell in Preis und Leistung ändern – für entsprechende Hinweise sind wir immer dankbar. In den Beschreibungen werden z. T. Spezialitäten des Hauses erwähnt, die jedoch wegen häufig wechselnder Speisekarten nicht immer zu haben sind.

Mahlzeiten im Lokal

Mittagessen (**Almoço**) und Abendessen (**Jantar**) sind gleichermaßen Hauptmahlzeiten, die sich im Angebot nicht unterscheiden. Man isst warm, mittags in einfacheren Lokalen, Kantinen oder Cafés, abends dagegen zu Hause oder in besseren Restaurants.

Eine **komplette Mahlzeit** besteht aus Couvert, Suppe, Hauptgericht und Nachtisch (s. u.). In dieser Kombination zusammen mit einem Getränk, häufig auch mit einem Kaffee, bieten viele Restaurants **Menüs** an, die zu einem oft sehr günstigen Preis gut sättigen; dabei steht meist ein Fisch- und ein Fleischhauptgericht zur Wahl. Am schnellsten serviert werden die Speisen von der **Tageskarte** (*Pratos do Dia* oder *Sugestões do Chefe*), nicht selten die beste Wahl. Grundsätzlich sind die Portionen sehr reichlich bemessen. Genügsamere können häufig auch **halbe Portionen** (*Meia Dose*) ordern. Viele Restaurants haben nichts dagegen, wenn man sich zu zweit eine Portion mit zwei Tellern bestellt: „Uma dose de ... com dois pratos, por favor".

Bacalhau – das Nationalgericht

Bacalhau, eingesalzener und in der Sonne getrockneter Kabeljau, auch Klipp- oder Stockfisch genannt, ist in Deutschland außer in spanischen und portugiesischen Spezialitätenläden kaum mehr im Handel erhältlich. In Portugal kennt man um die 300 verschiedene Zubereitungsarten, wobei der Kabeljau manchmal fast unkenntlich auf den Tisch kommt: in Öl gebraten, mit Teig überbacken, zerrieben und zu frittierten Bällchen geformt etc. In dieser Fülle von Speisen mit gleichem Grundstoff findet auch der sein Lieblingsgericht, der den Bacalhau pur nicht so sehr schätzt. Besonders gut schmeckt *Bacalhau à Brás*, für den der Fisch zerrieben und mit Kartoffelsticks und Rühreiern gemischt wird.

Im Laden wird der Bacalhau nach seinem Gewicht unterschieden: Bis zu 500 g heißt er *Bacalhau miúdo*, von 500 g bis 1 kg *Bacalhau corrente*, bis 2 kg *Bacalhau crescido*, bis 3 kg *Bacalhau graúdo* und schließlich ab 3 kg *Bacalhau especial*. Generell gilt: je schwerer, desto besser und teurer, da der Fisch dann leichter von Haut und Gräten zu befreien ist.

58   Essen und Trinken

Gänge, Gerichte und Spezialitäten

Das **Couvert (Gedeck)** ist eine charmante Methode, den Gästen Geld aus der Tasche zu ziehen. Hierbei werden Brot oder Brötchen mit Butter gereicht, dazu meist *Queijo* (Hartkäse) oder *Queijo fresco* (Frischkäse) mit der scharfen *Piri-Piri-Soße*, eine Delikatesse aus azoreanischen Chilischoten. Manchmal gibt es auch *Azeitonas* (Oliven) oder *Paté de Atum* (Thunfischpastete). Generell gilt, dass nur das bezahlt wird, was gegessen oder probiert wurde. Wer kein Couvert möchte, sollte es am besten gleich abwinken oder abtragen lassen. Nur Restaurants der ersten Kategorie und der Luxuskategorie dürfen das Couvert grundsätzlich komplett berechnen. Diese Restaurants sind durch ein Schild am Eingang als solche gekennzeichnet.

Die eigentlichen **Entradas (Vorspeisen)** sind auf den Azoren nicht sehr verbreitet. In besseren Lokalen kann man evtl. *Presunto* (Schinken), *Salada de Polvo* (Tintenfischsalat), *Pastéis de Bacalhau* (Stockfischpasteten) oder diverse Meeresfrüchte (s. u.) bestellen.

Die azoreanischen **Suppen** haben wenig mit klaren Brühen mit Einlage gemeinsam. Sie sind überwiegend sämig und werden i. d. R. mit verschiedenen Gemüsesorten zubereitet. Traditionell ist z. B. die *Caldo verde*, eine sehr schmackhafte Suppe mit fein geschnittenem Kohl. In der *Sopa de Marisco* findet sich allerlei Meeresgetier, in der *Caldo de Peixe* schwimmen Fischstückchen. Die bekannteste Suppe der Azoren ist die *Sopa do Espírito Santo* – die Heilig-Geist-Suppe sucht man auf Speisekarten jedoch vergebens, sie wird nur zu den Heilig-Geist-Festen (→ S. 277) gereicht. *Canja*, die mit Reis und Huhn versetzte Standardsuppe günstiger Tagesmenüs, ist eine weiße Brühe, die aussieht, als käme sie direkt aus dem Abflussschlauch der Waschmaschine.

Picknickplatz im Osten von São Miguel

Fleisch und Wurst: Bei so viel Rindvieh fehlt Rindfleisch auf keiner Karte. Zarte Filetsteaks sind jedoch eher die Ausnahme – die meisten Mastbullen werden aufs Festland exportiert. Übrig bleiben zwar „glückliche", aber oft ziemlich bejahrte, zähe Tiere. Hinzu kommt, dass das Abhängen von Fleisch auf den Azoren keine große Tradition hat. Auch Kalbfleisch ist selten zu bekommen. Das Standardgericht ist das *Bife* (Rindersteak). Es kommt meist durch und durch und noch mal durchgebraten mit einem Spiegelei obenauf auf den Tisch. Seine preiswertere Ver-

Gänge, Gerichte und Spezialitäten 59

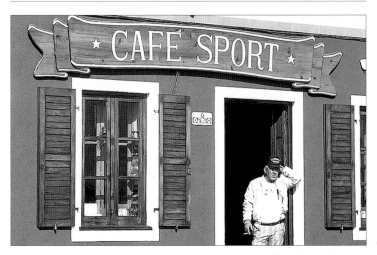

Peter Café Sport in Horta – international bekannter Seglertreff

sion ist das kleine Steak *Bitoque*. Auch *Costeleta* (Kotelett) und *Entrecosto* (Entrecôte/Zwischenrippenstück) sind weit verbreitet. Wer *Carne assado* bestellt, bekommt einen herzhaften Schweinebraten. Eine Spezialität auf den Inseln der Zentralgruppe, insbesondere auf Terceira, ist die *Alcatra*, in einem Tontopf in Zwiebel, Kohl, Speck und Weißwein eingelegtes und geschmortes Rindfleisch. Beliebt sind auch die *Linguiça*, eine grobe Schweinswurst, und *Morcela*, die Blutwurst. *Frango* (Huhn) ist sehr populär und fehlt selten unter den Tagesgerichten.

> **Unbedingt probieren**: *Cozido*, den in den heißen vulkanischen Quellen von São Miguel gegarten Eintopf (→ Furnas, S. 245). Und *Cataplana*, ebenfalls ein Eintopf, der in einer fest verschlossenen Kupferpfanne (*cataplana*) zubereitet wird. Enthalten kann er alles Mögliche (Fisch, Fleisch, Wurst etc.), stets jedoch einen guten Schuss Weißwein.

Fisch: Am häufigsten stehen neben dem *Bacalhau* (s. o.) *Abrótea* (Gabeldorsch) und *Atum* (Thunfisch) auf der Speisekarte, bei letzterem handelt es sich meist um den *Albacora* (Weißer Thunfisch). Zudem kommen auf den Teller: *Sardinhas* (Sardinen, billig; können mit Haut und Schuppen verzehrt werden), *Chícharros* (auch: *Carapau*; Stöcker oder Bastardmakrele, ebenfalls so groß wie Sardinen), *Moreia* (Muräne, preiswert, sehr fettig), *Espadarte* (Schwertfisch), *Cherne* (Zackenbarsch), *Peixe-espada* (Degenfisch), *Dourada* (Dorade, Goldbrasse), *Pargo* (Sackbrasse), *Bezugo* (Meerbrasse), *Cantaro* (Rotbarsch), *Cavala* (Makrele), *Congro* (Meeraal), *Garoupa* (Zackenbarsch), *Peixão* (Achselfleckbrasse), *Pescada* (Wittling), *Ruivo* (Knurrhahn), *Tambor* (Drückerfisch) und *Tamboril* (Seeteufel). Für noch mehr Fische → Sprachkapitel.

Die beste Zubereitungsart ist *na brasa*, über Holzkohle gegrillt. An Tintenfischen gibt es drei verschiedene Sorten. Größter Vertreter ist der *Polvo*, eine achtfüßige

60   Essen und Trinken

Krake mit großen Saugnäpfen – als Salat und in Rotwein geschmort ein Genuss. Die *Lulas* (Kalamares) haben einen weißen, kapuzenförmigen Körper und sind – egal ob gegrillt oder gebraten – nicht mit unseren frittierten Tintenfischringen zu vergleichen. Auf den Azoren weniger verbreitet sind die *Chocos* (Sepia) mit etwas fettigerem Fleisch, die oft zusammen mit ihrer Tinte serviert werden.

Meeresfrüchte (Mariscos) sind, verglichen mit den Preisen daheim, preiswert. Und in puncto Meeresfrüchte sind die Azoren gar ein kleines kulinarisches Paradies, zumal die Ware frisch ist. In guten Restaurants bekommen Sie *Lagostas* (Langusten), *Lavagante* (Hummer) und die meist 1–2 Pfund schweren *Sapateiras* (Riesentaschenkrebse) mit ihren großen Zangen. *Santolas*, in „freier Wildbahn" aufgewachsene Seespinnen, werden meist von Tauchern erjagt.

Eine weitere Delikatesse sind *Lapas* (biologisch korrekt die „Gemeine Napfschnecke", tatsächlich aber eine Muschel mit orangefarbenem Fleisch). Da sie immer seltener werden, ist in manchen Jahren das Sammeln verboten. Die Lapas gibt es in verschiedenen Varianten – vom Grill, mit Knoblauchbutter übergossen, sind sie schlicht der Wahnsinn. Ebenfalls empfehlenswert sind die *Amêijoãs* (Herzmuscheln), eine Spezialität von São Jorge. Nicht jedermanns Sache sind *Cracas* (Seepocken), die von ferne wie verschimmelter Brokkoli aussehen. Das Fleisch holt man sich mit einem Haken aus den Löchern der steinartigen Skelette. Anschließend wird das Meerwasser, in dem die Cracas gekocht wurden, mit einem Strohhalm aus den Löchern gesaugt.

Beilagen: Zu den Hauptgerichten werden meist *Arroz* (Reis), *Batatas cozidas* (gekochte Kartoffeln) oder *Batatas fritas* (Pommes frites) gereicht – nicht selten miteinander. *Salada mista* (gemischter Salat) gibt es fast überall auf Bestellung. *Legumes* (Gemüse) findet man leider fast nur in der Suppe oder als ein paar gekochte Kohlblätter (*Couve*) am Tellerrand. Wer die Möglichkeit hat, sollte auf den Azoren *Inhame* (Yams) probieren, eine der Kartoffel ähnliche, sehr sättigende Beilage. Yams muss einen ganzen Tag in Salzwasser kochen, bevor er genießbar ist. Beilagen werden auf den Speisekarten meist nicht aufgeführt. Wer sich nicht sicher ist, was es zum gewünschten Hauptgericht gibt, sollte ruhig nachfragen.

Sobremesas (Nachspeisen): Hier dürfte die portugiesische Küche eine der besten Regionalküchen Europas sein – köstlichste Desserts stehen zur Wahl. Unbedingt probieren sollte man *Arroz doce*, süßen Milchreis mit Zimt. Empfehlenswert sind auch *Mousse de Chocolate*, *Pudim fla*m (Vanillepudding mit Karamellsoße), *Maçãs assadas* (Bratäpfel), *Pudim de Ovo* (Eierpudding) oder *Leite creme* (Milchcreme).

Getränke

Wein: Der Azorenwein schlechthin ist der *Vinho de Cheiro*, ein fruchtiger Rotwein, der wegen seines hohen Alkaloidgehalts nicht in die EU exportiert werden darf und den Sie nur hier probieren können. Als azoreanische Tischweine werden in fast allen Restaurants der Inseln der weiße *Terras de Lava* und der rote *Basalto* (beide gut und trocken, beide von der Insel Pico) angeboten. Mancherorts können Sie auch einen lokalen *Abafado* kosten, dessen Geschmack an Portwein erinnert. Gourmets jedoch wählen im Lokal meist erlesene Weine vom Festland. Alles zum Weinanbau auf den Azoren → Kasten „Der Wein der Lava", S. 400.

● *Weine vom Festland* Es gibt verschiedene regionale Herkunftssiegel. Ob Vinho Regional, Indicação de Proveniência Regulamentada (IPR), Denominação de Origem Controlada (DOC) oder Vinho de Qualidade Produzido em Região Determinada (VQPRD) – alle bezeichnen Qualitätsweine aus einer bestimmten Region, die speziellen Geset-

Getränke 61

zen und einer besonderen Kontrolle unterliegen. Die Siegel lassen dabei nur auf das Alter der Weinanbaugebiete oder die Verwendung heimischer Rebsorten und Anbaumethoden schließen, nicht dagegen auf die Qualität. Vorsicht ist nur bei der Bezeichnung vinhos de mesa (Tafelweine) angebracht: Sie umfasst alle Weine niedrigerer Qualität.

Aus den bekannten Weinanbaugebieten Bairrada, Dão, Douro sowie Setúbal kommen gute Weiß- und Rotweine; man findet hier immer etwas nach seinem Geschmack. Probieren sollte man unbedingt den *Vinho Verde*, den „Grünen Wein", der ausschließlich aus der Region des Vinho Verde im nordportugiesischen Minho stammen darf. Dieser Wein wird noch vor der vollen Reife geerntet und bekommt so einen besonders leichten und erfrischenden Geschmack.

Bier: Das wohl populärste Getränk der Inseln. Drei Biere dominieren: das auf São Miguel gebraute *Especial* und die vom Festland importierten Marken *Sagres* und *Super Bock*. Letzteres schmeckt durch den Zusatz von Zucker außergewöhnlich süß.

An den meisten Theken wird Fassbier ausgeschenkt, das besser als Flaschenbier schmeckt und zudem billiger ist. Da der Verkauf von Flaschenbier aber lukrativer ist, wird oft eine Flasche gebracht, wenn man nicht ausdrücklich nach *Cerveja de Pressão* oder *Cerveja de Barril* fragt. Ein kleines Bier (0,2 l) vom Fass nennt sich übrigens *Fino*, ein großes Bier zu 0,4 oder 0,5 l *Caneca*. Eine *Girafa* (0,75 l) wird nur in wenigen Bars ausgeschenkt. Das kleine Bier kostet je nach Lokal 0,80–1,50 €.

Schnäpse: Wo Wein angebaut wird, wird natürlich auch Schnaps gebrannt. Am bekanntesten ist der *Aguardente*, ein farbloser Weinbrand, meist aus der zweiten Pressung der Weintrauben. Die auf den Inseln produzierten Liköre aus Maracuja und Ananas sind extrem süß. *Maciera* nennt sich ein beliebter Brandy, den sich die Bauern schon am Morgen gern in ihren Kaffee kippen.

Im Weingut Terra do Conde auf Graciosa

Kaffee: Zubereitet wird der Kaffee (*Café*, in Lissabon *Bica*) wie der Espresso und ähnelt diesem auch geschmacklich. Die Bohnen dazu kommen aus Brasilien. *Galão* ist Milchkaffee und erklärtes Lieblingsgetränk aller Azoreaner am Morgen. Wer einen Cappuccino bevorzugt, bestellt eine *Meia de leite* (ab 0,80 €).

Andere alkoholfreie Getränke: Auf den Azoren sind alle gängigen **Softdrinks** erhältlich. **Tee**, auf São Miguel angebaut, wird überwiegend in den Wintermonaten getrunken. **Wasser** bekommt man fast nur in Plastikflaschen. Das Wasser aus dem Hahn ist im einen Ort von bester Qualität, im anderen wegen der Überdüngung des Bodens stark nitrathaltig. Fragen Sie Ihren Vermieter, ob Sie es trinken können.

Tipp: Falls Sie Weine der Azoren vorab probieren oder nach der Reise nochmals genießen möchten, so können Sie diese unter www.compiri.de erstehen.

Inselhopping mit der SATA

Wissenswertes von A bis Z

Azulejos

Wichtiger Bestandteil der portugiesischen Kunst und Baukultur sind die als *Azulejos* bezeichneten Fayencefliesen. Im 14./15. Jh. breiteten sich die bunt glasierten Keramikfliesen als Wandschmuck von Spanien nach Portugal aus. Ursprünglich brachten die Mauren das Kunsthandwerk auf die Iberische Halbinsel. Die Bezeichnung „Azulejo" basiert auf dem arabischen Wort *alzulij*, was in etwa „kleiner polierter Stein" bedeutet.

Auf den Azoren fallen Azulejos an den verschiedensten Bauwerken ins Auge, an Restaurants, Bürgerhäusern, Postämtern, Kirchen usw. Besonders verbreitet auf den Inseln sind die fein gezeichneten flämischen Kacheln in Blau und Weiß, die Ende des 17. Jh. in Mode kamen. Vielerorts handelt es sich um monumentale Wandbilder, die aus vielen einzelnen Kacheln zusammengefügt sind und vorwiegend Szenen aus dem Leben der Jungfrau Maria, die Passion Christi, aber auch ländliche Motive oder Impressionen aus der Stadt zeigen. Daneben gibt es die *Azulejos de motivo solto*: Hier ist jede Kachel ein Kunstwerk für sich.

> **Tipp**: Wer mehr über die portugiesische Kachelkunst erfahren möchte, sollte auf dem Hin- oder Rückflug im Lissabonner **Museu do Azulejo** vorbeischauen (→ S. 111). Auf São Miguel kann man die **Keramikmanufakturen Vieira** in Lagoa (→ S. 179) und **Micaelense** in Ribeira Grande (→ S. 213) besichtigen.

Baden

Traurig, aber wahr: Knapp 700 km Küstenlinie besitzt der Archipel, doch alle Sandstrände zusammen machen vermutlich keine 5 km aus. Die Größe der Sandstrände variiert nicht nur entsprechend der Gezeiten – wie beim Wein gibt es auch hier gute und schlechte Jahrgänge: Im einen Frühjahr spült das Meer viel Sand an die Ufer, im anderen weniger. Und die ersten Stürme im Oktober lassen den Sand zuweilen wieder verschwinden, in manchen Buchten gar für Jahre. Das bedeutet, dass nicht überall dort, wo in diesem Buch von einem Sandstrand die Rede ist, bei Ihrem Besuch auch einer ist.

Badefreunde, die Sandstrände bevorzugen, kommen noch am ehesten auf São Miguel, Santa Maria und Faial auf ihre Kosten. Auf den anderen Inseln dominieren Felsstrände, Kiesbuchten, Naturschwimmbecken und allenfalls kleine Sandbuchten. Die meisten Badegelegenheiten werden Anfang Juni gesäubert, vorher stört der eine oder andere angeschwemmte Müll. Den Sommer über sind an den meisten Stränden Rettungsschwimmer postiert. 28 Strände auf den Azoren waren 2009 übrigens mit der Blauen Flagge ausgezeichnet (www.blueflag.org).

Von einem Bad in den meisten Seen der Inseln wird von offizieller Seite abgeraten – sie gelten als überdüngt.

> **Warnung**: Wegen der meist starken Brandung und Strömungen ist das Baden an allen Küstenabschnitten nicht ungefährlich. Baden Sie daher nur bei ruhiger See oder in geschützten Naturschwimmbecken. In letzteren gilt auch bei ruhiger See: Achtung vor überraschend hohen Wellen, die aus dem Nichts auftauchen! Gehisste Flaggen signalisieren: grün = „Baden okay", gelb = „Baden nur für gute Schwimmer", rot = „lebensgefährlich".
> Bringen Sie Badeschuhe zum Schwimmen in den Naturschwimmbecken mit – oft gibt es hier scharfe Steine und Seeigel!

Azulejos im Kloster Nossa Senhora da Esperança

64   Wissenswertes von A bis Z

Nacktbaden: FKK und Oben-ohne ist offiziell verboten und wird von den Azoreanern auch nicht gern gesehen. Wer trotzdem nicht auf nahtlose Bräune verzichten will, sollte einen der vielen einsamen Strandabschnitte aufsuchen – vergewissern Sie sich aber, dass weit und breit keine Menschenseele in Sicht ist.

Thermalbäder: Auf den Inseln São Miguel (→ Furnas, S. 240, Caldeiras, S. 220, und Ponta da Ferraria, S. 199) und Graciosa (→ Carapacho, S. 338) haben Sie die Möglichkeit, in Thermalbädern etwas für Ihr Wohlbefinden zu tun. Das Thermalbad auf Faial (→ Varadouro, S. 378) soll wieder instand gesetzt werden.

Wassertemperaturen: Die Wassertemperaturen erreichen in den Sommermonaten bei den Inseln der Westgruppe höhere Werte als bei den Inseln der Zentral- und Ostgruppe. Am kältesten ist das Meer im Frühjahr. Unerschrockene baden das ganze Jahr über. Weitere Klimadaten im Kapitel „Klima und Reisezeiten", S. 22.

Durchschnittliche Meerestemperatur in °C

Ostgruppe: São Miguel, Santa Maria

Januar	Februar	März	April	Mai	Juni
16,3	16,1	15,4	15,8	16,4	18,1
Juli	August	September	Oktober	November	Dezember
19,3	21,8	21,3	19,2	18,1	16,4

Zentralgruppe: Faial, Pico, São Jorge, Graciosa, Terceira

Januar	Februar	März	April	Mai	Juni
15,6	15,2	15,2	15,5	16	16,9
Juli	August	September	Oktober	November	Dezember
19,1	20,4	20,3	19,1	17,7	16,4

Westgruppe: Flores, Corvo

Januar	Februar	März	April	Mai	Juni
16,7	16,5	15,4	15,8	16,2	18
Juli	August	September	Oktober	November	Dezember
21	22,6	22,4	19,5	17,4	16,9

Bücher

Es gibt nur wenige deutschsprachige Bücher über die Azoren, ausgenommen Reiseführer und natürlich Bildbände. Meist werden die Inseln im Rahmen von Gesamtdarstellungen zu Portugal abgehandelt. Die rasante Entwicklung der Azoren seit der Nelkenrevolution 1974 wird jedoch oft nur unzureichend berücksichtigt. Belletristik mit Azorenbezug verfassten folgende Autoren:

Faridi, Ben: Das Schweigen der Familie. Oktober Verlag: Münster 2009. Corvo-Krimi mit Kochrezepten (!).

Faro, Marlene: Die Vogelkundlerin. Hoffmann und Campe: Hamburg 2001. Trivialliteratur über eine Azorenreise. Gibt es auch als Hörbuch.

> Unser besonderer **Literaturtipp** für Ihre Urlaubslektüre: „Moby Dick" von Herman Melville.

Glöckler, Ralph Roger: Corvo. Eine Azoren-Utopie. Elfenbein Verlag: Berlin 2005. Im gleichen Verlag erschien 2008 Glöcklers Azoren-Saga *Vulkanische Reise*.

Leslie, David Stuart: Das Teufelsboot. Schweizer Druck- und Verlagshaus: Zürich 1958. Der Roman spielt zur Salazar-Zeit auf Terceira. Dreh- und Angelpunkt ist das Fischerboot *Pena de Morte*, auf dem ein Fluch lasten soll.

Petri, Kristian: Die Inseln am Ende des Meeres. Carl Hanser Verlag: München 1999. Impressionen und Gedanken eines Reisenden zu verschiedenen Inseln im Atlantik.

Tabucchi, Antonio: Die Frau von Porto Pim. Verlag Klaus Wagenbach: Berlin 2003. Tabucchi, bekannt durch *Erklärt Pereira*, lebte längere Zeit auf den Azoren. Das Büchlein enthält ein paar Erzählungen, die auf den Inseln spielen.

Viegas, Francisco José: Das grüne Meer der Finsternis. Lübbe Verlag: Bergisch Gladbach 2001. Kriminalroman mit einem Schuss *Saudade* und einem Mord auf São Miguel.

Diplomatische Vertretungen

Die Botschaften Deutschlands, Österreichs und der Schweiz residieren in der portugiesischen Hauptstadt Lissabon. Deutschland wird zudem durch eine Honorarkonsulin auf den Azoren vertreten. Österreich und die Schweiz hatten zum Zeitpunkt der Drucklegung keine Honorarkonsulate auf den Inseln, das kann sich aber wieder ändern. Aktuelle Infos unter www.auswaertiges-amt.de, www.eda.admin.ch und www.bmaa.gv.at.

• *Botschaften in Lissabon* **Deutschland**, Apartado 1046, Campo dos Mártires da Pátria 38 (Stadtteil Santana), 1169-043 Lisboa, ✆ 218810210, www.lissabon.diplo.de.
Österreich, Av. Infante Santo 43-4° (Stadtteil Lapa), 1399-046 Lisboa, ✆ 213943900, lissabon-ob@bmeia.gv.at.
Schweiz, Travessa do Jardim 17, 1350-185 Lisboa (Stadtteil Campo de Ourique), ✆ 2131944090, www.eda.admin.ch/lisbon.

• *Portugiesische Botschaften* Zimmerstr. 56, 10117 **Berlin**, ✆ 030/590063500, www.botschaftportugal.de
Opernring 3/1, 1010 **Wien**, ✆ 01/58675360, portugal@portembassy.at.
Weltpoststr. 20, 3015 **Bern**, ✆ 031/3528602, embpt.berna@scber.dgaccp.pt.

• *Deutsches Honorarkonsulat auf den Azoren* Andrea Ricks Henning, Rua da Lombinha 5, Ginetes/São Miguel, ✆ 965529064 (mobil), riksandrea@gmail.com.

Einkaufen

Die Azoren sind alles andere als Einkaufsparadiese, nur die „großen" Hafenstädte Ponta Delgada (São Miguel), Angra do Heroísmo (Terceira) und Horta (Faial) laden zum „Windowshopping" ein. In den anderen Inselhauptorten sind die Auslagen der Läden bescheiden, die Sortimente wegen der niedrigen Einwohnerzahlen begrenzt.

Ein beliebtes Souvenir – handbemalte Keramik aus Lagoa

66   Wissenswertes von A bis Z

Alle, die etwas Ausgefallenes suchen oder preiswert einkaufen möchten, sollten einen Zwischenstopp in Lissabon einlegen.

● *Lebensmittel* Auf São Miguel, Faial und Terceira findet man **Hipermercados**, die, was die Angebotsvielfalt anbelangt, mit jedem heimischen Großmarkt konkurrieren können. Meist liegen sie an der Stadtgrenze der Hauptorte. Auch auf den städtischen Märkten dieser Inseln kann man preiswert Lebensmittel erstehen: Fisch, Fleisch, Obst und Gemüse.

Ganz ordentlich bestückte **Supermercados** bieten Santa Maria, São Jorge und Pico. Etwas bescheidener fällt das Angebot auf Graciosa und Flores aus und sehr bescheiden das auf Corvo.

Abseits der Hauptorte gibt es meist nur das Nötigste zu kaufen: Das entspricht ungefähr dem, was der eigene Garten oder die Haustiere nicht hergeben – und das ist herzlich wenig. Die **Minimercados** auf dem Lande sind zudem recht teuer.

Doch durch die Dörfer fahren die **Ambulantes**, fliegende Händler mit hupenden Pickups, die Obst und Gemüse, Fisch oder Fleisch zu fairen Preisen verkaufen. In jeder Bar erfahren Sie, wer dann vorbeikommt.

● *Souvenirs* In den lokalen **Kunsthandwerkszentren** werden überwiegend Stick-, Web-, Korb- und Flechtarbeiten angeboten. Ein Souvenir der bedenklichen Art sind gravierte Walzähne und Schnitzarbeiten aus Walknochen (→ Zoll).

● *Ladenöffnungszeiten* → Öffnungszeiten, S. 73.

● *Preise* → Geld, S. 68.

Elektrizität

Fast überall auf den Azoren beträgt die elektrische Spannung um 230 Volt – mal mehr, mal weniger – mit einer Frequenz von 50 Hertz. Weit verbreitet sind Eurosteckdosen ohne Schutzleiter, d. h. ein Föhn oder Rasierapparat funktioniert normalerweise überall.

Feiertage

Mit großem Aufwand begehen die Azoreaner ihre Feiertage, die nationalen wie die lokalen. Neben den kirchlichen gibt es auch einige historische Gedenktage. Dazu kommen die kommunalen Feiertage mit teils festen, teils variablen Daten. Bei allen Festen, wo Bier und Wein in Strömen fließen, bleiben die Geschäfte und öffentlichen Stellen oft auch noch am Folgetag geschlossen.

1. Januar: **Ano Novo** (Neujahr)
Februar bis April:
Entrudo (Karnevalsdienstag); **Sexta-feira santa** (Karfreitag); **Páscoa** (Ostern)
25. April: **Dia da Liberdade** – Nationalfeiertag zum Gedenken an die Nelkenrevolution 1974, dem Ende der Diktatur
Mai/Juni:
1. Mai: **Dia do Trabalhador** – Tag der Arbeit
Espírito Santo (Pfingsten), Pfingstmontag ist zugleich **Dia da Autonomia** (Tag der Autonomie der Azoren)
Corpo Deus (Fronleichnam)
10. Juni: **Dia de Portugal** – Nationalfeiertag zum Gedenken an den Todestag von Luís de Camões, einem der bedeutendsten Dichter des Landes
15. August: **Assunção** (Mariä Himmelfahrt)
5. Oktober: **Dia da República** – Nationalfeiertag zur Erinnerung an die Ausrufung der Republik 1910
1. November: **Todos-os-Santos** – Allerheiligen
1. Dezember: **Dia da Restauração** – Nationalfeiertag zur Erinnerung an die Befreiung von der spanischen Fremdherrschaft 1640
8. Dezember: **Imaculada Conceição** – Mariä Empfängnis
25. Dezember: **Natal** – Weihnachten

Folklore und Musik

Abseits der Inselhauptorte wird Unterhaltung vorrangig von den Musikvereinen geboten. Deren Vereinsgebäude sind nicht selten Tanzsäle, Versammlungshäuser und Dorfkneipen in einem; hier pflegt man die folkloristischen Tänze und Gesänge.

Folklore und Musik

Jedes Eiland hat dabei seine Besonderheiten – der feine Unterschied fällt dem Festlandlaien aber nicht auf. Einen Eindruck von den inselspezifischen Blaskapellen, Tänzen, Gesängen und Trachten erhält man am besten auf den *Festas* (die jeweils wichtigsten sind unter „Inselspezielles" zusammengefasst). Kostproben liefert regelmäßig auch das azoreanische Fernsehen: Wenn Sie nicht einschlafen können, einfach *RTP Açores* einschalten.

Der berühmteste Komponist und Dirigent der Azoren, der auch außerhalb Portugals Erfolge feierte, war **Francisco de Lacerda** (geb. 1869 in Ribeira Seca auf São Jorge, gest. 1934 in Lissabon). Seine musikalische Ausbildung genoss er in Lissabon, im zarten Alter von 22 Jahren erhielt er bereits eine Professur für Piano. 1902 ging er als Dirigent nach Paris, wo er sich u. a. mit den spanischen Komponisten Manuel de Falla (1876–1946) und Isaac Albéniz (1860–1909) sowie den französischen Komponisten Erik Satie (1866–1925) und Claude Achille Debussy (1862–1918) anfreundete. Insbesondere mit Debussy arbeitete er eng zusammen. De Lacerda wagte es, in den Symphonieorchestern jener Zeit auch einmal eine *Viola de arame* erklingen zu lassen, eine azoreanische Gitarrenart, die mit 12 oder gar 16 Stahlsaiten bespannt ist. Sein Œuvre umfasst Stücke für Orchester, Klavier, Orgel, Gitarre und Gesang.

Der heute international berühmteste Musiker der Azoren ist **Nuno Bettencourt** (Gitarrist der Band Extreme), der auch mal mit der R & B-Sängerin Rihanna tourt. In ganz Portugal bekannt ist **Carlos Alberto Moniz**, ein Allroundkünstler aus Terceira, der Kinderlieder ebenso wie Songs für den *Eurovision Song Contest* schreibt. Moniz widmet sich auch dem musikalischen Erbe der Azoren (CD-Tipp: Clássicos Açorianos). Auf den Inseln populär sind zudem **Goma** (düsterer „Azoren-Metal" aus Terceira), **Passos Pesados** (Gitarrenrock aus São Miguel), **Luis Alberto Bettencourt** (poppiger Chansonier aus São Miguel) und **Ronda da Madrugada** („Azorencountry" aus Santa Maria). Musik mit azoreanisch-folkloristischem Einschlag spielen z. B. **Zeca Medeiros** und **Belourora** (beide aus São Miguel) oder **Tributo** (aus São

Pfingstumzug

68   Wissenswertes von A bis Z

Jorge). Die Fadogröße der Inseln ist **Paulo Linhares,** einer der populärsten DJs **Neurotronic** (Psytrance) – beide stammen aus São Miguel.

Funk und Fernsehen

Azoren-Programme: Die Azoren strahlen ein eigenes Fernsehprogramm aus: *RTP Açores.* Da es nicht immer arg viel zu berichten gibt, werden die Sendezeiten mit Seifenopern aus Brasilien gefüllt. Auch strahlen die Sender vom portugiesischen Festland ihre Programme auf den Azoren aus. Auf dem Land verleihen viele Krämerlädchen DVDs, das mangelnde kulturelle Angebot wird oft durch Videokonsum kompensiert. Läuft der Fernseher nicht, dann spielt irgendwo ein Radio, insgesamt gibt es elf Radiostationen auf den Inseln.

Deutschsprachige Fernseh- und Radioprogramme: Über Satellit sind mehrere deutschsprachige TV-Sender zu empfangen. Frequenzpläne für den Weltempfänger finden Sie unter www.dw-world.de, www.swissinfo.org und www.ors.at.

Geld

Währung: Wie in Portugal bezahlt man auch auf den Azoren mit dem Euro. Schweizer Franken können in Banken (Mo–Fr 8.30–15 Uhr) getauscht werden.

Preise: Die Azoren sind kein Billigreiseziel, obwohl die Preise für vieles niedrig sind. Doch je nachdem, wie, wann und wie viel man reist, kann sich schnell ein größerer Betrag summieren, was insbesondere für die Hochsaison gilt. Im Juli und August ist die Nachfrage nach touristischen Leistungen oft größer als das Angebot, und da mancherorts die Anbieter durch mangelnde Konkurrenz eine Monopolstellung genießen, kann man von Preisen wie auf dem portugiesischen Festland zuweilen nur träumen. Dennoch bieten die Azoren für fast jeden Geldbeutel gute Reisevoraussetzungen, so können beispielsweise Campingfreunde ausgesprochen preiswert übernachten (→ Übernachten/Camping, S. 54).

> **Was kostet was:** Kleines Bier ab 0,70 €, Espresso ab 0,50 €, Tagesgericht ab 4,50 €, DZ mit Bad ab 30 €, ein Liter Bleifrei 1,13 €, Päckchen Zigaretten 1,80–2,50 €.

Trinkgeld: Auf den Azoren sind etwa 5 % üblich. In Restaurants wird der Rechnungsbetrag meist auf die nächste volle Summe aufgerundet, indem man das Restgeld liegen lässt, gegebenenfalls noch etwas Kleingeld dazugibt. In Cafés, insbesondere am Tresen, gibt man normalerweise kein Trinkgeld. Bei Taxifahrten sind ebenfalls ca. 5 % Trinkgeld üblich.

> **Tipp:** Nutzen Sie Ermäßigungen: Bei Museen, sofern es sich nicht um private Einrichtungen handelt, bezahlen Studenten mit der ISIC-Karte erheblich weniger oder zuweilen gar nichts. Gleiches gilt für Kinder und Senioren ab 65 Jahren.

Reiseschecks: Die bekannten Gesellschaften wie *American Express* oder *Thomas Cook* haben vor Ort keine eigenen Filialen. Ihre Schecks werden zwar in jeder Bank akzeptiert – die Einlösung kann aber eine Weile dauern, da solche Geschäfte nicht unbedingt zu den Routinetätigkeiten der Bankangestellten gehören. Achtung: Es können Gebühren von über 20 % anfallen.

Information 69

Kredit- und Maestrokarte: Die gängigen Kreditkarten (*American Express, Master-Card, Visa* etc.) werden in größeren Hotels, vielen Restaurants und exklusiveren Geschäften sowie an einigen Tankstellen akzeptiert. Kleinere Geschäfte und zuweilen selbst Autovermietungen akzeptieren oft nur Barzahlung. Bankautomaten (*Multibanco*) sind weit verbreitet. Der Höchstbetrag, den ein Automat pro Tag ausspuckt, ist gering: 2 x 200 €.

Bei Verlust der Kredit- oder Maestro-Karte wählen Deutsche die Servicenummer 0049-116116. Abhängig vom Ausstellungsland der Karte gelten zudem folgende Sperrnummern: Für **American Express**: ℡ 0049-69-97971000 (D/A), ℡ 0041-446-596333 (CH). **Diners Club**: ℡ 0049-69-661660 (D), ℡ 0041-58-7508008 (CH), ℡ 0043-1-501350 (A). **Visa**: ℡ 800811824 (Servicenr. in Portugal für D, A, CH), ℡ 0043-1-71111-770 (A), ℡ 0041-448283135 (CH). **Master**: ℡ 0049-1803123444 (D), ℡ 0043-1-717014500 (A), ℡ 0041-448283135 (CH). **Maestro-Karte**: ℡ 0049-1805021021 (D), ℡ 0043-1-2048800 (A), ℡ 0041-800800488 (Credit Suisse), ℡ 0041-800811000 (UBS), 0041-442712230 (für weitere Schweizer Maestro-Karten).

Geldanweisungen: Am einfachsten über *Western Union* (www.westernunion.com). In Portugal sind alle Postämter Kontaktstellen von Western Union.

Gesundheit

Vor der Einreise auf die Azoren sind keine besonderen medizinischen Vorsorgemaßnahmen zu treffen. Das Gesundheitssystem ist im Ganzen weitaus besser als mancher vielleicht annimmt. Auch die Verständigung klappt meist gut, denn viele Ärzte haben im Ausland studiert und sprechen fließend Englisch.

Allgemeinärzte finden sich auf allen Inseln in den lokalen Krankenhäusern (**hospital**) oder Gesundheitszentren (**centro de saúde**). Bei ernsteren Erkrankungen muss man entweder nach Ponta Delgada (São Miguel), Angra do Heroísmo (Terceira), Horta (Faial) oder direkt aufs Festland fliegen. Dieses Schicksal kann Sie allerdings auch ereilen, wenn Sie auf einer kleinen Insel einen Facharzt brauchen.

Wo sich der nächste Arzt oder das nächste Krankenhaus befindet, erfahren Sie in den Ortskapiteln unter „Adressen/Ärztliche Versorgung". Adressen von Ärzten erhalten Sie ferner in den Turismo-Büros.

Krankenversicherung: Auch wer im Besitz einer Europäischen Krankenversicherungskarte (EHIC) ist, sollte eine private Auslandskrankenversicherung abschließen, die einen Krankenrücktransport ins Heimatland sicherstellt – so ersparen Sie sich im Notfall viel Stress vor Ort. Solche Versicherungen gibt es bereits ab 10 € (Formulare dafür liegen z. B. in Banken aus). Auch manche Kreditkarten beinhalten eine Auslandskrankenversicherung. Lassen Sie sich vom behandelnden Arzt eine Quittung ausstellen, das vorgestreckte Geld bekommen Sie dann in der Heimat rückerstattet.

Apotheken (farmácias) gibt es in allen Hauptorten und größeren Ortschaften. Viele Medikamente werden rezeptfrei abgegeben. Fast alle sind billiger als daheim. Arzneimittel, auf die man ständig angewiesen ist, und homöopathische Mittel (oft schwer zu bekommen) sollte man sicherheitshalber von zu Hause mitbringen. Die Öffnungszeiten der Apotheken entsprechen meist denen normaler Geschäfte. Welche Apotheke gerade Sonntags- oder Nachtdienst hat, hängt meist im Schaufenster aus.

Information

Das portugiesische Touristikamt *ICEP* (www.visitportugal.com) unterhält Außenstellen im Ausland, über die man Informationsmaterial anfordern wie auch über deren Webseiten herunterladen kann. Die Turismo-Büros vor Ort (im Reiseteil unter „Information" aufgeführt) nehmen ihre Aufgabe unterschiedlich ernst. Teils ist die Hilfsbereitschaft mehr als vorbildlich, teils bekommt man auf eine Frage nicht viel mehr als einen hilflosen Blick. Diese Büros unterstehen der azoreanischen Tourismusdirektion (www.visitazores.org).

ICEP in Deutschland: Zimmerstraße 56, 10117 Berlin, ℘ 01805004930 und ℘ 030/2541060.
Kaiserhofstraße 10, 60313 Frankfurt/M., ℘ 069/9207260.
ICEP in Österreich: Opernring 1/Stiege R/2. OG, 1010 Wien, ℘ 01/5854450.
ICEP in der Schweiz: Zeltweg 15, 8032 Zürich, ℘ 043/2688768.

Schönes Fotomotiv – Straßenmosaike

Der regionale Tourismusverband der Zentralgruppe **art (Associação Regional de Turismo)** unterhält auf allen Inseln der Zentralgruppe seit 2009 eigene Infostellen (diese sind im Reiseteil ebenfalls aufgeführt). Die *art*-Infostellen informieren nicht nur, sondern vermitteln auch touristische Angebote wie Wander- oder Whale-Watching-Touren und das oft zu Preisen, die bis zu 40 % unter den regulären liegen. Was wann geboten wird, erfährt man in dem dort ausliegenden *Programa de Animação Turística* und soll zukünftig auch unter www.artazores.com veröffentlicht werden.

Internet

Sofern vorhanden bzw. mit Gewinn zu nutzen, sind die Internetadressen diverser Einrichtungen wie Hotels oder Fluggesellschaften im Buch angegeben. Unter „Information" (s. o.) sind die offiziellen Seiten des portugiesischen Touristikamts und der azoreanischen Tourismusdirektion aufgeführt. Allgemeine und spezielle Informationen zu den Azoren finden Sie auf den Seiten der Reiseveranstalter (→ S. 41) und zudem auf folgenden Seiten:

www.azoren-blog.de: Aktuelles rund um die Azoren.
www.azoren-online.com: Kommerzielle Seite auf Deutsch. Ferienhausvermittlung, Immobilien usw., dazu viele Infos.
www.azores.gov.pt: Offizielle Seite der Regierung der Azoren; nur magere englische Version. Die Seite des Parlaments: www.alra.pt.

www.acoresglobal.com: Kommerzielle Seite mit Unterseiten zu Kultur (**www.azoresdigital.com**), Politik, Sport und Nachrichten (**www.viaoceanica.com**), allgemeinen touristischen Informationen (**www.azorestourism.com**), Ferienhäusern (**www.azoresrural.com**) etc.
www.azoresmenu.eu: Ein Restaurantführer zu den Inseln.

www.azores.com: Kommerzielle Seite (englisch) mit Links zu Hotels, Immobilienverkauf etc.

www.azoren.at: Private Seite mit vielen schönen Fotos.

www.fishbase.org: Falls Sie Schuppen bekommen sollten und nicht mehr wissen, wer Sie sind – kein Fisch wird hier ausgespart.

www.lissabon-umgebung.de: Super Seite zu Lissabon; sehr informatives, umfangreiches Portal.

Aktuelle Informationen zu diesem Buch, die nach Redaktionsschluss nicht mehr berücksichtigt werden konnten, sowie alle in diesem Buch erwähnten und weitere Links finden sich auf den Azoren-Seiten des Michael Müller Verlags unter **www.michael-mueller-verlag.de**.

Internetzugang: Viele Hotels und Pensionen bieten WLAN oder verfügen über einen oder mehrere Terminals mit Internetzugang. Auch auf einigen öffentlichen Plätzen hat man WLAN-Zugang. Zudem sind in diversen Bars und Cafés Hotspots eingerichtet, auch kann man in zahlreichen Internet-Cafés (kostenpflichtig) und in fast allen Bibliotheken (kostenlos) surfen. Einen mobilen Breitbandanschluss bietet Vodafone mit dem *Vita Net*. Unter dem Stichwort „Internetzugang" bei den jeweiligen Ortschaften erfahren Sie, wo Sie in den größeren Orten ohne eigenen Rechner Ihre Mails checken können.

Kinder

Die Azoreaner sind generell sehr kinderfreundlich. In Restaurants und Cafés sind Kinder meist gern gesehene Gäste, in Bussen räumt man für Eltern mit Kleinkindern bereitwillig den Platz. Dennoch sollte man bedenken, dass die Azoren für eine Reise mit Kleinkindern nicht das ideale Ziel sind – vielerorts wird ihnen zu wenig geboten. Auch Strände, in denen man sie unbeobachtet ein paar Minuten lang planschen lassen kann, fehlen weitgehend. Unbedingt meiden sollte man Ponta Delgada auf São Miguel: Die Straßen sind zu eng, der Verkehr zu hektisch. Wer einen Kinderwagen schieben will, muss sich dort wegen der schmalen Straßen gar an das Einbahnstraßensystem halten.

Kleidung

In Tasche, Rucksack oder Koffer gehören auf jeden Fall regensichere Kleidungsstücke – egal, zu welcher Jahreszeit man verreist. Wegen der frischen Brise über dem Atlantik sollte auch ein dicker Pullover oder eine warme Jacke nicht fehlen. Ansonsten reicht es, wenn Sie sich beim Wühlen im Kleiderschrank die Klimatabelle (→ S. 23) vor Augen halten.

Kriminalität

Die Azoren sind im Ganzen ein sicheres Reisegebiet, wenn nicht sogar eines der sichersten Europas. Nirgendwo fühlt man sich bedroht oder in Gefahr – was zu schier sträflichem Leichtsinn führen kann.

● *Drogen* Das portugiesische Gesetz unterscheidet kaum zwischen Drogenkonsum und -verkauf. Egal, für welches dieser Delikte man belangt wird, die Strafen sind hart und die portugiesischen Gefängnisse noch härter.

72   Wissenswertes von A bis Z

Abgeschoben in eine fremde Heimat

Sie haben einen breiten amerikanischen Slang und treffen sich in den Bars am Stadtrand von Ponta Delgada. Sprechen sie von ihrer Heimat, meinen sie die Ostküste der USA. Portugiesisch können viele von ihnen nicht besser als die Touristen. Sie unterhalten sich über Baseball und American Football, mit europäischem Fußball haben sie nichts im Sinn. Mit Kühen erst recht nicht – in ihren Augen die Standardthemen der Azoreaner. Sie sind Kinder von Emigranten. Viele von ihnen kannten die Azoren bis zu ihrer Ankunft auf den Inseln nur aus den Erzählungen ihrer Eltern. Doch irgendwann wurden sie straffällig und abgeschoben, weil es die Eltern versäumt hatten, die amerikanische Staatsangehörigkeit für sie zu beantragen. Dem Pass nach also Portugiesen, dem Herzen nach Amerikaner, sind ihnen die Inseln fremd. Sie haben niemanden auf den Azoren, zu dem sie gehen können. Von ihren Verwandten oder Bekannten trennt sie der Ozean. Lediglich in Ponta Delgada können sie sich aufhalten, der einzigen „Großstadt" des Archipels, die ein wenig Anonymität besitzt. Woanders zeigt man mit dem Finger auf sie. Die Verwandten aus den USA schicken ihnen Geld und Kleidung, damit sie sich über Wasser halten können. Sie haben nur einen Traum: zurück in die USA.

Landkarten

Die meisten Karten sind nicht sonderlich aktuell, neuere Straßen oder Wege fehlen oft, dafür sind alte, nicht mehr begehbare Wege eingezeichnet. Auch ist auf die Genauigkeit der Karten häufig kein Verlass. Selbst die Militärkarten taugen auf den Inseln nicht viel. Jene im Maßstab 1:50.000 sind veraltet, jene im Maßstab 1:25.000 so unsinnig zugeschnitten, dass man 36 Blätter kaufen müsste, um die gesamten Azoren abgedeckt zu haben (Infos unter www.igeoe.pt oder beim **Instituto Geográfico Português**, Avenida Antero Quental 51, 2. Stock, Ponta Delgada, São Miguel, ✆ 296628390). Unter www.azoren-online.com kann man GPS-Karten für Garmin-Geräte herunterladen. Die in Deutschland führenden Navigationsgeräteanbieter konnten zum Zeitpunkt der Drucklegung allesamt keinen Kartensatz für die Azoren zur Verfügung stellen.

● *Straßenkarten* Turismo-Büros und Autoverleiher halten kostenloses Kartenmaterial für die grobe Orientierung bereit. Eine der bislang besten Karten ist die Auto- und Wanderkarte „Açores (SR/7)" von **Turinta** im Maßstab 1:75.000 (rund 10 € in Deutsch-land, vor Ort etwas billiger, am besten gleich am Flughafen besorgen). Ende 2010 will **freytag&berndt** eine komplett überarbeitete Neuauflage seiner Azorenkarte herausbringen.

Hinweis: Planen Sie keine Wanderungen anhand von Saumpfaden, die in diversen Karten eingezeichnet sind. Pfade, die nicht mehr genutzt oder für touristische Zwecke gepflegt werden, verwildern innerhalb kürzester Zeit.

● *Für Lissabon* Der **Falk-Plan** ist recht gut, wenn auch die Kunst des Faltens nicht jedermanns Sache ist; es gibt ihn daher auch ungefaltet (für weniger Geld). Die Linien der öffentlichen Verkehrsmittel sind erfreuli-cherweise eingezeichnet.

● *Gängige Abkürzungen*: Al. oder Alam. = Alameda (Allee); Av. = Avenida (Avenue); Bc. = Beco (Gässchen); Bo. = Bairro (Stadtviertel); Cç. = Calçada (gepflasterte

Die Bucht von São Lourenço (Santa Maria)

▲▲ Der Osten von Santa Maria
▲ Klein, aber fein – die Strände von Santa Maria
▲ Weinanbau bei Maia (São Miguel)

Caldeira das Sete Cidades (São Miguel) ▲▲
Furnas (São Miguel) ▲

▲▲ Fischer an der Ponta da Ferraria, São Miguel (MB)

Straße); Estr. = Estrada (Landstraße); L. oder Lg. = Largo (Platz); Pr. oder Pç. = Praça (Platz); Q.ta = Quinta (Landgut); R. = Rua (Straße); Tr. oder Tv. = Travessa (Gasse); Urb. = Urbanização (Baugebiet).

Öffnungszeiten

Hinter vielen Einrichtungen (ob Läden oder kleine Museen) steckt nur eine einzige zuständige Person. Ist diese krank, ist die Einrichtung geschlossen. **Kleinere Geschäfte** sind meist Mo–Fr von 9–12.30 und 14–18 Uhr geöffnet (Sa nur vormittags, So geschl.). Manchmal sind Krämerlädchen aber auch der Dorfbar angegliedert – dann kann man einkaufen, bis der letzte Gast vom Hocker fällt. Geschäfte, die mit Touristen ihr Geld verdienen, haben den Sommer über tagsüber meist durchgehend geöffnet, auch an Wochenenden. Die wenigen großen **Centros Comerciais** (Einkaufszentren) sind meist bis spät am Abend, zudem das gesamte Wochenende und auch feiertags geöffnet. Auf **Märkten** kauft man i. d. R. vormittags von 7–12 Uhr ein. **Banken** öffnen meist von Mo–Fr von 8.30–15 Uhr, **Postämter** von 9–12.30 und von 14.30–18 Uhr. Das Gros der **Museen** hat bislang nur werktags geöffnet, das soll sich jedoch ändern: Zukünftig soll auch in den azoreanischen Museen montags „Ruhetag" und dafür am Wochenende geöffnet sein.

Polizei (Polícia)

Die portugiesische Polizei tritt Touristen gegenüber meist sehr zuvorkommend und hilfsbereit auf. Für die meisten touristischen Belange, Verkehrsdelikte, Diebstähle usw. ist die **PSP** (*Polícia de Segurança Pública*) zuständig. Deren Aufgaben übernimmt in ländlichen Gebieten auch die **GNR** (*Guarda Nacional Republicana*). Adressen und Telefonnummern der Polizeistationen finden Sie in den Ortskapiteln unter der Rubrik „Adressen/Polizei", im **Notfall** hilft man Ihnen unter ✆ 112 weiter.

Tatsächlich noch Freund und Helfer – Polizei auf den Azoren

Wissenswertes von A bis Z

Räucherwurst in Überlänge

Post (Correio)

Hinweise zu den **correios** (Postämter) finden Sie in den Ortskapiteln ebenfalls unter „Adressen". Reguläre Öffnungszeiten sind Mo–Fr 9–12.30 und 14.30–18 Uhr.
Briefe oder Karten ins Heimatland sind meist schneller unterwegs als in die andere Richtung, Dauer mit Glück 1 Tag, mit Pech ein Woche.
Bei Sendungen innerhalb Portugals unterscheidet man zwischen der *correio azul* („Blaue Post" – Expresspost) und der *correio normal* (Normalpost) – nach dieser Klassifizierung richten sich das Porto und der zugehörige Briefkasten.
Für Postsendungen ins Ausland kommt noch der Tarif *correio económico*, die billigste Variante, hinzu. Leser schrieben uns, dass sie einen Stapel Postkarten, die einen im Correio-Azul-Tarif frankiert, andere im Correio-Normal-Tarif und wieder andere im Correio-Económico-Tarif am selben Tag einwarfen, und alle am selben Tag ankamen. Bis 20 g bezahlt man für die *correio azul* innerhalb Portugals 0,47 €, innerhalb Europas 1,85 €, für *correio normal* 0,32 € bzw. 0,68 €, für *económico* 0,67 € (Stand Nov. 2009).

Reisedokumente

Für die Einreise nach Portugal und auf die Azoren genügt für Deutsche, Österreicher und Schweizer der Reisepass oder Personalausweis/die Identitätskarte.

Schwule und Lesben

Auf den Azoren bilden homosexuelle Paare eine Randgruppe, die sich i. d. R. nicht zu erkennen gibt. Dementsprechend gibt es keine Bars und Cafés für Lesben und

Schwule, lediglich ein gayfreundliches Hotel auf São Miguel (→ S. 206) und eine Internetseite (www.paginahomoacores.no.sapo.pt). Anders verhält es sich in Lissabon, wo jedes Jahr am 28. Juni die *Arraial Pride* stattfindet – die Lissabonner Version des Christopher Street Day (Infos dazu und viele Tipps fürs schwule und lesbische Nachtleben in der Hauptstadt unter www.portuggalgay.pt).

Sport

Das sportliche Angebot der Azoren beschränkt sich im Wesentlichen auf Wassersport und Wandern. Grundregel: Je bewohnter die Insel, desto größer das Angebot.

Einen Überblick über das Angebot auf den einzelnen Inseln finden Sie am Anfang der Inselkapitel unter „Inselspezielles/Sport". Konkretes, wie z. B. Veranstalter, steht in den Ortskapiteln unter der Rubrik „Sport".

Angeln ist Volkssport bei den Azoreanern, an jeder Hafenmole stehen oder sitzen allabendlich die Männer mit ihrer Angelrute. Eine Lizenz zum Angeln im Meer ist nicht erforderlich, wer sich jedoch mit seiner Angel zu den Bächen und Seen im Inselinnern aufmacht, muss zuvor eine Genehmigung einholen. Diese gibt es meist beim *Serviço Florestal* (Forstverwaltung), dort wird man auch über Schonzeiten und dergleichen informiert.

Drachen-/Gleitschirmfliegen: Unter Cracks gelten die Azoren als Geheimtipp, für Anfänger sind sie ein waghalsiges Abenteuer.

Informationen erhält man über den **Clube Asas de São Miguel** (www.asassaomiguel. com), über **João Brum** (→ São Miguel/ Ponta Delgada/Sport, S. 161) und von **André Eloy** (→ Flores/Inselspezielles/Sport, S. 472).

Fußball: Wer behauptet, die Azoreaner hätten mehr mit den Amerikanern als den Europäern gemeinsam, hat die Einheimischen nicht kicken sehen. Das beste Team der Azoren ist *CD Santa Clara* (São Miguel). 2001 schaffte der Verein den Aufstieg in die höchste portugiesische Liga – für eine Saison. Für Santa Clara spielte schon Pedro Miguel Pauleta, der auf São Miguel geboren wurde. Mit *Paris St. Germain* und der portugiesischen Nationalauswahl feierte er einige Erfolge, bevor er 2008 seine Karriere beendete.

Tipp: Wer Lust verspürt, selbst gegen den Ball zu treten, hat dazu vielerorts Gelegenheit. Meist treffen sich die Dorfmannschaften am späten Nachmittag, wenn die Kühe gemolken sind, auf dem Bolzplatz (erstaunlicherweise oft mit Kunstrasen). Der eine in Gummistiefeln, der andere in Stollenschuhen; egal wie, ihr Umgang mit dem Ball ist grandios, und Mitspieler sind jederzeit willkommen.

Golf: Auf den Azoren gibt es bislang drei Golfplätze: zwei auf São Miguel, einen auf Terceira. Die Erschließung weiterer Plätze (u. a. auf Santa Maria, São Miguel, Faial und Pico) wird seit Ewigkeiten diskutiert. Der schönste und anspruchsvollste Platz ist der *Furnas Golf Course* – unter den 100 schönsten Plätzen Europas rangiert er an 32. Stelle (Quelle: www.top100golfcourses.co.uk).

Weitere Informationen bei Ponta Delgada (→ S. 160), Furnas (→ S. 243) und Angra do Heroísmo (→ S. 284).

76 Wissenswertes von A bis Z

Hochseefischen: Millionäre aus der ganzen Welt zieht es zum Hochseefischen auf die Azoren – die Inseln gelten als Zentrum dieses exklusiven Sports, da immer wieder neue Rekorde aufgestellt werden. Haie fischt man das ganze Jahr über, Thunfische von April bis November, Marlin und Schwertfisch von August bis November. Diverse Anbieter sind unter verschiedenen Städten unter der Rubrik „Adressen" oder „Sport" zu finden.

Mountainbiking: → Unterwegs auf den Azoren/Fahrrad, S. 50.

Reiten: Professionelle Ausritte werden auf São Miguel, Terceira, Graciosa, Santa Maria und Faial angeboten. Auch auf den anderen Inseln kann man reiten – dort müssen Sie jedoch erst Kontakte zu einem Pferdebesitzer knüpfen; meist hilft das Turismo-Büro vor Ort weiter.

Segeln: Zwar sind die Azoren der Segeltreffpunkt inmitten des Atlantiks, die meisten Segler aber kommen mit ihrem eigenen Schiff oder machen als Crewmitglied auf Überführungstörns in den Häfen Halt. Das Geschäft mit Charterjachten steckt noch in den Kinderschuhen. Auf São Miguel (→ Vila Franca do Campo) und Faial (→ Horta) finden Sie Adressen zum Mitsegeln.

Wellenreiten/Windsurfen: Unter Surfen verstehen die Azoreaner eigentlich Wellenreiten, ein Sport, der sich großer Beliebtheit erfreut. Kein Wunder, denn an der rauen Atlantikküste findet man ideale Bedingungen vor. Ein Toprevier bietet São Jorge (→ S. 450), vor Ribeira Grande auf São Miguel (→ S. 210) finden immer wieder Meisterschaften statt. Das *Bodyboarden*, bei dem man im Unterschied zum Wellenreiten auf dem Brett liegen bleibt, ist besonders bei Kids beliebt. Das klassische Windsurfen ist auf den Inseln dagegen weniger populär – weitere Infos zum Surfen in diesen Revieren unter www.wonnasurf.com und windguru.cz.

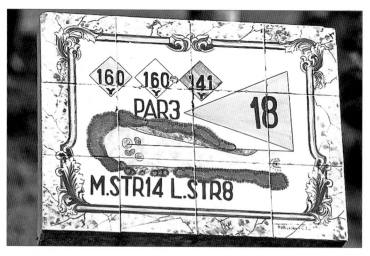

Alles klar bei Loch 18

> Vorsicht vor Strömungen: Nie hinter die letzte Welle hinauspaddeln – die Strömung kann einen unbarmherzig aufs offene Meer ziehen!

Tauchen: Die Inseln bieten hervorragende Möglichkeiten in einer faszinierenden Unterwasserlandschaft. Einziger Haken: Nach Sturm oder starkem Regen beträgt die Sicht nur wenige Meter. Ansonsten herrschen Sichtweiten von 20–40 m vor, zuweilen sogar 60 m. Dann geht es hinab zu Wracks, durch Höhlen und Grotten. Flora und Fauna unter Wasser sind grandios, beste Zeit für Großfische ist Juli bis September. Bester Spot für Großfische sind die Formigas, wo selbst Mantas und Walhaie ihre Bahnen ziehen. Die Azoren sind jedoch kein Revier für Anfänger (Strömungen!). Wegen mangelnder Nachfrage werden Tauchgänge auf vielen Inseln nur in der Hochsaison regelmäßig angeboten.

- *Drei besondere Adressen* **Wahoo Diving**, eine deutschsprachige Tauchbasis auf Santa Maria (→ S. 136), **John Cockshott** auf São Miguel (→ S. 182) und **Diver Norberto** auf Faial (→ S. 358).
- *Literaturtipp* Wer sich über die Unterwasserwelt der Azoren informieren möchte, dem sei das folgende Buch aus dem Klasing Verlag empfohlen: *Unterwasserführer Bd. 8: Madeira, Kanaren, Azoren* von Peter Wirtz, 1994.

Sprachkenntnisse

Portugiesischkenntnisse sind von Vorteil. Aber selbst wer Portugiesisch spricht, wird auf den Inseln so manches Mal seine Probleme haben, denn die Dialekte sind stark ausgeprägt. Dem Festlandsportugiesischen am nächsten ist die Aussprache auf Santa Maria. Gut zurecht kommt man mit Englisch – viele Azoreaner beherrschen die Sprache nahezu fließend, da sie z. T. jahrelang in den USA oder Kanada gelebt haben. Auch Französischkenntnisse helfen häufig weiter. Die Azoreaner wissen übrigens auch so manches ohne Worte auszudrücken: Will man etwas empfehlen oder als gut bezeichnen, genügt es, sich das rechte Ohrläppchen zu zupfen – das sagt manchmal mehr als tausend Worte.

Wer seinen Urlaub mit einem **Sprachkurs** kombinieren will: Sprachschulen gibt es auf São Miguel und Terceira, Einzelunterricht ist fast immer möglich, Gruppenkurse gibt's nur bei ausreichender Teilnehmerzahl.

- *Sprachschulen* **Instituto Línguas Ponta Delgada Lda**, Pescador J. Tavares 4-D, Ponta Delgada, São Miguel, ℡ 296629227.

Instituto de Línguas de Angra Lda, Dr. Alfonso S. Samp 48, Angra do Heroísmo, Terceira, ℡/℻ 295214887.

- *Sommerkurse der Universität* **Instituto de Línguas da Universidade dos Açores**, Rua de Mãe de Deus, Ponta Delgada, São Miguel, ℡ 296650000, www.uac.pt.

78   Wissenswertes von A bis Z

> **Übrigens**: Nur ganz wenige Azoreaner sprechen Deutsch. Wer es aber be-
> herrscht – und das sind meist ältere Menschen – kann es oft ganz exzellent.
> Zu Beginn des letzten Jahrhunderts war es nämlich bei reichen Familien en
> vogue, ihre Sprösslinge von deutschen Erzieherinnen unterrichten zu lassen.
> Zu diesem Thema recherchierte Christiane Schnurbein. Ihr Buch *Die
> vergessenen Fräuleins* (SKG-Verlag Zusmarshausen 2003) bekommt man in
> Ponta Delgada in allen größeren Buchgeschäften.

Telefonieren

Mit dem **Mobiltelefon** können Sie auf allen Inseln telefonieren – Netzzugang haben Sie jedoch nicht überall, am besten funktioniert´s in den Hauptorten. Für Viel-
telefonierer lohnt der Kauf einer *Pre Paid SIM Card* vor Ort, damit muss man auch
nichts zahlen, wenn man angerufen wird. SIM-Karten gibt es z.B. bei Vodafone (in
Ponta Delgada z. B. an der Rua da Alfandega 9, Mo–Fr 9–19 Uhr) ab 10 € Ge-
sprächsguthaben (einmalige Aktivierungsgebühr 5 €). Zusammen mit der Karte bekommen Sie eine portugiesische Mobilnummer – diese beginnt immer mit 9. Preiswerter telefoniert man von öffentlichen Fernsprechern mit einer **Telefonkarte** (fast
alle schlucken auch Münzen). Telefonkarten gibt es in jedem Supermarkt oder Kiosk.

> ## Wichtige Telefonnummern
>
> **Internationale Vorwahlen**: Deutschland ☎ 0049, Österreich ☎ 0043, Schweiz
> ☎ 0041. Danach wählt man die jeweilige Ortskennzahl, jedoch ohne die Null
> am Anfang, dann die Rufnummer des jeweiligen Anschlusses.
>
> **Telefonieren nach Portugal (inkl. Azoren)**: Wer aus dem Ausland anruft,
> wählt ☎ 00351 und danach die im Buch angegebene Rufnummer.
>
> **Auskunft in Portugal (inkl. Azoren)**: ☎ 118
>
> **Im Notfall** ☎ 112 wählen; man verbindet Sie dann zur jeweiligen Stelle weiter
> (Polizei, Feuerwehr etc.).

Toiletten

Die Damentoiletten sind häufig mit „S" (*senhoras*), die Herrentoiletten mit „H" (*homens*) gekennzeichnet. Den Standort der nächsten Toilette erfragt man mit „Onde
fica a casa de banho?" Steht in der Toilette ein Eimer, so werfen Sie das Papier dort
hinein und spülen es nicht hinunter.

Zeit

Die Zeitdifferenz von den Azoren zum portugiesischen Festland beträgt eine Stunde, die nach Mitteleuropa zwei Stunden: portugiesische Zeit = deutsche Zeit minus
1 Std.; azoreanische Zeit = deutsche Zeit minus 2 Std. Beispiel: 12 Uhr auf den Azoren entspricht 13 Uhr in Lissabon und 14 Uhr in Deutschland; 22 Uhr in Deutschland entspricht 21 Uhr in Lissabon und 20 Uhr auf den Azoren.

Zoll　**79**

Zeitungen/Zeitschriften

Lokale Presse: 1832 wurde auf Terceira die erste Zeitung Portugals publiziert. Seitdem hat sich viel getan, heute hat nahezu jede Insel ihr *jornal* (Zeitung). Auf São Miguel erscheinen sogar drei Tageszeitungen: *Açoriano Oriental*, *Correio dos Açores* und *Diário dos Açores*. Faial hat mit dem *O Telégrafo* und dem *Correio da Horta* zwei Tageszeitungen, Terceira mit dem *A União* und dem *Diário Insular* ebenfalls. Auf den anderen Inseln werden Wochen- oder Monatszeitungen oder unregelmäßig Mitteilungsblätter verlegt.

Überregionale Presse: Auch Zeitungen vom Festland sind erhältlich, auf São Miguel, Terceira und Faial meist die aktuelle Tagesausgabe.

Deutschsprachige Presse: Man muss schon eine Weile auf den Inseln sein, damit man eine Ausgabe bekommt, die man nicht bereits von zu Hause kennt. Ausgaben, die nicht älter als eine Woche sind, bekommt man auf São Miguel, in den Sommermonaten auch auf Terceira und Faial. Am verbreitetsten sind *Süddeutsche Zeitung*, *Frankfurter Allgemeine* und *Die Welt*. Mehr Glück hat man meist mit Zeitschriften und Illustrierten aus den Bereichen Computer, Auto, Mode und Pop.

Zigaretten

Neben Marlboro, Lucky Strike & Co kann man auch auf São Miguel produzierte Marken wie Além Mar oder Gigante rauchen – insgesamt gibt es rund 15 azoreanische Marken. Ein Päckchen ist auf den Inseln erheblich billiger als in Deutschland (ab ca. 1,80 €).

> **Tipp**: Eine Zigarettenfabrik kann man in Ponta Delgada besichtigen → Ponta Delgada/Kultur & Freizeit, S. 159.

Zoll

EU-Bürger: Im privaten Reiseverkehr innerhalb der EU unterliegen Waren für den Eigenbedarf keinerlei Beschränkungen. Bei Tabakwaren und Spirituosen geht der Zoll von folgenden Richtmengen aus: Maximal 800 Zigaretten, 200 Zigarren oder 1 kg Tabak, 10 l Spirituosen, 20 l sog. „Zwischenprodukte" (z. B. Portwein), 90 l Wein, 110 l Bier. Für Jugendliche unter 17 Jahren gibt es keine Freimengen!

> **Achtung**: Walschnitzereien dürfen nicht nach Deutschland eingeführt werden!

Schweizer: Für Eidgenossen gelten auf der Anreise nach Portugal bzw. auf der Rückreise in die Schweiz folgende Richtmengen: 2 l Spirituosen unter 15 % oder 1 l Spirituosen über 15 % Alkoholgehalt, 200 Zigaretten oder 50 Zigarren oder 250 g Tabak. Beim Shopping in Lissabon können sich Schweizer, die in Geschäften und Boutiquen mit dem Tax-free-Symbol am Schaufenster Waren einkaufen, die Mehrwertsteuer zurückerstatten lassen. Dafür bedarf es eines vollständig ausgefüllten Tax-free-Schecks vom Verkäufer. In die Schweiz dürfen zollfrei Waren im Wert bis 300 SFr eingeführt werden.

Ponta Delgada Ende des 19. Jahrhunderts – vor dem Bau der großen Kaimauer

Geschichte Portugals und der Azoren

In der Weltgeschichte spielten die Azoren lediglich als Hafen zwischen der Alten und der Neuen Welt eine bedeutende Rolle – in der Geschichte Portugals hingegen standen die Inseln des Öfteren im Mittelpunkt des Interesses.

Ruinen finden sich auf den Inseln viele. Es sind aber keine antiken Tempel, Theater oder Säulenstraßen wie anderswo. Auf den Azoren erinnern lediglich einfache verfallene Häuser an die wirtschaftliche Not der Bewohner und an die Emigration, das Hauptthema der Inselgeschichte (→ Geschichte der einzelnen Azoreninseln).

Nach offizieller portugiesischer Lesart wurden die Azoren zwischen 1427 und 1452 von Schiffen Heinrichs des Seefahrers entdeckt. Allerdings gibt es auf einer Karte des arabischen Geographen Al Idrisi aus dem 12. Jh. bereits Markierungen im Gebiet der Azoren (sechs Reiter), die auf eine frühere Entdeckung hinweisen könnten. Auch eine genuesische Seekarte aus dem Jahr 1351 zeigt inmitten des Atlantiks einen Archipel, der ohne weiteres die Azoren darstellen könnte. Zudem existieren mittelalterliche Seekarten aus Italien, auf denen mehrere unbekannte Inseln auf Höhe der Azoren eingezeichnet sind. Entdeckung oder Wiederentdeckung – die Kapitäne des legendären portugiesischen Prinzen Heinrich leiteten in der Tat die Geschichte der bis dato unbesiedelten Inseln ein. Und immer sollte diese Geschichte untrennbar mit dem wechselvollen Schicksal des Mutterlandes verbunden sein, das erst im Mittelalter aus der Grafschaft *Portu-Cale* hervorging.

Geschichte **81**

Ab 1094 – aus dem spanischen Lehen wird eine selbstbewusste Grafschaft: 1094 übertrug König Alfons VI. von Kastilien und León die Grafschaft Portu-Cale seinem Schwiegersohn Heinrich von Burgund als Dank für dessen Dienste während der *Reconquista*, der Rückeroberung der maurischen Gebiete auf der Iberischen Halbinsel. *Portu-Cale* nannte man den zurückgewonnenen Landstrich zwischen Minho und Douro im Norden des Landes, und zwar nach dem Hafen von Cale, dem heutigen Porto. Schon Heinrich von Burgund erreichte eine große Selbstständigkeit für sein Lehen. Die Unabhängigkeit von Kastilien und León setzte schließlich sein Sohn Alfons Heinrich durch, der sich 1139 nach der entscheidenden *Schlacht von Ourique* gegen die Mauren als Afonso I. zum König von Portugal ausrufen ließ.

Ab 1143 – Portugal wird Königreich: Die Anerkennung des neuen Königreichs Portugal durch Alfons VII., König von Kastilien-León, erfolgte 1143. Das war zugleich die Geburtsstunde des Landes, dessen erste Hauptstadt Coimbra wurde. Für über zwei Jahrhunderte sollten nun die Könige aus dem Haus Burgund das Land regieren. Mitte des 13. Jh. wurden mit der Eroberung der Algarve durch König Afonso III. (von Portugal) die letzten Mauren aus dem Gebiet Portugals vertrieben und gleichzeitig die bis heute existierenden Grenzen des Landes bis auf wenige kleine Ausnahmen festgelegt.

Ab 1385 – die Dynastie Aviz: Der Tod Fernãos I. 1383 besiegelte das Ende der Dynastie Burgund. Spanien meldete daraufhin Ansprüche auf Portugal an, da Fernãos Tochter Beatriz mit König Johann I. von Kastilien verheiratet war. Unterstützung fand der Spanier Juan auch beim portugiesischen Hochadel. Doch um die Unabhängigkeit Portugals zu sichern, wählten die *Cortes* (Ständesammlung) João, den illegitimen Halbbruder des verstorbenen Königs und Großmeisters des Ritterordens von Avis, zum neuen König Johann I. von Portugal. Das führte zu Spannungen mit Kastilien, die in der großen *Schlacht von Aljubarrota* am 14. August 1385 gipfelten. Dank englischer Unterstützung gingen die Portugiesen aus dem Kampf als Sieger hervor.

Ab 1415 – das Zeitalter der Entdeckungen: Im Westen der Atlantik, im Osten das feindliche Spanien – was lag da näher, als die Expansion über das Meer zu suchen. Aus dem Nichts stieg Portugal zur Weltmacht empor und war rege an der Entdeckung und Aufteilung der Welt beteiligt. Doch durch die Konzentration aller Kräfte nach außen vergaß man die Schwierigkeiten im eigenen Lande, und so fiel in kurzer Zeit wieder all das zusammen, worauf noch heute der Nationalstolz der Portugiesen beruht.

Die Voraussetzungen für den Aufstieg Portugals hatte bereits König Johann I. (1385–1433) eingeleitet, indem er sich mit England verbündet und mit Kastilien einen stabilen Friedensvertrag geschlossen hatte. So konnte man sich Spanien ab- und dem Meer zuwenden. Sein dritter und jüngster Sohn Infante Dom Henrique gründete 1415 eine Seefahrerschule in Sagres und organisierte die ersten Entdeckungsfahrten – Heinrich der Seefahrer gilt daher zu Recht als Vater der Seefahrt und der Navigation, und das, obwohl er selbst nie zur See fuhr. Noch im gleichen Jahr eroberten die Portugiesen die Piratenhochburg Ceuta von den Mauren (heute eine spanische Enklave in Marokko). Damit hatte man sich nicht nur das erste Standbein in Afrika gesichert, sondern war zugleich zur ersten europäischen Kolonial- und Seehandelsmacht der Neuzeit aufgestiegen.

Das Ziel Heinrichs und seiner Seefahrer bestand darin, das geheimnisvolle Afrika zu erforschen und einen Seeweg nach Indien und dem Fernen Osten zu finden.

Corvo, von Flores aus gesehen

Besonders der Glaube an die unermesslichen Schätze Afrikas regten immer neue Expeditionsfahrten an. Viele Schiffe, die entlang der Westküste des afrikanischen Kontinents nach Süden segelten, hatten zuvor Kurs über die Azoren und Madeira genommen. Dieser Umweg hatte sowohl mit der zeitgenössischen Navigationstechnik als auch mit dem Ausnützen günstiger Winde zu tun. An der Küste Afrikas begnügte man sich anfangs damit, kleine Handelsniederlassungen zu gründen, die flächendeckende Kolonialisierung war noch nicht beabsichtigt. 1488 umrundete der portugiesische Seefahrer Bartolomeu Diaz schließlich als Erster das Kap der Guten Hoffnung an der Südspitze Afrikas.

Kurz vor der Wende zum 16. Jh. stießen die Portugiesen schließlich bis Indien vor. Vasco da Gama erreichte im Mai 1498 Calicut (Kozhikode, im heutigen Bundesstaat Kerala). Im April 1500 entdeckte Pedro Álvares Cabral auf dem Weg nach Indien eher zufällig Brasilien, das später Portugals größte Kolonie werden sollte. In den folgenden Jahren eroberte man weitere Gebiete in Indien, z. B. 1510 *Goa*, das bis 1961 portugiesisch bleiben sollte. 1511 erreichte man Timor, die größte der Kleinen Sunda-Inseln, deren Ostteil ab Mitte der 1970er Jahre von Indonesien gewaltsam kontrolliert wurde, Jahrzehnte lang trauriger Schauplatz unvorstellbarer Grausamkeiten war und erst 2002 seine Unabhängigkeit erhielt. 1542 setzte Fernão Mendes Pinto als erster europäischer Händler seinen Fuß auf japanischen Boden. 1557 verpachtete der chinesische Kaiser den Portugiesen Macao (port. Macau), weil portugiesische Schiffe die Küste Kantons von Seeräubern befreit hatten. Erst 1999 ging die seit 1887 existierende Kolonie an China zurück.

Portugal besaß nun Handelsniederlassungen in der ganzen Welt. Schätze kamen ins Land: Gold aus Afrika, Gewürze aus Asien. Die Schiffe, die sie geladen hatten, segelten über die Azoren, egal, ob sie von Indien, Süd-, Mittel- oder Nordamerika nach Portugal unterwegs waren. Und für das Wasser und den Proviant, den man in den Häfen der Inseln an Bord nahm, bekamen die Azoreaner die exotischsten Waren. Insbesondere Angra entwickelte sich in dieser Zeit zu einem überaus bedeutenden Handelszentrum, in dem man alles erstehen konnte, was die Kolonien her-

Der Anfang vom Ende **83**

gaben. Kaufleute aus aller Welt waren hier ebenso vertreten wie die internationale Diplomatie. Dementsprechend musste man sich schon bald vor Überfällen der Freibeuter schützen und Verteidigungsanlagen errichten – die schwer beladenen Schiffe waren eine lohnende Beute.

Aufgrund der ins Land kommenden Schätze stieg Portugal zu einem der wohlhabendsten Königreiche der Welt auf. Insbesondere in Lissabon, dem damals wichtigsten Hafen Europas, setzte eine rege Bautätigkeit ein. Der Hof förderte Kunst und Wissenschaft. Unter König Manuel I. (1495–1521) entstanden die imposantesten Bauwerke des Landes in einer epochemachenden Stilrichtung, dem Emanuelstil.

Emanuelstil

Der Emanuelstil, auch *Manuelinik* genannt, ist die portugiesische Variante der Spätgotik. Die Kunstrichtung entwickelte sich unter König Manuel I. (1495–1521), in der großen Zeit Portugals, als erstmals die Weltmeere befahren und überseeische Entdeckungen gemacht wurden. Die Seefahrer und Abenteurer kamen mit einer Fülle von neuen Eindrücken zurück, die den Baumeistern Stoff für neue künstlerische Ideen lieferten. So wurde der strenge gotische Stil zusehends von phantastischen und exotischen Elementen überlagert, wobei neben indischer und orientalischer Ornamentik v. a. Fabelmotive und maritime Symbolik (Algen, Muscheln, Schnecken, Anker, Knoten usw.) eine bedeutende Rolle spielten.

Durch die Gewinne aus den Kolonien blühten auch die anderen Zentren des Königreichs auf. Das Hinterland aber vergaß man – dort machte sich Armut breit, Landflucht war die Folge. Diese führte wiederum zu einem Rückgang der Erträge aus der Landwirtschaft. Getreide musste nun importiert werden, was Teile der Kolonialgewinne auffraß. Die Städte waren der massenhaften Landflucht nicht gewachsen; eine erste Emigrationswelle setzte ein. Brasilien wurde nun systematisch kolonisiert, da man befürchtete, das Land sonst an die Spanier zu verlieren, die ihre Besitznahme weiter Teile Amerikas weitaus zielstrebiger in Angriff nahmen. Sklaven aus Schwarzafrika sollten den Portugiesen in Brasilien zur Hand gehen, sie kamen insbesondere aus der Kolonie Angola. Zu dieser Zeit war Lissabon der größte Sklavenumschlagplatz Europas.

Der Anfang vom Ende: Immer mehr wurde Portugals Wirtschaft von Importen abhängig – nicht nur aus landwirtschaftlicher, auch aus handwerklicher Produktion. Und so flossen die Gewinne aus Übersee an andere Königreiche weiter, vor allem nach England und in die Niederlande. Unter João III. (1521–57) setzte schließlich der Niedergang Portugals ein. Am 25. Januar 1531 zerstörte ein Erdbeben Lissabon. Ein kostspieliger Wiederaufbau folgte. Die Staatsschulden stiegen, die Krone konnte nicht mehr in die Kolonialisierung neuer Länder investieren. Die *Wüstenschlacht bei Alcácer-Quibir* (heute Azilah) im Sommer 1578, bei der 18.000 Portugiesen samt ihrem jungen Konig Sebastião (1557–78) von marokkanischen Arabern niedergemetzelt wurden, bedeutete schließlich den K. o. für die Weltmacht Portugal. Diese Schlacht, Portugals größte Niederlage aller Zeiten, läutete zudem das Ende der Dynastie Avis ein, unter der das Land seine glanzvollste Zeit erlebt hatte. Zwei Jahre noch regierte Erzbischof Heinrich von Lissabon, ein Onkel Sebastiãos, das Land, dann starb er.

84   Geschichte

Ab 1580 – Spanien regiert Portugal: Spaniens König Philipp II. (1558–98) fasste die Gelegenheit beim Schopf und annektierte 1580 den geschwächten Nachbarn. Kurz darauf ließ er sich von den *Cortes* (Ständeversammlung) als König Philipp I. von Portugal ausrufen. Seinen Anspruch auf die portugiesische Krone leitete er von der Heirat Marias von Portugal 1543 ab, die jedoch schon bei der Geburt ihres Sohnes Don Carlos zwei Jahre nach der Trauung verstorben war. Etliche Portugiesen, die sich der Machtübernahme durch den spanischen König aus dem Hause Habsburg verweigerten, flohen auf die Azoren – unter ihnen auch Dom António, illegitimer Spross des portugiesischen Königshauses und Prior des einflussreichen Malteserordens, den viele Festlandsportugiesen und die Azoreaner als eigentlichen Herrscher ansahen. Unter diesem Exilkönig sollte auf den Azoren noch drei Jahre ein „unabhängiges" Portugal existieren, mit Angra als Hauptstadt. Dann hatten die Spanier auch die Inseln weit draußen im Atlantik unter ihre Gewalt gebracht.

60 Jahre dauerte die Regentschaft Spaniens über Portugal, das formal zwar ein eigenständiges Königreich blieb, de facto aber als Provinz behandelt wurde: So mussten die Portugiesen in den großen Krieg gegen England ziehen, in dem 1588 mit der spanischen Armada auch die portugiesische Flotte vernichtet wurde. Dazu kamen die hohen Steuerforderungen aus Toledo und später Madrid, die Portugal ausbluteten. Viele überseeische Besitzungen gingen durch spanisches Desinteresse an die Engländer und Holländer verloren.

An den Azoren waren die Spanier nur mäßig interessiert, mit Ausnahme von Terceira. Der Hafen von Angra war auch für die Schiffe der spanischen Krone der Stützpunkt im Atlantik. Die dortigen Verteidigungsanlagen ließen sie zum Schutz vor Piraten ausbauen. Auf den anderen Inseln des Archipels lebte man mehr schlecht als recht. Neben Weizenanbau konzentrierte man sich dort immer mehr auf den Anbau von Pflanzen zum Färben von Stoffen.

Renaissance

In der zweiten Hälfte des 15. Jh. nahm die portugiesische Kultur zunehmend Anregungen aus dem italienischen Humanismus auf. Die Maximen der klassischen Antike standen dabei im Mittelpunkt jeglichen Schaffens. In der Baukunst vollzog sich der Wandel vom reichen Zierwerk des Emanuelstils zu den regelmäßigen klassischen Formen der Renaissance. Deren typische Elemente wie Arkadengänge, Rundbögen und hervorspringende Balustraden, die die Horizontale betonen, finden sich ab Mitte des 16. Jh. an den Gebäuden. Als *die* Renaissancestadt der Azoren gilt Angra do Heroísmo auf Terceira (→ S. 278).

Das herrische Verhalten der Spanier, ganz besonders unter König Felipe IV. (1621–65), also Philipp III. von Portugal, war schließlich deren Verhängnis. In einer großen Verschwörung im Jahr 1640, in die auch Frankreich verwickelt war, vereinbarten die Portugiesen den Aufstand gegen die Fremdherrschaft. Der Zeitpunkt war günstig, da die spanische Krone gerade mit Unruhen im eigenen Land beschäftigt war – auch Katalonien strebte nach Unabhängigkeit. Von den Azoren konnten die Spanier 1642 vertrieben werden, die letzten Gebiete Portugals mussten sie schließlich nach langen Kämpfen 1668 räumen.

Ab 1640 – die Dynastie Bragança: Der Herzog von Bragança, Führer des erfolgreichen Aufstands gegen die Spanier, wurde als João IV. (1640–1656) zum neuen

König von Portugal ausgerufen. Mit diesem Herrscher kam eine neue Dynastie an die Macht, die sich bis zum gewaltsamen Sturz Manuels II. im Jahr 1910 auf dem Thron halten sollte.

1698/99 wurden in Brasilien, das noch immer portugiesische Kolonie war, große Goldvorkommen entdeckt. Erneut flossen ungeheure Reichtümer ins Land, die dafür sorgten, dass der königliche Hof und die Adelskreise wieder in Saus und Braus leben konnten. Englische Kaufleute erfüllten sämtliche Wünsche. Dem Volk gab man nichts ab – es fristete sein Leben in Armut, ganz besonders auf den Azoren. Dort sahen viele Menschen in der Auswanderung nach Brasilien ihren einzigen Ausweg.

Ab 1750 – Portugal unter Marquês de Pombal: Längst fällige Reformen setzte Marquês de Pombal um, den König José I. (1750–1777) kurz nach seiner Thronbesteigung zum leitenden Minister ernannt hatte. Als überzeugter Anhänger eines aufgeklärten Absolutismus griff Pombal hart durch: Klerus und Adel verloren viele ihrer Privilegien, öffentliche Verwaltung und Universitäten wurden reformiert. Gleichzeitig wurde die Wirtschaft im Mutterland und in den Kolonien, insbesondere in Brasilien, systematisch gefördert, während der Einfluss Englands, von dem sich Portugal zuvor stark abhängig gemacht hatte, zurückgedrängt wurde. Daneben präsentierte sich Marquês de Pombal als Diktator, der seine persönlichen Feinde gnadenlos verfolgte und bestrafte.

Für die Azoren brachte die Ära des Marquês de Pombal die Auflösung der feudalen Lehnsherrschaft der Donatarkapitäne und die Einführung einer von Lissabon kontrollierten *Capitania Geral* mit zentralem Regierungssitz in Angra. Das Ende des Donatarkapitanats wurde auf den Azoren zunächst freudig begrüßt, denn oft hatten sich diese Herren allein durch Willkür, Unterdrückung und Selbstbereicherung ausgezeichnet. Aber der große Umbruch blieb aus, die Inselgruppe wurde rechtlich in den Stand einer Kolonie gesetzt. Die neuen Verwalter, die Generalkapitäne, kamen alle vom Festland – das Wohl der Azoreaner lag nur wenigen am Herzen.

Am 1. November 1755 zerstörte ein gewaltiges Erdbeben ganz Lissabon, 30.000 Tote waren zu beklagen. Doch mit enormer Kraftanstrengung ließ Pombal die Stadt erstaunlich rasch wieder aufbauen; aus jener Zeit rührt das Schachbrettmuster der Straßen im berühmten Altstadtviertel Baixa (→ Lissabon/Sehenswertes, S. 103).

Nach dem Tod José I. wurde Pombal abgesetzt. Eine neue Misswirtschaft nach altem Muster folgte. Josephs Tochter Dona Maria I. (1777–1816), die unter Depressionen litt und schließlich dem Wahnsinn verfiel, ließ sich ab 1792 von ihrem Sohn Dom João vertreten. Pombal hatte versucht, die Macht der Krone zu stärken – das Bürgertum hatte er dabei, anders als andere Politiker des Absolutismus, übergangen: Das schwache portugiesische Bürgertum fand daher auch in der Zeit der Französischen Revolution nicht die Kraft, revolutionären Elan zu entwickeln – der Sprung zur modernen bürgerlichen Gesellschaft war verpasst.

1807 – die napoleonische Invasion: Entsetzliche Folgen für Portugal hatte die Weigerung, an der von Napoleon gegen die Briten verhängten Kontinentalsperre mitzuwirken. 1807 besetzten daher nachrepublikanische französische Truppen Portugal. Die gesamte Iberische Halbinsel kämpfte mit Hilfe der englischen Verbündeten unter Wellington gegen die Invasoren. Der portugiesische Hof und die königliche Familie samt Dom João floh nach Brasilien. Zur neuen portugiesischen Hauptstadt wurde damit Rio de Janeiro.

1811 gelang es Wellington, die Franzosen aus Portugal zu vertreiben. Als eine Art Schutzmacht blieben die Engländer im Land und behandelten Portugal fortan wie eine Halbkolonie. Auf den Azoren hatte man von all dem Chaos und den Kriegen wenig mitbekommen, dort machte man durch den Orangenanbau enorme Gewinne.

Ab 1821 – Liberale gegen Konservative: In Abwesenheit Dom Joãos, der 1816 nach dem Tod seiner Mutter zum König Johann VI. von Portugal gekrönt worden war, traten 1821 die *Cortes* (Ständeversammlung) in Lissabon zusammen. Sie entwarfen eine liberale Verfassung, die im Rahmen einer konstitutionellen Monarchie den Adel entmachten und dem Bürgertum endlich mehr Rechte garantieren sollte. Um den Eid auf die neue Verfassung zu leisten, bestieg König Johann VI. mit seinem Sohn Dom Miguel noch im gleichen Jahr ein Schiff von Rio de Janeiro nach Portugal. Der ältere Bruder Dom Miguels, Dom Pedro, war dagegen in Brasilien geblieben und noch vor der Abreise von seinem Vater zum Regenten der südamerikanischen Kolonie ernannt worden. Dom Pedro aber war nicht so bescheiden wie sein Vater dachte. 1822 erklärte er Brasilien als unabhängig und ließ sich zum Kaiser Pedro I. von Brasilien ausrufen.

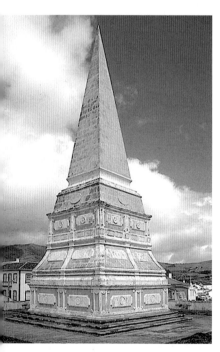

Alto da Memória hoch über Angra

Für Portugal, das fast ausschließlich von den Überschüssen Brasiliens gelebt hatte, brachte der Abfall der Kolonie große wirtschaftliche Probleme. Nicht nur das Land war dadurch geschwächt, auch das liberale Bürgertum. Das nutzte der entmachtete Adel aus, der in Johanns zweitem Sohn, Dom Miguel, einen überzeugten Verbündeten fand. Auf dessen Druck löste König Johann VI. im November 1823 die Cortes auf und verwarf die liberale Verfassung. Sich der Unterstützung der katholischen Kirche bewusst, wagte Dom Miguel im April 1824 gegen seinen Vater den Staatsstreich, der missglückte – Miguel musste ins Exil nach Wien.

1826 starb Dom João/Johann VI. Der älteste Sohn, Kaiser Pedro I. von Brasilien, wurde zum Nachfolger berufen und bestieg als Peter IV. von Portugal den Thron. Er verordnete dem Land noch im selben Jahr wieder eine liberale Verfassung, die *Charta*, und wollte daraufhin zugunsten seiner kleinen Tochter Dona Maria da Glória abdanken, da er selbst dringend in Brasilien erwartet wurde.

Die Erzkonservativen waren mit dieser Regelung nicht einverstanden. Sie ließen Dom Miguel aus Wien zurückkehren, und auf Druck der *Heiligen Allianz* (reaktionäres Bündnis der europäischen Herrscher seit dem Wiener Kongress) musste Dom Pedro seinen Bruder als Regenten für die minderjährige Maria einsetzen.

Dom Miguel, gestützt vom Militär, zerriss die *Charta*. Liberale, Demokraten und Freimaurer mussten fliehen – viele suchten auf den Azoren Schutz. In Angra auf

Portugal im 19. Jahrhundert **87**

Terceira bildeten sie eine liberale Gegenregierung, die das Ende des Generalkapitanats verkündete und die Azoren in die drei Distrikte Angra, Horta und Ponta Delgada aufteilte. 1829 schlug ein Landungsversuch der Truppen Dom Miguels auf Terceira fehl.

1831 schließlich ergriff Bruder Pedro wieder die Initiative und segelte nach Angra. In Brasilien hatte er zuvor zugunsten seines fünfjährigen Sohns Pedro II. abgedankt. Auf den Azoren fand er ausreichend Unterstützung, um ein Heer aufzubauen. Angra auf Terceira wurde Regierungssitz und Zentrum der Befreiungsarmee.

1832 entflammte der Bürgerkrieg zwischen den Anhängern der beiden verfeindeten Brüder aus dem Hause Bragança. 1833 machte sich Dom Pedro unter dem Titel *Duque da Terceira* mit einem Heer von den Azoren in Richtung Festland auf, um den Despoten Dom Miguel zu stürzen. Am 24. Juli 1833 eroberte er Lissabon, 1834 war der Bürgerkrieg zugunsten Dom Pedros beendet. Nach seinem Tod im selben Jahr bestieg Maria II. da Glória den Thron. Sie übernahm ein völlig ausgeblutetes Land, das nun wieder nach der *Charta* von 1826 als konstitutionelle Monarchie regiert wurde. 1836, im Alter von 17 Jahren, heiratete Maria den deutschen Prinzen Ferdinand von Sachsen-Coburg, wodurch der Zweig Sachsen-Coburg-Bragança begründet wurde.

Charles Robert Darwin und die Azoren

Im September 1836 nahm die *HMS Beagle* nach einer fünfjährigen Seereise um die Erde Kurs auf die Azoren. Das Schiff war von den Kapverdischen Inseln gekommen, die Häfen von Terceira und São Miguel stellten die letzten Stationen vor der Rückfahrt nach England dar. In sein Reisetagebuch notierte der britische Naturforscher: „I really liked the visit, but I couldn't find anything worth of record."

Portugal im 19. Jahrhundert: Unter der Herrschaft des Königspaars und deren Nachfolger wurden zwar einige Reformen im Bildungswesen durchgeführt, mehr aber geschah nicht. Die wirtschaftliche Situation des Landes war miserabel. Immer mehr Portugiesen wanderten ins reiche Brasilien aus. Auf den Azoren sah die Situation nicht anders aus, die einzige große Einnahmequelle der Inseln stellte der Walfang dar, insbesondere nachdem die Orangenplantagen durch Parasiten und Pilzbefall zerstört worden waren. Ein weiteres Problem lag in der zunehmenden Verschärfung der sozialen Gegensätze. Obwohl die Kirche ihres Großgrundbesitzes enteignet worden war, blieben Verbesserungen für das Volk aus, denn im Prinzip wurden die alten Besitzer nur nach und nach von neuen aus dem Großbürgertum abgelöst. Die Krone spielte das Spiel mit und versäumte es darüber hinaus, die für die Nationalstaaten des 19. Jh. unerlässlichen industriellen Entwicklungen zu fördern. In der zweiten Hälfte des 19. Jh. wuchs die Staatsverschuldung, niemand unternahm etwas dagegen, der Zustand wurde allgemein als chaotisch betrachtet. Unter König Carlos I. (1889–1908) musste das Land 1892 schließlich den Staatsbankrott erklären.

Der Ruf nach einem starken Mann, der Ordnung in das Durcheinander bringen sollte, wurde immer lauter. Neuer Hoffnungsträger des Königsreichs wurde Ministerpräsident João Fernando Pinto Franco. Zur Stützung der besonders von der Republikanischen Partei kritisierten Monarchie etablierte er 1907 eine Diktatur. Doch der Widerstand gegen das Königshaus wuchs. Am 1. Februar 1908 wurden der König und sein ältester Sohn und Thronfolger in Lissabon auf der Praça do Comércio in ihrer Kutsche erschossen. Der zweite Sohn bestieg als Manuel II. zwar noch den Thron, doch die Monarchie war nicht mehr zu retten.

Ab 1910 – die Republik: Am 3. Oktober 1910 nahm die Revolution ihren Anfang, ausgelöst durch die Ermordung des angesehenen Republikanerführers Miguel Bombarda. Am Morgen des 5. Oktobers wurde vom Balkon des Lissabonner Rathauses die Republik ausgerufen, deren erster Präsident Teófilo Braga wurde. Der entthronte König Manuel II. floh ins Exil nach England.

Die Republik erfüllte jedoch nicht die in sie gesetzten Hoffnungen. Streit herrschte unter den vielen Splitterparteien, einig war man sich nur im Kampf gegen die katholische Kirche und die Monarchie. Das brennendste Problem, die Sanierung der zerrütteten Staatsfinanzen, wurde nicht gelöst. Die Inflation galoppierte, der Staat machte weiterhin Schulden, wo er nur konnte.

1916 trat Portugal an der Seite der Ententemächte in den Ersten Weltkrieg ein, allerdings eher widerwillig, von England genötigt. Die Azoren wurden zu einem wichtigen Militärstützpunkt im Atlantik. Nach dem verheerenden Weltkrieg ging das politische Tohuwabohu weiter, die Republik konnte sich nicht konsolidieren – bis zu ihrem Ende 1926 hatte es über 40 Regierungen gegeben. Dann griff das Militär nach der Macht.

Ab 1926 – die Militärdiktatur: Am 28. Mai 1926 erhob sich die Garnison von Braga unter Führung des Generals Manuel de Oliveira Gomes da Costa, marschierte nach Lissabon und setzte den letzten Ministerpräsidenten der Republik ab. Die Militärs ernannten einen der ihren, General António de Fragoso Carmona, zum Chef der neuen Militärregierung. Nachdem Volksaufstände niedergeschlagen und alle politischen Parteien verboten worden waren, ließ er sich 1928 – er war der einzige Kandidat – zum Staatspräsidenten Portugals wählen und blieb bis 1951 im Amt.

Von den Ereignissen auf dem Festland bekam man auf den Azoren wenig mit, auf den meisten Inseln fast gar nichts. Lediglich auf Faial, das sich zu Beginn des 20. Jh.

Walfang auf den Azoren Anfang des 20. Jahrhunderts

Salazar und Estado Novo 89

Von Hand erlegt, von Hand zersägt

zum Zentrum modernster Kommunikationstechnik(→ Kasten „Am Strang zwischen der Alten und der Neuen Welt", S. 367) zwischen Europa und Amerika entwickelt hatte, lag die Sache etwas anders.

Die umstürzlerischen Generäle um Carmona waren im Prinzip ohne Regierungs- und Wirtschaftskonzept angetreten, einziges erklärtes Ziel war, dem „Unsinn" der Republik ein Ende zu setzen. So trat 1928 auch zum ersten Mal der Mann in Erscheinung, der für fast 40 Jahre die Führung Portugals übernehmen sollte, António de Oliveira Salazar, Professor für Nationalökonomie in Coimbra. Als der Plan des Staatspräsidenten Carmona zunehmend auf Widerstand stieß, die Staatsfinanzen mit Hilfe eines großen Darlehens des Völkerbunds zu sanieren, betraute man Salazar 1928 mit dem Amt des Finanzministers. Der Wirtschaftsprofessor versprach die Sanierung der portugiesischen Staatskasse auch ohne Unterstützung des Auslands, machte aber unbeschränkte Befugnisse zur Bedingung für seinen Amtsantritt. Das Militär ließ ihn gewähren. Mit äußerster Härte ging Salazar gegenüber dem bis dahin üblichen Behördenschlendrian vor und setzte eine konsequente Sparpolitik durch. Dies war neu für Portugal – bisher hatten die führenden Leute ihre Macht dazu genutzt, sich selbst zu bereichern. Rigorose Stellenkürzungen, Gehaltsminderungen und Verwaltungsreformen jagten einander – in Rekordzeit war der Staatshaushalt ausgeglichen, die Auslandsschulden waren getilgt. Im Endeffekt aber hatte der kleine Mann die Zeche zu zahlen. So wurden die Sozialleistungen größtenteils gestrichen und die Steuern für Kleinverdiener drastisch erhöht. Dagegen förderte Salazars Politik die alten konservativen Eliten wie Großindustrielle, Großgrundbesitzer und vor allem die Kirche.

Ab 1932 – Salazar und der Estado Novo: 1932 wurde Salazar Ministerpräsident und legte 1933 mit einer scheindemokratischen Verfassung den Grundstein zum sog. *Estado Novo*, dem ständisch-autoritären *Neuen Staat*, mit dem die faktisch bereits bestehende Diktatur legalisiert werden sollte.

Laut Verfassung übte der Staatspräsident die Staatsgewalt aus; in Wirklichkeit war es jedoch Salazar in seiner Funktion als Ministerpräsident. Anfangs wurde das Staatsoberhaupt noch durch das wahlberechtigte Volk bestimmt, später durch handverlesene Wahlmänner, damit keine Panne passieren konnte. Zudem hatten nur Portugiesen mit einem bestimmten Mindesteinkommen Wahlrecht – bis in die 1960er Jahre waren das nicht mehr als 15 % der Gesamtbevölkerung. Auf dem Wahlschein konnte man sein Kreuz aber ohnehin nur bei der Einheitspartei *União Nacional* machen, alle anderen Parteien waren genauso wie die Gewerkschaften verboten. Zudem war die so gewählte Nationalversammlung ein Scheinparlament, das nahezu keine Befugnisse hatte, und der Ministerpräsident, sprich Salazar, war dem Parlament nicht verantwortlich. Gesetze wurden meist durch Regierungserlasse in Kraft gesetzt. Zudem konnte die Versammlung jederzeit vom Staatspräsidenten aufgelöst werden. Gewicht hatte allenfalls noch der sog. Staatsrat, der den Staatspräsidenten unterstützen sollte und aus 15 „zuverlässigen" Mitgliedern bestand.

Salazar bescherte den Portugiesen eine Diktatur, die sich mit Hilfe einer skrupellosen Geheimpolizei, der *PIDE* (aufgebaut unter Mitarbeit der Gestapo), über Jahrzehnte an der Macht halten konnte. Pressezensur und Spitzelwesen, Verhaftungen und Folter – das waren die tragenden Säulen des Staates unter Salazar. Viele Portugiesen verschwanden auf immer hinter Zuchthausmauern.

Das Kapitel „Salazar und die Azoren" ist mit wenigen Sätzen erledigt: Der Diktator scherte sich nicht um die Inseln und überließ sie der *PIDE*. Die Geheimpolizei unterdrückte jegliche Opposition und sorgte dafür, dass die Bevölkerung in Unwissenheit lebte. Während der Regierungszeit Salazars herrschte in fast jeder Hinsicht Stillstand auf dem Archipel, vergessen lag er inmitten des weiten

Salazar, Nelkenrevolution, EU – der Mann hat all das erlebt

Atlantiks. Die *PIDE* und das portugiesische Militär brauchten keinerlei politische Überzeugungsarbeit leisten, um die azoreanische Jugend zu rekrutieren: die Aussicht, erstmals im Leben ein paar Schuhe zu erhalten, genügte.

Während des Zweiten Weltkriegs verfolgte Salazar eine Art Neutralitätspolitik, was ihn aber nicht daran hinderte, Geschäfte mit den Kriegsparteien zu machen: Die Deutschen bekamen Wolfram zur Herstellung von Kanonen geliefert, die Alliierten die Azoren als Militärstützpunkt.

Trauriger Höhepunkt der Außenpolitik unter Salazar war der Buschkrieg in den verbliebenen afrikanischen Kolonien. Der Wunsch nach Unabhängigkeit entlud sich Anfang der 1960er Jahre gewaltsam in drei Zentren: 1961 in Angola, 1963 in Guinea-Bissau, 1964 in Moçambique. Sinnlos und grausam setzte Salazar die Armee gegen die Aufständischen ein. Bis in die 70er Jahre zogen sich die Kolonialkriege hin, die etwa die Hälfte (!) des Staatsetats verschlangen.

Nelkenrevolution und Demokratie 91

Hinter dem Ananasvorhang

Als der Kalte Krieg begann, rückten die Azoren vorübergehend in den Mittelpunkt des militärischen Planungsstabes der USA. Die Lage der Inseln im Atlantik war ideal, um den Seeweg zwischen Europa und Amerika zu kontrollieren, und sie waren nah genug an Europa, um mit Luftwaffenverbänden zu operieren. Die Planer stuften die Bevölkerung als autark (sie musste also im Falle eines Konfliktes nicht mitversorgt werden) und politisch zuverlässig (sie würde sich also nicht gegen die stationierten Truppen erheben) ein. Darüber hinaus sorgte die *PIDE* dafür, dass alles, was auf den Azoren geschah, der Außenwelt verborgen blieb. Der portugiesische Generalstabschef Admiral Ottings de Bettencourt schuf dafür den Begriff „Ananasvorhang", da nur das, was Lissabon gestattete, von den Azoren nach außen drang. Über das, was hinter dem Vorhang geschah, wurde viel spekuliert. Der *Spiegel* schrieb in seiner Januar-Ausgabe von 1953, dass selbst das europäische Hauptquartier der NATO nichts „über die unterirdischen U-Boot-Hallen in Corvo, über die neuen Flugplätze auf Fayal und Pico mit ihren Felsenhangars oder über die in die Berge eingesprengten Depots auf Sao Jorge und Graciosa" wisse. Interessanterweise sind über *Google Earth* für die genannten Inseln noch heute teilweise lediglich unscharfe oder wolkenverhangene Satellitenbilder, wie bei militärischen Gebieten üblich, abrufbar.

Politische Unterdrückung, wirtschaftliche Probleme, Niedrigstlöhne, fast 40 % Analphabeten, die höchste Kindersterblichkeit, die geringste Lebenserwartung in Europa und keine Hoffnung auf Änderung in Sicht – all das führte in den 1960er Jahren schließlich zu einer immer größeren Auswanderungswelle. An die zwei Millionen Arbeitssuchende emigrierten – bei einer Gesamtbevölkerung von weniger als 10 Millionen! Eines der Hauptziele der Festlandsportugiesen war Frankreich (allein im Großraum Paris leben 500.000 Portugiesen). Die meisten Azoreaner zog es jedoch in die vergleichsweise nahen USA, aber auch nach Kanada, wo sie ihr Leben in den Uranminen ließen, und nach Brasilien und Hawaii, wo sie auf den Zuckerrohrplantagen schufteten.

Ab 1968 – Ende der Ära Salazar: 1968 erlitt Salazar einen schweren Schlaganfall, die Amtsgeschäfte übernahm sein langjähriger Mitarbeiter Marcello José das Neves Alves Caetano. Viele hofften auf eine Phase der Liberalisierung. Doch nach einigen Ansätzen in diese Richtung (Lockerung der Pressezensur, parlamentarische Vertretung der Kolonien) wurde klar, dass die autoritären Strukturen zu stark waren – weiterhin bestimmte die alte Clique den politischen Kurs Portugals. Auch der Afrikakrieg ging weiter, denn einige Leute verdienten gut daran.

Anfang der 70er Jahre erkannten jedoch auch die ranghohen Militärs, dass der Krieg in Afrika nicht zu gewinnen war. Der bekannteste Vertreter der oppositionellen Bewegung in den Streitkräften wurde General António Ribeiro de Spínola. Hinzu kam die immer heftiger werdende antiportugiesische Stimmung in Europa. Die portugiesische Armee wurde brutaler Übergriffe auf die afrikanische Bevölkerung bezichtigt, das Regime sah sich empfindlicher außenpolitischer Kritik ausgesetzt, die in einer Verurteilung durch die Vereinten Nationen gipfelte.

1974 – Nelkenrevolution und Demokratie: Mit der Amtsenthebung Spínolas wegen einer Buchveröffentlichung, in der er die Regierung und den Kolonialkrieg an-

92 Geschichte

prangerte, war der Startschuss für die *MFA (Movimento das Forças Armadas – Bewegung der Streitkräfte)* gegeben. Kurz nach Mitternacht, es war der 25. April 1974, spielte der kirchliche Rundfunksender *Rádio Renascença* das verbotene Revolutionslied *Grandola, Vila Morena* und gab damit das vereinbarte Startzeichen für den Putsch. Überall im Land setzten sich Truppen in Richtung Lissabon in Bewegung. Zufahrtsstraßen, Regierungsgebäude, Rundfunkanstalten, öffentliche Plätze wurden besetzt – und nach wenigen Stunden war alles gelaufen. Die Bevölkerung steckte den Soldaten rote Nelken in die Gewehrläufe, der 25. April ging daher als „Nelkenrevolution" *(Revolução dos Cravos)* in die Geschichte ein.

Tagelang feierte man den Beginn der neuen Ära. Eine provisorische Regierung unter Kontrolle des Militärs wurde eingesetzt. Diese leitete die Vorbereitung freier Wahlen in die Wege, die Garantie der Bürgerrechte, die Auflösung der Geheimpolizei, die Freilassung aller politischen Gefangenen und die Beendigung des Kriegs in Afrika. Schon im Mai wurden Verhandlungen mit den Kapverdischen Inseln, São Tomé und Príncipe, Guinea-Bissau, Moçambique und Angola eingeleitet, die den Kolonien die volle Unabhängigkeit brachten.

Ein Jahr nach der Nelkenrevolution fanden die Wahlen zur verfassungsgebenden Versammlung statt, wiederum ein Jahr später wurden die ersten demokratischen Parlamentswahlen abgehalten. Das Land wurde daraufhin großzügig aus den USA und dem Säckel der Europäischen Gemeinschaft unterstützt – 10 Jahre später trat es der EG bei.

Der Archipel wird Região Autónoma dos Açores: Auf den Azoren hatte sich nach der Nelkenrevolution die *FLA (Frente de Libertação dos Açores – Front zur Befreiung der Azoren)* gegründet – die Reaktion auf jahrzehntelange Ausbeutung und Nichtbeachtung. Sogar mit Brandanschlägen kämpfte man für die Unabhängigkeit der Inseln. Auch schwang die Hoffnung mit, nach erlangter Unabhängigkeit ein Staat der USA werden zu können – zumal die Amerikaner für ihren Militärstützpunkt auf Terceira (→ S. 300) mehr Geld an Lissabon überwiesen als von Lissabon zurück auf die Inseln floss. Um der *FLA* den Wind aus den Segeln zu nehmen, wurden die Azoren mit dem Inkrafttreten der demokratischen Verfassung (1976) zur autonomen Region erklärt. Und da man sich auf den Inseln nicht auf eine Metropole einigen konnte, leistete man sich gleich drei „Hauptstädte": Ponta Delgada, Angra do Heroísmo und Horta.

Mit Hilfe der EU ins dritte Jahrtausend: Wirtschaftsreformen und Strukturhilfen aus Brüssel beflügelten das Land und förderten Portugals Entwicklung hin zu einer modernen Dienstleistungsgesellschaft. Und die speziellen Förderprogramme, die die EU für die ärmsten Regionen der Mitgliedsstaaten entwickelt hat, veränderten auf den Azoren in den letzten zwei Jahrzehnten mehr als irgendetwas anderes in den rund 500 Jahren seit der Besiedlung. Der Nachholbedarf war allerdings enorm: Mit dem Geldsegen aus Brüssel konnten Flughäfen, Krankenhäuser, Bibliotheken, Kläranlagen, Häfen, Frei- und Hallenbäder, Ortsumgehungen und vieles mehr gebaut werden. Jeder, der heute die Inseln erstmals besucht, kann sich kaum vorstellen, wie ärmlich es hier noch vor rund zehn Jahren aussah. Noch während der Recherche zur Erstauflage dieses Buches gab es auf vielen Inseln so gut wie nichts zu kaufen. Die Gemüseregale in den Geschäften waren leer – jeder hatte ja sein eigenes Stück Land für die Selbstversorgung. Heute stapeln sich in den großen Supermärkten Äpfel aus Chile und Avocados aus Israel. Am treffendsten beschrieb eine Cafébesitzerin auf Pico die Veränderungen: „Es ist nicht lange her, da waren die Häuser klein und voller Leute, heute sind die Häuser groß und leer."

Torre de Belém – Schmuckstück im Emanuelstil

Stop-over Lissabon

(Einw. 560.000, Großraum 2,7 Mio.)

Lisboa, wie die Portugiesen sagen, ist eine der schönsten Hauptstädte Europas. Die Metropole erstreckt sich an der breiten Mündungsbucht des Rio Tejo über mehrere Hügel, was zugleich die Orientierung erleichtert.

Charme verströmt Lissabon besonders in den alten Stadtvierteln, von denen es so viele gibt, dass man eigentlich gar nicht von *einer* Altstadt sprechen kann. Das auf jeden Fall älteste Viertel der Stadt ist die **Alfama**, ein Gewirr aus kleinen Gässchen südlich des Burgbergs. Um die Burg herum siedelten schon die Phönizier; von dort entwickelte sich auch die Stadt. Nördlich der Burg liegt das alte Mauren- und Judenviertel **Mouraria**. Auf der gegenüberliegenden Seite der Burg thront auf dem nächsten Hügel das **Bairro Alto**, die Oberstadt, deren Ursprünge ins Mittelalter zurückreichen.

Zwischen Alfama und Bairro Alto breitet sich die Unterstadt aus, die **Baixa Pombalina**, kurz **Baixa** genannt; sie ist vergleichsweise neueren Datums, da sie nach dem Erdbeben von 1755 im schachbrettartigen Stil von Premierminister Pombal wiederaufgebaut wurde. Weiter Richtung Westen befindet sich am Tejo die **Madragoa**, ein ehemaliges Fischerviertel mit kleinen Gassen, das in der Zeit der Entdeckungen des 15. Jh. entstanden ist. Noch weiter im Westen (an der Tejoausfahrt) liegt **Belém**, bekannt durch das Kloster **Mosteiro dos Jerónimos**. Das Kloster gilt als das perfekteste Bauwerk des Emanuelstils.

Ebenso wenig wie es *die* Altstadt gibt, gibt es auch nicht *das* Zentrum. Fast jedes Stadtviertel hat sein eigenes Zentrum, und so verteilt sich das Leben über viele Plätze der Stadt. Allerdings gibt es eine ca. 6 km lange **Süd-Nord-Zentralachse**, die sich von der ausladenden Praça do Comércio am Tejo-Ufer bis zum Campo Grande

94 Stop-over Lissabon

erstreckt. Sie passiert die Baixa und den **Rossio** – wenn man überhaupt einen Platz als das Zentrum Lissabons bezeichnen kann, dann diesen. An ihn grenzen das Nationaltheater, altehrwürdige Cafés und der prächtige Bahnhof, von dem die Vorortlinie nach Sintra führt. Vom Nachbarplatz Praça dos Restauradores setzt sich die zentrale Achse durch die Avenida da Liberdade, die an der Praça Marquês Pombal endende Prachtallee Lissabons, fort. Über die Avenida Fontes Pereira de Melo und die Avenida da República gelangt man schließlich zum Campo Grande.

Information/Stadtverbindungen

● *Information* Das für ganz Portugal (einschl. Azoren) zuständige Tourismusbüro **ICEP** befindet sich im Palácio Foz an der Praça dos Restauradores (Ⓜ Restauradores), ℡ 213466307. Tägl. 9–20 Uhr.
Die zweite, nur für Lissabon zuständige Fremdenverkehrszentrale **Lisboa Welcome Center** liegt im ehemaligen Hauptpostamt an der Westseite der Praça do Comércio (Terreiro do Paço), ℡ 210312810, www.visitlisboa.com.

Flughafen Lissabon: Im Terminal findet man Bankomaten, Geldwechselmöglichkeiten, ein Turismo, Filialen der internationalen Autoverleiher und eine Gepäckaufbewahrung. Information zu den Abflugzeiten unter ℡ 218413500.

Verbindung ins Zentrum: Der **Aerobus 91** (mit Gepäck die beste Lösung, 3,50 €) pendelt von 7–23 Uhr zwischen Airport und Zentrum (Cais do Sodré). Ein **Taxi** kostet ca. 10 € für die 7 km, sofern man nicht abgezockt wird. Wer sicher gehen will, von Lissabonner Taxifahrern nicht übers Ohr gehauen zu werden, kann Taxi-Gutscheine (*Táxi Voucher*) für den Transfer vom Flughafen in die Stadt erwerben. Sie sind etwas teurer als der Normaltarif und werden vom Turismo de Lisboa in der Ankunftshalle des Flughafens verkauft.

● *Stadtverbindungen* Busse, Trams und Aufzüge werden von der Gesellschaft Carris de Ferro de Lisboa (kurz: *Carris*) betrieben. Preise und Fahrkarten sind für alle diese Verkehrsmittel gleich: **Einzelfahrscheine** (*bilhete simples urbano*) kosten 1,40 €,

wenn man „an Bord" (*tarifa do bordo*) löst.
Bus: Eingestiegen wird immer vorne, ausgestiegen immer hinten. Die Portugiesen stellen sich in der Schlange an den Haltestellen an. Busse fahren meist bis Mitternacht. Ab dann verkehren bis zum frühen Morgen die Nachtbusse der *Rede da Madrugada*. Sie fahren am Bahnhof Cais do Sodré jeweils zur halben Stunde ab (um 1 und 5 Uhr auch Abfahrt zur vollen Stunde).

Carris-Tickets: Diese werden u. a. an Ticketautomaten der Metro, in Kiosken und Tabakläden mit *Carris*-Schild und zudem am Bahnhof Cais do Sodré verkauft. Bei vielen Carris-Ticket-Verkaufsstellen bekommt man auch die **7 Colinas** (gesprochen „sete colinasch"), eine Chipkarte, die einmalig 0,50 € kostet. Darauf kann man laden: Metrofahrten (1-Zonenfahrt 0,80 €), Umsteigetickets zwischen Metro, Bus, Straßenbahn und Aufzug (1,25 €, Gültigkeit 1 Std.) und – unser Tipp – **Tageskarten** (3,70 €), die gültig für alle Transportmittel mit Ausnahme des Aerobusses sind.

Lisboa Card: Mit dieser Karte kann man Busse, Aufzüge, Straßenbahnen und die Metro im Stadtgebiet ohne Zuzahlung nutzen. Außerdem hat man freien Eintritt in rund 25 Museen, Klöster und Schlösser. Preise: 1 Tag 15 €, 2 Tage 26 €, 3 Tage 32 €. Die Lisboa Card ist in allen Turismos erhältlich.

Tram: Altehrwürdiges, langsames Vehikel, gut zur Stadtbesichtigung. Besonders schön ist die Fahrt mit der Tram Nr. 28 durch die Alfama und die Graça (→ Kasten).

Adressen   95

Stop-over Lissabon
Karte S. 98/99

Die Straßen sind z. T. gerade so breit, dass die Bahn durchkommt.

Aufzüge: Eine der Hauptsehenswürdigkeiten Lissabons. Die Aufzüge helfen einem nicht nur bequem die Hügel hinauf, die Fahrt an sich ist schon ein Erlebnis. Besonders der **Elevador Santa Justa**, der die Baixa (Rua do Ouro) mit dem Largo do Carmo im Chiado verbindet, ist ein Wahrzeichen Lissabons. Von der oberen Plattform bietet sich eine faszinierend schöne Sicht auf die Burg und die Unterstadt. Verkehrs-technisch wichtigster Aufzug ist der **Elevador da Glória**, eine Standseilbahn, die die Praça dos Restauradores mit der Rua São Pedro de Alcântara im Bairro Alto verbindet.

Metro: Die Metro bildet das Rückgrat des öffentlichen Nahverkehrs. Sie bedient v. a. die Avenidas Novas, d. h. das moderne Lissabon. Die Einzelkarte für eine Zone kostet 0,80 €, zu laden auf eine 7-Colinas-Chipkarte (→ Kasten S. 94). Nur wer zu den Stationen Alfornelos, Amadora Este oder Odivelas will, benötigt eine Karte für 2 Zonen.

Nostalgietour mit der Straßenbahn 28: Martim Moniz – Prazeres

Die berühmteste Linie Lissabons. Wer nur ein paar Stunden Zeit für Lissabon hat, der sollte diese Fahrt unternehmen. Los geht es am Largo Martim Moniz (Ⓜ Martim Moniz) und weiter über die Avenida Almirante Reis zum Largo da Graça. Nicht weit davon entfernt befinden sich die Igreja da Graça und der Aussichtspunkt Nossa Senhora do Monte. Die nächste Haltestelle liegt gegenüber der Igreja São Vicente de Fora. Wer zum Flohmarkt Feira da Ladra (→ Einkaufen) will, muss hier aussteigen.

Ab dann wird es abenteuerlich: Eine eingleisige Strecke führt durch die Gassen des Alfama-Viertels, die oft so eng sind, dass sich die Passanten in die Hauseingänge zwängen müssen. Von der Station am Aussichtspunkt Santa Luzia kann man zu Fuß zur Burg hinaufspazieren.

Wer die komplette Rundfahrt macht, kommt kurze Zeit später an der Kathedrale vorbei und erreicht das Viertel Baixa. Ein Halt in der Rua da Conceição, und schon geht es wieder hoch in Richtung Chiado. Vorbei an der Oper São Carlos erreicht man die Praça de Luís Camões und das Bairro Alto. Nicht weit davon liegt das berühmte Café A Brasileira (→ Cafés). Kurz nach der Bergstation des Elevador da Bica muss der Fahrer wieder kräftig an der Handbremse kurbeln, damit der Wagen nicht zu schnell den Berg hinunterschießt.

Am imposanten Parlament São Bento vorbei erreicht man über die Calçada da Estrela die schöne neoklassizistische Basílica da Estrela. Rechts der Basilika liegt der Garten Jardim da Estrela. Weiter geht es durch den grünen, rechtwinklig angelegten Arbeiterstadtteil Campo de Ourique zum Cemitério dos Prazeres, dem „Friedhof der Vergnügungen". Von dort geht es wieder zurück.

Tejo-Fähren: Lohnenswert ist auch die Überfahrt aufs südliche Tejoufer mit kleinen Barkassen oder den modernen Katamaranen der *Transtejo*. Abfahrtsorte: Cais do Sodré (nach Cacilhas), Praça do Comércio (nach Barreiro) und Belém (nach Porto Brandão und Trafaria).

Adressen

- *Ärztliche Versorgung* **Hospital de São José**, Rua José António Serrano, Ⓜ Martim Moniz, ✆ 218841000. Adressen deutschsprachiger Privatärzte unter www.lissabon.diplo.de.

- *Botschaften* → Wissenswertes von A bis Z/Diplomatische Vertretungen, S. 65.

- *Fluggesellschaften* **SATA**, Avenida da Liberdade 261, ✆ 213553110.

TAP, Avenida Duque de Loulé 125/125 A,

✆ 707205700.

- *Geld* Diverse Banken und Bankomaten u. a. rund um den **Rossio.**

- *Gepäckschließfächer* In den Bahnhöfen Santa Apolónia, Rossio, Cais do Sodré und Gare do Oriente.

- *Polizei* Fremdsprachige Touristenabteilung der **Polícia de Segurança Pública (PSP)** neben dem ICEP-Turismo im Palácio Foz an der Praça dos Restauradores

96   Stop-over Lissabon

ⓜ Restauradores), ☎ 213421634. Tägl. rund um die Uhr.

● *Post* Hauptpost an der **Praça dos Restauradores**, Mo–Fr 8–22 Uhr, Sa/So und an Feiertagen 9–18 Uhr.

Einkaufen (→ Karte S. 98/99)

Der **Chiado** und die **Baixa** verkörpern das exklusive Einkaufszentrum Lissabons. Ein paar zusätzliche Tipps:

● *Einkaufszentren* **Centro Comercial das Amoreiras** (**1**, ⓜ Rato). Bis 23 Uhr kann man tägl. (sogar an Feiertagen) in dem riesigen Einkaufszentrum herumstöbern. Der Bau des umstrittensten und berühmtesten portugiesischen Architekten Tomás Taveira ist eine Stadt in der Stadt – von der Post bis zur Kirche ist alles vorhanden. Über 300 Geschäfte, über 50 Restaurants und Cafés. **Centro Comercial dos Armazéns do Chiado (29)**, untergebracht im Gebäude eines der beim Brand von 1988 zerstörten traditionellen Kaufhäuser Lissabons, der Grandes Armazéns do Chiado. Zahlreiche Mode- und Sportgeschäfte, dazu die Buchhandlung FNAC sowie im OG verschiedene Restaurants und Cafés mit Blick auf die Burg Castelo de São Jorge. Rua do Crucifixo 103 und Rua do Carmo (ⓜ Baixa/Chiado).

● *Märkte* Der **Feira da Ladra** („Markt der Diebin", **13**) bekam seinen eigentümlichen Namen, da man hier (nicht nur angeblich) seine gestohlenen Sachen wiederfinden

kann. Ein Erlebnis, das man sich nicht entgehen lassen sollte. Der jahrhundertealte Flohmarkt besteht aus vier Teilen: Im oberen Teil tummeln sich professionelle Händler, die meist Kleidung, Schuhe oder Elektronikramsch verkaufen; dazu gesellen sich einige Geschäfte. In der Mitte liegt die Markthalle des Campo de Santa Clara, in der Obst, Gemüse, Fisch und Fleisch verkauft werden. Im unteren Teil schließlich der eigentliche Flohmarkt – hier wird von rostigen Nägeln über gebrauchte LPs bis zu „alten" Musketen alles feilgeboten. Di und Sa zwischen der São-Vicente-Kirche und dem Panteão Nacional im Stadtteil Graça (Straßenbahn 28). **Mercado da Ribeira (34)**, der Obst- und Gemüsemarkt ist in einer wunderschönen Halle aus dem Jahr 1881 untergebracht. Sehr farbenprächtig, besonders interessant am Morgen. Tägl. (außer So und Mo) 5–14 Uhr, Blumenverkauf tägl. (außer Mo) 5–19 Uhr. Av. 24 de Julho (ⓜ Cais do Sodré).

Übernachten (→ Karte S. 98/99)

Eine Buchung via Internet kann erheblich preiswerter sein als eine Buchung vor Ort. Links unter www.lissabon-umgebung.de.

● *Hotels/Pensionen* ***** **Hotel Avenida Palace (10)**, zentrale Lage, direkt neben dem Bahnhof Rossio. Das Hotel trägt die Bezeichnung „Palast" zu Recht. Alles ist sehr elegant und klassisch dekoriert, die Zimmer sind edel mit schönen Betten, Spiegeln und antiken Möbeln eingerichtet, dazu schwarze oder weiße Marmorbadezimmer. Doppelte Fenster, deshalb ruhig. DZ ab 195 €. Rua 1° de Dezembro 12 (ⓜ Restauradores), ☎ 213218100, 🖷 213422884, www.hotelavenidapalace.pt.
**** **Hotel Mundial (9)**, großes, ebenfalls sehr zentral gelegenes Hotel. Das hohe Gebäude ist keine Schönheit, bietet aber vom Hotelrestaurant im 8. Stock einen guten Blick auf den Burgberg. 255 mittelgroße,

komfortable Zimmer. DZ 97–200 €. Praça Martim Moniz 2 (ⓜ Rossio), ☎ 218842000, 🖷 218842110, www.hotel-mundial.pt.
**** **Albergaria Senhora do Monte (5)**, abseits des Stadtgewühls am Berghang, direkt neben dem Aussichtspunkt Miradouro da Nossa Senhora da Monte. Die Haltestelle Graça der Tram 28 ist nicht sehr weit. Von den Zimmern schöner Blick auf Lissabons Altstadt. Große Dachterrasse, wo die Bar mit der besten Aussicht Lissabons zu finden ist. DZ 99–130 € (mit Balkon 150 €). Calçada do Monte 39, ☎ 218866002, 🖷 218877783, www.maisturismo.pt/sramonte.
** **Hotel Ibis Lisboa Liberdade (4)**, schmaler Neubau etwas oberhalb der Avenida Liberdade. 70 schallisolierte, mittelgroße Zim-

Kurios – der Elevador Sta. Justa

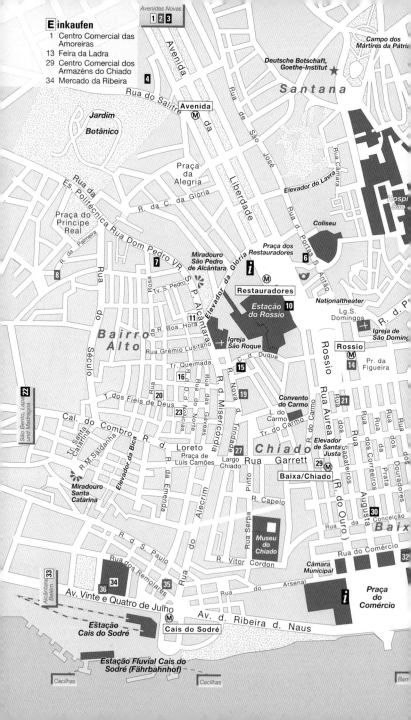

100 Stop-over Lissabon

mer mit TV, Klimaanlage und Blick in die Häuserschluchten. Funktionale Bäder. DZ 49–75 €, Frühstück extra. Rua Barata Salgueiro 53 (Ⓜ Marquês de Pombal), ✆ 213300630, 📠 213300631, www.accorhotels.com.

** Residêncial Florescente (6), zentrale, dennoch ruhige Lage, zumindest kein Autoverkehr. Zimmer z. T. mit kleinem Balkon zur tagsüber belebten Straße, stets mit Radio, TV und Klimaanlage. DZ mit Bad 70 €. Rua das Portas de Santo Antão 99 (Ⓜ Restauradores), ✆ 213426609, 📠 213427733, www.residencialflorescente.com.

Alte Schule – ein Türsteher begrüßt die Gäste

** Pensão Londres (7), älteres herrschaftliches Haus am nördlichen Rand des Bairro Alto. Schöne Bäckerei mit Café im EG. Die 40 Zimmer liegen in den 4 oberen Stockwerken (Aufzug). Blick z. T. auf die Av. Novas und den Tejo. Dunkelblaue Fußböden und hohe Decken. DZ mit Dusche 60 €, mit Dusche und WC 70 €. Rua D. Pedro V 53-2°, ✆ 213462203, 📠 213622203, www.pensaolondres.com.pt.

** Pensão Ninho das Águias (12), direkt unterhalb des Castelo São Jorge. Eine enge Wendeltreppe in einem Turm führt nach oben. Von der grünen Terrasse und von einigen Zimmern herrlicher Ausblick über die Stadt. Einfache, relativ geräumige Zimmer. Früh buchen. DZ mit sauberem Gemeinschaftsbad 35–45 €, mit Dusche 45–50 € ohne Frühstück. Costa do Castelo 74, ✆ 218854070.

Casa de Hóspedes Duque (15), in unmittelbarer Nähe zur Kirche São Roque. Kleine Familienpension in ruhiger Lage. Sehr einfache Zimmer ohne Ausblick mit mehr oder weniger sauberem Gemeinschaftsbad. DZ ab 28 €, kein Frühstück. Calçada do Duque 53 (Ⓜ Baixa/Chiado), ✆ 213463444, 📠 213256827, duquelisboa@yahoo.com.

• *Jugendherberge/Hostel* **Pousada de Juventude de Lisboa (3)**, zentral im modernen Teil Lissabons gelegen. Vom Flughafen mit den Bussen 44, 45 und 91 zu erreichen (Haltestelle Picoas aussteigen). 31 Zimmer mit jeweils 4–6 Betten, die mit 1,80 m Länge recht kurz ausfallen. Dazu 12 DZ mit eigenem Bad. Self-Service-Restaurant. Im Schlafsaal 17 €/Pers., DZ 45 €. Rua Andrade Corvo 46 (Ⓜ Picoas), ✆ 213532696, 📠 213537541, www.pousadasjuventude.pt.

Travellers House (30), im südlichen Teil der touristisch geprägten Fußgänger-Meile Rua Augusta. Renovierter Altbau, das Hostel befindet sich im 1. Stock. 10 Zimmer, davon 3 DZ, der Rest Schlafsäle mit 4–6 Betten. Gemeinschaftsbäder, Schließfächer, Internetzugang kostenlos. TV-Zimmer, schön renovierter Gemeinschaftsraum mit Küche. Im Schlafsaal 18–22 €/Pers., DZ 48–70 €. Rua Augusta 89-1° (Ⓜ Baixa/Chiado), ✆ 210115922, www.travellershouse.com.

• *Camping* Lisboa Camping/Parque de Campismo Municipal de Monsanto, im großflächigen Monsanto-Park am Stadtrand. Mit Bus 714 (Richtung Outurela) ab Praça da Figueira (Ⓜ Rossio) in ca. 45 Min. bis 21.30 Uhr zu erreichen. Alternativ Bus 750 bis 1 Uhr, z. B. ab Ⓜ Gare do Oriente, Ⓜ Campo Grande oder Ⓜ Colégio Militar-Luz (Richtung Algés) bzw. ab Bahnhof Algés (Richtung Oriente). Wegen der nahen Autobahn nach Estoril teilweise etwas laut. Viele Tische und Schatten spendende Bäume. Platz für 400 Zelte. Minimarkt, Fernsehraum, Bar, Pool, Minigolf, Tennisplatz. In der HS z. T. ausgebucht. Erwachsene 6 €, Zelte 6–7 €. Auch Bungalows für 2–6 Pers., für 2 Pers. ab 65 €. Ganzjährig geöffnet. Parque Florestal de Monsanto, ✆ 217628200, 📠 217628299, www.lisboacamping.com.

Cafés/Bars/Fado-Lokale 101

> Der Juni ist der **Monat der Feste** in Lissabon. Den ganzen Monat über finden in den historischen Stadtvierteln an ca. 40 Orten die sog. *Arraiais* (Volksfeste) statt. Höhepunkt aller festlichen Aktivitäten ist der große Umzug **am Vorabend des 13. Juni,** des Stadtfeiertages von Lissabon und zugleich Todestag des hl. Antonius von Padua, der in Lissabon geboren wurde und hier der inoffizielle Stadtpatron ist.

Essen & Trinken (→ Karte S. 98/99)

Lissabons „Touristen-Fressmeile" ist die Rua das Portas de Santo Antão nördlich des Rossio mit entsprechend teuren Restaurants. Besser und billiger sind die Restaurants im Bairro Alto. Am billigsten und gar nicht schlecht speist man in den einfachen Cafés und Kneipen, die es überall gibt. Viele Restaurants sind im August geschlossen.

Café Galeria Verde Perto (24), unterhalb der Burg. Hoher geräumiger Raum. Im Restaurant wird auch Schmuck aus Silber und Bernstein von den Künstlern Margareta Zuzarte und Roland Altmann ausgestellt. Ruhige Musik, abends auch Barbetrieb. Hg. ab 7 €, dazu zahlreiche gut zubereitete Salate, Toasts und überbackenes Brot (auf der Karte *fatias com coisas*). So und Mo geschl. Costa do Castelo 26, ℰ 218870488.

Comida da Ribeira (36), riesiges Lokal im OG des Mercado da Ribeira. Von den Fenstertischen auf der Marktseite lässt sich das Treiben an den Gemüse- und Obstständen beobachten. Lohnenswert ist v. a. das Mittagsbüffet Mo–Fr für 8,50 €. Abends und am Wochenende à la carte mit Hg. ab 7,50 €. Av. 24 de Julho (Ⓜ Cais do Sodré), ℰ 210312602.

Cervejaria da Trindade (19), warme Gerichte bis 1.30 Uhr. Ehemaliges Klostergewölbe mit sehenswerten Azulejos. Bereits 1836 als Brauhaus eröffnet. 3 große, laute Speisesäle und eine Terrasse. Zu empfehlen: *Açorda de Gambas* (Brotbrei mit Krabben) und *Bacalhau à Brás*. Große Auswahl an Meeresfrüchten. Tagesgerichte (nur mit-

tags) ab 7 €, Hg. sonst ab 10 €. Service mal genial, mal alles andere. Rua Nova da Trindade 20-C (nahe der Igreja São Roque), ℰ 213423506.

O Bacalhoeiro (21), hinter dem Torbogen am Rossio. Schön mit alten Fotografien aus der Geschichte der Kabeljau-Fischerei dekoriert. Hg. ab 5,70 €. So Ruhetag. Rua dos Sapateiros 224 (Ⓜ Rossio), ℰ 213431415.

Terra (8), vegetarisches Restaurant. Länglicher, u-förmiger Speiseraum, nach hinten geht es auf eine begrünte Terrasse unter Bäumen. Ruhige Atmosphäre. Veganes Büfett mit reichhaltiger Auswahl (mittags 9,90 €, abends 13,90 €). Viele Getränke aus biologischem Anbau. Rua da Palmeira 15, ℰ 707108108.

Tasca do Manuel (17), unweit des Aussichtspunktes Miradouro de Santa Luzia (Alfama). Die Tram 12 rattert vor der Tür vorbei. Zwei komplett gefliste Speiseräume, die Wände zieren Schwarz-Weiß-Fotos. Schnell zubereitete Hausmannskost, von den Portionen wird man gut satt. Wird von Einheimischen und Touristen frequentiert. Hg. ab 7 €. Rua de São Tomé 20, ℰ 218862021.

Cafés/Bars/Fado-Lokale (→ Karte S. 98/99)

● *Cafés* **São Martinho da Arcada (32),** das älteste Café Lissabons. Legendär, weil sich hier der berühmteste portugiesische Dichter des 20. Jh., Fernando Pessoa, tägl. seine Bica und einen Schnaps servieren ließ – manche meinen, es war Madeira, andere behaupten, es war Absinth. Jedenfalls starb Pessoa im Alter von 47 Jahren an Leberzirrhose. Die Atmosphäre von damals

lässt sich noch erahnen. Mit Restaurant. So geschl. Praça do Comércio 3 (Nordostecke, Ⓜ Terreiro do Paço).

A Brasileira (27), das bekannteste Café Lissabons mit klassizistischer Inneneinrichtung samt großen Spiegeln. Der Begriff *Bica* („Brunnenrohr" für den Espresso) ist hier entstanden, als zu Beginn des 20. Jh. der Kaffee über ein Rohr in die Tassen ge-

102 Stop-over Lissabon

leitet wurde. Auch hier ging Fernando Pessoa (s. o.) ein und aus. Im Gegensatz zu den Touristen trinken die Lissabonner ihre Bica vorzugsweise am Tresen, wo es günstiger ist. Rua Garrett 120 (Ⓜ️ Baixa/Chiado).

Pastelaria Suiça (14), von der vorderen Terrasse kann man dem emsigen Treiben auf dem Rossio zusehen, von der hinteren bietet sich der Blick nach oben zur Burg. 1923 eröffnet. Helles, freundliches Ambiente mit viel Marmor, köstliches Gebäck. Auch hier sind die Preise auf der Terrasse am höchsten. Praça Dom Pedro IV 101 (Ⓜ️ Rossio).

Café Versailles (2), ein großer Saal mit Empore, Säulen, Stuckdecke, Spiegeln und Marmor. Hervorragende Auswahl an vorzüglichem Gebäck. Viele ältere Herrschaften und einige Prominente. Edel und nicht ganz billig. Av. da República 15-A, (Ⓜ️ Saldanha).

• *Bars* Das traditionelle Vergnügungsviertel ist das **Bairro Alto** – viele *Tascas* (einfache Kneipen) und Studentenlokale. Etliche Clubs und Bars auch in der Umgebung der **Avenida 24 de Julho**, die parallel zum Tejo durch die Stadtteile Santos (Madragoa) und Alcântara führt, und in den **Docas**, den Docks von Alcântara. In den Kneipen beginnt das Nachtleben gegen 21 Uhr und endet um 3 oder 4 Uhr, in den Clubs ist vor Mitternacht tote Hose.

Doca de Santo (33), Bar mit großem Palmengarten samt Freiluftbar. Auf dem Bahngleis davor fahren Güterzüge! Bier 1,80 € (nach 24 Uhr 2,50 €). Täglich 12.30–1 Uhr (Fr/Sa bis 4 Uhr). Doca de Santo Amaro, unweit des Bahnhofs Alcântara-Mar. Mehrere andere Bars in der Nachbarschaft.

Chafarica (18), gegenüber dem Mosteiro São Vincente im Stadtteil Graça. Einfache, kleine Bar, tägl. brasilianische Livemusik. 3 € Mindestverzehr (am Wochenende 5 €). Bier 3 €, Caipirinha 5 €. Tägl. außer So 21–3.30 Uhr. Calçada de São Vincente 79–81.

Chapitô (28), die Theater- und Zirkusschule Chapitô unterhält unweit des Castelo São Jorge diese Bar mit Restaurant. Guter Blick auf die Baixa und den Cristo Rei in Almada. Internationales Publikum. Bier 1,90 €. Tägl. 19.30–2 Uhr, Sa/So ab 12 Uhr. Costa do Castelo 1–7, Alfama.

A Capela Bar (20), goldumrahmte Spiegel an den Wänden, Engelsstatuen und die massiven Marmorplatten am Boden sorgen für „barockes" Ambiente. Vor allem am Wochenende legen DJs guten House auf. Große Auswahl an Likören. Kleines Bier 2 €. Mo–Do 22–2 Uhr, Fr/Sa 19–3 Uhr. Rua da Atalaia 45, Bairro Alto.

Páginas Tantas (16), mitten im Bairro Alto. Hinter dem schlichten Eingang aus Industrieglasbausteinen zwei geräumige Ebenen

Anlaufstelle für Touristen und Studenten – das Café A Brasileira do Chiado

Sehenswertes 103

mit dem Interieur einer klassischen Jazzbar. Dementsprechend die Musik, dazu auch viel brasilianischer Bossa Nova, außerdem Jam-Sessions. Bier ab 2 €. So–Do 21–2 Uhr, Fr/Sa 21–4 Uhr. Rua do Diário de Notícias 85 (Ⓜ Baixa/Chiado).

Clube da Esquina (23), interessante Inneneinrichtung mit Fachwerk, von dem nur noch die Balken stehen. Musik zwischen Jazz, Jungle, Ambient und Hip-Hop. Kleines Bier 1,50 €. So–Do 19–2 Uhr, Fr/Sa 19–3 Uhr. Rua da Barroca 30, Bairro Alto.

• *Portweinprobierstube* **Solar do Vinho do Porto (11)**, von der Praça dos Restauradores per Elevador da Glória den Berg hinauffahren (Bairro Alto), gleich oberhalb der Haltestelle in einem alten Palast. Nach einem anstrengenden Stadtrundgang kann man in den gekühlten Räumen bei einem edlen Glas Port gut relaxen. Glas Wein ab 1,30 €. Empfehlenswert aus der riesigen Auswahl: *Taylor's Chip Dry*. Mo–Fr 11–24 Uhr, Sa 14–24 Uhr. Rua São Pedro de Alcântara 45.

• *Fado* Unter den Lissabonnern ist es längst nicht mehr in, ein Fado-Restaurant zu besuchen. Besonders die Jugendlichen haben größtenteils den Kontakt zum Fado verloren. Man sollte das Lokal gut auswählen und nicht in eine der Touristenfallen im Bairro Alto geraten. Neben dem professionellen Fado gibt es auch noch einige Kneipen mit Amateur-Fado. Beim Fado herrscht übrigens absolute Stille, Gespräche werden als Beleidigung der *Fadistas* aufgefasst.

Clube de Fado (31), in der Alfama (direkt unterhalb der Kathedrale). Fado-Restaurant mit prominenten portugiesischen Gästen, aber auch Touristengruppen. Großer, eng bestuhlter Raum mit Gewölbe. Es spielen viele Nachwuchs-Fadistas. Hg. in kleinen Portionen ab 20 €, dazu Fado-Zuschlag von 7,50 € und Couvert von 2,50 €/Pers. Tägl. 19–2 Uhr. Rua S. João da Praça 94 (Ⓜ Terreiro do Paço), ☏ 218882694.

Parreirinha de Alfama (26), in der Alfama in der Nähe des Largo Chafariz de Dentro. Fado-Restaurant mit großem Renommee und Profimusikern, geleitet von der bekannten Sängerin Argentina Santos. Die Inneneinrichtung ist – manch einer findet's etwas kitschig – im Stil eines Innenhofs gehalten. Hg. ab 16 €. Tischreservierung empfohlen. Tägl. 20–1 Uhr. Beco do Espírito Santo 1 (Ⓜ Santa Apolónia), ☏ 218868209.

Mesa de Frades (25), Profi- und Amateurfados tägl. ab etwa 22–23 Uhr. Eines der schönsten Restaurants Lissabons, da es in der ehemaligen Kapelle eines Privatpalastes untergebracht ist. Sehenswerte, 300 Jahre alte Azulejos, die Szenen aus dem Leben von Maria und Jesus zeigen. Im Nebenraum hinten links befand sich die Sakristei. Hg. ab 10 €. Rua dos Remédios 139-A (Ⓜ Santa Apolónia), ☏ 218884599.

Sehenswertes

In der Baixa und dem Chiado

Zwischen dem Rossio und der Praça do Comércio am Ufer des Rio Tejo erstreckt sich die **Baixa**, das Geschäfts- und Bankenviertel Lissabons. Die authentisch erhaltenen Straßenzüge, alle kerzengerade und rechtwinklig angelegt, wurden nach dem verheerenden Erdbeben von 1755 auf dem Reißbrett geplant. Tagsüber herrscht reges Treiben in den Straßen, am Abend dagegen, wenn Juwelierläden und Banken geschlossen sind, ist das Stadtviertel wie ausgestorben. In der Baixa findet man neben edlen Juwelieren und schicken Boutiquen in den Nebenstraßen aber auch noch altmodische Kurzwarenläden.

Chiado, das Intellektuellenviertel des 19. Jh. mit Opern und zahlreichen Theatern, erstreckt sich oberhalb der Baixa um die Rua do Carmo und die Rua Garrett. Leider fielen die berühmten Kaufhäuser *Grandes Armazéns do Chiado* und *Grandela* im August 1988 einem verheerenden Großbrand zum Opfer. Die Spuren der Katastrophe, bei der etwa ein Dutzend Gebäude bis auf die Grundmauern niederbrannten, sind nach jahrelangen Renovierungsarbeiten heute nicht mehr zu sehen. An ihrer Stelle stehen nun exklusive Einkaufszentren. Doch trotz des neuen, modernen Gewands hat Chiado wieder einiges von seiner einstigen Noblesse zurückgewonnen.

Rossio: Der Rossio ist das Herz der Stadt und der „Treffpunkt" Lissabons. Von einer 23 m hohen Marmorsäule überblickt König Pedro IV. das Treiben. Bei jedem Wetter sind die Tische der umliegenden Straßencafés belegt, an denen Schuhputzer und Bettler vorbeiziehen. Aus halbgeschlossenen Händen und mit gedämpfter Stimme werden falscher Schmuck und Marihuana angeboten. Vielleicht ist der Rossio auch wegen seiner Einfachheit so faszinierend.

Carmo-Kirche: Die gotische Kirchenruine am Rande des Chiado (oberhalb des Rossio) wird nachts in Scheinwerferlicht getaucht. Die Kirche wurde im 14. Jh. im gotischen Stil errichtet und vom Erdbeben 1755 größtenteils zerstört. Übrig blieb nur das Skelett, das nie wieder ganz rekonstruiert wurde. Im Inneren präsentiert heute das *Museu Arqueológico* Funde aus Portugal und anderen Ländern.
Anfahrt/Öffnungszeiten Ⓜ Baixa/Chiado. **Museum** tägl. (außer So) 10–18 Uhr, April–Sept. bis 19 Uhr. Eintritt 2,50 €.

Museu do Chiado: Das Museum, auch Nationalmuseum für zeitgenössische Kunst genannt, ist in den Räumlichkeiten eines ehemaligen Franziskanerkonvents untergebracht. Der Fokus liegt auf Skulpturen und Bildern portugiesischer, aber auch ausländischer Künstler aus der Zeit von 1850 bis 1950. Stilistisch wird der Bogen von der Romantik über den Naturalismus bis hin zum Symbolismus gespannt.
Anfahrt/Öffnungszeiten Rua Serpa Pinto 6, am Südrand des Chiado (Ⓜ Baixa/Chiado). Tägl. (außer Mo) 10–18 Uhr. Eintritt 4 €, So bis 14 Uhr gratis.

In der Alfama

Die Alfama ist Lissabons ältester Stadtteil, viele Häuser überstanden das Erdbeben 1755 fast unbeschadet. Wegen der engen Gässchen, die ein wenig an ein arabisches Altstadtviertel erinnern, stehen die schmiedeeisernen Balkons einander so dicht gegenüber, dass man mit der Nachbarin Küsschen austauschen kann. Ein Großteil der alten Bausubstanz ist jedoch dringend restaurierungsbedürftig.

Mächtige Burgmauern schützen das Castelo São Jorge

Sehenswertes 105

Castelo São Jorge: Lissabons Burg, auf der bis ins 15. Jh. die portugiesischen Könige residierten, dominiert die Alfama. Innerhalb der Burgmauer klingt der Stadtlärm nur noch wie ein entferntes Brummen. Von den Türmen genießt man eine herrliche Rundumsicht auf die andere Tejoseite, die Avenidas Novas, den Monsanto-Park, das Bairro Alto, die Baixa und die Ponte 25 de Abril samt Christo Rei. In der Torre de Ulisses findet man die Câmara Escura (Dunkelkammer). Dort werden mittels eines Periskops in einer Höhe von 110 m über dem Meeresspiegel Bilder Lissabons auf eine große Steinschüssel projiziert.

Anfahrt/Öffnungszeiten Bus 37 ab Praça da Figueira bzw. Tram 12 oder 28 bis Miradouro Santa Luzia. **Burggelände** tägl. 9–18 Uhr (März–Okt. bis 21 Uhr). **Câmara Escura** 10–17.30 Uhr (Nov.–Feb. 11–14.30 Uhr). Eintritt ins Burggelände inkl. Câmara Escura 5 €.

Sé (Kathedrale): Die romanische Kathedrale mit ihren wuchtigen Türmen ist die älteste Kirche Lissabons, ihr Grundstein wurde 1147 gelegt. Die Stilelemente der Gotik erhielt sie beim Wiederaufbau nach einem Erdbeben im 14. Jh. Die Portalfront ziert eine hübsche Rosette. Rechts neben dem Haupteingang geht es zur Schatzkammer, in der sakrale Gegenstände ausgestellt sind. Hinter dem Chor führt ein Tor zum sehenswerten Kreuzgang.

Anfahrt/Öffnungszeiten Tram 12 oder 28 bis Haltestelle Sé. **Kirche** tägl. (außer So) 9–19 Uhr, **Schatzkammer** tägl. (außer So) 10–18 Uhr, **Kreuzgang** Mai–Sept. tägl. 14–19 Uhr, Okt.–April Mo–Sa 10–18 Uhr, So 14–18 Uhr. Schatzkammer und Kreuzgang je 2,50 €.

Mit Tramlinie 12 rund um den Burgberg

Die Tramlinie 12 beginnt ihren Rundkurs an der Praça da Figueira (Ⓜ Rossio), biegt am Largo Martim Moniz in die engen Gassen der Mouraria ein, um sich dann die Rua dos Cavaleiros hinaufzuquälen. Oben geht es durch die Rua São Tomé und am Miradouro Santa Luzia vorbei. Hier bietet sich an, für einen Besuch der Burg die Bahn zu verlassen. Gleich nach dem Miradouro Santa Luzia geht es quietschend die Rua do Limoeiro hinunter. Kurz vor der Baixa hält die Tram vor der Kathedrale, der Sé. Über die geschäftige Rua da Prata durchquert sie – nun deutlich schneller als in den engen Gassen der Alfama – die Baixa. An der Praça da Figueira endet der Rundkurs, ein neuer kann beginnen. Die Linie 12 fährt den Rundkurs übrigens nur in der angegebenen Richtung.

Teatro Romano: Unter Kaiser Augustus wurde das Theater erbaut und während der Herrschaft Neros erweitert. Etwa 5000 Zuschauer fanden darin Platz. Nach dem Ende der römischen Besatzung verfiel es und wurde als Steinbruch zum Bau neuer Häuser genutzt. 1798 wurde das Theater im Zuge der Aufbauarbeiten nach dem Erdbeben von 1755 wieder entdeckt. Seit 2001 sind die Ruinen der Öffentlichkeit zugänglich.

Anfahrt/Öffnungszeiten Pátio do Aljube 5. Straßenbahn 12 oder 28, Haltestelle Rua Augusto Rosa. Tägl. (außer Mo) 10–13 und 14–18 Uhr. Eintritt frei.

Casa do Fado e da Guitarra Portuguesa: Das Museum, untergebracht in einem ehemaligen Wasserwerk aus dem 19. Jh., gewährt einen Einblick in die Geschichte des Fado. Zu sehen sind u. a. Porträts und Karikaturen berühmter Sänger, in Vitrinen ausgestellte Kleidungsstücke nicht minder berühmter Sängerinnen sowie eine Gitarrensammlung. Zudem wurde die *Casa da Mariquinhas* nachgebildet, ein Bordell, das in einem bekannten Fado-Titel besungen wird.

Anfahrt/Öffnungszeiten Largo do Chafariz de Dentro. Ⓜ Santa Apolónia. Tägl. (außer Mo) 10–18 Uhr. Eintritt 3 €.

106   Stop-over Lissabon

Museu das Artes Decorativas: Das Museum der dekorativen Künste residiert im sehenswerten Azurara-Palast aus dem 17. Jh., direkt neben dem Miradouro Santa Luzia in der Alfama. Das Gros der Exponate stammt aus dem 17. bis 19. Jh., darunter Möbel, Teppiche, portugiesische Silberschmiedekunst und chinesisches Porzellan. Hervorzuheben ist auch die Gemäldesammlung des Bankiers Ricardo Espírito Santo Silva.

Anfahrt/Öffnungszeiten Largo das Portas do Sol 2. Straßenbahn 12 oder 28 bis Haltestelle Largo Portas do Sol. Tägl. 10–17 Uhr. Eintritt 4 €.

In der Graça

Die Graça ist ein Arbeiterviertel, das um den nördlich der Alfama gelegenen Hügel entstanden ist, nachdem im späten Mittelalter die Einwohnerzahl rapide gestiegen war. Das Viertel ist weder bei Touristen noch bei den Lissabonnern besonders „in" und hat deshalb viel von seinem ursprünglichen Charakter bewahrt. Hier findet dienstags und samstags der berühmteste Lissabonner **Flohmarkt Feira da Ladra** (→ Einkaufen) statt.

Igreja e Mosteiro São Vicente de Fora: Die Grundsteinlegung der schönsten Renaissancekirche Lissabons erfolgte unter Phillip II. im Jahr 1582. Aber fast ein halbes Jahrhundert verging, bis sie schließlich vollendet war. Als Architekt wird häufig der Italiener Filipe Terci genannt, aber auch der Spanier Juan de Herrera wird als Baumeister diskutiert. Die Kirche wirkt durch ihr lichtes Tonnengewölbe sehr leicht und luftig. Vorne rechts befindet sich in einer Seitenkapelle das Grab des deutschen Kreuzritters Henrique o Alemão, der bei der Befreiung Lissabons von den Mauren 1147 mitgekämpft hat. Um das Grab ranken sich diverse Legenden. Im Kloster mit seinen kostbaren Azulejos befindet sich auch das Pantheon der Dynastie Bragança mit den Särgen der letzten portugiesischen Könige.

Anfahrt/Öffnungszeiten Straßenbahn 28 bis Haltestelle Voz Operário. **Kloster** tägl. (außer Mo) 10–18 Uhr. Eintritt 4 €. **Kirche** So geschl. (bis auf die Gottesdienste). Eintritt frei.

In den Avenidas Novas

Von der **Praça Marquês de Pombal** verzweigen sich wie Arterien die Avenidas Novas. Bürogebäude prägen das Bild, aber auch alte Paläste und Grünanlagen wie der Stadtpark **Parque Eduardo VII**. Werktags pulsiert hier das Leben, an Wochenenden überfällt das Viertel eine gewisse Schläfrigkeit.

Museu de Calouste Gulbenkian: Das Gebäude an der Praça de Espanha wurde mit den Dollars des in İstanbul geborenen Armeniers Calouste Gulbenkian (1869–1955) finanziert, der seinen Lebensabend in Lissabon verbrachte und seine Ölmilliarden einer Stiftung hinterließ. Zu sehen sind u. a. Gemälde von Rubens, Renoir, Rembrandt, La Tour, van Dyck und vielen anderen europäischen Meistern. Außerdem: französische Möbelantiquitäten, Ausstellungsstücke aus dem alten Ägypten, Mesopotamien, Rom und Griechenland und orientalische Kunst wie arabische Fayencen.

Anfahrt/Öffnungszeiten Av. de Berna, 45, Ⓜ Praça de Espanha. Tägl. (außer Mo) 10–17.45 Uhr. Eintritt 4 €, So Eintritt frei. Kombiticket mit Centro de Arte Moderna 7 €.

Centro de Arte Moderna: Neben dem Museu de Calouste Gulbenkian (s. o.) befindet sich ein weiteres Gebäude der Stiftung Gulbenkian, in dem eine Dauerausstellung mit Werken portugiesischer Maler des 20. Jh. untergebracht ist. Darunter der von Paul Cézanne beeinflusste Eduardo Viana (1881–1967), der Pionier des Surrealismus Portugals António Dacosta (1914–1990) und José de Almada Negreiros

Sehenswertes 107

(1893–1970), einer der bekanntesten und vielseitigsten portugiesischen Künstler des 20. Jh. Daneben gibt es wechselnde Ausstellungen. Exzellente Menüs in der angeschlossenen Cafeteria (Selbstbedienung).

Öffnungszeiten Tägl. (außer Mo) 10–18 Uhr. Eintritt 4 €, So Eintritt frei. Kombiticket mit Museu de Calouste Gulbenkian 7 €.

Im Bairro Alto

Die Atmosphäre in diesem Altstadtgebiet wird gerne mit dem Pariser Quartier Latin verglichen: Nachtcafés, Bars und Fado-Lokale, dazu die Musik- und Kunsthochschule sowie kleine Modeboutiquen und Galerien. Aufgelockert wird das enge Gassengeflecht durch mehrere schöne Aussichtspunkte und den Botanischen Garten.

Igreja de São Roque: Die ehemalige Prunkkirche der Jesuiten, deren Grundstein 1566 gelegt wurde, steht am Largo Trindade Coelho. Hinter der eher schlichten Fassade im manieristischen Stil verbirgt sich eine prunkvolle Innenausstattung. Barocker Überfluss in neun kleinen vergoldeten Kapellen, geschnitzte Heiligenfiguren, umgeben von rosafarbenen und goldenen Engeln. Besonders zu beachten ist die *Kapelle Johannes des Täufers* aus blauem Marmor, die sich ganz vorne links befindet. Sie wurde komplett in Rom gefertigt, in Einzelteile zerlegt und nach Lissabon verschifft. Im Nebengebäude ist ein Museum für sakrale Kunst untergebracht.

Anfahrt/Öffnungszeiten Ⓜ Baixa/Chiado. **Kirche** tägl. 8.30–17 Uhr, Sa/So ab 9.30 Uhr. **Museum** Di/Mi und Fr–So 10–17 Uhr, Do 14–21 Uhr. Eintritt 1,50 €, So Eintritt frei.

In São Bento, der Madragoa und der Lapa

In den westlich des Bairro Alto gelegenen Altstadtvierteln befinden sich einige der vornehmsten Restaurants der Stadt – wohlhabende Gäste aus Politik und Diplomatie suchen sie auf. Das Parlament liegt im Stadtteil São Bento. Im aristokratischsten Stadtteil Lissabons, der Lapa, verdecken die dicken Mauern der Botschaften leider den Blick auf viele prunkvolle Adelspaläste.

Museu Nacional de Arte Antiga: Die bedeutendste Kunstsammlung des Landes mit Gold- und Silberarbeiten, portugiesischer Keramik des 16. bis 19. Jh., asiatischem Porzellan, antiken Möbeln, Skulpturen, orientalischen Teppichen, afrikanischer Kunst etc. Am interessantesten jedoch ist die umfangreiche Bildergalerie mit Gemälden portugiesischer und anderer europäischer Meister aus dem 14. bis 19. Jh. Vertreten sind u. a. Hieronymus Bosch *(Versuchung des hl. Antonius),* Holbein und Dürer.

Anfahrt/Öffnungszeiten Rua das Janelas Verdes, Lapa. Tram 15 von der Praça do Comércio, Haltestelle Cais da Rocha. Di 14–18 Uhr, Mi–So 10–13 und 14–18 Uhr. Eintritt 4 €, So bis 14 Uhr frei.

In Belém und Ajuda

Von Belém aus starteten einst die portugiesischen Entdecker ihre Seereisen. Heute residiert hier der portugiesische Staatspräsident (im Palácio de Belém). Belém ist ein freundlicher Stadtteil an der Tejo-Mündung, ca. 7 km vom Zentrum entfernt, mit gepflegten Parks und mehreren interessanten Museen. Dazu steht in Belém das riesige Jerónimos-Kloster, eines der bemerkenswertesten Bauwerke Lissabons. Nördlich von Belém liegt der Stadtteil Ajuda, wo sich v. a. die Lissabonner Mittelschicht niedergelassen hat.

Mosteiro dos Jerónimos: Das mächtige Kloster mit seiner reich verzierten Kalksteinfassade gilt als bedeutendstes Bauwerk des Emanuelstils, der portugiesischen Variante der Spätgotik. Allein die Fassade mit dem Südportal misst eine Länge von

108 Stop-over Lissabon

300 m. Im Kloster befinden sich auch das *Seefahrtsmuseum* und das *Archäologische Museum*. Die Besichtigung des Klosters, das von der UNESCO zum Welterbe erklärt wurde, ist ein absolutes Muss für Lissabon-Besucher.

Nach einer weit verbreiteten Legende ließ Manuel I. das Kloster 1499 zu Ehren der Entdeckung des Seewegs nach Indien bauen. Die historischen Fakten sehen allerdings anders aus: Bereits 1496 hatte Papst Alexander VI. dem portugiesischen König den Bau eines Hieronymiten-Klosters in Belém genehmigt – ein Jahr bevor Vasco da Gama zu seiner berühmten Reise aufbrach. Die Arbeiten am Kloster begannen wahrscheinlich um Weihnachten 1501 (Belém ist das portugiesische Wort für Bethlehem). Bis zur Fertigstellung vergingen etwas über 100 Jahre. Geweiht wurde das Kloster dem Ordensgründer Hieronymus, dessen kirchengeschichtliche Bedeutung vor allem darin liegt, im Auftrag von Papst Damasius I. eine verbindliche lateinische Bibelübersetzung erstellt zu haben.

Meisterwerk des Emanuelstils – Portal des Hieronymus-Klosters (16. Jh.)

Am *Westportal* sind zwei Figurengruppen zu sehen: Die linke zeigt König Manuel I. (kniend) mit dem Hl. Hieronymus; rechts die Königin Dona Maria, begleitet von Johannes dem Täufer.

Die *Kirchenhalle* ist durchflutet von zitronengelbem Licht, das durch eine Rosette an der Westseite einfällt. Sechs reich verzierte, 25 m hohe Säulen erinnern an einen Palmengarten. Unter der Empore zwei mächtige Sarkophage. Das Grabmal Vasco da Gamas mit Symbolen von Macht und Eroberung: Weltkugel, Karavelle und Kreuzritterzeichen (gleich links neben dem Eingang). Auf der anderen Seite das Grabmal der Schönen Künste: Buch, Federkiel und Leier. Dabei handelt es sich um ein Scheingrab für Luís de Camões, Portugals berühmtesten Dichter, der 1580 an der Pest verstarb und in einem Massengrab beerdigt wurde.

Der *Chor* entstand einige Jahrzehnte später im nüchternen Renaissancestil. Er hebt sich deshalb völlig von der übrigen Kirchengestaltung ab. Die Bildfolge über dem Altar zeigt die Kreuzigung Christi. In den Seitenkapellen finden sich die Grabdenkmäler des Königshauses Aviz.

Märchenhaft verspielte Gewölbekuppen sind im *Kreuzgang* zu finden. Das Untergeschoss wurde 1517 vom französischen Architekten Boytac (in Portugal Diego de Boitaca genannt) im reinen Emanuelstil entworfen. Einige Jahrzehnte später entstand das Obergeschoss unter dem Baumeister João de Castilho – es ist bereits deutlich sichtbar von Renaissance-Einflüssen geprägt. Im oberen Teil des Kreuzgangs befindet sich auch der Eingang zur Kirchenempore.

Sehenswertes 109

Der *Kapitelsaal* dient heute als Pantheon für Alexandre Herculano, einen berühmten Dichter der portugiesischen Romantik des 19. Jh. In der Mitte des Raumes steht sein Grabmal. Gegenüber dem Kapitelsaal, auf der anderen Seite des Kreuzgangs, befindet sich der mit schönen Azulejos ausgestattete Speisesaal der Mönche.

Anfahrt/Öffnungszeiten Praça do Império. Straßenbahn 15 ab Praça do Comércio, Haltestelle Mosteiro dos Jerónimos. Tägl. (außer Mo) 10–17 Uhr, Mai–Sept. bis 18 Uhr. Eintritt für den Kreuzgang 4,50 €, Eintritt für die Kirche frei, So bis 14 Uhr generell frei.

Museu Nacional de Arqueologia: Das Museum ist untergebracht im Hauptgebäude des Jerónimos-Klosters. Ausgestellt sind archäologische Fundstücke aus allen Teilen Portugals (von der Bronze- über die Eisenzeit bis zur römischen Epoche und dem hohen Mittelalter). Darüber hinaus gibt es eine Abteilung mit ägyptischen Kunstschätzen.

Öffnungszeiten Tägl. (außer Mo) 10–18 Uhr. Eintritt 4 €, So bis 14 Uhr frei. Anfahrt → Kloster.

Museu de Marinha: Die Ausstellungsräume im westlichen Seitenflügel des Jerónimos-Klosters widmen sich der Seefahrt und der portugiesischen Entdeckungsfahrten (viele Schiffsmodelle, Uniformen etc.). In einer Nebenhalle *(Pavilhão dos Galeotas)* auf der anderen Seite des Hofs können traditionelle Fischer- und Fährboote, Jachten, Galeeren, Kanus und alte Walfangboote von den Azoren im Original bewundert werden.

Kreuzgang des Hieronymus-Klosters

Anfahrt/Öffnungszeiten Praça do Império. Mit der Tram 15 ab Praça do Comércio, Haltestelle Centro Cultural de Belém. Tägl. (außer Mo) 10–17 Uhr, April–Sept. bis 18 Uhr. Eintritt 3 €, So bis 13 Uhr frei.

Centro Cultural de Belém (CBB)/Museu Colecção Berardo: Das Kulturzentrum aus dem Jahr 1992 ist eines der bedeutendsten zeitgenössischen Bauten Portugals. Untergebracht sind hier diverse Auditorien und das 2007 eröffnete, überaus sehenswerte *Museu Colecção Berardo*. Dieses Museum moderner Kunst zeigt Werke aus der Sammlung des 1944 auf Madeira geborenen Finanzinvestors Joe Berardo, darunter Arbeiten von Dalí, Míro, Picasso, Liechtenstein, Warhol, Mondrian, Polke u. v. m. Zudem werden wechselnde Ausstellungen präsentiert.

Anfahrt/Öffnungszeiten Praça do Império. Mit der Tram 15 ab Praça do Comércio, Haltestelle Centro Cultural de Belém. Museum tägl. 10–19 Uhr, Fr bis 22 Uhr. Eintritt 5 €, So frei.

Padrão dos Descobrimentos: Das „Denkmal der Entdeckungen" aus Stahlbeton entstand 1960 während der Salazar-Zeit anlässlich des 500. Todestags Heinrichs

110 Stop-over Lissabon

Planetário Calouste Gulbenkian und Museu da Marinha in Belém

des Seefahrers und hat die Gestalt einer alten Karavelle. Vorne am Bug der Karavelle ist Prinz Heinrich dargestellt, hinter ihm bedeutende portugiesische Seefahrer, Missionare etc. Man kann das Denkmal innen erklimmen. Von oben hat man einen sehr guten Ausblick auf Belém und den Tejo.
Anfahrt/Öffnungszeiten Avenida Brasília. Tram 15 bis Haltestelle Centro Cultural de Belém. Vom Kloster Mosteiro dos Jerónimos kommend auf der anderen Seite der Bahnlinie (Fußgängerunterführung). Tägl. (außer Mo) 10–18 Uhr, Mai–Sept. bis 19 Uhr. Eintritt 2,50 €.

Torre de Belém: Der kunstvoll im Emanuelstil erbaute Verteidigungsturm an der Tejoeinfahrt ist *das* Fotomotiv Lissabons. Die Festung wurde zwischen 1515 und 1521 errichtet, damals übrigens noch im Fluss. Ab 1580 diente sie den spanischen Eroberern als Kerker für unbequeme Patrioten. Während der Napoleonischen Invasion wurde der Turm z. T. zerstört und 1846 rekonstruiert. Dass man den Turm heute trockenen Fußes erreichen kann, ist insbesondere der Landgewinnung durch Aufschüttung zu verdanken.
Anfahrt/Öffnungszeiten Straßenbahn 15 ab Praça do Comércio, Haltestelle Largo da Princesa. Tägl. (außer Mo) 10–17 Uhr, Mai bis Sept. bis 18.30 Uhr. Eintritt 3 €, So bis 14 Uhr Eintritt frei.

Museu Nacional dos Coches: Das Kutschenmuseum im Königsschloss von Belém zeigt 54 goldglitzernde Märchenkutschen aus dem 16. bis 19. Jh., die von Prunk und Verschwendung früherer Zeiten zeugen. Ihre Gestalter bemühten sich eher um auffallende Schönheit denn um Zweckmäßigkeit und Fahrkomfort. Darüber hinaus

Sehenswertes 111

werden Objekte aus Stierkampf und Reiterspiel wie auch Jagdhörner und Ölporträts der Bragança-Dynastie gezeigt.

Anfahrt/Öffnungszeiten Praça Afonso de Albuquerque. Ab Praça do Comércio mit Tram 15, Haltestelle Belém. Tägl. (außer Mo) 10–18 Uhr. Eintritt 4 €, So bis 14 Uhr kostenlos.

Palácio Nacional de Ajuda: Den Grundstein für diesen neoklassizistischen Palast (der letzte der portugiesischen Könige) legte man bereits im Jahr 1795. Die Bauarbeiten wurden jedoch mehrmals unterbrochen, erst 1861 zog die königliche Familie ein, obwohl der Westflügel noch nicht vollendet war und niemals vollendet werden sollte. Heute nutzen die Präsidenten des Landes den weißen, von großzügigen Grünanlagen umgebenen Palast für Festbankette. Wenn keine Veranstaltungen stattfinden, können im unteren Stockwerk die prunkvollen Gemächer des Königs und der Königin und oben der prächtige Kronsaal und zwei Ballsäle bewundert werden.

Anfahrt/Öffnungszeiten Calçada da Ajuda. ab der Ecke Rua da Augusta/Rua do Comér-Tram 18 ab Praça do Comercio bis Halte- cio bis Halt Lg. Ajuda (Palácio). Tägl. (außer stelle Calçada da Ajuda-GNR (nur Mo–Fr!). Mi) 10–13 und 14–17.30 Uhr. Eintritt 5 €, So bis Auch Bus 60 (Richtung Cemitério da Ajuda) 14 Uhr kostenlos.

Im Osten Lissabons

Die im Osten von Lissabon gelegenen Viertel präsentieren sich als merkwürdige Mischung aus mehrstöckigen Wohnblocks, leer stehenden Fabrikhallen, Hafenanlagen und alten Palästen. Dazwischen liegt das moderne Ausstellungsgelände der Weltausstellung von 1998 mit dem besuchenswerten Ozeanarium.

Oceanário: Der auffällige quadratische Bau ragt aus einer Wasserfläche an der Doca dos Olivais heraus. In seinem Inneren können die Besucher Fische aus fünf Klimazonen der Erde beobachten – manchmal hat man den Eindruck, dass es eher die Fische sind, die sich die Besucher aus fünf Kontinenten anschauen. Im Haupttank, an vielen Stellen durch große Glaswände einsehbar, ist die Flora und Fauna des offenen Meeres nachempfunden. Hier tummeln sich neben großen Makrelenschwärmen Stachelrochen und Barrakudas. An die vier Ecken des Haupttanks schließen sich Nachbildungen felsiger Küstenregionen der Weltmeere an. Insgesamt tummeln sich im Oceanário rund 15.000 Tiere 200 verschiedener Arten (Fische, Vögel, Säugetiere, Reptilien und wirbellose Tiere).

Anfahrt/Öffnungszeiten Doca dos Olivais. Ⓜ Oriente. Tägl. 10–19 Uhr, im Sommer bis 20 Uhr. Eintritt 11 €.

Museu Nacional do Azulejo: Eines der interessantesten Museen Lissabons, untergebracht im sehenswerten Konvent Madre de Deus. Dokumentiert wird die 500-jährige Geschichte der Azulejos und ihrer Herstellung. Zu sehen sind viele kunstvoll gefertigte Exemplare aus Portugal und anderen Ländern, deren Entstehung vom 15. Jh. bis zur Gegenwart reicht. Besonders interessant ist das aus blau-weißen Kacheln gefertigte uralte Lissabonner Stadtbild im Kreuzgang des Klosters. Auf dem Rundgang durch das Museum kann man zudem die ehemalige *Klosterkirche Madre de Deus* besuchen. Sie stammt aus dem Jahr 1509, auch ihr Inneres ist – wie nicht anders zu erwarten – mit herrlichen Azulejos ausgeschmückt.

Anfahrt/Öffnungszeiten Rua Madre de Deus, Stadtteil Xábregas. Ab Praça do Comércio Bus 794 (Richtung Estação Oriente) bis Haltestelle Igreja Madre Deus. Di 14–18 Uhr, Mi–So 10–18 Uhr. Eintritt 4 €, So bis 14 Uhr Eintritt frei.

Stop-over Lissabon
Karte S. 98/99

▲ Lagoa das Furnas (São Miguel)

Ostgruppe (grupo oriental)

Santa Maria 114   São Miguel 144

Blick auf den Leuchtturm Farol de Gonçalho Velho von der Baía de São Lourenço

Santa Maria

Das Eiland im Südosten des Archipels ist das sonnigste aller Azoreninseln. Für die einen ist Santa Maria nur die kleine, unscheinbare Schwester von São Miguel, anderen gilt sie als die Algarve der Azoren. Beides stimmt in Ansätzen.

Glaubt man Roland Kaiser, wurde Santa Maria aus Träumen geboren. In Wirklichkeit aber ist Santa Maria, wie alle Inseln der Azoren, vulkanischen Ursprungs. Man vermutet, dass sich die Insel vor ungefähr acht bis 16 Millionen Jahren, also im Tertiär, aus den Fluten des Atlantiks erhob. Damit ist Santa Maria die älteste Insel des Archipels. Wahrscheinlich wurde sie als Erste entdeckt, zweifellos wurde sie als Erste besiedelt. Ihr Boden gilt als einer der fruchtbarsten der Azoren, köstliche Melonen gedeihen auf ihm. Von schweren Naturkatastrophen blieb Santa Maria, die drittkleinste Insel des Archipels, in den letzten Jahrhunderten weitgehend verschont.

Die flache westliche Inselhälfte wirkt nicht gerade pittoresk. Die weite Ebene ist zwar außergewöhnlich für die Azoren, doch raubt ihr der darauf errichtete große Flughafen samt einer alten Wellblechsiedlung im Kasernen-Look und einem 08/15-Neubaugebiet jeden Reiz. Auch Vila do Porto, der Hauptort, ist nicht gerade das, was man eine Perle nennt. Geradezu umwerfend dagegen präsentiert sich der bergige Ostteil der Insel. Mit seinen verwunschenen Wäldchen, Wiesen und kleinen weißen Häuschen besitzt er fast Gebrüder-Grimm-Qualitäten, dazu wartet der Osten mit einladenden Buchten samt hellen Sandstränden auf. In puncto schönen Bademöglichkeiten kann Santa Maria gar São Miguel das Wasser reichen. Ansonsten liegen zwischen dem beschaulichen, infrastrukturell armen Santa Maria und der immer populärer werdenden Ferieninsel São Miguel Welten.

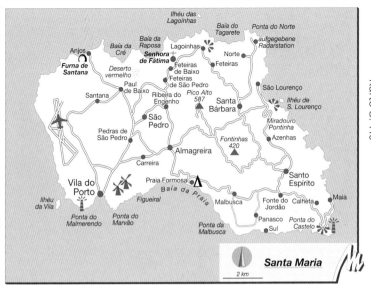

Das größte Problem, das sich dem Santa-Maria-Besucher stellt, ist der Mangel an Unterkünften, ganz besonders da, wo die Insel reizvoll ist. Die wenigen Hotels befinden sich größtenteils in der Inselmetropole Vila do Porto – gut für eine Kneipentour, aber nicht mehr. Findet man jedoch ein Häuschen oder ein Zimmer in der östlichen Inselhälfte, dann ist Erholung in einer traumhaften Landschaft garantiert. Selbst die Wahrscheinlichkeit eines Anrufs aus Ihrem Büro ist dort gering, der Mobilfunkempfang ist meist miserabel!

Taucherparadies Formigas

37 km vor der Nordküste Santa Marias liegt eine kleine Inselgruppe, die den Namen Formigas trägt. Sie besteht im Prinzip aus acht Felsen, die zum Teil nur wenige Meter über die Meeresoberfläche hinausragen. Einst waren die Formigas gefürchtet, die Kapitäne umsegelten sie in großem Abstand, dennoch zerschellten hier unzählige Schiffe. Heute halten Boote geradewegs darauf zu – die Formigas gehören aufgrund des Großfischreichtums zu den besten Tauchrevieren der Welt. Hier tummeln sich Gelbschwanzmakrelen, Haie (häufig Wal- und Hammerhaie), Thunfische, Adlerrochen, Stachelrochen, Mantas u. v. m., daher sind die Formigas auch unter Hochseeanglern beliebt. Auch diverse Weltrekorde wurden hier schon erzielt, u. a. der „Frauen-Weltrekord im Schwertfischen" (1995); der Fisch hatte ein Gewicht von 480 kg und eine Länge von 4,7 m. Da die Formigas Nistplatz seltener Meeresvögel sind, stehen sie unter Naturschutz. Nachts ist bei klarer Sicht vom Pico Alto aus das Leuchtfeuer der Formigas zu sehen.

116 Santa Maria

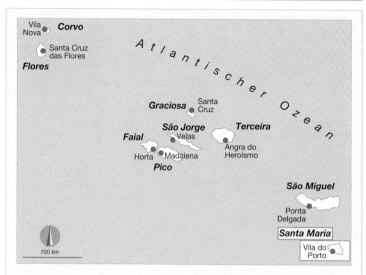

Santa Maria

Hauptort: Vila do Porto
Touristische Zentren: Vila do Porto, Baía da Praia
Bevölkerung: 5574 Einwohner (57 pro km²)
Größe: 97 km², vom nördlichsten bis zum südlichsten Punkt 9,5 km, vom östlichsten bis zum westlichsten Punkt 17 km.

Küstenlänge: 46 km
Höchste Erhebung: Pico Alto mit 587 m
Position: 36°55' N und 37°01' N, 25°00' W und 25°11' W

Distanzen zu den anderen Inseln: São Miguel 102 km, Terceira 261 km, Graciosa 339 km, São Jorge 330 km, Pico 330 km, Faial 356 km, Flores 589 km, Corvo 602 km

Inselgeschichte

Santa Maria war die erste Azoren-Insel, auf der sich Siedler niederließen – wann und von wem die Insel erstmals gesichtet wurde, ist jedoch umstritten. Die meisten Historiker schreiben dies Diogo de Silves im Jahr 1427 zu. Der Erste, der einen Fuß auf die Insel setzte, war der im Dienst von Heinrich dem Seefahrer stehende Kapitän Gonçalo Velho Cabral (ein Mitglied des Christusordens) im Jahr 1432. Und da jenes Ereignis an einem 15. August geschah, dem Tag von Mariä Himmelfahrt, erhielt die Insel den Namen Santa Maria. Sieben Jahre vergingen, bis Cabral wiederkam, diesmal als Donatarkapitän mit Familien von der Algarve und aus dem Alentejo an Bord, ferner mit Kühen, Schafen und Saatgut. Die Besiedlung Santa Marias nahm ihren Anfang. Anjos, Santana und Porto, das 1472 aufgrund des geschützten Hafens die Stadtrechte erhielt und von nun an Vila do Porto hieß, waren die ersten Ortschaften. 1493 warf der unter Spaniens Flagge segelnde Christoph Kolumbus auf seiner Heimreise von Amerika vor Anjos Anker. Ende des 15. Jh. erreichten weitere Siedlerwellen Santa Maria. Immer mehr Wälder mussten gerodet werden, um Ackerland für die neuen Inselbewohner zu schaffen. Für das Pflügen gab es spezielle Hacken, die nicht länger als eine Handspanne sein durften, damit sie nicht als Waffen missbraucht werden konnten. Da der Regen oft die Saat von den Hän-

Inselgeschichte   117

gen ins Meer spülte, schuf man Terrassen, die *Degraus de Santa Maria*, die bis heute vielerorts das Bild der Insel prägen. Angebaut wurden anfangs in erster Linie Weizen und Mais. Später setzte man auf eine Färberpflanze namens Pastell (*isatis tinctoria* – Färberwaid), die auf den Märkten in Flandern, Spanien und England enorme Preise erzielte.

Bis ins 17. Jh. war der Export von Pastell das wirtschaftliche Standbein der Insel. Da man ihr zugunsten den Anbau von Getreide und Gemüse vernachlässigte, stand die Bevölkerung immer wieder kurz vor schweren Hungersnöten. Nichts zu essen hatte die Bevölkerung oft auch aus einem anderen Grund: Über Jahrhunderte hinweg wurde die Insel fast regelmäßig von Piraten geplündert oder gebrandschatzt. Ende des 17. Jh. brach der Pastellmarkt zusammen, der Indigostrauch aus Indien war nun die erste Wahl in Sachen Blau. Der Orangenanbau wurde zum neuen Wirtschaftszweig, die Großgrundbesitzer verdienten sich daran eine goldene Nase. Weniger gut ging es dem einfachen Volk, vom Pflücken wurde es nicht satt, viele wanderten aus. Pilz- und Lausbefall sorgten schließlich in der zweiten Hälfte des 19. Jh. für die Vernichtung der Zitrushaine.

Touren-Tipps

Mit dem Mietwagen kann man an einem Tag die schönsten Orte Santa Marias spielend abfahren. Die Insel ist klein und dem Besucher nach kurzer Zeit vertraut. Als Orientierung hilft der Pico Alto weiter. Wer in seiner Reiseplanung Santa Maria nur einen Tag eingeräumt hat, dem ist Tour 1 zu empfehlen. Wem mindestens zwei Tage zur Verfügung stehen, sollte Tour 2 und Tour 3 wählen. Wer mehr Zeit hat, kann einfach drauflos fahren, früher oder später kommt er dann ohnehin an allen schönen Flecken der Insel vorbei.

Tour 1: Tagestour zu den Highlights der Insel
Vila do Porto – Pedras de São Pedro – Anjos – São Pedro – Kapelle Nossa Senhora de Fátima – Santa Bárbara – São Lourenço – Santo Espírito – Maia – Fontinhas – Pico Alto – Almagreira – Baía da Praia – Carreira – Vila do Porto

Tour 2: Die nördliche Inselhälfte
Vila do Porto – Pedras de São Pedro – Anjos – São Pedro – Kapelle Nossa Senhora de Fátima – Santa Bárbara – Norte – Santa Bárbara – Pico Alto – Almagreira – Carreira – Vila do Porto

Tour 3: Die südliche Inselhälfte
Vila do Porto – Pedras de São Pedro – São Pedro – Almagreira – Pico Alto – Santa Bárbara – São Lourenço – Santo Espírito – Maia – Malbusca – Baía da Praia – Carreira – Vila do Porto

---

Ein neues Kapitel der Inselgeschichte leitete der Zweite Weltkrieg ein, allerdings war dieses Kapitel auf Santa Maria weniger mit Tod und Schrecken verbunden. Mit dem Bau der Luftwaffenbasis der US-Amerikaner 1944 entwickelte sich Santa Maria von heute auf morgen zur modernsten und reichsten Insel des Archipels (→ Kasten „Airport Santa Maria ...", S. 126). Doch schon zwei Jahrzehnte später, als Großraumjets den Atlantik nonstop überqueren konnten und Zwischenlandungen überflüssig wurden, fiel die Insel wieder in die Bedeutungslosigkeit zurück. Auch die wirtschaftliche Vormachtstellung, die ihr der Flughafen einst gebracht hatte, ging verloren. Die Bevölkerungszahl von 1960 hat sich bis heute nahezu halbiert.

118 Santa Maria

Zu Beginn dieses Jahrtausends hoffte man noch, dass die Erfolgsgeschichte, die der transatlantische Flugverkehr für Santa Maria gebracht hatte, sich durch den orbitalen Raketenverkehr wiederholen würde. Die *ESA (European Space Agency)* hatte angekündigt, auf Santa Maria eine Bahnverfolgungsstation für die von Kourou (Französisch Guyana) abgeschossenen Ariane-5-Raketen errichten zu wollen. In Vila do Porto träumte man schon davon, zum Hightechzentrum inmitten des Atlantiks zu mutieren. Für die zu erwartenden Ingenieure und Wissenschaftler baute man im Namen der Rakete das Hotel 5 (heute das Hotel Colombo). Und damit dem vermeintlichen Tross an ESA-Mitarbeitern auch etwas geboten werden konnte, sollte der seit Ewigkeiten geplante Golfplatz bei Almagreira in die Tat umgesetzt werden. Doch den Träumen folgte bittere Ernüchterung, als die Kontrollstation (seit 2008 in Betrieb) errichtet wurde: Sie besteht nämlich aus nicht viel mehr als einem kleinen Häuschen mit Hightechrechner, dazu einer Antenne und einem großen Parabolspiegel von 5,5 m Durchmesser auf dem Monte das Flores. Die Träumerei könnte aber schon bald wieder von vorne beginnen: Die *ESA* erwägt, Santa Maria als Landeplatz für den *Euroshuttle Hopper* zu nutzen.

Musikantenstadl in Vila do Porto

An- und Weiterreise mit dem Flugzeug

- *Flughafen* Der Airport liegt knapp 4 km außerhalb des Zentrums von Vila do Porto. Im Terminal gibt es einen Postschalter, Bankomat, Souvenirshop, Zeitschriftenladen, SATA-Schalter (℡ 296820180), das Barrestaurant Concorde, ein Turismo (→ Vila do Porto) und die Schalter von vier der fünf Autoverleiher der Insel (→ Mietwagen).
- *Transfer* Ins Zentrum von Vila do Porto verkehrt Mo–Fr (Sa nur bis 14.30 Uhr) von 7.30–20 Uhr stündl. ein **Minibus**, ein **Taxi** kostet ca. 5 €.
- *Flugverbindungen* Die SATA fliegt von Santa Maria lediglich 1- bis 2-mal tägl. nach **Ponta Delgada**. Mit Zwischenstopp oder Umsteigen kann man von dort weiter nach Terceira, Faial, São Jorge, Pico und Flores fliegen. Informationen zu den Flugtarifen, Gepäckbeschränkungen usw. im Kapitel „Unterwegs auf den Azoren/Flugzeug" und unter www.sata.pt.

An- und Weiterreise mit dem Schiff

- *Hafen* Alle Schiffe legen in **Vila do Porto** an bzw. ab.
- *Mit den Autofähren der Atlântico Line nach São Miguel und weiter über die Zentralgruppe nach Flores* Von Mitte Mai bis Mitte Sept. 1- bis 2-mal/Woche (meist Sa und So) nach **Ponta Delgada**.

Inselspezielles   119

Mehr zu den Autofähren der Atlântico Line unter www.atlantico line.pt und im Kapitel „Unterwegs auf den Azoren/Schiff". Dort finden Sie auch Angaben zu Fahrdauer und Tarifen.

So oder Mo geht es von Ponta Delgada i. d. R. weiter zu den Inseln der Zentralgruppe, als erstes wird dabei meist **Terceira** (Praia da Vitória) angelaufen, dann **São Jorge** (Velas), **Pico** (Cais) und **Faial** (Horta). Danach fährt das Schiff meist eine Rundtour durch die Zentralgruppe oder nach **Flores** (Lajes) weiter. Tickets bis zu den Zielhäfen können bereits auf Santa Maria

gelöst werden. **Informationen** beim Reisebüro Micaelense (→ Vila do Porto/Reisebüro, S. 122).

● *Nach São Miguel mit Transporte Maritimo* Das Frachtschiff *Baía dos Anjos* der Reederei **Transporte Maritimo Parece Macado** verkehrt gewöhnlich ganzjährig, soweit es das Wetter zulässt. Di und Do nach **Ponta Delgada**. Dauer 5–6 Std. 21 €/Pers. einfach (retour 35 €) zzgl. Transportversicherung für 7 €; zu erhalten in Vila do Porto bei Açoreana Seguros in der Rua Dr. Luis Bettencourt, 1. Stock über einer Bank.
Informationen zur Vila do Porto bei Soltrans an der Rua Dr. Luís Bettencourt 130, ✆ 296882176. Mo–Fr 9–12.30 und 14–17.30 Uhr.

Santa Maria
Karte S. 115

Mietwagen

Fünf Autovermietungen gibt es auf der Insel, vier davon haben einen Schalter am Flughafen: Ilha Verde, Ramalhense, Autatlantis und Rent a Car Mariense. Das Office von Rent a Car Mariense ist nur selten besetzt, die anderen Verleiher sind bei Ankunft der Maschinen i. d. R. anzutreffen.

Ilha Verde, überwiegend Neufahrzeuge. Autos ab 24 €/Tag plus 0,20 €/km plus Steuern, CDW 11 € extra. Ohne Kilometerabrechnung ab 41 €/Tag inkl. Steuern. Flughafenzuschlag einmalig 23 €. ✆ 296886528, www.ilhaverde.com.
Auto Ramalhense, Autos ab 20,50 €/Tag plus 0,18 €/km. Ohne Kilometerabrechnung ab einer Mindestleihdauer von 2 Tagen ab 34,50 €/Tag. CDW 9 € extra. Alle Steuern inkl., kein Flughafenzuschlag. ✆ 917024074 (mobil), www.autoramalhense.com.
Rent a Car Mariense, Autos ab 22 €/Tag plus 0,32 €/km plus Steuern. CDW 10 € extra. Ohne Kilometerabrechnung beginnen die Preise bei 35 €/Tag plus Steuern. Kein Flughafenzuschlag. ✆ 296886250, mobil 917538660.
Autatlantis, Autos ab 19 €/Tag plus 0,20 €/km plus Steuern. Ohne Kilometerabrechnung ab einer Mindestleihdauer von 2 Tagen ab 33,50 €/Tag plus Steuern. CDW 12 € extra. Im

Sommer wird i. d. R. ein Flughafenzuschlag von 21 € verlangt. ✆ 296886530, www.autatlantis.com.

> **Ilha do Sol**, mit Chef Jame Carvalho begegnet man hier dem wohl freundlichsten und fairsten Autoverleiher der Azoren. Von Lesern vielfach hoch gelobt. Autos ohne Kilometerabrechnung inkl. Steuern und CDW ab 48,85 €/Tag, für 3 Tage 124,57 €. Guter Preisnachlass in der NS. Kein Schalter am Flughafen, reservierte Fahrzeug werden jedoch ohne Aufpreis dorthin gebracht. Office etwas außerhalb des Zentrums von Vila do Porto, ca. 300 m nordöstlich des Largo de Santo Antão, von dort ausgeschildert. ✆ 296882021, www.ilhadosol.com.

Inselspezielles

● *Feste/Veranstaltungen* Von Ostern bis August (Höhepunkt Pfingsten) werden in allen Gemeinden die **Heilig-Geist-Feste** gefeiert. Sie unterscheiden sich von denen der anderen Inseln in erster Linie dadurch, dass nicht kleine örtliche Komitees als Veranstalter auftreten, sondern Privatpersonen, die das Fest z. B. als Dank für eine überstandene

Krankheit oder Ähnliches organisieren. Jeder, der vorbeikommt, ist eingeladen.
Ende Juli findet die mehrtägige **Açoriana-Oriental-Regatta** von Ponta Delgada nach Vila do Porto statt. Die **Rallye** Anfang August ist für Aktivtouristen eher ein Ärgernis, da zu dieser Gelegenheit viele Straßen gesperrt sind.

120 Santa Maria

Jährlich am 15. August, also zu Mariä Himmelfahrt, wird in Vila do Porto das Hauptfest der Insel gefeiert.

Besuchenswert für Musikfans ist das Festival **Maré de Agosto** in der Baía da Praia Ende Aug./Anfang Sept. Bands der verschiedensten Stilrichtungen geben dann ihr Bestes.

Weitere Inselfeste: Festa de Santo António, 2. Juni-Woche in Santo Espírito. **Festa de São João,** Mitte Juni in Vila do Porto. **Festa do Segrado Coração de Jesus,** 1. August-Woche in Santa Bárbara. **Festa das Vindimas,** Ende Aug./Anfang Sept. in São Lourenço.

• *Folklore/Musik* Die **traditionellen Lieder** der Insel, gespielt auf der *Viola de arame* (Gitarre mit 12 oder 16 Stahlsaiten) mit Triangelbegleitung, wirken oft schwermütig, dennoch wird nicht selten dazu getanzt. Bei den Heilig-Geist-Festen hat man Gelegenheit, sich davon zu überzeugen.

• *Sport/Freizeit* Das Sportangebot ist begrenzt. Für Wassersportarten jeder Art wendet man sich am besten an **Wahoo Diving** (→ Kasten, S. 136). Der Bau eines **Golfplatzes** ist seit Jahren geplant.

• *Baden* Die schönsten Badeplätze findet man in der Bucht von **São Lourenço** und in der **Praia Formosa**. Aber Achtung: Die hellen Strände haben, abhängig von Stürmen und Strömungen, in manchen Jahren viel Sand, in manchen wenig. Manchmal wird das Gros des Sandes erst im Juni angeschwemmt und verschwindet im Oktober wieder.

• *Übernachten/Camping* Es gibt wenige offizielle Unterkünfte. Eine Vorausbuchung ist daher dringend angeraten. Ansonsten steht man zuweilen vor verschlossener Tür oder – in der HS fast garantiert – vor ausgebuchten Häusern. Zwar wird bei den hilfsbereiten Azoreanern niemand auf der Straße schlafen müssen, mit einer zeitraubenden Suche nach einem Zimmer ist dann aber zu rechnen. Gerne kann man sich an die freundliche Deutsche **Regina Hermann** wenden, die auf Santa Maria zu Hause ist und Unterkünfte jeglicher Art vermittelt (Appartements ab 35 €, ℡ 296295476, www.atlantistravel.de).

In der Praia Formosa liegt der einzige **Campingplatz** der Insel. Die meisten Adressen finden Sie unter Vila do Porto.

• *Regionale Spezialitäten* Sie unterscheiden sich nur wenig von denen São Miguels. Wer Glück hat, kann **Cracas**, Seepocken probieren – eine Delikatesse! Leider stehen sie selten auf der Speisekarte. Fast überall serviert wird die Rübensuppe **Caldo de nabos**, deftige Hausmannskost. Geschmacksintensiv sind auch die Knoblauchwürste **Alheiras**. Einen Versuch wert ist auch der **Vinho abafado**, auf ein Gläschen wird man mit Glück bei einem privaten Weinbauern eingeladen. Der Abafado ist dem Verdelho ähnlich, leicht süß und kann fürchterliche Kopfschmerzen bereiten.

Igreja Nossa Senhora da Assunção

Vila do Porto und der Westen

Die weite Ebene ermöglichte im Zweiten Weltkrieg den Bau einer Luftwaffenbasis, die Santa Maria zu einer Schlüsselrolle unter den Azoreninseln verhalf. Noch heute dominiert der Flughafen 4 km nordwestlich von Vila do Porto die Inselhälfte. Einladend ist die Gegend rund um den Airport nicht, auch der Inselhauptort ist nichts anderes als ein großes Dorf. Urlaubstage verbringt man gemütlicher im einstigen Fischerort Anjos oder am Strand der Praia Formosa.

Zwischen Rollfeld und Vila do Porto ragen die tristen Wellblechbauten der einstigen Luftwaffenbasis aus dem Boden, zudem sind ein paar neue Wohnviertel entstanden. Vila do Porto selbst, ein langes Straßendorf, erstreckt sich auf einem Hügelkamm, rechts und links von tiefen Taleinschnitten begrenzt. Schnell ist man mit allem und jedem vertraut. Die 3000 Einwohner haben eine sympathische Gelassenheit, oft wird man schon nach kurzer Zeit auf einen Kaffee oder ein Glas Wein eingeladen.

Das Leben spielt sich im Wesentlichen entlang der **Rua Dr. Luís Bettencourt** ab. Hier liegen fast alle städtischen Einrichtungen und auch die wenigen Sehenswürdigkeiten der Stadt. Zum Meer hin setzt sich die Hauptachse unter dem Namen **Rua Teófilo Braga** fort. Ab dem Largo Dom Luis de Figueireda bis zur kleinen Festungsanlage des Fort de São Brás wirken die Straßenzüge etwas ärmlich. Hier stehen die ältesten Gebäude der Stadt, viele davon sind nicht mehr bewohnt und zu Ruinen verkommen, darunter auch die Residenz des Donatarkapitäns João Soares da Sousa, die leicht an den gotisch anmutenden Fenstern zu erkennen ist. Sie soll zu einer schicken Jugendherberge mit Pool ausgebaut werden, im Herbst 2009 hatte man mit der Restaurierung jedoch noch nicht einmal begonnen. Der einsame Schornstein nahebei stammt von einer vor Ewigkeiten stillgelegten Fischfabrik.

122   Santa Maria

Ein Spaziergang hinab zum **Fort** wird mit einer netten Aussicht über den Hafen und das Meer belohnt. Unterhalb der Festung befindet sich das Gebäude des *Clube Naval*, dessen Terrasse zu jeder Tageszeit auf ein Getränk einlädt. Der **Hafenbereich** mit einer Marina für rund 120 Boote wird seit Jahren neu gestaltet. Eine Restaurant- und Barmeile mit dem hoffnungsvollen Namen *Cais de Atrações* soll folgen.

Wer will, kann auch zum südwestlich der Stadt gelegenen Leuchtfeuer an der **Ponta do Malmerendo** spazieren – ein etwas weiterer Weg. Von dort genießt man einen herrlichen Blick über den Atlantik und einen Felskoloss in der Brandung. Dieses vorgelagerte Inselchen namens **Ilhéu da Vila** ist ein Vogelreservat. Der Weg in die andere Richtung landeinwärts zu den Windrädern lohnt dagegen nicht, auch wenn die 1988 in Betrieb genommene Anlage heute rund 10 % des insularen Strombedarfs deckt.

Informationen/Verbindungen

• *Informationen* Es gibt zwei **Turismos**. Das eine befindet sich ca. 4 km außerhalb des Zentrums im Flughafenterminal, ✆ 296886355, www.cm-viladoporto.pt (offiziell Mo–Sa 7–19.30 Uhr, So 7.30–13.30 Uhr, auf die Zeiten ist jedoch kein Verlass). Das zweite, neue Turismo liegt beim Hafen und soll die mit der Atlântico Line ankommenden Touristen begrüßen. Zuletzt gab es jedoch noch kein Personal dafür …

• *Verbindungen* **Bus**: Aktuelle Fahrpläne beim Turismo oder bei der lokalen Busgesellschaft Transportes Colectivos de Santa Maria in der Rua Dr. Luis Bettencourt (an der Abzweigung zum Flughafen). Die zentrale Bushaltestelle liegt schräg gegenüber dem Taxistand am Largo Nossa Senhora da Conceição. 2-mal tägl. wird die Strecke Vila do Porto – São Pedro – Almagreira – Fátima – Santa Bárbara – Santo Espírito – Calheta – Malbusca bedient. Der erste Bus startet gegen Mittag, der zweite gegen 18.30 Uhr (kommt aber erst am nächsten Morgen von Malbusca zurück). Für Verbindungen zum Flughafen → An- und Weiterreise/Flugzeug.

> **Achtung:**
> Sonntags fahren keine Busse!

Taxi: Zentraler Standort an der Rua Dr. Luís Bettencourt nahe dem Largo Nossa Senhora da Conceição (✆ 296882199). Zum Flughafen ca. 5 €, nach Anjos oder Praia 8 €, nach Santo Espírito 11,50 €, nach São Lourenço 12 € und nach Maia 16,50 €.

Adressen

• *Ärztliche Versorgung* **Inselkrankenhaus** in Vila do Porto an der Straße zum Flughafen rechter Hand. ✆ 296820100.

• *Geld* Banken mit Geldautomaten findet man auf Santa Maria nur in Vila do Porto an der Rua Dr. Luís Bettencourt.

• *Fluggesellschaft* **SATA**, Rua Dr. Luís Bettencourt. Mo–Fr 9–18 Uhr. ✆ 296820701.

• *Mietwagen* → S. 119.

• *Internetzugang* Bei der **Associação Juvenil da Ilha de Santa Maria** an der Rua Dr. Luís Bettencourt 25 A und über die neue **Bibliothek** (2009 war sie fast fertiggestellt) an der Rua da Boa Nova.

• *Öffentliche Toiletten* Am Largo Nossa Senhora da Conceição – supersauber!

• *Polizei* Rua José L. Chaves 107. ✆ 296820112.

• *Post* Mo–Fr 9–12.30 und 14–18 Uhr, Rua Dr. Luís Bettencourt 38.

• *Reisebüro* **Micaelense**, Infos und Tickets für Atlântico Line, Flüge etc. Mo–Fr 9–12 und 14–18 Uhr. Rua M.-Loja 2, beim Hotel Praia de Lobos, ✆ 296882040, micaelense.sma@sapo.pt.

• *Wäsche* An der **Marina** gibt es eine Waschmaschine (Schlüssel im Clube Naval) – offiziell nur für Segler, einfach nett fragen. Pro Maschine 2,50 €.
Muss dringend etwas sauber werden, hilft das Hotel **Praia de Lobos** weiter (→ Übernachten), jedoch zu satten Stückpreisen.
Ansonsten gibt es noch eine Lavandaria in **Almagreira** an der Durchgangsstraße (einem Friseursalon angeschlossen). Nur Di/Fr/Sa von 9–12 und 13–18 Uhr.

Vila do Porto 123

124   Santa Maria

• *Zweiradverleih* **Ilha do Sol** (→ Mietwagen, S. 119) verleiht über den Clube Naval an der Marina Fahrräder für 8 €/Tag und

Scooter (50 ccm) für 26,46 €/Tag. Auch **Wahoo Diving** (→ S. 136) verleiht für 8 €/Tag Räder.

Einkaufen

• *Geschäfte* Die meisten liegen an der Rua Dr. Luís Bettencourt. Hier kann man sich auch gut mit **Lebensmitteln** eindecken, es gibt mehrere kleine Supermärkte und einen größeren namens **Solmar (10)**, der tägl. bis 20.30 Uhr geöffnet hat.

Leckeres Brot, für das die Insulaner auch mal Schlange stehen, bekommt man in dem kleinen namenlosen **Supermercado (8)** neben dem Central Pub an der Rua Dr. Luís Bettencourt 26.

Campinggas erhält man bei **Globo (2)** schräg gegenüber der Grundschule an der

Rua Dr. Luís Bettencourt.
• *Markt* Nahe dem Hotel Praia de Lobos. Kaum der Rede wert: ein Schuster und ein paar Obsthändler. Mo–Fr 9–18 Uhr, Sa 8–13 Uhr.

Tipp: Sollten Sie nicht in Vila do Porto Quartier beziehen, legen Sie sich bei Ankunft in der Stadt am besten gleich einen Lebensmittelvorrat zu. Auch Backwaren sind in den Dörfern nur schwer erhältlich.

Sport/Freizeit

• *Baden* Besser nach Anjos oder Praia Formosa ausweichen. Vor Ort im Pool gegenüber dem **Clube Ana** nahe dem Flughafen möglich (nur im Hochsommer geöffnet) und im Hallenbad des **Complexo Desportivo Santa Maria** (auf dem Weg zum Flughafen linker Hand), das jedoch häufig von Schulklassen belegt ist.
• *Bootsfahrten* Rund um die Insel bieten **João Batista Junior** (✆ 296882924) und im Sommer zuweilen der **Clube Naval** (Infos in der Vereinsbar → Essen & Trinken, ✆ 296883230) Fahrten an: 8-Std.-Trip für 6 Pers. mit Skipper und Benzin 160 €.
• *Hochseefischen* Organisiert die **Casa de São Pedro** (→ São Pedro), halber Tag ab 200 €.
• *Reiten* Über die **Casa de São Pedro** (→ São Pedro) sind nach Vereinbarung

Ausritte möglich, 2 Std. 30 €. Der Reitstall steht unter dänischer (deutschsprachiger) Leitung. ✆ 964375049 (mobil). Helme werden gestellt.

Auch Jame Carvalho, der Besitzer der Autovermietung **Ilha do Sol** (→ Mietwagen, S. 119), besitzt Pferde. Wer reiten kann (gute Kenntnisse werden vorausgesetzt) und freundlich anfragt, darf i. d. R. ausreiten. Jedoch werden keine Touren mit Begleitung angeboten.
• *Tennis* Auch Nichtgäste dürfen auf den Plätzen des **Hotels Santa Maria** (→ Übernachten) Asse schlagen – mal umsonst, mal wird eine kleine Gebühr erhoben, einfach an der Rezeption nachfragen.
• *Tauchen* Am besten mit der deutschsprachigen Tauchbasis **Wahoo Diving** (→ S. 136).

Übernachten (siehe Karte S. 123)

Das Gros aller offiziellen Unterkünfte der Insel findet sich in Vila do Porto. Viel ist das nicht, insbesondere in der unteren Preisklasse gibt es wenig Auswahl. Appartements und Landhäuser vermitteln **Wahoo Diving** (→ Kasten, S. 136) und **Regina Hermann** (→ Übernachten, S. 120). In Vila do Porto soll zudem eine recht komfortable **Jugendherberge (13)** entstehen, mit dem Bau war zum Zeitpunkt der letzten Recherche jedoch noch nicht begonnen worden.

• *Hotels/Pensionen* **★★★★ Hotel Colombo (1)**, außerhalb der Stadt in unattraktiver Lage. Von der Straße nach São Pedro linker Hand nicht zu übersehen. Steriles, funktionales Hotel, das einen Hauch Großstadtatmosphäre in der Peripherie vermittelt. 2002

eröffnet, da wirkte es recht modern, nun beginnt es aber schon zu rosten. 105 Zimmer auf der Sternenzahl entsprechendem Niveau (sofern alles funktioniert). Pool, türkisches Bad und anderer Schnickschnack. Gutes Frühstücksbüfett. EZ 95 €, DZ 112 €.

Lugar da Cruz Teixeira, ☎ 296820200, 📠 296820399, www.colombo-hotel.com.

*** **Hotel Santa Maria**, ebenfalls in wenig einladender Lage nahe dem Flughafen (von dort mit „Hotel" ausgeschildert). 50 ordentliche Zimmer mit Terrasse. Pool, Tennisplatz, Bar und Restaurant (mit schlechtem Ruf). EZ ab 48 €, DZ 83 €. Rua da Horta, ☎ 296820660, 📠 296886911, www.hotelsanta-maria.com.

*** **Hotel Praia de Lobos (6)**, von den Sterne-Hotels der Insel das zentralste und sympathischste. Überwiegend großzügige, solide möblierte Zimmer mit Aircondition und schlecht verlegten Laminatböden. Bäder leider für ein Hotel dieser Kategorie etwas liederlich geputzt, dafür sehr freundlicher Service. EZ 44 €, DZ 70 €. Rua M,

☎ 296882286, 📠 296882482, www.hotelpraiadelobos.com.

Casa de Hóspedes Travassos (4), 5 biedere, hellhörige Teppichbodenzimmer, die sich 2 Bäder teilen. Etwas strenge Hausherrin, dafür alles picobello sauber. Täglicher Zimmerservice. EZ 25 €, DZ 35 € inkl. Frühstück zum Abnehmen. Rua Dr. Luis Bettencourt 108 (nahe dem Hotel Praia de Lobos), ☎ 296882831.

● *Privatzimmer* **Rosélio Alonso C. Dos Reis (11)**, „sehr freundlich und hilfsbereit", meinen Leser. 2 saubere, gepflegte Zimmer mit privatem Bad. Separater Eingang. EZ 25 €, 2 Pers. 30 € (inkl. Frühstück). Rua do Cotovelo 12 (Haus mit grünen Fensterläden und grünem Garagentor), ☎ 296882011, 📠 296882012, roselio.reis@mail.telepac.pt.

Essen & Trinken/Nachtleben (siehe Karte S. 123)

● *Restaurants* **Restaurante Atlantida (12)**, ordentliches kleines Lokal mit flotter Bedienung – von innen besser als von außen. Die Spezialität sind Gambas (sehr lecker!) und *Bacalhau*, den es in 5 verschiedenen Varianten gibt. Teils auch halbe Portionen, günstige Tagesgerichte, gute Desserts. Hg. 7,50–11 €. Do Ruhetag. Rua Teófilo Braga 71, ☎ 296882330.

Outro Mundo (3), an der Rua Dr. Luis Bettencourt 126 will der langjährige deutsche Resident Marc Oliver bis Ende 2010 die „Andere Welt" eröffnen. Es soll international, aber auch azoreanische Küche auf den Tisch kommen – man darf gespannt sein.

Pipas Churrasqueira (5), günstiger Takeaway mit Restaurant. Gute Vorspeisen mit ebensolchem Brot, auch ansonsten recht ordentliche Küche mit wechselnden Tages-Specials. Kosten Sie die *Alheira*, die regionale Knoblauchwurst. Hg. 6–12 €. So Ruhetag. Rua de Olivença, ☎ 296882000.

Central Pub (9), alteingesessener, gepflegter Pub im amerikanischen Stil, geführt von Joe und seiner freundlichen Tochter Linda. Nette Terrasse. Steaks vom Grill, empfehlenswerte Burger und dicke Pizzen. Teuerstes Gericht 10 €. Beliebter Treffpunkt, tägl. (außer Di) 17–2 Uhr. Rua Dr. Luís Bettencourt, ☎ 296882513.

Pub & Grill 55 (7), noch ein rustikaler, holzlastiger Pub an der Hauptstraße. Kleine Auswahl an Steaks, Burgern und Snacks. Viele passionierte Biertrinker im Publikum. Raucherlokal! So Ruhetag. Rua Dr. Luís Bettencourt (gegenüber dem SATA-Büro).

● *Bars* Etliche feuchtfröhliche Bierbars entlang der Durchgangsstraße und ihren Seitengassen. Außerdem:

Clube Naval (14), Vereinsbar des gleichnamigen Clubs. Gemütliche Terrasse mit Hafenblick. Snacks und Tagesgerichte.

Sehenswertes

Viele Sehenswürdigkeiten hat Vila do Porto nicht zu bieten, das meiste liest sich auf dem Papier spannender, als es in Wirklichkeit ist.

Convento e Igreja de Nossa Senhora da Vitória: Am Largo Nossa Senhora da Conceição steht das zu Anfang des 17. Jh. errichtete Franziskanerkloster mit Kirche. Mehrmals musste der Gebäudekomplex wieder aufgebaut werden, 1616 wurde er gebrandschatzt, 1725 und 1822 stand er ebenfalls in Flammen. Um den palmenstandenen Innenhof verteilen sich heute mehrere Ämter. Die dazugehörige Kirche wird für wechselnde Ausstellungen genutzt. In der kleinen Kapelle daneben befindet sich eine Kopie des *Senhor Santo Cristo dos Milagres* (→ Kasten, S. 170).

126   Santa Maria

Igreja Nossa Senhora da Assunção: Die Pfarrkirche der Stadt zählt zu den ältesten Kirchen der Azoren. Sie entstand in der Mitte des 15. Jh. und wurde im 18. Jh. mehrmals umgebaut. Heute weisen die Fenster und das Portal sowohl Züge der Gotik als auch des Emanuelstils auf. Im Inneren des dreischiffigen Baus beeindrucken der reich verzierte Hauptaltar und flämische Heiligenfiguren aus dem 16. Jh.

Airport Santa Maria – internationale Verkehrsdrehscheibe im Atlantik

1944 brach für Santa Maria ein neues Zeitalter an. US-Inspektoren hatten den steppenartigen Westen der Insel für den Bau einer Luftwaffenbasis mitten im Atlantik auserkoren. In aller Eile wurde eine Landebahn angelegt und dazu eine Wellblechstadt errichtet – etwas Moderneres hatten die Açoreanos bis dahin nicht gesehen. Ein Kino wurde eröffnet, die Soldaten vertrieben sich auf Tennisplätzen und in einem Swimmingpool ihre Freizeit. Von heute auf morgen wies Santa Maria die größte Kühlschrankdichte der Azoren auf. Im Club ACA spielte man Jazz, nicht nur vom Plattenteller, denn auch Musiker aus Chicago und New Orleans machten hier Halt auf dem Weg zu den in Europa stationierten Truppen.

Die Drehscheibe der US-Luftwaffe verdrehte auch der Inselbevölkerung den Kopf. Während die einen Partys bis in die Nacht feierten, saßen die anderen im schummrigen Licht der Öllampen beieinander. Zwei Welten waren auf Santa Maria aufeinander gestoßen – die Luftwaffenbasis brachte Jobs für die Insulaner, und die lernten erstmals in ihrem Leben den Wert des Dollars kennen. Die Bezahlung war zwar bescheiden, aber wie bescheiden waren bis dahin die Einnahmen aus der Landwirtschaft gewesen! Der Wohlstand kam unters Volk und lockte auch viele Açoreanos von anderen Inseln ins Dollarparadies. Zwei Jahre später hatte sich die Bevölkerung Santa Marias auf 12.000 Einwohner verdoppelt.

1947 zogen die Amerikaner ab und übergaben Portugal den Flughafen zur zivilen Nutzung. Die Wellblechbaracken – damals Behausungen der Luxusklasse – waren nun heiß begehrt. Es folgte Santa Marias große Flughafenära, die wegen des zunehmenden transatlantischen Luftverkehrs bis in die 1960er Jahre anhielt. Alles, was in dieser Zeit mit Propellern an den Flügeln über den großen Teich segelte, machte Zwischenlandung auf der 3000 m langen Piste von Santa Maria. Doch später kam von den großen Maschinen nur noch die Kerosin fressende *Concorde* auf der Strecke Paris – Caracas auf einen Tankstopp vorbei. Bis heute nutzen kleine Privatjets den Airport, und auf den Departure-Anzeigen im Flughafengebäude verwundern Ziele wie Santo Domingo, New York, Paris oder Nassau.

Auch im inner-azoreanischen Luftverkehr besaß Santa Maria bis in die 60er Jahre eine bedeutende Stellung. Damals flog man über Santa Maria nach São Miguel, heute ist das umgekehrt.

Forte de São Brás: Die Festungsanlage im Süden der Stadt (hoch über dem Hafen) entstand im 16. Jh., als die Fahne Spaniens über den Azoren wehte. Am Abend sitzt hier die Jugend Händchen haltend neben den Kanonen an der Festungsmauer und blickt aufs Meer. Im Inneren der Festung erinnert ein Denkmal an den Komman-

Bucht von Figueiral

danten Carvalho Araújo, einen portugiesischen Nationalhelden aus dem 1. Weltkrieg. Sein Schiff wurde vor Santa Maria von einem deutschen U-Boot versenkt. Zur Anlage gehört auch die Kapelle *Nossa Senhora da Conceição*, vom Volksmund *Santa Luzia* getauft. Die darüber liegende Kapelle am Largo Sousa e Silva ist die *Ermida de São Pedro Gonçalves*, sie stammt aus der ersten Hälfte des 18. Jh. Zuweilen wird im Fort eine Bar betrieben.

Windmühle von Saul Chaves: Nimmt man die Straße zum Flughafen, zweigt hinter dem Krankenhaus rechts ab und fährt dann immer geradeaus, sieht man die rot-weiße Windmühle. Um einen Blick in ihr Inneres werfen zu können, muss man sich zuvor mit Saul Chaves (Rua da Lomba 9, Vila do Porto) in Verbindung setzen.

Bucht von Figueiral

Bekannt ist die Bucht von Figueiral wegen der *Ossos de Gigantes* („Riesenknochen") – keine Saurierrelikte, sondern Fossilienabdrücke im Sedimentgestein. Die hiesigen Ablagerungen marinen Ursprungs (u. a. Muscheln) stammen aus dem Tertiär – man vermutet, dass sich jener Küstenbereich der Insel vor rund

Azulejo am ehemaligen Franziskanerkonvent im Zentrum von Vila do Porto

fünf bis acht Millionen Jahren aus dem Meer erhob. Die Bucht liegt ca. 2 km Luftlinie östlich von Vila do Porto etwa auf halber Höhe zwischen dem Facho (mit 254 m die hier höchste Erhebung) und den Windrädern.

• *Wegbeschreibung* Der Weg ist nichts für Leute, die ungern über Mauern klettern! Einfache Strecke ca. 40 Min. Hinter der Pfarrkirche Igreja Nossa Senhora da Assunção nimmt man die Gasse, die zwischen der Rua Dr. João de Deus Vieira und der Rua da Boa Nova hindurchführt (zwischen Hs.-Nr. 41 und 43), geht dahinter die Schotterstraße hangabwärts und zweigt bei der nächsten Möglichkeit links ab.
Vorbei an ein paar Häusern und bald darauf entlang einer Mauer gelangt man in das Tal des Ribeira de São Francisco, überquert auf einer Betonbrücke den Bach und steigt dahinter auf einem alten, grasbewachsenen Weg wieder an. Oben verläuft der Weg erst landeinwärts, später parallel zur Küste Richtung Osten – immer auf dem breitesten Pfad bleiben! Bei einem einsam liegenden Haus knickt der Weg nach links ab. Hier geht man durch ein Gatter auf das Haus zu und wandert gen Osten geradeaus weiter (links ist eine mit einem Stacheldrahtzaun versehene Mauer). Bald darauf heißt es Weiden überqueren und über Mauern klettern, bis man die Bucht von Figueiral erreicht. Zwischen Gemüse- und Weingärten stehen dort ein paar kleine Häuser. Oberhalb der Bucht können Sie in dem ockerfarbenen Sedimentgestein nach den Ossos de Gigantes suchen.

Anjos

Abgeschieden liegt die kleine Ortschaft an der Nordwestküste der Insel. Kolumbus soll hier einst an Land gegangen sein, die heutigen Gäste wollen eher das Gegenteil: in den Naturschwimmbecken baden oder von der großen Plattform am Hafen ins Meer springen.

Anjos, eine der ersten Siedlungen Santa Marias, war einst ein kleiner Fischerort – die alte, inzwischen aufgegebene Thunfischfabrik am Ortseingang erinnert an diese Zeiten. Heute ist Anjos eine Feriensiedlung, in der es an heißen Sommerwochenenden sehr lebendig zugeht. Im Winter zählt die Ortschaft gerade noch sieben Familien.

Am Ortseingang von Anjos, nicht weit entfernt von der Thunfischfabrik, steht die sagenumwobene **Kapelle Nossa Senhora dos Anjos**, in der schon Kolumbus samt Besatzung anno 1493 auf der Rückfahrt von Amerika gebetet haben soll. So sagt man zumindest. Um skeptischen Historikern gleich den Wind aus den Segeln zu nehmen, errichtete man schräg gegenüber ein großes Denkmal zu Ehren des Seefahrers. Schenkt man jedoch den Aufzeichnungen von Kolumbus Glauben, verlief die Geschichte anders. Dem Bordbuch der *Niña*, in dem Kolumbus seine Entdeckungsfahrt dokumentierte, ist zu entnehmen, dass der Seefahrer nach einem schweren Sturm vor Anjos Anker werfen ließ. Um ein Dankgebet zu sprechen, setzte die Hälfte seiner Mannschaft mit einem kleinen Boot nach Anjos über, wurde aber gefangen genommen. Daraufhin segelte Kolumbus weiter, ohne je an Land gegangen zu sein.

Die kleine Kapelle mit dem dreiteiligen Altarbild ist innen eher nüchtern. Berühmt auf der ganzen Insel ist sie wegen ihres Patronatsfests am 16. August. Den Schlüssel erhält man nebenan im Haus mit den dunkelgrauen Fensterumrahmungen – Sie müssen nach Senhor José Monteiro fragen.

Warten auf den Bus

Wer will, kann auch eine Höhle besichtigen, die **Furna de Santana**. Dazu folgt man hinter dem Hafen dem befestigten Fußweg zum weiter westlich gelegenen Naturschwimmbecken. Die Höhle soll einst mehrere Kilometer weit ins Inselinnere geführt und einen Ausgang nahe dem Club ACA beim Flughafen gehabt haben; vor Jahren stürzte sie jedoch an verschiedenen Stellen ein. Der Eingang zur Höhle liegt etwa 4 m oberhalb des Fußpfads und ist von diesem nicht einzusehen. Ohne Taschenlampe ist ein Besuch zwecklos.

- *Verbindung* Keine Busse.
- *Essen und Trinken* **Angel's Bar**, die einzige Lokalität im Ort. Terrassenbar nahe der Badeplattform. Snacks und kleine Gerichte, nur zur Badesaison geöffnet.

Deserto vermelho – Santa Marias rote Wüste

Zwischen der Straße nach Anjos und der Ortschaft São Pedro liegt mitten im Nichts die auch *Barreiro da Faneca* genannte *Deserto vermelho*, die rote Wüste von Santa Maria. Bei gutem Wetter ist das dortige Farbenspiel ein Erlebnis: rot der lehmige Boden, üppig grün die Vegetation drum herum, hellblau der Himmel und in der Ferne dunkelblau das Meer. Verdurstet ist hier allerdings noch niemand, kein Wunder, denn allzu groß sollte man sich die „Wüste" nicht vorstellen: Insgesamt hat sie die Fläche von vielleicht fünf Fußballfeldern. Die Kargheit des Fleckchens entstand einstmals durch den Abbau von bleihaltiger Tonerde, mit der man das Geschirr glasierte, das in den Töpfereien der Insel gefertigt wurde.

● *Anfahrt* Von Vila do Porto zunächst der Beschilderung Richtung Anjos folgen. Etwa 350 m nach der Abzweigung nach São Pedro (Hinweisschild 1 km) biegt man rechts ab (nach links ein einsames Hinweisschild nach Anjos). Nun für exakt 2,2 km auf der Schotterstraße geradeaus halten und dann nach links in einem Waldstück auf einen befahrbaren Feldweg einbiegen. Dieser führt direkt in die rote Wüste (noch ca. 800 m).

Westliches Inselinneres

Almagreira: Die kleine Ortschaft am Fuße des Bergmassivs des Pico Alto passiert man auf der Strecke von Vila do Porto in die Baía do São Lourenço. Bekannt war Almagreira einst wegen seiner vielen Töpfereien. Die Attraktionen von heute sind laut Inselprospekt die *Mata Mouras*. Dabei handelt es sich um unterirdische Vorratskammern, in denen die Bevölkerung früher ihr Getreide lagerte – dort war es vor Verderb geschützt und zugleich vor Piraten versteckt. Die durch runde Steinplatten abgesicherten Kammern sind zwar zu besichtigen, eine Sensation aber sind sie nicht.

● *Verbindungen* **Bus** 2-mal tägl. nach Vila do Porto, 2-mal tägl. nach Santo Espírito.

● *Anfahrt* Um die **Mata Mouras** zu besichtigen, fährt man von der Kirche der Ortschaft in Richtung Vila do Porto, passiert die Schule und zweigt an der Straßengabelung mit Bushaltestelle nach rechts in Richtung Anjos ab. Die Mata Mouras liegen ca. 200 m weiter vor dem letzten Haus (mit roten Fensterumrahmungen) auf der linken Seite.

São Pedro: Die 800-Einwohner-Gemeinde, knapp 5 km von Vila do Porto entfernt, liegt inmitten einer sanft gewellten Hügellandschaft. Die steppenartige Ebene des Westens hat man hier bereits verlassen. São Pedro präsentiert sich als eine hübsche Ortschaft, ein paar Palmen säumen die Durchgangsstraße, die sich an alten Landhäusern und versteckten Gärten vorbeiwindet. Auf ihr passiert man nahe der Snackbar Caravéla das *Centro de Artesanato*, das lokale Kunsthandwerkszentrum (Haus mit grünen Fensterumrahmungen), wo man sich mit gewebten Souvenirs eindecken kann.

● *Verbindungen* **Bus** 2-mal tägl. nach Vila do Porto, 2-mal tägl. nach Santo Espírito.

● *Öffnungszeiten* **Centro de Artesanato**, offiziell Mo–Fr 14–18 Uhr, tatsächlich mehr nach Lust und Laune.

● *Übernachten* **Casa de São Pedro**, restauriertes altes Herrenhaus mit Pool im großen Garten. 4 rustikal-komfortable Zimmer mit privatem Bad. Reitmöglichkeiten. DZ 100–125 €. An der Durchgangsstraße, ✆ 296884044, 📠 296884084, www.virtualazores.com/garajau.

Elisabeth und Gerald Brunner, vermieten in ihrem Haus in Feteiras de Baixo ca. 4 km nördlich von São Pedro ein schönes Gästezimmer mit Bad (separater Eingang). Von

130   Santa Maria

Lesern gelobt. Im Garten kann gegrillt werden. Waschmaschine. Bushaltestelle nahebei. Nur Juni–Sept. EZ mit Frühstück 30 €, DZ 35 €. Feteiras de Baixo, ℡ 296883900 o. 0043/1/5244668 (Wien), elbru1@gmx.at.

● *Essen & Trinken* In São Pedro gibt es gleich zwei empfehlenswerte Adressen: **Rosa Alta**, modern, nicht unbedingt gemütlich, in jedem Fall aber eines der gepflegtesten und besten Lokale der Insel. Gute Auswahl an köstlich und außergewöhnlich zubereiteten Fisch- und Fleischgerichten der mittleren Preisklasse. Das Couvert ist

sein Geld wert. Große Portionen, guter Service. Von Lesern zu Recht gelobt. Mo Ruhetag, nur Juni bis Ende Sept. Nur wenige Meter von der Casa de São Pedro (s. o.) entfernter Neubau und dieser zugehörig, ℡ 296884990.

Candeia, ebenfalls sehr gepflegt und ebenfalls in einem Neubau untergebracht. Sehr gute Fleischgerichte zu 9–14 €. Speiseraum im Landhausstil. Sa abends und So geschl. In São Pedro von der Durchgangsstraße ausgeschildert, ℡ 296884804.

Abenteuerlicher Wandertripp zum Salto da Raposa

Von Feteiras de São Pedro führt eine kurze, abenteuerliche Wanderroute zum Salto da Raposa, einem ca. 80 m hohen Wasserfall des Ribeira do Engenho. Von seiner Absturzkante bietet sich ein imposanter Blick hinab in ein halbrundes Tal und auf die Mündung des Bachs ins Meer. Achtung: Man muss sich auf waghalsige Kletterpartien gefasst machen. Unternehmen Sie diese Route nie alleine und nur dann, wenn es mindestens zwei bis drei Tage zuvor nicht geregnet hat. Absolute Schwindelfreiheit ist Voraussetzung, gehen Sie kein Risiko ein. Sollten manche Passagen zu schwierig erscheinen, drehen Sie lieber um. Lange Hosen sind wegen der dornigen Sträucher am Wegesrand ratsam, eine Gartenschere kann hilfreich sein. Wer auf kleine Abenteuer keine Lust hat, spaziert einfach hinab zur Baía da Raposa und schaut sich den Wasserfall von dort aus an (s. u.).

● *Wegbeschreibung* Von Vila do Porto kommend ca. 200 m nach dem Ortsschild von Feteiras de São Pedro bei einer Kreuzung mit Baum in der Mitte links ab (hier auch eine Bushaltestelle). Der bergab verlaufenden Straße Richtung Meer folgen, alle Abzweigungen außer Acht lassen. Bei der Weggabelung an der Natursteinmauer bei einer zweistöckigen Villa (hier parken) links halten. Bei der folgenden Weggabelung ca. 5 Min. später (voraus eine Mauer mit Gatter) erneut links halten. Nach ca. 150 m, dort, wo der Weg in einer Rechtskurve hoch über der steil abfallenden Küste abschwenkt, links in einen anfangs von Brombeergestrüpp gesäumten Pfad einbiegen. Nun stets dem Trampelpfad durch den Wald folgen. Beim zweiten mehr oder weniger ausgetrockneten Bachbett (ca. 2–3 m breit und durch große Kieselsteine gekennzeichnet) rechts ab.

Nun stets dem Bachbett folgen, dort, wo es in Kaskaden hinabgeht, klettern. Nochmals: kein Risiko eingehen! Wenn Sie sich eine Passage nicht zutrauen, besser umdrehen. Den Weg vorbei an umgestürzten Bäumen müssen Sie sich selber suchen. Wenn das Bachtal an einem Wasserbecken mit einem anderen Bach zusammentrifft, rechts halten. Von da aus noch ca. 150 m bis zur Absturzkante.

Tipp für weniger Abenteuerlustige: Man kann auch ganz ohne Kletterei zur Baía da Raposa an der Mündung des Ribeira do Engenho wandern – die idyllische Bucht mit ihrem kleinen Kiesstrand lockt für ein Picknick. Um dorthin zu gelangen, ignoriert man die Linksabzweigung bei den Brombeerbüschen und wandert einfach auf dem Weg gen Meer weiter. So gelangt man auf einem uralten Pfad hinab zur Küste.

Pilgerkapelle Nossa Senhora de Fátima: Durch den Norden der Insel führt von São Pedro die Straße 2-2° nach Santa Bárbara. Nach einigen Kilometern liegt die Kapelle auf der linken Straßenseite. Sie wurde 1925 nach dem Vorbild der Kapelle von Fátima errichtet. Zum Eingang führt eine Treppe mit exakt 150 Stufen, auf der Gläubige den Rosenkranz beten.

Weiter Richtung **Santa Bárbara** → S. 134.

Praia Formosa

Die weite Bucht Praia Formosa zählt zu den schönsten der Insel. Ein fast 1000 m langer Sandstrand – in manchen Jahren weit und fein, in manchen schmal und grob – lädt zum Baden ein. Jeden Sommer findet hier ein großes Musikfestival statt, das Besucher von allen Azoreninseln anlockt.

Von Almagreira kommend, passiert man auf dem Weg in die Praia Formosa den großen Aussichtspunkt **Miradouro la Macela** mit Picknickplatz und Grillmöglichkeit. Er liegt hoch über der fast 5 km weiten Bucht, deren Hänge die Agaven linienförmig hochklettern. Dazwischen stehen weiß getünchte Häuser mit angebauten halbrunden Backöfen. Praia Formosa ist kein Ort, mehr eine weit verstreute Siedlung an einem der größten Strände der Azoren. Im Frühjahr oder Spätherbst kann der Strand aber eine Enttäuschung sein – meist spült das Meer den Sand erst im Juni an, mit den ersten Herbststürmen verschwindet er dann wieder. Es gibt öffentliche Sanitäranlagen.

Montags blaumachen – wo die Redewendung ihren Ursprung hat

Mitte des 15. Jh. wurde der Färberwaid (Isatis tinctoria) auf den Azoren eingeführt, auf den Inseln ist er als Pastell bekannt. Zusammen mit der Flechte Urzela (Rocella tinctoria) waren beide Färbepflanzen bis ins 17. Jh. das wirtschaftliche Standbein Santa Marias. Exportiert wurden die Färbepflanzen nach Flandern, dem einstigen europäischen Zentrum der Tuchherstellung. Aus der Urzela, die überwiegend an den steilen Felsenklippen der Inseln wuchs, gewann man einen braunen Farbstoff. Um diese Flechte zu ernten, musste man sich nicht selten waghalsig von oben abseilen.

Der Färberwaid gehört zur Gattung der Kreuzblütler. Aus den Blättern der Pflanze, die man den Sommer über erntete, wurde ein Brei hergestellt, in den man das Tuch für einen kurzen Moment eintauchte, um es dann in einem satten Blau wieder herauszuziehen.

Da die Blaufärberei, die stets montags auf dem Programm stand, vergleichsweise wenig Zeit in Anspruch nahm, hatten die Arbeiter schon am frühen Nachmittag frei. Als sich das preiswertere Indigo aus Indien und Mitte des 19. Jh. die chemischen Farbstoffe durchsetzten, war es mit dem montäglichen „Blaumachen" vorbei.

Jedes Jahr im August, wenn das **Festival Maré de Agosto** über die Bühne geht, verwandelt sich die ruhige Bucht für eine Woche in ein Mekka der Musikfans. Nicht nur die hiesige Inseljugend zieht das Ereignis an. Trotz Sonderflügen sind dann alle Maschinen nach Santa Maria ausgebucht, meist zählt man mehr Gäste, als die Insel Einwohner hat. Unter den gastierenden Bands findet man nicht nur portugiesische

132   Santa Maria

Newcomer, auch internationale Größen treten auf. Das Spektrum ist vielfältig (Rock, Folk, Schlager etc.) – für jeden ist etwas dabei.

Auf dem Sandstrand, auf dem heute Sonnenanbeter ihre Handtücher ausbreiten (insbesondere im Osten der Bucht, wo der Sand feinkörniger ist), zogen einst Piraten bequem ihre Boote an Land, um die nahe gelegenen Ortschaften zu plündern. Aus diesem Grund begann man im 16. Jh. mit dem Bau der **Festung São João Baptista** im Westen der Bucht, von der nur spärliche Reste die Zeiten überdauert haben.

● *Verbindung* Keine Busse.

● *Übernachten* Nachteil in Praia Formosa: Im Hochsommer wird man hier nächtens ordentlich beschallt!

Mar e Sol, 10 zweistöckige Appartements mit Schlafzimmer im EG, darüber Wohn- und Essbereich, alle mit Meeresblick und nur durch die Uferstraße vom Meer getrennt. Rezeption nur von Mitte Juni bis Ende Sept. besetzt. Wer außerhalb dieser Zeiten dort wohnen will, muss reservieren. In der HS hat man ohne Vorausbuchung kaum eine Chance, hier unterzukommen. 2 Pers. 60 €, 4 Pers. 100 €. Praia Formosa, ✆ 296884499, 🖂 296884316.

Jame Carvalho, Jame Carvalho von der Autovermietung Ilha do Sol in Vila do Porto vermietet 3 komplett ausgestattete Appartements ca. 300 m vom Strand entfernt, eines davon besitzt einen kleinen Pool. Für 2–3 Pers. in der HS 465 €/Woche, in der NS billiger, dann wird auch tageweise vermietet. Praia Formosa, ✆ 296882021, 🖂 296882024, www.ilhadosol.com.

● *Camping* **Parque de Campismo**, umzäuntes, gepflegtes Gelände, terrassenförmig angelegt, gute Sanitäranlagen. Leider wenig Schatten. Es werden auch 6 Bungalows vermietet (in der HS i. d. R. komplett

ausgebucht). Nur Mitte Juni bis Ende Sept. Bungalow für 2–3 Pers. 51,30 €, 2 Pers. mit Zelt campen für 5,50 €. Ganz im Westen der Bucht, ✆ 296883959.

Achtung: In Praia gibt es keinen Laden. Der nächste ist der Minimercado Clotilde in Almagreira an der Durchgangsstraße.

● *Essen & Trinken/Nachtleben* **O Paquete**, Restaurant, Bar und Pub mit breiter Fensterfront und Meeresblick. Burger, Baguettes, sehr gute Crêpes, aber auch richtige Tellergerichte zu fairen Preisen. Der deutsche Betreiber Marc Oliver schenkt auch Erdinger Weißbier aus! Zu späterer Stunde (v. a. Fr/Sa) werden die Tische zur Seite geschoben und dann wird aus dem Paquete eine kleine Disco, auch Karaoke und verschiedene Themenpartys. Im Sommer tägl. ab 10 Uhr, im Winter ab 12 Uhr, dann ist abends unter der Woche auch früher Schluss. Zwischen Strand und Straße, ✆ 296886015.

Das **Restaurant Praia Formosa** weiter landeinwärts bietet gute Fischgerichte und eine nette Terrasse. ✆ 296884965.

Von Praia Formosa weiter gen Osten: Um von Praia Formosa die Fahrt in den Osten der Insel fortzusetzen, muss man nicht zurück nach Almagreira – eine auf vielen Karten fehlende asphaltierte Straße führt direkt nach Malbusca (5,5 km), von wo Sie weiter Richtung Maia fahren können. Südöstlich von Malbusca bzw. südlich von Panasco versteckt sich die aufgegebene **Fajã Sul** – ein netter Abstecher. Kein einziges Haus ist dort mehr bewohnt, lediglich ein paar Weingärten werden noch genutzt. Hinab führt ein schöner Spazierweg (sofern er nicht von Brombeergestrüpp zugewachsen ist), dessen Einstieg Sie finden, indem Sie von Malbusca gen Osten weiterfahren und nach ca. 1,5 km (bzw. 150 m hinter einer annähernden 180-Grad-Rechtskurve) nach rechts abbiegen. Auf dem Sträßlein durchqueren Sie den Weiler Panasco. Nach den letzten Häusern geht es etwas steiler bergab, dem Meer entgegen. Dort, wo die Straße schließlich scharf nach rechts die Küste entlang wieder Richtung Malbusca abschwenkt, beginnt linker Hand der Weg in die Fajã, der kurz darauf in einen Pfad übergeht.

Östliches Inselinneres 133

Der Osten Santa Marias

Der Osten

Märchenhaftes sagt man der hügeligen Landschaft der östlichen Inselhälfte nach, die der Bergrücken des Pico Alto von der westlichen trennt. Zwischen Wäldern und Feldern verstreuen sich schmucke Dörfer und verträumte Weiler. Besonders idyllisch sind São Lourenço und Maia – die Ortschaften liegen an malerischen Buchten, umarmt von Weinbergen und dem Meer.

Die östliche Inselhälfte Santa Marias entschädigt für den eher tristen Westen. An der Nordküste verläuft zwischen den bewaldeten Hängen des **Pico Alto** und dem Meer ein Saum aus Weideland. Nicht die Milchwirtschaft steht auf Santa Maria im Vordergrund, hier züchtet man Steaks. Im Südosten begeistert die Insel durch eine wildromantische Hügellandschaft. Wie weiße Punkte heben sich die Häuser aus der immergrünen Landschaft ab. Nicht selten steigt Rauch aus den breiten Schornsteinen auf, viele Familien backen ihr Brot hier noch selbst. Je nach Jahreszeit liegt zudem der angenehme Duft von wildem Fenchel in der Luft, im Spätsommer blühen rosafarbene Amaryllen am Straßenrand.

Der Großteil der Dörfer wurde zu jener Zeit gegründet, als der Anbau von Pastell und das Sammeln der Färberflechte Urzela den Unterhalt der Bevölkerung sicherte. So manche Ortsnamen erinnern noch daran – beispielsweise bedeutet der Name des kleinen Dorfes Malbusca so viel wie „mühsames Suchen".

Östliches Inselinneres

Pico Alto: Der von Nord nach Süd verlaufende Gebirgszug ist mit 587 m die höchste Erhebung Santa Marias. Oft liegt der Berg in Wolken. Bei klarer Sicht lohnt sich die Fahrt hinauf auf der schmalen Stichstraße. Die letzten Meter bis zum Gip-

134   Santa Maria

fel, den Antennen krönen, muss man laufen. Von oben offenbart sich ein phantastischer Rundblick über die Insel, über den flachen Westen und den hügeligen Osten, stets das Meer am Horizont. Auf der Straße zum Gipfel passiert man eine Gedenktafel, die an den 8. Februar 1989 erinnert, als eine Boeing 707 an den Hängen des Pico Alto zerschellte; die Besatzung und alle 145 Insassen fanden den Tod.

Anfahrt Von Vila do Porto über Almagreira weiter in Richtung Santo Espírito (1-2°). Kurz vor der Straßengabelung nach Santa Bárbara geht links die Stichstraße zum Gipfel ab (Hinweisschild).

> **Wandertipp**: Am Pico Alto beginnt ein schöner Wanderweg nach Anjos → **Wanderung 1**, S. 138.

Parque Florestal Fontinhas: Der herrlich schattige Waldpark ist nach dem nahe gelegenen, 420 m hohen Berg Fontinhas benannt – an der Straße von Almagreira nach Santo Espírito (1-2°) taucht er linker Hand auf. Grillmöglichkeiten (Holzscheite liegen bereit) sind vorhanden.

Santa Bárbara: Die weit verstreute, 500 Einwohner zählende Ortschaft ist annähernd 12 km von Vila do Porto entfernt. Zentrum ist die *Cervejaria Por do Sol*; sie scheint, was die Popularität anbelangt, der benachbarten Kirche den Rang abgelaufen zu haben. Auffallend rund um Santa Bárbara sind die blauen Fensterumrahmungen der ansonsten weiß getünchten Häuser. Die Tradition, nur die Fensterumrahmungen farbig zu streichen, rührt daher, dass früher das Geld fehlte, um das ganze Haus farbig zu streichen. In nahen Santo Espírito sind die Fensterumrahmungen übrigens grün, in Almagreira rot und in São Pedro gelb. Nun raten Sie mal, welche Farbe die Trikots der örtlichen Fußballmannschaften haben …

- *Verbindung* Bus 2-mal tägl. nach Vila do Porto.
- *Übernachten* **Quinta do Monte Santo**, an der R 2-2 in Lagoínhas. Vermietet werden ein Doppelhäuschen mit 2 Appartements (für 2 Pers.) und ein davon abseits gelegenes Haus mit einem weiteren Appartement (Meeresblick) – alle freundlich und komplett ausgestattet samt Außenbereich mit Grill. Die Verwalterin wohnt neben dem Doppelhäuschen. 40–50 €/Tag. Ca. 4 km nordwestlich von Santa Bárbara rechter Hand Ausschau halten (Toreinfahrt); haben Sie den Aussichtspunkt über der Bucht von Tagarete erreicht, sind Sie zu weit gefahren, ✆ 296382194, www.quintamontesanto.com.

> **Wandertipp**: Durch Santa Bárbara und Norte (s. u.) führt **Wanderung 3**, → S. 142.

Norte: Eine Stichstraße führt in das zur Gemeinde Santa Bárbara gehörende nordöstlichste Dorf der Insel. Von der *Kapelle Nossa Senhora de Lourdes* genießt man einen herrlichen Blick über das Tal des Ribeira do Amaro und die Baía do Tagarete hinweg bis auf die kleine Felsinsel Ilhéu das Lagoínhas.

An der Ponta do Norte liegt eine aufgegebene Radarstation (Estação Loran), die die portugiesische Marine nur kurze Zeit nutzte. Es wirkt gespenstisch, wie sich die Natur das Gelände zurückerobert hat.

- *Übernachten* **Casa do Norte**, kleines, restauriertes Landhaus in absolut idyllischer Lage. Sehr freundlich und komfortabel ausgestattet. Ideal für 2 Pers., für 4 Pers. okay. Minimum 3 Tage. Vorausbuchung erforderlich. 70 €/Tag. Norte, ✆/℡ 296886338, www.lauristur.com/casa_do_norte.htm.

Die Bucht von São Lourenço

São Lourenço

Die kleine Siedlung ist das Postkartenmotiv der Insel schlechthin und zählt zum Schönsten, was Santa Maria zu bieten hat. Die gleichnamige Bucht verdankt ihre Entstehung dem Einsturz eines Kraters.

Die Häuser São Lourenços reihen sich an einer schmalen Asphaltstraße die Küste entlang. Dahinter steigen steil die Hänge an, an denen auf kleinen, von Steinmauern begrenzten Parzellen Wein angebaut wird. Wie Anjos oder Maia lebt der Ort nur im Sommer auf. Fast alle Häuser sind Ferienhäuser von Auswanderern, die mittlerweile vor allem in Kanada zu Hause sind. Zwischendrin stehen vereinzelt ein paar Adegas (Schuppen der Weinbauern). Die Küste bietet gute Bademöglichkeiten, zum Teil mit Sandstränden, die durch Felsen unterteilt sind. Aber auch hier gilt wie für Praia: Feinheit und Größe der Strände schwanken von Jahr zu Jahr. Im Norden der Bucht liegt der kleine Fischerhafen. In São Lourenço beginnt ein schöner Rundwanderweg → Wanderung 3, S. 142.

● *Verbindung* Bis in die Bucht von São Lourenço fahren keine Busse. Wer in Santa Bárbara aussteigt, kann den Fußweg hinab in die Bucht nehmen → Wanderung 3, S. 142.

● *Essen & Trinken* Zwei Snackbars an der Uferstraße, beide nicht der Renner. Das **Ponta Negra** hat eine nette Terrasse, ist aber nur sporadisch geöffnet, am ehesten noch Mitte Juli bis Mitte Aug.
Das miefige **O Ilhéu** hat ebenfalls nur im Sommer geöffnet. Freundlichkeit und Qualität der Küche ließen zuletzt arg zu wünschen übrig.

● *Feste/Veranstaltungen* Ende Aug./Anfang Sept. steigt die **Festa das Vindimas**, ein feuchtfröhliches Fest, bei dem der Durst mit reichlich Wein gelöscht wird.

Wahoo Diving – wo Wassersportler in guten Händen sind

Die deutschsprachige Tauchbasis Wahoo Diving, mitten im Nirgendwo zwischen Santo Espírito und São Lourenço (ausgeschildert), ist für die meisten Aktivitäten über und unter Wasser auf Santa Maria die beste Adresse. Geleitet wird sie von den Augsburgern Robert und Petra Minderlein, die seit 1998 auf der Insel leben. Von Mai bis Oktober bietet Wahoo Diving bei nahezu jedem Wetter Land- und Bootstauchgänge (10 Tauchgänge mit Blei und Flasche 345 €, billiger bei Vorausbuchung), Equipmentverleih und -verkauf, Schnorcheln inmitten von Delfinschulen sowie Bootsausflüge rund um die Insel. Das Highlight sind Tauchgänge bei den Formigas (→ S. 115). Zehn bis 30 Mantas bei einem Tauchgang sind keine Seltenheit, zwischen Juli und Okt. hat man zudem gute Chancen, Walhaie zu sehen. Auch Fahrräder werden verliehen; ebenso Vermittlung von Appartements, Landhäusern und Privatunterkünften. Von Lesern sehr gelobt. Preise auf Anfrage unter ✆ 296884005 oder unter www.wahoo-diving.de.

São Lourenço/Umgebung

Zum Picknicken und Grillen lädt ein schöner **Miradouro** nahe der Straße von São Lourenço nach Santo Espírito ein. Von ihm genießt man einen herrlichen Blick auf die Bucht und die kleine Felsinsel **Ilhéu de São Lourenço**, die auch unter dem Namen **Ilhéu do Romeiro** bekannt ist.

Wer einen Fischer zum Übersetzen findet, hat die Möglichkeit, auf dem Inselchen eine tiefe **Tropfsteinhöhle** zu erkunden. Auch Wahoo Diving hat zuweilen Fahrten dorthin im Programm; einfach nachfragen.

Santo Espírito

Mit über 700 Einwohnern ist der Ort einer der größten der Insel. Die Menschen leben hauptsächlich von der Landwirtschaft, einziger nennenswerter Arbeitgeber ist ein großes Sägewerk. Das Zentrum breitet sich rund um den Largo Padre José Maria Amaral aus, vor dem sich eindrucksvoll die **Igreja Nossa Senhora da Purificação** erhebt. Die Kirche mit ihrer breiten Fassade stammt aus dem 16. Jh., ihren barocken Glanz erhielt sie durch Um- und Anbauten im 18. Jh.; sie soll der historische Ausgangspunkt der Heilig-Geist-Feste (→ Kasten „Alle sind eingeladen", S. 277) auf den Azoren sein.

Hinter der Kirche liegt das **Museu de Santa Maria** an der gleichnamigen Straße – man beachte die besonders schön gekachelten Straßenschilder. Das volkskundliche Museum wurde 1972 eröffnet, Initiator war Pfarrer José Maria Amaral. Der Schwerpunkt der Sammlung liegt, wie soll es auf der einzigen Insel des Archipels mit Tonvorkommen anders sein, selbstverständlich auf Töpferware. Vom Wasserkrug bis zum Einsalzfass aus Ton ist alles zu sehen. Daneben die für hiesige Heimatmuseen typischen Ausstellungsstücke: Geräte aus der Landwirtschaft, Trachten usw. Ein paar Räume im Erdgeschoss sind für wechselnde Ausstellungen reserviert.

Einen Besuch wert ist auch das **Kunsthandwerkszentrum** von Santo Espírito (Cooperativa de Artesanato Santa Maria, zugleich ein Brotverkauf) – es ist auf Weberei spezialisiert und in einem Gebäude schräg gegenüber der Schule an der Durchgangsstraße untergebracht.

- *Öffnungszeiten* **Museum** Di–Fr 9–12 und 14–17 Uhr, dennoch mehr Glückssache – wenn geschlossen, einfach im Rathaus schräg gegenüber nach dem Schlüssel fragen. Eintritt 2 €. **Kunsthandwerkszentrum** Mo–Fr 8–12.30 und 13.30–16 Uhr, Sa 9–14 Uhr.
- *Verbindungen* **Bus** 2-mal tägl. nach Vila do Porto.
- *Übernachten* **Casa Margarida**, ca. 3,5 km südöstlich von Espírito Santo mitten in der Prärie. Einsam stehendes Haus für bis zu 6 Pers. auf einem 1000 m² großen Grundstück. Garten mit Grill, schöner Meeresblick. 2 Schlafzimmer, gut ausgestattete Küche, Telefon im Haus. Mindestmietdauer in der HS 5 Tage. Die Vermieterin lebt in Deutschland, daher Reservierung erforderlich. Für 2 Pers. 72 €, jede weitere Pers. 10 €. Calheta, ☏ 0170/7531116 (Deutschland), ☏ 06676/9180209 (Deutschland), www.freenet-homepage.de/azoren-santamaria/.

Wandertipp: Von Santo Espírito nach Maia (s. u.) führt **Wanderung 2**, → S. 140.

Maia

Das Dörfchen im äußersten Südosten der Insel steht São Lourenço in nichts nach, die Anfahrt ist gar spektakulärer.

Maia besteht fast ausschließlich aus Ferien- bzw. Wochenendhäusern, im Winter leben hier gerade mal 12 Menschen, im Sommer steigt die Zahl auf über 200 an. Die Häuser grenzen fast unmittelbar ans Meer, dahinter ziehen sich Terrassen, auf denen Wein angebaut wird, hinauf bis an den Fuß einer mächtigen Felswand. Es gibt einen kleinen **Hafen** und einen tollen neuen **Meerwasserpool**, in den die Wellen schwappen – eine Bar und Sanitäranlagen sind vorhanden. Fährt man die Durchgangsstraße bis zu ihrem Ende, stößt man auf einen **Wasserfall (Foz da Ribeira do Aveiro)** und kleine Felsbuchten. Enten quaken dort um die Wette.

Santa Maria

Nahe der Zufahrtsstraße nach Maia thront an der **Ponta do Castelo** hoch über dem Meer auf einem imposanten Felsen der 1928 errichtete Leuchtturm **Farol de Gonçalo Velho**. Pedro, der hier lebende Leuchtturmwärter, freut sich über Besuch und zeigt Interessierten gerne die blitzblank polierten Spiegel und Armaturen. Das aufregende Sträßlein über einen schmalen Felsgrat zum Leuchtturm sollte man aufgrund fehlender Wendemöglichkeiten besser zu Fuß bewältigen. Die Ruinen unterhalb des Leuchtturms (unmittelbar am Meer) stammen von einer alten Walverarbeitungsfabrik. Darüber befindet sich ein Walausguck.

- *Verbindungen* **Busse** fahren nur bis Calheta. Von da an heißt es laufen (mühseliger Rückweg) oder trampen.
- *Essen & Trinken* **Restaurante O Grota/Bar Prazeres**, nach dem Besitzer Manuel auch schlicht „Mani's" genannt. Bekannt für gute, frische Fischgerichte. Das Restaurant hat Mo Ruhetag. Ganzjährig geöffnet, sofern Manuel Lust hat. Am Ortseingang und unmittelbar am Meer gelegen, ℡ 296884184.
- *Feste/Veranstaltungen* **Festa do Emigrante** Ende Aug./Anfang Sept. – eine der fröhlichsten Feierlichkeiten der Insel.

Wanderung 1: Vom Pico Alto durch die rote Wüste nach Anjos

Route: Pico Alto – Chã de João Tomé – Barreiro da Faneca (rote Wüste) – Baía da Cré – Anjos.

Dauer: Ca. 4 Std.

Einkehr: Im Sommer am Ende der Tour in Anjos möglich.

Besonderheiten: Die schönste und abwechslungsreichste Wanderung, die man auf Santa Maria unternehmen kann. Sie ist zunächst sehr schattig und bietet tolle Ausblicke. Anfangs sehr einfach, im letzten Teil ist etwas Pfadfindergespür notwendig. Die Wanderung ist mit dem markierten *Percurso Pedestre PR 2 SMA* identisch.

An- und Weiterfahrt: Die Anfahrt ist mit Bus und Taxi (von Vila do Porto ca. 9,50 €) möglich. Der Bus passiert auf seiner Inseltour zwischen Santa Bárbara und Santo Espírito die Abzweigung nach Almagreira/Vila do Porto. Sagen Sie dem Busfahrer, dass Sie dort aus- und den Pico Alto besteigen möchten. Von der Abzweigung müssen Sie noch knapp 200 m der Straße Richtung Almagreira/Vila do Porto folgen, bis es nach rechts zum Pico Alto abgeht. Für die Rückfahrt besteht nur die Möglich-

Am Wegesrand im Osten der Insel

Wanderung 1

keit mit dem Taxi, nach Vila do Porto ca. 8 €.

Wegbeschreibung: Die markierte Wanderung beginnt an der **Abzweigung zum Pico Alto** (→ Anfahrt Pico Alto, S. 134), wo sich auch eine Wandertafel befindet. Die ersten 2 km der Wanderung verlaufen auf der Straße zum Gipfel. Wer sich mit dem Taxi zum Ausgangspunkt der Wanderung bringen lässt, kann sich diese Strecke noch fahren lassen. Knapp unterhalb des Gipfels, kurz vor einem offenen Tor, ist der Einstieg in den Pfad nach Chã de João Tomé rechter Hand markiert.

> **Abstecher**: Ebenfalls noch vor dem Tor beginnt links der Straße der kurze Fußpfad zum Gipfel. Falls Sie noch das Mahnmal für die Opfer des Flugzeugabsturzes von 1989 besuchen wollen, wandern Sie einfach noch 150 m auf der Straße geradeaus weiter.

Diesem bestens präparierten, schattigen Waldpfad folgt man vorbei an üppiger Vegetation stetig leicht bergab. Nach einer Weile wandert man für kurze Zeit auf einem Grat, wo sich zur Linken und zur Rechten schöne Blicke auf die Insel auftun. Nach ca. 30 Min. führt der Weg an einer **aufgegebenen Forststation** vorbei und geht kurz darauf in eine etwas breitere, unbefestigte, bergab führende Waldstraße über. Auf ihr erreicht man nach weiteren 20 Min. die Ortschaft **Chã de João Tomé**. Beim zweiten Haus des Ortes hält man sich links und gelangt so zum „Inselhighway" 2-2. Hier hält man sich erneut links und biegt nach ca. 100 m hinter einer Bushaltestelle rechts ab. Nun folgt man stets dem Schotterweg, der für 300 m leicht bergab führt und dann wieder ansteigt. Bei einem Haus schwenkt der Weg nach links ab, 100 m weiter biegt man rechts auf einen roten Schotterweg ab. 800 m weiter breitet sich die **Barreiro da Faneca**, die rote Wüste, aus.

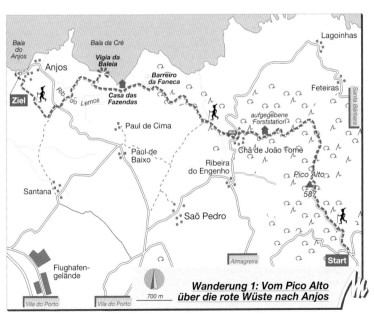

Wanderung 1: Vom Pico Alto über die rote Wüste nach Anjos

140   Santa Maria

Der Wanderweg führt nun am linken Rand der Wüste weiter und beschreibt einen Bogen um die eigentümliche Szenerie. Nach rund 5 Min., wenn man das Gefühl hat, die Wüste endet vor einem, hält man linker Hand nach einem roten Erdwegg Ausschau – die Markierungen sind hier etwas spärlich gesetzt. Folgt man diesem, taucht kurz darauf rechter Hand die von einer weitläufigen Mauer umgebene **Villa Casa das Fazendas** auf. Direkt dahinter fordert Sie eine Wandermarkierung auf, nach rechts auf einen Feldweg abzuzweigen. Auf diesem stetig bergab führenden Weg bieten sich schon bald herrliche Ausblicke. Sie durchwandern eine leicht schroffe, von Agaven durchsetzte hügelige Landschaft, voraus fällt der Blick aufs Meer und die Ebene des Inselwestens, rechts auf die **Baía da Cré** und links auf das Tal des **Ribeira do Lemos**.

Unterwegs lohnt ein kleiner Abstecher zu einem alten **Walausguck** (Hinweisschild „Vigia da Baleia", hin und zurück ca. 15 Min.). Der anstrengende Aufstieg wird mit weiteren tollen Panoramablicken belohnt – man kann von hier aus die Landzunge Ponta dos Frades und dahinter die ersten Häuser von Anjos sehen.

Nach dem Abstecher haben Sie noch 3 km bis Anjos vor sich. Nun geht es zunächst über Weiden – ein Pfad ist nicht mehr erkennbar, Markierungen auf Steinen und Holzpfosten weisen jedoch den Weg. Sie überqueren den Ribeira do Lemos, halten sich dahinter links und folgen für ein Stück dem dürftig plätschernden Bach, bis ein Pfad in Serpentinen zu einem von Mauern gesäumten Wiesenweg ansteigt, der wenig später auf die geteerte Straße nach Anjos trifft.

Hinweis: Sollten nach dem Abstecher zum Walausguck Markierungen fehlen (dafür sorgen zuweilen Bauern, die auf den Weiden keine Wanderer wünschen), so halten Sie bereits vor dem Überqueren des Ribeira do Lemos nach dem von Mauern gesäumten Wiesenweg auf der anderen Hangseite Ausschau.

An der Straße hält man sich rechts, 100 m weiter zweigt man nach links auf einen Schotterweg ab. (Wer keine Lust mehr auf Wege durch Weiden hat, spaziert bequem die Straße nach Anjos hinab.) Nach rund 300 m auf diesem Schotterweg folgen Sie den gelb-roten Markierungen über Wiesen mit und ohne Stieren und über gut und schlechter passierbare Gatter nach **Anjos**.

Wanderung 2: Von Santo Espírito nach Maia

Route: Santo Espírito – Lapa de Cima – Lapa de Baixo – Maia.

Dauer: Ca. 2 Std.

Einkehr: Snackbar in Espírito Santo, Restaurant in Maia.

Besonderheiten: An sich einfache Wanderung mit Ausnahme einer Flussüberquerung, die v. a. nach viel Regen etwas Geschick voraussetzt. Gehen Sie deswegen besser nicht alleine. Die Wanderung folgt in weiten Teilen dem markierten *Percurso Pedestre PR 4 SMA* bis Maia.

An- und Weiterfahrt: Der Inselbus hält in Santo Espírito. Keine Busverbindungen nach Maia. In der Bar Prazeres (→ Maia) treffen Sie jedoch mit Glück jemanden, der Sie mit zurück nach Santo Espírito nimmt.

Wegbeschreibung: Ausgangspunkt der Wanderung ist die **Kirche von Espírito Santo**. Zwischen dieser und einer namenlosen Bar mit der Aufschrift „Serviço de Refeições" (hier auch eine Wandertafel) überquert man den Minikreis-

Wanderung 2   141

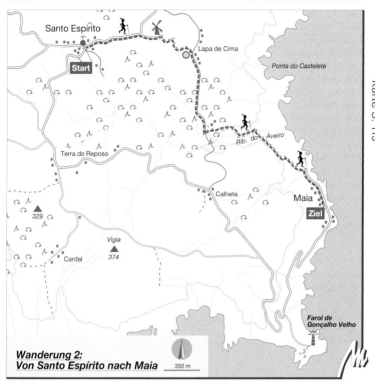

**Wanderung 2:
Von Santo Espírito nach Maia**

Santa Maria
Karte S. 115

verkehr und folgt dahinter der anfangs bergab führenden Rua João Freitas Pereira (gekacheltes Straßenschild). Nach 500 m verlässt man das Sträßlein und zweigt auf einen schmalen betonierten Weg nach rechts bergauf ab. Auf die Abzweigung macht eine rot-gelbe Markierung an einem Laternenpfahl aufmerksam. Bei der Gabelung 100 m weiter hält man sich links. Nach weiteren 100 m wird aus dem Weg bei einer alten **Windmühle** ein Feldweg. Er führt an ein paar Häusern vorbei und einen Hügel hinab. 5 Min. später mündet der Weg bei einem alten Brunnen in ein Schottersträßchen, hier müssen Sie sich rechts halten.

Der Schotterweg führt durch den Weiler **Lapa de Cima**, wo viele Deutsche einen Zweitwohnsitz haben, dann geht's in den Wald hinein. Nach ca. 20 Min. auf dem Schotterweg fordert Sie eine Markierung an einem Laternenpfahl dazu auf, auf einen Pfad nach links abzuzweigen. Bereits wenige Meter weiter mündet dieser bei ein paar Häusern in einen etwas höher gelegenen Feldweg. Nun halten Sie sich rechts. Der Feldweg führt, später als Pfad, am Bachlauf des **Ribeira do Aveiro** entlang dem Meer entgegen.

Kurz vor der Abbruchkante, an welcher der Bach als Wasserfall zu Tale strömt, müssen Sie ihn überqueren – in trockenen Sommern kein Problem, nach viel Regen ein etwas schwierigeres Unterfangen. Dann sind nämlich die Trittsteine von Wasser überspült, ziehen Sie notfalls die Schuhe aus. Kurz nachdem man den Bach passiert hat, blickt man schon auf den Wasserfall. Der Pfad verläuft nun parallel zu einer Felswand zur Rechten. Seien Sie auch hier vorsichtig! Das Gestrüpp am Boden täuscht zuweilen Boden vor, wo keiner ist. Machen Sie keinen Schritt in den Abgrund, wenn sie wild wuchernde Agaven umgehen! Sollte der Weg extrem verwachsen sein, so drehen Sie besser um! An manchen Passagen ist der Pfad sehr schmal. Über uralte Treppchen gelangen Sie schließlich nach **Maia** hinab.

> Der offizielle Wanderweg führt von Maia noch weiter bis zum Leuchtturm Farol de Gonçalo Velho, jedoch weitestgehend entlang der Straße.

Wanderung 3: Rundwanderung um São Lourenço

Route: São Lourenço – Norte – Ribeira do Amaro – Lagos – Santa Bárbara – São Lourenço.

Dauer: Ca. 4 Std.

Einkehr: In der Cervejaria Por do Sol in Santa Bárbara.

Besonderheiten: Insgesamt einfacher Weg mit herrlichen Ausblicken, insbesondere auf die Bucht von São Lourenço. Nur der Beginn der Wanderung ist mit einem mühsamen Aufstieg verbunden. Nach Regen ist von der Wanderung in jedem Fall abzusehen: Der steile Aufstieg kann dann sehr glitschig und gefährlich werden, zudem würde man auf einigen Passagen bis zu den Knöcheln im Schlamm versinken. Die Wanderung ist in vielen Abschnitten mit dem markierten *Circuito Pedestre PRC 3 SMA* identisch, der in Santa Bárbara beginnt und den Weg von bzw. nach São Lourenço ausspart.

An- und Weiterfahrt: Am besten mit dem Mietfahrzeug. Es existiert keine Busverbindung nach São Lourenço. Startet man jedoch in Santa Bárbara, kann man mit dem Bus fahren.

Wegbeschreibung: Von der Uferstraße in **São Lourenço** (etwa in der Mitte der Bucht) nimmt man den Fußweg, der gegenüber einem blau-weiß gestrichenen Haus (zugleich das einzige Haus, das an der Uferstraße in der Buchtmitte zur Meerseite hin steht) abzweigt. Nach wenigen Metern auf dem schmalen, betonierten Weg (gelb-rot markiert) folgt ein steiler, 25-minütiger Treppenweg (oft verwachsen, aber stets erkennbar), der zwischen den in Terrassen angelegten Weingärten hinaufführt. Die schweißtreibenden Stufen zwingen zu mehreren Verschnaufpausen, die mit grandiosen Ausblicken belohnen.

Nachdem der Steilhang überwunden ist, endet der Weg an der schmalen Zufahrtsstraße zur aufgegebenen Radarstation an der Ponta do Norte, hier rechts halten. Linker Hand blickt man auf das Tal von Santa Bárbara.

Man folgt nun stets dem Sträßlein gen Norden, die Pfade, die parallel verlaufen, sind verwachsen. Unterwegs bietet sich ein Abstecher (Hinweisschild „Miradouro") zu einem **Aussichtspunkt** über der Bucht von São Lourenço an –

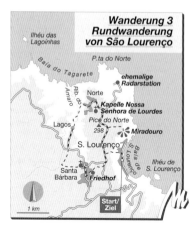

Wanderung 3   143

lohnenswert für alle, die in Santa Bárbara gestartet sind und sich den Abstecher nach São Lourenço gespart haben. Andernfalls wiederholen sich die Ausblicke.

Nach dem Abstecher folgt man weiter dem Sträßlein und ignoriert die einzige geteerte Rechtsabzweigung, die zur aufgegebenen Radarstation führt. Das Sträßlein bringt Sie zur Siedlung Norte, dabei beschreibt es einen weiten Bogen um die Anhöhe mit der Kapelle Ermida Nossa Senhora de Lourdes.

> Wer mag, kann einen kurzen **Abstecher zur Kapelle** machen – von deren Vorplatz schöner Blick auf die Häuser von Norte und über die Baía do Tagarete auf einen Felsen im Meer (Ilhéu das Lagoínhas). Die Kapelle selbst ist leider meist verschlossen.

Die Straße endet an einer Wendeplatte, die bergab führende Rechtsabzweigung bleibt unbeachtet. Ohne viel an Höhe zu verlieren, wandert man auf einem unbefestigten Fahrweg noch ca. 150 m geradeaus weiter. Bei der nächsten Weggabelung hält man sich rechts und bei den in kurzen Abständen darauf folgenden ebenfalls. Nun geht es hinab in das **Tal des Ribeira do Amaro**. Der grasbewachsene Weg führt rechts an einem Haus mit zwei Kaminen vorbei (früher eine Ruine, zuletzt im Wiederaufbau begriffen). Stellenweise verengt er sich zu einem schmalen Pfad. Anfangs verläuft er in Richtung Baía do Tagarete, schwenkt dann aber nach links ab und nähert sich immer mehr dem Tal des Ribeira do Amaro. Streckenweise wird es hier recht schlammig.

Schließlich überquert man den Bachlauf des Ribeira do Amaro (wegen der Trittsteine ein relativ einfaches Unternehmen) und erreicht kurz darauf die Siedlung **Lagos**. Vor dem ersten Haus trifft man auf eine Teerstraße, folgt dieser für ca. 250 m und biegt dann rechts auf einen Grasweg ab – eine kleine Abkürzung, die rot-gelb markiert ist. Wenn man wieder auf die vorher erwähnte Teerstraße trifft, hält man sich rechts. Das Teersträßlein stößt schließlich auf die Verbindungsstraße Santa Bárbara – Feteiras, hier links halten und nach ca. 80 m rechts ab auf einen anfangs betonierten Feldweg (ebenfalls gelb-rot markiert). Dieser steigt zunächst stark an und führt dann durch liebliche Landschaft und streckenweise durch den Wald nach Santa Bárbara. Kleinere Abzweigungen unterwegs bleiben unbeachtet. Der Hauptweg verwandelt sich kurz vor Santa Bárbara in ein steil nach unten führendes Teersträßchen. Bei der Kirche von **Santa Bárbara** wartet die Cervejaria Por do Sol mit dem wohlverdienten kühlen Bier.

Nun kann man die Wanderung auf dem bequemen, aber längeren Weg entlang der Straße zurück nach São Lourenço fortsetzen – einfach der Beschilderung folgen. Oder man wählt den Weg über die steilen Stufen hinab in die Bucht von São Lourenço, die man zu Beginn der Wanderung bereits bewältigen musste – bergab sind diese jedoch unangenehmer zu gehen als bergauf. Dies ist zugleich der Weg für all jene, die die Wanderung in Santa Bárbara starten. Dafür zweigt man hinter der Cervejaria Por do Sol links ab und nach ca. 50 m bei der Bushaltestelle rechts ab in die leicht bergauf führende Straße (zugelassen für Fahrzeuge bis max. 3,5 t) – sie endet beim Friedhof. Bei der ersten Serpentine verlässt man die Straße jedoch wieder und biegt nach links auf einen gepflasterten Weg ab, der durch eine Schneise im Fels führt und schon wenige Meter später in einen Feldweg übergeht. Dort, wo der Feldweg auf eine geteerte Straße trifft, hält man sich links und erreicht so wieder die Straße, die nach Norte führt. Etwa 100 m weiter beginnt auf der rechten Seite der Weg hinab in die Bucht von **São Lourenço**.

Santa Maria
Karte S. 115

Herrenhaus in Furnas

São Miguel

São Miguel ist die größte, bedeutendste und bevölkerungsreichste Insel der Azoren. Die Landschaft zeigt sich in buntestem Kleid: weite Sandbuchten, tiefblaue Kraterseen, wildromantische Höhenzüge. Wie kein anderes Eiland des Archipels ist São Miguel touristisch erschlossen und daher für viele Azorenreisende die erste Wahl.

Im Gegensatz zu den dünn besiedelten kleineren Inseln herrscht auf São Miguel fast eine Art Festlandsmentalität. Hier kennt nicht jeder jeden. Die Insel lässt sich auch nicht an einem Tag abfahren, und die Wahrscheinlichkeit, dass man abends im Restaurant zufällig den Tisch neben dem Inselparlamentarier gewählt hat, ist gering. Auch sind die Städte größer, die Preise etwas höher, die Geschäfte besser bestückt, die Hotels vielerorts schicker und die Speisekarten der Restaurants abwechslungsreicher.

Wie alle Azoreninseln bezaubert auch São Miguel vor allem durch seine Naturschönheiten. Im Inselinneren füllen rauschende Bäche imposante Kraterseen. An der Küste erstrecken sich zwischen eindrucksvollen Felsformationen Sandstrände, z. T. von beachtlicher Länge. In den teils baumlosen Bergregionen weiden Kühe auf grasüberzogenen Vulkankegeln. Und brodelnde Heißwasserquellen erinnern an den vulkanischen Ursprung der Insel: São Miguel ist die vulkanisch aktivste Insel der Azoren. Deshalb überprüfen Forschungsschiffe regelmäßig die stets Lava fördernden Schlote der 50 km vor der Küste liegenden unterseeischen Vulkane. Solange deren Öffnungen frei bleiben, ist wenig zu befürchten.

Das touristische und wirtschaftliche Zentrum São Miguels ist Ponta Delgada – wegen der direkten Flugverbindungen (u. a. aus Deutschland) beginnen die meisten Azorenreisenden hier ihren Urlaub. Nach Ponta Delgada werden auch die meisten Azoren-Pauschalreisen angeboten – lassen Sie die Finger davon! Die Hafenstadt ist als Station okay, nicht aber als ständiger Standort. Am schönsten verbringt man seinen São-Miguel-Urlaub irgendwo auf dem Land oder in den Küstendörfern.

Inselgeschichte

Angeblich soll São Miguel im Jahr 1438 von einem Sklaven entdeckt worden sein. Dieser hatte am Tag des Erzengels Michael von einer Anhöhe auf Santa Maria, der zuerst besiedelten Insel der Azoren, in der Ferne zufällig Land gesehen und es seinem Herrn berichtet. Ein Jahr später folgte die Besiedlung der Insel, zuerst in der Gegend von Povoação. Erster Donatarkapitän wurde Gonçalo Velho Cabral, Ritter des Christusordens. Die ersten Siedler kamen vom portugiesischen Festland (aus der Estremadura, dem Alto Alentejo und von der Algarve), kurz darauf gesellten sich Franzosen, Madeirenser, vertriebene Juden und Mauren hinzu. War die geographische Abgeschiedenheit der Insel zu Anfang eher ein Hindernis für die wirtschaftliche Entwicklung, so wendete sich im 16. Jh. das Blatt: São Miguel lag nun an den Seehandelsrouten zwischen Europa, Afrika und Amerika. Und auf dem fruchtbaren Boden gedieh, was immer man säte: Weizen wurde in die portugiesischen Kolonien Afrikas exportiert, Färbepflanzen nach Flandern verkauft. Ertragreich war auch der Zuckerrohranbau, die süße Kostbarkeit war überall in Europa heiß begehrt. Im Lauf der Zeit wurden auch Käse und Wein exportiert. Und durch die Entdeckungsfahrten in die Neue Welt wurden schließlich Mais, Yams, Süßkartoffeln und Kürbisse auch auf den Azoren bekannt und angebaut.

Die erste Hauptstadt der Insel wurde Vila Franca do Campo. Nach ihrer völligen Zerstörung durch ein Erdbeben (1522) wurde sie 1546 von Ponta Delgada abgelöst. Gute und schlechte Zeiten folgten, letztere bedingt durch Vulkanausbrüche, aber auch durch eingeschleppte Seuchen. Denn die Schiffe, die die Inselprodukte an Bord nah-

Picknicken wie in der Karibik – am Miradouro da Ponta do Sossego

146   São Miguel

men und als Bezahlung Goldtruhen für die Großgrundbesitzer abluden, hatten des Öfteren die Pest im Gepäck. Zudem war São Miguel stets von Piraten bedroht.

In wirtschaftliche Not geriet São Miguel, nachdem der spanische Habsburgerkönig Philipp II. 1580 Portugal annektiert hatte: Der Seehandel war unterbrochen. Zunächst leisteten die Azoren Widerstand, 1582 jedoch fiel São Miguel nach der Schlacht bei Vila Franca do Campo in die Hand der Spanier, die wenig in die Insel investierten. Bis zur wiedererlangten Unabhängigkeit Portugals (1640) und der Azoren (1642) machten sich lediglich die Klöster um die Entwicklung der Insel verdient.

Der Wohlstand, an dem die breite Masse aber wenig Anteil hatte, kam erst mit dem Orangenanbau in der zweiten Hälfte des 18. Jh. nach São Miguel zurück. 1751 wurden die ersten drei Kisten nach England exportiert, um 1800 waren es schon rund 20.000 Kisten pro Jahr, zur Blüte des Orangenanbaus Mitte des 19. Jh. ca. 180.000 Kisten. Einer der ersten großen Plantagenbesitzer war der aus Boston stammende Kaufmann Thomas Hickling, der mit den saftigen Früchten ein Vermögen erwirtschaftete.

Doch unter der von Angra (Terceira), damals Hauptstadt des Archipels, auferlegten Steuerlast litten die Großgrundbesitzer wie auch das einfache Volk. Angeführt von Soldaten des Forte de São Brás, kam es 1821 zur Revolte in Ponta Delgada. Man forderte die Loslösung von Terceira. Der Aufstand hatte Erfolg, Lissabon gestand São Miguel bald eine eigene Regierung in Ponta Delgada zu, die der in Angra annähernd gleichberechtigt war.

Als 1828 das liberal eingestellte Militär auf Terceira den Despoten und Thronräuber Dom Miguel die Anerkennung verweigerte und die Unabhängigkeit von den anderen Azoreninseln anstrebte, floh der von Dom Miguel eingesetzte Inselregent Vize-Admiral Henrique da Fonseca de Sousa Prego nach Ponta Delgada, um von dort die acht noch loyalen Inseln zu regieren. 1831 schloss sich São Miguel als letzte miguelinische Hochburg dem Beispiel Terceiras an und wechselte auf die Seite der Liberalen (→ Geschichte, S. 86). 1832 kehrte Dom Pedro, der seiner Tochter, der legitimen Königin, zu Hilfe kommen wollte, aus Brasilien zurück. Mit seinen Schiffen legte er in Ponta Delgada an, die Bevölkerung feierte ihn auf den Straßen. Kurz darauf brach er mit einem 8000-Mann-Heer und 48 Schiffen wieder auf, um den Tyrannen Dom Miguel erfolgreich aus Lissabon zu vertreiben.

In der zweiten Hälfte des 19. Jh. vernichteten die Weiße Wollschildlaus und anschließender Pilzbefall die Orangenplantagen. Die Läuse waren über Umwege per Schiff von Australien auf die Azoren gelangt. Der Plage hätte man mit dem Aussetzen einer australischen Marienkäferart, dem natürlichen Feind der Weißen Wollschildlaus, Herr werden können. Nur wusste man damals noch nichts davon. Der Niedergang des Orangenanbaus traf v. a. das einfache Volk, viele verloren ihre Jobs auf den Plantagen, eine große Emigrationswelle setzte ein. Neue Kulturpflanzen mussten eingeführt werden: Tee, Tabak und die Ananas erreichten São Miguel.

Die Ära Salazars war für São Miguel mit wirtschaftlicher Stagnation und Armut verbunden, die Abwanderung hielt an. Erst mit dem Beitritt Portugals in die EG brachen wieder bessere Zeiten an. Heute profitiert die Insel wie keine andere von den Fördermitteln der EU; der Tourismus wurde zu einem wirtschaftlichen Standbein ausgebaut. Dabei wird überwiegend in Ponta Delgada investiert – ein Hotel nach dem anderen entstand dort in den letzten Jahren. Azoridylle bietet ein Stadthotel in der Inselmetropole zwar nicht, vielen Skandinaviern ist das aber we-

An- und Weiterreise mit dem Flugzeug

niger wichtig, sie kommen des billigen Bieres wegen. Die touristische Konzentration auf Ponta Delgada hat zumindest den Vorteil, dass sich der Rest der Insel seinen natürlichen Charme weitgehend bewahren konnte – wenn die Ausflügler nicht gerade busgruppenweise von Ponta Delgada herangekarrt werden.

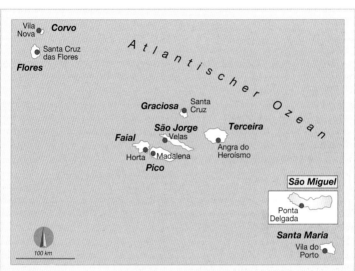

São Miguel

Hauptort: Ponta Delgada
Touristische Zentren: Ponta Delgada, Furnas, Mosteiros, Caloura, Vila Franca do Campo
Bevölkerung: 133.816 Einwohner (179 pro km²)
Größe: 746 km², vom nördlichsten bis zum südlichsten Punkt 15 km, vom östlichsten bis zum westlichsten 62 km
Küstenlänge: 155 km

Höchste Erhebungen: Pico da Vara 1103 m, Pico Barrosa 947 m, Pico da Cruz 845 m, Pico das Éguas 873 m
Position: 37°42′ N und 37°53′ N, 25°08′ W und 25°52′ W
Entfernung zu den anderen Inseln: Santa Maria 102 km, Terceira 170 km, Graciosa 246 km, São Jorge 247 km, Pico 244 km, Faial 276 km, Flores 511 km, Corvo 519 km

An- und Weiterreise mit dem Flugzeug

Weitere Service-Adressen unter Ponta Delgada ab S. 154.

* *Flughafen* Inselairport *João Paulo II.*, ca. 3,5 km westlich des Zentrums von Ponta Delgada. Der Terminal wurde zum Papstbesuch 1991 erbaut, bis 2011 soll er modernisiert und ausgebaut werden. Im Terminal finden sich Restaurant, Snackbar, Souvenirgeschäfte, Gepäckaufbewahrung, Polizeistation, Poststelle, Bankomaten, die Zweigstellen mehrerer Autoverleiher (→ Mietwagen), ein SATA-Office (✆ 296205414) und eine **Turismo-Zweigstelle** (Hauptbüro in Ponta Delgada) mit sehr variablen Öffnungszeiten.
Die Rollos der meisten Einrichtungen fallen i. d. R. nach Ankunft der letzten Maschine.

148   São Miguel

> **Tipp**: Versuchen Sie beim Anflug auf São Miguel einen Fensterplatz auf der rechten Seite zu bekommen – tolle Ausblicke auf die Insel!

● *Transfer* Taxi mit Gepäck vom Flughafen in die Stadt ca. 9 €. Keine **Busse**!
● *Flugverbindungen* Die *SATA* fliegt 1- bis 2-mal tägl. nach **Santa Maria** und **Pico**, 2- bis 3-mal tägl. nach **Faial**, 5-mal wöchentl. (im Juli und Aug. 1-mal tägl.) nach **São**

Jorge und bis zu 5-mal tägl. nach **Terceira**. Mit Umsteigen in Terceira bieten sich weitere Flugverbindungen nach Pico und São Jorge an. **Graciosa** ist nur über Terceira 1- bis 2-mal tägl. zu erreichen, **Corvo** 3-mal wöchentl. nur über Horta oder Flores. Nach **Flores** im Sommer 3-mal wöchentl. direkt, im Winter stets über Faial, Terceira oder Corvo. Informationen zu den Flugtarifen, Gepäckbeschränkungen usw. im Kapitel „Unterwegs auf den Azoren/Flugzeug" und unter www.sata.pt.

Touren-Tipps

Die Insel an einem Tag zu umrunden ist zwar rein theoretisch möglich, doch nicht zu empfehlen. Die landschaftlichen Höhepunkte, die schönsten Orte und Strände liegen oft etwas abseits und sind z. T. nur über Stichstraßen zu erreichen.

Mindestens 4 bis 5 Tage sollte man sich für die Insel Zeit nehmen. São Miguel lädt dazu ein, einfach drauflos zu fahren und dort zu halten, wo es einem gerade gefällt – zum Picknicken, Baden oder Wandern. Für alle, die Routenempfehlungen wünschen, die schönsten Touren:

Tour 1: Durch den Westen

Ponta Delgada – Relva – Feteiras – Ginetes – Ponta da Ferraria – Várzea – Sete Cidades (Lagoa Azul und Lagoa Verde) – Lagoa de Santiago – Vista do Rei – Lagoas Empadadas – Capelas – Ponta Delgada

Tour 2: Rund um Ribeira Grande – der Mittelteil der Insel

Ponta Delgada – São Roque – Lagoa – Lagoa do Fogo – Ribeira Grande – Caldeiras – Lombadas – Porto Formoso – Gorreana – Vila Franca do Campo – Caloura – Lagoa – Ponta Delgada

Tour 3: Die Region um Furnas

Ponta Delgada – Lagoa – Caloura – Vila Franca do Campo – Lagoa das Furnas – Furnas – Ribeira Quente – Furnas – Pico do Ferro – Salto do Cavalo – Salga – Lomba da Maia – Maia – Porto Formoso – Miradouro Santa Iria – Ribeira Grande – Ponta Delgada

Tour 4: Der Osten

Ponta Delgada – Lagoa – Vila Franca do Campo – Furnas – Salto do Cavalo – Salga – Miradouro do Salto da Farinha Quede de Agua – Nordeste – Miradouro da Ponta do Sossego – Miradouro da Ponta da Madrugada – Lombo Gordo – Povoação – Furnas – Porto Formoso – Ribeira Grande – Ponta Delgada

An- und Weiterreise mit dem Schiff

● *Häfen* Alle Fähren legen von Ponta Delgada ab.
● *Mit den Autofähren der Atlântico Line nach Santa Maria* Von Mitte Mai bis Mitte

Sept. 1- bis 2-mal/Woche (meist Sa und So) nach **Vila do Porto**.
Informationen bei diversen Reisebüros in Ponta Delgada (→ Ponta Delgada/Adressen)

Mehr zu den Autofähren der Atlântico Line unter www.atlanticoline.pt und im Kapitel „Unterwegs auf den Azoren/Schiff". Dort finden Sie auch Angaben zu Fahrdauer und Tarifen.

• *Nach Santa Maria mit Transporte Maritimo* Das Frachtschiff *Baía dos Anjos* der Reederei **Transporte Maritimo Parece Macado** fährt i. d. R. Mo/Mi (abhängig von Wind und Wellen) nach **Vila do Porto**. Abfahrt gewöhnlich zwischen 17 und 18 Uhr, Fahrtdauer 5–6 Std. Einfache Strecke 21 €/Pers. (retour 35 €), zzgl. Transportversicherung für 7 €; zu erhalten in Ponta Delgada bei Fidelidade Mundial in der Rua Luís Soares de Sousa 67 (unterhalb der Repsol-Tankstelle beim Gericht). Mo–Fr 8.30–11.45 und 13–15.45 Uhr.

Informationen bei der **Reederei** in der Av. Hermano Feijo 32 direkt am Hafen von Ponta Delgada (bei der Schranke zum Containerbereich). Mo–Fr 9–12 und 13–17.30 Uhr, ☎ 296286991, ✆ 296286308.

• *Mit den Autofähren der Atlântico Line in die Zentralgruppe und nach Flores* Von Mitte Mai bis Mitte Sept. verkehren die Autofähren der **Atlântico Line** i. d. R. So oder Mo von Ponta Delgada aus zu den Inseln der Zentralgruppe. Als erstes wird dabei meist **Terceira** (Praia da Vitória) angelaufen, dann **São Jorge** (Velas), **Pico** (Cais) und **Faial** (Horta). Danach fährt das Schiff i. d. R. eine Rundtour durch die Zentralgruppe oder nach **Flores** (Lajes) weiter. Infos auch in diversen Reisebüros in Ponta Delgada.

Mietwagen

Auf São Miguel gibt es rund 20 Autoverleiher, die Konkurrenz macht sich jedoch nur in der NS preislich positiv bemerkbar. Wer nur für ein paar Tage ein Fahrzeug leihen und dabei die ganze Insel umrunden möchte, kommt mit einem Wagen ohne Kilometerbegrenzung billiger weg, da man auf São Miguel schnell ein paar hundert Kilometer zusammenfährt. Am Flughafen (hier wird bei allen Verleihern ein einmaliger Zuschlag von 20–25 € verlangt) finden Sie Vertretungen von Ilha Verde, Autatlantis, Hertz und 296 Açor Rent.

Ilha Verde, größter Anbieter der Insel, zugleich die Vertretung von Europcar, Sixt und Avis. Überwiegend Neufahrzeuge. Von Lesern jedoch z. T. vernichtend beurteilt. Autos ab 24 €/Tag plus 0,20 €/km plus Steuern. Ohne Kilometerabrechnung ab 41 €/Tag inkl. Steuern. CDW 11 € extra. Offices in Ponta Delgada an der Praça 5 de Outubro und im Solmar-Komplex an der Uferstraße, ☎ 296304800, www.ilhaverde.com.

Autatlantis, von Lesern insgesamt als zuverlässig und korrekt beurteilt. Fahrzeug ab 19 €/Tag plus 0,20 €/km plus Steuern. Ab 2 Tagen ohne Kilometerbegrenzung 33,50 € plus Steuern. CDW 12 € extra. Offices in Ponta Delgada an den Portas do Mar und an der Rua dos Manais 53 (☎ 296205340) sowie in Ribeira Grande (→ S. 212), www.autatlantis.com.

Flor do Norte, von Lesern sehr gelobt. Einer der preiswertesten Anbieter der Insel. Ohne Kilometerbegrenzung ab 2 Tagen ab 25 €/Tag plus Steuern. CDW 8 € extra. In Ponta Delgada an der Rua Dr. Falcão 43 (nahe dem Museum), ☎/✆ 296287209, www.flordonorte-rentacar.com.

Limota, billigstes Auto 17,50 €/Tag plus 0,18 €/km plus Steuern. Ab 2 Tagen Leihdauer ohne Kilometerbegrenzung 31 € plus Steuern. CDW 11 € extra. Sitz in Ponta Delgada an der Avenida Infante Dom Henrique 55, ☎ 296629338, limota@delca.pt.

Micauto, theoretisch einer der billigsten Anbieter: Autos ab 15 €/Tag plus 0,15 €/km plus Steuern, diese sind aber meist nicht vorhanden. Zu bekommen sind Autos ab 19 € plus 0,19 €/km. CDW 7,50 €. Ab 2 Tagen ohne Kilometerbegrenzung auf dem Papier ab 25 €/Tag plus Steuern, in der Realität meist erst ab 33 €. Office in Ponta Delgada, Avenida Infante Dom Henrique 109 (neben Hotel Giovata), ☎ 296284382, www.micauto.com. Unterhält eine Zweigstelle in Furnas (→ Furnas, S. 242).

Hertz, einer der teuersten Anbieter der Insel, jedoch häufig sehr gute Sonderangebote, die eine Vollkaskoversicherung beinhalten. Zuletzt wurden leider oft alte, kaputte Gurken mit 80.000 km auf den Buckel und mehr vermietet. Kein Office in der Stadt. ☎ 296205435, www.hertz.com.

296 Açor Rent, Fahrzeug ab 25 €/Tag plus

0,22 €/km inkl. Steuern. Ab 2 Tagen ohne Kilometerbegrenzung 45 €. CDW 10 € extra. Kein Office in Ponta Delgada. Zentrale Reservierungsnummer ℡ 296205070, am Flughafen 910203506 (mobil), www.azoresrent.com.

Weitere Autoverleiher finden Sie zudem in Vila Franca do Campo und Povoação.

Inselspezielles

- *Feste/Veranstaltungen* → In den Kapiteln zu den jeweiligen Ortschaften.
- *Folklore* Bei den Dorf- und Stadtfesten kann man zuweilen den inseltypischen Tänzen beiwohnen, dabei kleiden sich die Tänzerinnen in bunte, die Männer in einfarbige Trachten. Die bekanntesten Tänze sind *Sapateia, Manjericão, Balho Furado, Canaverde* und *Pézinho-da-vila*. Rote Kutten mit halbmondartigen Hüten tragen die **Foliões**, die Narren der Heilig-Geist-Feste.

Nur noch in Museen zu sehen ist der **Capote-e-Capelo**, ein Umhang mit Kapuze aus festem blauem Tuch, den einst Frauen trugen. Aller Wahrscheinlichkeit nach kommt er aus Flandern und war im 18. Jh. in Portugal in Mode. Bis in die 1940er Jahre gehörte der Capote-e-Capelo noch zum Alltag auf São Miguel. Mark Twain (1835–1910) notierte bei seinem Azorenbesuch 1867: „Die Kapotte ragt hoch empor, ladet weit aus und ist unermesslich tief. Sie passt wie ein Zirkuszelt, und der Kopf einer Frau ist darin versteckt wie der des Mannes, der auf der Opernbühne von seinem Blechgehäuse aus den Sängern souffliert. Es ist kein Stückchen Verzierung an dieser grässlichen Kapotte, es ist eine einfache, hässliche, fahlblaue Segelfläche (…)"

Grüße aus São Miguel

- *Sport/Freizeit* São Miguel bietet das beste Sport- und Freizeitangebot des Archipels: Tauchen, Segeln, Mountainbiking, Golf, Hochseefischen – fast nichts, was es nicht gibt. Details unter den einzelnen Orten.
- *Baden* Insbesondere an der Südküste findet man mehrere gute Sandstrände, besonders empfehlenswert sind die bei **Ponta Garça**, **Caloura**, **Praia** und **Ribeira Quente**. Der schönste Strand der Ostküste ist der von **Lombo Gordo**. Auch die Nordküste bietet einladende Buchten mit

Sandstränden, z. B. die **Praia de Santa Bárbara** bei Ribeira Seca und der Strand bei **Porto Formoso**. An der Westküste ist der Beach von **Mosteiros** die beste Wahl. Mehr planschen als baden lässt es sich in warmen Quellbecken im Inselinneren, z. B. bei **Furnas** und in der **Umgebung von Ribeira Grande**.
Die Seen sind wegen Überdüngung zum Baden ungeeignet, Ausnahmen: der **Lagoa do Fogo** und der **Lagoa do Congro**.

• *Übernachten/Camping* Die meisten Unterkünfte findet man in Ponta Delgada: Hotels und Privatzimmer in verschiedensten Preisklassen, zudem eine erstklassige **Jugendherberge**. Weitaus schöner übernachtet man jedoch in den Küstenorten rund um die Insel und in den Dörfern und Landgütern im Inselinnern. **Campingplätze** gibt es bislang nur bei Nordeste und in Furnas. Bei Sete Cidades ist einer im Aufbau, erkundigen Sie sich im Turismo in Ponta Delgada nach dem Stand der Dinge.

• *Regionale Spezialitäten* Am bekanntesten ist der aus Furnas stammende **Cozido**, eine Art Eintopf, bei dem Fleisch und Gemüse in einem fest verschlossenen Topf im vulkanisch-heißen Erdloch garen (→ Furnas, S. 245).

Gerne arbeitet man in der Küche mit der hiesigen Ananas – ein beliebtes Gericht ist die **Morcela com ananás**, die Blutwurst mit Ananas. Tradition hat dieses Gericht jedoch nicht: Nur ein Bruchteil der Inselbewohner konnte sich früher Ananas leisten.

Ansonsten ist das Angebot typischer Inselgerichte auf den Karten vieler Restaurants eher bescheiden. Hat man die Gelegenheit,

Die meisten Wanderwege sind bestens markiert

eine der folgenden Speisen zu probieren, sollte man sie sich nicht entgehen lassen: **Polvo guisado em vinho de cheiro** – in Cheiro-Wein geschmorter Tintenfisch; **Linguiça com inhames** – Rauchwurst mit Yams; **Torresmos em molho de fígado** – Schweinefleisch in Lebersoße; **Arroz da lapas** – Entenmuscheln mit Reis; **Caldeira de peixe** – schmackhafter Fischeintopf.

Romeiros – die Pilger der Insel

Jedes Jahr vor Ostern sieht man singende Pilgergruppen über die Insel wandern. Darunter sind Männer jeglichen Alters, aber keine Frauen. Bei allen Kapellen der Insel machen sie Halt, die der Nossa Senhora, Unserer Lieben Frau, geweiht sind. Eine Woche dauert ihr Marsch, eine entbehrungsreiche Woche des inneren Suchens, Schritt für Schritt. Sie alle haben ein Gelübde abgelegt oder beten für kranke oder verstorbene Angehörige. Der Ursprung der Pilgerwoche reicht weit zurück. Angeblich machten sich die ersten Männer nach dem Erdbeben von Vila Franca do Campo im Jahr 1522 auf den Weg, um Buße zu leisten.

Der Hafen von Ponta Delgada

Ponta Delgada

Die Hafenstadt an der Südküste von São Miguel wird gerne als die Hauptstadt der Azoren bezeichnet. Und in der Tat ist sie es, wenn auch nicht offiziell. Doch als Schmuckstück präsentiert sich Ponta Delgada nicht, auch wenn Klöster, Kirchen und Paläste das Zentrum bereichern und so mancher Gasse Charme verleihen.

Über 40.000 Einwohner zählt die Statistik für Ponta Delgada, allerdings sind dabei alle Vororte eingerechnet. Das Zentrum zählt nur 21.000 Einwohner und gliedert sich in drei Pfarrgemeinden: **São José** im Westen, **São Pedro** im Osten, dazwischen **São Sebastião**. Groß wirkt Ponta Delgada dennoch, um einiges größer als eine Stadt mit vergleichbarer Einwohnerzahl in Deutschland. Die Anziehungskraft Ponta Delgadas auf viele Açoreanos lässt die Stadt zudem seit Jahren expandieren.

Die drei Azoren-Distrikte mit ihren Hauptstädten Ponta Delgada, Angra do Heroísmo (Terceira) und Horta (Faial) sind verwaltungsrechtlich gleichrangig, doch zumindest in Sachen Wirtschaft besetzt Ponta Delgada die Schlüsselrolle: Es verfügt über den wichtigsten Hafen des Archipels und ist Zentrum der Banken, Versicherungen und anderer Dienstleistungsunternehmen. Auch das Gros der wenigen azoreanischen Industriebetriebe und der diplomatischen Vertretungen hat Ponta Delgada als Adresse. Dazu sorgen Juweliergeschäfte, Hotels von internationalem Standard, Pendler, Stadtbuslinien und stockender Verkehr für einen urbanen Charakter.

Schön ist Ponta Delgadas nicht, aber auch nicht hässlich. Am Charme der Stadt kratzen Bauten, deren Entwürfe beinahe so wirken, als wären sie aus der untergegangenen Sowjetunion an Land gespült worden. Galten einst die **Portas da Cidade,** die Stadttore am Praça Gonçalo Velho Cabral, als die Wahrzeichen der Stadt, wird Ponta Delgadas heutige Silhouette vom Shoppingcenter Solmar geprägt, einem riesigen Kasten im Zentrum, wie man ihn sonst nur in Trabantenstädten sieht. Aber welche Stadt hat keine Bausünden? Um Facelifting ist man auf jeden Fall bemüht: Zig einst heruntergekommene Straßenzüge strahlen nun wieder mit schneeweißen

Ponta Delgada 153

Fassaden und hübschen gusseisernen Balkonen. Teile des Zentrums wurden bereits als Fußgängerzone ausgewiesen, da wegen des hohen Verkehrsaufkommens ein gemütliches Schlendern in den Gassen kaum mehr möglich war.

Ponta Delgadas neuester Stolz aber nennt sich **Portas do Mar** – ein Anlegesteg für Kreuzfahrtschiffe mit Laden- und Restaurantzeile, unterirdischem Parkhaus, Freilufttribüne, Veranstaltungssaal und neuem Jachthafen für 450 Boote. Die Meinungen über das puristische Bauwerk sind geteilt, immerhin aber schuf man mit den Portas do Mar eine neue Flanier- und Ausgehmeile, die gut angenommen wird.

Stadtgeschichte

Anfang des 16. Jh. war der Ort nicht mehr als eine kleine Fischersiedlung mit einem sicheren Hafen an einer Landspitze namens Ponta Delgada. Die Hauptstadt São Miguels war Vila Franca do Campo im Osten der Insel. Die traurige Tatsache, dass die Stadt 1522 durch ein Erdbeben völlig zerstört wurde, ließ den damaligen Inselhäuptling, Donatarkapitän Rui II., samt Gefolge nach Ponta Delgada umziehen. Rui hatte das Beben überlebt, da er in seiner Sommerresidenz in Lagoa weilte. Ein wirtschaftlicher Aufschwung der Siedlung war die Folge, und 1546 erhielt Ponta Delgada offiziell die Stadtrechte, verliehen von König Dom João II. Der folgende Bau des Forte de São Brás sorgte nun auch für mehr Sicherheit, und immer mehr Menschen zog es aus Angst vor Piraten in den Schatten der Festung. Mehr als die Hauptstadt São Miguels sollte Ponta Delgada für die nächsten Jahrhunderte aber nicht werden. Papst Paul III. hatte bereits 1534 Angra auf Terceira zum Bischofssitz erhoben, womit Terceiras Aufstieg zur bedeutendsten Azoreninsel und der Aufstieg Angras zur wichtigsten Stadt des Archipels besiegelt war. Zudem forderten Naturkatastrophen und durch Handelsschiffe eingeschleppte Seuchen Opfer – bei einer Pestepidemie 1673 starben allein in Ponta Delgada täglich über 20 Menschen.

Viele der herrschaftlichen Häuser, die noch heute das Stadtbild schmücken, gehörten im 18. Jh. Plantagenbaronen, die mit Orangenanbau und -handel ihr Vermögen machten. Anfang des 19. Jh. wurde Ponta Delgada zum Freihandelshafen erklärt und nach der Revolte von 1821 (→ Inselgeschichte) Regentensitz. Sieben Jahre später begann man unter Vize-Admiral Henrique da Fonseca de Sousa Prego mit dem Bau der z. T. noch heute genutzten Kanalisation. Am 22. Februar 1832 legte Dom Pedro mit seinen Schiffen auf der Überfahrt von Brasilien nach Lissabon in Ponta Delgada an, die Bevölkerung feierte ihn auf den Straßen. 1833 teilte das Königshaus die Azoren in zwei Distrikte und ernannte Ponta Delgada zur Hauptstadt des östlichen Distrikts – ein neuer Abschnitt in der Geschichte der Stadt war eingeleitet.

Mitte des 19. Jh. wurde die Forderung nach einer künstlichen Befestigung des Hafens laut, insbesondere die Orangenbarone machten Druck, weil sie ihre Ernte einfacher verschiffen wollten. Doch der Hafen, dessen Bau 1861 begonnen wurde, sollte ihnen nicht mehr nützen: Als er fertiggestellt war, waren die Plantagen schon weitgehend durch Laus- und Pilzbefall vernichtet. Trotzdem förderte der neue Hafen die Entwicklung Ponta Delgadas erheblich, kleinere Industriebetriebe siedelten sich rund um die Stadt an. Bis heute wurde die große Mole mehrmals ausgebaut.

1947 befestigte man die Uferpromenade, damit änderte die Stadt ihr Gesicht zur Seeseite: Früher schwappte das Meer bis nahe an die Häuser, und bei Sturm stand das Zentrum zuweilen unter Wasser. Der letzte große Sturm suchte Ponta Delgada

154   São Miguel

übrigens zu Weihnachten 1996 heim: ein Orkan mit Stärke 12 auf der Beaufort-skala. Am Hafen peitschten die Wellen über die Kaimauer hinweg, rissen die Schiffe los und warfen sie wie Spielzeug an die Uferpromenade.

1975 wurde die Universität der Azoren gegründet. Und als der Archipel 1976 die politische und administrative Autonomie erhielt, wurde Ponta Delgada der Sitz der Provinzregierung zugesprochen. Seit 1986 war es die zentrale Aufgabe der Stadt, die reichlichen EU-Subventionen zu verwalten. Viele Paläste und Kirchen wurden damit restauriert und in Ämter und Museen umgewandelt. Der Bau etlicher Bettenburgen für skandinavische Pauschaltouristen wurde gefördert, 2000 ein neues Krankenhaus, 2004 das Shoppingcenter Parque Atlântico (in den Wochen danach gehörte die *Zara*-Tüte zum Ausgehkostüm der schicken Inseldamen) und 2008 der Kreuzfahrtschiffskai, die Portas do Mar, eröffnet. Und spätestens 2010 soll in Ponta Delgada das erste Fünf-Sterne-Hotel (mit Casino!) der Azoren die Pforten öffnen – die Einweihungsparty sollte schon ein Jahr früher über die Bühne gehen, azorentypisch würde es aber auch nicht verwundern, wenn sie erst 2011 stattfindet. Als Zugabe entsteht nebenan das neue Shoppingcenter Pero de Teive.

> **Orientierung**: Das Zentrum der Stadt erstreckt sich entlang einer weiten Bucht von der **Praça 5 de Outubro** bis zum neuen Fünf-Sterne-Hotel Casino bei der **alten Marina**. Zusammen mit dem **Jardim Antero de Quental** im Norden bildet es eine Art Dreieck, in dem sich das städtische Leben entfaltet. Die Uferstraße und Promenade, die **Avenida Infante Dom Henrique**, säumen Banken, Cafés, Hotels und Geschäfte. An ihr residieren das SATA- und das Turismo-Büro, unter ihr kann man parken, zudem fahren von hier die Busse zu allen Inselorten ab. Der Gassen- und Straßenwirrwarr dahinter erscheint auf Stadtplänen zwar simpel, lässt den Ankömmling jedoch häufig erst einmal orientierungslos umherirren. Alle 100 m ändern die Straßen ihre Namen, mal zweigt man zu früh ab, mal zu spät. Zu Fuß ist das noch vergleichsweise unkompliziert, mit dem Mietwagen aber ist man in dem komplizierten Einbahnstraßennetz hoffnungslos verloren. Am einfachsten orientiert man sich an den Kirchen, Plätzen und Palästen der Stadt.

Information/Parken/Verbindungen

● *Information* **Turismo**, man bekommt Busfahrpläne und eine Liste mit Privatzimmern. Leider ist nicht alles auf dem aktuellsten Stand. Im Winter Mo–Fr 9–18 Uhr, Sa 9–13 Uhr, im Sommer auch So vormittags. Avenida Infante Dom Henrique, ✆ 296285152, www.cm-pontadelgada.azoresdigital.pt.

● *Parken* Am einfachsten in Tiefgaragen oder Parkhäusern, z. B. **unter der Uferpromenade** (Einfahrt z. B. beim Hotel Marina Atlântico, → Übernachten), beim Shoppingcenter **Parque Atlântico** (→ Einkaufen) oder an der **Rua da Graça**. Parkplätze auch vor der **Jugendherberge** (→ Übernachten) und an der **Rua Mota** im Norden des Zentrums.

● *Verbindungen* Es gibt **drei innerstädtische Minibuslinien**: die *Linha Amarela* (A, gelb), die *Linha Verde* (B, grün) und die

Linha Azul (C, blau). Sie fahren von 7–19 Uhr alle 20–25 Min. Rundkurse vom Zentrum in die Außenbezirke, dabei bedient A die westliche Hälfte, B die nördliche und C die östliche. Im Zentrum den Bus zu nehmen, lohnt aber kaum, da die Minibusse nicht allzu oft die Runde drehen und dazu häufig im Verkehr stecken bleiben. 0,25 €/Fahrt. Abfahrtsstelle der Linien A und C an der Praça Vasco da Gama, Linie B fährt u. a. am Jardim Antero de Quental vorbei.

Inselbusse: São Miguel teilen sich drei Busgesellschaften. *Auto Viação Micaelense* (✆ 296301358) bedient den Westen der Insel, *Caetano Raposo & Pereira* (✆ 296304260) den Nordosten und *Varela & Cª.LDª.* (✆ 296301800) den Südosten. Alle Busse starten an der Avenida Infante Dom Henri-

Ponta Delgada – Information/Parken/Verbindungen 155

Vor dem Rathaus von Ponta Delgada

São Miguel Karte hintere Umschlagklappe

que zwischen dem Hauptzollamt (Alfândega) und dem Turismo-Büro, die Haltestellen liegen der Fahrtrichtung entsprechend links bzw. rechts der Straße.

Der Zielort der Busse wird meist durch Schilder hinter der Windschutzscheibe angezeigt. Die angegebene Häufigkeit der Busse bezieht sich auf Werktage des Sommerfahrplans, der von Mitte Juni bis Mitte Sept. gültig ist. Im Winter ca. 1–2 Fahrten pro Tag weniger. Sa/So und an Feiertagen entfallen einige Busverbindungen!

Alle Busverbindungen unter www.smigueltransportes.com

In den Westen: 6-mal tägl. nach Capelas, 5-mal tägl. nach Santo António und nach João Bom, 2-mal tägl. (frühmorgens und am Abend) über Várzea nach Sete Cidades, 8-mal tägl. nach Fenais da Luz, 9-mal tägl. nach Mosteiros, davon 7-mal über Várzea und 2-mal über Capelas.

In den Nordosten: Nach Ribeira Grande von ca. 7.30–19 Uhr fast alle 30 Min., der letzte Bus zurück um 22 Uhr (fast jeder zweite Bus fährt über Rabo de Peixe), 4-mal tägl. nach Fenais da Ajuda, 3-mal tägl. nach Maia und 3- bis 4-mal tägl. nach Nordeste.

In den Südosten: 8–20 Uhr ca. stündl. nach Fajã de Baixo und Fajã de Cima, ebenfalls stündl. von 7–19 Uhr zur Praia do Pópulo. Von 7–19 Uhr alle 1½ Std. nach Vila Franca do Campo, ebenfalls regelmäßig nach Lagoa, viele Fahrten frühmorgens und am Abend, der letzte Bus zurück gegen 22 Uhr. 4-mal tägl. nach Povoação, 6-mal tägl. nach Furnas.

Tagestour-Tipp für den Inselosten: Der 7.15-Uhr-Bus von Ponta Delgada nach Furnas fährt über Ribeira Grande entlang der Nordküste nach Maia und von dort durch das Hochland nach Furnas (Ankunft gegen 9 Uhr). Wer will, kann kurz vor Furnas an der Abzweigung zum Pico do Ferro aussteigen und anschließend die Wanderung um den Lagoa das Furnas unternehmen. Gegen 16.20 Uhr fährt von Furnas der 16-Uhr-Bus aus Povoação über Vila Franca do Campo zurück nach Ponta Delgada (Ankunft gegen 18 Uhr).

Taxis stehen an allen Plätzen der Stadt, nach Lagoa ca. 10 €, nach Ribeira Grande 15 €, Nordeste 50 €, Furnas 30 € und zum Airport ca. 6,50 €, 9 € mit Gepäck.

Einkaufen

- 25 Açorvime
- 27 Casa Vaquinha
- 32 Conceição Pereira Loja de antiguidades
- 34 Shoppingcenter Pero de Teive
- 41 Casa Regional da Ilha Verde
- 46 Paulo do Vale
- 53 Maviripa
- 54 Solmar
- 57 A Vinha Garrafeira
- 63 Livraria Gil
- 69 Loja do Peter

Nachtleben

- 33 PDL Café Lounge
- 36 Marrakesh Caffé Bar
- 37 Tanda's Bar
- 38 Bar Cantinho dos Anjos
- 54 Sentado em Pé
- 59 Piano Bar
- 61 Sports one Café
- 62 Café com Letras
- 65 Bar do Pi
- 70 Coliseum
- 72 fair play

158   São Miguel

Bummelbahn: Von Juni bis Sept. (im Winter nur Sa/So) fährt eine Touristen-Bummelbahn durch das historische Zentrum, zu den Gärten der Stadt, zu den Stränden und in die Außenbezirke. Insgesamt gibt es 5 verschiedene Linien. 4,50 €/Fahrt. Abfahrt z. B. an der Praça de Gonçalo Velho Cabral beim alten Stadttor. Einen Fahrplan erhält man beim Turismo oder unter www.lagarta.net.

Fähren: → An- und Weiterreise mit dem Schiff, S. 148.

Adressen

• *Ärztliche Versorgung* **Hospital do Divino Espírito Santo** im Bairro Arcanjo Lar (nördlich des Parque Atlântico), ✆ 296203000.

• *Fluggesellschaft* **SATA**, Mo–Fr 9–18 Uhr. Avenida Infante Dom Henrique 55, ✆ 296209700.

• *Geld* Banken mit Automaten überall im Zentrum.

• *Internetzugang* Kostenlos surfen kann man in der **Bibliothek** am Jardim Antero de Quental. Bei **PT Comunicações** an der Praça Vasco da Gama kosten 30 Min. 1 €, etwas mehr bei **Ponto FM** im Shoppingcenter Parque Atlântico (→ Einkaufen).

• *Mietwagen* → S. 149.

• *Polizei* Nahe der Igreja Matriz in der Rua da Alfândega, ✆ 296629360.

• *Post* Mit Briefmarkenautomat davor. Mo–Fr 8.30–18.30 Uhr, Sa nur vormittags. An der Rua Cons. Dr. L. Bettencourt 12.

• *Reisebüros* Mehrere Reisebüros im Zentrum. Eines der größten der Insel ist die **Agência de Viagens e Turismo Melo**, Flüge bis ans Ende der Welt, Fährtickets und Hotelbuchungen in Ponta Delgada. Mo–Fr 9–18 Uhr. Rua de Santa Luzia 7–11, ✆ 296205385, www.melotravel.com.

Ava Tours, ähnliches Angebot, dazu Tages- und Halbtagestouren, z. B. Stadttour durch Ponta Delgada (halber Tag) 9 € oder Sete Cidades und Lagoa do Fogo (ganzer Tag mit Lunch) 55 €. Mo–Fr 9–18 Uhr. Rua Hintze Ribeiro 30/32, ✆ 966823572 (mobil), www.avatours.com.

• *Wäsche* Bei der **Wash Now Self-Service Lavanderia** im Solmar-Shoppingcenter (EG) kostet eine 10-kg-Trommel Waschen und Trocknen 15 €. Mo–Sa 10–20 Uhr, So nur bis 13 Uhr. **5àSec** im Shoppingcenter Parque Atlântico (→ Einkaufen) verlangt 4 €/kg. Wer die Wäsche vormittags abgibt, erhält sie am Abend zurück.

• *Zweiradverleih* Mehrere Anbieter. Fahrräder und Mopeds verleiht z. B. **Bicycles and Motos Rental**, Mountainbikes ab 6 €/Tag, Mopeds ab 20 €. In der Rua António Joaquim Nunes Silva 55-A, ✆/✉ 296628304, bikerental@sapo.pt.

Einkaufen (→ Karten S. 156/157 und vordere Umschlagklappe)

Nirgendwo sonst auf den Azoren ist das Angebot vielfältiger als in Ponta Delgada. Trotzdem sollte man nicht allzu hohe Erwartungen haben. Falls nicht anders angegeben, hat das Gros der Geschäfte montags bis freitags von 9 bis 12.30 und von 14 bis 18 Uhr geöffnet, samstags nur vormittags oder gar nicht.

• *Antiquitäten und Trödel* **Conceição Pereira Loja de antiquidades (32)**, einer der besten Trödelläden der Stadt. Auch tolle Heiligenfiguren und Keramik. Rua de S. João 8.

• *Bücher* Ein recht gutes Sortiment an Publikationen über die Azoren halten der Buchladen **Livraria Solmar (54)** im gleichnamigen Shoppingcenter und die **Livraria Gil (63)** in der Rua Diário dos Açores bereit.

• *Schmuck* **Paulo do Vale (46)**, der Schmuckdesigner fertigt u. a. Ringe und Anhänger aus schwarzem Basaltgestein von den Azoren. Eine Halskette von Paulo do Vale besitzt übrigens auch die Königin von Jordanien – ein Gastgeschenk des portugiesischen Präsidenten. Rua Machado dos Santos 89.

• *Shoppingcenter* **Parque Atlântico (3)**, 15 Gehmin. nördlich des Zentrums (die Minibuslinie B fährt daran vorbei). Für azoreanische Verhältnisse ein fast schon mondänes Shoppingcenter. Über 100 Läden (*Body Shop*, *Zara*, *Mango* etc.), ein Kino mit 4 Sälen und ein größerer Restaurantbereich. Ausgestellt ist das einzige auf der Insel noch erhaltene Walfangboot. Angeschlossen sind der riesige Supermarkt **Hipermercado Modelo** und der **Baumarkt Maxmat**, wo man sich mit Brennspiritus und Campinggas versorgen kann. Tiefgarage. Tägl. 10–22 Uhr (Supermarkt am So nur bis 13 Uhr).

Ponta Delgada – Kultur & Freizeit 159

Solmar (54), das größte Shoppingcenter im Zentrum. Über 20 Geschäfte, die meisten haben bis 22 Uhr geöffnet. Wi-Fi-Zone. Avenida Infante Dom Henrique.

• *Korbwaren* Bekommt man in der **Casa Vaquinha (27)**, einem Kabuff in der Rua do Mercado 24, und bei **Açorvime (25)** in der Rua Dr. Aristides M. Mota 65. Beide Läden haben nur unregelmäßig geöffnet.

• *Markt* Nirgendwo sonst ist die Fruchtbarkeit der Insel besser zu sehen als im Marktgebäude an der Rua do Mercado. Südländisches Marktgeschehen darf man jedoch nicht erwarten, alles hat seine gesetzte Ordnung. Feine Käsegeschäfte in der angrenzenden Ladenpassage.

• *Musik* Im CD-Laden **Flash Music** im Shoppingcenter Solmar (s. o., **54**) gibt es eine recht gute Auswahl azoreanischer Musik.

• *Souvenirs* Etliche Geschäfte. Eine große Auswahl an regionalem Kunsthandwerk und Mitbringseln, die guten Geschmack auf die Probe stellen, bieten die **Casa Regional da Ilha Verde (41)**, Rua do Aljube 7–9, und **Maviripa (53)** an der Avenida Infante Dom Henrique (zwischen Einkaufszentrum Solmar und Hotel Giovata).

Loja do Peter (69), hier gibt es die Kult-T-Shirts von Peter Café Sport aus Faial (→ S. 364), dazu alles Mögliche andere, auf das sich ein Wal drucken lässt. Tägl. bis 22 Uhr. Portas do Mar.

• *Wein* **A Vinha Garrafeira (57)**, hiesige Weine und ausgewählte Tröpfchen vom Festland. Avenida Infante Dom Henrique (neben dem SATA-Büro).

• *Zeitungen* Deutschsprachige Zeitungen und Zeitschriften findet man mit Glück in dem der **Tabacaria Açoreana** (→ Cafés) angegliederten Laden (durchs Café laufen) und am Flughafen.

Verzerrt: Prozession in Ponta Delgada

Kultur & Freizeit

• *Ausstellungen* lokaler und internationaler Künstler werden in der **Câmara Municipal** (Rathaus), in der **Academia de Artes** am Largo Luis de Camões und im **Centro Municipal de Cultura**, Rua 6 de Junho, gezeigt. Auch die **Galerie Fonseca Macedo** (→ Sehenswertes) lohnt einen Besuch.

• *Fabrikbesichtigung* Zwei Tabakfabriken gibt es noch auf São Miguel. Eine davon, die **Fábrica de Tabaco Estrela**, erlaubt einen Blick hinter die Werkstore – hier lässt sich die Zigarettenproduktion von der Vorbehandlung des Tabaks über das Drehen bis zur Verpackung in Kartons verfolgen. 40 % des verarbeiteten Tabaks wird auf den Azoren geerntet, der Rest stammt aus Simbabwe und Brasilien. Die Produktion, bis zu 150.000 Päckchen im Monat, wird fast ausschließlich auf den Inseln abgesetzt (die meistgerauchte azoreanische Marke ist übrigens *Além Mar*). Einziges Exportland sind die USA. Neben Zigarillos und Zigaretten, die maschinell hergestellt werden, rollen einige Arbeiter die *Charutos* wie z. B. die *Robusto Estrela*, die besten Zigarren des Hauses, von Hand. Führungen Do um 13, 14, u. 15 Uhr. Das private Unternehmen mit 60 Beschäftigten hat seinen Sitz in der Rua de Santa Catarina, ✆ 296305491.

• *Jeepsafaris/Inseltouren* Mehrere Anbieter. **Futurismo** (→ Whale-Watching) bietet z. B. verschiedene Touren an, ganztägiger

160 São Miguel

Ausflug mit Lunch 65 €.

● *Kino* Im **Parque Atlântico** (→ Einkaufen). Die meisten Filme laufen im O-Ton mit portugiesischen Untertiteln.

● *Theater und Konzerte* Aufführungen lokaler Theatergruppen und Konzerte gehen u. a. in der **Academia de Artes** am Largo Luis de Camões und im **Teatro Micaelense** (Largo de São João) über die Bühne. Diverse Events (Bälle, Galas, Kongresse, House-Partys usw.) werden auch im **Coliseu Micaelense** veranstaltet (Ecke Avenida Roberto Ivens/Rua de Lisboa, gegenüber der Brauerei).

Nass bis aufs Hemd: Eine lustignasse Tradition haben die Wasserschlachten zur **Karnevalszeit auf São Miguel**. Dann versteckt sich Jung und Alt hinter Mauern und in Hauseingängen und schüttet eimerweise Wasser auf nichts ahnende Passanten. Höhepunkt ist die *Batalha d'Água*, die Wasserschlacht von Ponta Delgada. Im Konvoi fahren dann Trucks die Uferpromenade hoch und runter, und hinten von der Lade kommt das Wasser literweise in Luftballons geflogen. Zur Einstimmung kann man das Stichwort „Batalha d'Água" bei *Youtube* eingeben.

● *Whale-Watching* Grundsätzlich gilt: Die Chance, an der Nordküste Wale zu sichten,

ist größer als an der Südküste. Nicht umsonst standen dort auch die Walfabriken. Die meisten Ausfahrten starten jedoch in Ponta Delgada, einfach aus dem Grund, da hier die meisten Touristen residieren. 5 Agenturen gibt es allein in Ponta Delgada. Für den Erfolg einer Whale-Watching-Ausfahrt sind die Späher in den Walausgucken an der Küste entscheidend. Haben diese keine Wale oder Delfine im Visier, finden bei seriösen Anbietern auch keine Fahrten statt. Die Walausgucke liegen bei Relva, Caloura und bei Vila Franca do Campo. Ein Manko der Ausfahrten ab Ponta Delgada: Oft jagen von hier mehrere Boote gleichzeitig den Walen hinterher, sodass diese genervt abtauchen. Die Ausfahrten dauern i. d. R. 3–4 Std., kosten um die 50 € und werden bei allen erwähnten Anbietern, sofern das Wetter mitspielt, ganzjährig angeboten.

Futurismo, 2-mal tägl. Ausfahrten (vor- und nachmittags). Es werden Boote für 12–36 Pers. eingesetzt. Veranstaltet auch Schwimmen mit Delfinen (63 €). Office u. a. an der alten Marina, ℡/℗ 296628522, www.azoreswhales.com.

Seawatch, Hartschalenboote für 36 Pers. Auch Whale-Watching-Tagestour mit Stopp in Ribeira Quente für 65 € – ein Erlebnis. Kiosk schräg gegenüber den Portas da Cidade, ℡ 965854362 (mobil), www.seawatch.com.pt.

Picos de Aventura, schnelle Schlauchboote für 12 Pers., 24 Pers. und Hartschalenboote für 36 Pers. Schwimmen mit Delfinen 70 €. Gutes Briefing. Office im Hotel Marina Atlântico, ℡ 296283288, www.picosdeaventura.com.

Sport

● *Angeln* Eine Angelerlaubnis für sämtliche Seen der Insel erhält man beim **Serviço Florestal**, Rua do Contador 23, ℡ 296286288.

● *Baden* Am besten sucht man die Strände der Umgebung auf, die nächsten finden sich ein paar Kilometer östlich bei São Roque und Livramento (→ S. 176). Alternative vor Ort ist das große **Freibad** nahe dem Hotel Marina Atlântico (Anfang Juni bis Ende Sept.). Neben dem Freibad kann man im Meer bzw. Hafen baden.

● *Golf* Der nächste Golfplatz ist der **Batalha Golf Course**, mit dem Pkw ca. 15 Min. entfernt, von den Straßen nach Fenais da Luz und Capelas aus beschildert. 27-Loch–Platz mit 72 Par, Driving Range, Chipping Area,

Putting Green und Clubhaus mit Konferenzsaal. HDCP liegt für Männer bei 28, für Frauen bei 36. Ausrüstungsverleih und -verkauf. Will man nur 1-mal spielen, ist der Spaß teuer: Green Fee 80 €. Drei Green Fees im Paket kosten 168 €, fünf nur 250 €. Die Green Fees können über den ganzen Urlaub verteilt eingelöst werden. Die Pakete sind auch für den Golfplatz bei Furnas gültig. ℡ 296498559, www.azoresgolfisland.com.

● *Hochseeangeln* Über **F. R. B. Sport Fishing** möglich, Kontakt auch über die Marina. 10 Std. inkl. Verpflegung 850 € (max. 6 Pers.), halber Tag 500 €. ℡ 927337446 (mobil), www.frb-fishing.com.

Auch João Braga von **Azores Sport Fishing**

Ponta Delgada – Übernachten 161

bietet Ausfahrten zu ähnlichen Preisen. ✆ 966866826 (mobil), www.azoressportfishing.com.

● *Paragliding* Tandemflüge (40 €/Pers.) bietet **João Brum** vom örtlichen Paragliderclub (→ Wissenswertes A–Z/Sport). Rua do Contador 73, ✆ 918198358 (mobil).

● *Reiten* Ausritte organisieren die **Quinta da Terça** (→ Livramento/Übernachten), die **Quinta do Pico da Cruz** (→ Pico da Pedra/Reiten) und die **Quinta das Raiadas** (→ Ginetes/Reiten).

● *Segeln* → Vila Franca do Campo, S. 184.

● *Tauchen* Ist über **Açordiving** möglich. Normaler Bootstauchgang inkl. Equipment 60 €. Auch Fahrten zu den Formigas und zum Unterwasservulkan Banco D. João de Castro. ✆ 296285900 oder 966182758 (mobil), www.azoresdiving.com.

> Eine gute Tauchadresse finden Sie auch unter Caloura (→ S. 182).

● *Tennis* Seine Asse schlagen kann man z. B. auf den Plätzen des **Hotels Royal Garden** (→ Übernachten). Nicht-Hotelgäste zahlen 10 €.

● *Wandern/Adventure* Wandertouren veranstaltet z. B. **Futurismo** (→ Whale-Watching). Je nach Tour 35–45 € inkl. Transport. Ähnliches Angebot und ähnliche Preise bei **Picos de Aventura** (→ Whale-Watching). Letztere bieten zudem Klettertouren (45 €) und von Lesern hoch gelobte Canyoning-Touren bei Nordeste (70 €) an.

Übernachten (→ Karten S. 156/157 und vordere Umschlagklappe)

Ponta Delgada bietet fast genauso viel Betten wie die Zentral- und Westgruppe der Azoren zusammen – und ständig werden es mehr, insbesondere im mittleren und oberen Preissegment. Jüngstes Beispiel ist das **Hotel Casino (31)**, das erste Fünf-Sterne-Hotel der Azoren (zum Zeitpunkt der Drucklegung noch nicht eröffnet). Eher unterrepräsentiert sind einfache, saubere, günstige Unterkünfte. In allen Kategorien kann es in der HS zu Engpässen kommen. Außerdem sollte man zur Festa do Senhor Santo Cristo dos Milagres (5. Wochenende nach Ostern) **dringend** im Voraus reservieren. Falls im unteren Preissegment nichts mehr frei ist – eine komplette Liste gemeldeter Privatzimmervermieter hält das Turismo-Büro bereit. Mit Straßenlärm ist in nahezu allen zentral gelegenen Hotels zu rechnen; im westlichen Stadtteil São José kommt noch der Fluglärm hinzu. **Tipp**: Viele Häuser im oberen Preissegment lassen sich über ortsansässige Reisebüros billiger buchen, da diesen Sonderkonditionen eingeräumt werden.

● *Hotels und Pensionen* ****** Hotel Marina Atlântico (44)**, großer, neuerer Hotelbau am Uferboulevard nahe der alten Marina. 184 komfortable, modern eingerichtete Zimmer mit allem Schnickschnack. In jenen zur Seeseite kann man vom Bett durch die verglaste Front und über den Balkon hinweg auf den Hafen und das Meer blicken (je höher, desto besser). Restaurant, Bar, Fitnesscenter etc. EZ offiziell 162 €, DZ 177 €, meist aber gute Sonderangebote. Avenida Infante Dom Henrique, ✆ 296307900, ✆ 296301881/2, www.bensaude.pt.

**** Royal Garden Hotel (12) weißer, u-förmiger Bau mit 193 sehr gut ausgestatteten Zimmern, die meisten mit Balkon. Modern eingerichtet, mit etwas Asiatouch aufgepeppt. Tennisplätze, Türkisches Bad, Innen- und Außenpool. Fest in skandinavischer Hand. Mäßiger Service. EZ ab 155 €, DZ ab 165 €. Rua de Lisboa, ✆ 296307300, ✆ 296307307, www.investacor.com.

*** Park Hotel (16), ein moderner Klotz oberhalb des Zentrums. Leser loben den Service und das Restaurant. 163 komfortable Zimmer mit Internetanschluss und Klimaanlage, alle mit Balkon und Blick über die Stadt. Parkplätze vor der Tür. Fitnesscenter, Innen- und Außenpool. Bietet mehr als manch anderes Drei-Sterne-Haus der Stadt, ist aber auch entsprechend teurer. EZ 140 €, DZ 155 €. Rua Manuel Augusto Amaral, ✆ 296306000, ✆ 296306015, www.bensaude.pt.

**** Hotel Avenida (49), der Kasten stammt aus den 1970er Jahren, wurde 2004 erweitert und restauriert. Zum Meer hin kleine Zimmer, nach hinten größere. EZ 140 €, DZ 155 €. Rua José B.T. Carreiro, ✆ 296209660, ✆ 296209669, www.bensaude.pt.

**** Hotel do Colégio (24), in einem charmanten, alten, restaurierten Stadthaus in zentraler Lage. 55 klassisch-moderne Zimmer (überwiegend jedoch im neuen Anbau hinten raus) und Suiten. Pool, Fitnessraum,

São Miguel
Karte hintere Umschlagklappe

162　São Miguel

eigene Garage. EZ ab 134 €, DZ 144 €. Rua Carvalho Araújo 39, ☏ 296306600, 📠 296306606, www.hoteldocolegio.pt.

*** Hotel Talisman (64), alteingesessenes Hotel mit Flair. 50 unterschiedliche Zimmer (10 davon mit Balkon) und 6 Suiten. Die renovierten Zimmer sind klassisch-gediegen eingerichtet, die alten versprühen noch nostalgischen Charme, haben aber auch Falten und Flecken. Fitnessraum und kleiner Pool auf dem Dach – schöne Aussichten! Parkplatz (5 €/Nacht extra). Für ein Hotel im Zentrum relativ ruhige Lage. Empfehlenswertes Restaurant mit Terrasse. Zuvorkommendes Personal. EZ 110 €, DZ 130 €, Suite 170 €. Rua Marquês da Praia e Monforte 40, ☏ 296308500, 📠 296308505, www.hoteltalisman.com.

Alles ausgebucht? Sollten unsere Empfehlungen in den verschiedenen Preiskategorien ausgebucht sein, hier eine Auswahl an Alternativadressen:

DZ über 120 €:

**** Hotel Açores Atlântico (51), Avenida Infante Dom Henrique, ☏ 296302880, www.bensaude.pt.

*** Vila Nova Hotel (16), Rua João Francisco Cabral 1/3, ☏ 296301610, www.platanohotels.com.

DZ 100–120 €:

*** Hotel Canadiano (5), Rua do Contador 24, ☏ 296287421, www.hoteisplatano.com.

**** Hotel Gaivota (55), Appartements. Avenida Infante Dom Henrique 103, ☏ 296302510, www.hotelgaivota.com.

*** Hotel Comfort Inn, Rua Dr. Bruno Tavares Carreiro 61, ☏ 296307700, www.choicehotelseurope.com.

DZ 80–100 €:

Guesthouse La Nina (18), Rua do Contador 15, ☏/📠 296285395, www.lanina-gh.com.

*** Hotel Ponta Delgada (15), Rua João Francisco Cabral 49, ☏ 296209480, www.hotelpdl.com.

DZ 60–80 €:

Residencial Sete Cidades (7), Rua do Contador 20, ☏ 296287344, www.residencialsetecidades.com.

Residencial Marisol (14), Rua D'Alegria 67, ☏ 296287531.

Residêncial Hortênsia (2), Rua Nova da Misericordia 482, ☏ 296652592.

Aparthotel Açorsol (8), Appartements. Rua do Laureano 2, ☏ 296205620, www.grupomobiliar.com.

**** Hotel Camões (47), in zentraler Lage in einem schön restaurierten historischen Stadthaus mit Gauben und gusseisernen Balkonen. 35 komfortable Zimmer, freundlicher Service. Bar, Restaurant. EZ 84 €, DZ 96 €. Largo de Camões 38, ☏ 296209580, 📠 296209587, www.hotelcamoes.com.

Pensão Alcides (40), ebenfalls ein historisches Stadthaus, ebenfalls in zentraler Lage. Alle 19 Zimmer mit Bad, Parkettboden, Aircondition. Die Zimmer nach vorne können laut werden. Freundlicher Service. Nebenan das zugehörige, empfehlenswerte Restaurant. EZ 57,50 €, DZ 70 €. Rua Hintze Ribeiro 67–77, ☏ 296629884, 📠 296629885, alcides@az.netcabo.pt, www.alcides.eu.

Casa de Jardim (1), ein klassizistischer Palast mitten im botanischen Garten Jardim José do Canto, benannt nach seinem einstigen Eigentümer. Ruhige, traumhafte Lage. Die 14 Zimmer befinden sich leider alle im UG und haben daher nur ein kleines Fenster unter der Zimmerdecke. Sehr sauber und geräumig. Der Service schwankt. Bescheidenes Frühstück in einem fensterlosen Raum mit Neonbeleuchtung. EZ 55 €, DZ 65 €. Rua José do Canto 9, ☏ 296650310, 📠 296650319,

Ponta Delgada – Übernachten 163

www.residencialcasadojardim.com.

Residencial Carvalho Araújo (22), freundliches, familiäres, sehr sauberes 9-Zimmer-Haus im Herzen der Stadt. Alle Zimmer mit Bad, Aircondition und TV. EZ mit leckerem Frühstück 45 €, DZ 60 €. Rua Carvalho Araújo 63–65, ☎ 296307090, 🖷 296307099, www.residencialca.com.

Residêncial America (35), 21 recht kleine, etwas abgenutzte Zimmer. Trotz zentraler Lage bis auf das Brummen der Klimaanlagen im Hinterhof verhältnismäßig ruhig. Schöne alte Holzböden, ansonsten aber eher ältlich-bieder. EZ 42,50 €, DZ 55 €. Rua Manuel Inácio Correia 54–58, ☎ 296284351, 🖷 296287353.

Residêncial São Miguel (30), anständiges Haus im Zentrum. 20 saubere Zimmer mit TV, die Einzelzimmer etwas beengt. EZ 40 €, DZ 45 €. Rua Bruno Tavares Carreiro 28, ☎ 296285245, 🖷 296285245.

Casa de Hóspedes A Comercial (43), historisches Stadthaus in zentralster Lage. Eine sehr gute, gepflegte Adresse in dieser Preisklasse, geführt von einer freundlichen älteren Dame (kein Englisch). 7 blitzblanke, schöne Zimmer mit 1-a-Bädern, geschmackvollen Massivholzmöbeln und z. T. netten Aussichten auf die Stadt und das Meer. Auf Ruhe im Haus wird Wert gelegt. Gute Snackbar nebenan. EZ 30 €, DZ 35 €. Rua Machado Santos 73, ☎ 296282987 o. 919376359 (mobil).

Residêncial Portas da Cidade (60), über der gleichnamigen Bar. 8 Zimmer mit Abstellkammerambiente und Gemeinschaftsbad. Dafür recht zentral. DZ 30 €, EZ 20 €. Largo da Matriz, ☎ 296283873.

● *Appartements* ****** Aparthotel Antillia (23)**, von Lesern gelobte, neuere Anlage mit 47 Appartements und 7 Zimmern. Verschachtelt und terrassenförmig angelegt. Trotz zentraler Lage ruhig. Zeitgemäße, komfortable Ausstattung, von den oberen Zimmern Blick über die Stadt und aufs Meer. Innen- und Außenpool (mit netter Terrasse). Kinderspielraum, kleine Bibliothek. Minimumaufenthalt in den Appartements 5 Nächte. DZ 109 €, Appartement ab 132 €. Rua do Peru 105, ☎ 296206000, 🖷 296206005, www.aparthotel-antillia.com.

Maria Leonor Medeiros Franco (19), vermietet 3 Appartements in einer fürstlichen Villa mit Zinnen auf dem Dach und Kletterpflanzen an der Fassade. Gut ausgestattet

und gepflegt. Mindestmietdauer 4 Tage. Für 2 Pers. ab 85 €. Avenida Gaspar Frutuoso 1, ☎/🖷 296284481, jubileu@virtualazores.com.

Lidia's House (21), Lidia C. Sardinha Medeiros vermietet in ihrem Privathaus ein Studio, ein Appartement und 3 große Zimmer mit Bad. Charmant, teils mit Antiquitäten eingerichtet, aber auch etwas in die Jahre gekommen. Netter Garten mit Grillgelegenheit. Zimmer für 2 Pers. 45 €, Studio 55 €, Appartement 65 €, Frühstück 6 €/Pers. extra. Rua João Moreira 14 A (nahe dem Museum), ☎ 296286278, 🖷 296628618, www.lidiashouse.com.

Casa Vitoriana (29), 3 geschmackvoll und individuell ausgestattete Appartements vermietet Margarida Oliveira Rodrigues (englischsprachig) in einem Stadthaus aus dem 19. Jh. Im Garten mit tropischen Früchten steht zudem ein ganzes Häuschen zur Verfügung. 3 ebenfalls sehr liebevoll mit altem Mobiliar eingerichtete Zimmer im OG – selbst die Bäder wurden hier im alten Stil restauriert. Sehr ruhig. Von Lesern gelobt. EZ 55 €, DZ 65 €, Appartements 85–95 €. Rua João Francisco Sousa 34, ☎ 296285081, 🖷 296205039, www.casavitoriana.com.

● *Privatzimmer* → auch unter Appartements.

Ruth Maria Raposo Machado (17), 3 sehr gepflegte, picobello saubere, aber etwas biedere Zimmer mit Parkettboden und Gemeinschaftsbad. Bei Sprachproblemen wird die englischsprachige Schwiegertochter angerufen. EZ 25 €, DZ 30–35 €. Rua de Sant'Ana 24, ☎ 296283501.

Eduarda do Espírito Nunes (6), die herzliche ältere Dame vermietet 3 Zimmer mit Gemeinschaftsbad. Rauchverbot! Keine Fremdsprachenkenntnisse. DZ 35 €, einzeln belegt 25 €. Rua Eng. José de Canto Resende 10 (etwas außerhalb des Zentrums), ☎ 296285590.

Maria Goretti Tavares (17), vermietet insgesamt 26 simple Zimmer, 18 davon mit Tür zum Hinterhof und eigenen kleinen Bädern, die 8 anderen teilen sich 2 Bäder und 2 Küchen. Separater Eingang, man muss also nicht nachts auf Zehenspitzen am Schlafzimmer der Vermieterin vorbeischlei-

São Miguel
Karte hintere Umschlagklappe

164   São Miguel

chen. Eine der besten Adressen in dieser Preiskategorie. Tagsüber trifft man Frau Goretti (freundlich, geschäftstüchtig und unkompliziert) im gleichnamigen Minimercado schräg gegenüber dem Restaurante O Estradinho, abends nebenan bei der Hausnr. 14 klingeln. DZ ohne Bad 20 €, mit Bad 25 €. Rua Teófilo de Braga, ✆ 296629453, www.gorettitavares.net.

Olga Maria Arruda Lima (19), 3 Zimmer, eines davon mit eigenem Bad. Sehr bieder. DZ mit Bad 35 €, ohne Bad 30 €. Rua Teófilo de Braga 23, ✆ 296629334.

Familie Andrade (13), 3 angenehme Zimmer in einem komfortablen Haus, jedoch nur im Sommer. Alles blitzeblank, aber hellhörig. Sehr freundlich, von Lesern gelobt. DZ 25 €. Rua de Lisboa 42, ✆ 296283950.

● *Jugendherberge* **Pousada de Juventude (20)**, untergebracht in einem traditionellen Herrenhaus, das einst Sitz einer der vornehmsten Familien der Stadt war. Die Herberge ist sehr sauber und gepflegt, fast alle Zimmer mit Parkett. Freundliches Ambiente. Die DZ (leider nur 4 an der Zahl, 2 mit und 2 ohne Bad) sprechen nicht nur Rucksacktouristen an, sie können mit manchem Hotel der Stadt mithalten. Ganzjährig. Reservierung im Sommer mind. 2–3 Wochen im Voraus. Inkl. Frühstück im Mehrbettzimmer 16,50 €/Pers., DZ mit Bad 41,50 €, ohne Bad 36,50 €. Rua São Francisco Xavier (etwas außerhalb des Zentrums), ✆ 296629431, 🖷 296629672, www.pousadasjuvacores.com.

Essen & Trinken (→ Karten S. 156/157 und vordere Umschlagklappe)

In den letzten Jahren haben diverse neue Restaurants, trendige Cafés und Bars mit guter Küche (→ Nachtleben) eröffnet. Beliebte Sommeradressen mit nettem Außenbereich findet man an den **Portas do Mar**. Die meisten Lokale haben sonntags geschlossen. Gute Mittagstische bieten auch die Restaurants der Hotels **Talisman (64)** und **Camões (47)**.

● *Restaurants* **Colégio 27 (26)**, von vielen Lesern gelobtes Lokal unter schwedischer Leitung. Überschaubare Portionen und kleine Karte (ein paar sehr gute Fleischvariationen, dazu der „Hausburger" und ein frisches Fischgericht), Hg. 10–22 €. Das gemütliche Restaurant fungiert zugleich als Jazzclub: Di/Mi/Fr/So Livemusik. Tägl. ab 18 Uhr. Rua Carvalho Araújo, ✆ 296288930.

Restaurante São Pedro (42), Restaurant der gehobenen Klasse, für manche Leser das Inselhighlight. Gediegen-modernes Ambiente, der Schwerpunkt liegt auf exzellenten Fleischgerichten wie Filet Mignon oder Schweinelende am Spieß, dazu Pasta und Salate. Reservierung empfehlenswert. Hg. 9,50–22 €. Mit der Rechnung bekommt man eine CD mit São-Miguel-Fotos geschenkt. Sa/So wird nur abends serviert. Largo Almirante Dunn 23 A, ✆ 296281600.

Restaurante Aliança (71), kleines Restaurant, das bei den Insulanern den besten Ruf genießt und schwerpunktmäßig Fleischgerichte serviert – das *Bife Aliança* (Filetsteak zu 15,50 €) wurde schon ausgezeichnet. So Ruhetag. Rua Açoreana Oriental 19, ✆ 296284095.

Casa Marisca, hübscher Kachelschmuck, große Auswahl an Gerichten, der frische Fisch liegt in einer Vitrine aus. Zu den Spezialitäten des Hauses gehören *Polvo assado* und Reis mit Meeresfrüchten. Von Lesern gelobt. Hg. 5,50–14,50 €, günstiger Mittagstisch. Kein Ruhetag. Etwas außerhalb des Zentrums, Rua Eng. José Cordeiro 127 (im ersten Stock), ✆ 296382780.

Rapòtaxo (39), bis auf den stetig laufenden Fernseher ein nettes Lokal, modern und doch gemütlich eingerichtet. Überaus adrette Kellner. Ein Tipp für Nachtschwärmer – unter der Woche bis Mitternacht, Fr/Sa bis 2 Uhr geöffnet. Mittags-Büfett, abends à la carte. Gute Vorspeisen wie Entenmuscheln, Lobster (frisch aus dem Becken) oder Stockfischsalat, danach Fisch nach Tagesangebot oder gegrilltes Fleisch vom Huhn bis zur Schweinelende. Hg. 7,50–17 €. Samstags nur abends. Rua da Misericórdia 51, ✆ 296285166.

Restaurante Alcides (40), zur gleichnamigen Unterkunft gehörend. Gepflegtes Lokal mit rot gestrichenen Wänden und Gewölbedecke. Fleisch- und Fischküche, unter-

Ponta Delgada – Essen & Trinken

Ermida de Nossa Senhora da Mãe Deus

haltsam ist ein Blick auf die deutsche Speisekarte, wo die Blutwurst mit Ananas zur „Gebacken Fleischkugel mit natürliche Ananas" wird. Hg. 8,50–18 €. So Ruhetag. Rua Hintze Ribeiro 61/77, ✆ 296629884.

Casa Açoreana (45), auch hier, ein paar Schritte weiter, schmeckt es Lesern. ✆ 296653922.

Casa de Pasto O Avião (52), hier isst die Arbeiterfamilie neben dem Bankkaufmann und der wiederum neben einer Gruppe schwedischer Touristen. Einfaches Lokal mit hell beleuchtetem Speisesaal und Hinterhofgarten. Auf der Tageskarte stehen stets ein paar frische Fischgerichte, Hg. 7,50–11 €, gutes Preis-Leistungs-Verhältnis. So Ruhetag. Rua do Comandante Jaime de Sousa 14, ✆ 296285740.

Restaurante Nacional (67), ein Inselklassiker. Simples, aber äußerst populäres Lokal – für einen Tisch steht man auch mal Schlange. Professionelles englischsprachiges Personal mit Pfiff, gute Weinauswahl und ebensolche Stimmung. Übliche Fleisch- und Fischgerichte zu 5–14 €. Sa nachmittag und So geschl. Rua Açoreana Oriental 18, ✆ 296629949.

Casa de Pasto Tavares (66), einfach-urige Taverne im Kachellook. Vor allem mittags beliebt – dann ist kaum ein Tisch frei: Große Portionen, große Auswahl und niedrige Preise (kein Gericht über 8 €) sind der Grund. Leider verrechnet sich das Personal bei Touristen gerne einmal. Tägl. (außer So) 7–21 Uhr. Kein Schild überm Eingang, nicht zu verwechseln mit dem mexikanischen Restaurant im OG! Rua de Melo 78 (nahe dem Gericht).

• *Snacks* **Snackbar A Comercial (43)**, die Empfehlung für ein schnelles Mittagessen. Tägl. eine Suppe und max. 5 verschiedene Tagesgerichte (max. 6 €), die man sich aus der Vitrine wählen kann. Dazu Kuchen und Sandwichs. Rua Machado Santos 75.

Sopas & Sopas (50), Schnellrestaurant fürs Mittagessen. Verschiedene sättigende Suppen in Riesenschüsseln, dazu Salate und diverse Tagesgerichte. Günstig. Travesso do Arco 9, nahe der Igreja Matriz.

• *Cafés* **Pão Quente (48)**, die ehemalige „Skiper's Bar" an der Marina. Internationales Stimmengewirr, gemütliche Terrasse, auf der sich die illustre Seglerszene bestens beobachten lässt. Man kann auch essen.

Café Central (56), ein Treffpunkt im Zentrum. Auf der Terrasse sitzt man zwar sehr gemütlich, doch Achtung: für azoreanische Verhältnisse gesalzene Getränkepreise! Bis 23 Uhr, So Ruhetag. Gegenüber der Igreja Matriz de São Sebastião.

Billiger trinkt man sein Bier im **Café Mascote (58)** ums Eck an der Rua Dos Mercadores 62 (am Largo da Matriz).

166   São Miguel

Café Tabacaria Açoreana (68), nette Mischung aus Zeitschriften-/Tabakladen und Café. Außenbestuhlung in der Gasse davor. Snacks und Sandwichs. Im Hinterzimmer zwei Internetterminals. Rua Diáro dos Açores.

Café A Ginjinha (28), kleines Café, zu dem an sich nicht viel zu sagen wäre, würde hier nicht der köstliche Kirschlikör *Ginjinha* aus Lissabon serviert werden. Dazu süße kleine Teilchen. Rua de São João 13.

Nachtleben (→ Karten S. 156/157 und vordere Umschlagklappe)

Ponta Delagadas Nachtleben kommt selten vor Mitternacht in Schwung. Clubs und Kneipen ändern häufig Namen und Besitzer und sind, wie überall, mal in, mal out.

Coliseum (70), die DJs legen überwiegend House auf. Mindestverzehr 3 €. Nur Fr/Sa ab 22 Uhr geöffnet, ab 1 Uhr wird's voll und lustig. Neben dem Coliseu Micalense in der Avenida Roberto Ivens.

fair play (72), schicker Laden. Gutes Restaurant im OG (große Auswahl an Fleisch- und Fischgerichten für 8–16 €), unten (ab 22 Uhr) Musik und Dance, an Wochenenden legen DJs auf. 1-a-Cocktails. Mo Ruhetag. Rua da Cruz 17.

Bar Cantinho dos Anjos (38), früher beliebter Treffpunkt von Seglern, Seeleuten, lokalen Größen und allen, die dazugehören wollten, heute zehrt man nur von seinem einstigen Ruf. Unter Wimpeln, Fahnen und Entenschnabelmützen aus aller Welt à la Peter Café Sport (→ S. 364) schmeckt das Bier aber immer noch ganz gut. Nette Bedienung, junges Publikum. Im OG ein Restaurant. Raucherkneipe! So Ruhetag. Ecke Rua Hintze Ribeiro/Rua Machado dos Santos.

Café com Letras (62), eher Disco als Café, viel Latino- und afrobrasilianische Musik. Gemischtes Publikum, witziger Laden. Nur Fr/Sa, am besten nicht vor Mitternacht kommen. Rua Diáro dos Açores 27 B.

Sports one Café (61), gegenüber dem Café com Letras. Sportbar mit Liveübertragungen. Günstige Snacks und Gerichte etwas abseits des Mainstreams. Abends hin und wieder Partys. Bis 3 Uhr geöffnet. Rua Diáro dos Açores 18.

Tanda's Bar (37), mal House-, mal Percussion-Night, mal französische Chansons, mal alternativer Rock – jeden Abend etwas anderes. Auf die Tanzfläche darf man sich auch mit 35 Jahren noch trauen. Ab 23 Uhr, Fr/Sa Livemusik. Mi Ruhetag. Rua Manuel Inácio Correia 79.

Sentado em Pé (54), alteingesessenes Clubrestaurant im Solmar-Komplex. Auch dieser Nightlife-Spot wird meist erst gegen Mitternacht voll. Musik quer durch den Garten, zuweilen auch Livemusik und Themenabende. Die tiefgaragenartige Zufahrt gegenüber dem Hotel Avenida nehmen.

PDL Café Lounge (33), fast schon alternative Cafébar, in der nachmittags die Studenten vor ihren Laptops sitzen und am Abend die Party abgeht. Oft gute Events zwischen brasilianischen Nächten und Balkanbeats. Kleiner Außenbereich. So Ruhetag. Largo de São João 2.

Bar do Pi (65), sehr beliebte Bar mit ziemlich jungem Publikum. Simpel-minimalistisch eingerichtet, v. a. am Wochenende Tanz und Spaß. Gute Cocktails. Man kann auch draußen sitzen. Portas do Mar.

Marrakesh Caffé Bar (36), schöne Bar im orientalischen Stil mit bodennahen Tischchen und Räucherstäbchen überall. Fr/Sa Shows zwischen türkischem Bauch- und indischem Tempeltanz, unter der Woche ruhiger. Rua Ernesto do Canto 23.

Piano Bar (59), für die gediegenere Abendunterhaltung. Fast jeden Abend Livemusik, ab 20.30 Uhr geöffnet. Hinter dem Restaurant Mercado do Peixe an der Avenida Infante Dom Henrique.

Sehenswertes

Große Sensationen hat Ponta Delgada nicht zu bieten, vielmehr gibt's den einen oder anderen Blickfang und kleine Highlights am Rande. Überwiegend handelt es sich dabei um Klöster, Kirchen, Gärten und ein paar Paläste. Nicht alles ist der Öffentlichkeit zugänglich, man findet jedoch genug, um einen verregneten Nachmittag zu überbrücken. Lohnenswert ist ein Besuch des **Museu Carlos Machado**. Die beeindruckendsten Sakralbauten sind der **Convento de Nossa Senhora da Es-**

Ponta Delgada – Sehenswertes

perança, die **Igreja Matriz de São Sebastião** und die **Igreja de Colégio de Todos os Santos**. Die Sehenswürdigkeiten sind der Reihenfolge entsprechend so aufgelistet, dass sie sich innerhalb eines gemütlichen Spaziergangs erkunden lassen.

Gruta do Carvão: Aus geologischer Sicht gelangte São Miguel durch den Zusammenschluss zweier Inseln vor rund 10.000 Jahren zu seiner heutigen Form: Der mächtige Vulkan von Sete Cidades hatte eine Insel geschaffen, die getrennt von jener Insel lag, die der Pico da Vara weiter östlich aus den Fluten hatte aufsteigen lassen. Durch weiterhin ausströmende Lava zwischen den beiden Inseln entstand jene Landmasse, die heute beide Inseln als São Miguel vereint. Einer der einst Lava fördernden Schlote zwischen beiden Inselhälften war die Serra Gorda (der Vulkankegel ist heute ein beliebter Startpunkt von Paraglidern). Als der Lavastrom verebbte, der von der Serra Gorda ins Meer floss und dabei die Landspitze von Ponta Delgada schuf, entstand die Gruta do Carvão, die größte Lavaröhre São Miguels (mehr zur Entstehung von Lavaröhren → Furna d'Água, S. 313). Einst soll die Röhre bis zu 5 km lang gewesen sein, jedoch stürzte sie an mehreren Stellen ein, sodass sie heute eine Länge von nur mehr 1650 m besitzt. Die Röhre verläuft unterhalb des Stadtgebiets von Ponta Delgada, eine Bebauung darüber würde heute in vielen Abschnitten nicht mehr zugelassen werden. Die Lavaröhre ist seit dem 16. Jh. bekannt und wurde im unteren Abschnitt von den Einwohnern Ponta Delgadas auch als Lager- und Kühlraum genutzt.

Ein Zugang zur Röhre befindet sich weit außerhalb des Zentrums nahe der Rua Paim; wer hier hinabsteigt, darf mit Helm rund 80 m weit in die „Kohlengrube" (*carvão* = Kohle) vorstoßen – als Einstimmung wird zuvor ein Videofilm gezeigt. Von den schwarzen Wänden, die teils mit falschem Gold überzogen sind, hängen Stalaktiten herab, darunter auch solche, die wegen ihrer Form Haizahn- und Zungenstalaktiten genannt werden und die es weltweit nur hier

Wachposten vor dem Forte de São Brás

gibt. Ein weiterer Zugang zur Röhre soll bis 2010 im Zentrum Ponta Delgadas an der Rua de Lisboa eröffnet werden, daher ist die Höhle hier auch als erstes genannt. Im Vergleich zur Gruta das Torres auf Pico ist der Besuch dieser Lavaröhre jedoch nur zweite Wahl.

Adresse/Öffnungszeiten Zum oberen Eingang gelangt man, wenn man von der Avenida Antero de Quental in die Rua do Paim bergauf abbiegt und unmittelbar hinter der Unterführung nach links abzweigt. Juli bis Sept. tägl. (außer Mo), April u. Juni Di–Sa, März bis Okt. Di/Do/Sa Führungen um 14.30, 15.30 und 16.30 Uhr (die Tür wird meist erst unmittelbar vor der Führung geöffnet). Eintritt 2,50 €. 4 €

168   São Miguel

Praça 5 de Outubro: Der fast quadratisch angelegte, von Platanen umgebene Platz ist einer der bedeutendsten der Stadt. Seine Kopfsteinmuster erinnern an einen Übungsparcours für Fahrschüler. In der Mitte steht neben dem mächtigen, 1870 gepflanzten und aus Australien stammenden Eisenholzbaum ein asiatisch anmutender Pavillon, der im Sommer Spielort für kleine Theateraufführungen und Konzerte ist. Im Westen wird der Platz vom *ehemaligen Franziskanerkloster* (türkisfarbenes Gebäude mit Säulenportal und klassizistischem Giebel) und der *Kirche São José* (s. u.) begrenzt. Im Norden schließt der *Convento de Nossa Senhora da Esperança* (s. u.) den Platz ab. Im Südosten steht die realsozialistisch anmutende Plastik *Monumento ao Emigrante* (1999) von Alavaro Raposo França, die den Auswanderern Referenz erweist. Zum Meer hin dominiert das *Forte de São Brás* (s. u.) das Bild. Wer das Glück hat, den Platz am fünften Sonntag nach Ostern zu besuchen, wird die Praça 5 de Outubro mit Girlanden und Blumenteppichen reich geschmückt vorfinden: Die Feierlichkeiten zu Ehren des Senhor Santo Cristo finden hier ihren Höhepunkt (→ Kasten „Das Fest der Wunder").

Forte de São Brás: Mit dem Bau der Festungsanlage wurde 1552 begonnen, um die Inselbewohner vor Piratenüberfällen zu schützen. Damals überragte das Fort die Landspitze Ponta Delgada, die zwar einen geschützten Ankerplatz bot, aber noch lange keine wichtige Hafenstadt war. Trotz mehrerer An- und Umbauten (insbesondere im 19. Jh.) zeigt die Wehranlage noch immer architektonische Merkmale der Renaissance. Im Zweiten Weltkrieg standen hier Flugabwehrgeschütze, um sich gegen mögliche Angriffe der deutschen Luftwaffe zu schützen. Die kam nie vorbei. Dafür feuerte man versehentlich 1944 auf General Eisenhowers Flugzeug – zum Glück traf man es nicht. Heute ist das Fort ein Stützpunkt des portugiesischen Heers, ein Teil der Anlage ist jedoch als Museum der Öffentlichkeit zugänglich. Ausgestellt sind u. a. Geschütze, Pistolen, Schnellfeuerwaffen, Funkgeräte und medizinische Instrumente, daneben auch eine fahrbare Suppenküche. Dass ein SS-Helm zwischen den Orden und Uniformen der portugiesischen Armee liegt, müsste dem Kasernenhäuptling eigentlich den Job kosten ... Außerhalb, an den massiven Festungsmauern, erinnert ein großes Denkmal an die gefallenen portugiesischen Soldaten und Seeleute während des Ersten Weltkriegs.
Öffnungszeiten Mi–Fr 10–18 Uhr, Sa 14–16 Uhr. Eintritt 1 €.

Igreja de São José und angrenzende Gebäude: Die dreischiffige Kirche ist die größte der Azoren. Bereits im 16. Jh. stand an dieser Stelle eine Kapelle, die zum damals angrenzenden Franziskanerkloster gehörte. Anfang des 18. Jh. wurde mit dem Bau der heutigen Kirche begonnen. Hinter ihrer majestätischen Fassade beeindrucken vier reich verzierte Seitenaltäre. Sie wurden von einflussreichen Familien der Stadt gestiftet, die sich auch an den Baukosten der Kirche beteiligt hatten. Gebeugte Engel tragen die Last der Altäre auf ihren Schultern, das jeweilige Familienwappen schmückt den oberen Abschluss. Die wertvollen Azulejos an den Seitenwänden des prächtigen goldenen Chors wurden stellenweise erneuert. Der krasse Farbunterschied gibt Aufschluss darüber, wie die Kacheln über die Jahrhunderte hinweg ausblichen. Mehrere Heiligenfiguren zeigen deutlich spanisch-mexikanischen Einfluss. Verlässt man die Kirche, liegt linker Hand unmittelbar hinter dem Ausgang die *Kapelle Nossa Senhora des Dores*, die nachträglich angebaut wurde und barocke Züge aufweist. Bis 1864 war sie Ausgangspunkt einer Prozession, bei der sich die Gläubigen mit Peitschen geißelten, um Vergebung von ihren Sünden zu erlangen. Im einstigen Klosterbau rechter Hand befindet sich heute eine Bank.

Das Fest der Wunder

Die **Festa do Senhor Santo Cristo dos Milagres** ist das größte Fest der Azoren. Fast eine Woche dauert es, Höhepunkt ist die rund vierstündige Prozession am fünften Sonntag nach Ostern. Bereits Wochen vorher wird die Stadt herausgeputzt. Die Freiwilligen, die mit mehreren tausend Glühbirnen die Praça 5 de Outubro und ganze Straßenzüge schmücken, bekommen dafür von ihrem Arbeitgeber einen Monat Sonderurlaub. An den Tagen vor der Prozession sieht man Gläubige auf Knien zur Kirche pilgern. Alle Flüge von Lissabon, aber auch aus den USA und Kanada sind dann ausgebucht, alle Hotelzimmer belegt. Aus der ganzen Welt zieht es die emigrierten Açoreanos wieder in die Heimat, es ist eine fröhliche Zeit, in der sich weit verstreute Familien wieder zusammenfinden. Sie kommen, um Gelübde abzulegen und um zu beten und zu bitten, oft für andere und meist um Genesung. Und vielen soll Senhor Santo Cristo dos Milagres Kraft gegeben haben, um Schmerz zu vergessen oder Tragödien zu bewältigen. Kranke haben vor ihm Heilung erfahren, so mancher hat seinen Rollstuhl für alle Zeiten verlassen. Nicht umsonst trägt die Ecce-Homo-Darstellung den Namen „Herr Jesus Christus der Wunder". Und für die vielen Wunder wurde Christus so reichlich beschenkt und seit Jahrhunderten mit Perlen und Gold bedacht, dass angeblich keine Versicherung der Welt für ihn eine Police ausstellt. Die große Verehrung, die besonders der ältere Teil der Bevölkerung Senhor Santo Cristo dos Milagres entgegenbringt, hat bis heute nicht nachgelassen.

Den Kult um die Christusfigur leitete die Nonne Teresa da Anunciada Ende des 17. Jh. ein. Schon 1530 war die Figur auf der Insel angekommen, im Gepäck zweier Nonnen, die sie von Papst Paul III. als Geschenk erhalten hatten, und zwar zusammen mit der Erlaubnis, auf São Miguel ein Kloster zu gründen. Zuerst zogen die Nonnen nach Caloura, verließen den Ort wegen der ständigen Piratenüberfälle aber wieder und begaben sich samt der lebensgroßen Holzfigur nach Ponta Delgada. Im Convento de Nossa Senhora da Esperança geriet der Senhor Santo Cristo fast in Vergessenheit, bis schließlich eines Tages die Nonne Teresa da Anunciada bei einem Gebet vor der Figur die Stimme Gottes vernahm. Ihre Erfahrung teilten kurz darauf andere, Wunderheilungen folgten, und Bittprozessionen beendeten Naturkatastrophen. Die erste Prozession durch die Straßen Ponta Delgadas fand im April 1700 statt. Seit über drei Jahrhunderten wird nun die Festa do Senhor Santo Cristo dos Milagres zelebriert wie kein zweites Fest des Archipels. Sie ist Ausdruck des tiefen Glaubens der Açoreanos, begleitet von Blaskapellen und Böllerschüssen. Zu Beginn der Prozession klopft der Bischof von Terceira dreimal an die Tür des Klosters, nach einem Moment der Stille treten dann die Nonnen heraus, gefolgt von den Trägern mit der aufgebahrten und reich geschmückten Christusfigur. Es ist ein ergreifender Augenblick, der Hektik unter den Videofilmern und ein Blitzlichtgewitter der Fotografen auslöst.

Hinweis Am Montag nach der Prozession, an die ein Straßenfest mit Volksfestcharakter anschließt, schläft die Stadt aus – das Gros der Geschäfte, Banken und Büros hat dann geschlossen.

Das Convento de Nossa Senhora da Esperança zur Festa-Zeit

Seine klassizistische Fassade stammt aus dem 19. Jh. Zu diesem Zeitpunkt hatte man die Franziskaner längst von der Insel vertrieben, erst im 20. Jh. kehrten sie wieder zurück.

Öffnungszeiten Die **Kirche** ist Mo–Fr 14–18 Uhr zu besichtigen, Sa/So nur zwischen den Messen.

Convento de Nossa Senhora da Esperança: Im Klarissinenkloster aus dem 16. Jh. leben heute noch neun Nonnen, einst waren es über 100. Herzstück des Klosters ist die Christusstatue *Senhor Santo Cristo dos Milagres* im unteren Chor der langen, schmalen *Klosterkirche*. Dieser ist durch ein Eisengitter vom oberen Chor mit einem reich verzierten, geschnitzten Hochaltar getrennt. Die wertvolleren Azulejos beherbergt der untere Chor. Sie wurden von Diego Bernardes im 18. Jh. geschaffen. Dargestellt sind Szenen aus dem Leben Christi und Teresa da Anunciadas, die bis zu ihrem Tod 1737 die Christusfigur hütete und der ein großer Anteil an der Verbreitung des Kults um den Senhor Santo Cristo dos Milagres zugesprochen wird. Ihre Gebeine sind in einer kostbaren Truhe im unteren Chor aufbewahrt. Eine Statue der Nonne blickt vor der Kirche auf die Praça 5 de Outubro. Dahinter, über einer Bank an der Klostermauer, markieren ein kleiner Anker und das Wort *Esperança* (Hoffnung) jene Stelle, an der sich der Dichter Antero de Quental (→ Kasten S. 172) 1891 das Leben nahm.

Öffnungszeiten Die **Klosterkirche** (oberer Chor) ist Mo–Fr 9–12 und 13–17 Uhr sowie Sa 9.30–12 Uhr geöffnet. Der **untere Chor** mit der Statue des Senhor Santo Cristo ist tägl. nur von 17.30–18.30 Uhr zu besichtigen. Der Weg dahin führt über das Kloster, Eingang an der Avenida Roberto Ivens.

Palácio da Conceição und Umgebung: Der Palast mit seiner barocken marineblauen Fassade entstand im 17. Jh. Einst bildete er mit der dahinter liegenden *Kirche Nossa Senhora da Conceição* eine geschlossene Klosteranlage. Heute befindet sich

Ponta Delgada – Sehenswertes 171

in dem Gebäude das Präsidialamt. Auf der Gartenanlage davor, dem *Jardim Padre Semas Freitas*, kann man in den Sommermonaten unter einem kleinen Zeltdach alte Männer beim Dominospiel beobachten. Folgt man der Rua 6 de Junho rechts des Palastes leicht bergauf, passiert man zunächst rechter Hand das *Centro Municipal de Cultura* (Städtisches Kulturzentrum), das wechselnde Ausstellungen präsentiert. Linker Hand steht kurz darauf die oben erwähnte Kirche. Schräg gegenüber wiederum liegt der *Palácio da Fonte Bela*, ein klassizistisches Palais, das Baron da Fonta Bela 1839 erbauen ließ. Heute befindet sich darin das Antero-de-Quental-Gymnasium. Dessen Bibliothek ist zum Teil mit Fresken verziert.

Öffnungszeiten **Städtisches Kulturzentrum** Mo–Fr 9–12.30 und 13.30–16.30 Uhr, Sa/So und feiertags 14–20 Uhr. Eintritt abhängig von der jeweiligen Ausstellung. Der **Palácio da Conceição** ist der Öffentlichkeit nicht zugänglich, die **Kirche** meist verschlossen.

Jardim António Borges: Der Stadtpark, der den Namen eines der ersten und erfolgreichsten Ananaszüchter der Insel trägt, ist ein verspielt angelegter botanischer Garten aus der Mitte des 19. Jh. Hier gedeihen Bäume und Sträucher der verschiedensten Längen- und Breitengrade dieser Erde. Kleine Teiche, Brücken, Grotten und versteckte schattige Parkbänke machen ihn zum Treffpunkt der verliebten Teens der benachbarten Schule. Außerdem gibt es einen Spielplatz und ein schattiges Sommercafé.

Adresse/Öffnungszeiten Nördlich des Zentrums, parallel zur Rua António Borges. Tägl. 8.30–20 Uhr.

Jardim do Palácio de Sant'Ana und **Jardim José do Canto:** Die beiden benachbarten Parkanlagen im Norden der Stadt liegen an der Rua Jácome Correia. In der westlichen Parkhälfte mit ihren vielen exotischen Pflanzen befindet sich der *Palácio de Sant'Ana*, eine breite, rosafarbene, zweistöckige Villa, die auch irgendwo in den Südstaaten der USA stehen könnte. Jácome Correia ließ den Palast in der zweiten Hälfte des 19. Jh. bauen. Mit seinen kostbaren Möbeln und einem Speisesaal

Der Palácio de Sant'Ana

172   São Miguel

voll edler Schnitzereien würde er jeden Besucher beeindrucken, ~~wäre er zugänglich~~. Doch seitdem der Palast zur Residenz des Präsidenten der Azoren wurde, ist er für die Öffentlichkeit gesperrt. Gleiches gilt leider auch für den Garten. In der östlichen Parkhälfte mit ihren mächtigen alten Bäumen steht der *Palácio José do Canto*, der ebenfalls im 19. Jh. entstand und später zu einem Hotel (→ Übernachten) umgebaut wurde. Sein großer Saal wird für Bankette und besondere Anlässe genutzt – häufig Hochzeiten, die in der kleinen *Kapelle Sant'Ana* am Rand des Parks zelebriert werden.

Öffnungszeiten **Jardim José do Canto**, tagsüber stets zugänglich. Eintritt 2 €.

Igreja de Colégio de Todos os Santos: Die Kirche mit ihrer wuchtigen Barockfassade hinter dem abends schön erleuchteten Jardim Antero de Quental ist eines der auffälligsten Gebäude der Stadt. Einst sollte sie das hiesige Jesuitenkolleg aus dem 16. Jh. ergänzen. Die Vertreibung der Jesuiten unter Marquês de Pombal im Jahr 1759 hatte jedoch zur Folge, dass die Kirche nie vollendet wurde. Der gigantische, geschnitzte Hochaltar im Chor gehört zu den eindrucksvollsten der Azoren. In einem Seitentrakt ist die *Sammlung sakraler Kunst* des Museu Carlos Machado (s. u.) untergebracht. Zu den Exponaten gehören u. a. schöne Silberarbeiten, Monstranzen und Gemälde aus dem 17. und 18. Jh., das bekannteste ist die *Krönung der Jungfrau* von Vasco Pereira Lusitano (1604).

An die Kirche schließt die *neue Bibliothek* an, die auch das wertvolle Stadtarchiv verwaltet. Zu ihren Schätzen zählen Bücher aus den Nachlässen von Teófilo Braga und Antero de Quental, das Originalmanuskript von *Saudades da Terra* („Sehnsucht der Erde") von Gaspar Frutuoso und mehrere Wiegendrucke aus dem 16. Jh.

Öffnungszeiten **Igreja de Colégio de Todos os Santos mit Sammlung sakraler Kunst**, Di–Fr 10–12.30 und 14–17.30 Uhr, Sa/So 14–17.30 Uhr. Eintritt 2 €, erm. 1 €.

Antero de Quental und die *Geração de 70*

Antero Tarquínio de Quental, 1842 in Ponta Delgada geboren, war eine der führenden Persönlichkeiten des als *Geração de 70* in die portugiesische Literaturgeschichte eingegangenen jungen Dichterkreises. Die Gruppe formierte sich in den 1860er Jahren an der Hochschule von Coimbra, an der sich Quental schon mit 16 Jahren eingeschrieben hatte. Weitere Schriftsteller, die der *Geração de 70* angehörten, waren u. a. Teófilo Braga (wurde 1910 erster Staatspräsident Portugals), Eça de Queiroz und João de Deus. Die Gruppe kritisierte die harmlos-naiven Gedichte der Romantiker und forderte eine Literatur der Wirklichkeit ohne Aussparung unschöner Aspekte – ein Paradebeispiel dafür ist Quentals doktrinäre, revolutionäre Poesie in dem *Odes Modernas* (1863/65). Die *Geração de 70* förderte zudem die Verbreitung des sozialistischen Gedankenguts in Portugal – Quental kandidierte mehrmals für die sozialistische Partei. Doch mangelnde Anerkennung machte ihn zu einem latenten Pessimisten, der schließlich in Depressionen versank. 1891 beging er vor dem Convento de Nossa Senhora da Esperança in Ponta Delgada Selbstmord.

Galerie Fonseca Macedo: Sie ist die innovativste Galerie des Archipels. Jedes Jahr werden sechs Ausstellungen zur zeitgenössischen Malerei, Fotografie oder Bildhauerei organisiert. Oft hängen hier auch ein paar farbenfrohe Bilder von Urbano,

Ponta Delgada – Sehenswertes

einem Künstler aus Água Retorta (geb. 1959), der mittlerweile auf dem Festland lebt und es über die Grenzen Portugals hinaus zu Ansehen gebracht hat.
Adresse/Öffnungszeiten Rua Dr. Falcão 21. Mo–Sa 14–19 Uhr. Eintritt frei.

Museu Carlos Machado: Das bedeutendste und größte Museum der Azoren ist im ehemaligen *Convento de Santo André* aus der zweiten Hälfte des 16. Jh. untergebracht. Hervorgegangen ist es aus dem bereits 1880 gegründeten *Museu Açoreano*. Dieses erste Naturkundemuseum auf dem Archipel war das Lebenswerk von Carlos Maria Gomes Machado, des damaligen Rektors des *Liceu Nacional de Ponta Delgada*. Viele Ausstellungsstücke aus der zoologischen, botanischen, geologischen und mineralogischen Abteilung entsprangen seiner Sammelleidenschaft.

Das ehemalige Franziskanerkloster mit Kirche São José

Mit dem 1930 erfolgten Umzug des Museums ins Kloster Santo André konnte die Ausstellung um eine volkskundliche Abteilung und eine Gemäldesammlung erweitert werden. So informieren heute im *Erdgeschoss*, dessen Räume sich um einen quadratischen Innenhof verteilen, Fotos und Exponate über alte Handwerksberufe und das Leben der Bevölkerung von einst. Daneben gibt es eine Kutschen- und Sänftensammlung sowie eine Spielzeugausstellung. Lohnenswert ist auch ein Blick in die schmucke Klosterkirche mit ihren herrlichen barocken Fenstern.

In der *oberen Etage* dominieren Gemälde azoreanischer Künstler des 19. und 20. Jh. Hervorzuheben sind die Arbeiten von Domingos Rebelo, insbesondere *Os Emigrantes* („Die Auswanderer") aus dem Jahr 1926: Der Maler zeigt seine Landsleute im Hafen von Ponta Delgada; die einen nehmen Abschied, andere blicken unter einem großen aufgespannten Schirm in eine ungewisse Zukunft, es regnet Melancholie. Etwas weiter hängt das 1988 von Tomáz Vieira (geb. 1938) geschaffene Gemälde *Os Regressantes* („Die Rückkehrer"), wieder ein Spiegel seiner Zeit; das Werk kopiert den Bildaufbau von *Os Emigrantes*, nur scheint hier die Sonne, aus dem Hafen wurde der Flughafen, und das ärmliche Hab und Gut ersetzen Videokamera und Walkman. Des Weiteren im Obergeschoss Antiquitäten und Skulpturen, u. a. von Ernesto Canto da Maya (1890–1981), dem erfolgreichsten Bildhauer Portugals.

Über mehrere Räume verteilt sich die bereits erwähnte *Naturkundeabteilung* mit einer großen Sammlung präparierter Vögel und Fische aus aller Herren Länder und Meere. Darunter auch ein paar Skurrilitäten wie zwei Kälber mit jeweils zwei Köpfen und eine riesige dinosaurierähnliche Robbe.

Adresse/Öffnungszeiten Eingang an der Rua dos Manaiais. Das Museum war 2009 wegen umfangreicher Restaurierungsarbeiten, die z. T. eine Neuordnung der Abteilungen mit sich bringen werden, geschlossen.

174   São Miguel

Igreja Matriz de São Sebastião: Die architektonisch interessanteste Kirche Ponta Delgadas steht mitten im Zentrum. Erbaut wurde sie zwischen 1533 und 1547 und löste eine Kapelle am gleichen Ort ab. Auch diese war schon dem Hl. Sebastian, dem Schutzpatron der Stadt, geweiht. Ein Besuch lohnt selbst für alle, die sich sonst wenig aus Kunstgeschichte machen: Mit einem Streich hat man nahezu alle Baustile abgehakt, die auf den Azoren zu finden sind. Denn das Gebäude, einst als lateinisches Kreuz angelegt, erlebte unzählige Um- und Anbauten. Im Ganzen dominiert ein portugiesisch-gotischer Stil, das Hauptportal zeigt sich jedoch mehr im Emanuelstil. Eher barock erscheinen die Portale daneben, die nachträglich eingefügten Fenster darüber sowie ganz oben das Rundfenster. Der Glockenturm besitzt als einziger der Stadt eine Uhr.

Im Inneren beeindruckt der kostbare, aus Zedernholz geschnitzte Hauptaltar im weiß gehaltenen Chor, der durch ein verstecktes Fenster erhellt wird. Die übrigen Fenster der heute dreischiffigen Kirche strahlen in herrlichen Farben, sie wurden nachträglich vergrößert und mit Heiligenbildern geschmückt.

Câmara Municipal (Rathaus): Der typische azoreanische Barockbau aus der ersten Hälfte des 18. Jh. beherrscht die schmale Praça da República samt Brunnen. Ebenfalls aus dem 18. Jh. stammt der Turm, dessen Glocke fast zwei Jahrhunderte zuvor von König Johann III. als Geschenk überreicht worden war. Zwei Treppen schwingen sich über einen Torbogen zum Eingang, der vom Wappen der Stadt gekrönt wird. Zum Interieur des Rathauses gehören kostbare alte Möbel; im Erdgeschoss finden unregelmäßig Ausstellungen statt, deren Besuch meist sehr lohnenswert ist.

Largo de Gonçalo Velho Cabral: Auf dem arkadengesäumten Platz mit dem modernen Denkmal für Gonçalo Velho Cabral, den angeblichen Entdecker Santa Marias, stehen die Wahrzeichen Ponta Delgadas: die *Portas da Cidade* (Stadttore). In Wirklichkeit gibt es jedoch nur eines, allerdings ein dreibogiges Tor. Bevor man das Ufer befestigte, stand es keine 50 m vom Meer entfernt. Durch den Hauptbogen in der Mitte schritten u. a. Dom Pedro und der vorletzte portugiesische König Dom Carlos I. Heute lehnen gelegentlich ein paar Blumenverkäufer am Tor, Taxis stehen drum herum und warten auf Kundschaft. Eine Kopie der Portas da Cidade befindet sich in Fall River (Massachusetts), wohin es einst viele Emigranten zog.

Igreja de São Pedro: Die Pfarrkirche des Stadtteils São Pedro oberhalb der Uferpromenade wurde Ende des 17. Jh. erbaut. Sie ersetzte eine kleinere Kirche aus dem 15. Jh., die durch ein Erdbeben zerstört worden war. Der einst strenge Bau erhielt im 18. Jh. sein barockes Aussehen. Im Inneren fallen die balkonartigen Kanzeln und der vergoldete Hochaltar ins Auge. Beachtenswert ist das Gemälde *Pentecostes* (Pfingsten) von Pedro Alexandrino de Carvalho aus dem 18. Jh., das den dritten Seitenaltar links schmückt. Gegenüber dem Eingang zur Kirche liegt eine der ehemaligen Residenzen des Orangenhändlers und amerikanischen Botschafters Thomas Hickling. Eine weitere Villa, die er sein Eigen nannte, steht zum Beispiel in dem von ihm angelegten Terra-Nostra-Park in Furnas (→ S. 243).

Ermida de Nossa Senhora da Mãe Deus: Die hübsche Muttergotteskapelle im Osten der Stadt thront hoch auf einem Hügel. Sie stammt aus dem Jahr 1925 und ist bereits die zweite ihrer Art, der Vorgängerbau war Teil einer Befestigungsanlage. In der Abenddämmerung lohnt allein der Blick vom Vorplatz den Besuch – die Aussicht über die Stadt ist herrlich, erst recht, wenn sich die Lichter im Hafenbecken zu spiegeln beginnen.

Östlich von Ponta Delgada

Ganz charmant ist Vila Franca do Campo, die erste Hauptstadt der Insel. Auf dem Weg dorthin passiert man viele Dörfer und viele Strände.

Entlang der Küste von Ponta Delgada bis Lagoa reiht sich Dorf an Dorf, aber auch – in größeren Abständen – Strand an Strand. Noch vor ein paar Jahren, als es die Schnellstraße etwas weiter im Inselinnern noch nicht gab, stand man hier stets im Stau. Seitdem der Durchgangsverkehr der Vergangenheit angehört, gewinnen die Ortschaften wieder an Charme. Östlich von Lagoa verliert sich die dichte Besiedlung, die Region wird bäuerlicher. Aber auch hier ist die Küste immer wieder von Sandstränden gesäumt, so groß und schön wie fast nirgendwo sonst auf den Azoren – dazu gehören die Baixa da Areia bei Caloura und die Sandstrände zwischen Ribeira Chã und Praia.

Ponta Delgada/östliche Vororte

Fajã de Baixo: Im Inselinnern rund 3 km nordöstlich des Zentrums von Ponta Delgada schließt Fajã de Baixo an, eine Mischung aus schäbigem Vorort mit Industriebetrieben und Ananasplantagen. In Fajã de Baixos Außenbezirken stößt man jedoch auf viele alte feudale *Quintas* (Herrensitze). Eine Fahrt durch das Viertel *Abelheira* (hinter der Ananasplantage von Dr. Augusto Arruda, s. u.) führt durch eine der nobelsten Wohngegenden der Insel und lässt die verpasste Ausgabe von *Schöner wohnen* vergessen.

- *Verbindungen* **Bus** Mo–Fr fast stündl. von 8–20 Uhr, Sa fährt der letzte Bus um 18 Uhr, So nur 4-mal tägl.
- *Übernachten* ***-**** **Estalagem Senhora da Rosa**, geschmackvoll eingerichtetes Komforthotel. 28 Zimmer, 10 Appartements. Laundryservice, Bar, Restaurant. Freundliches Personal. Haken: unattraktive Lage und Umgebung. EZ 88 €, DZ 100 €, Appartements (auf 3-Sterne-Niveau) 570 €/Woche. Rua Senhora da Rosa 3, im Ort mit „Estalagem" ausgeschildert, ℡ 296630100, ℡ 296629939, senhora.rosa@mail.telepac.pt.

São Roque/Baden: Der Küstenort ist mit Ponta Delgada mehr oder weniger zusammengewachsen, seine Strände sind sozusagen die Hausstrände der Inselmetropole – an Sommerwochenenden liegt hier Handtuch an Handtuch. Beliebt sind vor allem die Strände *Areal Grande* (westlich), über den fotogen die Pfarrkirche blickt, und *Praias das Milícias* (östlich) mit den spärlichen Resten der Festung São Caetano. Die Praias das Milícias und das dortige beliebte Barrestaurant White Shark (gute Steaks und gegrillter Hai, ℡ 296636466) sind auch am Abend

Badespaß am Areal Grande von São Roque

176 São Miguel

angesagte Treffpunkte. Das Manko beider Strände ist die noch immer gut befahrene Küstenstraße im Nacken, ein Pluspunkt sind die nahen Cafés und Restaurants, dazu gibt es Rettungsschwimmer.

● *Verbindung* **Bus** tagsüber fast alle 30 Min.

● *Übernachten* **Barracuda Aparthotel**, direkt am Strand Praias das Milícias. Von der Rückseite ganz netter Bau, von der Front- bzw. Meerseite nichts Besonderes. 21 Zimmer mit Kochgelegenheit, nur eines ohne Balkon und Meeresblick. Schwer in die Jahre gekommen, dafür freundliches Personal. Für 1 Pers. 70 €, für 2 Pers. 75 €. ℰ 296381421/422, 🖷 296381075, www.hotel-barracuda.com.

● *Essen & Trinken* **Restaurante Mariserra**, neben dem Barracuda Aparthotel. Raucher- und Nichtraucherbereich, Terrasse, toller Blick aufs Meer. Kleine Auswahl an Fisch- und Fleischgerichten, gute Grillgerichte, die Spezialitäten sind außerdem Reis mit Meeresfrüchten und Pasta mit Silberbarsch. Der Fisch liegt in einer Vitrine aus. Hg. 9–14 €. Rua da Areia 27, ℰ 296636495.

● *Feste/Veranstaltungen* Die **Kirchweih** wird stets vom zweiten bis zum letzten Sonntag im August gefeiert.

Livramento/Baden: Folgt man der Küstenstraße von São Roque weiter gen Osten, erreicht man schon 500 m nach den Praias das Milícias den *Praia do Pópulo* von Livramento. Auch dieser Strand ist sehr beliebt und an Sommerwochenenden restlos überlaufen, eine nette Bar ist vorhanden. Das Zentrum der Ortschaft liegt gut einen Kilometer landeinwärts. Für die hier aufgeführten Unterkünfte gilt: Mietwagen erforderlich!

● *Verbindungen* An der Praia do Pópulo halten die **Busse** von Ponta Delgada nach Lagoa und Vila Franca do Campo tagsüber ca. alle 30–60 Min. Achtung: Nicht alle Busse nehmen die Küstenroute, manche fahren durchs Zentrum von Livramento. Die Busse, die entlang der Küste fahren, haben neben der Busnummer ein „P" angeschrieben, bei den Bussen, die durch Livramento fahren, ist es ein „L". Der letzte Bus zurück fährt gegen 22 Uhr.

● *Übernachten/Reiten* **Quinta da Terça**, unter freundlicher schwedischer Leitung. Stilvolles Haus aus dem 17. Jh. Die Adresse für alle, die gern reiten, zum Haus gehört ein Gestüt mit 32 Pferden. 5 Zimmer. Reiten auch für Nichtgäste möglich: 2- bis 3-stündige Ausritte 35 €, ganztägig (z. B. rund um Sete Cidades) 95 €. Zudem Behindertenreiten. Equipment vorhanden. Kompetentes Personal. Anfahrt: Von der Uferstraße in São Roque der Beschilderung nach Livramento folgen, dort die Straße an der Kirche rechts vorbei nehmen, nach ca. 200 m linker Hand. DZ 85 €. Rua Padre Domingos Silva, ℰ 296642134, 🖷 296642140, www.quintadaterca.com.

Solar Nossa Senhora Glória ao Carmo, ca. 300 m vom Strand entfernt. Stilvolles altrosafarbenes Herrenhaus mit unterschiedlich ausgestatteten, ansprechenden Zimmern. Reservierung erforderlich. Anfahrt: Von der Uferstraße in São Roque der Beschilderung nach Livramento folgen, nach 700 m linker Hand. DZ 80 €, Appartements 107 €. Rua da Glória ao Carmo 5, ℰ/🖷 296385880, www.gloriaaocarmo.com.

Quinta das Acácias, kein Herrenhaus, sondern 7 Häuschen für 2–4 Pers. in einer weitläufigen, parkähnlichen Anlage mit Meeresblick. Die netten Gastgeber sind Kanadier und heißen Bonita und Eduino (der azoreanische Wurzeln hat). Die Häuschen, die über private Terrassen- und Gartenbereiche samt Grillstelle verfügen, sind ganz unterschiedlich eingerichtet, aber bestens ausgestattet. Viel Platz drum herum, Liegestühle, dazu Skulpturen von Eduino im Garten. Ein Ort zum Wohlfühlen. Mindestmietdauer 2 Tage. Anfahrt: Von der Uferstraße in São Roque der Beschilderung nach Livramento folgen, vor der Kirche in Livramento links halten, dann hinter dem zweiten Kreisverkehr rechts ab (ab da ausgeschildert). Für 2 Pers. 85 €, für 4 Pers. 136 €. Rua da Lapinha 74, ℰ 296642166, quintadasacacias.pt@hotmail.com, www.quintadasacacias.net.

Ponta Delgada/östliche Vororte 177

● *Essen & Trinken* **Restaurante Pavillon**, eines der besten der Insel. Wird durch die Tatsache belegt, dass es ganz versteckt liegt, kein Hinweisschild braucht und dennoch ohne telefonische Reservierung (✆ 296385738, am besten mindestens einen Tag vorher) kaum ein Platz zu bekommen ist. Unter belgischer Leitung, belgisch-französische Küche. Nur Abendessen, Mo/Di Ruhetag. Gehobenes Preisniveau. Anfahrt: Von der Uferstraße in São Roque der Beschilderung nach Livramento folgen, vor der Kirche in Livramento links halten, bei allen Kreisverkehren geradeaus weiter, bis es schließlich nach einer Weile beim Supermarkt Ponpadinha rechts in die Rua Bago Socas geht. Hier wieder geradeaus weiter, alle Rechtsabzweigungen außer Acht lassen. Nach den letzten Häusern taucht das Restaurant, man glaubt es gar nicht mehr, auf der linken Seite auf.

Eine Pflanze, eine Frucht: die Ananas

1864 wurde auf São Miguel das erste Ananasgewächshaus gebaut, heute prägen die weiß gestrichenen Glashäuser an der Südküste vielerorts das Bild. Die Hauptanbaugebiete der saftigen Frucht liegen rund um Fajã de Baixo und in der Nähe von Vila Franca do Campo.

Schon im 16. Jh. schmückten die ersten Ananasgewächse die Gärten europäischer Adelshäuser, spanische Entdecker hatten sie aus der Neuen Welt mitgebracht. Beim Ausbreiten der Goldschätze hatten die Seefahrer aber vergessen, von der unwiderstehlichen Süße der Frucht zu erzählen, denn für mehrere Jahrhunderte sollte sie nichts anderes als eine Zierpflanze sein.

Eine ähnliche Karriere durchlief die Ananas auf den Azoren. Erst Anfang des 20. Jh. entdeckte man ihr wirtschaftliches Potenzial – vorübergehend entwickelte sich die Ananas zu einem der bedeutendsten Exportgüter der Insel. Bis Mitte des 20. Jh. soll es auf São Miguel fast 4000 Gewächshäuser gegeben haben. Noch in den 1960er und 70er Jahren wurden jährlich Hunderttausende Ananas als Delikatesse (ganze Frucht, nicht in der Dose) allein nach Deutschland exportiert. Doch dann ging die Nachfrage nach azoreanischer Ananas wegen der Billiganbieter aus Übersee zurück. Heute gibt es die Ananas mit São-Miguel-Aufkleber fast nur noch in portugiesischen Supermärkten zu kaufen, rund 1400 t (Tendenz fallend) werden jährlich geerntet. Schade, denn die auf den Azoren angebaute *Ananassa sativus Lindl* schmeckt süßer und fruchtiger als die Konkurrenz aus Costa Rica und Co.

In der Ananasplantage: Der relativ hohe Stückpreis für eine Ananas von den Azoren erklärt sich nach einem Blick in die Gewächshäuser von selbst – allein die Aufzucht der Pflanze ist sehr aufwändig und zeitintensiv. Nur auf São Miguel, nirgendwo sonst auf der Welt, wird die Ananas in Gewächshäusern angebaut. Eine Ananaspflanze blüht nur einmal und bringt auch nur eine Frucht. Bis zur Ernte vergehen bei der hiesigen Ananasart 17 bis 18 Monate (andere Ananassorten kann man bereits nach elf bis zwölf Monaten ernten). Auf den meisten Plantagen wird das Ananasgewächs wegen des steigenden Platzbedarfs regelmäßig umgebettet. Genügend Licht und Wärme (Mindesttemperatur 13–15 °C) sind die Voraussetzung, eine konstante Temperatur von 33 °C ist ideal. In einem komplizierten Räucherverfahren wird der Reifeprozess der Früchte gesteuert. Geerntet wird in den Gewächshäusern das ganze Jahr über. Die Vermehrung erfolgt durch die Bewurzelung frischer Blattschöpfe der Frucht, die man wie einen Steckling behandelt, aber auch durch Wurzelschöß-

São Miguel
Karte hintere Umschlagklappe

linge. Eine Verarbeitung der Blattfasern zu Seilen oder Netzen findet auf São Miguel nicht statt. Populär ist allerdings die Herstellung von Ananaslikör.

Zu einer Touristenattraktion (und Abzocke) wurde in den letzten Jahren die **Plantage von Dr. Augusto Arruda** in der gleichnamigen Straße in Fajã de Baixo ausgebaut. Der Weg dorthin ist mit „Plantação de Ananás" ausgeschildert. Auf der Plantage findet man einen Souvenirladen mit Ananaslikörprobe. Der Tropfen wird auf der Plantage destilliert, für einen Liter werden 8 bis 9 Ananas benötigt. Eine Flasche des Likörs, den man auf der Insel sonst nicht kaufen kann, kostet satte 35 €, ein Glas Ananasmarmelade 9 €. Auch die Preise der Früchte sind horrend – besser im Supermarkt kaufen. Saison ist übrigens der Herbst, dann sind die Früchte auch am günstigsten. Immerhin ist die Besichtigung der Plantage kostenlos, der dazugehörige kleine botanische Garten kostet allerdings 2 € Eintritt. Erklärungen zur Ananaskultivierung gibt es auf Englisch und Portugiesisch. Tägl. 9–18 Uhr, im Sommer bis 20 Uhr.

Lagoa

Die Insulaner fahren nach Lagoa zum Schlemmen, die Touristen zur Besichtigung der Keramikmanufaktur Vieira. Lagoa ist zwar keine Schönheit, aber wenn Sie es den Insulanern gleichtun, dennoch ein lohnenswertes Ziel.

Die Kreisstadt Lagoa (ca. 8000 Einwohner) liegt etwa 10 km östlich von Ponta Delgada, setzt sich aus den Pfarrgemeinden Atalhada, Rosário und Santa Cruz zusammen und wirkt von ferne wie ein schäbiger Vorort. Ein mächtiger Silo dominiert ganz uncharmant die Silhouette der Stadt. Im Zentrum zeigt sie sich freundlicher: Die Häuser stehen dicht gedrängt, die Gassen sind eng, die Grünflächen rar. Das Leben spielt sich hauptsächlich rund um die Kirche von Rosário und (geht man von dort die Rua Dr. José Pereira Botelho bergab) um den Hafen ab, den **Porto dos Carneiros** (Hafen der Widder). Heinrich der Seefahrer ließ hier in der ersten Hälfte des 15. Jh. Schafe an Land setzen.

Bekannt ist Lagoa vor allem wegen der **Keramikmanufaktur Vieira** (→ Kasten), deren Produkte weit über die Grenzen der Insel hinaus geschätzt werden. Im östlichen Stadtteil Santa Cruz passiert man auf der Hauptdurchgangsstraße das bedeutendste Gebäude der Stadt, das alte **Franziskanerkloster** mit der Kirche Santo António. Hinter der zum Meer blickenden, breiten Barockfassade beherbergt das Gotteshaus einen bemerkenswerten, aus Holz geschnitzten Hochaltar. Was es sonst noch in Lagoa zu tun gibt → In und um Lagoa.

• *Information* **Posto de Turismo**, 2 Internetterminals. Mo–Fr 9.30–12 und 13.30–17 Uhr. Im Glascontainer am Platz bei der Kirche. ℡ 296965346.

• *Verbindung* **Bus** von ca. 7–22 Uhr nahezu alle 30–60 Min. nach Ponta Delgada.

• *Übernachten* Im westlichen Stadtteil Atalhada ist eine **Jugendherberge** geplant. Im Herbst 2009 war mit deren Bau aber noch nicht einmal begonnen worden.

Pensão Residencial Arcanjo, im Stadtteil Atalhada, von der Durchgangsstraße ausgeschildert. Neuere Pension mit 15 modernen und geräumigen Zimmern mit Laminatböden, Klimaanlage und z. T. mit Meeresblick. Bademöglichkeit und Bushaltestelle in der Nähe. Freundliches Personal, von Lesern gelobt. EZ 45 €, DZ 55 €. Rua Nossa Senhora das Necessidas 2, ℡ 296960450, ℡ 296960459, www.pensaoarcanjo.com.

• *Essen & Trinken* **A Lota**, das nette und schicke Restaurant, das auch in eine Großstadt passen würde, loben Leser in den Himmel. Fantasievolle Speisekarte mit hervorragenden internationalen Gerichten, die liebevoll dekoriert auf den Teller kommen und – im Vergleich zu manch anderen Lokalen – mit Kräutern und Gewürzen verfeinert sind! Auch an Vegetarier wird gedacht.

Lagoa/Umgebung

Hg. 10–20 € und damit sehr gutes Preis-Leistungs-Verhältnis. Di Ruhetag. Porto dos Carneiros, ✆ 296916055.

Restaurante Borda d'Água, kachelgeschmücktes und populäres Fischrestaurant – den Fisch kann man aus einer Vitrine aussuchen. Die Gerichte sind zwar mit 16–20 € nicht ganz billig, allerdings sind die halben Portionen völlig ausreichend. Nette Terrasse. In Bezug auf den Service gab es zuletzt auch kritische Stimmen. So Ruhetag. Ebenfalls am Porto dos Carneiros, ✆ 296912114.

Casa de Pasto O Rabaça, urige kleine Taverne gegenüber dem Borda d'Água. Die Tische stehen eng, man sitzt Schulter an Schulter. Handgeschriebene Karte, kein Gericht über 10 €, egal ob *Lapas* oder gegrillter Thunfisch. Mittags preiswerte, deftige Hausmannskost. Rua do Porto 1, ✆ 296912842.

O Forno, ganz originell, gediegen-edel eingerichtetes Zelt (!) mit Leuchtern und Topfpalmen. Super Steaks (mit Beilagen ca. 20 €). So Ruhetag. Anfahrt: Von Ponta Delgada kommend auf der Durchgangsstraße nach der *Repsol*-Tankstelle rechts ab, das Lokal liegt dann linker Hand. Avenida Poças de Falcão 12, ✆ 296965233.

• *Baden* In der Nähe des Hafens liegt die städtische Badeanstalt (ausgeschildert „Piscinas"). Mehrere Pools und Naturschwimmbecken, Sprungbretter ins Meer. Sehr gepflegt, aber betonlastig. Eintritt 2 €. Dahinter wurde ein Hallenbad gebaut.

Cerâmica Vieira – Synonym für Azoren-Keramik

1862 wurde der Familienbetrieb gegründet, bis heute genießt das Unternehmen einen ausgezeichneten Ruf. Von Hand gefertigt werden insbesondere Haushaltswaren aller Art, aber auch Azulejos. Von der eigentlichen Töpferarbeit bis zum Bemalen der Teller, Vasen, Krüge und Kacheln ist alles zu besichtigen. Der Ton dafür kam einst von der Nachbarinsel Santa Maria, heute wird er auch vom portugiesischen Festland importiert. Die Fabrik und der Werksverkauf (auch 2. Wahl) befinden sich an der Durchgangsstraße Rua das Alminhas 10–12 (von Ponta Delgada kommend nach dem Ortsschild von Rosário rechter Hand). Mo–Fr 9–12 und 13–18 Uhr, Sa 9–12.45 Uhr.

In und um Lagoa

Museum: Lagoa besitzt ein kostenloses Heimatmuseum, das sich auf drei Gebäude verteilt (von der Durchgangsstraße mit „Museus" ausgeschildert): Das Rathaus

180   São Miguel

(Câmara municipal de Lagoa) beherbergt das *Museu do Presépio Açoreano*, eine Art Krippenmuseum, das kleine Figuren im naiven Stil zeigt (Mo–Fr 8.30–12.30 und 13.30–16.30 Uhr). In der Rua Dr. Amorin Ferreira 5 im Ortsteil Rosário (nahe der Kirche) kann man sich eine alte *Fassmacher-Werkstatt* anschauen, und an der Hauptdurchgangsstraße im Viertel Santa Cruz (Ecke Av. Infante Dom Henrique/Av. Poças Falcão) eine alte *Schmiede*. Fassmacher-Werkstatt und Schmiede haben keine festen Öffnungszeiten – am besten im Rathaus nach einer Begleitperson fragen.

Observatório Vulcanológico e Geotérmico und **Expolab**: Beim vulkanologischen und geothermischen Observatorium handelt es sich um keine wissenschaftliche Forschungsstelle, sondern um eine Einrichtung, die v. a. Schulklassen aufsuchen (müssen), um mehr über Vulkanismus und Geothermik zu erfahren. Die Ausstellung ist noch im Aufbau begriffen, präsentiert werden insbesondere Mineralien und Gemälde, die hiesige Vulkanausbrüche zum Motiv haben – alles in allem nicht allzu spannend. Das 2009 eröffnete Expolab hingegen soll Wissenschaftszentrum werden. Aber auch hier hat man bislang vorrangig an Schulklassen gedacht: Die moderne Ausstellung informiert u. a. mit Flachbildschirmen über Vulkane, Dinosaurier, Fische und vieles mehr, was in Zusammenhang mit der Entwicklung des Lebens auf der Erde wissenswert ist – allerdings nur auf Portugiesisch.

Adresse/Öffnungszeiten Das **Observatório Vulcanológico e Geotérmico** liegt nahe der Küste im westlichen Stadtteil Atalhada und ist dort von der Durchgangsstraße ausgeschildert. Mo–Fr 14.30–17.30 Uhr stündl. Führungen. Eintritt 1,50 €. Das **Expolab** befindet sich weiter landeinwärts und ist ebenfalls von der Durchgangsstraße ausgeschildert. Mo–Fr 10–17 Uhr. Kein Eintritt.

Remédios: Die verschlafene Siedlung liegt knapp 4 km von Lagoa entfernt inseleinwärts. Am westlichen Dorfrand steht die einfache *Kapelle Nossa Senhora do Remédios*, deren Fertigstellung auf 1511 geschätzt wird und die damit zu den ältesten der Insel zählt. Im Inneren der Kapelle beeindruckt der auf Holz gemalte Kreuzweg. Die großen Hände der hispano-arabisch anmutenden Madonnenfigur im Hauptaltar lassen Ehrfurcht verspüren.

Öffnungszeiten wenn die Messe gelesen wird; ansonsten bekommt man den Schlüssel in dem weiß-grau-weiß gestrichenen Haus an der Rua da Igreja 9 nahe der Kapelle.

Weiter Richtung **Lagoa do Fogo** und in die **Serra de Água de Pau** → S. 218.

Água de Pau

Die 3000-Einwohner-Gemeinde macht einen freundlichen Eindruck, auch wenn Vila de Água de Pau zu den ärmsten Ortschaften der Insel gehört. Das Städtchen liegt abseits der Küste, am Fuß der **Serra de Água de Pau**, deren nordöstliche Flanke sich bis zum Lagoa do Fogo erstreckt.

Vom zentralen Platz, der Praça da República, zieht sich das Zentrum die Rua da Trindade entlang bis zur barocken **Pfarrkirche Nossa Senhora dos Anjos**. Ein schöner, kurzer Spaziergang führt auf die nahe gelegene Anhöhe namens **Pico da Figuera**, auf der die kleine **Kapelle Nossa Senhora do Monte Santo** steht. Der Fußweg beginnt an der Hauptstraße schräg gegenüber der Pfarrkirche, ein gekacheltes Hinweisschild markiert den Einstieg. Wenige Meter von der Kapelle entfernt befindet sich ein Aussichtspunkt, von dem man einen herrlichen Blick über bewaldete Vulkankegel hinweg auf die Küste und das Badeort Caloura genießt. Ebenfalls einen schönen Blick über Caloura genießt man vom Aussichtspunkt **Miradouro do Pisão** am Ortsausgang von Água de Pau Richtung Ribeira Chã.

● *Verbindung* **Bus** von 7–18 Uhr nahezu alle 90 Min. nach Ponta Delgada und Vila Franca do Campo.

● *Information* **Turismo**, zuständig auch für Caloura. Etwas Infomaterial liegt aus, ansonsten Verkauf von Kunsthandwerksprodukten. Je nach Besetzung hilfsbereit oder unfähig und nicht fremdsprachig. Tägl. 14–18 Uhr. An der Hauptdurchgangsstraße.

● *Essen & Trinken* **Restaurante O Milénio**, von Lesern mehrfach gepriesenes, einfaches Lokal. Täglich frischer Fisch, Garnelen mit hauseigener Soße, *Polvo* und *Lapas*,

außerdem köstliche Nachspeisen und flinker Service. Hg. 7–14 €. Mo Ruhetag. Von der Durchgangsstraße ausgeschildert, ✆ 296913651.
Vom gleichen Besitzer, dem freundlichen englischsprachigen Ernesto, wurde 2009 das ebenfalls ausgeschilderte Lokal **Paraíso do Milénio** eröffnet, das eine Mischung aus Snackbar und rustikalem Restaurant ist. Nahezu identische Speisekarte. Pluspunkte hier: kein Ruhetag, durchgehend geöffnet, große Sommerterrasse.
✆ 296702366.

Caloura

Ein idyllischer Hafen und die Baixa da Areia, eine malerische Sandbucht, sind die Trümpfe Calouras, einer vornehmen Villensiedlung ohne eigentliches Zentrum.

Man erreicht den weitläufigen Ort über Água de Pau und trifft auf herrschaftliche Anwesen und feudale Ferienhäuser mit teils großen Gärten; dazwischen schlummern noch immer Parzellen, in denen Wein angebaut wird. Viele wohlhabende Azoreaner haben in Caloura ihren Zweitwohnsitz, denn der Küstenabschnitt gehört zu den reizvollsten der Insel; hinzu kommt die relative Nähe zur Inselmetropole Ponta Delgada.

Im Osten der kleinen, noblen Siedlung liegt vor einer hohen Felswand der romantische **Fischerhafen**. Neben der Mole kann man baden (Rettungsschwimmer vorhanden), es gibt sogar ein kleines Schwimmbecken – eine Freude für Kinder. Die kleinen vorgelagerten Felsinselchen eignen sich gut zum Schnorcheln. Am Hafen lädt auch die nette Bar Caloura auf einen Drink ein. Dabei macht es keinen Unterschied, ob man auf der gemütlichen Terrasse sitzt oder innen an einem Fensterplatz – einen ganzen Tag kann man hier in Ruhe verstreichen lassen.

Nicht weit davon steht die **Igreja de Nossa Senhora da Conceição** aus dem 17. Jh., die einst zu jenem Kloster gehörte, das die bedeutende Christusfigur des Senhor Santo Cristo beherbergte (→ Ponta Delgada/„Das Fest der Wunder", S. 169). Im Inneren ist sie mit wertvollen Azulejos geschmückt, auf dem Altaraufsatz überraschen schnurrbärtige Engel. Diese bekommt jedoch kaum eine Seele zu Gesicht, da die Kirche in Privatbesitz und bis auf sporadische Führungen (Infos über das Turismo in Água de Pau) meist verschlossen ist. So kann man das Gotteshaus in der Regel nur von außen betrachten. Dabei fällt auf, dass nur der linke Kirchturm eine Glocke hat, auf dem rechten prangt lediglich ein Glockengemälde. Der Grund: Das Schiff, das die Glocke hierher transportieren sollte, kenterte auf der Fahrt von Porto nach São Miguel. Da das Geld für eine neue Glocke fehlte, behalf man sich mit Farbe. Von dem kleinen, baumbestandenen Platz links der Kirche erkennt man noch die spärlichen Reste einer Festungsanlage, die einst das Kloster und den Hafen schützen sollte.

Folgt man der Beschilderung zum Hotel Caloura, lässt jedoch die Abzweigung zur Hotelanlage außer Acht und fährt die Straße bis zu ihrem Ende, gelangt man zur

182 São Miguel

Baixa da Areia, einem herrlichen Sandstrand im Westen von Caloura. Bis zu Ihrem Besuch sollte er mit nagelneuen Sanitäranlagen und Picknickmöglichkeiten aufwarten können.

Der Strand bei Praia, einer der schönsten São Miguels

**** **Caloura Hotel Resort**, größere Hotelanlage, schon älter, aber sehr gepflegt. Schöner Garten. 80 komfortable Zimmer mit Balkon, die meisten mit tollem Meeresblick. Bars, Pool, Fitnessraum, Sauna, Tauchbasis, Tennis. Sehr gutes Restaurant (von Lesern gelobt), HP zu buchen lohnt sich, sofern der Koch nicht wechselt. EZ 119 €, DZ 135 €. Bestens ausgeschildert, ✆ 296960900, ✉ 296960909, www.calourahotel.com.

Quinta Altamira, von Lesern vielfach mit Lorbeer bedacht. 10 gut ausgestattete Bungalows (mit Küchenzeile bzw. Küche), weitläufig verstreut in einer parkähnlichen Anlage mit 6,7 ha Fläche. Die deutschen Betreiber Mechthild und Sönke Hormann kümmern sich engagiert um das Wohl ihrer Gäste. Pool, Tennisplatz, Kinderspielplatz, Vermittlung von Mietwagen. 1 Pers. 58 €, 2 Pers. ab 77 €, 3 Pers. ab 82 €; erheblicher Preisnachlass in der NS. Im Ort ausgeschildert, ✆ 296913980, ✉ 296913989, www.azoren-altamira.de.

- *Verbindung* Keine direkte Busverbindung nach Caloura. Von Água de Pau sind es ca. 15 Min. zu Fuß.
- *Übernachten* **** **Aparthotel do Mirante**, neuere Anlage mit 29 sehr komfortablen Appartements über der Bucht von Caloura. Daher aber auch noch ziemlich nüchtern, wird jedoch von Jahr zu Jahr grüner. Trendig-modernes Design. Pool, Tennisplätze. Behindertengerecht. Appartement für 2 Pers. ab 155,50 €. Bereits von Água de Pau ausgeschildert, ✆ 296960420, ✉ 296960430, www.aparthoteldomirante.com.
- *Tauchen* **Atlantic Aqua Sports**, die BSAC-Tauchschule und -basis am Hafen leitet der kauzige Engländer J. P. Cockshott, einer der erfahrensten Tauchlehrer des gesamten Archipels (mehrere Tausend Tauchgänge). Wer die unerforschte Küste São Miguels erleben will, ist bei ihm in besten Händen. Keine Bootstauchgänge. Equipmentverleih, am besten 24 Std. im Voraus anmelden. Weitere Infos unter www.diving-azores.com, ✆ 296913639 (privat) oder 296913739 (Basis). Auch Vermittlung von Unterkünften für Taucher.

Caloura/Umgebung

Ribeira Chã: Die 438-Seelen-Gemeinde liegt hoch über der Küstenstraße. Ein großes „Visite"-Schild macht auf die Attraktionen des Orts aufmerksam, u. a. Quintal Etnográfico, Casa de Artesanato, Museu Agrícola, Igreja de São José, Museu de Arte Sacra, Museu Culto do Espírito Santo usw. Doch leider scheint derjenige, der den Schlüssel zu allen Sehenswürdigkeiten verwaltet, fast immer verreist zu sein. Passend dazu ist der offizielle rot-gelb markierte **Wanderweg** *Percuso Pedestre PRC 19 SMI* (Einstieg gegenüber der Kirche, Dauer ca. 3 Std.), der von Ribeira Chã in die Berge führt, seit Jahren gesperrt.

Praia

Die kleine Siedlung ist kaum der Rede wert, ihre Strände dafür umso mehr: Zwischen Ribeira Chã und Praia erstrecken sich zwei der weitesten **Sandstrände** São Miguels. Einziger Haken ist die im Nacken verlaufende Küstenstraße – aber wenn die Brandung ordentlich rauscht, kriegt man davon nichts mit. Beide Strände verfügen über Rettungsschwimmer und sanitäre Einrichtungen und können im Sommer mit einer Bar aufwarten – jene am größeren Strand ist besser. Gemütlicher ist jedoch der westliche kleinere Beach. In Praia selbst kann man ein kleines Wasserkraftwerk aus dem Jahr 1911 besichtigen, heute das **Museu hidroélectrico**.

• *Verbindungen* Die **Busse** zwischen Ponta Delgada und Vila Franca do Campo, die von 7–18 Uhr nahezu alle 90 Min. fahren, passieren den Strand und die Abzweigung nach Praia.

• *Wegbeschreibung zum Kraftwerk* Von Praia-Strand kommend, zweigt man am Ortseingang von Água d'Alto nach links ins Dorf Praia ab (Hinweisschild „Museu hidroélectrico"). Bei der Wendeplatte parken und zu Fuß weiter. Wenn sich das Sträßlein im Dorf gabelt, links halten und beim weißrosafarbenen Haus (Nr. 37) klopfen. Das Kraftwerk liegt direkt hinter dem Haus.

• *Übernachten* **** **Bahia Palace Hotel**, ein Kasten, der den Anblick des schönen Sandstrandes bei der Ortschaft Praia etwas trübt. 100 geräumige, komfortable, allerdings ziemlich bieder ausgestattete Zimmer (schwere Möbel, Gardinen à la Goldkante), jedoch fast alle mit Meeresblick. Pool, Tennisplätze und eine kleine Kapelle. Überwiegend schwedische Pauschaltouristen. EZ 115 €, DZ 125 €. Praia, ✆ 296539130, ℻ 296539138, www.hotelbahiapalace.com.

Hortensienpracht

Wandertipp: Von Praia führt **Wanderung 4** zum Lagoa do Fogo, → S. 247.

Achtung: Das hiesige braune Hinweisschild zum Lagoa do Fogo weist lediglich den Weg zum Einstieg in den Wanderweg. Es gibt keine Pkw-taugliche Straße von der Küste zum Lagoa do Fogo.

Praia/Umgebung

Água d'Alto/Baden: Die kleine Ortschaft an der R 1-1° gehört wie ihr westlicher Nachbarort Praia bereits zum Concelho des 5 km entfernten Vila Franca do Campo (s. u.). Ganz nett anzusehen ist der Strand von Água de Alto. Er liegt in der Nähe eines Wasserfalls, von dem die Stadt auch ihren Namen hat. Am Bachbett stehen ein paar Mühlen.

• *Anfahrt zum Strand* Von Ponta Delgada kommend an der Durchgangsstraße, ca. 150 m hinter der zweiten Brücke, rechts ab (linker Hand drei Verkehrsspiegel). Achtung, komplizierte Straßenführung: Es geht zunächst rechts, ca. 7 m weiter links und dann wieder rechts! Bei der nächsten Möglichkeit (= Rua Prof. Laura Araujo Pimentel) rechts halten und die Straße bis zu ihrem Ende fahren. Von der Wendeplatte aus sind der Wasserfall und der Strand bereits zu sehen. Hier parken, noch ca. 5 Min. zu Fuß.

184   São Miguel

Im Zentrum von Vila Franca do Campo

Vila Franca do Campo

Vila Franca do Campo war die Hauptstadt São Miguels, bis ein Erdbeben im Jahr 1522 alles zerstörte. Heute präsentiert sich das Städtchen in neuem Glanz. Freundlich wirkt der Stadtkern, zum Schlendern laden die Gassen ein, zum Verweilen die Cafés. Dem Ort vorgelagert ist die kleine Felseninsel Ilhéu de Vila Franca mit einem Kraterpool.

Nur etwas über 5000 Einwohner zählt Vila Franca do Campo, die Kreisstadt des gleichnamigen Concelhos. Würden wir 10.000 schreiben, würde es jeder glauben – Vila Franca do Campo macht einen weit größeren Eindruck. Während der Geschäftszeiten herrscht reges, aber nicht hektisches Treiben auf den Straßen und Plätzen, der kleine Markt tut das Seinige dazu. Nach Ladenschluss liegt das Zentrum mit seinen schmucken, renovierten Straßenzügen wie ausgestorben da. Es erstreckt sich von der Igreja de São Pedro (18. Jh.) bis zum **Largo Bento Gôes**. Dazwischen thront über einem kleinen Park die Pfarrkirche von Vila Franca do Campo, die **Igreja Matriz** (→ Sehenswertes). Ihr gegenüber steht das Hospital da Misericórdia, das erste Krankenhaus der Azoren, zu dem ebenfalls eine Kirche gehört. Den Largo Bento Gôes schließt auf der Nordseite der Convento de Santo André aus dem 16. Jh. ab. Die Ostseite nimmt die öffentliche Bibliothek ein, in der häufig Ausstellungen lokaler, aber auch auswärtiger Künstler stattfinden. Folgt man vom Largo Bento Gôes der Rua do Baixo, gelangt man zum **alten Hafen** am Forte do Tagarete. Der Hafen wurde zuletzt mit einer neuen Schutzmauer versehen – ein Segen für die Fischer, die hier ihren Fang an Land bringen. In dieses Eck verlagert sich das Leben am Abend, insbesondere im Sommer. Denn zwischen dem alten Hafen, der neuen **Marina** daneben und der **Praia Vinha d'Areia**, dem Hausstrand im Osten der Stadt, gibt es mehrere Bars und Restaurants. Bislang wirkt die Marina

Villa Franca do Campo   185

jedoch noch etwas steril, vom Flair eines internationalen Seglertreffs ist noch nichts zu spüren. Übrigens besaß die Stadt mit dem Castelinho das Taipas etwas weiter westlich einst noch eine weitere Festung. Die Grundmauern der alten Anlage sind teilweise noch zu erkennen.

Stadtgeschichte

Gonçalo Vaz Botelho gilt als Begründer der Stadt, zu Mitte des 15. Jh. ließ er sich hier als Erster nieder, kurz darauf folgten weitere Siedler. Sie bauten Zuckerrohr an, was bald Wohlstand brachte und den weiteren Zuzug förderte. Die Siedlung entwickelte sich innerhalb weniger Jahre zur Hauptstadt São Miguels und war Sitz des inselverwaltenden Donatarkapitäns. Am 22. Oktober 1522 jedoch zerstörte ein Erdbeben die gesamte Stadt, kein Stein blieb auf dem anderen, über 5000 Opfer wurden gezählt. Es gilt bis heute als das tragischste Erdbeben, das die Inselgruppe jemals erlebte. Wegen der kompletten Zerstörung Vila Francas stieg Ponta Delgada zur Hauptstadt der Insel auf. Die Trümmer Vila Francas verschwanden 1563 unter einem Ascheregen, den der Pico do Fogo (→ S. 218) verursacht hatte. Noch ein Jahr zuvor war zwischen den Ruinen Bento de Gôes geboren worden, der berühmteste Sohn der Stadt. Der Jesuitenpater war einer der ersten Europäer, der sich von Indien nach China aufmachte, wo er 1607 starb. 1582 fand vor der Küste Vila Franca do Campos jene Seeschlacht statt, bei der die Anhänger des portugiesischen Prinzen Dom António gegen die Flotte des spanischen Habsburgerkönigs Philipp II. um die Krone Portugals fochten. Mehrere französische Schiffe unterstützten den Prinzen, doch gingen die Spanier als Sieger aus der Schlacht hervor. Schließlich ließen sie die ranghöchsten französischen Offiziere nach tagelangem Schauprozess köpfen, die weniger verdienten hängen.

Der Neuaufbau Vila Francas ging in langsamen Schritten voran. Erst im 18. Jh. konnte man durch den Orangenanbau wieder an die einstige Blüte anknüpfen. Im 20. Jh. wurde die Ananas, die man auf den Plantagen rund um die Stadt anbaute, der Motor für Handel und Wirtschaft. Ins neue Jahrtausend startete Vila Franca do Campo mit einer Charmeoffensive. Was wurde in den letzten Jahren nicht alles renoviert und gebaut, um die Stadt schöner und attraktiver zu gestalten: Eine neue Marina enstand, ein Freizeitpark mit Innen- und Außenpool, eine schicke Mehrzweckhalle und und und ... Und die neue Umgehungsstraße wird Ruhe ins Zentrum bringen.

Information/Verbindungen

● *Information* **Turismo**, Mo–Fr 10–17 Uhr. Am Platz bei der Igreja Matriz, ☎ 296539120, www.cmvfc.pt.
● *Verbindungen* Das Städtchen besitzt einen **Busbahnhof** an der Rua Visconde do Botelho. Werktags von 6.30–17.40 Uhr alle

60–90 Min. nach Ponta Delgada, bis zu 9-mal tägl. nach Ponta Garça/Grotas Fundas, 4-mal tägl. nach Furnas und Povoação.
Taxi: Taxistand vor der Igreja Matriz. Zum Einstieg in den Wanderweg vom Monte Escuro 13 €, nach Ponta Garça 10 €.

Adressen/Einkaufen

● *Ärztliche Versorgung* **Krankenstation** an der Rua Teófilo Braga (ausgeschildert), ☎ 296539420.
● *Geld* Mehrere Banken im Zentrum, z. B. die **BANIF** nahe dem Busbahnhof an der Rua Visconde do Botelho.

● *Internetzugang* Im Bibliotheksgebäude am Largo Bento Gôes. 1 Std. 2 €.
● *Einkaufen* Der **Markt** zwischen der Rua Téofilo de Braga und Rua da Fonte do Bago besteht nur aus wenigen Läden. Der Platz aber ist schön, alte Bäume und ein Brunnen in der Mitte.

São Miguel — Karte hintere Umschlagklappe

São Miguel

Eine kleine Shoppingmall namens **Solmar (5)** mit großem Supermarkt, ein paar Geschäften und einer Bar findet man am westlichen Ortsende nahe dem Kreisverkehr. Tägl. 9–21 Uhr.

- *Mietwagen* **Auto Ilhéu**, dem gleichnamigen Autohaus angeschlossen. Überwiegend Neufahrzeuge. Ab 20,50 €/Tag plus 0,18 €/km plus Steuern. CDW 9 €/Tag extra. Ohne Kilometerbegrenzung ab 2 Tagen ab 34,50 €/Tag plus Steuern. Rua C. Sena Freitas 8, ✆ 296583333, auto-ilheu@sapo.pt.

Autoatlantis, Filiale des in Ponta Delgada ansässigen Verleihers (→ S. 149). Gleiche Preise. Avenida da Liberdade, ✆ 296581115, www.autatlantis.com.

- *Öffentliche Toiletten* Im Markt.
- *Polizei* An der Ecke Rua Padre Manuel José Pires/Rua Império dos Aflitos, ✆ 296539310.
- *Post* Mo–Fr 9–18 Uhr. An der Rua V. Palmeira/Ecke Rua Teófilo de Braga.
- *Reisebüro* **Agência de Viagens Francisco Martins**, für Flüge und Fähren. Mo–Fr 9–12 und 14–18 Uhr. Rua Dr. Augusto Botelho Simas 11 (nahe dem Rathaus). ✆ 296583000, viagensfmartins@mail.telepac.pt.

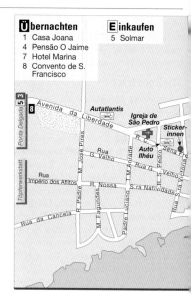

Ü bernachten
1 Casa Joana
4 Pensão O Jaime
7 Hotel Marina
8 Convento de S. Francisco

E inkaufen
5 Solmar

Baden/Freizeit

- *Baden* Der Stadtstrand von Vila Franca ist die **Praia Vinha d'Areia** östlich der neu entstandenen Marina und des gleichnamigen Hotels. Sanitäranlagen, Restaurant und Snackbar vorhanden. Hinter dem Strand gibt es zudem den Wasserfunpark **atlântico splash** mit mehreren Rutschen und Pools. Kinder je nach Alter 1,50–3 €, Erwachsene 5 €. Juni–Sept. tägl. 10–19 Uhr. Einen weiteren kleineren Strand findet man westlich des Largo Infante D. Henrique.

> **Tipp:** Auf dem der Stadt vorgelagerten Inselchen **Ilhéu de Vila Franca**, einem Eiland vulkanischen Ursprungs, bildet der grüne, kreisrunde Kratersee einen natürlichen Pool. Hier lässt es sich bei Ebbe herrlich schnorcheln und schwimmen. Im Sommer fährt die „Cruzeiro do Ilhéu" werktags 6-mal täglich, an Sonn- und Feiertagen fast stündlich vom Hafen hinüber, eine Fahrt kostet 3,50 €. Nehmen Sie Verpflegung mit!

- *Whale-Watching* Von Lesern immer wieder gelobt wird das junge, freundliche Team von **Terra Azul** an der Marina. Rausgefahren wird mit Schlauchbooten mit Hartboden (max. 22 Pers.), meist ist ein Meeresbiologe mit an Bord. Kostenpunkt 53 €. Außerdem wird Schwimmen mit Delfinen angeboten (für 4 bis max. 8 Pers.) 2 ½-stündige Ausfahrt 75 €. ✆ 296581361, www.terrazulazores.com.

- *Feste/Veranstaltungen* Neben der bekannten **Procissão do Trabalho** im Mai (→ Kasten S. 188) findet am letzten Augustwochenende das **Senhor-da-Pedra-Fest** statt. Auch dabei ist die Prozession am Sonntag der Höhepunkt. Das Fest selbst geht noch bis zum Dienstag der darauf folgenden Woche.

Das **Festival São João da Vila** wird im Juni zelebriert (Höhepunkt um den 24./25.), in dieser Zeit finden Umzüge, Sportveranstaltungen, Spiele, Tänze usw. statt.

Villa Franca do Campo 187

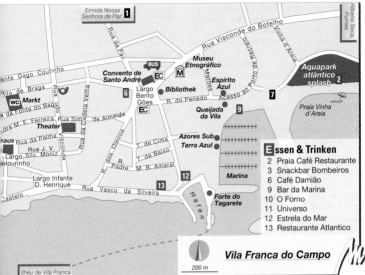

- *Segeln* Kontakte zu Anbietern von Tages- und Halbtagestörns stellt **Jochen Schober** her (→ Übernachten).
- *Tauchen* Einen guten Ruf hat **Espírito Azul**, Tauchgang 35 €. Auch Fahrten zu den Formigas. An der Rua do Penedo 22, nahe der Marina, ✆ 914898253 (mobil), www.espiritoazul.com.
Eine weitere Tauchbasis ist **Azores Sub**, Office direkt an der Marina, 918755853 (mobil), www.azoressub.com.

Übernachten/Essen & Trinken

- *Hotels/Pensionen* **Convento de São Francisco (8)**, ehemaliger Konvent aus dem 16. Jh. 12 nette, komfortable Zimmer, Pool. Leider weniger attraktive Umgebung, von Ponta Delgada kommend am Ortsbeginn rechter Hand. DZ 135 €. Jardim António Silva Cabral, ✆ 296583533, ✉ 296583534, www.conventosaofrancisco.com.
*** Hotel Marina (7), dreistöckige Anlage zwischen Marina und Praia Vinha d'Areia. 2002 eröffnet, mittlerweile wäre ein Facelifting schon angebracht. Freundliches Personal. 49 Zimmer, ausreichend groß, mit dicken Teppichen mit Ankermotiven. Alle mit Balkon, viele mit Meeresblick. Restaurant, Bar, Pool. Achtung: Im Sommer kann es laut werden – viele Partys am Strand! EZ 85 €, DZ 95 €. Vinha d'Areia, ✆ 296539200, ✉ 296539219, www.maisturismo.pt/marina.
Pensão O Jaime (4), 12 einfache Zimmer mit Gemeinschaftsbad. Falls vor Ort niemand anzutreffen ist (meist der Fall), im gleichnamigen Restaurant (gleiche Straße Nr. 108) nachfragen. EZ 30 €, DZ 40 €. Rua Teófilo Braga (Hauptdurchgangsstraße), ✆ 296582419.
- *Appartements* **Casa Joana (1)**, ein nettes, zweistöckiges Appartement für 2 Pers. vermieten die freundlichen Deutschen Jochen und Sonja Schober auf ihrem Grundstück hoch über Vila Franca do Campo. Komplett ausgestattete Küche, Waschmaschine, CD-Player usw. Ungezwungene Atmosphäre. Mindestmietdauer 1 Woche. 70 €/Tag. Falls ausgebucht oder anderes erwünscht, helfen die Schobers mit Übernachtungstipps weiter. Anfahrt: Vom Largo de Bento de Góes nach Norden in die Rua da Paz abzweigen, 2. Straße links (Rua de Santo Amaro), dann Hs.-Nr. 5 linker Hand. Achtung: In der Straße gibt es die Hausnr. 5 2-mal, es ist das Haus mit Toreinfahrt und Klingelschild „Schober". Rua Santo Amaro 5, ✆/✉ 296587840, www.casajoana.de.

188 São Miguel

Agência de Viagens Francisco Martins, (→ Reisebüro), vermietet mehrere Apparte- ments, z. T. an der Uferstraße gelegen. Alle gut ausgestattet. 2 Pers. 60 €, jede weitere Person 15 €.

● *Essen & Trinken* **Praia Café Restaurante (2)**, trendiges verglastes Lokal im Freizeit- komplex hinter der Praia Vinha D'Areia. Hg. 9–17 €. Azoreanische Küche wird hier ge- konnt mit Nouvelle Cuisine kombiniert. Ein Genuss sind die *Chicharros* mit Zwiebel- Kräuter-Soße. Mo Ruhetag. ✆ 296539162.

Restaurante Atlantico (13), nettes Lokal auf 3 Etagen mit schöner Dachterrasse. Als Starter empfehlen wir die Seepocken *(Cra- cas)*, danach den *Bacalhau* mit Oliven oder den gemischten Fischteller vom Grill. Wechselnde Wochenspecials. Hg. 7–15 €. Mo Ruhetag. Am alten Hafen, ✆ 296583360.

Universo (11), gepflegtes Lokal. Gute Küche, Hg. 7,50–17 €. Vielfältige Tageskarte zu günstigen Preisen. Freundliches, fremd- sprachiges Personal. Rua Dr. Augusto Bo- telho Simas 11, ✆ 296539300.

Restaurante Estrela do Mar (12), die Küche

empfehlen wir nicht. Doch nirgendwo in der Stadt sitzt man schöner als hier – Wahn- sinns-Terrasse und somit immer gut für ein Bier! Am Hafen (über dem Forte Tagarete).

~~Snackbar Bombeiros (3)~~, die Bar der hiesi- gen Feuerwehr. Sicher nichts Schickes, aber ein beliebter Lunchspot. Kleine, or- dentliche Auswahl an Mittagsgerichten. Ca. 1 km außerhalb des Zentrums, von der Stra- ße nach Ponta Delgada der Beschilderung „Bombeiros" folgen.

Café Damião (6), Café der gehobeneren Klasse für die gehobeneren Leute oder alle, die sich dafür halten. Rustikal-holzige Ein- richtung. Snackküche, günstige Mittagsge- richte. Rua Téofilo de Braga.

Bar da Marina (9), unter demselben Ma- nagement wie das Praia Café Restaurante (s. o.). Moderner verglaster Würfel aus La- vagestein. Gute Salate fürs kleine Mittag- essen. An der Marina.

O Forno (10), freundliche Snackbar mit viel Frischgebackenem, Brot, Sandwichs, wechselnde Tagesgerichte. Gegenüber der Igreja Matriz.

Sehenswertes Schauspiel – Procissão do Trabalho

Jahr für Jahr, seit vier Jahrhunderten, ist am ersten Sonntag nach dem 8. Mai die Igreja Matriz von Vila Franca do Campo der Ausgangspunkt einer far- benprächtigen Prozession, der Procissão do Trabalho. Es ist ein sehenswer- tes Spektakel, wenn sich zu Beginn der Prozession die Mitglieder der ver- schiedenen Berufsgruppen um ihren jeweiligen Schutzheiligen versammeln und sich der Reihe nach aufstellen. Zuerst kommen die Fischer um São Pedro Gonçalves, dann folgen die Schuhmacher um São Crispim, dann die Töpfer um Santo António, die Bauern um Santo Antão und die Kaufleute um Santa Catarina, darauf die Steinmetzen um São João Baptista, die Zim- merleute um São José, die Maultiertreiber um die Nossa Senhora do Egipto und zum Schluss die Schneider um das Jesuskind.

Wer zufällig Anfang Mai auf São Miguel ist, sollte sich das Schauspiel auf keinen Fall entgehen lassen.

Sehenswertes

Igreja Matriz: Die dreischiffige Hauptkirche der Stadt, die dem Erzengel Michael geweiht ist und deshalb den Namen São Miguel Arcanjo trägt, wurde auf Geheiß Heinrich des Seefahrers in der zweiten Hälfte des 15. Jh. erbaut und nach dem Be- ben von 1522 originalgetreu wieder aufgebaut. Ihre dunkle Basaltfassade ziert ein gotisches Portal. Im Inneren zeigen sich Chor und Kapellen prunkvoll verziert.

Ermida da Nossa Senhora da Paz

190   São Miguel

Museu Etnográfico/Cooperativa de Artesanato Senhora da Paz: In den 1990er Jahren schlossen sich die Kunsthandwerker Vila Franca do Campos zur Cooperativa de Artesanato Senhora da Paz zusammen – darunter Schneider, Töpfer, Instrumentenbauer, Kannenmacher, Bäcker (!) usw. Leider verstarben in den letzten Jahren viele Mitglieder der Kooperative, ein paar wenige kann man aber noch aufsuchen (s. u.). Das Museu Etnográfico in der Rua Visconde do Botelho widmet sich in erster Linie dem Schaffen dieser Kunsthandwerker. Es besteht aus zwei schräg gegenüberliegenden Gebäuden: dem alten Stadtmuseum – das Gebäude war übrigens das erste São Miguels, das elektrisches Licht (1900) besaß – und dem einstigen Herrensitz der Botelhos, jener Familie, die im 15. Jh. für die Gründung von Vila Franca verantwortlich zeichnete. Letzteres Gebäude verfügt über einen hübschen Festsaal, wurde jüngst aufwendig restauriert und erst 2009 dem Museum übergeben. Zum Zeitpunkt der letzten Recherche stand es noch weitestgehend leer.

• *Öffnungszeiten Museum*   Di–Fr 9–12.30 und 14–17.30 Uhr, Sa/So und feiertags 14–17 Uhr. Eintritt frei.

Die Kunsthandwerker der Kooperative, die man noch besuchen kann, sind nicht unter einem Dach vereint, sondern über die ganze Stadt verteilt. Den **Stickerinnen** kann man Mo–Fr 9–12.30 und 13.30–17.30 Uhr bei der Arbeit zusehen. Rua Cónego Sena Freitas 16 (1. Stock; im EG, einer Art Tourismusbüro, werden ihre Produkte verkauft).

In der **Töpferwerkstatt von João da Rita** entstehen u. a. Tassen und Karaffen wie auch Töpfchen und Kännchen für die Puppenstube. Wenn Besucher kommen, formt Senhor Rita, der mit 14 Jahren sein Handwerk erlernte, ein neues Stück. Rua Império dos Aflitos 54 (mit „Olarias" ausgeschildert).

Die kleinen Käsetörtchen *Queijadas da Vila*, die in fast allen Cafés der Insel angeboten werden, bäckt **Eduino Morgado de Sousa Medeiros** seit 1961, heute 2-mal/Woche. Am Tag schafft er rund 1000 Stück. Sie sind bei Weitem nicht so süß wie die von der Insel Graciosa. Mo–Fr 8–17 Uhr. Die Backstube liegt in der Rua do Penedo 20 nahe der Marina.

Wandertipp – vom Monte Escuro nach Vila Franca do Campo: Am Monte Escuro beginnt der *Percurso Pedestre PR 32 SMI*, ein 13,5 km langer Wanderweg hinab zur Kapelle Nossa Senhora da Paz, Dauer ca. 4 Std. Der Weg ist einfach, bestens markiert und bietet herrliche Ausblicke, war jedoch 2009 gesperrt – erkundigen Sie sich vor Antritt der Wanderung nach dem aktuellen Stand. Falls das Turismo keine Auskunft erteilen kann und auch keine Wanderbroschüren bereithält: Infos inkl. Wanderkarte und GPS-Daten sind auch unter www.trails-azores.com zu haben. Taxi von Vila Franca bis zum Einstieg der Wanderung ca. 13 € (keine Taxifahrer fragen, ob der Weg offen ist!). Sofern Sie über einen Mietwagen verfügen, können Sie auch selbst zum Ausgangspunkt der Wanderung fahren und schauen, was an der Wandertafel angeschlagen steht. Anfahrt für Selbstfahrer: Von Vila Franca do Campo Richtung Furnas fahren. Nach ca. 5 km links ab und der Beschilderung „Maia/Ribeira Grande" folgen. 1,3 km hinter der Abzweigung zum Lagoa do Congro (die man ignoriert) links abbiegen – ab hier ist der Weg zum Monte Escuro ausgeschildert. Nach weiteren 5,3 km beginnt linker Hand der Wanderweg, hier befindet sich auch die Wandertafel.

Kein Wandertipp ist der *Percurso Pedestre PRL 1 SMI*, der von Vila Franca do Campo nach Ponta Garça führt – er verläuft vornehmlich auf der geteerten Hauptverbindungsstraße.

Ermida da Nossa Senhora da Paz: Hoch über Vila Franca do Campo liegt jene Kapelle, die in keinem Fotoband über die Azoren fehlt. Bekannt ist sie besonders wegen ihres Treppenaufgangs, der mit Azulejos reich verziert ist. Die Kapelle wurde im 16. Jh. errichtet, nachdem ein Schäfer berichtet hatte, ihm sei in einer nahe gelegenen Grotte die Jungfrau Maria erschienen. Von der Kapelle genießt man eine schöne Aussicht auf Vila Franca do Campo und das Umland mit den auffällig vielen Ananasgewächshäusern.

Töpfer João da Rita bei der Arbeit

Anfahrt Die Kapelle ist vom Largo Bento de Gôes ausgeschildert. Zu Fuß – ein netter, aber anstrengender Spaziergang – benötigt man für die einfache Strecke ca. 40 Min.

Vila Franca do Campo/Umgebung

Ribeira Seca: Der östliche Vorort von Vila Franca do Campo (nicht zu verwechseln mit dem gleichnamigen Ort im Norden der Insel) ist v. a. wegen seiner *Winzereien* bekannt. Der fruchtige azoreanische Rotwein, der *Vinho de Cheiro* mit seiner besonderen Geschmacksnote (→ Kasten „Der Wein der Lava", S. 400), wird hier gekeltert. Vier Produzenten haben in Ribeira Seca ihren Sitz. Wer einen besuchen möchte, sollte sich jedoch nicht auf eine idyllische Weinprobe in einem Weingut à la Toskana einstellen, man schlendert eher durch langweilige Lagerhallen. Der größte Produzent ist *Lima & Quental*, aus dessen Haus der *Ilhéu* stammt, der bekannteste Vinho de Cheiro São Miguels. 500.000 l Wein werden hier jährlich abgefüllt, 95 % der Trauben dafür kommen aus der Umgebung Vila Francas. Lima & Quental produziert zudem einen *Águardente Vinicia* und einen *Abelheira*, einen Águardente mit Honig. Im angeschlossenen Shop (eigentlich kaum mehr als ein Vitrine) gibt es Mo–Fr von 7–18 Uhr alles zu kaufen.

Adresse/Anfahrt zur Winzerei Estrada Nova. Von Vila Franca do Campo kommend, 900 m nach dem Ortseingangsschild von Ribeira Seca bei einem gelben Haus rechts ab Richtung Ribeira das Tainhas, dann rechter Hand.

Ribeira das Tainhas/Ponta Garça: Beide Ortschaften sind schier endlose Straßendörfer. Ersteres hat eine Länge von 3 km, letzteres von 5 km, zudem gehen sie noch fließend ineinander über. Wirklich Sehenswertes gibt es nicht, dennoch ist es interessant, durch die Dörfer zu fahren. Der 1957 errichtete *Leuchtturm von Ponta Garça* mit einer Reichweite von 16 Seemeilen lohnt, seitdem er nicht mehr besichtigt werden kann, keinen Stopp mehr. Dafür sollte man vor dem Supermarkt Casa Piedade Halt machen, er liegt direkt an der Durchgangsstraße. Allerdings ist nicht der Supermarkt der Grund für den Stopp, sondern die urige *Bäckerei* nebenan (Hausnr. 14, kein Schild), aus deren Steinofen leckerste Brote kommen. Hier wird das Mehl noch von Hand gesiebt und gemischt. Aus Ponta Garça stammen übrigens die Eltern der weltberühmten Songwriterin Nelly Furtado, die 1967 nach Kanada auswanderten. Achtung: Die Straße von Ponta Garça vorbei an der Abzweigung zur Praia d'Amora (s. u.) hinauf zur R 1-1° hat ein Gefälle von rund 45 %!

192   São Miguel

> **Wandertipp**: Bei Ponta Garça beginnt ein herrlicher Wanderweg über Ribeira Quente nach Povoação → **Wanderung 15**, S. 265.

Praia d'Amora/Baden: Am östlichen Ortsende von Ponta Garça (kleiner Parkplatz; wer mit dem Bus anreist, bleibt bis zur letzten Station sitzen), beginnt ein beschilderter Fußweg zur Praia d'Amora – kein „Strand der Liebe" übrigens, sondern der „Strand der Maulbeere". Da die Azoreaner selten Strände aufsuchen, die sie nicht direkt mit dem Auto anfahren können, hat man den Strand selbst in der Hochsaison (jedoch nicht an Wochenenden) meist für sich alleine. Aus dem gleichen Grund wird er aber auch weniger gepflegt.

Hinweis   Zu dem dunklen Strand, hinter dem die Küste extrem steil aufsteigt, geht es 15 Min. genauso steil bergab. Tragen Sie keine Flip-Flops. Zweigen Sie ca. 350 m hinter dem Parkplatz nach rechts auf den Treppenpfad ab.

Miradouro do Castelo Branco: Wer von Vila Franca do Campo auf der R 1-1° nach Furnas fährt, erreicht die ausgeschilderte Abzweigung zu diesem schönen Aussichtspunkt nach ca. 10 km (dann noch 2 km). Wie aus einem Highlander-Film steht dort auf einer Höhe von 655 m ü. d. M. ein zweistöckiges, zinnenbestücktes Türmchen in der Landschaft. Die Aussicht ist herrlich, man blickt auf Furnas, den Furnas-See und Vila Franca do Campo.

> Falls Sie weiter in den Inselosten fahren: **Furnas und Umgebung** ab S. 240.

Inselwesten

Die Vulkanseen Lagoa Azul und Lagoa Verde im äußersten Westen der Insel zählen zu den landschaftlichen Höhepunkten São Miguels. Die meisten Orte dieser Region sind einfache Bauerndörfer, die in Küstennähe, jedoch selten unmittelbar am Meer liegen.

São Miguels Inselinneres ist weitaus reizvoller als die Küste. Auf saftig-grünen Atlantik-Almen grasen Kühe mit bimmelnden Glocken. Erloschene Krater sind von Gras überzogen oder mit Nadelwald bedeckt. In den wenigen Steinbrüchen der Gegend baute man früher u. a. Bimsstein ab, der gemahlen als Zusatz von Reinigungsmitteln diente. Ein nahezu unvergessliches Erlebnis und Höhepunkt einer Tour durch den Inselwesten ist an wolkenlosen Tagen die Aussicht auf den Lagoa Azul und den Lagoa Verde vom **Aussichtspunkt Vista do Rei** am Rand der **Caldeira das Sete Cidades.** Auch das verträumte Bauerndorf **Sete Cidades** selbst lohnt einen Besuch. Unmittelbar am Meer liegt das Fischerstädtchen **Mosteiros**, das allein wegen seines schönen Strands Besucher anlockt. Eine weitere Attraktion im Westen São Miguels sind die heißen Quellen am **Kap Ferraria** bei Ginetes. Ginetes und die beschaulichen Dörfer drum herum sind übrigens unter Deutschen sehr beliebt, viele haben hier eine neue Heimat gefunden.

Vor so manchen Gehöften erblickt man noch die alten, auf Stelzen errichteten *Granelas* – Getreidespeicher, an denen, vor Ratten gut geschützt, die Maiskolben zum Trocknen hängen. Etwas Gemüse wird zwar angebaut, schwerpunktmäßig betreibt man im äußersten Inselwesten jedoch Viehwirtschaft. Die Weiden sind meist von Bambus gesäumt, die klimatischen Verhältnisse der Region machen es möglich. Am Wegesrand blühen Hortensien, Kapuzinerkresse, blaue Winden und Afrikanische Liebesblumen, die wie blaue Lilien aussehen.

Verladen von Stroh (Graciosa) ▲▲
Die Westküste von Graciosa ▲

▲▲ Santa Cruz da Graciosa
▲ Windmühle bei Guadalupe – ein Wahrzeichen von Graciosa

Blick auf Angra do Heroísmo (Terceira) ▲▲
Blick auf die Ponta das Contendas (Terceira) ▲

▲▲ Fajãs – die zuerst besiedelten Küstenebenen von São Jorge
▲ Bauer auf São Jorge (MB)

Folgt man der Nordküste in Richtung Osten nach **Ribeira Grande,** ändert sich das Landschaftsbild. Die schluchtartigen Täler, die die Caldera-Hänge durchziehen, werden weiter, Hügelkuppen tauchen auf, und folglich werden auch die Felder größer: Mais, Yams und Rüben werden zwischen den Viehweiden angepflanzt. Und auch Tabak ist zu sehen, der in den lang gezogenen Holzhütten am Straßenrand getrocknet wird. Unbedingt lohnenswert ist ein Abstecher zum idyllischen **Fischerhafen von Capelas.** Eine weitaus weniger heile Welt findet man in Rabo de Peixe, dem Fischereizentrum von São Miguel.

Ponta Delgada/Westliche Umgebung

Relva: Die knapp über 2000 Einwohner zählende Gemeinde liegt rund 6 km westlich von Ponta Delgada in der Nähe des Flughafens. Einen Abstecher ins Zentrum unternehmen die wenigsten, die meisten lassen den Ort auf dem Weg zu den Kraterseen bei Sete Cidades links liegen. Reist man aber mit viel Muße, kann man in die *Fajã Rocha da Relva* wandern (→ Kasten), die sich zu Füßen einer von Höhlen durchzogenen Steilküste erstreckt. Hier wird Wein angebaut, die alten Adegas baute man zu Wochenendhäusern um. Der Weg hinab ist besonders im Herbst zu empfehlen, dann wird man nämlich nicht selten auf ein Gläschen jungen Weins eingeladen.

Verlässt man Relva Richtung Feteiras auf der R 1-1°, liegt am Ortsende der *Miradouro do Caminho Novo,* der an einen alten Walausguck erinnert, dabei entstand er erst 1999. Die Späher der Whale-Watching-Agenturen aus Ponta Delgada beziehen hier Posten. Im Sommer wird gegrillt und Kunsthandwerk verkauft. Die Aussicht ist zwar nett, aber nicht zwingend einen Stopp wert.

● *Verbindung* **Bus** bis zu 9-mal tägl. von und nach Ponta Delgada, die Busse nach Mosteiros passieren auch den Miradouro do Caminho Novo.
● *Feste/Veranstaltungen* **Kirchweihfest** am ersten So nach dem 5. August.

Kleine Wanderung in die Fajã Rocha da Relva: Vom Aussichtspunkt Miradouro do Caminho Novo folgt man dem schmalen Teersträßlein, an dessen Anfang ein gekacheltes Hinweisschild mit der Aufschrift „Rochas da Relva" steht. Nach 150 m verliert das Sträßlein seine Teerschicht, weiter geht es auf einem ungeteerten Feldweg. Bei der Weggabelung nach weiteren 150 m (voraus ein Holzhäuschen) rechts halten. Nochmals 150 m weiter passiert man den Aussichtspunkt Miradouro da Vigia, der einen ersten Blick auf die Fajã bietet. 400 m weiter, bei einem Parkplatz, beginnt an einem Heiligenschrein der Fußweg (zugleich der offizielle Wanderweg *Percurso Pedestre PRC 20 SMI*) hinab in die Fajã. Dauer hin und zurück ca. 2 Std.

Feteiras: Von Ponta Delgada kommend, kann man bereits vom *Aussichtspunkt Vigia das Feteiras* (mit Walausguck) an der R 1-1° auf den 2100-Einwohner-Ort und über die Südwestküste der Insel blicken. Das Zentrum mit der *Wurstfabrik Salsiçor* besitzt wenig Charme, die Häuser wirken ärmlich, und der einzigen Windmühle fehlen die Flügel. Auch das Schwimmbad („Piscina") am einstigen Hafen präsentiert sich in desolatem Zustand. Das Schickste am Ort ist das gepflegte Restaurant Santa Lúzia mit toller Meeresblickterrasse (von der Küstenstraße ausgeschildert, Mo Ruhetag, ✆ 296914924).

Falls Sie auf der inselumrundenden Straße R 1-1° bleiben, weiter ab S. 198.

Sete Cidades und die Vulkanseen Lagoa Azul und Lagoa Verde

Die malerischen Kraterseen Lagoa Azul und Lagoa Verde schmücken Plakate und Broschüren. Die meisten Aufnahmen werden vom Aussichtspunkt Vista do Rei am Grat der imposanten Caldera geschossen. Unten am Ufer des Lagoa Azul liegt das kleine Bauerndorf Sete Cidades („Sieben Städte"), um das sich zahlreiche Legenden ranken.

Die riesige **Caldera**, mit über 12 km Umfang zugleich eine der größten der Azoren, soll kurz vor der Mitte des 15. Jh. entstanden sein. Zu jener Zeit begannen die ersten Siedler, die bewaldeten Hänge des etwa 1200 m hohen Vulkans zu roden. Eine gewaltige Eruption von unvorstellbarer Kraft sprengte den Berg und brachte den Krater zum Einsturz. So zumindest geht es aus den Berichten des Seefahrers Gonçalo Velho Cabral hervor, der 1444 nach São Miguel segelte – den Vulkan, diesen für die Navigation so wichtigen Orientierungspunkt, gab es plötzlich nicht mehr. Stattdessen kämpfte sich das Schiff durch ein aufgewühltes Meer voller Baumstämme, von oben regnete es Steine und Asche, am Himmel sah man Glutwolken, und Gasschwaden vergifteten die Luft. 1460, 16 Jahre später, beschrieb der Seefahrer Diego Gomez São Miguel so: „Auf der Insel gibt es einen Berg voller Feuer, der im Sommer wie brennende Kohle aussieht und im Winter voller Rauch ist."

Fahrt zu den Vulkanseen und nach Sete Cidades

Von der inselumrundenden Küstenstraße R 1-1° kann man (von Ponta Delgada kommend) kurz hinter Relva, vor Feteiras sowie in Várzea zur Caldera abbiegen. Die schönste Route führt von Relva über Covoada und den Pico do Carvão vorbei an sattgrünen Weidelandschaften und Nadelwäldern sowie den Naturschutzgebieten Lagoas Empadadas und Lagoa do Canário (→ Weitere Ziele im westlichen Inselinnern, S. 197) bis zum ausgeschilderten Aussichtspunkt Vista do Rei.

Vom Aussichtspunkt gibt es die Möglichkeit, auf einer Schotterstraße am Kraterrand weiterzufahren (→ Wanderung 5, S. 249), bis man auf die Verbindungsstraße zwischen Sete Cidades und Várzea trifft. Dabei genießt man eine herrliche Aussicht: links das Meer, rechts der kleine Krater Caldeira Seca und dahinter die Seen.

Der **Aussichtspunkt Vista do Rei** am Kraterrand liegt heute 550 m über dem Meer. In den Seen der 300 m tiefer gelegenen Caldera spiegeln sich an schönen Tagen die darüber ziehenden Wolken. Öfter aber steht man inmitten der Wolken und sieht so gut wie gar nichts. Der Name des Aussichtspunkts geht auf den vorletzten portugiesischen König Carlos I. zurück, den man bei seinem Inselbesuch 1901 an diese Stelle führte. Die grandiose Lage mit Blick auf Meer und Seen veranlasste ein französisches Unternehmen, 1984 wenige Meter oberhalb des Aussichtspunkts das Fünf-Sterne-Hotel Monte Palace zu eröffnen. Über 170 Betten hatte es, ein Jahr nach der Eröffnung wurde jedoch kein Laken mehr gewechselt, es mangelte an Gästen, und das Hotel musste Konkurs anmelden. Man hatte versäumt, ein touristisches Konzept zu entwickeln, das sich auch um angemessene Werbung und eine bessere Fluganbindung nach Europa bemühte.

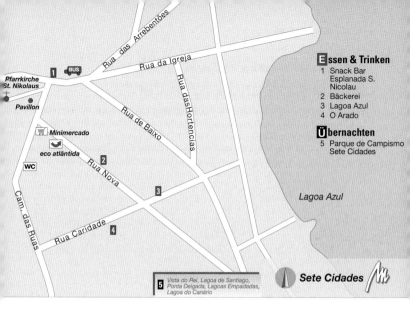

Der erste See am Fuße des Aussichtspunkts Vista do Rei ist der **Lagoa Verde**. Er verdankt den Namen seinem grünlichen Schimmern bei Sonnenschein, das durch Reflexion von der steilen, bewaldeten Kraterwand verursacht wird. Dahinter liegt, durch eine schmale Brücke getrennt, der **Lagoa Azul**, der blaue See. Nach starkem Regen jedoch sind beide Seen einheitlich trübgrün. Sie besitzen keinen natürlichen Abfluss, und ihr Pegelstand schwankte früher so stark, dass die angrenzende Ortschaft **Sete Cidades** im Winter häufig überschwemmt wurde. Daran erinnern noch ein paar alte Pfahlbauten im Dorf. Die Zeit der nassen Füße endete für die Einwohner in den 1930er Jahren mit dem Bau eines Wasserkanals durch die Kraterwand. Bis in die 80er Jahre wurde dieser ca. 2 m hohe, schmale Tunnel noch regelmäßig von den Dorfbewohnern als Abkürzung nach Mosteiros an der Küste benutzt, heute fährt man mit dem Wagen über den Kamm, durch den Tunnel zieht es nur noch ein paar mutige Touristen. Zentrum des verschlafenen Bauerndorfs Sete Cidades ist die dem Hl. Nikolaus geweihte, kleine neogotische **Pfarrkirche**, zu deren Portal eine schnurgerade Baumallee führt. Neben der Kirche befindet sich ein Brunnen, der die sieben Städte durch sieben Pyramiden symbolisiert. Mehrere Großgrundbesitzer haben sich hier im vorletzten Jahrhundert Sommerresidenzen mit großen Gärten anlegen lassen, die bis heute in Privatbesitz und der Öffentlichkeit nicht zugänglich sind. Alle Straßen, die am Ufer entlang verlaufen, führen zu herrlichen Picknickplätzen, die meisten mit Grillgelegenheiten. Es wird zwar in den Seen gebadet, von offizieller Seite jedoch davon abgeraten.

• *Verbindung* **Bus** werktags 2-mal tägl. von Ponta Delgada nach Sete Cidades (in die andere Richtung 3 Fahrten), So und feiertags keine Verbindungen.

• *Öffentliche Toiletten* Modernes Sanitärhäuschen im Caminho das Ruas nahe der Kirche – supersauber!

• *Sport & Freizeit* **eco atlântida**, eine private Touristeninformation mit Verkauf von Kunsthandwerk und Produkten von der Insel. Dazu: Radverleih (10 €/Tag), geführte Wandertouren (ganztägige Tour 45 €/Pers.), Jeepsafaris (50 €), Kanuverleih (20 €/Tag) etc. Mai–Sept. tägl. 9–17.30 Uhr, im Winter verkürzt. Rua Nova 45, ✆ 296295177.

• *Übernachten* Es gibt zwar keine offiziellen

São Miguel

Die blauen Tränen der Prinzessin

Umschlossen von einer hoch aufragenden Kraterwand liegt verborgen ein Bauerndorf, das den Namen *Sieben Städte* (Sete Cidades) trägt, sowie zwei Seen, von denen der eine blau, der andere grün schimmert. Ein Ort von unglaublicher Schönheit, ein abgeschiedenes Paradies, das förmlich nach Sagen und Legenden verlangt.

Das bekannteste Märchen erzählt von der Liebe einer Prinzessin zu einem armen Hirten. Jahrelang sollen sich die zwei an jener Stelle getroffen haben, an der heute eine kleine Brücke die beiden Seen verbindet. Eines Tages aber erschien ein junger Prinz vor dem König der Sieben Städte und hielt um die Hand der Prinzessin an, und der König gab sein Einverständnis. Dies war ganz und gar wider den Willen seiner Tochter, und sie sträubte sich gegen die Vermählung. Der König verbot ihr daraufhin, sich mit dem Hirtenjungen zu treffen, heimlich verabredeten sie sich noch ein letztes Mal. Beide weinten bitterlich. Und aus den blauen Augen der Prinzessin und aus den grünen Augen des Hirtenjungen flossen so viele Tränen, dass sie zwei Seen füllten. Die Liebenden sollten sich nie mehr begegnen, die beiden Seen aber sind bis heute an jener Stelle vereint.

Privatzimmer im Ort, ein paar Familien vermieten dennoch Zimmer unter der Hand. In den Bars durchfragen! Zudem hält die Agentur **eco atlântida** (s. o.) eine Liste mit Vermietern bereit. Über www.maviripa.pt kann man auch Appartements mieten (sofern die Kontaktaufnahme klappt).

• *Camping (→ Karte S. 195)* **Parque de Campismo Sete Cidades (5)**, der Platz ist seit Jahren ein Provisorium, das peu à peu zu einem richtigen Campingplatz ausgebaut werden soll. 2009 gab es immerhin schon (verschmutzte) Toiletten und einsehbare Openair-Duschen (!), Grillplätze, einen Parkplatz und ein terrassiertes Campingareal. Kostenlos. Wegbeschreibung: Man folgt der Wegbeschreibung von Wanderung 5, biegt aber ca. 700 m nach dem Zentrum bei einem Brunnen rechts in die Rua da Cidade ein. Nach weiteren 200 m kurz vor einer Straßengabelung linker Hand zwischen zwei Mauerpfosten hindurch in den Wald.

• *Essen & Trinken (→ Karte S. 195)* **O Arado (4)**, einfaches, nettes Restaurant. Fisch, Fleisch, Omeletts. Spezialität ist eine Wurst, die man am Tisch selbst grillt. Hg. 6–9 €. Ein paar Stühle zum Draußensitzen. Ganztägiger Betrieb. So Ruhetag, Mo nur mittags. Rua da Caridade 21, ✆ 296295301.

Lagoa Azul (3), in der gleichen Straße. Bar- und Restaurantbereich. Längere Öffnungszeiten, dafür kürzere Speisekarte als das O Arado. Hin und wieder gute Mittagsbüfetts mit leckerer Hausmannskost. Beste Stimmung am Freitagabend. Rua da Caridade, ✆ 296295132.

Pfarrkirche von Sete Cidades

Weitere Ziele im westlichen Inselinneren 197

Snack Bar Esplanada S. Nicolau (1), nach hinten eine große, nach vorn eine kleinere Terrasse. Treffpunkt der Busgruppen, entsprechend lieblos die Zubereitung der Gerichte. Hg. 6–11 €. Bei der Kirche.

Eine traditionelle **Bäckerei (2)** mit bestem Brot gibt es in der Rua Nova 32. Kein Schild am Eingang, erkennbar am Holz im Hof.

> **Wandertipp**: Sete Cidades ist Ausgangspunkt von drei im Buch beschriebenen Wanderungen, die Sie am Ende des São-Miguel-Kapitels finden: **Wanderung 5**: Rund um Sete Cidades, **Wanderung 6**: Von Sete Cidades nach Ginetes und **Wanderung 7**: Umrundung der Caldera.

Weitere Ziele im westlichen Inselinneren

Fährt man von Sete Cidades in Richtung Ponta Delgada und wählt dabei die Route über die Brücke zwischen dem Lagoa Azul und dem Lagoa Verde, passiert man nach 2 km eine Parkausbuchtung (rechter Hand). Wer die Aussicht auf den **Lagoa de Santiago**, einen von dichten Wäldern umschlossenen Kratersee, genießen will, muss hier aussteigen – von der Straße sieht man ihn nicht! Links des Aussichtspunkts führt ein Fußweg hinab.

Ca. 300 m weiter bergauf liegt linker Hand der Aussichtspunkt **Miradouro do Cerrado dos Freitas**, von wo man aus einer anderen Perspektive in die riesige Caldera blicken kann. Nach weiteren 3 km gabelt sich die Straße. Folgen Sie hier der Beschilderung zum Pico do Carvão, kommen Sie an den unten aufgeführten Sehenswürdigkeiten vorbei. Halten Sie sich hingegen rechts, gelangen Sie zum Aussichtspunkt Vista do Rei.

Lagoa Azul

Naturschutzgebiet Parque Lagoa do Canário: Der von Sicheltannen umgebene Kratersee Lagoa do Canário (763 m ü. d. M.) liegt nahe der Straße nach Ponta Delgada, knapp 8 km von Sete Cidades entfernt. Der See und das Gebiet drum herum wurden unter Naturschutz gestellt. Einen phantastischen Blick auf den Lagoa Azul, auf Sete Cidades und den Pico da Cruz (845 m), die höchste Erhebung aus dem weiten Rund der Caldera, erhält man vom Aussichtspunkt im Park. Zwischen See und „Miradouro" lädt ein großer Grillplatz zu einer Pause ein.
Öffnungszeiten Mo–Fr 8.30–16 Uhr, Sa/So und feiertags 10–19 Uhr.

> **Wandertipp**: Gegenüber dem Eingang zum Parque Lagoa do Canário beginnt **Wanderung 8**: Durch die Serra Devassa, → S. 254.

Naturschutzgebiet Parque Lagoas Empadadas: Das Reservat an der Straße von Sete Cidades nach Ponta Delgada umschließt zwei Seen. Der nördliche hat die Form einer Acht, der südliche ist nahezu rund. Drum herum dunkler Nadelwald und Picknickmöglichkeiten, am Wegesrand das Rosarot der Azaleen. Das Wasser der Seen wurde einst über ein Aquädukt nach Ponta Delgada geleitet. Bereits Anfang des 16. Jh. plante man den Bau dieser Wasserleitung, 1521 wurde dafür sogar eine Sondersteuer eingeführt. Die Reste der Wasserleitung, die man heute von der Straße aus sieht, stammen aus dem 19. Jh. In den meisten Seen der Gegend lebt übrigens ein Weißfisch namens *Rutilus rutilus* (besser bekannt als Plötze oder Rotauge), den der einstige englische Konsul George William Hayes 1895 zuerst im Lagoa das Furnas aussetzte.

Öffnungszeiten Mo–Fr 8.30–16 Uhr, Sa/So und feiertags 10–19 Uhr.

Pico do Carvão: 813 m ragt der Pico do Carvão im Süden des Höhenzugs Serra Devassa in den Himmel. Die Straße von Sete Cidades über Covoada nach Ponta Delgada führt an dem Berg vorbei. Vom dortigen gleichnamigen Aussichtspunkt genießt man eine grandiose Aussicht auf den taillenförmigen, nur leicht hügeligen Inselrücken, der sich zwischen Ponta Delgada und Ribeira Grande erstreckt.

Aussicht auf den Lagoa Verde

Weiter die Küste entlang

Candelária und Ginetes

Fährt man von Ponta Delgada über Relva und Feteiras gen Westen, passiert man nach rund 20 km das Zentrum von Candelária und nach weiteren 3 km das von Ginetes. Hier beginnt ein Küstenabschnitt bei dem man, gäbe es keine Ortsschilder, nie erkennen könnte, wann das eine Dorf aufhört und das andere anfängt: immer wieder Häuser, immer wieder Picknickplätze (ein schöner zwischen Várzea und Mosteiros), und auch auf die Regelmäßigkeit der Kurven ist Verlass.

Einst trug die Ortschaft Ginetes den Namen ihres Schutzpatrons São Sebastião, dem auch die Pfarrkirche aus dem Jahr 1603 geweiht ist. Doch im Laufe der Jahrhunderte setzte sich der Name Ginetes durch. Überragt wird der Ort vom **Pico do Cavalo**, auf dem die Ruinen einer Windmühle stehen. In den Straßen und am gepflegten Dorfplatz mit Bänken und Pavillon geht es meist ruhig zu. Von Ginetes bietet sich ein Abstecher zur **Ponta da Ferraria** (→ Kasten unten) mit heißen Unterwasserquellen an. Der Küstenabschnitt gilt als ein hervorragendes Schnorchelrevier, insbesondere wegen des Fischreichtums (auch viele Großfische).

• *Verbindung* **Bus** 7-mal tägl. nach Ponta Delgada.
• *Übernachten* **Moinho da Bibi**, eine zum Ferienhaus umgebaute Windmühle aus dem 19. Jh. Nett eingerichtet und sehr gemütlich. Draußen ein Garten mit Grill und

Candelária und Ginetes 199

Hängematte. Reservierung erforderlich, früh buchen. Zuverlässig und englischsprachig. Minimum 3 Nächte. 2 Pers. 100 €/Tag. In Candelária ausgeschildert, ✆/📧 296381486, www.moinhodabibi.com.

Floramar, weitläufige, 7000 m² große, blumige Anlage mit Pool in Candelária nahe dem Meer. Unter Leitung der freundlichen Schweizer Ruth und Dan Zaugg, bei denen auch Kinder willkommen sind. 6 komplett ausgestattete Selbstversorger-Einheiten auf 5 nette Häuschen verteilt – z .T. sehr charmant. Gästen stehen Mountainbikes, Surfbretter, Neoprenanzüge, Sonnenschirme u. v. m. zur Verfügung. Auf Wunsch Flughafentransfer. Wanderwochen und Fotokurse auf Anfrage. Von Lesern sehr gelobt. In der HS Reservierung erforderlich. Man kann sein Glück aber auch vor Ort versuchen, vielleicht ist ja jemand abgesprungen. 2-Pers.-Studio 50 €, 6-Pers.-Bungalow 115 €. Anfahrt: Von Ponta Delgada kommend 300 m nach dem Ortseingangsschild von Candelária (vor dem „Centro Comercia Candelária") links ab in die Rua dos Cabrais, letztes Haus rechter Hand. Rua dos Cabrais 1, ✆/📧 296295505, www.azorenferien.ch.

Wolfgang und Martina Junge, vermieten ab vom Schuss im friedlichen Weiler Lomba de Cima 2 schnuckelige, beheizbare Holzhäuschen und ein restauriertes Natursteinhaus mit 2 Schlafzimmern. Vor allen Einheiten gepflegtes Grün mit Grillmöglichkeiten und traumhaftem Meeresblick. „Wir waren begeistert", meinen Leser. 10 Min. bis zur nächsten Bushaltestelle. Reservierung erforderlich. Für 2 Pers. ab 70 €. Anfahrt: Von Ponta Delgada kommend, exakt 1,9 km nach dem Ortsausgangsschild von Candelária rechts abbiegen (gekacheltes Schild „Lomba de Cima", gegenüber ein kleines BP-Gas-Schild), nach ca. 300 m rechter Hand. Lomba de Cima 8, ✆ 296295348, www.azorentour.de.

Kleine Wanderung/Fahrt zur Ponta da Ferraria

Um zur Ponta da Ferraria zu gelangen, zweigt man, von Ponta Delgada kommend, in Ginetes gegenüber der Kirche links ab und hält sich am Ende der Straße, bei einer T-Kreuzung mit Baum in der Mitte, rechts. Rund 1 km weiter bietet sich ein Abstecher zum **Leuchtturm** an (über die Rua do Farol zu erreichen). Die Anlage mit dem 18 m hohen Turm wurde 1901 errichtet, das Signal hat eine Reichweite von 27 Seemeilen. Wer fragt, kann den Turm besichtigen. Lässt man den Abstecher aus, folgt 300 m weiter die Linksabzweigung zur Ponta da Ferraria (voraussichtlich steht hier bis zu Ihrem Besuch ein Hinweisschild, andernfalls achten Sie auf den Straßennamen: Rua Ilha Sabrina). Das Sträßlein zum Kap führt in steilen Serpentinen die schroffe, dunkle Lavaküste hinab. Das dort einsam liegende Gebäude wurde 2009 aufwendig restauriert und sollte bis zu Ihrem Besuch als modernes Spa-Zentrum eröffnet sein. Die Ponta da Ferraria hat als Kurzentrum Tradition, jedoch keine große. Schon vor Ewigkeiten gab es hier eine Badeanstalt, in der sich Rheumakranke Linderung erhofften. Das im Winter feuchte und stürmische Klima verschlimmerte allerdings den Zustand der Kurgäste, und auch die einst abenteuerliche Anfahrt führte dazu, dass die Pforten nur wenige Jahre nach der Eröffnung wieder geschlossen wurden. Sollte ansonsten alles beim Alten bleiben, verläuft vom Gebäude ein beidseitig von niedrigen Mauern begrenzter Weg gen Süden zu den **Quellen**, von wo einst das um die 60 °C heiße Mineralwasser mittels Handpumpe in die Wannen der alten Badeanstalt geleitet wurde. Heiße Unterwasserquellen sorgen dafür, dass man in dortigen Naturschwimmbecken bei ruhiger See ein schönes warmes Bad im Meer nehmen kann. Die Meerestemperatur beträgt hier bei Ebbe im Schnitt um die 28 °C, bei Flut ca. 18 °C.

Christine und Johann Eckard Deisenhofer, gleich in der Nachbarschaft (nach Familie Junge linker Hand etwas weiter bergauf, Hs.-Nr. 19) vermietet das sympathische Rentnerpaar aus dem Münchner Raum ein geräumiges Haus für max. 6 Pers., rustikal-gemütlich ausgestattet, samt Wintergartenhaus mit Grill. Ebenfalls herrlichster Meeresblick und von Lesern gelobt. Mindestmietdauer 1 Woche. Für 2–4 Pers. 70 €,

200 São Miguel

Endreinigung 30 €. Reservierung erforderlich. Lomba de Cima 19, ✆/📠 296295711, azoren_ecki@yahoo.de.

Familie Hillebrand, 4 praktisch-nett ausgestattete Bungalows vermietet die deutsche Familie neben ihrem Wohnhaus. Alle mit Terrasse oder Veranda, Grillmöglichkeiten. Garten mit Meeresblick, dazu Hunde und Pferde. Frau Hillebrand arbeitet als Reiseleiterin und kennt sich bestens auf den Inseln aus. Gutes Preis-Leistungs-Verhältnis, Häuser je nach Größe 48–65 €/Nacht. Anfahrt: In Ginetes gegenüber der Kirche in die Rua da Igreja einbiegen. Nach 100 m, am Largo das Almas, links ab, das Haus der Hillebrands liegt dann linker Hand, Nr. 30. Ginetes, ✆/📠 296295895, www.captainslodge.com.

● *Essen & Trinken* **Café Restaurante III Arcos**, einfaches Lokal, günstige Mittagsgerichte, von denen man satt wird – mehr aber auch nicht. Auch abends geöffnet. Nahe der Kirche von Ginetes.

Snackbar O Tubarão, besser als das III Arcos, leider unregelmäßig geöffnet. „Bei Vorbestellung springt der Inhaber Valdemar Ferreira in seine Tauchkluft und jagt die Zutaten für einen leckeren Fischeintopf", schreiben Leser. Terrasse mit Meeresblick. Anfahrt: In Ginetes die Straße gegenüber dem Restaurant III Arcos nehmen, bei der kurz darauf folgenden Straßengabelung links ab in die Rua da Canada, dann immer geradeaus.

● *Reiten* In Ginetes über die **Quinta das Raiadas** möglich (Estrada Regional 54). Ausritte 3 Std. 40 €, 6 Std. 65 €. ✆ 917782863 (mobil), www.quintadasraiadas.com. Falls Sie des Portugiesischen nicht mächtig sind, können Sie Frau Hillebrand (→ Übernachten) bitten, den Kontakt herzustellen.

Ginetes/Umgebung

Miradouro do Escalvado: Der Aussichtspunkt mit einem alten Walausguck hoch über dem Meer zwischen Ginetes und Mosteiros bietet einen atemberaubenden Blick über die steile Westküste. Am schönsten ist die Aussicht im Abendlicht, wenn die tief stehende Sonne die aus dem reflektierenden Meer aufragenden Felsobelisken anstrahlt. Diese bizarren Felsinselchen – die größte nennt sich *Ilhéu dos Mosteiros* – sollen der Sage nach die aus dem Wasser spitzenden Zehen des Riesen Almourol sein, der unter einem gigantischen Umhang – São Miguel – vor sich hindöst. Die Ortschaft im Hintergrund ist Mosteiros.

Zwei Seemeilen südwestlich des Miradouro do Escalvado erhob sich 1811 durch einen Vulkanausbruch eine Insel aus dem Meer. Sie bekam den Namen *Sabrina*, da ein paar mutige Briten von der Fregatte Sabrina es wagten, mit einem Ruderboot auf dem Eiland anzulegen und darauf die englische Flagge zu hissen. Die neue britische Kolonie verschwand ein Jahr später wieder und liegt heute 250 m unter der Meeresoberfläche.

> **Wandertipp**: Ginetes, der Miradouro do Escalvado und Mosteiros (s. u.) lassen sich auch gut zu Fuß erkunden, → **Wanderung 6**, S. 250.

Mosteiros

Der Ort, der einzige weit und breit, der unmittelbar am Meer liegt, galt lange Zeit als Musterbeispiel für ein typisches azoreanisches Fischerdorf – wegen seiner hübschen engen Gassen wurde er stets als malerisch und beschaulich beschrieben. Doch unzählige Neubauten, in erster Linie Sommerhäuser, entstanden drum herum, und mit der Beschaulichkeit war's vorbei. Dennoch, Mosteiros hat noch immer seinen Reiz und vor allem gute Bademöglichkeiten am schwarzen Lavastrand mit warmen Quellen im Meer und Blick auf die vorgelagerten Inselchen. Auch im Norden des Ortes kann man baden, hier laden Naturschwimmbecken zum Sprung ins kühle Nass ein (vom Dorfplatz mit „Piscinas Naturais" ausgeschildert) – Badeschuhe nicht vergessen.

Mosteiros 201

Entlang der R 1-1° oberhalb von Mosteiros gibt es mehrere Picknickplätze. Auch wenn sie mit den traumhaften Plätzen im Osten der Insel nicht mithalten können – für eine gemütliche Pause taugen sie allemal.

• *Verbindungen* **Bus** 9-mal tägl. nach Ponta Delgada, davon 2-mal über Capelas und 7-mal über Ginetes. Der letzte Bus fährt gegen 19 Uhr.

• *Übernachten* In und um den Ort lassen sich Häuser mieten, wofür aber eine Vorausbuchung notwendig ist, zwei Adressen sind im Folgenden aufgeführt. Auch Privatzimmer werden unter der Hand vermietet, dafür muss man aber Eigeninitiative ergreifen und in den örtlichen Kneipen fleißig nachfragen. Eine Pension oder ein Hotel gibt es bislang nicht.

Casa da Pedreira, im Weiler Pico da Mafra hoch über Mosteiros. Komfortabel ausgestattetes Haus mit 3 Schlafzimmern. Alter Holzofen, großer Garten, toller Blick von der Terrasse, Grill. Die Besitzer sprechen Englisch. 140 €/Tag. Pico da Mafra, ✆ 296672076, www.casasacorianas.com.

Karin und Bernd Kilian vermitteln u. a. 2 Häuser in Mosteiros. Pro Haus und Nacht 45 € für max. 3 Pers. (→ João Bom/Übernachten). ✆ 296917132.

• *Essen & Trinken* **Brisa do Mar**, von Lesern entdeckt und gelobt. Apricotfarbene Neubauvilla mit großem Außenbereich. Zu den Spezialitäten gehört der gegrillte Thunfisch. Bis auf die Meeresfrüchte ist kein Gericht teurer als 10 €. Anfahrt: Von der Kirche der Beschilderung zum Schwimmbad („Piscinas naturais") folgen, kurz vor dem Meer linker Hand. Rua das Pensões, ✆ 296915496.

Pizzaria Fantasia, hervorragende Pizza aus dem Holzofen (6,20–11,75 €) und gute Pasta-Auswahl dank italienischem Chef. Schlichtnette Einrichtung, kleiner Außenbereich, leider ohne Meeresblick. „Ein Highlight", so eine Leserin. Reservierung empfohlen. Di/Mi geschl. Anfahrt: Die Uferstraße gen Norden nehmen und rechter Hand nach einem auffälligen rot-weiß-blauen Gebäude Ausschau halten. Rua dos Moinhos 54, ✆ 296915325.

O Americo, einfach-urig. Mit Oktopussen, Delfinen und Walen bemalte Wände. Fisch und Meeresfrüchte wie *Lapas*, *Cracas* oder Moräne (die englische Übersetzung auf der Speisekarte lautet „Looks like a sea snake"). Hg. ab 6,75 €. Nur mittags. Anfahrt: Von der Kirche der Beschilderung zum Schwimmbad („Piscinas naturais") folgen, dann gleich linker Hand. Rua Pensoes 11.

Am Strand von Mosteiros

São Miguel

João Bom: Kunst mit Köpfchen

João Bom: Auf den ersten Blick eine typisch azoreanische 300-Seelen-Gemeinde mit Tante-Emma-Laden und Dorfkneipe. Dass es in João Bom auch eine Hauswand gibt, die einem abgefahrenen Kunstwerk gleicht, mag man gar nicht glauben. Die mit skurrilen wie phantasmagorischen Figuren versehene Arbeit des deutschen Künstlers Bernd Kilian können Interessierte auf Wunsch besichtigen (Anfahrt→ Übernachten). Zudem bietet der Ort auch zwei wirklich nette Unterkünfte.

- *Verbindung* **Bus** 7-mal tägl. nach Ponta Delgada.
- *Übernachten* **Karin und Bernd Kilian**, weit über der inselumrundenden R 1-1° vermietet das freundliche Künstlerpaar ein gemütliches Ferienhäuschen, geschmückt mit eigenen Arbeiten. Drinnen auch ein CD-Player (wer keine CDs dabei hat, kann sich von den Kilians welche borgen), draußen Meeresblick. Ungezwungene Atmosphäre. Wer sich anmeldet, findet zur Begrüßung ein Frühstück im Kühlschrank. Nach Absprache sind auch Malkurse möglich. Von Lesern hoch gelobt. Mindestaufenthalt 7 Tage. Vermittelt werden auch 2 Häuser in Mosteiros. Pro Nacht für 2 oder 3 Pers. 45 €, Endreinigung 20 €. Anfahrt: Von Mosteiros kommend rechts ab in die Rua Casa Telhada (von Bretanha links, nur sieht man aus dieser Fahrtrichtung das gekachelte Straßenschild nicht) und dann immer bergauf, letztes Haus rechts. Rua Casa Telhadas de Cima 42, ✆ 296917132, www.art-kilian.de.

Christine und Norbert Schnitzer, vermieten in 2 benachbarten Häusern 5 Zimmer mit Bad und 3 Appartements, darüber hinaus gibt es ein nettes Blockhäuschen mit Küchenzeile. Gemütliche Außenbereiche samt Grillmöglichkeiten und Innenpool für alle. Zudem gibt es Platz für 2 Zelte (kleiner Sanitärbereich). Leser fühlten sich hier stets bestens aufgehoben. Reichhaltiges Frühstück und Abendessen auf Wunsch – die Kochkünste von Christine Schnitzer werden in den höchsten Tönen gelobt. Ganzjährig geöffnet, in der NS kann man auch spontan sein Glück versuchen. DZ 40–45 €, Appartement für 2 Pers. 55 €, Blockhaus für 2 Pers. 50 €, Campen pro Person und Tag 10 €, Frühstück 5 € extra, Endreinigung der Appartements 30 €. Anfahrt: Von Mosteiros kommend, die erste Straße im Ort links ab, kurz darauf wieder links, danach rechts in die Rua da Relvinha (Straßenschild). Rua da Relvinha 14, ✆ 966833469 (mobil), www.casa-anneliese.de.

Bretanha

Die Ortschaft umfasste einst zig Siedlungen, die Felder und Taleinschnitte voneinander trennten – über fast 5 km zog sich Bretanha hin. 2002 wurden die Siedlungen auf zwei Gemeinden aufgeteilt, in **Pilar da Bretanha**, das man von João Bom kommend als erstes passiert, und in **Ajuda da Bretanha**. Das Gros der Häuser beider Orte liegt unterhalb der inselumrundenen R 1-1°.

Zwischen Pilar und Ajuda zweigt von der R 1-1° bei einer Bushaltestelle (unauffälliges Hinweisschild) ein 3 km langes, geteertes Sträßlein hinauf zum Aussichtspunkt **Miradouro da Cumeeira** am Kraterrand der großen Caldera von Sete Cidades ab. Der Aussichtspunkt ist das Pendant zum Vista do Rei auf der Südseite der Caldera. Die Aussicht ist grandios. Auf Schusters Rappen passiert man den Aussichtspunkt auf Wanderung 7.

Bretanha war, wie der Name vermuten lässt, zur Mitte des 15. Jh. bevorzugtes Siedlungsgebiet eingewanderter Bretonen. Bis vor gar nicht so langer Zeit sagte man hier „Qui y là", wenn es an der Tür klopfte. Bei älteren Leuten klingt zuweilen noch heute der dem Portugiesischen fremde Ü-Laut aus den Kehlen.

Verbindung **Bus** 5-mal tägl. nach Ponta Delgada.

Von Bretanha bis Remédios – kleine Tour entlang der Küste

Von Ajuda da Bretanha bis Remédios verläuft unterhalb der inselumrundenden Straße R 1-1° ein schmales Sträßlein durch die verschlafenen Siedlungen des Nordwestens. Es geht vorbei an Kirchen und Kapellen, vielen Bushaltestellen, fahrenden Gemüse- und Fischhändlern, Boutiquen auf Rädern und einer alten Windmühle. Unterwegs bietet sich auch ein Abstecher (es geht steil bergab) zum **Miradouro e Parque de Merendas da Convilhã** mit Grill- und Picknickmöglichkeiten an. Diese Route ist nicht nur die schönere Strecke, sie vermittelt auch mehr vom Leben in der Region. Wer von der Kurverei genug hat, kann jederzeit wieder rechts bergauf zur R 1-1° abzweigen. Theoretisch könnte man noch weiter die Küste entlang bis nach Santo António fahren, die Straße verliert hinter Remédios jedoch häufig die Teerschicht und empfiehlt sich eher als Küstenwanderweg. Der Weg ist nicht zu verfehlen.

Santa Bárbara: Eine Pause in dieser weit verstreuten Ortschaft oberhalb der R 1-1° ist fester Bestandteil vieler organisierter Inselrundfahrten. Doch nicht, weil es in dem Ort irgendetwas zu sehen gibt, sondern einzig und allein, um dem Magen das Knurren abzugewöhnen.

• *Verbindung* **Bus** 7-mal tägl. nach Ponta Delgada.

• *Essen & Trinken* **Restaurante Cavalo Branco**, einst ein Geheimtipp, heute Treffpunkt von Jeepsafaris. Das scheint den Koch leider zuweilen zu überfordern. Blut-wurst mit Ananas, hausgebackenes Maisbrot und Gerichte aus dem Steinofen. Hg. 6–13 €. Bestens ausgeschildert. Im Sommer Mo mittags geschl., im Winter tägl. mittags, nur Fr/Sa wird auch abends serviert. ✆ 296298365.

Santo António

Vom **Miradouro de Santo António** an der R 1-1° hoch über dem Ort genießt man eine herrliche Aussicht über die weite Nordbucht der Insel bis zum **Kap Cintrão**. Im Zentrum Santo Antónios selbst steigen in einer Art Halbrund die Häuser wie in einem schlecht besuchten Amphitheater an, die Bühne nimmt die Pfarrkirche mit ihrer verkachelten Fassade ein. Folgt man vom Zentrum der Beschilderung „Miradouro/Trilho", gelangt man zu einer Kreuzung mit dem gekachelten Schild „Caminho Velho". Wer hier parkt und die Gasse gegenüber der kleinen apricotfarbenen Kapelle bergab geht, gelangt zu einem neu angelegten **Picknickplatz** mit Grillmöglichkeiten an den Klippen über dem Meer. Auf dem Weg zum Picknickplatz finden Sie auch eine Wandertafel, die zu einer kleinen markierten **Rundtour** einlädt – nur eine Überlegung wert, falls die Insel schon auf 100 m ü. d. M. in Wolken hängt.

• *Verbindung* **Bus** 7-mal tägl. nach Ponta Delgada.

• *Essen & Trinken* **4 Platanos**, 2008 eröffneter rot-gläserner Würfel an der R 1-1°, von Santa Bárbara kommend noch vor dem Aussichtspunkt. Snackbar und Restaurant. Herrlicher Meeresblick – eine gute Adresse an kalten und windigen Tagen. Übliche Karte mit üblichen Preisen – für das stylische Ambiente zahlt man nicht mit. Mo hat die Küche dicht. ✆ 296918241.

Capelas

Im Gegensatz zu den meisten anderen Ortschaften des Nordwestens besitzt Capelas städtischen Charakter, dazu die kurioseste Toilette der Azoren. Aus dem Meer davor ragt die Halbinsel Morro das Capelas. In der Westbucht des Felskolosses lädt der idyllische Fischerhafen zum Baden ein, östlich davon lockt der alte Walfängerhafen Porto dos Poços.

Der Name des 3700-Einwohner-Ortes soll auf die einst zahlreichen Kapellen der Gegend zurückgehen. Heute pilgern v. a. junge Leute nach Capelas – eine große Berufsschule ist der Grund dafür. Im Zentrum überrascht der schmucke Stadtgarten, der **Jardim Artur Amorim da Câmara**, mit Pavillon und einem Walfängerbrunnen. Am Platz steht auch die **Igreja Nossa Senhora da Apresentação** aus dem 16. Jh. mit einem Glockenturm, dessen Uhr mit einem gekachelten Zifferblatt versehen ist. Am Stadtrand wartet das Volkskundemuseum **Oficina Museu M. J. Melo** auf Besucher (von der Durchgangsstraße beim Restaurant O Emigrante ausgeschildert): Ver-

Der alte Hafen von Capelas

Capelas 205

steckt hinter einem Garagentor präsentiert Manuel João Melo selbstgebastelte Blumenbilder aus Knoblauch- und Zwiebelschalen, eine alte Schusterwerkstatt, eine Druckerei, einen Barbierladen, Webstühle usw. (Mo–Sa 9–12 und 13–18 Uhr, Eintritt 2 €). Mehr Andrang erfährt allerdings das hiesige Fußballstadion, v. a. wenn das Nordwestderby zwischen dem *Capelense SC* und dem *CD Rabo de Peixe* ansteht.

Rund um den Ort verstecken sich mehrere, oft von hohen Mauern umgebene herrschaftliche alte Anwesen. Die meisten stammen aus dem frühen 19. Jh., als der Orangenhandel noch blühte, manche davon stehen leer. Die Besitzer leben in Lissabon und versuchen, ihre Anwesen für viel Geld an Ausländer zu verschachern.

Die Küste vor Capelas: Bei schönem Wetter lohnt ein Abstecher zum wildromantischen *Fischerhafen (Porto de Pesca)*. Dazu folgt man der Beschilderung „Centro", fährt an der Kirche vorbei und biegt ca. 400 m danach rechts ab in die Rua do Porto. Am Ende der Straße passiert man die lustige Toilette der Bar A Vigia (→ Essen & Trinken), hält sich links und kurz darauf wieder rechts. In der halbrunden Bucht im Schutz der steilen Klippen des *Morro das Capelas* sind heute mehr Kinder im Wasser als Boote. Auf dem Felskoloss steht ein alter, von Feldern umgebener Walausguck. Von hier erhielten die Walfänger vom *Porto dos Poços*, dem knapp 2 km weiter östlich gelegenen Hafen, einst das Signal zur Jagd. Heute dient der Ausguck der Ortung der Wale für die Whale-Watching-Touren. Auf dem Weg zum Porto do Poços passiert man den *Miradouro do Navio*, von dem man einen schönen Blick auf den Morro das Capelas samt dem fotogenen Felsbogen an seiner Spitze hat. An den ehemaligen Walfängerhafen Porto dos Poços erinnern heute nur noch der Kamin der aufgegebenen Walfabrik und eine rostende Winde an der Rampe, mit der man einst die Beute an Land zog. Wo früher das Meer verseucht war von Haien, die durch das Blut der Wale angelockt wurden, geht man heute baden: Jüngst entstand hier eine betonierte Badeplattform mit großem Meeresspool (mit „Piscinas naturais" ausgeschildert).

● *Verbindung* **Bus** 8-mal tägl. nach Ponta Delgada.

● *Übernachten* ***-**** **Vale do Navio/Açorsonho**, größeres Pauschalurlauberhotel in unattraktiver Lage direkt an der Durchgangsstraße (Eingang rückseitig), 2009 eröffnet. Das Açorsonho bietet gut ausgestattete Appartements auf Drei-Sterne-Niveau, allesamt jedoch ohne Meeresblick. Das Vale do Navio offeriert Hotelzimmer auf Vier-Sterne-Niveau und ohne Meeresblick. Im sterilen Innenhof eine wenig idyllische Poolanlage. Freundlicher Service. DZ 148 €, Appartement für 2 Pers. ab 132 €. Rua do Navio 47, ✆ 296980090, ✉ 296980092, www.hotelvaledonavio.com bzw. www.acorsonho.com.

*** **Solar de Conde**, weitläufige Anlage mit 32 Appartements, überwiegend in Bungalows, die jedoch z. T., da einst als Unterkünfte für Landarbeiter geplant, dicht gedrängt aneinander liegen. Pool, Restaurant. Vorrangig Pauschalurlauber. Könnte insgesamt etwas gepflegter sein. 105 € für 2 Pers. Rua do Rosário 36 (R 1-1°), ✆ 296298887,

✉ 296298623, solardoconde@interpass.pt.

Villa Oxalá, mehr als nur ein feudales Herrenhaus – ein Traum. Das überaus komfortable Anwesen ist im Besitz der Freifrau von Schnurbein. Auf die Gäste warten 300 m² exklusive Wohnfläche, ein großer schlossähnlicher Garten zum Versteckspielen, eine herrliche Terrasse, zudem ein schnuckeliges Nebengebäude (110 m²), das separat vermietet wird. Viele Stammgäste. Nur von Deutschland aus buchbar. Für bis zu 5 Pers. 200 €/Nacht, das Nebengebäude kostet für 3 Pers. 130 €. Rua da Cidade 45, São Vicente-Ferreira (3 km außerhalb von Capelas), ✆ 08292/3050, ✉ 08292/3052, www.villa-oxala.com.

Quinta Nossa Sra. de Lourdes, 3 geschmackvolle, mit antikem Mobiliar ausgestattete Zimmer in einem herrschaftlichen Weingut aus dem 19. Jh. Verwunschener

Innenhofgarten, Frühstücksraum von fast schon musealem Charakter. Gäste können an der Farmarbeit teilnehmen und bei der Weinproduktion in den hauseigenen Kellern zusehen (im Sept.). EZ 55 €, DZ 65 €. An der R 1-1° (nicht die leiseste Straße!) zwischen Capelas und Fenais da Luz; halten Sie bei der Abzweigung nach S. Vicente Ferreira (= Rua da Igreja) nach der Quinta Ausschau, ℅ 296919626, ℡ 296919060, www.virtualazores.com/qnslourdes.

Casa da Lenterna, die erste *gay friendly* Pension der Azoren! In São Vicente Ferreira, ca. 3 km von Capelas entfernt. Hübsches, nett dekoriertes Natursteinhaus mit 3 schnuckelig-verspielten Zimmern, eines mit privatem Bad und Balkon, die anderen beiden teilen sich ein Bad. Schöner Garten, gutes Frühstück. Unter kanadisch-azoreanischer Leitung. DZ 45–55 €. Rua do Poço 14, ℅ 295911128, www.casadalenterna.net.

• *Essen & Trinken* **A Vigia**, urgemütliche Kneipe über dem Fischerhafen. Liebevoll dekoriert, schöne Terrasse, Snacks. Besonders originell sind die stillen Örtchen gestaltet: Die Damen suchen das Heckteil, die Herren das Bugteil eines aufgesägten und aufgerichteten Bootes auf. Im Sommer tägl., im Winter nur Sa/So.

Fenais da Luz: Knapp 4 km östlich von Capelas passiert man auf der Inselhauptstraße R 1-1° das kleine Fenais da Luz mit seinem hübschen Ortskern. Treffpunkte sind die *Cervejaria O Miradouro*, die „Bar zur Aussicht", und der DVD-Club an der Hauptstraße. Wer Grillhähnchen mag, sollte einen Stopp in der Churrasqueira Vieira (s. u.) einlegen. Danach kann man sich die Beine bei einem Spaziergang zum *Kap Ponta das Calhetas* vertreten. Dort steht eine frisch restaurierte, dem Hl. Paulus geweihte Kapelle. Der Weg ist nicht weit (ca. 1,5 km) und bietet schöne Ausblicke – einfach die Küste entlang gen Osten Richtung Calhetas spazieren. Ein paar Kilometer landeinwärts liegt der *Batalha Golf Course* (→ Ponta Delgada/Sport, S. 160).

• *Verbindung* **Bus** 8-mal tägl. nach Ponta Delgada.

• *Übernachten* **Maria Goretti Tavares**, die Privatzimmervermieterin aus Ponta Delgada bietet verstreut im Ort 5 Appartements (für 2–5 Pers.) mit Grillmöglichkeiten und darüber hinaus 13 Zimmer in einem historischen Gebäude, 6 davon mit privaten Bädern und 7, die sich 2 Bäder und eine Küche teilen. Ebenfalls mit Garten, dazu ein Pool. Reservierung erforderlich, der Sohn spricht Englisch. Günstig: DZ im Haus mit

Blick auf den Morro das Capelas vom Miradouro do Navio

Calhetas – Wohnen in der ersten Reihe

Bad 25 €, ohne Bad 20 €, Appartements je nach Größe 30–45 €. Fenais da Luz, ℅ 296629453, www.gorettitavares.net.

- *Essen und Trinken* **Churrasqueira Vieira**, einfaches Gartenlokal an der Durchgangsstraße. Terrasse unter Weinreben. Hier gibt's mit die besten Grillhähnchen der Insel (sonst aber kaum etwas anderes). Di Ruhetag. ℅ 296919474.

Calhetas: Der knapp 800 Einwohner zählende Ort liegt 9 km westlich von Ribeira Grande und gehört schon zu dessen Concelho (Kreis). Die Häuser des Dorfs stehen ordentlich aneinander gereiht an der Küste, die R 1-1° verläuft fast geradlinig daran vorbei. Der mit „Piscinas naturais" von der inselumrundenden Straße ausgeschilderte Badeplatz ist eher zweitklassig – vorrangig die Dorfjugend, die kein Moped hat, tobt sich hier aus. Inseleinwärts erstrecken sich große Maisfelder. Am Ortsende folgt die Abzweigung nach Pico da Pedra.

- *Verbindung* Bus 8-mal tägl. nach Ponta Delgada.
- *Übernachten* **Casa das Calhetas**, im wohl schönsten Gebäude der Gemeinde, einem Herrenhaus aus dem 18. Jh., werden 3 Zimmer vermietet. Schöner Innenhof und Garten, komfortabel ausgestattete Räumlichkeiten. Reservierung erforderlich. EZ 75 €, DZ 100 €. Anfahrt: Von Fenais da Luz kommend an der Durchgangsstraße beim Hinweisschild „Convento das Clarissas" links ab in die Travessa do Morgado, kurz darauf linker Hand. Rua Boa Viagem, ℅ 296498120, ℅ 296498199, www.casadascalhetas.com.

Pico da Pedra

Das freundliche 2500-Einwohner-Städtchen liegt 2 km vom Meer entfernt am Fuß des gleichnamigen, 234 m hohen Vulkans Pico da Pedra. Bis zu Beginn des 19. Jh. gehörte der Ort zu Rabo de Peixe. Damals war das Überleben der Gemeinde jeden Sommer aufs Neue in Frage gestellt: Wassermangel war der Grund. Baron Fonte Bela ließ 1836 jedoch für die Bevölkerung eine Wasserleitung errichten, was die Entwicklung des Städtchens förderte; ein Brunnen am Anfang der Avenida da Paz erinnert daran. An den Hängen des Pico da Pedra experimentierte man in der zwei-

208 São Miguel

ten Hälfte des 19. Jh. nach dem Verlust der Orangenplantagen mit dem Anbau neuer Kulturpflanzen, z. B. Tee.

Zentrum des Ortes ist der **Largo do Trabalhador**, einst der Platz, an dem sich allmorgendlich die Tagelöhner sammelten, um von den Großgrundbesitzern mit auf die Plantagen genommen zu werden. Drum herum findet man mehrere Bars. Auch die **Molkerei Lacticínios Capriaçores** hat in Pico da Pedra ihren Sitz. Folgt man vom Largo do Trabalhador der leicht bergauf führenden Straße am Café Central vorbei und zweigt bei der ersten Möglichkeit links und bei der nächsten wieder rechts ab, liegt sie links hinter einer rosafarbenen Quinta. Wer will, kann sich Mo–Fr von 8–18 Uhr den kleinen privaten Betrieb vom Chef Álvaro Pereira persönlich zeigen lassen. Etwa 800 bis 1000 l Milch werden hier pro Tag zu Hart- und Weichkäse weiterverarbeitet.

• *Verbindung* **Bus** tagsüber nahezu stündl., Pico da Pedra liegt an der Strecke Ponta Delgada – Ribeira Grande. Achtung: Nicht jeder Bus zwischen den beiden Städten fährt über Pico da Pedra.

• *Feste/Veranstaltungen* Pico da Pedra ist einer der Orte, in denen der **Karneval** ausgiebig gefeiert wird. **Kirchweihfest** am 3. Sonntag im September.

Pico da Pedra/Umgebung

Erholungsgebiet Pinhal da Paz: Luftlinie rund 2 km südlich von Pico da Pedra (mit dem Auto 5 km) liegt das *Reserva Florestal de Recreio do Pinhal da Paz*, ein weiträumiger, 49 ha großer Park. Seine Fußwege führen auf mehreren Kilometern Länge nahe an Pflanzen aus allen Kontinenten. António do Canto Brum ließ Pinhal da Paz Anfang des 20. Jh. als botanischen Garten anlegen. Nach seinem Tod 1963 übernahm die Inselverwaltung den Garten und baute ihn zu einem Erholungsgebiet aus. Am farbenprächtigsten zeigt sich der Park um Ostern. An Sommerwochenenden ist die Hölle los: Dann wird hier gegrillt und gefeiert was das Zeug hält.

• *Anfahrt* Der Park ist von der Verbindungsstraße Ponta Delgada – Fenais da Luz ausgeschildert. Von Pico da Pedra folgt man vom zentralen Platz Largo do Trabalhador der leicht bergauf führenden Straße am Café Central vorbei. Kurz hinter dem Largo de

São João gabelt sich die Straße, hier links halten, dann stets geradeaus, dann ausgeschildert.

• *Öffnungszeiten* Im Sommer Mo–Fr 8–19 Uhr, Sa/So und feiertags 10–20 Uhr, im Winter verkürzt.

Rabo de Peixe

Rabo de Peixe besitzt den bedeutendsten **Fischereihafen** der Azoren. Doch da der Fischfang nicht zu den profitabelsten Wirtschaftszweigen zählt, ist das Leben von Armut geprägt. Rabo de Peixe gilt als sozialer Brennpunkt der Insel. Einzelne Straßenzüge mit ihren bunt getünchten Häuschen, Heerscharen von Kindern und in Türgängen sitzenden Müttern erinnern an nordbrasilianische Küstenstädte. Im Winter, wenn die See zu stürmisch ist, müssen die Fischer mit ihren Booten oft im Hafen bleiben, das Warten in den vielen Bars wird zum einzigen Zeitvertreib. Die Frauen bestreiten dann den Lebensunterhalt, für rund 450 Euro im Monat verarbeiten sie die Beute in der modernen **Thunfischfabrik** *Cafaco* am östlichen Stadtrand. Die Fabrik steht unter spanischer Leitung und hat rund 100 Beschäftigte.

Trotz der Investitionen in den sozialen Wohnungsbau, die Bildung (neue Berufsschule) und den Ausbau des Hafens (mit einem modernen *Clube Naval*) scheint an Rabo de Peixe der wachsende Wohlstand der Insel vorüberzugehen, ganz im Unterschied zu den Städten der Südküste, wo schon manch böse Zunge über den Ort

Rabo de Peixe 209

spottet: Rabo de Peixe heißt übersetzt Fischschwanz, und man höhnt, die Fischer sähen immer nur den Fischschwänzen hinterher, statt ein volles Netz nach Hause zu bringen. Eigentlicher Namenspatron des Orts ist eine Erhebung an der Küste, die im Abendlicht von See aus wie ein Fischschwanz wirken soll. Ein vornehmes **Villenviertel**, das so gar nicht zum Rest der Ortschaft passen will, befindet sich inseleinwärts oberhalb der Stadt.

• *Verbindung* **Bus** tagsüber nahezu stündl., Rabo de Peixe liegt an der Strecke Ponta Delgada – Ribeira Grande. Achtung: Nicht jeder Bus zwischen den beiden Städten fährt über Rabo de Peixe.

• *Essen & Trinken* **Restaurante O Pescador**, am östlichen Ortsrand (nahe der Konservenfabrik in unattraktiver Lage). Von Lesern hoch gelobtes, nettes, blau-weiß gehaltenes Lokal mit Bar, geführt von der freundlichen englischsprachigen Gabriela Cabral. Leckere Vorspeisen, frischer Fisch ist garantiert. Da nichts Tiefgefrorenes auf den Tisch kommt, gelegentlich beschränkte Auswahl. Hg. um die 10 €. So und Mo kein Abendessen. Von der inselumrundenden Straße am östlichen Ortsende der Beschilderung „Indústria pesqueira" folgen, dann linker Hand. ☎ 296492011.

São Miguel
Karte hintere Umschlagklappe

Santana: Der Villenort Santana erstreckt sich östlich von Rabo de Peixe und ist mit diesem mittlerweile fast zusammengewachsen. Bis 1968 befand sich hier der Inselairport, von dem aus man mit kleinen Propellermaschinen lediglich nach Santa Maria fliegen konnte. Donnerstags findet hier immer ein *Viehmarkt* statt. Auch wenn man nichts von Tierhaltung versteht, ist das Schauspiel ein Erlebnis. Kommen Sie am besten zwischen 7 und 12 Uhr, danach ist das Völkchen schon ziemlich betrunken. Auf dem Gelände befindet sich auch ein gutes Restaurant (→ Essen & Trinken). Ansonsten kann man noch im *Observatório Astronómico*, das sich in der Nachbarschaft des ausgeschilderten Schützenvereins Clube de Tiro befindet, Sterne gucken gehen (offiziell Mo–Fr 10–17 Uhr, besser aber vereinbart man unter ☎ 296492764 einen Termin). Oder man entscheidet sich für ein Bad im Meer: Am westlichen Ortsrand wurde eine kleine Kiesbucht mit ein paar Metern Sand als *Praia de Santana* erschlossen. Treppen führen hinab, moderne Sanitäranlagen sind vorhanden.

• *Übernachten* **Quinta Santana**, fast schon eine kleine Siedlung für sich. 29 recht eng beieinanderliegende Appartements für 2–4 Pers., z. T. im gemütlichen Landhausstil, die neueren Einheiten sind modern mit Flachdach gestaltet. Alle Appartements mit kleinem Garten oder Terrasse, jedoch ohne Meeresblick. Pool, Kinderspielplatz, Restaurant. Appartement 100–140 €. Canada da Meca (an der inselumrundenden Straße), ☎ 296491241, ✆ 296492577, quinta-santana@virtualazores.com, www.virtualazores.com/quinta-santana.

• *Essen & Trinken* **Restaurante da Associação Agricola de São Miguel**, auf dem Gelände des Viehmarkts (s. o.). Die köstlichen Steaks genießen inselweite Berühmtheit, und auch Leser sind begeistert: „Unser absolutes Lieblingsrestaurant, einfach super." Wirbt mit dem Slogan „Do Prado ao Prato" („Von der Wiese auf den Teller"). Gepflegter Speisesaal mit Fasstheke. Steaks 10–20 €, auch halbe Portionen. So–Di nur mittags, Mi–Sa auch abends. Anfahrt: Von Ribeira Grande kommend beim Schild „Feira de Santana" links ab, anschließend die nächste Straße rechts (Rua da Noruega), dann die Einfahrt linker Hand nehmen (ausgeschildert). ☎ 296490001.

Ribeira Grande

Ribeira Grande ist Verwaltungssitz des gleichnamigen Bezirks und zugleich die größte Stadt an São Miguels Nordküste – im Grunde genommen aber nicht mehr als ein beschauliches Städtchen. Im Zentrum gibt es drei Museen und in der Nähe gute Strände, darüber hinaus kann man sich den Aufenthalt mit einer Likörprobe in der örtlichen Destillerie versüßen. Außerdem nicht verpassen: Ausflüge zum Thermalbad von Caldeiras, zum Badewasserfall Caldeira Velha und zum Kratersee Lagoa do Fogo.

Von Ponta Delgada erreicht man das rund 18 km entfernte Ribeira Grande am einfachsten auf der Schnellstraße (*Via Rápida* = V. R.), die die relativ flache Taille der Inselmitte durchquert. Landschaftlich schöner jedoch ist der Weg am Lagoa do Fogo vorbei oder die Straße von Vila Franca do Campo über den Monte Escuro.

Ribeira Grande, die zweitgrößte Stadt São Miguels, hat mit allen Vororten über 10.000 Einwohner. Der größte Fluss der Insel, der in den Bergen beim Monte Escuro entspringt, gab der Stadt den Namen; dennoch wäre er treffender als großer Bach zu bezeichnen. In dem Tal jedoch, das er im Laufe der Jahrtausende gegraben hat, könnte so manche Schlucht von einem reißenden Strom herrühren.

Die ersten Siedler ließen sich am Ostufer des Ribeira Grande nieder, heute führt der Fluss durch das Zentrum der Stadt und teilt sie in zwei Hälften. Kurz vor seiner Mündung ins Meer wurden die Uferbereiche in eine Parkanlage umgestaltet.

Fast alle bedeutenden Gebäude der Stadt verteilen sich rund um den zentral gelegenen **Jardim Público**, einen kleinen, baumbestandenen Park, dessen schattige Bänke Omas und Opas zum Verweilen einladen, während die Enkelkinder um einen Brunnen turnen. Nur durch einen Häuserblock vom Jardim Público getrennt, liegt die **Igreja Matriz de Nossa Senhora da Estrela**, die Hauptkirche der Stadt (→ Sehenswertes). In der westlichen Stadthälfte steht, unmittelbar hinter der Brücke, das **städtische Theater**, das durch EU-Hilfen von Grund auf renoviert wurde. Links davon beginnt die Hauptgeschäftsstraße der Stadt, die Rua El-Rei Dom Carlos, die kurz darauf ihren

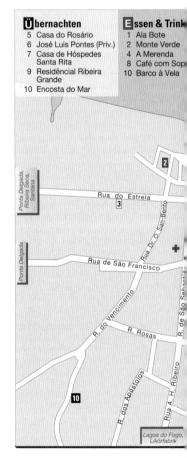

Ribeira Grande

Namen in Rua de Nossa Senhora da Conceição ändert. Läden, Banken und Cafés reihen sich hier aneinander. Bei einem Spaziergang durch das freundliche Zentrum überraschen die hübschen Straßenzüge, die weiß getünchten Fassaden mit ihren dunklen Fensterumrahmungen aus Lavagestein und schöne alte Straßenlaternen. Auch das Eck zwischen Markt und Meer mit seinen niedrigen Häusern und die neu angelegte **Uferpromenade** zwischen Schwimmbad und Strand laden zum Schlendern ein.

Stadtgeschichte

Bereits Mitte des 15. Jh. ließen sich die ersten Siedler am Ribeira Grande nieder. Überwiegend Bauern waren es, die hier einen fruchtbaren Boden vorfanden. Um das geerntete Getreide zu mahlen, errichtete man Wassermühlen am Fluss – so entwickelte sich am östlichen Ufer, wo heute die Ermida Santo André steht, eine kleine Siedlung, die schon 1507 die Stadtrechte erhielt.

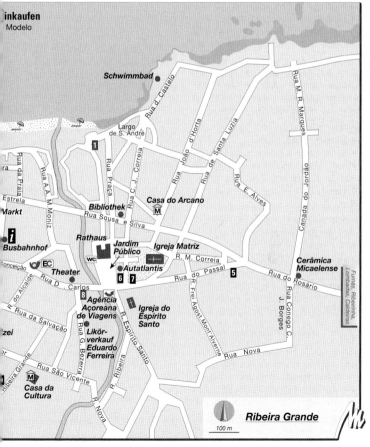

212   São Miguel

Nach dem schweren Erdbeben bei Vila Franca do Campo im Jahr 1552 verließen viele Handwerker und Bauern ihre alte Heimat und versuchten in Ribeira Grande einen Neuanfang. Aber bis ins 16. Jh. versetzten auch hier Vulkanausbrüche und Erdbeben in regelmäßiger Folge die Bevölkerung in Angst und Schrecken. Dennoch entwickelte sich Ribeira Grande bis ins 17. Jh. zu einem florierenden Städtchen, die Gegend wurde zur Kornkammer der Insel. Im 18. Jh. nahmen die ersten Wollmanufakturen ihren Betrieb auf (das Know-how dafür hatten emigrierte Franzosen mitgebracht) und bescherten dem Ort einen bislang nicht gekannten Wohlstand. Die herrschaftlichen Häuser ganzer Straßenzüge stammen aus dieser Zeit. Der wirtschaftliche Segen hielt aber nur ein Jahrhundert an, dann waren die Betriebe pleite, und die Bevölkerung verarmte. 1868 kam es wegen zu hoher Steuerlasten zu einem Aufruhr, das Stadtarchiv wurde in Schutt gelegt. Anfang des 20. Jh. versuchte man, neue Industriezweige anzusiedeln: Heute steht im Osten der Stadt die Milchfabrik *Bel Portugal*, eine der größten und modernsten Molkereien der Azoren mit 240 Beschäftigten. Käse und Milchpulver werden dort nach holländischem Vorbild – alles computergesteuert – produziert. 1981 erhielt Ribeira Grande Großstadtstatus. Und seit 2002 besitzt es, wie es sich für eine Großstadt gehört, eine Umgehungsstraße.

Information/Verbindungen

• *Information* **Posto de Turismo**, dank der freundlichen Sónia Moniz, die auf fast jede Frage eine Antwort weiß, eine der besten Infostellen der Azoren. Wetterbericht, ein Internetterminal, Hilfe bei der Zimmersuche. Ganzjährig Mo–Fr 8.30–12.30 und 13.30–16.30 Uhr. Im Busbahnhof, ✆ 296474332, www.cm-ribeiragrande.pt.
• *Verbindungen* Zentraler Busbahnhof an der Rua de Luis de Camões. Werktags von

7–19 Uhr nahezu stündl. **Busse** nach Ponta Delgada, der letzte gegen 22 Uhr. Fast jeder zweite Bus fährt über Rabo de Peixe. Zudem tagsüber fast stündl. nach Ribeirinha, 5-mal tägl. nach Maia, 2-mal tägl. nach Furnas, 3-mal tägl. nach Nordeste.
Taxi-Standplatz am Largo 5 de Outubro, vor der Igreja do Espírito Santo; eine Fahrt nach Ponta Delgada kostet ca. 15 €, nach Caldeiras 7,50 €.

Adressen (→ Karte S. 210/211)

• *Ärztliche Versorgung* **Krankenstation** an der Rua de São Francisco. ✆ 296470500.
• *Geld* An der Hauptstraße Rua D. Carlos mehrere Banken mit Automaten.
• *Internetzugang* Im **Turismo** und in der **Bibliothek** (Mo–Fr 9–12 und 13–17 Uhr) an der Rua Sousa e Silva nahe dem Jardim Público.

• *Mietwagen* **Autatlantis**, Preise → S. 149. Rua da Matriz 2, ✆ 296474179, www.autatlantis.com.
• *Öffentliche Toiletten* Im Park nahe dem Turismo.
• *Polizei* Rua do Ouvidor 25, ✆ 296472120.
• *Post* Mo–Fr 8.30–18 Uhr. Rua D. Carlos 14.

Baden/Einkaufen/Sport/Kultur (→ Karte S. 210/211)

• *Baden* Der Strand **Praia Monte Verde** an der Mündung des Ribeira Grande bietet im einen Sommer viel Sand, im anderen nur kindskopfgroße Kiesbrocken. Das städtische **Schwimmbad** am östlichen Ende der Bucht, in dem sich die Kinder der Stadt kreischend austoben, besitzt eine nette Poolanlage. Sehr zu empfehlen ist der Sandstrand **Praia de Santa Bárbara** vor Ribeira Seca, westlich von Ribeira Grande

(→ Ribeira Grande/Umgebung, S. 216), der zu Fuß in ca. 20 Min. erreichbar ist. Zudem gibt es die kleine Kiesbucht **Praia de Santana** bei Santana (→ S. 209).
• *Markt* Der hübsche **städtische Markt** (nur Sa/So!), auf dem die Agrarerzeugnisse der Gegend verkauft werden, liegt an der Rua do Estrela. Donnerstags lohnt sich ein Besuch des **Viehmarkts** von Santana (→ S. 209).

Likörflaschen im Capote-e-Capelo-Stil aus dem Hause Eduardo Ferreira

Fruchtige Passion – der Maracuja-Likör

Im 18. Jh. kam die Passionsfrucht aus Brasilien auf die Azoren. Heute wird sie auf São Miguel fast ausschließlich für die Herstellung von Likör angebaut. Auf die Produktion des Maracujalikörs hat sich der traditionsreiche Familienbetrieb *A Mulher de Capote Eduardo Ferreira* in Ribeira Grande spezialisiert. Der edle Tropfen wird ohne chemische Zusätze und Konservierungsstoffe als reines Naturprodukt hergestellt – eine halbe Million Liter jährlich. In Eichenfässern muss der Likör zwei Jahre reifen, bevor er in Flaschen oder figürlichen Gefäßen abgefüllt wird. Die bekannteste Flasche ist die Mulher-Flasche, ein beliebtes Mitbringsel von den Azoren und für manche gar ein Sammlerstück.

Neben Maracujalikör umfasst das Sortiment Ananas-, Bananen-, Brombeer- und Limettenliköre, es gibt sie als süße und weniger süße Versionen. Letztere werden als Brandys bezeichnet. Der Großteil wird in die USA exportiert. Wer sich mit dem Likör eindecken will, kann dies in der zentral gelegenen Verkaufsstelle in der Rua Gonçalo Bezerra 13 tun (Mo–Fr 9–12 und 13–18 Uhr). Dort findet man auch Flaschen mit der Aufschrift „Ezequiel Moreira da Silva & Filhos". Dieser einst ebenfalls traditionsreiche Betrieb wurde mittlerweile von Eduardo Ferreira übernommen, Name und Rezeptur wurden jedoch beibehalten.

• *Öffnungszeiten/Anfahrt zur Fabrik* Die Likörfabrik ist Mo–Sa 9–12 und 13–18 Uhr zu besichtigen, kostenlose Likörprobe inklusive. Im Zentrum Ribeira Grandes von der Rua Nossa Senhora da Conceição für exakt 1 km der Beschilderung zum Lagoa do Fogo folgen. Dann beim Café Mario Jorge in die Rua do Berquó (Straßenschild nicht in Fahrtrichtung) links ab. Nach ca. 100 m rechter Hand.

• *Souvenirs* **Cerâmica Micaelense**, diese Keramikmanufaktur am Ortsausgang (an der Straße nach Ribeirinha) linker Hand hat sich im Gegensatz zur Cerâmica Vieira in Lagoa, die ihren Schwerpunkt auf Dekorations- und Gebrauchsgegenstände legt,

214 São Miguel

auf die Herstellung von Azulejos spezialisiert. Der Fertigungsprozess kann verfolgt
werden. Die von Hand bemalten Kacheln
erhalten erst durch das Brennen ihre satten
Farben. Mit Shop. Mo–Fr 8–12 und 13–
18 Uhr. Rua do Rosario 42.

• *Supermarkt* Großer **Modelo**-Supermarkt
(3) an der Straße nach Ribeira Seca.
• *Theater* Ribeira Grande besitzt eines der
schönsten Theater der Insel; z. T. internationales Programm, überwiegend Konzerte.

Übernachten/Essen & Trinken/Nachtleben (→ *Karte S. 210/211*)

• *Zimmer/Appartements/Hotels* **Encosta do
Mar (10)**, beste Unterkunft vor Ort, jedoch etwas steril und etwas abseits vom Schuss.
Anlage mit 18 modernen, blitzsauberen Appartements, komplett ausgestattete Küchen. Innenhof mit Pool. Restaurant, Bar,
Laundryservice. Freundliches, englischsprachiges Personal. 1 Pers. ab 70 €, 2 Pers. ab
80 €. Rua Antero de Quental, ✆ 296470610,
✉ 296470619, www.encostadomar.com.
Residência Ribeira Grande (9), eine charmante Herberge ist etwas anderes. Haus
mit 9 Zimmern, alle mit älteren, privaten Bädern. Für eine Nacht aber okay. Das ange-
schlossene Restaurant ist in erster Linie
lauter Girlietreffpunkt der Schule gegenüber. Freundliches Personal. EZ 35 €, DZ
45 €. Rua dos Condes da Ribeira Grande,
✆ 296473488, ✉ 296473878,
www.residencialribeiragrande.com.
Casa de Hóspedes Santa Rita (7), zentrale
Lage. 5 gepflegte Zimmer mit eigenem
Bad, leider z. T. etwas dunkel. Vor Ort ist
meist niemand anzutreffen. Englischsprachig. EZ 25 €, DZ 30 €. Rua Gaspar Fructuoso 21, ✆ 967464243 (mobil),
casasantarita@sapo.pt.
Casa do Rosário (5), 4 saubere Zimmer mit
Gemeinschaftsküche und -bad. EZ 20 €, DZ
36 €. Rua do Passal 76, ✆ 962525597 (mobil),
www.casadorosario.net.
• *Privatzimmer* **José Luis Pontes (6)**, 7 Zimmer. Günstig, zentral und mit hübscher Terrasse. Nachteil: laut. Die Zimmer teilen sich
2 Bäder und eine Küche. DZ 25 €. Rua
Gaspar Fructuoso 14 (schräg gegenüber der
Casa de Hóspedes). Vor Ort ist meist

niemand anzutreffen, besser anrufen:
✆ 296472151, 966494287 o. 918306176 (beide
mobil).
• *Essen & Trinken* Gute Restaurants gibt
es auch in Rabo de Peixe und Santana!
Ala Bote (1), schickes Restaurant mit toller
Terrasse in Schwimmbadnähe. Von Lesern
gelobt wird insbesondere die Hausspe-
zialität *Cataplana à Ala Bote* (mit Fisch und
Shrimps). Hg. 8,50–14 €, auch halbe Portionen. Tägl. (außer Di) 12–2 Uhr (Essen bis
23 Uhr). ✆ 296473516.
Monte Verde (2), für die einen ein Tipp, für
die anderen ein Flop, entscheiden Sie selbst.
Gepflegtes Lokal mit Schwerpunkt auf
frischem, auf Holzkohle gegrilltem Fisch
(präsentiert in einer großen Vitrine). Mittlere
bis gehobene Preisklasse. Mo Ruhetag. Rua
da Areia 4 (etwas außerhalb), ✆ 296472975.
Barco à Vela (10), Restaurant des Hotels
Encosta do Mar (→ Übernachten). Gepflegtes Lokal im Marinestil. Leser loben das Büfett (Di–So mittags und abends für 8,50 €,
So umfangreicher für 14,50 €).
Café com Sopas (8), die Adresse für das
schnelle, günstige Mittagessen. Tägl. 2 verschiedene Suppen, dazu gute Baguettes
und Fastfood. Freundliches, junges Personal. Ecke Rua G. Bezerra/Rua D. Carlos.
A Merenda (4), Mischung aus Snackbar (lecker belegte Sandwichs, Pizza) und Konditorei (süße Stückchen, tolle Kuchen und
Torten). Besteht seit über 25 Jahren. Ecke
Rua Nossa Senhora da Conceição/Rua do
Infante Dom Henrique.
• *Nachtleben* Der Treffpunkt am Abend ist
das Restaurant **Ala Bote** (s. o.).

Sehenswertes

Auch wenn sich die Stadt in Broschüren gern mit einer langen Liste wichtiger Se-
henswürdigkeiten schmückt – bei näherem Hinsehen erweisen sich die meisten
Kirchen, Klöster, Kapellen und Gebäude nicht unbedingt als kunstgeschichtliche
Sensation. Außerdem gibt es drei Museen.

Rathaus: Das *Paço de Concelhos* liegt am Largo Conçelheiro Hintze Ribeiro im
Herzen der Stadt mit Blick auf den Jardim Público. Das heute profane Gebäude war
im 17. Jh. die Jesuitenkirche. Der schlanke Glockenturm mit Uhr, die Stufen zum

Portal sowie ein weiter Torbogen verleihen ihm Eleganz. Im Ratssaal in der zweiten Etage beherbergt es herrliche Azulejos, die von der Stadt und der Gegend erzählen, von Gaspar Frutuoso (Priester und Historiker), von Frauen, die am Fluss waschen, von Festen, Teeanbau und vielem mehr.

Casa da Cultura: Das örtliche Volkskundemuseum ist im Solar de São Vicente Ferreo, einem rosafarbenen Herrenhaus aus dem 18. Jh., untergebracht. Mehrere Abteilungen erinnern an alte Handwerksberufe. Beachtlich ist die große Kachelsammlung; viele der Fliesen stammen jedoch vom Festland. Zu den interessantesten Ausstellungsstücken zählen zwei Modellbauten von Prior Evaristo Crato, einem ehemaligen Pfarrer der Stadt und Gründer der ersten lokalen Fußballmannschaft. Einst musste man kurbeln, damit sich die originellen Modelle von Ribeira Grande und Jerusalem in Bewegung setzten. Heute übernimmt per Knopfdruck ein elektrischer Motor die Aufgabe, und Straßenszenen füllen sich mit Leben, Windmühlen drehen sich, Webstühle werden in Gang gesetzt ...

Adresse/Öffnungszeiten Rua de São Vicente 10. Mo–Fr 8.30–12.30 und 13.30–17 Uhr. Eintritt frei. Wenn nicht viel los ist – was meist der Fall ist –, erhält man eine persönliche Führung (port./engl.).

Museu da Emigração Açoreana: Das besuchenswerte kleine Museum befindet sich in den ansprechenden Räumlichkeiten des ehemaligen Fischmarkts und ist das einzige Museum des gesamten Archipels, das sich mit der Thematik der Emigration vom 16. Jh. bis in die 1980er Jahre beschäftigt (→ Kasten, S. 33). Bei vielen Exponaten handelt es sich um Spenden von Ausgewanderten. In Brasilien arbeiteten übrigens viele azoreanische Emigranten auf den Zuckerrohr- und Kaffeeplantagen, in Kanada in den Uranminen. Fast rührend ist die offengelegte Lebensgeschichte Victor Caetanos – wir wollen aber nichts verraten.

Adresse/Öffnungszeiten Rua do Estrela (beim Markt). Mo–Fr 8.30–12.30 und 13.30–16.30 Uhr. Eintritt frei.

Casa do Arcano: *Arcanos*, „Geheimnisse", nennt man die winzigen, kunstfertig gearbeiteten Menschen- und Tierfiguren, die hier zu sehen sind. Es sind so viele, dass sich bis heute niemand die Mühe gemacht hat, sie zu zählen. Sie wurden von der Klarissin Margarida Isabel do Apocalipse im 19. Jh. aus Gummi arabicum, Brot und Reismehl geschaffen und zeigen Szenen aus dem Alten und Neuen Testament. Bevor man den Figürchen ein eigenes Museum in einem renovierten Stadthaus einrichtete, schmückten sie den geschnitzten Hochaltar der Igreja Matriz de Nossa Senhora da Estrela (s. u.). Leider nur portugiesische Erläuterungen.

Adresse/Öffnungszeiten Rua João D'Horta. Mo–Fr 9–17 Uhr. Eintritt frei.

Igreja Matriz de Nossa Senhora da Estrela: Die 1517 geweihte Hauptkirche, 1680 durch ein Erdbeben zerstört und wiederaufgebaut, beeindruckt allein schon durch ihre erhöhte Lage über der Stadt. Der Glockenturm aus dunklem Basalt bildet einen starken Kontrast zur weißen Fassade. Im Inneren der dreischiffigen Kirche überraschen Gemälde flämischer Meister. Auf dem Vorplatz steht die Bronzestatue von Gaspar Frutuoso, der im 16. Jh. Priester der Kirche war und als der bedeutendste Azorenchronist jener Zeit gilt.

Igreja do Espírito Santo: Die Kirche aus dem 18. Jh. besitzt eine wuchtige Barockfassade und gehörte einst zu einem Spital der Misericórdia. Aus dieser Zeit rührt auch ihr zweiter Name *Igreja da Misericórdia* her. Und noch einen dritten Namen gibt es, unter dem das Kirchlein den Bewohnern von Sao Miguel ein Begriff ist: *Igreja dos Passos*. Der Grund: Am zweiten Sonntag in der Fastenzeit ist hier der Ausgangspunkt der Senhor-dos-Passos-Prozession.

Ribeira Grande/Umgebung

Ribeira Seca: Über 2500 Einwohner zählt der südwestlich von Ribeira Grande gelegene Vorort (nicht zu verwechseln mit dem gleichnamigen Ort an der Südküste São Miguels). Jedes Jahr am 29. Juni rückt er in den Mittelpunkt des Inselgeschehens. In einer großen Zeremonie vor der Pfarrkirche des Orts werden dann die *Cavalhados de São Pedro* eröffnet, die Reiterspiele zu Ehren des Hl. Petrus, deren Ursprung im Mittelalter wurzelt. Dabei handelt es sich um eine Parade durch die Stadt, wobei ein paar Auserwählte in rot-weißen Kostümen zu Pferde ihrem König folgen und von Fanfaren begleitet an *Sagres*- und *Bifana*-Ständen vorbei bis zum Rathaus ziehen. Neben der Pfarrkirche des Orts liegt auch der wieder entdeckte *Fontenário*, der einstige Dorfbrunnen von Ribeira Seca. Beim Ausbruch des Pico do Sapateiro 1563 (→ S. 218), der heute den Namen Pico da Queimada trägt, verschwand der Brunnen unter einem meterdicken Lavastrom. Erst in der zweiten Hälfte des 20. Jh. kam er bei Kanalisationsarbeiten wieder ans Tageslicht. Was sonst noch vom alten Ribeira Seca unter der Erde begraben liegt, lässt sich nur vermuten. Ein paar Schritte weiter in der Rua da Saúde 3 steht die *Fábrica de Telha* von José Tavares Vieira (ausgeschildert) – wer freundlich fragt, kann die Ziegelfabrik besichtigen. Acht Arbeiter schuften hier. Wenn Dachziegel angesagt sind (man wechselt mit anderen Tonprodukten ab), werden bis zu 2400 Stück am Tag von Hand produziert. Gearbeitet wird werktags von 8–12 und von 13–17 Uhr.

Praia de Santa Bárbara: An der Küste vor Ribeira Seca erstreckt sich einer der schönsten und längsten Strände der Insel: die Praia de Santa Bárbara. Hinter dem

Die Praia de Santa Bárbara, einer der schönsten Strände der Insel

Ribeira Grande/Umgebung 217

gepflegten Beach ragen Klippen auf, davor toben sich die Surfer aus – die hiesigen Wellen sind Schauplatz nationaler und internationaler Surfmeisterschaften. Baden hingegen ist übrigens wegen der Strömung nicht ganz ungefährlich. Stundenlang lässt es sich dafür in der stylischen, windgeschützten Strandbar Tuká Tulá aushalten – am Wochenende beliebter Treffpunkt all jener, die gerne dicke Autos fahren.

Anfahrt Vom Zentrum Richtung Rabo de Peixe fahren, dann ausgeschildert. Von Rabo de Peixe kommend beim ersten Kreisverkehr links ab, dann ausgeschildert.

Ribeirinha: Über 2000 Einwohner zählt das hübsche, 2 km östlich von Ribeira Grande gelegene Städtchen. Auf dem Platz vor der *Kirche Santíssimo Salvador do Mundo* mit ihren herrlichen Azulejos versammeln sich allmorgendlich die Feldarbeiter und Tagelöhner mit Schaufel, Hacke und Spaten und warten darauf, von einem Pick-up abgeholt zu werden. Am Abend sieht man sie in den hiesigen Kneipen. Wer will, kann sich dazugesellen und ein Bier mittrinken, es geht recht lebhaft zu – den höchsten Unterhaltungswert bietet die Cervejaria Leão: Großbildschirm für Fußballübertragungen und Billardtisch. Von der Cervejaria führt die Rua do Porto zum alten *Fischerhafen (Porto de Santa Iria)* – unterwegs alle Abzweigungen unbeachtet lassen. Der Hafen ist nicht allzu spannend. An der Stelle aber, wo die Straße zum Hafen abfällt, beginnt eine Straße zum Leuchtturm am Kap *Ponta do Cintrão*. Auf dem Weg dahin passiert man den *Miradouro da Vigia das Baleias*, einen Aussichtspunkt über der Steilküste samt einem alten Walausguck. Der mit Abstand schönste Aussichtspunkt rund um Ribeira Grande jedoch ist der *Miradouro de Santa Iria* noch weiter östlich an der R 1-1°.

● *Essen & Trinken* **Restaurante O Gato Mia**, im Zentrum ab der Kirche ausgeschildert. Sehr gutes, hübsches Restaurant mit der etwas anderen Karte: Spieße mit regionalem Rindfleisch, Tintenfisch oder *Bacalhau* auf Tonziegel wie auch Gerichte mit Ananas etc. Außergewöhnlich leckere Vorspeisen, gute Weinauswahl, freundlicher Service. Von Lesern gelobt, für das Gebotene sehr günstig, Hg. 9–15 €, auch halbe Portionen. Reservierung empfohlen. Di Ruhetag. ✆ 296479420.

Geothermie – Energie aus dem Bauch der Erde

An der Straße von Ribeira Grande zum Lagoa do Fogo fallen die weißen Dampfwolken mehrerer Kraftwerke auf, die Erdwärme in Elektrizität umwandeln – eine der umweltfreundlichsten Möglichkeiten der Energiegewinnung. Vorreiter der geothermischen Energiegewinnung waren Länder wie Japan und Island.

Das Prinzip der Geothermie ist einfach, und die Voraussetzungen sind auf den vulkanisch aktiven Azoren mit ihrer zum Teil dünnen und rissigen Erdkruste ideal: Steigt für gewöhnlich die Erdwärme alle 33 m um 1 °C, lassen sich auf São Miguel Orte finden, an denen die Erdtemperatur in 1200–1500 m Tiefe sprunghaft von ca. 50 °C auf über 100 °C nach oben schnellt. Bohrt man nun einen Schacht, kann das darin eingeleitete Meerwasser als Dampf erhitzt nach oben entweichen und eine Turbine antreiben. Bislang decken die geothermischen Kraftwerke auf São Miguel rund 40 % des Energiebedarfs ab. Durch den Bau weiterer Kraftwerke sollen künftig 75 % des Inselstroms aus geothermischen Quellen geschöpft werden.

In die Serra de Água de Pau

Caldeira Velha: Etwa auf halber Strecke zwischen Ribeira Grande und dem Lagoa do Fogo liegt ein herrlicher, von üppiger Vegetation umgebener *Wasserfall*, dessen warmes, eisenhaltiges Wasser in einem kleinen Becken gestaut wird. Früher wurde das Wasser im Becken zudem noch von heißen Quellen erwärmt, in den letzten Jahren aber versiegten diese. Dafür sprudeln die Quellen ca. 50 m unterhalb des Beckens heute umso mehr. Man kann sie nicht immer sehen, da sie zuweilen von einer Plane bedeckt sind, unter welche Kunsthandwerker Weidenruten legen. Überlässt man die Weidenruten 3 ½ Std. dem schwefligen Dampf, lässt sich die Rinde leicht abziehen, und aus den Ruten können Körbe geflochten werden. Im Sommer verschafft das Bad unter dem Badewasserfall zwar keine Abkühlung, dafür kann man das ganze Jahr über dort planschen. Außerhalb der Saison, wenn man den Ort nur mit zwitschernden Vögeln teilt, wird der Besuch zu einem Erlebnis.

Anfahrt Von Ribeira Grande der Straße (R 5-2°) zum Lagoa do Fogo folgen, nach ca. 5 km säumen kleine Parkausbuchtungen die Straße, von dort ausgeschildert, keine 5 Min. zu Fuß. Der Wasserfall liegt oberhalb von ein paar Fumarolen. **Achtung**: Keine Wertsachen im Auto lassen!

Lagoa do Fogo

Der malerische Kratersee liegt in der Serra de Água de Pau auf 610 m Höhe. Bei herrlichem Wetter beeindruckt das Spiel der Farben: das zarte Hellgrün des Sees, das Weiß des Sandstrands, das Gelbgrün der umgebenden Moose, Wiesen und Wälder und dazu das Meeresblau am Horizont. Einst war der Baumbestand an den Kraterhängen üppiger, zu Beginn des 20. Jh. schwang man die Axt jedoch noch unbedacht. Heute steht das Gebiet um den Lagoa do Fogo unter Naturschutz und ist zugleich Vogelschutzgebiet. Die höchste Erhebung rund um den See ist der **Pico da Barrosa** (947 m), dessen Gipfel Antennen und Sendemasten krönen. Von ihm genießt man ebenfalls grandiose Panoramablicke.

Wenn der Strand des Sees zu sehen ist (nur bei niedrigem Wasserstand), lohnt ein Spaziergang hinab. Zum Seeufer führt ein schmaler Pfad, zugleich eine schöne kleine Wanderung. Keine halbe Stunde dauert es, und man ist eins mit der Natur und den fiependen Vögeln. Es macht Spaß, die Wanderstiefel auszuziehen und durch das seichte Wasser zu waten, im Hochsommer kann man auch baden. Am Ufer lässt sich mit den herumliegenden Bimssteinbrocken Fußpflege betreiben, außerdem kann man hier herrlich picknicken. Bon appétit!

Hinweis Sind die Berge wolkenverhangen, lohnt die Fahrt zum See nicht. Streifen die Wolken nur die Berge, kann man an den Aussichtspunkten warten: Meist tut sich dann unverhofft doch ein Blick auf den See auf.

See-Geschichte: An der Stelle, wo sich heute der wassergefüllte Krater ausbreitet, erhob sich einst der mächtige Vulkankegel des Pico do Fogo, dessen letzte große Eruptionsphase am 2. Juni 1563 begann. Dem Ausbruch waren drei Tage lang Erdstöße vorausgegangen. Die Lavaströme vernichteten mehrere Siedlungen, u. a. Vila Franca do Campo und, durch eine Flankeneruption (Pico do Sapateiro), Ribeira Seca. Explosionen schleuderten Steine gen Himmel, die Sonne vermochte die Aschewolken nicht mehr zu durchdringen, selbst bei Tage soll es dunkel gewesen sein. Als die Magmakammer leer war, stürzte der Vulkan in sich zusam-

Lagoa do Fogo

men, eine Caldera, die sich im Lauf der Zeit 30 m hoch mit Regenwasser füllte, blieb übrig. Im Mai 2005 begann eine Erdbebenserie den Mittel- und Ostteil São Miguels zu erschüttern, die bis in den Oktober anhielt. Die Epizentren lagen rund um den Pico do Fogo. Höhepunkt war der September, als zur Sicherheit gar Schulen geschlossen wurden.

Mit einer Sonde im Krater wird der Ausstoß von Kohlendioxid überwacht, das im Tiefenwasser des Sees in flüssiger Form gefangen ist. Sollte es durch einen Erdrutsch oder ein Beben zu einer Zirkulation des Wassers kommen, würde CO_2-haltiges Wasser an die Oberfläche steigen, wo infolge des Druckverlusts farb- und geruchloses Kohlendioxid in Gasform freigesetzt würde. Wäre die Kohlendioxidwolke groß genug, würde dies für alles seenahe Leben den Erstickungstod bedeuten.

• *Anfahrt* **Von Ribeira Grande** ist der Weg ausgeschildert und führt am Badewasserfall Caldeira Velha (s. o.) und mehreren herrlichen Aussichtspunkten vorbei. **Von Ponta Delgada** gelangt man über Lagoa und Remédios zum See. Von der Straße bieten drei Aussichtspunkte einen Blick auf den Lagoa do Fogo. Am obersten befindet sich eine Gedenktafel, die an einen Flugzeugabsturz erinnert, am untersten beginnt der Trampelpfad zum See. Dieser ist ausgewaschen und nach Regen schmierig. Auf den **Pico da Barrosa** zweigt von der R 5-2° oberhalb des Sees eine Stichstraße ab. Es gibt **keine Busverbindung** zum Lagoa do Fogo.

> **Wandertipp**: Vom Süden der Insel führt die schöne **Wanderung 4** zum Lagoa do Fogo. Noch 2010 soll zudem ein **Wanderweg vom Lagoa do Fogo** durch das landschaftlich reizvolle Hochland **nach Lombadas** (s. u.) eröffnet werden. Erkundigen Sie sich diesbezüglich im Turismo von Ribeira Grande. Für ein Taxi von Ribeira Grande zum Lagoa do Fogo müssen Sie mit 11 € rechnen, nach Lombadas mit ca. 10 €.

Caldeiras

Über ein gepflastertes, von Bäumen gesäumtes Sträßlein erreicht man Caldeiras von der Nordküste São Miguels aus. Idyllisch liegt der kleine Ort mit seinen rot lackierten Straßenlaternen in einem ebenso kleinen Tal. Die meisten Häuser sind Sommerwohnsitze, nur vier Familien leben hier das ganze Jahr über. 1811 baute man in Caldeiras ein kleines **Thermalbad**, in dessen altertümliche Wannen man sich noch heute legen kann (Badetermine nach Absprache mit Odette Melo, ✆ 919800441, mobil). Daneben befindet sich ein großes, seichtes Becken mit sprudelnd heißem Wasser, über dem stets Schwefelgeruch hängt. Nahebei gibt es Fumarolen und einen Grillplatz – dieser könnte zuweilen besser gepflegt werden.

Badespaß in der Caldeira Velha

• *Verbindungen* Es gibt **keine Busverbindung** nach Caldeiras.
• *Essen & Trinken* **Bar Restaurante Caldeiras**, gegenüber dem Thermalbad. Schickes Restaurant mit großer Auswahl, nach Vorbestellung (1 Tag vorher) auch *Cozido* für 12 €. Mo Ruhetag. ✆ 296474307.

Lombadas: Von Ribeira Grande führt eine schmale Straße an Caldeiras vorbei bis nach Vila Franca do Campo. Etwa auf halbem Weg (nach ca. 7 km) taucht rechts die Abzweigung nach Lombadas auf – bei gutem Wetter ein lohnenswerter Abstecher. Auf einer holprigen Stichstraße geht es in das gleichnamige Tal inmitten der *Serra de Água de Pau*, einer eigenartigen, zerfurchten Landschaft mit Schluchten, rauschenden Bächen und Wasserfällen.

Lombadas selbst besteht aus den Ruinen zweier Gebäude, in denen von 1897 bis 1999 das *Água Mineral Carbo-Gasosa das Lombadas* abgefüllt wurde, einst das beste Mineralwasser des Archipels. Um die Wende vom 19. zum 20. Jh. wurde es seiner heilenden Qualitäten wegen bis nach Lissabon exportiert. Bis zu 17.000 l sprudelten pro Stunde aus der Quelle, abgefüllt wurden aber nur wenige Kisten. Erdrutsche und Hochwasser zerstörten schließlich den Betrieb, zurück blieb ein fast gruseliger Trümmerhaufen. Geht man links an den beiden Gebäuden vorbei, gelangt man an den Zusammenfluss zweier Bäche; der eine ist klar, der andere eisenhaltig und deshalb rostbraun.

Wer mag, kann (gutes Schuhwerk vorausgesetzt) dem Bachbett hinter der alten Abfüllanlage noch etwas weiter folgen – eine beeindruckende Strecke durch ein sich stetig verengendes Tal. Der Weg war bis vor wenigen Jahren Teil eines herrlichen Wanderwegs, doch Hangrutsche sorgten dafür, dass nicht nur dieser, sondern sämtliche Wanderwege rund um Lombadas gesperrt werden mussten. Ein neuer *Wanderweg* zum Lagoa do Fogo soll jedoch bis 2010 eröffnet werden (→ S. 219).

Caldeiras 221

Thermalbad in Caldeiras

Kleine Wanderung durch das Tal des Ribeira Grande zum Salto do Cabrito: Westlich von Caldeiras erstreckt sich das Tal des Ribeira Grande stellenweise als imposante Schlucht, durch die man auf einem abenteuerlichen Weg (nicht geeignet für Kinder!) zum Wasserfall Salto do Cabrito wandern kann. Dauer von Caldeiras hin und zurück ca. 1 ½ Std. Wenn Sie ein Fahrzeug haben, können Sie den ersten Abschnitt der Strecke fahren, dann verkürzt sich der Abstecher auf ca. 1 Std.

Wegbeschreibung: Folgen Sie vom kleinen Platz vor dem Thermalbad in Caldeiras der Stichstraße, über die Sie in den Ort gelangt sind, wieder zurück und halten Sie sich bei der kurz darauf folgenden Kreuzung links. So gelangen Sie auf die bergauf führende Straße nach Lombadas. Nach ca. 1 km biegen Sie bei der ersten Möglichkeit nach rechts ab, hier befindet sich auch ein Hinweisschild mit der Aufschrift „Central Geotérmica 2,5 km" (hier parken). Nun folgen Sie für ca. 10 Min. dem Schotterweg bergab und zweigen bei der ersten Möglichkeit nach links auf einen Waldweg ab (Beschilderung „Central Hidroelectrica da Fajã do Redondo"). In Serpentinen schlängelt sich der Weg zum Wasserkraftwerk von Fajã do Redondo, das 1927 seinen Betrieb aufgenommen hat. Beim Wasserkraftwerk überquert man den Ribeira Grande auf einer grünen Metallbrücke über einem ebenfalls grünen Rohr. Dahinter hält man sich rechts und folgt dem Weg (zunächst als Pfad entlang dem Rohr, dann als Metallsteg auf dem Rohr) mit dem Fluss zur Rechten. Schon bald verläuft der Weg hoch über der Schlucht, absolute Schwindelfreiheit trotz des Geländers ist hier vorausgesetzt! Schließlich führt der Weg zum Salto do Cabrito hinab – übrigens ein Treffpunkt der Liebenden. Der beschriebene Weg ist Teil eines offiziellen Wanderwegs (rot-gelb markiert).

Aussichtspunkt Pico do Ferro

Inselosten

Manche Schönheit liegt bekanntlich versteckt, auf São Miguel ist das nicht anders: Die Buchten bei Porto Formoso werden noch immer als Geheimtipp gehandelt, die Picknickplätze zwischen Salga und Achada könnten kaum herrlicher sein, und sowohl Nordeste als auch Povoação sind sympathische Städtchen.

Bevor es die inselumrundende Küstenstraße R 1-1° gab, war die Region so isoliert, dass sie *Decima Ilha* („zehnte Insel") oder gar „Ferner Osten" genannt wurde. Heute ist die Region zwar spielend mit dem Fahrzeug zu erreichen, Touristen lassen das dünn besiedelte Gebiet auf ihren Inseltouren trotzdem häufig links liegen. Ganz im Gegensatz zu den Açoreanos: Unter ihnen gilt es mittlerweile als schick, sich einen Zweitwohnsitz in der Region Nordeste zuzulegen – kein anderer Concelho der Insel zeigt sich so gepflegt. Und so verwundert es nicht, dass mittlerweile gar eine „Nordautobahn" von Ribeira Grande nach Nordeste gebaut wird. Wenn diese einmal fertig ist, besitzt die Region die höchste Brücke Portugals.

Die Landschaft des Ostens ist geprägt von den hohen Bergzügen vulkanischen Ursprungs in der Inselmitte. Die höchsten Erhebungen sind von West nach Ost der **Monte Escuro** (889 m), **Pico das Vacas** (578 m), **Pico Gafanhoto** (715 m), **Salto do Cavalo** (805 m) und der **Pico da Vara** (1103 m), São Miguels höchster Berg, der aus dem Gebirgsrücken des Planalto dos Graminhais aufsteigt. Zur Küste hin fallen die Hänge sanft ab, bevor sie unmittelbar vor dem Meer steil abbrechen. Im Lauf der Jahrtausende haben die Bäche tiefe Taleinschnitte gegraben, die zwar idyllisch, jedoch oft unüberwindbar sind. Einst wurde diese Gegend von Lorbeerbäumen dominiert, die heute wieder aufgeforstet werden. Darüber hinaus sieht man Japanische Sicheltannen, in höheren Lagen gedeihen Wacholder, Zeder und Baumheide.

Porto Formoso

Das Fischerstädtchen Porto Formoso, „Schöner Hafen", trägt seinen Namen zu Recht: Idyllisch thront es über einer geschützten halbrunden Sandbucht. Allmorgendlich ziehen hier noch die Fischer ihre Boote auf den Strand, allabendlich sitzt auf dem kleinen Platz darüber die Jugend zusammen, diskutiert und schmiedet Pläne. Porto Formoso ist ein gemütlicher Ort und auf jeden Fall einen Besuch wert. Das Gleiche gilt für die westlicher gelegenen Badestrände **Praia Ilhéu** (von Porto Formoso kommend der erste Strand) und **Praia dos Moinhos** (der zweite, ca. 30 Fußminuten vom Zentrum). Letzterer zählt zu den besten Stränden der Nordküste; er ist von Klippen umgeben, und die meisten der wenigen Häuser in der kleinen Bucht sind malerisch ineinander verschachtelt. Nochmals eine Bucht weiter westlich gibt es eine Warmwasserquelle, die **Ladeira da Velha**, die einst ein Thermalbad speiste. Man gelangt nur mit dem Boot dorthin, der einstige Fußweg ist zerstört. Die Ruine des Thermalbads sieht man auch vom Aussichtspunkt Santa Iria hoch über der Küste zwischen Ribeirinha und Porto Formoso.

Um Porto Formoso führt der kurze offizielle **Rundwanderweg** Percurso do Chá PRC 26 SMI – eine der unspektakulärsten Wanderrouten der Azoren. Start mit Wandertafel vor der Kirche. *geschlossen*

● *Verbindungen* Bus 3-mal tägl. von Ponta Delgada über Ribeira Grande, bessere Verbindungen ins nahe São Bras.

● *Übernachten* **Mario Luis Correia** vermietet über der Praia dos Moinhos ein paar einfache, rosafarben gestrichene Ferienhäuschen. 50–65 €/Nacht (handeln möglich, meinen Leser). ✆ 296446143 o. 918545536 (mobil).

Bar O Moinho (The Mill), → Essen & Trinken. Auch hier kann man nach Zimmern fragen, die Besitzer wollen künftig welche vermieten. ✆ 296442110.

● *Essen & Trinken* **O Moinho (The Mill)**, um eine alte Wassermühle (soll künftig ein Museum werden) gebaute, verglaste Snackbar mit schöner Gartenterrasse über der Praia dos Moinhos. Freundliche Inhaber, gute Snacks (Spezialität des Hauses sind die Burger), dazu beste Lapas (11 €) und in der Saison guter Fisch (vorher zeigen lassen, ca. 12 €). Im Winter Mo Ruhetag. ✆ 296442110.

São Bras/Lagoa de São Bras

São Bras liegt etwas unterhalb der Hauptstraße R 1-1°. Es ist ein Dorf wie viele auf den Azoren, auffällig sind lediglich die zwei roten Kirchturmspitzen. Von São Bras führt eine Straße ins westlich gelegene Porto Formoso und eine ins östlich gelegene Maia. Wer auf der R 1-1° Richtung Osten bleibt, passiert die **Teeplantage Chá Gorreana** (→ Kasten) und die Abzweigung zum **Lagoa de São Bras** – ein Keramikschild macht auf den See aufmerksam. Die 4 km lange Straße zum See ist komplett geteert, führt durch grünes, hügeliges Weideland und endet an einem Parkplatz, der für etliche Reisebusse Platz hätte. Vom Lagoa de São Bras zum südlicher gelegenen Lagoa do Congro soll ein Wanderweg eingerichtet werden.

● *Essen & Trinken* **Cantinho do Cais**, eine super Wahl. Einfaches Restaurant mit Bar unter Leitung von Jorge, einem Französisch sprechenden Inseloriginal. Frischester Fisch und beste Meeresfrüchte, Spezialität ist *Molho de peixe*, eine Art Bouillabaisse (hervorragend). Riesenportionen! Günstig. An der Durchgangsstraße in São Bras, nicht zu verfehlen. ✆ 296442631.

Weiter zum **Lagoa das Furnas**? Dabei passieren Sie den **Miradouro do Pico do Ferro**, → S. 246.

Maia

Knapp 17 km östlich von Ribeira Grande liegt auf einem Landvorsprung das knapp 2000 Einwohner zählende, schmucke Städtchen Maia (nicht zu verwechseln mit dem höher gelegenen Lomba da Maia → Praia da Viola). Durch das herausgeputzte Zentrum ziehen sich schachbrettartig enge, gepflasterte Gassen. Es gibt Kneipen, Läden, Banken, Ärzte – fast alles, was man zum Leben braucht. Die Beliebtheit des Ortes manifestiert sich in einer Neubausiedlung westlich des Zentrums. Viele der Zugezogenen sind Pendler und arbeiten in Ribeira Grande oder Ponta Delgada. Am kleinen **Fischerhafen** im Osten findet man ein paar Meter Sandstrand und eine sporadisch geöffnete Snackbar mit Terrasse. Baden kann man auch in **Naturschwimmbecken** weiter westlich – von der Straße nach São Bras mit „Piscinas naturais" ausgeschildert.

Die Straße nach São Bras führt vorbei an der einstigen **Tabakfabrik** des Ortes, die von 1871 bis 1988 in Betrieb war. Jüngst wurde auf dem Areal das **Museu do Tabaco** eröffnet. Die Ausstellung befindet sich noch im Aufbau – man sollte nicht zu viel erwarten. Präsentiert werden u. a. Erntewagen zum Abtransport der Blätter, Wiegestellen, der Trockenraum (dunkle Tabake wurden über Feuer getrocknet) und kurze Info-Filmchen (Mo–Fr 9–17 Uhr, Eintritt frei).

Fährt man hingegen gen Osten nach Lomba da Maia, passiert man das Örtchen Lombinho. Direkt an der Durchgangsstraße steht dort ein Natursteinhaus mit blauen Fensterläden: die **Tecelagem O Linho**, wo man – falls geöffnet – einen Einblick in die traditionelle Leinenweberei erhält. Angeschlossen ist eine Bar.

- *Verbindung* **Bus** 5-mal tägl. über Ribeira Grande nach Ponta Delgada.
- *Übernachten* **Guilherme Eduardo**, der Besitzer des Restaurants Fim de Seculo (s. u.) vermietet ein Haus mit 2 Schlafzimmern (jeweils mit eigenem Bad) und Gemeinschaftsküche. Für 2 Pers. 35 €. Maia, ☎ 296442878.

Solar de Lalém, der einstige Adelssitz aus dem 18. Jh. mit Hauskapelle ist eine der schönsten und sympathischsten Unterkünfte auf São Miguel. Geschmackvoll renoviert und mit Engagement geführt von Gerd und Gabriele Hochleitner. Angenehmes Ambiente, sehr freundlicher Service: Gäste werden individuell mit Tipps zu Wanderungen und Ausflügen versorgt. 10 stilvolle Zimmer inkl. einer Suite. Dazu ein Pool und eine Bar mit hübscher Terrasse, auf der auch gefrühstückt wird. Gelegentliche Dinnerabende (20–25 €) im schönen Speisesaal – tolle Atmosphäre! Golfplatznähe. Viele zufriedene Stammgäste, von Lesern hoch gelobt. Von São Bras kommend am Ortseingang linker Hand, der rosafarbene Herrensitz ist nicht zu übersehen. EZ 86–98 €, DZ 98–112 €, Suite 142 €. Estrada de São Pedro, ☎ 296442004, 🖂 296442164, www.solardelalem.com.

- *Essen und Trinken* **O Sagitário**, sehr gutes Restaurant mit schöner Terrasse. Den Fisch sucht man sich beim zugehörigen Fischhändler nebenan aus. Gute Vorspeisen wie *Cracas* oder Oktopussalat. Mittlere Preisklasse. Im Zentrum, ☎ 917212053 (mobil). **Fim de Seculo**, Bar im EG, einfaches Restaurant im OG, geführt von einem freundlichen Ehepaar. Stets nur ein paar wenige Gerichte, die jedoch sind frisch und gut. Riesenportionen! Vom Wirt empfohlene Desserts: *Mousse au Chocolat* oder süßer Reis. Lesern schmeckt´s. Im Winter mittags nur nach Reservierung. Beim Largo do Guilherme Fraga Gomes, neben der Apotheke, ☎ 296442878.

Praia da Viola/Baden: Unterhalb der Ortschaft Lomba da Maia lädt die herrliche Sandbucht Praia da Viola zum Sonnen und Baden ein – bei Ebbe ist der Strand

„Plantações de Chá Gorreana" und „Chá Porto Formoso" – Europas einzige Teeplantagen

62 Teefabriken zählte man einst an der Nordküste São Miguels mit ihrem idealen Mikroklima. Die Teegärten waren lange Zeit eines der wirtschaftlichen Standbeine der Insel, doch der Zweite Weltkrieg brachte das Aus für den Teeanbau im großen Stil, da die Schiffsverbindungen in die Abnehmerländer unterbrochen waren. Die ersten Versuche, gewinnbringend Tee anzubauen, wurden in der zweiten Hälfte des 19. Jh. unternommen, nachdem die Orangenplantagen durch Laus- und Pilzbefall zerstört worden waren. Anfangs kamen die Pflanzen aus Brasilien, bald darauf, zusammen mit dem Know-how zur Weiterverarbeitung der Blätter, über Macao aus China.

Ernte auf der Teeplantage

Von allen Teefabriken der Azoren hielt nur eine den krisengeschüttelten Zeiten stand: die **Plantações de Chá Gorreana** – lange Zeit die einzige Teeplantage Europas. Das Unternehmen von Hermano Ataide Mota, heute ein Familienbetrieb in der fünften Generation, liegt zwischen São Brás und Lomba da Maia an der inselumrundenden Hauptstraße.

1883 wurde auf dieser Plantage das erste Kilo Tee produziert, heute sind es pro Jahr 50 t. Die Teeplantage rund um die Fabrik erstreckt sich über eine Fläche von 45 ha; Erntezeit ist von April bis September, dann machen sich 40 Arbeiter alle 14 Tage daran, die Triebspitzen der gepflegten Pflanzungen von Hand nachzuschneiden. Das oberste, kleinste und leichteste Blatt gibt den *Orange Pekoe*, den besten Tee. Produziert wird schwarzer, grüner und mittelfermentierter Tee. Da die Blätter vor dem Pressen gerollt werden, spricht man von orthodoxem Tee. Dabei öffnen sich die Zellwände und die Blätter verlieren ihre bitteren Geschmacksstoffe (übrigens weist azoreanischer Tee im Vergleich zu Tee aus China oder Indien weniger Gerbsäure auf). Der Großteil der Produktion wird auf den Azoren vertrieben, nur ein kleiner Teil ins Ausland exportiert. In Deutschland wird der Tee als pestizidfreier Biotee vermarktet.

Die zweite Teefabrik, **Chá Porto Formoso**, liegt oberhalb des gleichnamigen Städtchens ebenfalls an der inselumrundenden Straße. Mit starken EU-Spritzen wurde diese einst ebenfalls traditionsreiche Teefabrik im Jahr 2000 wieder zum Leben erweckt. Bislang erfolgt der Anbau auf einer Fläche von lediglich 6 ha, produziert wird ausschließlich schwarzer Tee.

• *Öffnungszeiten* Die **Plantações de Chá Gorreana** sind Mo–Fr 8–12 und 13–17 Uhr geöffnet. Der kleine Betrieb, in welchem die Blätter mittels alter englischer Maschinen verarbeitet werden, beherbergt einen kleinen Verkaufsstand – der Tee darf gekostet werden. **Chá Porto Formosa** bietet einen gemütlichen Teeraum und eine schöne Terrasse. Der Produktionsprozess wird hier in erster Linie auf Video gezeigt. Mo–Sa 10–17 Uhr.

recht groß, bei Flut eher schmal. Die Straße dorthin ist von Lomba da Maia ausgeschildert. Vom Parkplatz läuft man noch rund zehn Minuten auf einem Treppenweg hinab in die Bucht – es geht vorbei an zwei aufgegebenen Mühlenruinen (ein Mühlstein dient heute als Treppenabsatz) und einem Wasserfall. Halten Sie dabei unmittelbar hinter der ersten Ruine, die Sie passieren, nach einem gelb-roten Kreuz für „falscher Weg" Ausschau und merken Sie sich diese Stelle. Falls Sie unten auf Meereshöhe wegen Flut oder hoher Wellen nicht zum Strand gelangen, folgen Sie diesem „falschen Weg". Bei der nächstmöglichen Abzweigung geht es in diesem Falle nach rechts zum Strand. Auch von Maia aus kann man auf einem schönen Pfad zum Strand wandern (s. u.). Der Weg ist markiert und identisch mit dem ersten Abschnitt des Wanderweges *Percurso Pedestre PR 27 SMI* von Maia nach Lomba da Maia.

● Kleine Wanderung von Maia zur Praia da Viola Man verlässt Maia gen Osten Richtung Lomba da Maia. Die Straße führt vorbei am Brunnen Fonte Velha und einer Wandertafel. Ca. 500 m hinter dem Brunnen bzw. 100 m hinter einem Haus mit blauem Tor geht es, noch bevor die Straße zu einer starken Rechtskurve ansetzt, nach links auf einen Pfad ab. Hoch über der Küste führt er vorbei an kleinen Weiden und Gärten, teils wird er von alten Mauern oder hohem Schilf gesäumt. Unterwegs überquert man mehrere Bäche und passiert alte Wassermühlen. Dauer 30–40 Min.

● Übernachten **Herdade de Nossa Senor-**ha das Graças, das ca. 3 km von Lomba da Maia ganz abgeschieden gelegene idyllische Landgut bietet Urlaub auf dem Bauernhof für Anspruchsvolle: 5 z. T. mit feudal-antikem Mobiliar ausgestattete Zimmer und 2 Appartements. Gemeinschaftsraum mit offenem Kamin, Milchkühe und Hunde. Wer will, kann sich im Töpfern und Weben versuchen. Die Besitzerin hat drei Jahre in Österreich gelebt und spricht gut Deutsch. DZ ab 95 €, EZ ab 80 €. Anfahrt: Zwischen Lombinho da Maia und Lomba da Maia der Abzweigung nach Burguete folgen, dann ausgeschildert, ✆ 296446165, ✆ 296446369, www.nsgracas.com.

Fenais da Ajuda

Die 1250-Einwohner-Gemeinde im äußersten Osten des Kreises von Ribeira Grande wird von Feldern und Weiden umrahmt. Auf der inselumrundenden Straße passiert man lediglich die Milchsammelstelle und die Bushaltestelle des Ortes. Ein farbenfroh gemaltes Hinweisschild macht dort auf die **Kapelle Nossa Senhora da Ajuda** aufmerksam (mit Friedhof), die einst zu einem Franziskanerkonvent gehörte. Vom Vorplatz aus hat man eine nette Aussicht, mehr aber auch nicht. Der von dort zu sehende Picknickplatz wirkt aus der Ferne übrigens schöner als aus der Nähe.

Salga

Auch das Zentrum von Salga liegt abseits der inselumrundenden Küstenstraße, im Gegensatz zu Fenais da Ajuda nicht dem Meer zugewandt, sondern landeinwärts. Auf der Küstenstraße passiert man das **Restaurante Moagem**. Das unspektakuläre Lokal existiert schon seit Ewigkeiten, und die Geschichte seiner Inhaber ist beispielhaft für das Schicksal vieler Azoreaner. Wir beginnen beim vorvorletzten Besitzer: Bis kurz vor der Jahrtausendwende gehörte das Lokal Leonel Lima. Einst war er aus wirtschaftlichen Gründen nach Kanada ausgewandert, mit Geld in der Tasche und Heimweh im Herzen kam er zurück und kaufte das Restaurant. Doch von den daheim gebliebenen Verwandten lebten nicht mehr viele, die meisten Freunde aus den Jugendjahren waren in alle Winde verstreut. Sein Bekannten- und Verwandtenkreis in Übersee war größer als der in Salga, und so kehrte er nach Kanada zurück. Dort tauschte er sein Restaurant gegen die Bar des Azoreaners Joe de Melo ein. Joe schenkte bis Ende 2004 den Bauern von Salga den Schnaps ins Glas, dann aber hatte auch bei ihm die Sehnsucht nach Kanada über das Heimweh nach São Miguel gesiegt. Seit Anfang 2005 stehen nun Fernando Pereira und seine Frau hinter der Theke. Acht Jahre lebten sie in Massachusetts, fühlten sich dort einsam und kehrten zurück.

An der Straße zum Salto do Cavalo (ausgeschildert → S. 246) am oberen Ortsende von Salga befindet sich im letzten Haus rechts der **Souvenirladen A Folha de Milho**, der Kunsthandwerk aus der Gegend verkauft – die hübschen Strohpuppen werden im Hinterhof gebastelt (Mo–Fr 9.30–19 Uhr, falls geschlossen, einfach klingeln).

Salga/Umgebung

Miradouro do Salto da Farinha/Baden: Der Aussichtspunkt und Picknickplatz liegt 1 km östlich von Salga hoch über der Küste und zählt zu den schönsten von São Miguel. Im Schatten kleiner Hütten lässt es sich herrlich grillen, mit Blick auf einen Wasserfall zur einen Seite und auf das Meer zur anderen. Im Sommer liegen meist Holzscheite parat, auch sanitäre Anlagen sind vorhanden. Zur unten liegenden Bucht führt ein schmales Sträßlein. Allerdings besser nicht bis zum Ende der Bucht fahren – gemeiner Absatz! Man kann hier baden, der beste Badeplatz ist es allerdings nicht.

Hymne an die Liebe

Am 28. Oktober 1949 zerschellte ein Air-France-Flugzeug auf dem Flug von Paris nach New York am Planalto dos Graminhais, jenem Gebirgszug, der sich auf der Fahrt von Salga nach Achada rechter Hand erhebt. In der Maschine starb der Boxer Marcel Cerdan im Alter von 33 Jahren. Der Weltmeister im Mittelschwergewicht war zu jener Zeit der Geliebte Édith Piafs (1915–1963), Frankreichs großer Chansonsängerin. Nach dem Unglück plünderten die Micaelenses das Flugzeug – sie nahmen mit, was sie finden konnten. In den Medien nannte man sie „barfüßige Piraten", da zu jener Zeit hier noch kaum einer Schuhe hatte. Ihren Schmerz über den Verlust des Geliebten verarbeitete Édith Piaf später in dem Lied *Hymne à l'Amour*.

Achada und Umgebung

Als sich im 16. Jh. an den weiten Ausläufern des Salto do Cavalo die ersten Siedler niederließen, entwickelte sich Achada zu einem der bedeutendsten Zentren der Region. Der Grund war Achadas kleiner Hafen. Bevor man die Insel mit Straßen erschloss, war dieser für die Siedler das Tor zur Welt. Über ihn verschifften sie ihre Ernte nach Ponta Delgada und erhielten dafür all das, was sie selbst nicht ernten oder herstellen konnten. Heute unterscheidet sich der Ort mit seinen Siedlungen drum herum kaum mehr von anderen der Gegend, auch die Fahrt zum Hafen hinab ist kein Muss.

Das Highlight der Ortschaft liegt 700 m westlich vor der eigentlichen Gemeinde Achada an der inselumrundenden Straße: ein **Picknickplatz**, der dem Miradouro do Salto da Farinha kaum nachsteht. Auch hier, im Bachtal des **Ribeira dos Caldeirões**, pausiert man in der Nähe eines Wasserfalls. Dazu gibt es eine Wassermühle und blühende Beete, ein Café, einen Kunsthandwerksladen, Grillgelegenheiten und sanitäre Einrichtungen.

228 São Miguel

Auch in der anderen Richtung gibt es einen schönen Picknickplatz, den Aussichtspunkt **Miradouro dos Pesqueiro** hoch über der Steilküste (von Feteira Grande ausgeschildert). Noch weiter östlich passiert man unmittelbar hinter einer Brücke den **Heiligenschrein Gruta de Oração do Romeiro a Nossa Senhora.** Die Romeiros von São Miguel (→ Kasten, S. 151) machen hier jedes Jahr Halt, die Maria ist mit Rosenkränzen behängt.

● *Verbindungen* **Bus** 4- bis 6-mal tägl. nach Nordeste, 4- bis 5-mal tägl. über Ribeira Grande nach Ponta Delgada. Sa/So erheblich weniger Fahrten.

Algarvia, Santo António de Nordestinho und São Pedro de Nordestinho

Die Siedlungen erinnern an Orte an der Algarve, bevor dort der Bauboom einsetzte. Auch hier locken schöne Aussichtspunkte und Picknickplätze wie der **Miradouro da Vigia das Baleias** in Algarvia, auf den ein großer blecherner Pottwal aufmerksam macht. Neben Grillstellen gibt es hier auch einen Walausguck, einen Kinderspielplatz und sogar einen Heiligenschrein.

Reizvoll in der Landschaft steht die **Einsiedlerkapelle Nossa Senhora do Pranto** östlich von São Pedro, die 1895 gebaut und 100 Jahre später renoviert wurde; sie löste ein Andachtsbild aus dem Jahr 1523 ab. Der Legende zufolge wurde die Kapelle errichtet, weil einem Schäferjungen hier die Jungfrau Maria erschienen war. Er war auf dem Weg nach Ponta Delgada, um für ein Kloster zu spenden, als die Gottesmutter ihm von seinem Vorhaben abriet. Wenige Tage später brach in Ponta Delgada die Pest aus, der Nordosten der Insel aber blieb verschont.

Wegbeschreibung zur Kapelle Die Abzweigung zur Einsiedlerkapelle ist ausgeschildert, der Weg dahin führt an 14 Stationen eines Kreuzwegs vorbei. Die Kapelle ist zwar meist verschlossen, durch die Fenster in der Tür kann man jedoch hineinschauen.

> **Wandertipp**: Auf den höchsten Berg der Insel, den Pico da Vara, führt **Wanderung 9** von Algarvia aus (→ S. 256). Absteigen kann man nach Povoação oder Lomba da Fazenda.

Nordeste

Am Ende der kleinen Welt von São Miguel gelegen, führte Nordeste über Jahrhunderte hinweg ein ärmlich-abgeschiedenes Dasein. Fördergelder der EU haben dem Städtchen jedoch zu bescheidenem Wohlstand verholfen. Heute präsentiert sich Nordeste als ein sympathischer Ort, der sich seine Ruhe bewahrt hat.

Klein, aber fein, so lässt sich das Zentrum von Nordeste beschreiben. Dank der Finanzspritzen aus Brüssel konnten erhaltenswerte Gebäude restauriert, ein Schulzentrum, Kulturzentrum, Krankenhaus und eine Feuerwehrstation gebaut sowie die **Casa de Trabalho** (Kunsthandwerkszentrum → Souvenirs) und ein **Museum** (→ Kultur & Freizeit) eingerichtet werden. Auch der Tourismus profitierte in Form eines Campingplatzes von den EU-Hilfen. Dennoch sollte man die Erwartungen nicht zu hoch schrauben: Nordeste ist zwar Kreisstadt des gleichnamigen Concelhos und größter Ort im Nordosten der Insel, aber mit gerade mal 1383 Einwohnern im Grunde nichts anderes als ein etwas größeres, adrettes Dorf. Hingucker ist die **Ponte de Sete Arcos** im Zentrum, eine siebenbogige Brücke mit beinahe romanischem Einschlag.

Nordeste – das Ende der kleinen Welt von São Miguel

Besuchenswert sind der Fischerhafen im Süden der Stadt und das **Tal des Ribeira da Guilherme** im Norden, die beiden einzigen Zugänge zum Meer an der in dieser Region steil abfallenden Küste. Das Flusstal mit seinem schön angelegten Picknickplatz um eine alte, restaurierte Wassermühle passiert man an der Straße nach Lomba da Fazenda. In dem wildromantischen Tal liegt flussabwärts der Campingplatz und an der Mündung das städtische Schwimmbecken (→ Baden).

Verlässt man das Zentrum in Richtung Süden, taucht nach etwa einem Kilometer die Abzweigung zum kleinen **Fischerhafen** unterhalb des Leuchtturms am Kap Ponta do Arnel auf (der Leuchtturm hat eine Reichweite von 25 Seemeilen und kann, sofern man jemanden antrifft, besichtigt werden). Zu dem eindrucksvollen Postkartenmotiv geht es steil hinab (25 % Gefälle). Wer seinem schwach motorisierten Leihwagen den Rückweg nicht zutraut, kann auch von dem weiter südlich gelegenen Aussichtspunkt **Miradouro da Vista dos Barcos** auf die Boote im Hafen blicken.

Information/Verbindungen

- *Information* **Posto de Turismo**, englischsprachig und gut informiert. Mo–Fr 9–12 und 13.30–16.30 Uhr. Hinter der Kirche in der Rua D. Maria do Rosario, ✆ 296480066, www.cmnordeste.pt.

- *Verbindungen* Bushaltestelle am großen Platz nahe der Kirche. **Bus** nach Ponta Delgada 3- bis 4-mal tägl. über Ribeira Grande, Di/Do am Morgen nach Povoação. **Taxi-Standplatz** am zentralen Platz.

Adressen

- *Ärztliche Versorgung* **Städtisches Krankenhaus** etwas außerhalb des Zentrums an der Straße nach Lomba da Fazenda auf der rechten Seite (ausgeschildert). Vom Zentrum über die Brücke erreichbar, mit dem Auto passiert man es auf dem Weg zur Estalagem (→ Übernachten). ✆ 296480090.

- *Geld* Einen Geldautomaten bietet die Bank **Montepio Geral** an der Praça da República.

- *Internetzugang* Über die **Bibliothek**, von der Post ausgeschildert.

230 São Miguel

- *Öffentliche Toiletten* Unter der Brücke (kein Scherz!).
- *Polizei* Am Largo Jogo da Choca, dem großen Platz nahe der Kirche, ✆ 296480112.
- *Post* Mo–Fr 9–12.30 und 14–17 Uhr. Neben der Kirche an der Rua Dr. António Alves Oliveira.

*E*inkaufen/*B*aden/*K*ultur

- *Markt* Kleiner Markt an der Hauptstraße südlich des Zentrums. Viel los ist hier nie. So geschlossen.
- *Souvenirs* Vor dem Eingang zur **Casa de Trabalho** hängt keine rote Fahne, und sie ist auch nicht Treffpunkt von Gewerkschaftern, sondern das Kunsthandwerkszentrum. Um die 20 Frauen jeglichen Alters spinnen hier ihr Garn und verarbeiten es auf 12 Webstühlen. Mo–Fr 9–12 und 14–16 Uhr. Außerhalb des Zentrums an der Straße nach Lomba da Fazenda auf der rechten Seite, mit „Artesanato" ausgeschildert. Zu Fuß über die Brücke erreichbar, mit dem Auto passiert man die Casa auf dem Weg zur Estalagem (→ Übernachten).
- *Baden* An der Mündung des Ribeira da Guilherme ins Meer liegt die **Piscina da Boca da Ribeira** (ausgeschildert), ein Schwimmbecken, das von der Flut gefüllt wird. Im Meer ist das Schwimmen nur bei ruhiger See möglich. Toiletten und Duschen vorhanden.
- *Kultur* **Museu de Nordeste**, kleines Volkskundemuseum. Alte Kleider und Trachten, Geschirr und Töpferware sowie der obligatorische Webstuhl, der in kaum einem Museum der Azoren fehlt. Schlüssel mit Begleitung im Turismo. Hinter der Kirche in der Rua D. Maria do Rosario (nur ein paar Türen vom Turismo entfernt).

Die Brücke von Nordeste

> **Wandertipp**: Im nördlichen Nachbarort Lomba da Fazenda beginnt ein zweistündiger markierter Rundwanderweg, der auch das Tal des Ribeira da Guilherme passiert. Eine Wandertafel wie auch der Einstieg in den Weg befinden sich dort bei der Kirche. Flyer zum *Percurso Pedestre PRC 31 SMI* beim Turismo in Nordeste.

*Ü*bernachten/*C*amping/*E*ssen & *T*rinken/*N*achtleben

- *Übernachten* ****** Estalagem dos Clérigos**, von außen wenig ansprechend, von innen modern und nett. 25 Zimmer und Appartements mit Teppichböden und rustikalem Mobiliar, alle mit großem Balkon und Meeresblick. Restaurant, Bar, Pool. Jan/Febr. geschl. Leser bemängelten das für ein Hotel dieser Kategorie eher dürftige Frühstück. EZ 133 €, DZ 148 €. Rua dos Clérigos (am nördlichen Ortsrand, abseits des Zentrums, mit „Estalagem" ausgeschildert), ✆ 296480100, ✆ 296480109, www.bensaude.pt.

Quinta das Queimadas, in einsamer Lage 4 km südlich von Nordeste. Unter belgischer Leitung. Nur von Wiesen und Feldern

Nordeste 231

umgeben, Garten mit Meeresblick. 2 gemütliche, rustikal eingerichtete Appartements und ein Zimmer in einem alten renovierten Natursteinhaus. Strom bislang nur am Tage über einen Generator, nachts Kerzenlicht. Gäste können auf Pferden ausreiten oder bei der hauseigenen Produktion von Ziegenkäse zusehen. Abendessen auf Wunsch. Appartement für bis zu 4 Pers. 85 €, 2 Pers. 70 €, DZ 50 €. Vom Markt in Nordeste ausgeschildert, ✆ 296488578, www.quintadasqueimadas.com.

Casas do Frade, schön renovierte Natursteinhäuschen, abseits gelegen in herrlicher Lage hoch über dem Meer, vermietet António Melo (englischsprachig) in Lomba da Fazenda. Reservierung erforderlich. Ausgeschildert. 2 Pers. 75 €, 4 Pers. 80 €. Rua do Triatro, ✆ 296382365 o. 962487001 (mobil), ✆ 296382353, www.casasacorianas.com.

Emanuel do Rego, Emanuel do Rego aus Ponta Delgada vermietet in und um Nordeste 4 alte, restaurierte Häuser für 2 Pers. Nett. Gutes Preis-Leistungs-Verhältnis. Nur nach Voranmeldung. Für 2 Pers. ab 50 €/Tag. Nordeste, ✆ 296283545, www.casadamadrinha.com.

Hospedaria S. Jorge, 5 einfache aber saubere Zimmer mit Bad. EZ 25 €, DZ 35 €. Des Weiteren Vermietung von 2 Appartements in der Residência O Moinho im Tal des Ribeira do Guilherme (für 4 Pers. 50 €). Hospedaria in Nordeste am Largo da Ponte (unter der Brücke), ✆ 296488337. Nach 18 Uhr und an Wochenenden geschl., Kontakt dann über ✆ 296488272 oder in Haus Nr. 10 nebenan fragen.

● *Camping* **Parque de Campismo Nordeste**, idyllisch am Flussbett des Ribeira da Guilherme gelegen, ca. 1,5 km außerhalb von Nordeste. Ohne fahrbaren Untersatz bereitet der Platz wenig Freude: Das nächste Eis, Cola oder Bier setzt einen schweißtreibenden, gut viertelstündigen Aufstieg voraus. Gute Sanitäranlagen, in den letzten Jahren nagelneu hergerichtet. Grillgelegenheiten. Viel Schatten. Nahebei eine alte Wassermühle. Zu Fuß ca. 10 Min. zum Freibad. Ausgeschildert. Mai bis Sept. 2 Pers. mit Zelt 6 €. Wer mit dem Pkw anfährt, sollte der Beschilderung von Nordeste folgen, nicht der von Lomba da Fazenda. Nordeste, ✆ 296488189.

● *Essen & Trinken* **Restaurante Tronqueira**, größeres Restaurant, mittags auch eine Busgruppenabsteige. Gewöhnliche Karte, Hg. faire 6,50–15 €. Terrasse. An der Rua da Tronqueira etwas außerhalb des Zentrums (vom Markt ausgeschildert), ✆ 296488292.

Restaurante Esplanada, neben dem gleichnamigen Café (nahe der Brücke). Wahrlich nichts Besonderes, aber wenig Alternativen im Zentrum. Kein Ruhetag. ✆ 296488286.

O Forno, Snackbar mit kleinem Außenbereich. Sandwichs, süße Teilchen und Salate, auch Tagesgerichte. Nahe der Kirche.

● *Nachtleben* **Pub Bar Energie**, gilt als bester Nightspot des Nordostens – trotzdem nicht mehr als eine Dorfdisco. In Lomba da Fazenda nahe der Durchgangsstraße (Hinweisschild).

Routen durch den Nordosten: Entlang der Nordostküste verläuft die alte inselumrundende Straße R 1–1° in sicherem Abstand zum Meer – eine ewige Kurverei. Wenn eines Tages der neue „Inselhighway" durch den Nordosten fertig ist, reduziert sich die Fahrzeit nach Ribeira Grande um mehr als die Hälfte. Die neue Schnellstraße verläuft mancherorts auf der alten, aber dann ausgebauten R 1–1°, andere Abschnitte werden neu trassiert und durch Brücken miteinander verbunden. Wann das gesamte Projekt abgeschlossen sein wird, steht in den Sternen.

Routen durch den Südosten: Für Touren Richtung Povoação bestehen bereits jetzt zwei Möglichkeiten. Zum einen gibt es eine geteerte Straße entlang der Küste, wo herrliche Picknickplätze zu ausgiebigen Pausen einladen. Zum anderen führt eine weitestgehend ungeteerte Straße durchs Inselinnere durch das Naturschutzgebiet der **Serra da Tronqueira**, vorbei am gleichnamigen Aussichtspunkt und am 931 m hohen **Pico Verde**. Diese Route ist nur bei Sonnenschein ein herrliches Erlebnis. Fahren Sie langsam, Unterbodenschäden sind nicht versichert.

Weiter die Küste entlang

Pedreira: 4 km südlich von Nordeste liegt Pedreira, eine weit verstreute Häuseransammlung rund um die *Pfarrkirche Nossa Senhora da Luz*. Pedreira selbst hat wenig zu bieten, von Pedreira führt jedoch eine Stichstraße (ausgeschildert) zu den Sendeantennen auf dem 887 m hohen *Pico Bartolomeu*. Das letzte Stück der 7,5 km langen Anfahrt verläuft auf einem Grat mit grandiosen Ausblicken auf die Südostküste São Miguels. Auf dem Weg zum Pico Bartolomeu passiert man den hiesigen *Parque Florestal* mit dem *Centro Ambiental do Priolo*, das über den seltenen Azorenvogel informiert (→ S. 29; Feb. bis April und Okt./Nov. Sa/So 12–17 Uhr, Mai bis Sept. Di–So 10–18 Uhr).

Miradouro da Ponta do Sossego: Der Aussichtspunkt und Picknickplatz liegt nur 1,5 km südlich von Pedreira unmittelbar an der R 1-1°. Einen ganzen Tag könnte man auf dem gepflegten Platz zwischen Blumenbeeten hoch über den Klippen der Ostküste São Miguels verstreichen lassen. Von hier ist auch der Küstenabschnitt bei Lombo Gordo zu sehen (s. u.). Sanitäre Anlagen und Grillmöglichkeiten sind vorhanden. Wie auf vielen anderen Plätzen findet man auch hier schon das Holz neben dem Rost in Scheiten gestapelt. Wer nicht an Steaks oder Würste gedacht hat, muss an den Imbisswagen am Parkplatz (nur im Sommer) ausweichen.

Miradouro da Ponta da Madrugada: Nur wenige Kilometer weiter südlich, auf der anderen Seite des tiefen Taleinschnitts, liegt das Pendant zum Miradouro da Ponta do Sossego, ein ebenfalls herrlich angelegter Picknickplatz und Aussichtspunkt hoch über der steil abfallenden Küste. Frühaufsteher können hier einen Traumsonnenaufgang erleben. Südlich des Miradouro endet der Concelho von Nordeste und damit die Strecke der schönsten Picknickplätze.

Praia Lombo Gordo: Ganze sieben Jahre hat man nun warten müssen, bis die Praia Lombo Gordo wieder zu den attraktivsten und idyllischsten Stränden der Insel gehörte. Nach den Winterstürmen 2002/2003 waren von der Praia Lombo Gordo nur kindskopfgroße Steine übrig geblieben, erst 2009 kam der Sand zurück – auf den Azoren ist das möglich. Ein zusätzliches Bonbon zum Strandvergnügen ist die tolle Anfahrt. Sanitäranlagen sind vorhanden.

• *Anfahrt* Ca. 250 m südlich des Miradouro da Ponta da Madrugada zweigt in einer Rechtskurve eine steil bergab führende Straße zur Praia Lombo Gordo ab (zuletzt kein Hinweisschild). Die letzten Meter zum Strand müssen zu Fuß bewältigt werden (ca. 10 Min.). Camping verboten.

Leuchtturm am Kap Ponta do Arnel

Weiter die Küste entlang 233

Água Retorta: Die 500-Einwohner-Ortschaft, die östlichste Gemeinde des Concelhos von Povoação, gibt nicht viel her. Erwähnenswert ist nur die *Taberna Raposo*, die aus einer einzigen Schanktheke bestehende Dorfkneipe. An ihr gibt es kein Vorbeikommen – meist parken ein oder zwei Milchautos davor und blockieren die Straße. Erzählenswert ist jedoch die Geschichte, die sich um die Ortskirche rankt. Eigentlich sollte sie in Fagundas errichtet werden, heute ein unscheinbares Dorf unterhalb Água Retortas. Aber in der lauen Sommernacht des Jahres 1872, der Nacht, bevor die Grundsteinlegung in einer großen Zeremonie vonstatten gehen sollte, soll sich ein Wunder ereignet haben. Als die Einwohner am Morgen zum Bauplatz pilgerten, waren all die Steine, die man mühsam mit Eselskarren herangeschleppt hatte, verschwunden. An der Stelle, wo heute die Kirche steht, fand man sie wieder. Der Legende nach schreibt man das Wunder der Nossa Senhora da Penha de França zu – keinem bösen Schlingel; und da es offenbar ihr Wunsch war, die Kirche an einem anderen Ort zu bauen als dem vorgesehenen, kam man dem nach.

Verbindungen 4- bis 5-mal werktags nach Povoação, nur Di und Do am Nachmittag nach Nordeste.

Faial da Terra und Umgebung: Das Küstenstädtchen liegt abseits der Inselhauptstraße R 1-1° am Ende eines malerischen, tiefen und langen Tals. So schön wie die Umgebung ist der Ortskern, den der gleichnamige Fluss in zwei Hälften teilt, nicht. Auch der hiesige breite Kiesstrand samt Pool ist nicht der Hit. Dafür gibt es lilafarbene Straßenlaternen und schöne Wanderwege in die Umgebung. Die Wanderungen Nr. 10 und 11 führen vorbei am nahe gelegenen, mit dem Auto nicht erreichbaren Dorf *Sanguinho*. Einst zählte es 200 Seelen, in den 1970er Jahren wurde es aufgegeben. Seit ein paar Jahren will man es wieder beleben, mehrere Häuser sind schon von Grund auf restauriert.

Ähnliches gilt für die *Fajã do Calhau*: Auch diese Siedlung mit ihren alten Adegas (Weinkeller) wurde erst in den letzten Jahren wiederentdeckt, viele Häuser sind bereits zu Feriendomizilen umgebaut. Die Fajã do Calhau erreichen Sie, indem Sie für rund 2 km der Schotterstraße (die geteert werden soll) unmittelbar entlang der Küste gen Osten folgen. Nicht bei Flut und Sturm gehen!

An der Straße nach Povoação, dort wo die Zufahrtsstraße nach Faial da Terra auf die inselumrundende R 1-1° trifft, liegt der Aussichtspunkt *Miradouro do Pôr-do-Sol*, von dem man einen herrlichen Blick bis nach Ribeira Quente in der Ferne genießt.

● *Verbindungen* **Bus** Mo–Fr 4-mal tägl. nach Povoação, nur Di und Do am Nachmittag nach Nordeste.

● *Übernachten* **Moinho do Passal**, Appartement in einer alten, schön restaurierten Wassermühle mit offenem Kamin. 2 Schlafzimmer mit privaten Bädern, Wohnzimmer, gut ausgestattete Küche. Zentralheizung. Kleiner Garten mit Terrasse. Re-

servierung erforderlich. Je nach Personenzahl 80–100 €. ℘ 919256102 (mobil), www.moinhodopassal.com.

● *Essen & Trinken* **Snackbar Faialense**, gepflegt-gemütliche Snackbar im Zentrum, im 1. Stock das Restaurant. Ordentliche Hausmannskost, große Portionen. Serviert wird nur mittags. Von Lesern gelobt.

Wandertipp: Faial da Terra ist Ziel und Startpunkt verschiedener Wanderwege: Hier endet ein Wanderweg von Povoação aus: **Wanderung 12**, → S. 261. Zudem beginnen hier eine kleine Rundwanderung zum Wasserfall Salto do Prego (**Wanderung 10**, → S. 259) und eine größere Rundwanderung nach Água Retorta (**Wanderung 11**, → S. 260).

Povoação

Die Kreisstadt des gleichnamigen Concelhos im Südosten von São Miguel putzt sich seit Jahren fleißig heraus, das Zentrum präsentiert sich schon ganz adrett. Von der Küste ins Inselinnere streckt Povoação seine Finger weit aus – endlose Straßenzüge ziehen sich sieben Hügelrücken entlang.

In der Bucht von Povoação ließen sich im 15. Jh. die ersten Siedler São Miguels nieder. Angeblich hatten sie zuvor einen Ziegenbock an einen Baumstamm gebunden und vom Schiff aus sein Schicksal verfolgt. Als dieser nach Tagen immer noch lebte, wählten sie den Ort zu ihrer neuen Heimat – sie waren nun sicher, dass ihnen hier keine Gefahr durch böse Tiere, Wilde und sonstige Ungeheuer drohte. Im **Stadtgarten (Largo do Jardim Municipal)** erinnert ein Denkmal daran. Schon bald wurde mit dem Bau der Festung Mãe de Deus begonnen, die spärlichen Reste sind heute im Fundament eines gewöhnlichen Hauses eingemauert. Auch die erste Kapelle der Insel existiert nicht mehr. Sie fiel wie die ganze Stadt am 2. September 1630 einem starken Erdbeben infolge eines Vulkanausbruchs zum Opfer. Kein Stein lag damals mehr über dem anderen. An der Stelle, wo einst die Kapelle stand, wurde später die Kirche Nossa Senhora dos Anjos errichtet, die heute nach unzähligen Um- und Anbauten den Namen **Nossa Senhora do Rosário** trägt. Die Fassade mit dem reich verzierten Portal gilt als typisches Beispiel der azoreanischen Kirchenarchitektur des 17. Jh.

Das Gotteshaus steht im Südwesten der Stadt und blickte früher mehr oder weniger direkt zur See. Davor erstreckte sich einst ein weiter Sandstrand, von dem jedoch infolge der jüngsten Umgestaltung des Küstenbereichs nur ein paar Meter Sand ganz im Westen vor der Nautilus Bar übrig blieben. Als Entschädigung soll dafür vor der Kirche ein Pool entstehen. Die neue Uferbefestigung, die zudem mit Grünanlagen und Kinderspielplatz bereichert werden soll, hat in erster Linie den Zweck eines Schutzwalls, um Sturmfluten nicht mehr hilflos ausgeliefert zu sein. Auslöser für die Baumaßnahmen war die Sturmflut vom Oktober 1997 (→ Ribeira Quente, S. 237), die mehrere Häuser zerstörte und so in der ersten Reihe Platz für ein paar moderne Gebäude schuf, darunter eine Hotelanlage und eine Mehrzweckhalle.

Das freundliche Zentrum erstreckt sich zwischen dem Gericht und dem Largo do Jardim Municipal, dazwischen findet man eine kleine Fußgängerzone, dazu mehrere nette Bars. Westlich des Stadtparks schließt ein frei zugänglicher, **kleiner Tiergarten** mit ein paar Volieren und Minigehegen an. Im Inselinneren setzt sich Povoação auf **sieben Lombas** (Hügelrücken) fort, auf denen sich endlose Straßendörfer ausdehnen: Lomba do Botão, Lomba do Carro, Lomba do Cavaleiro, Lomba do Pomar, Lomba dos Pós, Lomba do Loução und Lomba do Alcaide. In den Tälern dazwischen gedeihen Bananen, Melonen und was der Boden sonst noch hergibt. Bei Lomba do Loução kann man dem **Museu do Trigo** einen Besuch abstatten (Weizenmuseum, im Osten von Povoação von der Straße nach Faial da Terra ausgeschildert, kein Eintritt). Es residiert in einer Mühle aus dem 19. Jh., in der noch bis in die zweite Hälfte des 20. Jh. gearbeitet wurde. Bis auf das Wasserrad ist alles im Originalzustand erhalten. Das Rad trieb jedoch keinen Mühlstein zum Mahlen an, hier wurde lediglich die Spreu vom Weizen getrennt. Angeschlossen ist ein Souvenirshop mit Produkten der Insel wie Likör oder Keksen (Mo–Fr 10.30–12.30 und 13–17 Uhr, Sa/So 14–17 Uhr, auf Wunsch englischsprachige Führungen).

Povoação 235

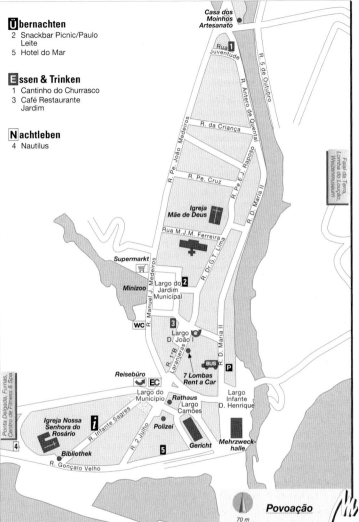

Übernachten
2 Snackbar Picnic/Paulo Leite
5 Hotel do Mar

Essen & Trinken
1 Cantinho do Churrasco
3 Café Restaurante Jardim

Nachtleben
4 Nautilus

São Miguel
Karte hintere Umschlagklappe

Information/Verbindungen

• *Information* **Posto de Turismo**, Infostelle und Kunsthandwerksverkauf. Wird von einer hilfsbereiten englischsprachigen Dame gemanagt. Tägl. 10–17 Uhr. Rua Infante Sagres, ✆ 296559050, www.cm-povoacao.pt.

• *Verbindungen* Die **Busse** starten in der Rua Dona Maria II., nahe der Mehrzweckhalle. Werktags 6-mal tägl. nach Furnas, davon fahren 4 Busse weiter nach Ponta Delgada, 2-mal tägl. nach Ribeira Quente, 4-mal werktags nach Faial da Terra, Di und Do zudem nachmittags nach Nordeste.

Taxistandplatz am Largo do Jardim Municipal und hinter dem Gericht, ✆ 296585180.

236 São Miguel

Adressen/Sonstiges (→ Karte S. 235)

• *Ärztliche Versorgung* **Städtisches Ge-sundheitszentrum** an der Rua Mons. João Maurício A. Ferreira (ausgeschildert), ☎ 296550150.

• *Baden* **Centro de Fitness & Spa**, Hallenbad (2 Pools), Sauna, türkisches Bad, Massagen. Wann gebadet werden darf, weiß das Turismo. Oberhalb der Stadt an der Straße nach Furnas in Lomba do Cavaleiro.

• *Geld* Mehrere Banken im Zentrum, z. B. die **Caixa Geral de Depositos** mit Bankomat an der Rua Manuel J. Medeiros.

• *Einkaufen* **Casa dos Moinhos Artesanato**, schnuckeliges blau-weißes Haus in einer alten Wassermühle. Viel Keramik und der übliche kunsthandwerkliche Kleinkram. Mo–Sa offiziell 10–12 und 13–20 Uhr, in Wirklichkeit je nach Lust und Laune.

• *Internetzugang* In der **Bibliothek** an der Rua Gonçalo Velho/Ecke Rua Infante Sagres.

• *Mietwagen* **7 Lombas Rent a Car**, nur Autos ohne Kilometerabrechnung, Mindestleihdauer 2 Tage. Billigster Wagen 24 €/ Tag plus Steuern, ab 7 Tagen 23 €/Tag plus Steuern. CDW 7,50 € extra. Am Largo do João I. 2, ☎ 967451356 (mobil), www.7lombas.com.

• *Öffentliche Toiletten* Nahe dem Largo do Jardim Municipal an der Rua Manuel J. Medeiros.

• *Polizei* An der Rua 25 de Abril beim Rathaus, ☎ 296550000.

• *Post* Mo–Fr 9–12.30 und 14–17.30 Uhr. Im Zentrum am Largo Dom João I.

• *Reisebüro* **TUI Portugal Agência de Viagens do Açores**, Mo–Fr 9–12.30 u. 14–18 Uhr. Largo do Município 13, ☎ 296585321, plinhares@tui.pt.

• *Veranstaltung* **Semana Cultural**, Ende Aug. eine knappe Woche voller Events, die Bühne wird an der Mole aufgebaut.

Übernachten/Essen & Trinken/Nachtleben (→ Karte S. 235)

Im Zentrum von Povoação gab es zum Zeitpunkt der letzten Recherchen keine offiziellen Unterkünfte mehr. Das erst 2001 eröffnete 4-Sterne-Hotel do Mar (5) machte 2009 wieder dicht – vielleicht hat der sprechende Aufzug die Gäste vergrault? Zuletzt wurde ein neuer Investor gesucht. Erkundigen Sie sich in den Bars, irgendjemand vermietet immer ein Zimmer.

• *Übernachten* **Casa Maria de Deus**, familiär geführtes Bed & Breakfast in einem netten historischen Gebäude in Lomba do Loução, im Zentrum direkt neben der Kirche. 4 ordentliche Zimmer, 3 Bäder. Fernsehraum, große Küche. Da die Besitzerin nicht immer vor Ort ist, ist eine Reservierung erforderlich. DZ 50 €. Rua Visconde Botelho 4, ☎ 296559076, www.apol.net/casamariadedeus.

Paulo Leite, Paulo Leite von der Snackbar Picnic vermietet Zimmer über der Bar und ein hübsches Häuschen in Lomba do Carro. Nur im Sommer. Die Preise sind Verhandlungssache. Largo Jardim Municipal, ☎ 296585586.

• *Essen & Trinken* **Cantinho do Churrasco (1)**, wie der Name schon vermuten lässt: Fisch und Fleisch vom Grill. Innen einfach-nüchtern und nichts Besonderes – man kann sich aber auch alles einpacken lassen und zum nächsten Picknickplatz fahren. Faire Preise, kein Ruhetag. Rua Antero de Quental, ☎ 296559880.

Café Restaurante Jardim (3), die azoreanischen Klassiker zwischen *Carne assado* und *Bacalhau* – mal genial, mal mäßig, je nach Lust und Laune des Kochs. Einfach, aber gepflegt, mit Außenbestuhlung und freundlichem Service, recht populär. Gute Desserts, mittlere Preisklasse, kein Ruhetag. Largo Dom João I., ☎ 296585413.

• *Nachtleben* **Nautilus (4)**, Bar mit netter Terrasse und Diskothek (nur Fr/Sa mit Standardprogramm) im Westen der Stadt.

Wandertipp: In Povoação beginnt **Wanderung 12** nach Faial da Terra (→ S. 261). Zudem ist das Städtchen Endpunkt von **Wanderung 14** von Furnas aus (→ S. 264) und von **Wanderung 15** von Ponta Garça aus (→ S. 265).

Ribeira Quente

Ribeira Quente

Von Povoação kommend zweigt kurz vor dem Ortseingang von Furnas eine 7 km lange Stichstraße zum Fischerort Ribeira Quente ab. Der Weg führt entlang dem üppig-grünen Tal des Ribeira Quente, vorbei an kleinen und größeren Wasserfällen (der größte zwischen den zwei aufeinanderfolgenden Tunnels) und etlichen Picknickplätzen.

Noch vor ein paar Jahren kennzeichneten braune Schneisen in den steilen Hängen das Landschaftsbild. Heute hat die Natur sie zurückerobert. Die Schneisen entstanden als Folge der massiven Regenfälle vom 31. Oktober 1997, dem schwarzen Freitag für Ribeira Quente. Die Erdrutsche hatten künstliche Staudämme gebildet. Als diese barsten, traf eine Flutwelle die Stadt. Unter der Überschrift „29 Tote nach Unwetter auf den Azoren" las man in der Süddeutschen Zeitung: „Sintflutartige Niederschläge mit bis zu 100 l Wasser pro Quadratmeter in wenigen Stunden hatten am Freitag vor allem die Insel São Miguel getroffen. Eine Schlamm- und Steinlawine ergoss sich über das im Südosten gelegene Fischerdorf Ribeira Quente, in dem 1000 Menschen leben (…) Das Dorf Ribeira Quente sei praktisch verschwunden, berichtete ein Pilot, die Insel São Miguel biete ein Bild der Verwüstung, sie sei von einem riesigen braunen Ring aus Schlamm und Trümmerteilen umgeben."

Zwar war Ribeira Quente nicht komplett von der Bildfläche verschwunden, wie berichtet, trotzdem bot es Augenzeugen ein Bild des Grauens. Kameraleute taten sich schwer, die Zerstörungen einzufangen. Denn dort, wo nichts mehr steht, wo Häuser und Straßen samt parkenden Autos und Laternen einfach im Meer verschwunden sind, als hätte es sie nie gegeben, dort sieht man einfach nichts. Das Fernsehen zeigte Bilder von Furnas, die zerstörten Brücken der Ortschaft ließen die Katastrophe besser erahnen.

238 São Miguel

Wenige Tage später folgte der zweite Teil der Katastrophe. Ein neues Unwetter war vor São Miguel aufgezogen, ein brausender Sturm, der schließlich den gesamten Hafen von Ribeira Quente zerstörte und weite Küstenabschnitte verwüstete. Die meterhohen Wellen, die über das Ufer preschten, wären gar nicht so schlimm gewesen, auf den Azoren ist das nichts Unbekanntes. Aber diesmal brachten die Wellen all die Baumstämme und Trümmer zurück, welche die Schlammlawinen zuvor ins Meer gespült hatten. 150 m weit waren sie alles zermalmend in die Ortschaft Ribeira Quente vorgedrungen. Die Einwohner konnten sich zum Glück in Sicherheit bringen.

Paradiesblume

Seit der Katastrophe hat Ribeira Quente sein Gesicht, v. a. im Küstenbereich, deutlich verändert. Ein neue, mächtige vorgelagerte Uferbefestigung schützt nun die Stadt, raubt ihr aber auch den Charme. Im Westen des Orts liegt in einer weiten Bucht die **Praia do Fogo**, ein herrlicher Sandstrand, den das stürmische Meer in manchen Wintern verschwinden lässt. Heiße Quellen knapp unterhalb des Strands versprechen insbesondere bei Ebbe ein warmes Bad. Den Ribeira Quente („Warmer Fluss"), der dem Dorf den Namen gab, speisen übrigens ebenfalls heiße Quellen. Bei seiner Mündung ins Meer weist er jedoch kaum noch höhere Temperaturen auf.

• *Verbindung* **Bus** 4- bis 5-mal tägl. nach Furnas.

• *Essen & Trinken/Übernachten* **Garajau**, bei Lesern und Insulanern gleichermaßen beliebtes, hübsches Terrassenlokal, mit Fischernetzen dekoriert. Leckere Küche (1-a-Fischgerichte, vorzüglich die Sardinen), gute Vorspeisen, Hg. 8–14 €. Kein Innenbereich, deswegen nur von Mitte Mai bis Mitte Okt. geöffnet. Am Flusslauf, auf eine gelbe Mauer achten, ✆ 296584678.

Restaurante Costaneira, einfaches Fischrestaurant, ebenfalls von Lesern gelobt. Spezialität des Hauses sind gegrillte Lapas (Portion 10 €). Kein Ruhetag. Wer in Ribeira Quente übernachten will, kann hier auch nach einem Haus oder Appartement (ab 50 €) fragen. Di Ruhetag. Im Westen des Orts an der Uferstraße, ✆ 296584123.

Café Quente, Strandbar mit netter Terrasse, übliche Snacks. An der Praia do Fogo.

Casas Garajau, ein wunderschöner, idyllisch gelegener, liebevoll restaurierter Natursteinkomplex am östlichen Ende von Ribeira Quente. 3 Häuser mit Terrasse und Meeresblick, unterschiedlich groß, unterschiedlich ausgestattet (das größte mit Pool davor, zu dem aber alle Zugang haben). Wanderung 15 (→ S. 265) führt daran vorbei. Reservierung erforderlich. 92–112 €/Tag. Ribeira Quente, ✆/@ 296584670 o. 296281933, www.azorental.com.

Wandertipp: Durch Ribeira Quente führen **Wanderung 14** von Furnas nach Povoação (→ S. 264) und **Wanderung 15** von Ponta Garça nach Povoação (→ S. 265).

Das Tal von Furnas

Das Tal von Furnas (Vale das Furnas)

Ein Besuch des Tals von Furnas, eines lange erloschenen Kraters, zählt zu den Höhepunkten São Miguels. Das von herrlichen Parkanlagen umgebene Städtchen darin ist eine Mischung aus mondänem Kurort und verschlafenem Bauerndorf. Die Idylle des nahen Waldsees lädt zum Entspannen ein. An seinem Ufer wird das traditionelle Eintopfgericht Cozido in heißen Erdlöchern gegart.

Wer die Landschaft in ihrer ganzen Herrlichkeit betrachten will, sollte einen Abstecher zum Aussichtspunkt **Miradouro do Pico do Ferro** unternehmen. Von dort genießt man einen grandiosen Ausblick über die weit verstreute Ortschaft Furnas, den gleichnamigen See, auf die Anhöhe Pico do Gaspar und den Lagoa Seca. Halten Sie bei letzterem nicht nach einer Wasserfläche Ausschau. Der Lagoa Seca, der „trockene See", ist ebenfalls ein Tal, das landwirtschaftlich intensiv genutzt wird.

Zu den Attraktionen von Furnas gehören die **Kuranlage**, zudem weitläufige Parks voller exotischer Bäume und 22 heiße Quellen – in Badebecken kann man ihre Wärme genießen. Zwei Flüsse durchziehen das Tal, einer ist rostfarben und warm, der andere klar und kalt. Beide sorgen dafür, dass Furnas ganz oben auf der Liste der wasserreichsten Gegenden Europas steht. Im Dorf und am See beeindrucken dampfende Fumarolen, hier **Caldeiras** genannt, bei deren Besuch man sich mit dem Ausspruch Mark Twains trösten kann: „Der Geruch von Schwefel ist für einen Sünder nicht unangenehm." Wer Ruhe und Erholung sucht, kann kaum einen besseren Ort als Furnas wählen. Die Gegend bietet zudem gute Wandermöglichkeiten, und der nahe gelegene **Golfplatz** gilt als der beste der Azoren.

Tal-Geschichte

Die Besiedlung von Furnas und Umgebung geht bis ins 16. Jh. zurück. Dom Manuel da Câmara, einst Gouverneur der Insel, war von dem Tal so angetan, dass er schon 1513 ein kleines Haus samt Kapelle an jenem Ort errichten ließ, an dem heute die Igreja de Sant'Ana steht. Nach dem verheerenden Erdbeben von Vila Franca do Campo im Jahr 1522 zog es die ersten Siedler ins Tal. Für den Neuaufbau der Stadt wurde Holz gebraucht, die gerodeten Flächen eigneten sich gut für die Landwirtschaft. Doch bereits 1630 wurde der Ort wieder aufgegeben – ein Vulkanausbruch forderte über 200 Menschenleben und vernichtete alles Land und Vieh. Angeblich soll damals der heutige Lagoa das Furnas trocken und besiedelt gewesen sein und sich das Wasser stattdessen im höher gelegenen Lagoa Seca, heute eine Trockenfläche, gestaut haben. Beim Vulkanausbruch brach jedoch die Außenwand des Sees, das Wasser füllte das tiefer gelegene Tal. Die Nächsten, die eine Besiedlung des Vale das Furnas wagten, waren Jesuitenmönche, die die Heilkräfte des Mineralwassers schätzten und bekannt machten. Ende des 18. Jh. kam Furnas in den elitären Kreisen São Miguels groß in Mode: Die Orangenbarone wählten den Ort zu ihrer Residenz, bauten Paläste und Villen und legten die noch heute beeindruckenden Gärten an. Einer der Wegbereiter dieser Entwicklung war der Nordamerikaner Thomas Hickling (1743–1834). Anfang des 20. Jh. entwickelte sich Furnas schließlich zu einem Kurort, 1930 wurden das Hotel Terra Nostra und ein Casino gebaut. Mit dem Zweiten Weltkrieg geriet Furnas wieder in Vergessenheit, seitdem bezeichnet man sich gern, wie im Prospekt des Hotels Terra Nostra zu lesen ist, als eines der „bestgehüteten Geheimnisse der Welt". Auf São Miguel hingegen ist Furnas *die* Attraktion, im Sommer trudelt hier ein Touristenbus nach dem anderen ein.

Furnas

Das beschauliche Furnas, knapp 50 km von Ponta Delgada entfernt, gehört zu den wenigen Orten São Miguels, die weit abseits der Küste inmitten eines paradiesischen Tals liegen. Und seine Straßenzüge sind voller Überraschungen – wirkt der eine bäuerlich-schlicht, prunken im nächsten aristokratisch anmutende Villen.

Furnas (1514 Einwohner) ist ein gepflegter Ort, der sich dem Besucher, sofern dieser mit dem Auto unterwegs ist, nicht ganz freiwillig vorstellt: Ein im ersten Moment undurchsichtiges Einbahnstraßensystem schickt den Autofahrer im Kreis herum, und will man dem entkommen, landet man dennoch oft in den letzten Winkeln. Schöner lässt sich der Ort zu Fuß erkunden, er lädt förmlich zum Spazierengehen ein, insbesondere wegen der Parkanlagen. Ein Muss ist der **Terra-Nostra-Park** des gleichnamigen Hotels, wo ein großes Warmwasserbecken unvergesslichen Badespaß bietet. Besuchenswert (jedoch nicht immer zugänglich) sind die beiden **Parkanlagen** mit den Namen **Beatrice do Canto** und **José do Canto**, die Pflanzenvielfalt der Gärten ist beeindruckend. Am Ortsrand liegen das **Thermalbad** und die **Caldeiras**. Herrlich ist auch ein Bad im **Paradise Pool**.

Nicht nur für einen Tagesausflug ist Furnas ein lohnendes Ziel, der Ort bietet sich auch als Standort für Reisen durch den Inselosten an. Es gibt Unterkünfte in verschiedenen Kategorien, wenn auch nicht viele. Und seit ein Zeltplatz hinzugekommen ist, hat sich das Durchschnittsalter der Gäste fast halbiert. Auch der Umbau

Furnas 241

São Miguel
Karte hintere Umschlagklappe

Map labels:

Golfplatz, R. Grande, Pico do Ferro
R. Quente Povoação
Caldeiras
Casa de Artesanato
Thermalbad/ Kuranlage — **1**
Largo da Estrela — **2**
Av. Pereira Ataíde
Bolo Lêvedo-Verkauf
Estrada Regional Norte
R. Morgado
R. Tulpios
R. Formosa
R. Moniz Pereira
Av. A. V. M. Rodrigues
Av. M. Arriaga
Caminho do Meio
WC — **4**
EC
Polizei
R. Palha
Rua dos Moinhos
Largo do Teatro — **6**
Igreja Nova
Parque Florestal — **3**
Parque D. Beatriz do Canto — **5**, **7**
alte Wassermühle
R. Maria Eugénia Moniz Oliveira
Banhos Férreos — **8**
Parque A. Borges
R. Padre José J. Botelho
R. Santana
Parque Terra Nostra — **9**, **10**, **11**
Parkeingang
Micauto
C. Ferreiro R. Sul
Estrada
R. Igreja
C. Nova
R. 25 Abril
See, V. Franca P. Delgada, Parque José do Canto — **12**
Paradise Pool — **13**
Furnas
150 m

Übernachten
3 Residencial Vista do Vale
5 Silvestre Cordeiro Carreiro (Priv.)
6 Casa Domus Adepta
8 Margarida da Graça Silva T. de Sousa (Priv.)
9 José Guilherme do Couto da Ponta (Priv.)
10 Hotel Terra Nostra Garden
12 Casa dos Barcos/Furnas Lake Villas
13 Quinta da Mó

Essen & Trinken
1 Chalet Tia Mercês
2 Padrinho
4 O Miroma
7 Tony's Restaurant
11 3 Bicas Pub

des alten Kurhauses zu einem modernen Kurhotel soll dazu beitragen – angeschlossen werden soll ein Sportkomplex, mit dem man ganze Fußballmannschaften vom Festland zum Training nach Furnas locken will.

nformation/Verbindungen/Parken

● *Information* **Turismo-Büro**, hilfsbereit. Mo–Fr 9–12.30 und 14–17.30 Uhr. An der Rua Dr. Frederico Moniz Pereira (schräg gegenüber der Post), ✆ 296584525, ✇ 296584507.

● *Verbindungen* Bus 4- bis 5-mal tägl. nach Ribeira Quente, 3- bis 4-mal tägl. nach Povoação, 6-mal tägl. nach Ponta Delgada, 2-mal tägl. nach Ribeira Grande.

Taxis stehen am Largo do Teatro bereit. Nach Povoação 11 €, Ribeira Quente 9 €, Vila Franca 16 €, Pico do Ferro 7 €.

● *Parken* Egal, ob vor den Caldeiras oder am See – die Parkplätze bei den Attraktionen der Stadt sind im Hochsommer gebührenpflichtig. Kostenlos parkt man in den Nebengassen.

Kultur/Adressen/Einkaufen

● *Einkaufen* Beim ehemaligen Gemeindehaus *(Junta de Freguesia)* am nördlichen Ende der Rua Padre José J. Botelho (an der Ponte de Elias) kann man eine noch intakte, renovierte **Wassermühle** besichtigen und dahinter dem **Korbflechter João Tavares**

242 São Miguel

Sousa bei der Arbeit zuschauen. Unregelmäßige Öffnungszeiten.

Eine Auswahl an Decken, Strohpuppen, Marmelade und Korbwaren hält die **Casa de Artesanato** gegenüber den Caldeiras bereit. Ebenfalls keine festen Öffnungszeiten.

- *Feste* Am 1. Sonntag nach Ostern wird die **Festa dos Enfemos** zum Gedenken an die Hilfsbedürftigen und Kranken zelebriert. Bei der Prozession sind die Straßen mit einem Blumenteppich geschmückt. Eine ähnlich prächtige Prozession wird auch am letzten Sonntag im Juli abgehalten.

- *Geld* BANIF-Bank mit Geldautomat gegenüber dem Turismo.
- *Mietwagen* **Micauto**, meist geschlossen, wenn man sich nicht vorher unter ✆ 966259607 (mobil) angemeldet hat! Damit das gewünschte Fahrzeug auch verfügbar ist, empfiehlt sich ohnehin eine vorherige Reservierung. Preise → S. 149. Largo das 3 Bicas 10, www.micauto.com.
- *Polizei* Av. V.M. Rodrigues, ✆ 296584050.
- *Post* Mo–Fr 9–12.30 und 14–17.30 Uhr. Rua Dr. Frederico Moniz Pereira.

Baden/Sport

- *Baden* Ein Erlebnis ist das Bad im **Warmwasserbecken des Terra-Nostra-Parks** (→ Kasten).

> **Hinweis**: Helle Badeanzüge sind in Furnas wegen der Ablagerungen im Wasser fehl am Platz!

Ebenfalls in angenehm warmem Wasser badet man beim **Paradise Pool**, auch „Poças da Beija" genannt. Der Paradise Pool selbst, ein kleines natürliches, grottenartiges Becken, diente über Generationen hinweg gewissermaßen als Rücksitzbank für die Liebespaare von Furnas. 2009 wurde das benachbarte Bachbett neu gestaltet und mit künstlichen Badebecken versehen. Auch wurde ein kleiner Parkplatz eingerichtet, künftig soll Eintritt verlangt werden. Wegbeschreibung: Bis zur Rua Santana der Wanderung 13 (→ S. 262) folgen. Man verlässt jedoch die Rua Santana nicht, sondern geht geradeaus weiter, passiert die

Korbflechter João Tavares Sousa bei der Arbeit

zweite Kirche des Orts wie auch das Restaurante Águas Quentes und biegt erst dahinter in den Lomba das Baracas rechts ab. Von einem Bad im **Lagoa das Furnas** sollte man absehen. Der See ist mittlerweile so überdüngt, dass er, damit er nicht umkippt, künstlich mit Sauerstoff versorgt wird. Zudem ist ein Bad wegen der heißen Quellen nicht ungefährlich.

Der nächstgelegene Strand befindet sich in Ribeira Quente.

● *Thermalbäder* Linderung bei Bronchitis und Rheumatismus, zudem Heilung von Hauterkrankungen verspricht ein Aufenthalt im **Kurhaus** von Furnas. Es wurde 1930 erbaut und wird seit 2005 komplett renoviert. Bis zu Ihrem Besuch sollte es in neuem Glanz als Kurhotel eröffnet sein.

Ebenfalls überdacht, aber kleiner und älter sind die **Banhos Férreos** nahe der alten Wassermühle. Dabei handelt es sich um ein kleines, intimes Becken mit einer braunen eisenhaltigen Brühe, die eine Temperatur von 36 °C hat. Angeschlossen ist ein Restaurant. Tägl. 10–22 Uhr. Eintritt 3,50 €, diverse Massagen extra.

● *Golf* Bereits 1939 legte man 5 km westlich von Furnas den **Furnas Golf Course** an, den besten und anspruchsvollsten Platz der Azoren. Die 18-Loch-Anlage weist Par 72 auf, das HDCP für Männer liegt bei 28, für Frauen bei 36. Putting Green und Chipping Area, Restaurant und Bar. Green Fee identisch mit dem von Batalha Golf Course (→ S. 160). Im Sommer bis Sonnenuntergang, im Winter 9–18 Uhr. ✆ 296584341, www.azoresgolfislands.com.

● *Outdooraktivitäten* Offeriert offiziell die **Quinta d'Agua** am Südufer des Furnas Sees (dort ausgeschildert → Wanderkarte S. 263), allerdings ist nicht immer jemand zu erreichen. Im Angebot: Reiten (Tour um den See 30 €), Kanu- und Radverleih (je 5 €/ Std.). ✆ 919256102 (mobil) oder 296594810, www.quintadagua.com.

Ein Stück vom Paradies: Parque Terra Nostra

Der Terra-Nostra-Park ist eine der herrlichsten Parkanlagen der gesamten Azoren, nicht zuletzt wegen seines konstant 38 °C warmen Schwimmbeckens. Drum herum werden selbst studierte Botaniker auf noch nie gesehene Bäume und Pflanzen aus allen Teilen dieser Erde stoßen.

1780 errichtete der aus Boston stammende Kaufmann Thomas Hickling auf dem Hügel, wo heute die herrschaftliche Villa Casa do Parque steht, ein einfaches Sommerhaus, das sich bald wegen wilder Partys den Spitznamen „Yankee Hall" erwarb. Drum herum ließ der amerikanische Orangenbaron verschiedene Bäume pflanzen, überwiegend Arten aus seiner Heimat. 1848 ging das damals noch kleine Anwesen in den Besitz des Visconde da Praia über, unter dessen Leitung 1854 die Casa do Parque erbaut wurde. Seine Frau widmete sich dem Garten und ließ die ersten Wasserläufe anlegen. Ihr Sohn kaufte weiteres Land hinzu und vergrößerte ihn zu einer Parkanlage. Zudem beauftragte er ausländische Gartenbauer von internationalem Rang mit Ausbau und Pflege. Kurz nach dem Bau des Hotels Terra Nostra 1935 erwarb die Hotelleitung den gesamten Park, gestaltete ihn um und ließ den Swimmingpool auf seine heutige Größe erweitern. Bei der letzten Umgestaltung des Parks 1990 zählte man auf dem 12 ha großen Gelände 2485 Bäume – sie stammen aus Nord- und Südamerika, aus Australien, Neuseeland, China und Südafrika, daneben gedeihen hier noch eine Reihe endemischer Pflanzen, es gibt eine Azaleensammlung, einen Farn- und Rhododendrengarten wie auch diverse andere exotische Gewächse aus aller Welt.

Öffnungszeiten Im Winter tägl. 10–18 Uhr, im Sommer bis 19 Uhr. Eintritt 5 €, Kinder frei. Wer den Eingang nicht auf Anhieb findet, folgt der Wegbeschreibung der Wanderung 14 (→ S. 264).

244   São Miguel

Übernachten (→ *Karte S. 241*)

Die Übernachtungspreise von Furnas sind im inselweiten Vergleich recht hoch.

● *In Furnas* *** **Hotel Terra Nostra Garden (10)**, das wohl größte Gebäude des Städtchens. 81 gepflegte Zimmer, fast alle mit schönem Balkon zur Parkseite. Kleiner überdachter Pool. Hohes Durchschnittsalter der Gäste. Wer sich's leisten kann, kann in einer der beiden Suiten in der alten Villa im Park wohnen. EZ ab 150 €, DZ ab 165 €, Suite 295 €. Rua Padre José J. Botelho 5, ✆ 296549090, ✆ 296549099, www.bensaude.pt.

Quinta da Mó (13), niveauvolle Anlage mit üppig-grünem Garten. Darin 3 moderne Holzhäuser und eine restaurierte alte Wassermühle mit 3 Schlafzimmern. Alles hochwertig und geschmackvoll ausgestattet. Grillmöglichkeiten. Reservierung erforderlich. Haus für 2 Pers. 150 €/Tag, Wassermühle für bis zu 6 Pers. 400 €/Tag. Im Süden von Furnas; (der Straße zum Paradise Pool folgen, dann rechter Hand (Anlage mit gelb-blauem Eingang), ✆ 917800281 (mobil), www.quintadamo.com.

Casa Domus Adepta (6), herrliches Stadthaus aus dem Beginn des 20. Jh., schöner Garten. Die 2 Zimmer und 2 Appartements sind mit klassischem Mobiliar eingerichtet. DZ oder Appartement für 2 Pers. 90 €, für 4 Pers. 140 €. Rua Augusto Arruda 12, ✆/✆ 296584354, www.domus-adepta.com.

Residencial Vista do Vale (3), am Ortsrand. Dreistöckiger Bau mit 24 Zimmern ohne besondere Note, z. T. jedoch mit schöner Aussicht. DZ ab 65 €. Rua da Palha 56 (letztes Gebäude auf der linken Seite), ✆ 296549030, ✆ 296549039, www.vistadovale.com.

● *Privatzimmer* **José Guilherme do Couto da Ponta (9)**, Herr do Couto da Ponta (überaus kommunikativ, aber nicht aufdringlich) vermietet seit angeblich 40 Jahren Zimmer. Alle mit eigenem Bad, z. T. jedoch außerhalb des Zimmers. Bäder, Gänge usw. gut gekachelt – sauberer geht's nicht. Rosenkränze und Madonnenfiguren satt. Kleiner Garten mit Grill und Zwergen-Pool. Viele Leser fühlten sich hier wohl. Josés Frau bereitet für die Gäste auf Wunsch einen sehr guten Cozido zu. DZ 60 €. Rua Padre José J. Botelho 10, ✆ 296584603.

Silvestre Cordeiro Carreiro (5), 5 Zimmer, die sich 2 Bäder teilen. Die Kinder und die Mami sind lieb, letztere könnte aber öfter mal die Bäder putzen. DZ 40 € (ab 2 Nächten 35 €). Rua dos Moinhos 52, ✆/✆ 296584569.

● *Appartements* **Margarida da Graça Silva T. de Sousa (8)**, Senhora de Sousa aus Ponta Delgada vermietet 5 Appartements, die nach heimischen Blumenarten benannt sind. Zentrale Lage. Vorausbuchung nötig, Minimum 3 Tage. Kleine Appartements 75 €, große (3 Schlafzimmer, 2 Bäder etc.) 125 €. Rua Pe. Afonso Quental (schräg gegenüber der Kirche), ✆ 296282361 (Arbeit) o. 296285930 (privat), ✆ 296692737.

● *Camping* **Parque de Campismo**, Furnas besitzt den wohl gepflegtesten Platz der Azoren. Strom, gute Sanitäranlagen, Grillmöglichkeiten, Restaurant. Zuletzt ganzjährig geöffnet, was sich jedoch auch wieder ändern kann. 2 Pers. mit kleinem Zelt 10,50 €. Anfahrt: Folgt man der Straße von der Igreja Nova zum Kurhaus, ist der Platz ausgeschildert. Von anderen Richtungen muss man z. T. der Restaurantbeschilderung „Vale das Furnas" folgen. ✆ 296549010 o. 296584307, ✆ 296549015, restaurante.vfurnas@sapo.pt.

● *Am Furnas-See* **Casa dos Barcos (12)**, ein Idyll direkt am Lagoa das Furnas. Das alte Bootshaus, das einst zum Park José do Canto gehörte, wurde jüngst mit Liebe restauriert und bietet bis zu 4 Pers. Platz. Nicht unmittelbar vor Ort buchbar. 200 €/Nacht. neben der Ermida da Nossa Senhora das Vitórias, ✆ 296285895, www.casadosbarcos.com.

Furnas Lake Villas (12), Anlage auf einer Fläche von über 100 ha. Nicht unmittelbar am See, sondern etwas abseitig gelegen mit Wiesenblick. 10 würfelförmige, holzverkleidete Appartements, überaus modern eingerichtet und mit großen Fensterfronten versehen. Die Einheiten stehen recht eng beieinander, z. T. jedoch über einen künstlichen Kanal. Der Haushund heißt Pisça. Diverse Sportangebote, dazu Fahrräder und Kanus für die Gäste. Von Lesern gelobt. 2 Pers. ab 140 €, 4 Pers. ab 216 € (Mindestaufenthalt 2 Nächte). Estrada Regional do Sul, ✆ 296584107, ✆ 296584108, www.furnaslakevillas.pt.

Furnas/Sehenswertes und Umgebung 245

Essen & Trinken (→ Karte S. 241)

Die vielen Reisegruppen tun tagsüber der Qualität der Mahlzeiten nicht gut. *Cozido*, der mittags serviert wird, ist aufgrund der stundenlangen Garzeiten meist nicht frisch.

● *Restaurants* **Tony's Restaurant (7)**, tagsüber lautes Touristenlokal. Standardküche und selbstverständlich *Cozido* (12,50 €). Für das Tony's spricht die gemütliche Terrasse im 2. Stock. Largo da Igreja 5, ✆ 296584290.

O Miroma (4), gepflegter, teurer und von Lesern besser bewertet als das Tony's. Neben *Cozido* (13 €) gibt es die typische regionale Kost. Unser Tipp ist der Tintenfischeintopf mit Kartoffeln (*Polvo guisado à Miroma*, 14 €). Mi Ruhetag. Rua Dr. Frederico Moniz Pereira 15, ✆ 296584422.

Padrinho (2), neueres Lokal mit guter Küche, das auch mal leckeres Gemüse (!) auf den Teller zaubert. Mittlere Preisklasse. Von Lesern ebenfalls gelobt. Largo da Estrela, ✆ 296584332.

● *Bars/Café* **3 Bicas Pub (11)**, Pub mit offenem Kamin und Ledergestühl. Abends gelegentlich Livemusik. Angeschlossen ist eine Snackbar mit netter Terrasse. Gute Burger, von den anderen Snacks ist eher abzuraten. Rua Padre José J. Botelho 19.

Chalet Tia Mercês (1), hübsches kleines Café mit alten Warmwasserbadebecken. Korbsessel, nette Terrasse, Souvenirverkauf. Tägl. 10–22 Uhr, im Sommer bis 24 Uhr. Nahe den Caldeiras.

> **Tipp**: Die Spezialität von Furnas ist der **Cozido**, ein Eintopf aus Rind- und Schweinefleisch, Huhn, Würstchen, Kartoffeln, Yams und Kraut, der in den heißen vulkanischen Quellen gegart wird. Die freigesetzten Mineralstoffe verleihen dem Gericht die besondere Geschmacksnote. Um einen echten Cozido kosten zu können, bestellen Sie ihn am besten vorher, ansonsten bekommen Sie einen aufgewärmten (ganz okay) oder einen aus dem Backofen (Fehlgriff). Probieren sollte man auch das süßliche, kreisrunde Brot **Bolo Lêvedo**, das auf Eisenplatten im Holzofen gebacken wird – die Zutaten sind Zucker, Maismehl, Eier und Milch. Am leckersten ist es, wenn es warm aufgeschnitten und mit Ziegenkäse gefüllt wird. Zu den besten Bolo Lêvedos des Ortes zählen die von Maria da Glória Moniz, gebacken in der Rua Victor Manuel Rodrigues 16. Wer Glück hat, kann ihr sogar beim Zubereiten zusehen.

Furnas/Sehenswertes und Umgebung

„Caldeiras": Die Dampfquellen von Furnas, Zeugen der vulkanischen Tätigkeit der Insel, liegen am östlichen Dorfrand und sind wegen der aufsteigenden Schwaden kaum zu übersehen. Die größte, die *Caldeira Grande*, fördert 61 l Wasser pro Minute mit einer Temperatur von 98 °C. Das mineralhaltige Wasser wird zum nahe gelegenen Kurhaus gepumpt und speist dort die Thermalbadebecken (→ Baden). Der graue Schlamm der anderen Quellen findet als Fangopackung Verwendung. Weitere Caldeiras liegen am Nordufer des Lagoa das Furnas.

Achtung Personen mit Herzleiden sollten sich von den Schwefeldämpfen fernhalten!

Parque Florestal: Der Park liegt im Norden von Furnas und ist von der Straße zur Quinta Vista do Vale ausgeschildert. Mit seinen vielen Pflanzen und Vögeln, einer Baumschule, Wildgehege und Fischzuchtstation ist er ganz nett, aber kein Muss.

Öffnungszeiten Mo–Fr 9–18 Uhr, Sa/So 10–18.30 Uhr.

> **Wandertipp**: Von Furnas aus lassen sich herrliche Wanderungen unternehmen. Rund um den gleichnamigen See führt **Wanderung 13** (→ S. 262), hinab nach Ribeira Quente und weiter nach Povoação **Wanderung 14** (→ S. 264).

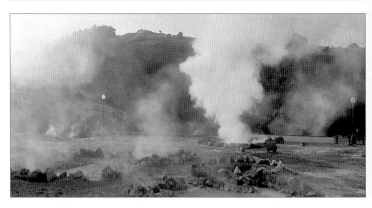

An den Caldeiras von Furnas

Parque Beatrice do Canto und Parque José do Canto: Die Gartenkunst auf den Azoren erreichte in der zweiten Hälfte des 19. Jh. ihren Höhepunkt. Unter den wohlhabendsten Familien herrschte eine spezielle Form nachbarschaftlicher Konkurrenz, jeder wollte sich mit dem herrlichsten Park schmücken. Die Familie de Canto z. B. erwarb in Gärtnereien rund um den Globus – in Deutschland und Belgien, in London und Rio de Janeiro – seltene und erlesene Pflanzen, um ihren Anlagen noch mehr Pracht und Farbe zu verleihen. Wer sich für Gärten interessiert und sich die Möglichkeit ergibt, die Parks zu besichtigen, sollte man sie unbedingt nutzen. Der Parque Beatrice do Canto liegt im Herzen von Furnas, der Parque José do Canto am Südufer des Lagoa das Furnas (hinter der Ermida da Nossa Senhora das Vitóras, s. u.).

Öffnungszeiten Der **Parque Beatrice do Canto** ist nur im Aug. tägl. von 9–17 Uhr der Öffentlichkeit zugänglich. Eintritt frei. Der **Parque José do Canto** ist in Privatbesitz und nur nach Anfrage beim Gärtner – vorausgesetzt, Sie sehen ihn zufällig – zu besichtigen.

Miradouro do Pico do Ferro: Einen herrlichen Blick über den fast 6,5 km langen und maximal 290 m tiefen Einsturzkrater, über Furnas und den Lagoa das Furnas genießt man vom 544 m hohen Berg und Aussichtspunkt Pico do Ferro. Um dahin zu gelangen, verlässt man Furnas in Richtung Ribeira Grande/Golfplatz; die Abzweigung zum „Pico do Forro" ist dann ausgeschildert, von dort noch ca. 1 km. Eine kurze, 30-minütige *Wanderung* führt vom Aussichtspunkt hinab zum Furnas-See. Der Einstieg in den steilen, bestens markierten Treppenpfad (*Percurso Pedestre PR 22 SMI*) befindet sich ca. 100 m unterhalb des Aussichtspunktes. Achtung: Nach Regen kann es sehr matschig werden! Der Pfad mündet in die gepflasterte Zufahrtsstraße zu den Caldeiras (dafür rechts halten). Der Weg ist zugleich ein Abstecher zu Wanderung Nr. 13 (→ S. 262).

Abstecher über den Salto do Cavalo an die Nordküste: Von Furnas führt eine Straße über das Gebirge des Salto do Cavalo (805 m) nach Salga an der Nordküste São Miguels. Die Strecke ist bei gutem Wetter ein unbeschreibliches Erlebnis, das man sich nicht entgehen lassen sollte, auch wenn es wie immer nur an Weiden, Wäldern und Milchsammelstellen vorbeigeht. Die Aussicht unterwegs ist oft mehr als grandios. Bis auf 800 m steigt die Straße an.

Lagoa das Furnas

Verlässt man Furnas Richtung Vila Franca do Campo, passiert man das Ostufer des 176 ha großen Sees. In ihm spiegeln sich die umliegenden Wälder und an seiner Südseite die schlanke, neogotische Kapelle **Ermida da Nossa Senhora das Vitóras.** José de Canto ließ sie 1884–85 in Frankreich erbauen, per Schiff hierher transportieren und aufstellen. Das Ehepaar de Canto liegt darin begraben. Heute ist die fotogene Kapelle leider vom Verfall bedroht. Nahebei entstand zum Zeitpunkt der letzten Recherche ein **Besucherzentrum mit Museum.** Gegenüber, an der Nordseite des Sees, steigen von weitem sichtbar Dampfschwaden auf, sie stammen von den **Caldeiras** am Ufer. Daneben befindet sich ein großer Picknickplatz, auf dem an Wochenenden Familienclans den in den heißen Erdlöchern gegarten *Cozido das Caldeiras* verspeisen. Der dortige Parkplatz ist gebührenpflichtig, dafür darf man die Toiletten umsonst benutzen. Es gibt auch einen Tretbootverleih.

Wanderung 4: Das Tal des Ribeira da Praia entlang zum Lagoa do Fogo

(→ Karte S. 248)

Route: Östlich des Flusstals des Ribeira da Praia bergauf zum Lagoa do Fogo (→ S. 218) und auf der anderen Seite des Tals wieder zurück.

Dauer: Ca. 5 Std. für alle, die mit dem Bus anfahren, ca. 3 ¾ Std. für Selbstfahrer.

Einkehr: Unterwegs keine Möglichkeit.

Besonderheiten: Die Wanderung gliedert sich in zwei Etappen: einen mühseligen Aufstieg bis zum Lagoa do Fogo und einen gemütlichen Abstieg zurück nach Praia. Der Rückweg (und nur der!) ist mit dem offiziellen Wanderweg *Percurso Pedestre PRC 2 SMI* identisch, dafür ist Schwindelfreiheit vonnöten. Unterwegs genießt man herrliche Ausblicke über die bewaldete Küstenregion hinweg aufs Meer. Zudem muss man evtl. über ein ca. 1,30 m hohes Tor klettern. Wer in den Wochen zuvor zufällig Hitchcocks *Vögel* gesehen haben sollte, kann sich am Ufer des Sees (Naturschutzgebiet) wegen der hier heimischen Möwen auf einen Adrenalinkick gefasst machen, insbesondere während der Brutzeit im April und Mai. Angeblich ist von Attacken der Möwen nichts bekannt, aber wenn das Federvieh kamikazeartig auf einen herabstürzt, um Eindringlinge in sein Brutrevier zu ver-

scheuchen, und keine 50 cm über dem Scheitel hinwegfegt, wird es einem schon mulmig.

An- und Weiterfahrt: Der Bus zwischen Ponta Delgada und Vila Franca do Campo passiert Praia. Sagen Sie dem Fahrer, dass Sie vor dem Hotel Bahia Palace aussteigen wollen, dem Ausgangspunkt der Wanderung. Selbstfahrer können sich einen Teil des mühsamen Aufstiegs sparen, indem sie bequem mit dem Auto noch ein wenig bergauf fahren – einfach der Wanderwegbeschreibung bis zur Wandertafel folgen.

Wegbeschreibung: Vom **Bahia Palace Hotel** folgt man der Küstenstraße Richtung Vila Franca do Campo. Es geht vorbei an der Umzäunung eines Elektrizitätswerks. Kurz darauf zweigen Sie in einer Rechtskurve, unmittelbar vor einer Brücke, nach links ab, hier befindet sich auch ein braunes Hinweisschild mit der Aufschrift „Lagoa do Fogo". Nun folgen Sie der Straße (= Caminho Ribeira da Praia) bergauf, der schweißtreibende Part der Wanderung beginnt. Alle Abzweigungen bleiben unbeachtet. Nach ca. 1,5 km (bzw. ca. 50 m hinter einem Strommast) erreichen Sie eine größere Weggabelung mit einer **Wan-**

dertafel und einem zweiten Hinweisschild zum Lagoa do Fogo. Wer mit dem Auto unterwegs ist, parkt hier.

An der Gabelung mit der Wandertafel hält man sich rechts, auch wenn die Wegmarkierungen nach links weisen. Die hier beschriebene Tour ist ein Rundwanderweg – der markierte *Percurso Pedestre PRC 2 SMI* nicht! Auf dem linken Weg werden Sie später vom Lagoa do Fogo zurückkommen, auf dem rechten wandern Sie nun leicht bergab weiter.

Sie überqueren bei einem kleinen Staubecken den Ribeira da Praia und folgen noch für rund 200 m der betonierten Straße. In einer Rechtskurve von fast 180° zweigen Sie nach links auf einen unbefestigten, anfangs schneisenartig verlaufenden Weg ab. Kurz darauf erreichen Sie vor einem **grauen Gehöft** ein hüfthohes grünes Tor, das mal geschlossen (drüberklettern!) und mal geöffnet (Glück gehabt!) ist. Danach folgt man dem Weg stets bergauf, er bringt Sie bis zum Südufer des Sees, kleinere Abzweigungen lässt man unbeachtet. Der z. T. in Serpentinen ansteigende Weg bietet herrliche Ausblicke bis zur Küste und auf ein Nachbartal des Ribeira da Praia mit einem Wasserfall. Hat man den höchsten Punkt des Aufstiegs überwunden, kündigen kreischende Möwen das Ziel an, und es geht bequem bergab mit Blick auf den **See** – im April und Mai unter Aufsicht einer wild flatternden Möwenschar.

Bei einer Wetter- und vulkanologischen **Messstation** schwenkt der Feldweg nach links ab und führt in das anfangs noch breite **Tal des Ribeira da Praia** (das hier gebaute Kanalsystem raubt dem Tal ein wenig von seiner Schönheit). Auf einer kleinen Brücke passiert man einen der künstlichen Wasserläufe und wandert das sich verengende Tal weiter.

An einer Staumauer endet der Weg, rechts dahinter beginnt ein Pfad parallel zu einem etwa 80 cm breiten **Kanal**. Diesem folgen Sie für ca. 25 Min. bis zu seinem Ende. Äußerste Vorsicht – insbesondere bei Nässe – ist dort geboten, wo man kleine Brückchen überqueren muss. Am Ende des Kanals, wo das Wasser in ein Rohr umgeleitet wird, folgt man der Markierung an dem nahen Gebäude vorbei und nimmt den Feldweg bergab. Auch im Folgenden bleiben alle Abzweigungen unbeachtet – stets bergab halten. Nach schattigen 20 Min., die Sie z. T. Eukalyptusbäumen zu verdanken haben, passieren Sie ein altes, verlassenes Gehöft aus der Zeit,

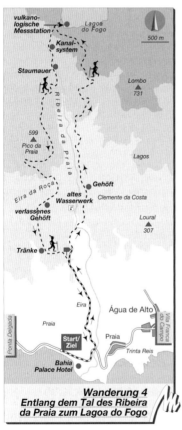

Wanderung 4
Entlang dem Tal des Ribeira da Praia zum Lagoa do Fogo

als auf der Insel noch Hanf angebaut wurde. Auch auf dem weiteren Weg bleiben sämtliche Rechts- und Linksabzweigungen unbeachtet. Am unteren Waldrand gelangt man schließlich an eine **Tränke**, links halten. Bald darauf erreichen Sie die Weggabelung, an der Sie beim Aufstieg nach rechts abgebogen sind.

Wanderung 5: Rund um Sete Cidades (→ Karte S. 253)

Route: Sete Cidades – Lagoa Verde – Vista do Rei – Caldeira do Alferes – Lagoa Azul – Sete Cidades.
Dauer: Ca. 5 Std. 4:10 h
Einkehr: Unterwegs keine Möglichkeit.
Besonderheiten: Ab dem Aussichtspunkt Vista do Rei ist die Wanderung mit dem offiziellen Wanderweg *Circuito Pedestre PR 3 SMI* identisch und markiert. Wer sich nicht mit dem Taxi bis zum Einstieg in den offiziellen Wanderweg bringen lassen möchte, sondern die Wanderung als Rundwanderung plant, muss einen ca. 2 km langen bzw. 20–25-minütigen, mühsamen Aufstieg entlang einer betonierten Straße in Kauf nehmen. Die an sich traumhafte Passage auf dem Kratergrat wird in der Hochsaison leider durch hier fahrende Autowanderer getrübt. Schöner sind daher die Kratergratpassagen auf der anderen Seite der Caldera, → Wanderung 7.

An- und Weiterfahrt: → Sete Cidades/Verbindung, S. 195.

Wegbeschreibung: Vom Ausgangspunkt der Wanderung, der **Pfarrkirche von Sete Cidades**, geht man die Rua da Igreja entlang, die an der Snackbar Esplanada S. Nicolau, einer Kapelle und der Bushaltestelle vorbeiführt. Bei der kurz darauf folgenden Kreuzung hält man sich rechts und folgt der Vorfahrtsstraße, die nun den Namen Rua de Baixo trägt. Auf ihr gelangt man, alle Abzweigungen unbeachtet lassend, vorbei an der Schule des Orts zu der Brücke, die den Lagoa Verde vom Lagoa Azul trennt. Vom Ufer sieht man bereits hoch über dem See das heute leer stehende Hotel Monte Palace, vor dem der Aussichtspunkt Vista do Rei liegt. Hinter der Brücke beginnt der mühsame Aufstieg entlang der Straße nach Ponta Delgada (Hinweisschild). Anfangs schlängelt sich die Straße mehr bergauf, nach einer Weile verläuft sie schließlich in weiten Serpentinen.

Nach ca. 20–25 Min. schweißtreibenden Aufstiegs zweigt in einer scharfen Linkskurve ein nicht zu übersehender **Waldweg** nach rechts ab. Hier verlassen Sie die betonierte Straße. (Wenn Sie wollen, können Sie noch ca. 100 m weiter auf der betonierten Straße gehen und dann rechter Hand auf den Lagoa de Santiago blicken – ein lohnenswerter kurzer Abstecher).

Der stellenweise stark ausgewaschene Waldweg verläuft nach einer Weile hoch über dem Lagoa Verde entlang der fast senkrecht abfallenden Kraterwand – leider lässt der starke Baumbestand nur selten Ausblicke auf den See zu. Schließlich erreicht man ein Gebiet mit nahezu komplett gerodeten Hängen. Hier hält man sich bei der ersten und einzigen Abzweigemöglichkeit rechts und wandert auf dem bergab verlaufenden Schotterweg durch das **Rodungsgebiet** weiter. Kurz darauf geht es schon wieder durch intakten Wald, weiterhin umwandert man den See.

An einem Schottersträßlein, das hinab nach Sete Cidades führt, findet der Weg sein Ende. Hier hält man sich links und steigt durch den Wald bis knapp unter den Aussichtspunkt **Vista do Rei** an. Von dort nimmt man den Feldweg, der an einer **Sendeanlage** (auf der linken Seite) auf dem Kraterrand der großen Caldera verläuft. Für knapp eine Stunde genießen Sie nun zur Linken eine herrliche Aussicht auf die Westküste São Miguels und zur Rechten auf den Lagoa Verde, den Lagoa Azul und die davor liegende Caldeira Seca.

Der Weg endet schließlich an der geteerten Straße, die von Sete Cidades nach Várzea führt, hier rechts halten. Nach ca. 500 m zweigt man nach links auf einen Schotterweg ab (rot-gelb markiert, erste Möglichkeit). Nun umrundet man die **Caldeira do Alferes**. Die erste nach wenigen Minuten auftauchende Rechtsabzweigung bleibt unbeachtet; bei der zweiten (mit einer Tränke ums Eck) beginnt Ihr Rückweg nach **Sete Cidades**.

Lassen Sie nun alle kleineren Abzweigungen unbeachtet, der Weg führt stellenweise steil bergab bis zum Ufer des Lagoa Azul, von wo man über eine geteerte Straße zurück in den Ort gelangt.

Wanderung 6: Von Sete Cidades oder Mosteiros nach Ginetes

(→ Karte S. 253)

Route: Sete Cidades – Lagoa Azul – Pico de Mafra – Miradouro do Escalvado – Ginetes. Von Mosteiros steigt man bei Pico de Mafra in den weiteren Wegverlauf ein.

Dauer: Ca. 4 Std.

Einkehr: In Sete Cidades, Mosteiros und Ginetes möglich.

Besonderheiten: Der Abschnitt zu Beginn der Wanderung von Sete Cidades bis nach Mosteiros führt u. a. durch einen 1,2 km langen Tunnel, den man nur mit Taschenlampe und wasserfesten Schuhen passieren kann: für den einen ein kleines Abenteuer, für den anderen das Grauen. Der Tunnel verläuft geradlinig – Sie sehen also immer den Ausgang. Wem der Tunnel zu aufregend ist (ca. 2 m hoch, 1 m breit), der beginnt die Wanderung in Mosteiros, muss dafür aber einen ca. 10-minütigen steilen Anstieg in Kauf nehmen. Dauer dann ca. noch 3 ½ Std.

An- und Weiterfahrt: Per Bus werktags 2-mal tägl. von Ponta Delgada über Ginetes/Várzea nach Sete Cidades, 7-mal tägl. von Ginetes nach Ponta Delgada.

Wegbeschreibung: Vom Ausgangspunkt der Wanderung, der **Pfarrkirche von Sete Cidades**, geht man die Rua da Igreja entlang, die an der Snackbar Esplanada S. Nicolau, einer Kapelle und an der Bushaltestelle vorbeiführt. Bei der kurz darauf folgenden Kreuzung zweigt man nach links (Hinweisschild „Túnel") in die Rua dos Arrebentões ab. Bei der nächsten Möglichkeit hält man sich erneut links. Über eine kleine Brücke nähert man sich dem Ufer und folgt der Schotterstraße Cerrado da Ladeira am Westufer entlang.

Rund 10 Min. später erreicht man einen Picknickplatz am Lagoa Azul und zweigt dort unmittelbar hinter der Brücke links ab. Nach ca. 50 m passiert man ein verfallenes Häuschen, nach weiteren 50 m beginnt der **Tunnel**, ein in den Jahren 1930–1937 gebauter Wasserkanal. Er ist begehbar, je nach Jahreszeit jedoch etwas schlammig. Durch eines der Rohre fließen zudem Abwässer. Wenn es an einer Stelle undicht ist, riecht es streng. Für die Durchquerung (ca. 15 Min.) besser zwei Taschenlampen mitnehmen – sicher ist sicher. Hinter dem Tunnel gelangt man nach wenigen Metern auf die inselumrundende **Straße R 1-1°**, links halten.

Etwa 150 m weiter kreuzt ein Feldweg die Straße, hier gehen Sie rechts bergab und lassen daraufhin sämtliche Linksabzweigungen, die fast alle in Feldern und Weiden enden, unbeachtet. Der breite Feldweg führt in die oberhalb

Wanderung 6 251

von Mosteiros gelegene Siedlung **Pico de Mafra**, erhält dort eine Betonschicht und findet schließlich an einem Brunnen in einer quer verlaufenden Straße sein Ende, hier links halten. Nun folgt man stets dieser Straße und überquert am Ende der Siedlung das Tal **Grota dos Milhafres** über eine Brücke (wenige Meter vor der Brücke trifft der Weg von Mosteiros auf die Straße).

> **Variante**: Startpunkt in Mosteiros ist die Pfarrkirche im Zentrum des Orts. Von dort folgt man der Rua Nova (ein Straßenschild findet man jedoch erst am Ende der Straße, einfach entgegengesetzt zur Rua Porto gehen). Sie führt an einem Pavillon vorbei und ist kurz darauf als Sackgasse gekennzeichnet. Ab dem letzten Haus von Mosteiros verliert die Straße ihre Asphaltschicht, ist für den Verkehr von nun an gesperrt, und ein steiler, ca. 10-minütiger Serpentinenaufstieg beginnt. Nachdem man ein paar Mal tief Luft geholt hat, trifft man auf eine befestigte Straße, der man nach rechts folgt. Hier trifft der Weg mit dem von Sete Cidades zusammen.

Salto do Cabrito – Naturidyll auf São Miguel

Hinter der Brücke folgt man stets der geteerten Straße und lässt alle Abzweigungen außer Acht, bis man an einer Bushaltestelle die Zufahrtsstraße nach Mosteiros erreicht, hier links halten. Ist man die asphaltierte Straße etwa 100 m leicht bergauf gegangen, zweigt man nach rechts in die Rua do Caminho Velho ab, ein Feldweg, der neben einer **Heilig-Geist-Kapelle** aus dem Jahr 1914 beginnt.

Der Weg schlängelt sich nun mehr oder weniger parallel zur Küste und ist, nachdem man die letzten Häuser hinter sich gelassen hat, streckenweise von hohem Schilf gesäumt. Mal geht es leicht bergauf, mal bergab, im Ganzen steigt der Weg jedoch bis zum nächsten Etappenziel, dem Aussichtspunkt am Kap **Ponta do Escalvado**, an. Kleinere Abzweigungen bleiben allesamt außer Acht. Unterwegs genießt man, wenn die Vegetation es zulässt, herrliche Ausblicke auf die Küste – ein Vorgeschmack auf den Aussichtspunkt an der Ponta do Escalvado. Wenn die geteerte Zufahrtsstraße zum Kap den Weg kreuzt, muss man ca. 80 m nach rechts, um die tolle Aussicht bis zum Kap Ponta da Ferraria im Süden genießen zu können. Blickt man dagegen zurück gen Norden, sieht man Mosteiros samt den vorgelagerten, bizarren Felseilanden. Danach folgt man dem Weg entlang der Küste weiter, auch im Folgenden bleiben wieder sämtliche Abzweigungen unbeachtet.

Die nächste größere Erhebung voraus ist der **Pico das Camarinhas** über der

252   São Miguel

Landspitze Ponta da Ferraria, den man links (auf seiner Ostseite) umgeht. Noch bevor man dem Hügel den Rücken gekehrt hat, wird aus dem Feldweg wieder eine geteerte Straße, es tauchen die ersten Häuser der Siedlung **Fazendas** auf und rechter Hand die Abzweigung zur Ponta da Ferraria mit heißen Unterwasserquellen (= Rua Ilha Sabrina). Die nächste Rechtsabzweigung führt zum Leuchtturm (Rua do Farol), den man besichtigen kann (→ Kleine Wanderung/Fahrt zur Ponta da Ferraria, S. 199).

> **Abstecher:** Für den Weg zur Ponta da Ferraria sollte man insgesamt ca. 1 ½ Std. einkalkulieren.

Geradeaus weiter steigt nun die Straße bis zum **Pico do Cavalo**, den man ebenfalls auf seiner Ostseite umgeht, wieder leicht an. Danach, wenn es wieder bergab geht, gelangt man in die Ortschaft Ginetes. Ins Zentrum kommt man, wenn man bei der Kreuzung (mit Baum und Spiegel in der Mitte) nach links in die Rua da Igreja abzweigt.

Wanderung 7: Umrundung der Caldera

Route: Sete Cidades – Miradouro da Cumeeira – Pico da Cruz – Lagoa do Canário – Vista do Rei – Sete Cidades.

Dauer: Je nach Kondition 6–7 Std.

Einkehr: In Sete Cidades möglich.

Besonderheiten: Die Wanderung, die in weiten Abschnitten auf dem Grat des Kraterrunds verläuft, zählt zu den schönsten São Miguels. Der Weg ist traumhaft und bietet grandiose Ausblicke. Im Südwesten ist der Wanderweg mit Wanderung 5 und somit mit dem offiziellen *Circuito Pedestre PR 3 SMI* identisch, die Nordostumrundung gleicht dem *Percuso Pedestre PR 4 SMI*, der im Nichts an der Verbindungsstraße von Relva/Ponta Delgada nach Sete Cidades beginnt bzw. endet. Um beide Wege miteinander zu verbinden, muss man im Süden des Kraterunds einen knapp 5 km langen, weniger reizvollen Streckenabschnitt entlang der Verbindungsstraße in Kauf nehmen. Bis auf den Einstieg ist der Weg gar nicht so anstrengend, wie man glauben mag – er ist mit ca. 23 km lediglich lang. Wer ein Mietfahrzeug hat, kann, um den einzigen steilen Aufstieg gleich zu Beginn der Wanderung zu vermeiden, auch am Aussichtspunkt Vista do Rei den Rundkurs beginnen.

An- und Weiterfahrt: → Sete Cidades/ Verbindung, S. 195.

Wegbeschreibung: Ausgangspunkt der Wanderung in Sete Cidades ist die **Pfarrkirche** des Ortes. Von dort folgt man der Rua da Igreja, passiert die Snackbar Esplanada S. Nicolau, eine Kapelle und eine Bushaltestelle und hält sich bei der darauf folgenden Kreuzung links (Hinweisschild „Túnel"). Nun folgt man der Rua dos Arrebentões und hält sich bei der nächsten Möglichkeit erneut links. 200 m weiter, unmittelbar hinter einem Brückchen über einen betonierten Bachlauf, zweigt man nach links auf einen Feldweg ab. Nun erwartet Sie ein mühseliger, schweißtreibender 10- bis 15-minütiger Aufstieg. Danach geht es wieder leicht bergab und recht flach auf eine **T-Kreuzung bei einer Tränke** zu, hier hält man sich rechts (von links kommen die Wanderer, die am Aussichtspunkt Vista do Rei in diese Wanderung eingestiegen sind und für die es hier geradeaus weitergeht). Nun folgt man stets dem Hauptweg. Er führt vorbei an einem herrschaftlichen Gebäude zur Rechten und steigt dann etwas steiler an. 1 km nach der T-Kreuzung, wenn der Weg den Kratergrat erreicht hat und linker Hand

Wanderung 7 253

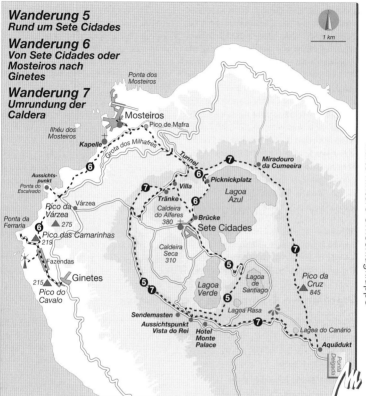

Wanderung 5
Rund um Sete Cidades

Wanderung 6
Von Sete Cidades oder Mosteiros nach Ginetes

Wanderung 7
Umrundung der Caldera

São Miguel
Karte hintere Umschlagklappe

in der Ferne die aus dem Meer ragenden Felsen von Mosteiros zu sehen sind, ignoriert man zwei kurz aufeinander folgende Linksabzweigungen. Auch im Folgenden bleiben alle Linksabzweigungen unbeachtet. Der Weg verläuft nun stets mehr oder weniger auf dem **Kratergrat**, immer wieder tun sich phantastische Ausblicke über die fast senkrecht zum Lagoa Azul abfallende Kraterwand auf. Man passiert den Aussichtspunkt **Miradouro da Cumeeira** (kein Schild, ein paar Tische machen auf ihn aufmerksam). Von hier wandert man eine gute Stunde – fast immer leicht bergauf – bis zum nächsten Etappenziel, dem **Pico da Cruz**, der mit 845 m höchsten Erhebung des Kraterwandrunds. Auch hier bieten sich wieder tolle Ausblicke, nicht nur über die Caldera hinweg, auch auf den Nordosten São Miguels.

Die letzten Meter hinauf zum Pico da Cruz schlängelt sich der Weg in Serpentinen. Auf dem Berg steht eine Anlage zur Flugüberwachung. Dahinter führt ein betonierter Weg bergab in ein Waldstück – das vorläufige Ende der Kraterumrundung mit Panoramablicken. Am Ende des Waldstücks trifft der Weg auf eine geteerte Straße, hier hält man sich rechts. Vorbei an einem **Aquädukt** (→ Naturschutzgebiet Parque Lagoas Empadadas, S. 197) gelangt man zur Straße, die von Ponta Delgada vorbei am Pico do Carvão nach Sete Cidades führt. Hier hält man sich erneut rechts. Es folgt die weniger schöne Passage der Wanderung: Für insgesamt 4,7 km geht es nun an dieser Straße entlang. Nach ca. 600 m passiert man die **Abzweigung zum Lagoa do Canário** mit Picknickplatz und Aussichtspunkt (lohnenswert → S. 197). Nach weiteren rund 2,5 km bleibt die Rechtsabzweigung nach Sete Cidades unbeachtet. Und nach einem weiteren Kilometer passiert man das aufgegebene **Hotel Monte Palace**, hinter dem der Aussichtspunkt **Vista do Rei** liegt. Am unteren Ende der Parkbucht am Aussichtspunkt geht es auf einem befahrbaren Feldweg weiter. Dieser verläuft wieder auf dem Kratergrat der großen Caldera. Gleich zu Beginn passiert man

eine **Sendeanlage**, die sich linker Hand erhebt. Für knapp eine Stunde genießen Sie nun zur Linken eine herrliche Aussicht auf die Westküste São Miguels und zur Rechten auf den Lagoa Verde, den Lagoa Azul und die davor liegende Caldeira Seca.

Der Weg endet schließlich an der geteerten Straße, die von Sete Cidades nach Várzea führt, hier rechts halten. Nach ca. 500 m zweigt man nach links auf einen Schotterweg ab (rot-gelb markiert, erste Möglichkeit). 300 m weiter erreichen Sie jene bereits angesprochene T-Kreuzung mit Tränke, von wo der Rückweg nach Sete Cidades beginnt (rechts halten). Haben Sie für die Umrundung der Caldera den Einstieg beim Vista do Rei gewählt, gehen Sie hier geradeaus weiter.

Wanderung 8: Durch die Serra Devassa

Route: Parque Lagoa do Canário – Lagoa das Éguas – Pico das Éguas – Lagoa Rasa – Parque Lagoa do Canário.

Dauer: Ca. 1 ½ Std.

Einkehr: Keine Möglichkeit.

Besonderheiten: Kurze und leichte Rundwanderung mit grandiosen Ausblicken bei gutem Wetter. Bei tief hängenden Wolken – der Weg verläuft zwischen 750 und 873 m ü. d. M. – nicht empfehlenswert. Der beschriebene Wanderweg ist mit dem offiziellen *Percurso Pedestre PRC 5 SMI* identisch.

An- und Weiterfahrt: Nur mit Mietwagen oder Taxi möglich, keine Busanbindung.

Wegbeschreibung: Der Einstieg zur Wanderung liegt genau gegenüber dem Eingang zum **Parque Lagoa do Canário**, folgen Sie von hier dem Schotterweg, der in entgegensetzter Richtung verläuft. Er führt durch baumloses Ge-

lände zwischen Hügeln hindurch. Bereits nach wenigen Metern sieht man linker Hand die erste Wandermarkierung (Holzpfosten), kurz darauf an einer geschützten Stelle eine Wandertafel.

Nach ca. 5 Min., wenn sich der Weg unter einer Stromleitung gabelt, hält man sich links und bei der kurz darauffolgenden Gabelung erneut. Der Weg beschreibt eine 180°-Kurve, daraufhin führt er auf eine Anhöhe zu. Um auf die Anhöhe zu gelangen, nimmt man nicht den direkten Weg, sondern folgt anfangs noch dem schneisenartigen Weg linker Hand am Fuße der Anhöhe, bis ein Hinweisschild „Lagoas" auf einen Pfad weist, der rechts bergauf führt. Oben angekommen wählt man den breiten Weg nach rechts bergab. Schon bald geht es auf einem Grat am **Lagoa das Éguas** vorbei, der in einem Kessel linker Hand liegt. Man bleibt nun stets auf dem Grat und lässt alle folgenden

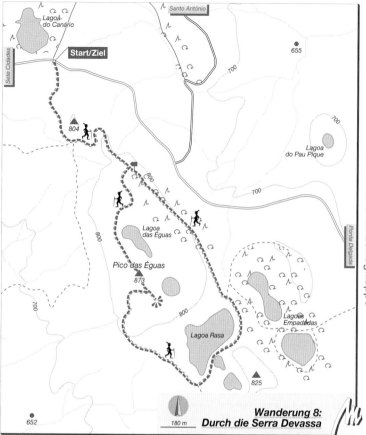

Abzweigungen unbeachtet. Ihr Weg geht schließlich in einen Pfad über, auf dem man den Gipfel des **Pico das Éguas** erreicht, den mit 873 m höchsten Berg des Inselwestens. Anschließend wandert man auf dem Grat bergab. Rund 40 m vor einem **Aussichtspunkt**, der durch ein Geländer als solcher klar zu erkennen ist (tolle Aussicht!), hält man sich rechts und wandert gen Küste. Bei der nächsten Gabelung wählt man den linken, teils extrem ausgewaschenen Weg, der zum Südufer des **Lagoa Rasa** führt. Dort trifft Ihr Weg auf einen rötlichen Feldweg, hier links halten. Auf dem Schotterweg umrunden Sie den halben See. Bei der nächsten Weggabelung ignorieren Sie die linke und die rechte Möglichkeit und wandern einfach geradeaus auf einem Pfad weiter. Kurz darauf wird aus dem Pfad jener schneisenartige Weg, an dem das Hinweisschild „Lagoas" steht und Sie den Rundkurs begonnen haben.

Wanderung 9: Zum höchsten Berg der Insel – von Algarvia auf den Pico da Vara und weiter nach Povoação

Route: Algarvia – Pico da Vara – Lomba do Loução – Povoação.

Dauer: 6–7 Std., je nach Startpunkt und Kondition.

Einkehr: Am Anfang in Algarvia und zum Schluss in Povoação.

Alternativrouten:

Von Algarvia auf den Pico da Vara und zurück: je nach Startpunkt (s. u.) 3–4 Std.

Von Algarvia über den Pico da Vara nach Lomba da Fazenda: Vom Gipfel des Pico da Vara führt ein markierter Wanderpfad (*Percurso Pedestre PR 8 SMI*) hinab nach Lomba da Fazenda (ca. 2 Std.). Der Weg war zuletzt jedoch gesperrt, erkundigen Sie sich vor Antritt der Tour, ob er wieder freigegeben ist. Über den Stand der Dinge informiert das Turismo in Nordeste (→ S. 229).

---

der Abstieg nach Povoação mit dem *Percurso Pedestre PR 23 SMI*.

Achtung: Das einst dicht mit Lorbeer bewachsene Gebirge um den Pico da Vara, den mit 1103 m höchsten Berg der Insel, wurde 1982 unter Naturschutz gestellt. Hier brütet der *Priolo*, der Azorengimpel, eine seltene Vogelart mit schwarzer Kopfkappe, die mit dem mitteleuropäischen Dompfaff verwandt ist (→ S. 29). Aus diesem Grund wird für die Besteigung des Berges eine **Genehmigung** verlangt, die man in Ponta Delgada beim Serviço Ambiente in der Rua S. Joaquim 90 erhält (gleiches Gebäude wie die Post): Mo–Fr 9–12.30 und 14–17.30 Uhr. ✆ 296206785, 📠 296206787. Die Genehmigung können Sie auch per Fax beantragen. Nötig sind dazu die Angabe Ihres Namens, des Aufstiegsdatums und Ihrer Faxnummer.

Besonderheiten: Die herrliche, aussichtsreiche Wanderung quer über die Insel gehört allein schon aufgrund ihrer Länge zu den anspruchsvolleren Touren auf den Azoren. Gehen Sie nicht alleine und wandern Sie nur bei absolut stabiler, guter Wetterlage: Der Gipfel des Pico da Vara hängt häufig in den Wolken – im Nebel kann man leicht die Orientierung verlieren. Achten Sie oberhalb der Baumgrenze ganz besonders darauf, wohin Sie treten, von Moos überwucherte Löcher können sich als Stolperfallen entpuppen. Aufgrund extrem matschiger Passagen empfehlen sich Wanderschuhe mit guter Profilsohle. Der beschriebene Wanderweg ist eine Kombination aus zwei offiziellen Wanderwegen: Der Aufstieg von Algarvia auf den Pico da Vara ist mit dem *Percurso Pedestre PR 7 SMI* identisch,

An- und Weiterfahrt: Der eigentliche Einstieg in die Wanderung liegt hoch über Algarvia auf rund 680 m ü. d. M. Bis zum Einstieg in die Wanderung kann man mit dem Auto fahren. Für alle, die Algarvia mit dem Bus ansteuern (werktags 4–6 Busse zwischen Nordeste und Ponta Delgada via Ribeira Grande), verlängert sich der Weg um rund 4 km. Um den Einstieg in den Wanderweg zu finden, folgt man der Straße durch den Ort an der Kirche vorbei bergauf. Bei der T-Kreuzung am Ortsende rechts halten, die folgenden beiden Linksabzweigungen ignorieren und für rund 3,5 km immer geradeaus bergauf gehen oder fahren (die letzten 2,5 km sind ungeteert), bis eine Wandertafel den Beginn markiert. Selbstfahrer, die von Povoação wieder an den

Wanderung 9 257

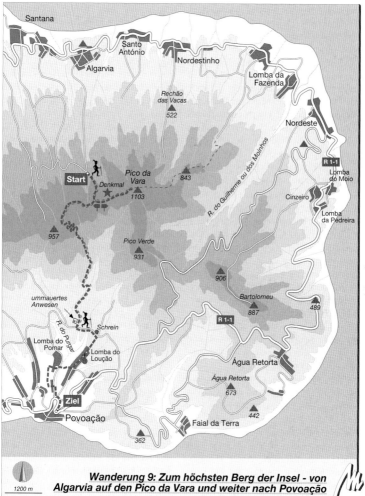

Wanderung 9: Zum höchsten Berg der Insel - von Algarvia auf den Pico da Vara und weiter nach Povoação

São Miguel — Karte hintere Umschlagklappe

Ausgangspunkt der Wanderung zurückkehren wollen, können von dort für ca. 40 € ein Taxi nehmen oder für wenig Geld den Bus. Der Bus von Povoação über Algarvia nach Salga fährt jedoch nur Di und Do um 16 Uhr (Stand 2009; lassen Sie sich diese Angabe zur Sicherheit von der Busgesellschaft *CRP*, ✆ 296304260, bestätigen).

Wegbeschreibung: Bei der Wandertafel verlässt man den befahrbaren Waldweg und folgt dem Pfad bergauf. In den Lehm gegrabene Stufen erleichtern das Vorankommen. Der Weg wird mal breiter, mal schmaler, es geht stets bergauf, aber nie steil. Nach rund 30 Min. führt der Weg, nun wieder als Pfad, aus dem Wald heraus, man befin-

258   São Miguel

det sich nun oberhalb der Baumgrenze. Kurz darauf erreicht man einen **Grat mit Wegweisern:** Nach rechts geht es nach Povoação, links beginnt der Abstecher zum **Pico da Vara** (1103 m). Bis zum Gipfel wandert man von hier aus noch ca. 45 Min. Unterwegs passiert man nach rund 15 Min. ein **Denkmal für die Opfer des Flugzeugabsturzes** von 1949 (→ Kasten, S. 227). Bei gutem Wetter ist der Pfad klar zu erkennen, bei Nebel ist der Abstecher auf den **Gipfel** jedoch gefährlich, da es nur wenige Markierungspfosten gibt.

Folgt man, zurück auf dem Grat mit den Wegweisern, dem Wegweiser Richtung Povoação, gelangt man nach einem weiteren kurzen Aufstieg auf einen Pfad, der auf einer Art trockenem Miniwall über die sumpfig-karge Hochebene des Inselrückens führt. Passagen, die nicht direkt auf dem Wall verlaufen, sind extrem matschig! Dafür entschädigen herrliche Fernblicke. Markierungspfosten zeigen den Wegverlauf an. Der Pfad schwenkt schließlich nach links ab und verläuft parallel zu einem Waldrand.

Nach ca. 30 Min. endet die Wanderung auf dem Inselrücken. Man trifft auf einen zunächst von Moos überzogenen Fahrweg, hier hält man sich links. Nun beginnt der Abstieg nach Povoação, das noch nicht sichtbar hinter einer Anhöhe versteckt liegt. Der steinige Weg führt in Serpentinen einen Hangabschnitt bergab, der jüngst gerodet wurde und mit Lorbeer wieder aufgeforstet werden soll. Sämtliche Abzweigungen bleiben unbeachtet, folgen Sie stets der Markierung. So gelangen Sie nach ca. 30 Min. auf einen Pfad, der nach links in ein kleines Tal abschwenkt, dort einen Bach überquert (nicht im Bachlauf weitergehen!) und sich als schöner, schattiger Waldpfad fortsetzt. Die Vegetation mutet zuweilen tropisch an. Nach rund 30 Min. erreicht man Weideland, den Weg säumen nun Hortensienhecken. Rund 10 Min. später trifft der Weg auf einen erdigen Traktorweg, hier hält man sich links (keine Markierung, Sie befinden sich auf dem richtigen Traktorweg, wenn dieser für die ersten Meter auf gleicher Höhe wie die Weide auf der rechten Seite verläuft, die Weide linker Hand aber rund 2 m höher liegt). Der Traktorweg geht in einen Wald-und-Wiesenweg über. Nach ca. 15 Min. erreichen Sie ein von einer hohen Mauer umsäumtes Anwesen. Unmittelbar dahinter hält man sich links und gelangt so über eine Brücke auf eine Allee, die Sie bis nach **Lomba do Loução** bringt.

Dort, am oberen Ortsbeginn mit einem Schrein, rechts halten. Der Weg führt nun stets durch das Straßendorf, unterwegs passiert man die Abzweigung zum **Museo do Trigo** (→ S. 234, rund 350 m einfach) und die **Kirche.** Bei der Kreuzung (mit Baum in der Mitte) nahe dem Sportplatz hält man sich rechts. Nun folgen Sie der breiten Zufahrtsstraße nach Povoação. Wer schon müde ist und keine Lust mehr auf ein kleines Abenteuer hat, bleibt auf der Straße, die zudem bei Regen die bessere Alternative darstellt, wenn auch keine schöne.

Alle anderen halten entlang der Straße an den Laternenpfählen linker Hand nach der Wegmarkierung Ausschau, die zum Abzweigen nach rechts in das **Tal des Ribeira de Purgar** auffordert. Ein schöner Pfad führt Sie nun an Orangenbäumen und wild wachsenden Melonen vorbei. Im Tal muss man zwei Bachläufe überqueren. Über den ersten hilft eine Brücke, den zweiten muss man auf Trittsteinen meistern – kein leichtes Unterfangen! Oben gelangen Sie auf der anderen Hangseite auf ein Zufahrtssträßlein, hier hält man sich für wenige Meter rechts und zweigt dann nach links auf die Straße nach Povoação ab. Kurz darauf sieht man das Zentrum von **Povoação** vor sich liegen.

Wanderung 10: Kurzwanderung von Faial da Terra zum Wasserfall Salto do Prego

Route: Faial da Terra – Sanguinho – Salto do Prego – Faial da Terra.
Dauer: Ca. 1 ¾ Std.
Einkehr: In Faial da Terra; unterwegs bislang keine Möglichkeit, vielleicht irgendwann einmal in Sanguinho.
Besonderheiten: Die Wanderung zum Wasserfall Salto do Prego bietet keine besonderen Herausforderungen, nur der Einstieg ist etwas schweißtreibend. Der Weg ist durchgängig gelb-rot markiert und identisch mit dem *Percurso Pedestre PRC 9 SMI*. Achtung: Nach Regen können diverse Wegabschnitte sehr glitschig werden. Der Weg ist bis kurz vor dem Salto do Prego mit der weiter unten beschriebenen Wanderung 11 identisch. Wer also letztere geht, kann sich diese Wanderung sparen.

Wegbeschreibung: Ausgangspunkt ist die **Bushaltestelle mit einer Infotafel** zur Wanderung bei der obersten Brücke von Faial da Terra. Hier steht auch ein Heiligenschrein – von Povoação kommend am Ortseingang nicht zu übersehen. Von hier folgt man der Rua do Burguete links des Flusslaufes bergauf. Kurz hinter dem Sackgassenschild, hinter Hs.-Nr. 55, zweigt man links ab und folgt dem alten gepflasterten Eselsweg

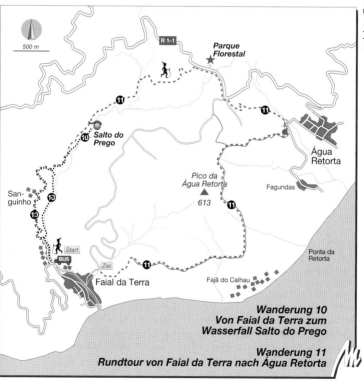

Wanderung 10
Von Faial da Terra zum Wasserfall Salto do Prego

Wanderung 11
Rundtour von Faial da Terra nach Água Retorta

260 São Miguel

in steilen Serpentinen bergauf. Nach einer halben Stunde erreicht man die einst aufgegebene und wieder zum Leben erweckte Siedlung **Sanguinho**, durch die der Weg führt. Am oberen Ende der Siedlung verlässt man den Weg jedoch und folgt rechts dem Pfad zum Salto do Prego (markiert). Der Pfad verläuft anfangs hoch am Hang und überquert mehrere Bachläufe. Ca. 10 Min., nachdem man Sanguinho verlassen hat, erreicht man eine Weggabelung, hier weist ein Schild nach links

zum Salto do Prego (800 m). Der Pfad geradeaus weiter ist später Ihr Rückweg nach Faial da Terra. Auf dem Weg zum **Salto do Prego** passiert man die Linksabzweigung nach Água Retorta (Hinweisschild; zugleich Beginn der Beschreibung der Wanderung 11), diese bleibt unberücksichtigt. Der Wasserfall liegt reizvoll in einer üppig-grünen Landschaft. Von einem Bad sollte man jedoch absehen: Besonders nach stärkeren Regenfällen stürzen häufig auch Steine und Äste den Wasserfall herab.

Wanderung 11: Rundtour von Faial da Terra
nach Água Retorta *Rückweg teilweise asphaltiert* (→ Karte S. 259)

Route: Faial da Terra – Sanguinho – Salto do Prego (Abstecher) – Água Retorta – Faial da Terra.

Dauer: Ca. 4 ½ Std.

Einkehr: In Faial da Terra und Água Retorta (die dortige Kneipe liegt jedoch nicht auf dem direkten Weg).

Besonderheiten: Eine herrliche Wanderung – gute Kondition vorausgesetzt. Den Weg nach Água Retorta kennzeichnen nämlich ein paar schweißtreibende Aufstiege. Der Wanderweg von Faial da Terra bis kurz vor Água Retorta ist markiert und mit dem *Circuito Pedestre PR 11 SMI* identisch. Der Weg zurück folgt dem markierten Wegverlauf des *Percurso Pedestre PR 14 SMI*. Beide Wege wurden von uns zu einem Rundweg zusammengefasst.

> **Achtung**: Der Rückweg von Água Retorta war 2009 vorübergehend **gesperrt**. Erkundigen Sie sich vorab im Turismo von Povoação, ob der Weg wieder begangen werden kann.

Wegbeschreibung: Für den ersten Abschnitt der Wanderung bis kurz vor dem Wasserfall **Salto do Prego** (ein Abstecher ist lohnenswert) → Wanderung 10.

Unmittelbar hinter der Linksabzweigung nach Água Retorta gabelt sich der Weg, Sie wählen den steil bergauf führenden links einer Felswand. Wenn Sie 10 Min. später komplett verschwitzt sind, sind Sie richtig. Danach wird der Weg gemütlicher und führt durch ein tropisch anmutendes Waldgebiet. Der Weg ist bestens markiert, ein Verlaufen nahezu unmöglich, Bachläufe überquert man über Holzbrücken. Ca. 1 Std. nach der Abzweigung nach Água Retorta verlässt der Weg bei einem rauschenden Bach mit Häuserruine den Wald. Ein Schotterweg führt nun durch Weideland.

Rund 7 Min. nach der Häuserruine gabelt sich der Schotterweg bei einer Tränke, links halten. Nach weiteren rund 10 Min. haben Sie die R 1-1° erreicht, die inselumrundende Straße, hier rechts halten. Vorbei an der Zufahrt zu einem **Parque Florestal** erreichen Sie nach rund 600 m die Rechtsabzweigung nach Faial da Terra (Hinweisschild „Faial da Terra est.[da] secundária"), hier müssen Sie geradeaus gehen. Erst ca. 70 m weiter zweigen Sie nach rechts ab. Es stehen mehrere Wege zur Auswahl. Einer der falschen Wege wäre jener, der links des Steins mit der Aufschrift „Caminho Florestal da Água Retorta 2000 m" als Schotterweg bergauf führt. Links von diesem jedoch führen zwei Wege bergab, hier wählt man den rechten davon (unter der Stromleitung hindurch). Vorbei an Kühen und Weiden gelangt man so nach ca. 10 Min. auf eine geteerte Straße. Hier hält man sich rechts und folgt der Beschilderung „Igreja" (nach links geht es ins „Zentrum" von Água Retorta und damit zur Dorfkneipe). 200 m weiter, vor der **Kirche** (= Igreja), sehen Sie rechter Hand die Wandertafel, die den Rückweg beschreibt. Hier halten Sie sich rechts den Schotterweg bergauf. Bei der Kreuzung, die nach rund 800 m auftaucht, nehmen Sie den Weg nach links. Nun folgen Sie stets diesem Weg, der sich anfangs Richtung Küste schlängelt und dann parallel zu dieser gen Westen verläuft, bis ein Pfad (Markierung beachten) nach **Faial da Terra** hinabführt.

Wanderung 12: Von Povoação nach Faial da Terra

Route: Povoação – Lomba dos Pós – Miradouro Pico dos Bodes – Vigia da Baleia – Faial da Terra.
Dauer: Ca. 3 Std.
Einkehr: In Povoação und in Faial da Terra.
Besonderheiten: Der beschriebene Wanderweg, identisch mit dem markierten *Percurso Pedestre PR 18 SMI*, lässt sich mit anderen Wanderwegen im Südosten kombinieren und ist deswegen hier aufgeführt. Für all jene, die lediglich einfach so 3 Std. wandern möchten, empfiehlt es sich, eine weniger schweißtreibende Tour (Sie müssen knapp 500 m aufsteigen) mit ebenfalls schönen Ausblicken in der Region zu wählen.

An- und Weiterfahrt: → Verbindungen Povoação und Faial da Terra.

Wegbeschreibung: In Povoação nimmt man die Straße, die links an der **Mehrzweckhalle** *(Gimno desportivo da Povoação)* vorbeiführt, den Fluss überquert und dann steil ansteigt. Man bleibt immer auf dieser bergauf führenden Straße, alle Linksabzweigungen bleiben unbeachtet, dabei passiert man den Ortsteil **Lomba dos Pós**.

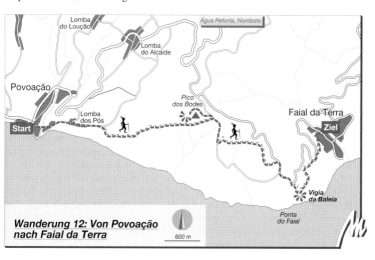

Wanderung 12: Von Povoação nach Faial da Terra

Ca. 80 m hinter dem letzten Gebäude linker Hand (mit großem grünem Tor und zwei Laternen) bzw. 20 m vor einem „40 km"-Schild zweigt man, schon gut verschwitzt, rechts ab. Nun geht es auf einem geteerten Sträßlein weiter, das nach 50 m seinen Belag verliert und in einen alten Eselspfad übergeht. Man wandert an zwei Sendemasten vorbei. Es geht weiter bergauf – linker Hand blickt man auf die Lombas von Povoação, rechter Hand ist der Blick über die steil abfallende Küste aufs Meer meist durch Bambus oder einen Erdwall versperrt. Sämtliche Abzweigungen werden ignoriert. Wenn der Weg matschig wird, haben Sie schon bald den höchsten Punkt erreicht. Und wenn Sie schließlich das Meer zur Rechten erblicken, haben Sie den beschwerlichsten Teil der Wanderung hinter sich und laufen recht geruhsam auf einem schattigen Feldweg weiter, der in eine geteerte Straße mündet.

Nach links können Sie einen kurzen Abstecher zum **Miradouro Pico dos Bodes** unternehmen. Der Aussichtspunkt in Form eines modernen, schlanken Walausgucks bietet traumhafte Rundblicke.

Man setzt nun die Wanderung nach rechts fort. 150 m weiter wird die Linksabzweigung in einer Rechtskurve ignoriert. Nach weiteren 200 m jedoch hält man sich an der Stelle, wo ein Feldweg die Straße kreuzt, links – aber nur, wenn Sie am gegenüberliegenden Hang kein Brummen der Melkmaschinen hören. Der dortige Bauer kettet seine scharfen Hunde nicht an! Andernfalls folgen Sie weiterhin der Straße. Egal, für welche Route Sie sich entscheiden – ob Feldweg oder Straße –, Sie gelangen automatisch zur Zufahrtsstraße nach Faial da Terra. In beiden Fällen hält man sich rechts und folgt der Straße, bis in einer Linksserpentine eine Kachel mit Wal und ein Wanderpfosten den Einstieg in einen Pfad markieren, der zum **Walausguck (Vigia da Baleia)** von Faial da Terra führt. Unterhalb von diesem führt der Pfad, an terrassierten Feldern vorbei, wieder zur Zufahrtsstraße nach **Faial da Terra**. Der Straße folgt man für ca. 100 m bergab und zweigt vor einem Schild, das auf eine Linkskurve aufmerksam macht, nach rechts auf den alten Eselsweg ab, der Sie in den Ort bringt. Achtung: Bei Regen ist der Weg glitschig!

Wanderung 13: Um den Lagoa das Furnas

Route: Furnas – (Miradouro Pico do Ferro) – Caldeiras – Ermida da Nossa Senhora das Vitóras – Furnas.

Dauer: Ca. 3 Std., mit Abstecher zum Pico do Ferro ca. 4 Std.

Einkehr: Bei der letzten Recherche keine Möglichkeit. Am besten packt man seinen Proviant am Picknickplatz am See aus.

Besonderheiten: Insgesamt einfacher Weg, längere Passagen verlaufen jedoch auf geteerten, betonierten oder gepflasterten Straßen. Abschnittsweise entspricht der Streckenverlauf den offiziellen Wanderwegen *PRC 6 SMI* und *PR 22 SMI*.

An- und Weiterfahrt: → Furnas/Verbindungen.

Wegbeschreibung: Ausgangspunkt der Wanderung ist der **Largo do Teatro** vor der Igreja Nova (auch Igreja das Furnas genannt), von wo man der Rua Maria Eugénia Moniz Oliveira folgt. Nachdem man einen Bach überquert hat, ändert die Straße ihren Namen in Rua J. R. Botelho (Einbahnstraße). An ihrem Ende, hinter dem **Hotel Terra Nostra**, stößt man auf die Rua Santana, hier links halten. Keine 30 m weiter zweigt man vor dem ehemaligen Kino der Stadt (an dem abgerundeten Foyer leicht zu erkennen) rechts ab und geht vorbei an der BP-Tankstelle. Kurz darauf schwenkt die Straße nach links in Richtung Ponta Delgada ab. Sie wandern aber auf dem betonierten Sträßlein geradeaus weiter. Nun bleibt man für ca. 15–20 Min. auf diesem Sträßlein und lässt alle kleineren Abzweigungen unbeachtet. Erst wenn der Weg nach links leicht bergab schwenkt, wandern Sie auf dem vor Ihnen liegenden Feldweg geradeaus weiter auf die bewaldete Anhöhe zu. Keine 5 Min. später, wenn man rechts voraus einen Holzpfosten mit rot-gelber Markierung erblickt, hält man sich links bergab.

Abstecher zum Pico do Ferro: Will man einen Abstecher zum Aussichtspunkt Pico do Ferro unternehmen und dabei grandiose Ausblicke auf den Lagoa das Furnas genießen, biegt man beim Holzpfosten mit der rot-gelben Markierung nicht links ab, sondern läuft geradeaus weiter. Der steile, bestens markierte, aber nach Regen extrem matschige Treppenpfad durch den Wald endet an der Zufahrtsstraße zum Aussichtspunkt Pico do Ferro ca. 100 m unterhalb von diesem. Dauer des Abstechers hin und zurück ca. 1 Std.

Der Schwefelgeruch der Fumarolen am nahen Nordufer des Sees, die man hier „Caldeiras" nennt, durchdringt schon die Luft. Der bergab führende Weg trifft schließlich auf die Zufahrtsstraße zu den **Caldeiras**, dieser folgt man nach rechts den aufsteigenden Dampfwolken entgegen.

Hinter den Fumarolen passiert man eine am Seeufer gelegene Picknickanlage, wo man am Waldrand entlang weitergeht und so automatisch den Einstieg zum Waldweg findet, der an der Westseite des Sees verläuft.

Nach einer Weile kommt man an mehreren Quintas vorbei, darunter die Quinta d'Água, ein rot-weißes Gebäude. Dahinter führt der Weg, nun als Pflastersträßlein, an dem neuen **Besucherzentrum** und der Kapelle **Ermida da Nossa Senhora das Vitóras** vorbei und mündet schließlich in die gepflasterte Straße, die am Ostufer entlangführt. Hier links halten.

Bei der nächsten Möglichkeit (nach ca. 1,5 km) zweigt man rechts ab (Hinweisschild „Lagoa Seca"). Die geteerte Straße führt vom See ins Tal des Lagoa Seca. Wenn die Straße nach einer Weile nach rechts abschwenkt, gehen Sie auf einem geteerten Weg geradeaus weiter (Hinweisschild „Miradouro Pico Domilho"). Kurz vor dem Aussichtspunkt mit Antennenmasten (steiler Aufstieg!) zweigt man linker Hand auf eine schmale, betonierte Straße steil nach unten ab. Hält man sich nach den ersten Häusern von Furnas links, gelangt man zurück ins Zentrum des Orts.

**Wanderung 13
Um den Lagoa das Furnas**

Wanderung 14: Von Furnas über Ribeira Quente nach Povoação   gesperrt (Mai 2011)

Route: Furnas – Pico da Areia – Ribeira Quente – Lomba do Cavaleiro – Povoação.

Dauer: Ca. 5–5 ½ Std. Wer nur bis Ribeira Quente wandern will, ist ab Furnas/Zentrum ca. 2 Std. unterwegs.

Einkehr: In Ribeira Quente und zuletzt in Povoação.

Besonderheiten: Schöne, schattige und abwechslungsreiche Wanderung. Der erste Teil der Wanderung, der am Pico da Areia (Achtung: des Öfteren im Nebel!) vorbei nach Ribeira Quente führt, ist ab dem Pico do Gaspar mit dem *Percurso Pedestre PR 15 SMI* identisch. Der zweite Abschnitt nach Povoação ist z. T. mit schweißtreibenden Aufstiegen verbunden. Dieser zweite Abschnitt folgt dem Wegverlauf von Wanderung 15 und ist dort beschrieben.

An- und Weiterfahrt: Für die Anfahrt → Furnas/Verbindungen, für die Weiterfahrt → Ribeira Quente/Verbindungen bzw. Povoação/Verbindungen.

Wegbeschreibung: Ausgangspunkt der Wanderung ist der Largo do Teatro vor der **Igreja Nova** (auch Igreja das Furnas genannt), von wo man der Rua Maria Eugénia Moniz Oliveira folgt. Nachdem man einen Bach überquert hat, ändert die Straße ihren Namen in Rua J. R. Botelho (eine Einbahnstraße). An ihrem Ende, hinter dem Hotel Terra Nostra, stößt man auf die Rua Santana, hier links halten. Die kurz darauffolgende Rechtsabzweigung nach Ponta Delgada bleibt unbeachtet. 70 m weiter hält man sich links in Richtung Eingang des **Terra-Nostra-Parks** und unmittelbar vor diesem rechts. Nun folgen Sie stets dieser Straße (anfangs nennt sie sich Rua do Parque und verläuft entlang der Ummauerung der Parkanlage), wobei alle Abzweigungen ignoriert werden, auch bei der **Kreuzung mit Baum und Bank** in der Mitte geht es geradeaus weiter.

Die Straße führt aus dem Ort hinaus. Rund 1,5 km nach den letzten Häusern

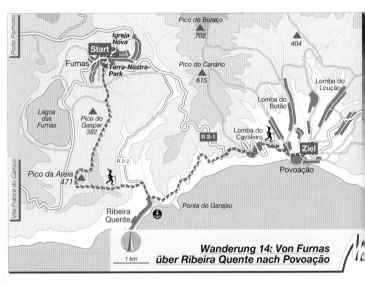

Wanderung 15   265

– dabei haben Sie den Anstieg auf den Pico do Gaspar überwunden und es geht bereits bergab – sehen Sie linker Hand eine **Wandertafel** und ein Hinweisschild für den Einstieg in den offiziellen Wanderweg.

Von hier folgt man dem Feldweg, der kurz darauf in einen Waldweg übergeht. Dieser führt stets auf etwa gleicher Höhe weiter, bis Sie nach ca. 25 Min. eine Wandermarkierung dazu auffordert, nach links auf einen Schotterweg abzuzweigen. Man wandert vorbei an Buschwerk und noch jungen Nadelbäumen. Keine 10 Min. später biegt man im 180°-Winkel nach rechts bergauf auf einen Schotterweg ab (ebenfalls markiert). Auf diesem erreicht man schon bald den hölzernen **Aussichtsturm auf dem Gipfel des Pico da Areia** (471 m Höhe). Die Aussicht von hier auf den Lagoa das Furnas ist herrlich. Eine Infotafel macht auf heimische Vögel und endemische Pflanzen aufmerksam.

Hinter dem Turm beginnt der **Abstieg nach Ribeira Quente** – zunächst auf diversen Schotterwegen (achten Sie auf die Markierungen!), dann auf einem Pfad durch den Wald. Dieser endet an der **Zufahrtsstraße nach Ribeira Quente**, wo man sich rechts bergab hält. Wer die Wanderung hier beenden möchte, findet nach 5 Min. eine Bushaltestelle.

Alle anderen zweigen bei der **Kreuzung mit Bushaltestelle** und dreieckiger Straßeninsel nach links ab. Ca. 70 m weiter hält man sich unmittelbar vor einer Brücke rechts. Nun folgt man dem Flusslauf des Ribeira Quente durch den Ort in Richtung Hafen. Beim letzten Brücklein vor dem Hafen überquert man den Flusslauf (hier eine **Wandertafel**). Dies ist zugleich der Schnittpunkt mit Wanderung 15. Für den weiteren Wegverlauf → S. 267.

Wanderung 15: Von Ponta Garça über Ribeira Quente nach Povoação
(→ **Karte S. 267**)

Route: Ponta Garça – (Praia d'Amora) – Ribeira Quente – Lombo do Cavaleiro – Povoação.

Dauer: Ca. 5 Std.

Einkehr: In Ribeira Quente und am Ende der Tour in Povoação.

Besonderheiten: Schöne Küstenwanderung auf den einstigen Verbindungswegen zwischen Ponta Garça, Ribeira Quente und Povoação. Der erste Abschnitt bis Ribeira Quente ist weniger anstrengend als der darauffolgende über Lombo do Cavaleiro nach Povoação, der z. T. mit schweißtreibenden Aufstiegen verbunden ist. Schwindelfreiheit ist Voraussetzung, da man stellenweise sehr nah an der Abbruchkante zum Meer läuft.

Für den ersten Abschnitt der Wanderung nach Ribeira Quente gibt es zwei

Einstiege: Einen, der am Ortsende von Ponta Garça beginnt, und einen hoch über dem Ort. Jener, der hoch über dem Ort beginnt, ist der im Folgenden beschriebene. Der Weg, der am Ortsende von Ponta Garça beginnt, ist identisch mit dem *Percurso Pedestre PR 10 SMI* und mit dem Fußweg hinab zur Praia d'Amora. Falls Sie diesen Einstieg wählen (ideal für alle, aber mit dem Bus von Vila Franca do Campo kommen), müssen Sie die Gezeiten beachten, da der Weg anfangs teils direkt am Meer verläuft und bei Flut Schwierigkeiten bereiten kann. Egal, für welche Variante Sie sich entscheiden, beide Wege vereinigen sich nach ca. 20 Min. Der zweite Abschnitt der Wanderung von Ribeira Quente nach Povoação ist weitestgehend mit dem *Percurso Pedestre PR 12 SMI* identisch. Die letzten 3,5 km von

Lombo do Cavaleiro hinab nach Povoação verlaufen auf Straßen.

> **Achtung und Hinweis**: Der erste Abschnitt zwischen Ponta Garça und Ribeira Quente war 2009 wegen kleinerer Hangrutsche offiziell **gesperrt**, inoffiziell jedoch problemlos begehbar. Erkundigen Sie sich besser vorab im Turismo von Povoação nach dem aktuellen Stand der Dinge.

An- und Weiterfahrt: Der hier beschriebene Wanderweg beginnt an der steilen Straße (45 % Steigung!), die von der R 1-1° zwischen Furnas und Vila Franca do Campo nach Ponta Garça abzweigt. Um dahin zu gelangen, nimmt man den Bus, der zwischen Furnas und Vila Franca do Campo verkehrt, und sagt dem Fahrer, dass man an der Abzweigung nach Ponta Garça/Praia d'Amora aussteigen möchte. Die Busfahrer halten ungern an der Abzweigung, da diese an einer kurvenreichen Strecke liegt. Meist wird man ein paar Meter davor oder danach herausgelassen. Von der Abzweigung bis zum Wegbeginn sind es rund 700 m bergab.

Um von Vila Franca do Campo zum Einstieg in die Wanderung zu gelangen, fährt man mit dem Bus bis zur Endstation von Ponta Garça. Von dort muss man an der Abzweigung zur Praia d'Amora vorbeigehen und noch ca. 1,5 km steil bergauf steigen, um zum oberen Wandereinstieg zu gelangen – deutlich bequemer hat man es in diesem Fall, wenn man gleich den Einstieg über die Praia d'Amora wählt.

Mit dem Taxi kostet die Fahrt von Furnas bis zum Einstieg in die Wanderung 9 €, die Fahrt von Povoação zurück mit dem Taxi nach Furnas ca. 11 €, bis nach Ponta Garça 15 €. Für die Strecke Furnas – Ribeira Quente zahlt man ca. 8,50 €.

Wegbeschreibung: Den Einstieg in die Wanderung kennzeichnet ein gelb-rot markierter Pfosten mit der Aufschrift „Ribeira Quente 5,2 km". Sollte dieser fehlen, so erkennt man die Stelle daran, dass hier unmittelbar neben der betonierten Straße das Bachbett als Furt auf einer Breite von ca. 10 m ebenfalls betoniert ist. Von dort folgt man dem breiten Feldweg, wobei der Blick zur Rechten schon bald aufs Meer fällt. Nach ca. 20 Min. trifft der Weg in einem Waldstück auf einen abschnittsweise mit Baumstämmen befestigten Pfad, hier links halten. Von rechts kommen all jene Wanderer, die den unteren Einstieg gewählt haben. Der Pfad schlängelt sich nun entlang der Küste durch üppiges Grün.

Nach ca. 1 Std. Gesamtgehzeit tauchen die ersten Häuser von **Ribeira Quente** vor einem auf. Eine halbe Stunde später erreichen Sie den Ort über einen Trep-

Lagoa das Furnas

Wanderung 15

penweg und können im Strandcafé Quente ein kühles Bier trinken.

Um die Wanderung fortzusetzen, folgt man in Ribeira Quente der Küstenstraße, die vor dem Hafen endet. Dort hält man sich links und geht ca. 100 m parallel zum Fluss inseleinwärts. Den Fluss passiert man über das erste Brücklein (hier eine **Wandertafel**; Schnittpunkt mit Wanderung 14) und geht dahinter geradeaus weiter (die Gasse am Café Adelino vorbei). Nach knapp 50 m, hinter dem **Haus Casa Baptista** (gekacheltes Schild rechter Hand), folgt man dem betonierten Weg rechts bergauf. Wenige Meter später erblickt man die erste gelb-rote Markierung, und noch ein wenig später wird der betonierte Weg zum Feldweg. Weiter geht es entlang der Küste. 20 Min., nachdem man Ribeira Quente verlassen hat, sieht man zum ersten Mal Povoação in der Ferne. Rund 10 Min. später führt der Feldweg in ein Privatgrundstück (mit dunkelgrünem Tor). Sie aber folgen der gelb-roten Markierung nach rechts. Ein zunächst steil ansteigender Pfad führt nun, mal breiter, mal schmaler, durch den Wald, zuweilen eröffnen sich Ausblicke auf die Küste. Etwa 1 Std., nachdem Sie Ribeira Quente verlassen haben, überqueren Sie einen **Flusslauf** auf einem Holzbrücklein. Auf der anderen Seite setzt sich der Pfad für weitere zehn schweißtreibende Minuten steil bergauf fort. Dann wird aus dem Wanderweg eine für geländegängige Fahrzeuge befahrbare Schotterstraße, die in weiten Serpentinen weiter bergauf verläuft. Bei einer Tränke trifft die Schotterstraße auf die Zufahrtsstraße von Furnas nach Povoação, rechts halten. 500 m weiter passiert man eine Bushaltestelle – die Häuser hier gehören zum Dorf **Lombo do Cavaleiro**. Ca. 80 m hinter der Bushaltestelle verlässt man die Hauptzufahrtsstraße nach Povoação und nimmt die erste Möglichkeit nach rechts. Die Straße führt steil bergab durch das Straßendorf Lombo do Cavaleiro mit seinen niedrigen Häusern und mündet wieder in die Zufahrtsstraße nach Povoação. Hier hält man sich rechts und 20 m später, beim **Café Juventude**, links. Wieder geht es steil bergab auf einem betonierten Sträßlein, das ebenfalls wieder auf die Zufahrtsstraße trifft. Gleiches Spiel: Man hält sich kurz rechts und dann wieder links, indem man die Straße wählt, die links vom **Autohändler Olivauto** bergab führt und nur bis max. 3,5 t zulässig ist. Auf Höhe des **Stadions** trifft diese Straße erneut auf die Zufahrtsstraße, wieder rechts halten. Die letzten 800 m hinab bis nach **Povoação** führen nun leider entlang der Zufahrtsstraße.

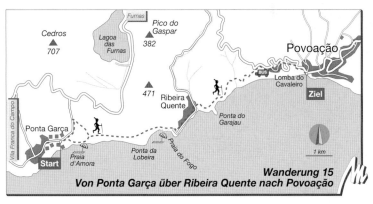

Wanderung 15: Von Ponta Garça über Ribeira Quente nach Povoação

▲ Der Leuchtturm von Capelinhos

Zentralgruppe (grupo central)

Terceira	270	Pico	387
Graciosa	319	São Jorge	428
Faial	344		

Império – Heilig-Geist-Kapelle

Terceira

Terceira heißt „die Dritte". Der Name wurde der Insel zuteil, weil sie als dritte des Archipels entdeckt wurde. Zufällig ist Terceira auch die drittgrößte Insel der Azoren. Drittklassig aber ist Terceira nicht – die Renaissancestadt Angra do Heroísmo ist ein wahres Schmuckstück.

Beim Anflug auf Terceira ist von der typischen Azorenidylle noch wenig zu spüren: Über eine weitläufige Hafenanlage, Öltanks und militärische Einrichtungen hinweg setzt die Maschine zur Landung an. Keine Bange – nur der äußerste Ostzipfel der Insel präsentiert sich so. Spätestens beim Schlendern durch die Gassen von Angra do Heroísmo sind die Eindrücke aus der Luft vergessen. Zweimal wurde die Inselmetropole in der Geschichte Portugals zur Hauptstadt des Landes, heute zählt ihre Altstadt zum Welterbe der UNESCO. Jahrhundertelang profitierte die Insel wie keine andere der Azoren von den spanischen und portugiesischen Galeonen, die beladen mit Kostbarkeiten aus aller Welt in der geschützten Bucht von Angra vor Anker gingen. Etliche prächtige Bauten erinnern noch heute an die glanzvolle Epoche.

Außerhalb der Inselhauptstadt zeigt sich Terceira von Viehwirtschaft geprägt. Ausgedehnte, von Trockenmauern eingefasste Weideflächen überziehen die Insel. Nahezu jeder Quadratmeter wurde für den Ackerbau oder die Viehzucht gerodet, nur im Westen der Insel blieb ein größeres Waldgebiet erhalten. Rund 50.000 Rinder grasen auf den Weiden Terceiras, darunter nicht nur Milchkühe. Ein paar besonders prächtige Exemplare werden für die *Tourada à Corda*, den Stierkampf auf der Straße, gezüchtet – eine Besonderheit der Insel (→ Kasten „Rinderwahnsinn", S. 307).

Entlang der inselumrundenden Hauptstraße ziehen sich endlose Straßendörfer – Terceira zählt zu den dichtbesiedeltsten Inseln des Archipels. Einhergehend mit der höheren Bevölkerungsdichte gibt es auch mehrere gute Restaurants: Aus kulinarischer Sicht stellt Terceira so manch andere Insel in den Schatten. Spektakuläre An- und Ausblicke bietet Terceira dafür weniger.

Terceira

An der Entstehung der Insel waren vier Vulkane beteiligt, darunter der Guilherme Moniz, dessen Caldera mit 15 km Umfang die größte der Azoren ist. Die höchste Bergkette, die Serra de Santa Bárbara, ebenfalls ein Vulkan, ragt über 1000 m hoch. Im Vergleich mit den anderen Azoreninseln ist Terceira dennoch relativ flach, 55 % der Inseloberfläche liegen unter 300 m Höhe.

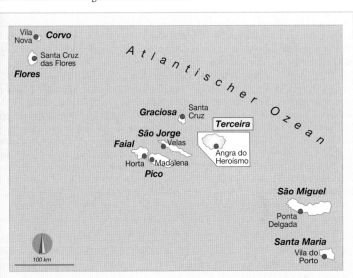

Terceira

Hauptort: Angra do Heroísmo
Touristische Zentren: Angra do Heroísmo, Praia da Vitória, Biscoitos
Bevölkerung: 55.923 Einwohner (141 pro km²)
Größe: 397 km², vom nördlichsten bis zum südlichsten Punkt 18 km, vom östlichsten bis zum westlichsten Punkt 29 km
Küstenlänge: 85 km

Höchste Erhebung: Serra de Santa Bárbara mit 1021 m
Position: 38°38′ N und 38°48′ N, 27°02′ W und 27°23′ W
Distanzen zu den anderen Inseln: Santa Maria 261 km, São Miguel 170 km, Graciosa 81 km, São Jorge 93 km, Pico 111 km, Faial 124 km, Flores 352 km, Corvo 364 km

Inselgeschichte

Das genaue Datum der Entdeckung Terceiras ist umstritten, die meisten Quellen gehen jedoch davon aus, dass die Insel am 1. Januar 1445 von Vicente de Lagos entdeckt wurde. Man gab ihr den Namen *Ilha de Jesus Cristo*, erst später setzte sich Terceira durch, die „dritte" Insel. Der erste Siedler war angeblich Fernando d'Ulmo, dessen Aufenthalt auf der Insel allerdings nur ein Jahr gedauert haben soll. Warum er sie wieder verließ, ist unbekannt. Unter dem flämischen Adeligen Jácome de Bruges, der erste Legatskapitän Terceiras, begann die Besiedlung in größerem Stil. Bauern ließen sich nieder, die das Land rodeten und bestellten und wie auf den

272   **Terceira**

meisten anderen Inseln auch die Färbepflanze Pastell einführten. Ende des 15. Jh. entwickelte sich Terceira zu einem Stützpunkt im Atlantik, an dem die Schiffe, die Portugal mit den überseeischen Kolonien verbanden, Proviant aufnahmen. Die Besatzungen brauchten Wasser und Verpflegung und zahlten dafür – nicht selten mit reinem Gold oder Silber, in Diamanten oder in Gewürzen. 1534 wurde Angra zur Stadt erklärt und zum Bischofssitz erhoben, ein wirtschaftlicher Aufschwung war die Folge. Die Kathedrale, Paläste und Klöster wurden gebaut, aber auch Festungsanlagen, um sich vor Piraten zu schützen. Rund 50 Bollwerke, rund um die Insel verteilt, sicherten Terceira einst. Einer der berühmtesten Piraten, der vor der Küste auftauchte, war Sir Francis Drake.

Als 1580 Spaniens König Philipp II. Portugal als sein Reich proklamierte, unterstützte Terceira den portugiesischen Thronanwärter Dom António, den Prior do Crato, der nach der Schlacht von Alcântara nach Terceira geflohen war. Dom António erhob Angra zur Hauptstadt des portugiesischen Königreichs (→ Angra/Stadtgeschichte) und ließ auf der Insel sogar Münzen prägen, was Spanien natürlich herausforderte. 1581 landeten spanische Schiffe in der Bucht von Salga, doch die Truppen wurden von den Bewohnern mit Stieren in die Flucht getrieben (→ Kasten „Die Schlacht von Salga", S. 292). 1583 versuchten es die Spanier erneut, diesmal erfolgreich: An der Einnahme Terceiras sollen über 80 Schiffe mit über 10.000 Mann Besatzung teilgenommen haben. Die Rückeroberung des portugiesischen Throns durch Dom João IV. erfolgte 1642. All das tat Terceiras tragender Rolle als wichtigster Stützpunkt und Seehandelshafen inmitten des Atlantiks keinen Abbruch – bis ins 18. Jh. konnte die Insel diesen Status bewahren.

Corte Real – die Entdeckerfamilie

Corte Real ist ein großer Name unter den portugiesischen Seefahrern des 15. Jh. João Corte Real wurde 1474 Lehnsherr von Angra, später von ganz Terceira und São Jorge. Bevor er jedoch auf den Azoren zur Ruhe kam, war ein bewegtes Leben voller Abenteuer vorausgegangen. Auf seinen vielen Entdeckungsfahrten sah er als einer der ersten Europäer die Küste Neufundlands (1472). Seine Söhne hatten den Drang, nach neuen Ländern zu suchen, von ihrem Vater geerbt. Der ältere, Gaspar Corte Real, erreichte 1500 Grönland, die Hudson Bay und segelte entlang der kanadischen Küste bis zum Sankt-Lorenz-Strom. Ein Jahr später, bei Gaspars zweiter Erkundungsfahrt, verschwand dessen Karavelle. Sein Bruder Miguel organisierte daraufhin eine Hilfsexpedition, an der er selbst teilnahm. Aber auch sein Schiff sollte nie wieder in den Hafen von Angra zurückkehren. Wenige Jahre später berichteten Seefahrer, dass sie Miguel Corte Real in der Gegend von Providence als Indianerhäuptling erkannt hätten.

Obwohl beider Schicksale nie sicher geklärt wurden, nimmt man an, dass Gaspar und sein Bruder Miguel die ersten neuzeitlichen Europäer waren, die nordamerikanischen Boden betreten haben.

Während des portugiesischen Bürgerkriegs in der ersten Hälfte des 19. Jh. kam Terceira erneut eine entscheidende Rolle in der Geschichte des Landes zu. Die Einwohner der Insel schlugen sich auf die Seite Dom Pedros, der für eine liberalere konstitutionelle Monarchie stand. 1829 konnte ein Landungsversuch von Dom Miguels (Pedros Kontrahent und erzkonservativer Bruder, der sich unberechtigterwei-

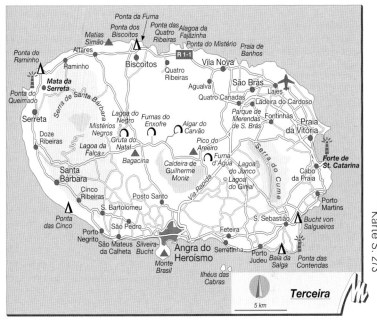

se den Thron angeeignet hatte) Truppen bei Praia abgewehrt werden, was der Stadt später den Beinamen „da Vitória" – die Siegreiche – einbrachte. Nach der Niederlage der konservativen Monarchisten schlossen sich die anderen Inseln des Archipels der liberalen Haltung Terceiras an. 1833 siegten die Liberalen auch auf dem Festland, 1834 wurde eine neue konstitutionelle Monarchie ausgerufen mit Pedros Tochter, Königin Maria II. an der Spitze.

Mitte des 19. Jh. verlor der Hafen von Angra an Bedeutung, Terceiras große Zeit war vorbei. Eine neue Generation von Dampfschiffen konnte nun den Atlantik ohne Zwischenstopp überqueren. Auch in der Geschichte Portugals sollte das Eiland keine entscheidende Rolle mehr spielen. Selbst unter den Inseln des Archipels konnte Terceira seine herausragende Stellung nicht mehr wahren, die Bevölkerung verarmte. Die deutlich niedrigeren Auswanderungsraten im Vergleich zu den anderen Inseln lassen aber darauf schließen, dass sich Hunger und Leid auf Terceira in Grenzen hielten.

Erst im Zweiten Weltkrieg erinnerte man sich wieder an die Insel mitten im Atlantik. Die Royal Air Force errichtete einen Militärflughafen. 1947, nach Aufgabe des US-Stützpunkts auf Santa Maria, wurde der britische Airport von den Amerikanern übernommen, die ihn bis heute als Militärflughafen halten. Dennoch setzte sich nach 1945 der wirtschaftliche Abstieg Terceiras fort, gleichzeitig stieg São Miguel zum Zentrum der Azoren auf. Verheerende Folgen für die Insel hatte auch das Erdbeben von 1980. Heute lebt man in erster Linie von EU-Subventionen, Land- und Viehwirtschaft, von Fischfang und Tourismus und dem Handel mit den Amerikanern. Mit dem Wohlstand wächst auch die Zahl der Autos – mittlerweile sind Staus in Angra keine Seltenheit mehr.

274   Terceira

Touren-Tipps

Mit dem Mietwagen kann man an einem Tag die schönsten Orte Terceiras spielend abfahren. Das Straßennetz ist leicht zu überschauen und nach kurzer Zeit vertraut (ohnehin führen nicht viele Straßen durch das Inselinnere). Wer Terceira an einem Tag erkunden möchte, dem ist Tour 1 zu empfehlen, wer mindestens zwei Tage zur Verfügung hat, wählt Tour 2 und Tour 3. Wer noch mehr Zeit mitbringt, kann einfach drauflos fahren, früher oder später kommt er dann ohnehin an allen schönen Flecken vorbei.

Tour 1: Tagestour zu den Highlights der Insel

Angra do Heroísmo – Porto Judeu – São Sebastião – Porto Martins – Praia da Vitória – Serra do Cume – Caldeira de Guilherme Moniz – Algar do Carvão – Furnas do Enxofre – Pico Bagacina – Lagoa do Negro – Biscoitos – Altares – Raminho – Mata da Serreta – Ponta do Queimado – São Mateus – Angra do Heroísmo.

Tour 2: Die Ostroute

Angra do Heroísmo – Porto Judeu – São Sebastião – Porto Martins – Praia da Vitória – Serra do Cume – Quatro Ribeiras – Biscoitos – Pico Bagacina – Furnas do Enxofre – Algar do Carvão – Caldeira de Guilherme Moniz – Angra do Heroísmo.

Tour 3: Die Westroute

Angra do Heroísmo – São Mateus – Doze Ribeiras – Serra de Santa Bárbara – Lagoa da Falca – Pico Bagacina – Lagoa do Negro – Altares – Raminho – Mata da Serreta – Ponta do Queimado – Terra Chã – Angra do Heroísmo.

An- und Weiterreise mit dem Flugzeug

• *Flughafen* Nahe der Ortschaft Lajes im Osten Terceiras (ca. 20 km von Angra do Heroísmo entfernt). Im Terminal gibt es Schließfächer wie auch Schalter etlicher Autoverleiher, eine Post, Geldautomaten und ein Turismo (im Winter Mo–Fr 9–12 und 13–17 Uhr, Sa/So 9–12 Uhr, Juni–Sept. Mo–Fr 9–21 Uhr, Sa/So 9–12 Uhr, ✆ 295513140). Das **SATA-Office** am Flughafen (✆ 295540047) hat bis zum letzten Abflug geöffnet. Fürs Warten bei verspäteten Abflügen empfiehlt sich die Bar Esperança gleich gegenüber dem Terminal.

• *Transfer* Die Busse von und nach Praia bzw. von und nach Biscoitos halten direkt vor dem Flughafenterminal. Infos über die genauen Abfahrtszeiten (ca. stündl.) beim Turismo oder bei der Bar Esperança (s. o.).

> Um mit dem Bus nach Angra do Heroísmo zu gelangen, muss man in Praia umsteigen!

Wer schneller weiterkommen will, nimmt ein **Taxi** direkt nach Angra (17 €) oder Praia (8 €).

• *Flugverbindungen* Die SATA fliegt 2- bis 3-mal tägl. nach Faial, 4- bis 5-mal tägl. nach **Ponta Delgada** und 1- bis 2-mal tägl. nach **Graciosa**, **São Jorge** und **Pico**. Flugverbindungen nach **Flores** gibt es im Juli und Aug. tägl. (außer Sa/So). Nach **Corvo** fliegt man über Faial und/oder Flores, nach **Santa Maria** über Ponta Delgada. Informationen zu den Flugtarifen, Gepäckbeschränkungen usw. im Kapitel „Unterwegs auf den Azoren/Flugzeug" und unter www.sata.pt.

Weitere Service-Adressen unter Angra do Heroísmo ab S. 279.

An- und Weiterreise 275

An- und Weiterreise mit dem Schiff

- *Häfen* Terceira hat zwei Häfen. In Cabo da Praia im Süden der weiten Bucht von **Praia da Vitória** legen die Autofähren der **Atlântico Line** und die Cargoschiffe der Reederei **Transportes Marítimos Graciosenses** an. Zur Anlegestelle gelangt man mit den Bussen, die zwischen Praia da Vitória und Angra do Heroísmo verkehren. Aus- bzw. zusteigen kann man vor der Kirche in Cabo da Praia. Wer nach 19 Uhr ankommt, muss auf ein Taxi ausweichen. Den Hafen von **Angra do Heroísmo** laufen die **Passagierschiffe von Transmaçor** an.
- *Mit den Autofähren der Atlântico Line innerhalb der Zentralgruppe und nach Flores* Von Mitte Mai bis Anfang Juli und von Ende Aug. bis Mitte Sept. meist 1-mal wöchentl. (Abfahrt i. d. R. Mo) über **São Jorge** (Velas) und **Pico** (Cais) nach **Faial** (Horta). Danach fährt das Schiff weiter durch die Zentralgruppe Richtung **Graciosa** (Praia), zuweilen aber auch nach **Flores** (Lajes, 1- bis 2-mal monatl.). Von Anfang Juli bis Ende Aug., wenn die Atlântico Line ein zweites Schiff durch die Zentralgruppe tuckern lässt, bestehen zu allen Inseln der Zentralgruppe bis zu 3-mal wöchentl. Verbindungen, Flores wird dann meist 1-mal wöchentl. angesteuert.

> Weitere Infos zu den Autofähren der Atlântico Line unter www.atlanticoline.pt und im Kapitel „Unterwegs auf den Azoren/Schiff". Dort finden Sie auch Angaben zu Fahrdauer und Tarifen.

- *Mit den Autofähren der Atlântico Line in die Ostgruppe* Von Mitte Mai bis Mitte Sept. i. d. R. Fr von Praia nach **São Miguel** (Ponta Delgada) und weiter nach **Santa Maria** (Vila do Porto). Zuweilen bleibt das Schiff über Nacht in Ponta Delgada und fährt erst am nächsten Tag weiter. **Informationen** bei den in Angra aufgeführten Reisebüros Teles und TurAngra (→ S. 282).
- *Mit den Personenfähren von Transmaçor zu den Inseln der Zentralgruppe* Von Juni bis Mitte Sept. verkehren 3-mal wöchentl. (i. d. R. Mi/Fr/So) Fähren von Angra über **São Jorge** (zuerst Calheta, je nach Boot 32–44 €; dann Velas, 32–45 €) und **Pico** (Madalena, 43–48 €) nach **Faial** (Horta, 43–48 €).

Am Fenster

Tickets kauft man im Hafen bei der Abfahrt am Porto das Pipas. Fahrpläne unter www.transmacor.pt.

- *Mit Transportes Marítimos Graciosenses zu den Inseln der Zentralgruppe* Die Reederei (mit Hauptsitz in Cabo da Praia, Zona Portuária, ℡ 295545420, ✆ 295545429, tmggrw@mail.telepac.pt) verfügt nur über Cargoschiffe, auf denen aber, sofern keine explosiven Stoffe an Bord sind, auch Passagiere mitgenommen werden. Eine Alternative v. a. im Winter, wenn die Fähren von Atlântico Line und Transmaçor nicht verkehren. Verbindungen bestehen i. d. R. mindestens einmal wöchentl. zu allen Inseln der Zentralgruppe; die Fahrt kostet 22 €/Pers., egal wohin. Es existiert auch ein Fahrplan, der jedoch wegen Wind, Wetter

276   Terceira

oder einer defekten Maschine selten einge-
halten wird. Laut Fahrplan fährt ein Schiff
So und Mi nach **Graciosa** (Praia), Do nach
Faial (Horta) und **São Jorge** (Calheta), Di
nach **São Jorge** (Velas) und So nach **Pico**
(Cais do Pico).

Mietwagen

Es gibt um die 10 Autoverleiher auf der Insel. Die hier aufgeführten haben einen
Schalter am Flughafen. In der Nebensaison sorgt dort die viele Konkurrenz für
gute Sonderangebote.

Ilha 3, vermietet Pkws ohne Kilometerabrechnung schon ab einem Tag für 35 € plus
Steuern. Mit Kilometerabrechnung in der
billigsten Kategorie 18,95 €/Tag plus 0,19 €/
km plus Steuern. CDW extra ca. 9,70 €.
Office in Angra, Rua das Minhas Terras 17,
Seitenstraße der Rua de São João,
✆ 295213115, www.ilha3.com.

Auto Turistica Escobar, verlangt für das
preiswerteste Fahrzeug 17,90 €/Tag plus
0,17 €/km, Steuern inkl. Ohne Kilometerabrechnung 33,35 €/Tag. CDW extra ca. 10 €.
Office in Angra, Rua do Barcelos 17,
✆ 295214222, www.rentescobar.com.

Açor Rent 296, zugleich die **Hertz**-Vertre-
tung. Ein Pkw der billigsten Kategorie kostet 25 €/Tag plus 0,22 €/km inkl. Steuern.
Ohne Kilometerabrechnung (ab 2 Tagen)
45 €/Tag inkl. Steuern. CDW extra ca. 10 €.

Flughafenzuschlag 25 €! Das Office in Angra (Av. Álvaro Martins Homem 12) ist so
gut wie nie besetzt. ✆ 295204390,
www.azoresrent.com.

Europcar und **Avis** werden von **Ilha Verde**
vertreten. Ohne Kilometerbegrenzung ab
36,20 €/Tag inkl. Steuern, plus „Straßen-
gebühr" von 1,20 €/Tag. CDW extra
11,20 €/Tag. Flughafenzuschlag 23 €! Office
in Angra im Garden Hotel, ✆ 295215822,
www.ilhaverde.com.

Via Livre, vermietet Pkws der billigsten Kategorie ab 17,46 €/Tag plus 0,33 €/km plus
Steuern. Ohne Kilometerabrechnung 29,50 €
plus Steuern. CDW extra ca. 10 €. Flughafenzuschlag 13 €. Office in Praia, Rua da
Artesia 16, ✆ 295543403,
rentacar_vialivre@hotmail.com.

Inselspezielles

● *Baden*   Gute Strände sind Mangelware,
fast eine Schande bei so viel Küste. Recht
nett ist der kleine **Sandstrand von Angra**.
Der große **Sandstrand vor Praia da Vitória** –
einst einfach ein Traum – büßte durch den
Bau des Hafendamms an Schönheit ein.
Rund um die Insel findet man zudem mehrere **Felsstrände** (teils künstlich angelegt).

● *Feste/Veranstaltungen*   Um Pfingsten findet das Gros der **Festas do Espírito Santo**
statt, sie werden aber auch noch bis in den
Oktober gefeiert. Den Sommer über gehen
auch die Stierkämpfe am Strick über die
Bühne (→ Kasten „Alle sind eingeladen",
S. 277). Das Touristbüro in Angra informiert,
wann und wo der nächste vonstatten geht.
Das bedeutendste Inselfest ist die **Festa
Sanjoaninas** – das Johannisfest wird im
jährlichen Wechsel zwischen Angra do Heroísmo und Praia da Vitória in der Woche
um den 24. Juni veranstaltet. Höhepunkt
des einwöchigen Festes ist die Nacht vom
23. auf den 24. Juni, dann gibt es Trachten-
umzüge, Stierkämpfe und diverse kulturelle
Veranstaltungen. Mit von der Partie sind oft
internationale Größen, selbst die Simple

Minds spielten schon zu dem Event auf.
Weitere Veranstaltungen unter den einzelnen Ortschaften.

> Achtung: Wer zur Festa Sanjoani-
> nas nach Terceira reist, sollte früh-
> zeitig ein Zimmer reservieren!

● *Folklore/Musik*   Etwas Besonderes auf
Terceira sind die **Velhas**, eine Art Wechsel-
gesang, der meist von Gitarren begleitet
wird. Noten oder Texte gibt es dazu keine,
alles ist improvisiert. Oft nimmt man den
Nachbarn auf die Schippe oder übt ironisch
Kritik an den Zuständen. Je später der
Abend und je üppiger der Weinverbrauch,
desto unterhaltsamer sind die Gesänge.
Auch wenn man kein Wort versteht, schon
die Reaktionen der einheimischen Zuhörer
begeistern. Die beste Gelegenheit, Velhas
zu erleben, bieten die Heilig-Geist-Feste.

● *Regionale Spezialitäten*   Terceiras Küche
durchlief seit Jahrhunderten eine eigene
Entwicklung, denn mit den Galeonen aus
aller Welt kamen neue Gewürze und Spei-

Inselspezielles 277

sen. So war auf der Insel die Süßkartoffel schon fester Bestandteil der Ernährung, während man sie in Europa gerade erst kennen lernte. Eine Delikatesse auf Terceira ist die **Caldeirada de peixe**, ein Fischeintopf mit Äpfeln, und die **Alcatra**, eine Art Rindfleischeintopf. Am besten schmecken die Eintöpfe, wenn sie in einem Dachziegel – **Telha** heißen die Gerichte dann – auf den Tisch kommen. Probieren sollte man zudem die Süßigkeiten der Insel und den lokalen Wein, den **Verdelho** aus Biscoitos.

Alle sind eingeladen – die Festas do Espírito Santo

Überall auf Terceira fallen die kleinen, gepflegten, meist weiß und blau getünchten Heilig-Geist-Kapellen auf – sog. *Impérios*, deren Giebel häufig eine Taube oder Krone schmückt. Sie stehen im Mittelpunkt der Festas do Espírito Santo, der Heilig-Geist-Feste, die einst an Ostern begannen und stets am Pfingstsonntag oder dem Sonntag danach ihren Höhepunkt erlebten. Mittlerweile aber werden Heilig-Geist-Feste den ganzen Sommer über veranstaltet, schließlich soll ja die Verwandtschaft aus Übersee auch daran teilhaben können.

Isabella von Aragon (ca. 1270–1336) führte die Feierlichkeiten auf dem portugiesischen Festland ein, der Franziskanerorden auf den Azoren. Ihren Ursprung haben die Feste vermutlich im 10. oder 11. Jh. in Frankreich, Italien oder in den deutschen Landen – die Wissenschaft ist darüber uneins. Im Vordergrund der Heilig-Geist-Feste stand einst die Speisung der Armen und Kranken sowie der Brauch, einem Bauern einen Tag lang die Kaiserkrone aufzusetzen. Noch heute werden die Ausrichter der Feste symbolisch zu „Kaisern" gekrönt, wobei ihnen die Insignien des Heiligen Geistes, Krone und Zepter, auf einem Silbertablett überreicht werden. Nicht wenige Azoreaner träumen davon, sich einmal in ihrem Leben *Imperador* nennen zu dürfen. Ein teurer Wunsch, denn zum eigentlichen Höhepunkt der Feierlichkeiten, der Armenspeisung, ein heute eher irreführendes Wort, ist das ganze Dorf eingeladen.

Wegen ihrer Abgeschiedenheit und lang andauernden Rückständigkeit blieb die Tradition der Heilig-Geist-Feste auf den Azoren wie fast nirgendwo sonst bis heute erhalten: Wen, wenn nicht den heiligen Geist, konnte man in seiner Not um Hilfe bitten und versprechen, bei Erfüllung der Bitte wohltätig zu sein? Terceira wartet aber im Gegensatz zu den anderen Inseln neben der Armenspeisung noch mit einem weiteren Höhepunkt auf, dem Stierkampf.

Terceira Karte S. 273

● *Sport/Freizeit* Neben São Miguel und Faial bietet Terceira das größte Sportangebot des Archipels! Selbst einen **Golfplatz** (→ S. 284) findet man auf der Insel. Was das **Wandern** anbelangt, ist die Insel jedoch weniger ideal, zumal die schönsten, durchs Hochland führenden Routen in den letzten Jahren wegen der Gefahr durch weidende Kampfstiere nicht mehr begehbar sind. Auch zum **Whale-Watching** fährt man besser woanders hin. Dafür kann man auf der Insel nach Vereinbarung **Rundflüge** über den *Aero Club da Ilha Terceira* in einer Cessna unternehmen. Da es sich um kein kommerzielles Unternehmen, sondern um einen Verein handelt, sind die Preise recht niedrig, Termine manchmal jedoch schwer zu bekommen. Für max. 3 Pers. 150 €/Std. Der Verein hat seinen Sitz am Flughafen in Lajes. Am besten wendet man sich an den Präsidenten Filipe Rocha (✆ 962924071, mobil).

● *Übernachten* Ein großes Hotel- und Privatzimmerangebot finden Sie v. a. in Angra do Heroísmo. Rund um den Hauptort bieten zudem mehrere **Quintas** (Herrenhäuser) komfortable Übernachtungsmöglichkeiten. Eine **Jugendherberge** gibt es in São Mateus. **Campingmöglichkeiten** bestehen in der Baia da Salga bei Porto Judeu, in der Bucht von Salgueiros, an der Küste bei Biscoitos und an der Ponta do Raminho.

Angra: Rua do Galo

Angra do Heroísmo

In einer geschützten Bucht am Fuß des Monte Brasil zwischen den Festungen São Sebastião und São João Baptista erstreckt sich Angra do Heroísmo, eine prächtige Renaissancestadt und nicht umsonst UNESCO-Welterbe. Zweimal in der Geschichte wurde Angra zur Hauptstadt Portugals ausgerufen. Der bedeutendste Historiker der Azoren, Gaspar Frutuoso, nannte sie schon vor 400 Jahren Klein-Lissabon.

Angra, so die übliche Kurzform, zählt mit den angrenzenden Vororten über 18.000 Einwohner. Im Vergleich zu anderen Zentren der Azoren wirkt Angra (= Bucht) keineswegs beschaulich. Auf der Rua da Sé und an der Praça Velha ist der Verkehr an Werktagen so rege, dass oft Polizisten mit der Regelung der Vorfahrt beschäftigt sind. Nach Feierabend und an Sonntagen jedoch geht es ruhiger zu, in der Oberstadt mit ihren Häusern aus der Kolonialzeit immer.

Der schmucke historische Stadtteil, gespickt mit Boutiquen und Cafés, erstreckt sich rund um die geschützte Bucht. Segeljachten aus aller Welt haben hier die einst ankernden Galeonen abgelöst. Der Bau der 2004 eröffneten **Marina** für 260 Jachten zog sich übrigens über Jahre hin, immer wieder stieß man auf gesunkene Galeonen. Auf dem Meeresgrund vor der Küste der Insel werden noch zahllose von Piraten aufgebrachte Schiffe vermutet, viele davon mit unbekannten Schätzen an Bord.

Die **Rua Direita**, die einstige Hauptstraße Angras, führt vom Hafen ins Zentrum, das sich entlang der Rua da Sé fortsetzt. Hier reihen sich Banken, Geschäfte und Snackbars aneinander. An das starke Erdbeben von 1980 erinnert heute nichts mehr. Über 60 % der Fassaden wurden originalgetreu wiederaufgebaut und farbenfroh gestrichen.

Westlich der Stadt liegen die Nobelvororte **São Pedro** und **São Carlos**, wo das obere Hundert der Insel in prächtigen Villen und alten Herrenhäusern lebt. Dort hat auch die landwirtschaftliche Fakultät der Universität der Azoren ihren Sitz.

Stadtgeschichte

Als erster Ort der Azoren erhielt Angra 1534 Stadtrechte. Im selben Jahr wurde Angra von Papst Paul III. zum Bischofssitz ernannt. (Die diesbezügliche päpstliche Bulle *Aequum reputamus* wurde übrigens zuerst nach São Miguel adressiert, dem Vatikan war nicht bekannt, dass Angra auf Terceira lag.) Doch Angras Aufstieg zum bedeutendsten Schauplatz der azoreanischen Geschichte zeichnete sich schon früher ab. Sichere, geschützte Häfen sind auf den Azoren rar, und da Angra einen der besten natürlichen Ankerplätze aufweist, war es fast zwingend, dass aus ein paar Häusern im Schutz des Monte Brasil bald eine Ortschaft wurde, die man bereits 1478 zur Gemeinde erklärte.

Fast alle Schiffe liefen Angra auf ihren Fahrten zwischen Portugal und Afrika, Indien und Amerika an. Bis ins 19. Jh. bescherten sie der Stadt Wohlstand und Reichtum. Doch die Seefahrt war nicht nur ein reiner Segen, die Kehrseite waren unzählige Überfälle durch Piraten und die aus fernen Häfen eingeschleppten Epidemien. 1580 erhob Philipp II., spanischer König aus dem Hause Habsburg, Anspruch auf die portugiesische Krone und setzte diesen mit militärischen Mitteln in die Tat um. Sein portugiesischer Konkurrent um den Thron, Dom António, Prior do Crato, floh nach Terceira, wurde hier mit offenen Armen aufgenommen und erklärte Angra dankbar zur Hauptstadt des portugiesischen Restreichs. Drei Jahre konnte die Stadt diesen Titel verteidigen, dann hatten die Spanier auch Terceira unter Kontrolle. Spanien schätzte den Hafen von Angra genauso wie Portugal und ließ die Stadt ausbauen. Ihren linearen Grundriss und fast 80 % der historisch wertvollen Gebäude verdankt die Renaissancehochburg der Azoren der sechs Jahrzehnte dauernden spanischen Herrschaft.

1828, während des portugiesischen Bürgerkriegs, in dem Terceira auf Seiten der Konstitutionalisten des portugiesischen Königshauses unter Dom Pedro stand, wurde Angra ein zweites Mal zur portugiesischen Hauptstadt erklärt. Für die liberale Gesinnung der Bürger und ihre aufopfernde Unterstützung Dom Pedros im Kampf gegen seinen Bruder Dom Miguel verlieh Pedros Tochter, Königin Maria II., Angra 1834 den Beinamen „do Heroísmo" – die Heldenhafte.

Im 19. Jh. schließlich verlor Angra als wirtschaftliches, administratives und kulturelles Zentrum der Azoren allmählich an Bedeutung, gleichzeitig wurde Ponta Delgada auf São Miguel zur heimlichen Hauptstadt des Archipels. 1980 richtete ein Erdbeben große Schäden an (→ Kasten „Das Neujahrsbeben von 1980", S. 306). 1983 wurde Angra do Heroísmo von der UNESCO zum Welterbe erklärt. Heute ist die Hafenstadt neben Ponta Delgada und Horta eines der drei Verwaltungszentren der Autonomen Region der Azoren. Und wie in Ponta Delgada bereits vorhanden und in Horta im Bau, will man nun auch in Angra einen Kai für Kreuzfahrtschiffe errichten.

Information/Verbindungen (→ Karte S. 280/281)

● *Information* **Turismo**, sehr hilfsbereit, hält umfangreiches Informationsmaterial parat: Stadtplan, Liste der Privatzimmer, Busver-bindungen, Wanderbeschreibungen usw. Im Sommer Mo–Fr 9–18 Uhr, Sa/So 9–12 Uhr, im Winter Mo–Fr 9–12.30 und 14–

280   Terceira

Essen & Trinken
- 4 O Pátio
- 8 Cervejaria Angrense
- 9 Pão Quente
- 11 Athanasio Pastelaria
- 16 Ambientes com Sabores
- 20 O Forno
- 22 Restaurante O Bom Garfo
- 25 Casa do Peixe
- 27 aquaemotion
- 30 Copos & Ca
- 33 Clube Nautico

Nachtleben
- 2 Tertúlia Tauromáquica Terceirense
- 7 Twin's Disco
- 24 Farol
- 32 Eclipse/Havanna

Einkaufen
- 5 Loja do Peter
- 10 Campinggas
- 19 Sapateia

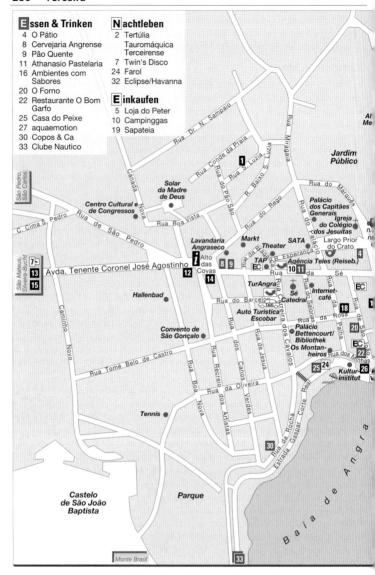

17.30 Uhr, Sa 10–12 Uhr. Rua Direita 74, ℅ 295213393 u. 295216109, www.cm-ah.pt.
art-Turismo, Mai–Okt. tägl. 9–12 u. 13.30–18.30 Uhr. Am Alto das Covas, ℅ 295218542.

• *Verbindungen* Fast alle Busse verkehren entlang der Küste (durchs Inselinnere fährt nur vormittags um 9 Uhr ein Bus von Biscoitos nach Angra und nachmittags um 16 Uhr zurück).

Die **Busse** nach Praia (werktags 6–19 Uhr nahezu stündl., So nur 6-mal) und nach Porto Judeu (6- bzw. 3-mal) fahren in der Ladeira

Angra do Heroísmo 281

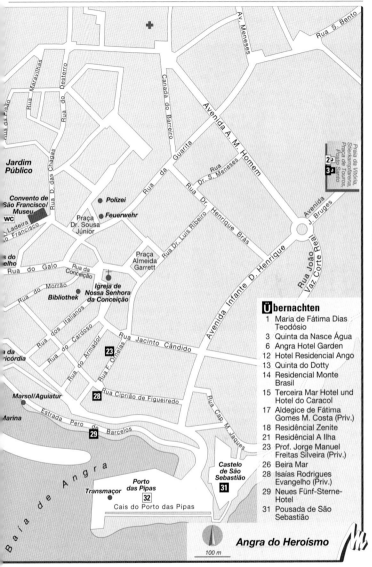

Terceira
Karte S. 273

Übernachten
1 Maria de Fátima Dias Teodósio
3 Quinta da Nasce Água
6 Angra Hotel Garden
12 Hotel Residencial Ango
13 Quinta do Dotty
14 Residencial Monte Brasil
15 Terceira Mar Hotel und Hotel do Caracol
17 Aldegice de Fátima Gomes M. Costa (Priv.)
18 Residêncial Zenite
21 Residêncial A Ilha
23 Prof. Jorge Manuel Freitas Silveira (Priv.)
26 Beira Mar
28 Isaías Rodrigues Evangelho (Priv.)
29 Neues Fünf-Sterne-Hotel
31 Pousada de São Sebastião

Angra do Heroísmo

de São Francisco vor dem Angra Hotel Garden ab. Die Busse nach Biscoitos (werktags 7-mal tägl., davon 6-mal über Raminho; So 3-mal) starten beim Parkeingang in der Rua do Marquês. Für eine Inselumrundung muss man in Praia und Biscoitos umsteigen.

Taxis stehen an der Praça Velha vorm Angra Hotel Garden bereit. Nach Praia da Vitória oder zum Flughafen ca. 17 €, nach São Mateus 6 €, Serreta 15 €, Biscoitos 15 €. Die Tagesrundfahrt mit dem Taxi kostet ca. 100 €.

Adressen (→ Karte S. 280/281)

Die Kathedrale von Angra

- *Ärztliche Versorgung* **Krankenhaus** hoch über der Stadt in der Rua do Barreiro, ✆ 295214970.
- *Fluggesellschaften* **SATA**, Mo–Fr 9– 18 Uhr. Rua da Esperança, ✆ 295403650. **TAP**, Mo–Fr 9–17 Uhr. Rua da Sé 144, ✆ 707213140 (Information) oder 707205700 (Reservierung).
- *Geld* Mehrere Banken mit Geldautomaten im Zentrum, insbesondere an der Rua da Sé.
- *Internetzugang* Kostenloser Zugang (40 Min.) an ca. 15 Rechnern im **Centro Cultural e de Congressos**, Rua Boavista/Ecke Canada Nova. Schnelle Rechner für 2 €/Std. im **Internetcafé ciber@ngra.com**, Rua do Salonas 51, neben der Kathedrale.
- *Mietwagen* → S. 276.
- *Öffentliche Toiletten* Unterhalb des Eingangs zur Igreja do Cólegio dos Jesuitas (gegenüber dem Eingang zum Stadtpark) und bei der Marina hinter dem Lokal aquaemotion.
- *Polizei* An der Praça Dr. Sousa Júnior (neben der Feuerwehr), ✆ 295212022.
- *Post* Mo–Fr 8.30–18.30 Uhr, Sa nur vormittags. Am Largo Prior do Crato.
- *Reisebüros* **Agência de Viagens Teles**, für Flugverbindungen, Inselrundfahrten usw. Mo–Fr 9–12.30 und 14–18 Uhr. Rua da Sé 136, ✆ 295213236, www.telestravel.com. **TurAngra**, ähnliches Angebot. Mo–Fr 9– 12.30 und 14–18 Uhr, Sa nur halber Tag. Rua Carreira dos Cavalos 47-A (bei der Kathedrale), ✆ 295401515, www.turangra.com.
- *Wäsche* **Lavandaria Angraseco**, 1 kg Wäsche 2,50 €, Dauer 1 Tag. Rua de Rego 33. Eine **Laundry** unterhält die Marina, offiziell nur für Segler. Wer nett fragt, kann hier auch eine Trommel waschen und trocknen lassen.
- *Zweiradverleih* Über **Aguiatur** (→ Bootsausflüge) an der Marina. Fahrrad 15 €/Tag, Scooter 23 €.

Einkaufen (→ Karte S. 280/281)

- *Einkaufszentrum* **Modelo**, größter Supermarkt der Insel (mit Bank). Mo–Sa 9–22 Uhr, So 8–13 Uhr. An der 4-spurigen Umgehungsstraße von Angra.
- *Markt* Zwischen Rua do Rego und Rua de Bragança. Obst, Gemüse, Fleisch, Fisch und Blumen in Hülle und Fülle. Mo–Fr 7– 16 Uhr, Sa bis 14 Uhr.
- *Souvenirs* Terceira-Mitbringsel aller Art, die den guten Geschmack auf die Probe stellen, findet man bei **Sapateia (19)**. Besonders hübsch: die Milchkühe als Zahnstocherbehälter und die kleinen Plüsch-Kampfstiere. In der Rua Direita 64–68 (neben dem Turismo). **Loja do Peter (5)**, ein Ableger aus Horta auf Faial (→ S. 364). Nette T-Shirts und alle möglichen anderen nützlichen und weniger nützlichen Dinge, auf die das Emblem eines Pottwals passt. Praça Velha 3.
- *Campinggas* Bekommt man in einem namenlosen Haushaltswarenladen **(10)** gegenüber der Kathedrale an der Rua da Sé 124. Mo–Fr 11–12 und 16–18 Uhr.

Angra do Heroísmo

Die Bucht von Angra

Kultur & Freizeit (→ Karte S. 280/281)

• *Bootsausflüge* Ausflüge zu den vorgelagerten Inselchen Ilhéus das Cabras und in die Baia da Salga (ca. 25 €/Pers.) veranstalten im Sommer u. a. **Marsol** (an der Marina, ✆ 961117210, mobil, www.marsolter.com) und **Aguiatur** (ebenfalls an der Marina, ✆ 913841289, mobil, www.aguiaturazores.com). Unterwegs sieht man oft Delfine. Die Boote legen von der Marina in Angra ab (im Sommer 9–18 Uhr zuweilen stündl.).

• *Inselrundfahrten* Veranstalten in den Sommermonaten u. a. das **Reisebüro Teles** (→ Adressen), **Marsol** und **Aguiatur** (für beide → Bootsausflüge). Egal wo: Ganztägige Touren kosten rund 60 €/Pers. (sofern mindestens 4 Pers. zusammenkommen).

Inseltouren mit dem Cabrio bietet der Inselkenner **Klaus Köhler** von der Quinta de Dotty (→ Übernachten) an. Nicht Museen oder Kirchen, sondern Land und Leute stehen im Vordergrund. Preis nach Vereinbarung. Von Lesern empfohlen.

• *Kunstausstellungen* Temporäre Ausstellungen präsentiert das **städtische Museum** im Convento de São Francisco (→ Sehenswertes) sowie das Kulturinstitut **Oficina d'Angra Associação Cultural** in einem gelben Neubau nahe der Marina (unregelmäßige Öffnungszeiten, meist freier Eintritt).

• *Stierkampf* In der **Praça de Touros** (Stierkampfarena) finden das ganze Jahr über Stierkämpfe statt. Der Großteil der Veranstaltungen, auch mit Toreros aus dem Ausland, geht jedoch im Sommer über die Bühne. Eintritt je nach Platz 10–50 €. **Auf der Straße** finden von Mai bis Okt. regelmäßig Kämpfe statt (→ S. 307).

• *Theater/Veranstaltungen* Im **Centro Cultural** an der Rua Boavista und im **Teatro Angrense** an der Rua da Esperança finden immer wieder Theateraufführungen und Konzerte. Infos beim Turismo (s. o.). Sehr beliebt ist das Rockmusikfestival **AngraRock** mit internationaler Beteiligung Anfang Sept., im Okt. geht das **Angra Jazz Festival** über die Bühne.

• *Whale-Watching* Von Mai bis Okt. bieten mehrere Veranstalter an der Marina Ausfahrten an, u. a. **Marsol** und **Aguiatur** (→ Bootsausflüge). So professionell wie auf Pico oder Faial arbeitet man hier aber nicht. Ca. 45 € für eine 2-Std.-Tour. 70 € kostet der Spaß, will man mit Delfinen schwimmen.

Terceira Karte S. 273

284 Terceira

Baden/Sport (→ Karte S. 280/281)

- *Baden* In der Bucht von Angra gibt es neben der Marina einen ca. 50 m breiten Sandstrand mit Duschen und Sonnenschirmen. Die Wasserqualität ist gut. Beliebt ist auch die **Silveira-Bucht** westlich des Monte Brasil (beim Hotel do Caracol). Sonnenbaden ist hier aber nur auf Betonplattformen möglich. Snackbar. Im Winter oder an verregneten, windigen Tagen ist das **Imatel, das städtische Hallenbad**, eine Alternative (Eintritt 4,50 €).
- *Golf* Der **Club de Golfe da Ilha da Terceira** liegt etwa 10 km außerhalb von Angra do Heroísmo (von der Schnellstraße nach Praia da Vitoria aus beschildert). Gepflegter 18-Loch-Platz, Par 72 und SSS 70. Green Fee im Sommer 50 €, Mitte Okt.–April 30 € unter der Woche, 35 € am Wochenende. Equipmentverleih. Der Club verfügt über eine moderne Bar und ein gutes Restaurant. ℘ 295902444, www.terceiragolf.com.
- *Hochseefischen* Infos dazu im **Clube Nautico** (℘ 295213300). Eine Liste aller Anbieter/Bootsbesitzer hält auch das Turismo bereit (s. o.). 5-Std.-Ausfahrt ca. 500 €.

- *Reiten* Ausreiten (30 €/Std.) kann man über die **Quinta do Galo** in Terra Chã, Fonte Faneca 75, ℘ 2953333165, www.quintadogalo.pt.
- *Tauchen* Boots- und Küstentauchgänge (ab 30 €, u. a. zu Wracks) und PADI-Tauchkurse (ab 320 €) bieten u. a. die Tauchbasen **Anfibus** im Hotel do Caracol (℘ 912595541, mobil, www.anfibius.com) und das **Octopus Diving Center** im Clube Nautico an (℘ 964575565, mobil, www.octopusportugal.com).
- *Tennis* Zwischen dem Castelo de São João Baptista und dem Park Relvão liegen zwei **städtische Hartplätze**. Nur Juni–Sept., gratis. Sand- und Hartplätze mit Flutlicht bietet der **Tennisclub von Terceira** (℘ 295212025) zwischen Angra do Heroísmo und São Mateus. Keine Anmeldung möglich, da Mitglieder des Clubs Vorrang haben. Man kann aber spielen, wenn Plätze frei sind. Anfahrt: Küstenstraße nach São Mateus nehmen, beim Fußballplatz rechts abbiegen.
- *Wandertouren* Mit Transfer im Sommer u. a. über **Aguiatur** (→ Bootsausflüge), 35 €.

Übernachten (→ Karte S. 280/281)

Angra besitzt für azoreanische Verhältnisse eine große Auswahl an Hotels, Pensionen und Privatzimmern, darüber hinaus sind neue Hotelanlagen im Bau (ein Fünf-Sterne-Hotel an der Marina soll noch bis 2010 fertiggestellt werden, **29**).

- *Hotels* **Quinta da Nasce Água (3)**, 14 in historischem Stil ausgestattete Zimmer in einem ca. 150 Jahre alten Landhaus. Garten zum Lustwandeln, Sauna, eigenes Putting Green, Tennisplatz, Pool. Mankos: stark befahrene Straße vor der Tür und weit ab vom Schuss, kein Restaurant und keine Bar in Laufweite. EZ 136 €, DZ 149 €. Anfahrt: Von der Stierkampfarena folgt man der Beschilderung zum Flughafen, beim nächsten Kreisverkehr geht es geradeaus weiter und schließlich bei einem Toyota-/Citroën-Händler links ab, die Quinta liegt dann ca. 400 m weiter auf der rechten Seite. Vinha Brava, ℘ 295628500, ℘ 295628502.

Pousada de São Sebastiao (31), neues Hotel in der gleichnamigen Festungsanlage. Keine Sorge, Sie wohnen nicht in feuchten Kasematten, sondern in einem durchdesignten Neubau (viel poliertes Vulkangestein und daher recht kühle Atmosphäre) innerhalb der Anlage. Nur 29 Zimmer, davor

ein kleiner Pool. Restaurant. Von Lesern gelobt. DZ ab 135 €. Rua do Castelinho, ℘ 295403560, ℘ 295218189, www.pousadas.pt.

**** Hotel do Caracol (15), direkt am Meer (sichere Einstiege) an der Silveira-Bucht, 15 Fußmin. ins Zentrum. Fünfstöckiges 214-Betten-Haus. Modern ausgestattete Zimmer, alle mit Balkon, viele mit Meeresblick. 2 Außenpools (Meerwasser), kleiner Sport- und Wellnessbereich, À-la-carte-Restaurant, Tauchbasis. EZ ab 125 €, DZ ab 134,50 €. Silveira, ℘ 295402600, ℘ 295402610, www.hoteldocaracol.com.

**** Terceira Mar Hotel (15), am Fuße des Monte Brasil auf dem Weg in die Silveira-Bucht (10 Fußmin. ins Zentrum). Ziemlich klotzig. 193 klassische Hotelzimmer in warmen Farben, viele mit Meeresblick. Innen- und Außenpool. Leider noch recht sterilschattenlose Gartenanlage. EZ 118 €, DZ 130 €. Portões de São Pedro 1, ℘ 295402280,

Angra do Heroísmo 285

✆ 295402288/9, www.bensaude.pt.

*** Angra Hotel Garden (6), im Zentrum. Großer Kasten aus den Endsechzigern, der hiesigen Baustruktur aber angepasst. 120 gepflegte Zimmer (z. T. mit Blick auf den Stadtpark), aber ohne besondere Note. Gleiches gilt für den Empfangsbereich. Sehr freundliches Personal. EZ 112,50 €, DZ 122,50 €. Praça Velha, ✆ 295206600, ✆ 295206650, www.angrahotel.com.

*** Beira Mar (26), Mittelklasse in bester Lage. 23 Zimmer, davon 15 mit Meeresblick. Geräumig, sauber, mit TV, Minibar und praktischer Standardausstattung. Insgesamt aber etwas ältlich. Ordentliches Restaurant. EZ 65 €, DZ 80 €. Largo Miguel Corte Real, ✆ 295215188, ✆ 295628248, www.hotelbeiramar.com.

** Hotel Residencial Ango (12), gepflegtes dreistöckiges Stadthaus mit 18 Zimmern. Schön gekachelte Treppenaufgänge. Etwas kitschig-rustikale Einrichtung, ältere Bäder, dennoch okay und freundlicher als das **Monte Brasil (14)** fürs gleiche Geld ums Eck. Die Zimmer zur Straße sind relativ laut. EZ 49 €, DZ 65 €. Alto das Covas 33, ✆ 295212095, H_Ango@hotmail.com.

Residêncial Zenite (18), zentrale Lage. 14 Zimmer, die – nach Auskunft der Rezeption – bis zu Ihrem Besuch frisch restauriert dem Niveau eines Zwei-Sterne-Hotels entsprechen sollen. Falls aus der Planung nichts wird, wohnen Sie in schlichten Zimmern mit Fliesenböden und Bädern wie bei Oma. Die Preise sollen nach der Restaurierung gleich bleiben. EZ 45 €, DZ 52,50 €. Rua da Rosa 12, ✆ 295212260, residzenite@mail.telepac.pt, www.residencialzenite.com.

*** Residêncial A Ilha (21), gleicher Besitzer wie das Beira Mar. Zentrale Lage, schön gekachelte Aufgänge. 12 große und kleine Zimmer fürs gleiche Geld, ältlich, aber sauber und okay. Freundlicher Service, gut geführt. Laundryservice. EZ 40 €, DZ 50 €. Rua Direita 24, ✆ 295628180, ✆ 295628181.

● _Appartement_ **Quinta da Dotty (13)**, hier übernachtet man im Gästehaus der überaus gastfreundlichen deutschen Familie Köhler. Das Häuschen bietet Platz für 2 Pers., besitzt Küche, Bad, Terrasse mit Grillmöglichkeiten und einen wildromantischen großen Garten drum herum. 2 Hunde bringen Leben in die Bude. Von Lesern sehr gelobt. Auf Wunsch Inseltouren. Voranmeldung erwünscht. Zwischen der Silveira-Bucht und dem Villenvorort São Carlos (ca.

Igreja da Misericórdia

15–20 Fußmin. ins Zentrum). Für 2 Pers. mit gutem Frühstück (die selbstgemachten Marmeladen Jutta Köhlers haben inselweiten Ruf!) 57 €. Anfahrt: Man folgt von Angra zunächst der Straße nach São Mateus, fährt aber bei dem lang gezogenen Kreisverkehr beim Hotel do Caracol geradeaus weiter (die Abzweigung nach links in Richtung São Mateus ignorieren). Nach wenigen Metern dann rechter Hand. Caminho do Meio 10, ✆ 295331505, www.quintadadottyterceira.eu.

● _Privatzimmer_ **Maria de Fátima Dias Teodósio (1)**, ist zwar als Privatzimmervermieterin gemeldet, betreibt aber im Endeffekt schon eine kleine Pension. 14 Zimmer, manche mit, manche ohne Bad, das schönste unterm Dach mit Bad und eigener kleiner Terrasse. 20 €/Pers. Rua de Cima de Santa Luzia, ✆ 295206220.

286   Terceira

Isaías Rodrigues Evangelho (28), ebenfalls schon eher eine kleine Pension. 12 Zimmer, 6 davon mit eigenem Bad und 6, bei denen sich jeweils 2 ein Bad teilen. Z. T. mit Meeresblick. Sehr sauber, Lesern gefiel's hier sehr, wir erhielten aber auch schon Beschwerden wegen Unzuverlässigkeit. Ungezwungene Atmosphäre, Radverleih. Falls niemand anzutreffen ist, findet man den Vermieter in der Casa de Pasto Isaias in der gleichen Straße. EZ 25 €, DZ 30 €, gutes Preis-Leistungs-Verhältnis. Rua Ciprião de Figueiredo 35, ✆ 295628133, ✆ 295663170.

Aldegice de Fátima Gomes M. Costa (17),

sehr zentral, gegenüber dem Turismo. Frau Costa vermietet über ihrer Wohnung in einem schönen alten Stadthaus 2 Zimmer. Hell, sehr gepflegt und freundlich, aber auch etwas bieder. Waschmaschine. Für 1 Pers. 30 €, für 2 Pers. 40 €. Rua Direita 87, ✆ 295215653.

Prof. Jorge Manuel Freitas Silveira (23), freundlich, Vorstand des Clubes Nautico, vermietet 4 kleine Zimmer mit Bad. Für den Preis darf man natürlich keine auf Hochglanz polierten Zimmer erwarten, dennoch okay. Für 2 Pers. 25 €. Rua Francisco Ornelas 5, ✆ 295214210 o. 966534121 (mobil).

Essen & Trinken/Nachtleben (→ *Karte S.* 280/281)

● *Essen & Trinken* **Ambientes com Sabores (16)**, eine außergewöhnliche Adresse. Trendiges Ambiente trifft Fusionküche ganz nach dem Motto „Azores meet the World". Als Starter sind die karamellisierten Feigen mit Oktopus zu empfehlen, danach Risotto mit Filetstückchen und regionalem Käse oder das Grillhähnchen mit Zitronencreme. Mittagsmenüs ca. 9 €, abends teurer. So Ruhetag. Rua Direita 80, ✆ 295216517.

Copos & Ca (30), gepflegtes Restaurant und Weinbar – und Raucherlokal! Variantenreiche Karte abseits des Mainstreams, auch Spezialitäten vom Festland, leckere große Salate und vegetarische Gerichte. Rustikale Terrasse mit schönem Meeresblick. Hg. 10–17,50 €. Nur abends, So Ruhetag. Rua da Rocha 64, ✆ 913304301 (mobil).

Casa do Peixe (25), renommiertes Restaurant mit recht steriler Ausstattung und, wie der Name schon vermuten lässt, auf Fisch spezialisiert. Hier gibt es das berühmte Inselgericht *Telha*, selbstverständlich in der Fischversion (2 Pers. 22,50–29 €). Di Ruhetag. Im Glaspalast Jardim dos Corte Real an der Estrada Gaspar Corte Real, ✆ 295217678.

aquaemotion (27), schickes verglastes Restaurant. Außenbestuhlung und schöne Dachterrasse. Internationale Küche, der Schwerpunkt liegt auf Fisch und Steaks. Leser loben die ausgezeichnete Küche und den guten Service. Hg. 13–17 €. Im Sommer tägl., im Winter Mo Ruhetag. An der Marina, ✆ 919407835 (mobil).

O Pátio (4), nettes Lokal mit Steinboden, kleiner Innenhof. Mit Liebe zubereitete Gerichte (probieren Sie die *Lulas à Casa* oder die fettige Moräne!), Hg. 9–12,50 €. So Ruhetag. Largo Prior do Crato, ✆ 295216139.

Casa de Pasto Posto Santo, etwas außerhalb in Posto Santo. Das Restaurant ist einer Bar im Zeichen des Stierkampfs angeschlossen. Beste Hausmannskost der Insel! Keine Karte, man isst, was auf den Tisch kommt. Meist wird vor den Gästen ein kleines Büfett aufgetischt, das für drei Toreros reichen würde. Preiswert. So Ruhetag. Ohne fahrbaren Untersatz kaum zu erreichen. Anfahrt: Porto Santo ist von der Umgehungsstraße Angras ausgeschildert. Alternativ dazu kann man von der Stierkampfarena der Beschilderung zum Flughafen folgen, beim nächsten Kreisverkehr geht es geradeaus weiter, schließlich bei einem Toyota-/Citroën-Händler links ab und dann immer geradeaus, bis die Straße einen Berg hinaufführt und eine Häuseransammlung erreicht. Dort verlässt man die Hauptstraße bei einem Brunnen mit zwei Löwen darauf, hält sich links, und fährt, wenn es geradeaus nicht mehr weitergeht, rechts. Das Lokal liegt wenige Meter hinter der Kirche. ✆ 295628596.

Restaurante O Bom Garfo (22), hübsches Lokal mit Kachelschmuck, Bildern aus alten Zeiten und einsehbarer Küche. Vielfältige Speisekarte, Hg. 8,50–13 €. Zu empfehlen sind die Tagesgerichte (handfeste Hausmannskost; mit Getränk und Kaffee 6 €), aber auch die *Cataplana* ist ausgezeichnet. Rua de São João 7, ✆ 295333286.

Angra do Heroísmo   287

Cervejaria Angrense (8), einfaches Bierlokal, billig und gut. Gemütlicher Außenbereich, wo man beim Mittagessen das städtische Leben beobachten kann. Tagesgerichte mit Getränk und Kaffee 6 €. Am Alto das Cavas.

Pão Quente (9), hervorragende Frühstücksadresse und noch mehr. Viele verschiedene süße Teilchen, dazu kann man sich Sandwichs belegen lassen. Das Beste aber ist das reichhaltige Mittagsbüfett: neben Fleisch und Gemüse auch Salate und leckere Fischgerichte. Gezahlt wird nach Gewicht – ein Tipp für Budgetreisende. Rua da Sé 186.

● *Cafés* **O Forno (20)**, etwas steriles Stehcafé, jedoch ein Muss für Liebhaber zuckersüßer Torten und leckerer Kekse. Spezialität: D.-Amélia-Kuchen, benannt nach der letzten portugiesischen Königin, gebacken nach uralten Rezepten. Außenbereich. So Ruhetag. Rua de São João 67.

Jardim da Dotty, nur im Sommer sonntags ab 15 Uhr gibt es im Garten der Quinta da Dotty (→ Übernachten) leckere Kuchen und Sandwichs. Anfahrt etwas anders als für Übernachtungsgäste: Man folgt von Angra zunächst der Straße nach São Mateus und hält sich bei dem lang gezogenen Kreisverkehr beim Hotel do Caracol rechts bergauf. Es ist das erste grüne Tor linker Hand, davor ein Parkplatz.

Athanasio Pastelaria (11), modernes Café mit Kuchen, Torten, Süßspeisen und Konfekt ohne Ende. Rua da Sé 130.

● *Bars* **Clube Nautico (33)**, einfache Bar direkt am Meer im Westen der Bucht. Terrasse mit schönem Blick auf Angra. Eigentlich nur für Mitglieder, doch Touristen sind auch willkommen. Tägl. ab 17 Uhr.

Tertúlia Tauromáquica Terceirense (2), rustikale Vereinskneipe mit Holzdecke ganz im Zeichen des Stierkampfs. Ruhig, gemütlich, der Farmer aus dem Umland sitzt hier in Gummistiefeln neben der schicken Mittzwanzigerin. Billard. Ebenfalls eigentlich nur Mitgliedern zugänglich, doch über neue Gesichter freut man sich immer. Tägl. ab 19 Uhr, am meisten los ist Fr/Sa. Gleich bei der Arena.

● *Nachtleben* Beliebt ist die kleine **Barmeile am Cais do Porto das Pipas**, angesagt waren 2009 v. a. die Bar **Havanna (32)** und der Club **Eclipse (32)**. Treffpunkt im Winter ist das **aquaemotion** (→ Essen & Trinken), das bis 2 Uhr nachts geöffnet hat und an Sommerwochenenden manchmal Livemusik bietet. Außerdem gibt es noch die recht moderne Bar **Farol (24)** in einem Glaspalast am Wasser – Anlaufstelle fürs Jungvolk, am Wochenende ist natürlich am meisten los. Angras einzige Diskothek ist die oberhalb der Silveira-Bucht an der Rua Diogo de Teive 54 gelegene **Twin's Disco (7)**. Gespielt werden Klassiker der Rockmusik. Älteres Publikum, hin und wieder sogar Striptease. Sa brechend voll.

> Angesagteste Location war 2009 der **Club Jiggy** in einem Industriegebiet im Inselinneren. Partys unter jedem erdenklichen Motto. Nur Fr und Sa. Vor 2 Uhr nix los! Gute Events kosten auch mal 15–20 €. Am besten mit dem Taxi anfahren. Wer nüchtern bleiben will, folgt von Angra der Schnellstraße nach Praia, nach ca. 6 km rechter Hand, im Industriegebiet ausgeschildert.

Terceira
Karte S. 273

Sehenswertes

Der Grund für die Aufnahme von Angra do Heroísmo in die UNESCO-Welterbeliste 1983 war, dass die Stadt bei der Erforschung der Weltmeere im 15. und 16. Jh. ein bedeutendes Bindeglied zwischen den Kulturen Afrikas, Amerikas, Asiens und Europas war, was sich bis heute in ihrer Architektur widerspiegelt. Wer durch Angras Straßen schlendert, vorbei an Palästen, Herrenhäusern, Klöstern und Kirchen, wird dem zustimmen. Und wer die Sehenswürdigkeiten der Stadt in einer Art Rundgang erleben möchte, besucht die aufgelisteten Plätze, Gebäude und Kirchen einfach der Reihe nach. Die meisten Kirchen Angras sind übrigens nur von Juni bis September für die Öffentlichkeit zugänglich.

Palácio dos Capitães Generais: Der einstige Amtssitz der Generalkapitäne liegt über dem Largo Prior do Crato. Ursprünglich war der Palast Teil eines Jesuitenkonvents, zu dem auch die angrenzende *Kirche* gehörte. 1776 ließ der erste Generalka-

Der Jardim Público im Zentrum von Angra

pitän der Azoren, Dom Antão de Almada, das Gebäude für seine Zwecke repräsentativ umgestalten. Zweimal bereits bewohnten Könige die Gemäuer: 1832 Dom Pedro und 1901 Dom Carlos, vorletzter Monarch Portugals. Heute beherbergt der Palast mehrere Ämter. Die Gesellschaftsräume können besichtigt werden.

Öffnungszeiten Unregelmäßig geöffnet, meist werktags von 14–17 Uhr. Eintritt frei. Eingang an der Rua do Palácio.

Jardim Público (auch: Jardim Duque de Terceira): Der Stadtpark von Angra do Heroísmo, der sich vom Angra Hotel Garden den Hang hinauf bis zum Alto da Memória (s. u.) erstreckt, ist ein liebevoll angelegter Garten mit verschlungenen Wegen, Springbrunnen, Lauben, einem Denkmal für den Dichter und Staatsmann Almeida Garrett, einem Kinderspielplatz und immer blühenden Blumen aus aller Welt. Der Park ist nur tagsüber geöffnet, Eingänge findet man u. a. an der Ladeira de São Francisco und am Alto da Memória.

Alto da Memória: Der Obelisk zu Ehren Dom Pedros, der 1832 in Angra weilte und hier seine Truppen gegen den despotischen Bruder und Thronräuber Dom Miguel formierte, wurde Mitte des 20. Jh. hoch über der Stadt errichtet. Zuvor stand an diesem Ort die erste Festungsanlage Terceiras, die 1474 João Vaz Corte Real, Ahnherr der berühmten Entdeckerfamilie (→ S. 272), erbauen ließ. Von dem Denkmal genießt man eine herrliche Aussicht über die Stadt hinweg auf das Meer und zum Monte Brasil. Am imposantesten wirkt er in der Dunkelheit, wenn der pyramidenförmige Obelisk angestrahlt wird; leider ist die Aussichtsplattform dann geschlossen.

Vom Zentrum ist der Alto da Memória in ca. 10 Fußmin. zu erreichen. Der kürzeste Weg führt durch den Jardim Público.

Museu de Angra do Heroísmo: Das städtische Museum an der Ladeira São Francisco ist im einstigen Convento São Francisco aus dem 15. Jh. untergebracht. Es informiert über die Geschichte der Stadt, der Insel und der Azoren. Zu den Exponaten

Angra do Heroísmo 289

ten gehören nautische Geräte und Logbücher, jede Menge Militaria (Munitionsbehälter, Helme, Barette, Uniformen etc.), azoreanische Tafelbilder wie auch eine große Kutschensammlung mit Exemplaren aus Portugal und Frankreich u. v. m. Zudem bietet das Museum Raum für temporäre Ausstellungen. In der zur Klosteranlage gehörenden sehenswerten Kirche *Igreja Nossa Senhora da Guia* wurde 1499 Paulo da Gama bestattet. Er war der Bruder des berühmten Kap-Umrunders Vasco da Gama, der Terceira 1499 auf dem Rückweg von seiner zweijährigen Indien-Seereise anlief. Als das Schiff in Angra vor Anker ging, waren zwei Drittel der Besatzung gestorben, darunter auch sein Bruder Paulo.

Öffnungszeiten Di–Fr 9.30–17 Uhr, Sa/So 14–17 Uhr, Mo und an Feiertagen geschl. 2009 wurde das Museum umfassend restauriert und war nur in Teilen zugänglich, eine Neuordnung der Dauerausstellung ist in Planung. Der zukünftige Eintrittspreis, der die Besichtigung der Kirche einschließt, war leider noch nicht bekannt.

Paços do Concelho (Rathaus): Es nimmt die Ostseite der zentralen *Praça Velha* ein, einen der ältesten Plätze der Stadt, auf dem im Sommer immer wieder Theater- und Konzertaufführungen stattfinden. Das Rathaus wurde im 19. Jh. errichtet, nachdem sein kleiner Vorgängerbau aus dem 16. Jh. aus allen Nähten geplatzt war. Im Inneren beeindruckt ein großer Prunksaal. Auch die erste blau-weiße Fahne der portugiesischen Monarchie wird im Paços do Concelho aufbewahrt, sie wurde eigenhändig von Königin Maria II. gestickt.

Igreja da Misericórdia: Die unmittelbar am alten Zollkai von Angra do Heroísmo gelegene Kirche aus dem 18. Jh. steht an jenem Ort, an dem das erste Hospital der Azoren im Jahr 1492 gegründet wurde. Freundlich blickt ihre barocke, blau-weiße Fassade über die Bucht aufs Meer. Das Gebäude mit der gelb-weißen Fassade daneben war die *Alfândega*, das alte Zollhaus. Den Handelsschiffen über den Atlantik schmälerte es den Gewinn und bescherte so Angra seinen Reichtum.

Museu Vulcanoespeleológico Machado Fagundes Os Montanheiros: Im Dezember 1963 hatten sich etliche Männer der Insel mit dem Anliegen zusammengetan, ihr bergiges, vulkanisches Eiland genauer zu erkunden – sie gründeten den Verein „Os Montanheiros", der heute 400 Mitglieder zählt. Die Montanheiros erforschten die erloschenen Krater und sagenumwobenen Höhlen der Insel. Ein altes Stadthaus in der Rua da Rocha 8 dient dem Verein heute als Sitz, das kleine geologische Museum darin ist liebevoll eingerichtet. Leider sind die Exponate nur z. T. in Englisch erläutert. Wanderungen und Höhlenerkundungen können hier abgesprochen werden. *Öffnungszeiten* Mo–Fr 9–12.30 und 14–17.30 Uhr. Eintritt frei.

Palácio Bettencourt: Der Palast derer von Bettencourt aus dem Ende des 17. Jh. steht an der Ecke Rua da Rosa/Rua Carreira Cavalos. Die Fassade zeigt barocke Züge, über dem Eingang prangt das Familienwappen. Der prächtige Palast ist bislang noch Sitz einer der größten *Bibliotheken* Portugals – in den Regalen (z. T. auf andere Gebäude ausgelagert) stehen mehr als zwei Millionen Bände. Und jedes Jahr werden es mehr, denn von jedem Buch, das in Portugal verlegt wird, erhält die Bibliothek ein Exemplar. Zudem befinden sich in den Archiven aufschlussreiche Dokumente über die Insel, die von Geburtsregistern bis zu Pachtverträgen reichen. Daneben findet man hier auch die erste Zeitung Portugals aus dem Jahr 1832 – sie wurde in Angra publiziert. Lohnenswert ist ein Blick in den Lesesaal (links hinterm Eingang) mit seinen bis unter die Decke reichenden, überquellenden Bücherregalen. Aus Platzmangel und mit Hilfe von EU-Geldern ist eine neue Bibliothek im Bau. *Öffnungszeiten* Mo–Fr 9–18 Uhr, Sa 9.30–12 Uhr.

290 Terceira

Blick auf die Igreja da Misericórdia

Sé Catedral: Die Kathedrale, die mit vollem Name *Igreja de Santíssimo Salvador da Sé* heißt, ist das größte Gotteshaus der Azoren und zeigt deutlich spanischen Einfluss. Sie entstand im 16. Jh. und löste eine gotische Kirche an gleicher Stelle ab. Im Gegensatz zu dem, was man von außen vielleicht erwartet, zeigt das Innere des dreischiffigen Baus wenig Prunk unter einer schweren Kassettendecke. Eine der wenigen Besonderheiten ist das *Lesepult* (17. Jh.) aus tropischem Holz mit Intarsienarbeiten aus Walknochen. 1991 besuchte Papst Johannes Paul II. die Kathedrale, seitdem grüßt er links vom Portal den Verkehr auf der Rua da Sé. Auf der Rückseite der Kirche führen Treppen zur „Schatzkammer" der Kathedrale, eine Sammlung mehr und weniger kostbaren Kirchengutes (Porträts der Bischöfe, silberne Messgeräte usw.).
Öffnungszeiten **Kathedrale** tägl. 9.30–12 und 13–16.30 Uhr, **Schatzkammer** unregelmäßig geöffnet.

Convento e Igreja de São Gonçalo: Das Kloster des Klarissenordens, das älteste und größte der neun Klöster, die es einst auf Terceira gab, wurde 1545 gegründet. 2009 lebten hier noch fünf Nonnen, zudem Seniorinnen und allein erziehende Frauen. Das heutige Klostergebäude stammt aus dem 17. Jh. Die Klosterkirche zeigt im Inneren barocke Züge, sehenswert sind der goldverzierte Altar, die Deckenmalereien und die Azulejos. Auf dem hinteren, durch ein Eisengitter abgetrennten oberen Chor steht eine hübsche kleine Orgel. Lassen Sie sich das Verlobungsbild von Josef und Maria zeigen, ein seltenes Motiv.
Die Nonnen führen durch die Klosterkirche, Zugang von der Rua Boa Nova; falls niemand an der Pforte ist, einfach klingeln.

Castelo de São João Baptista: Die imposante Festungsanlage am Fuß des Monte Brasil, um deren mächtige, fast 5 km lange Wälle heute Kühe grasen, ließ Philipp II. von Spanien errichten, Baubeginn war 1592. Im 17. Jh. entwickelte sich das Kastell zu einem der bedeutendsten mitten im Atlantik. Es bot den königlichen Schiffen, die schwer beladen mit Gold und Gewürzen aus der Neuen Welt zurück zur Iberischen Halbinsel segelten, Schutz vor Piraten. Später wurde das Kastell als Gefängnis berühmt-berüchtigt: So musste König Alfonso VI. fünf Jahre lang hier einsitzen, nachdem er 1667 auf Betreiben seiner Gattin abgedankt hatte (die Königin heiratete später übrigens seinen Nachfolger und Bruder Pedro II.). Heute nutzt das portugiesische Militär die Festung. Im Inneren sind die *Kirche São João Baptista* und der *Palast der Befehlshaber* sehenswert.

Öffnungszeiten Tägl. 9.30–12 und 14–18 Uhr. Eintritt frei.

Monte Brasil: Vom 205 m hohen Hausberg genießt man eine herrliche Aussicht auf Angra do Heroísmo und die Südküste der Insel. Ein Spaziergang hinauf lohnt. Am höchsten Punkt des Kraterbergs erinnert ein *Säulenmonument* an die Entdeckung Terceiras, die Geschütze stammen aus dem Zweiten Weltkrieg. Darunter wurde ein *Park* angelegt mit Picknickplätzen, einem Kinderspielplatz, Vogelvolieren und Tiergehegen. Die kleine *Kapelle* (Ermida de Santo António) am Berg war früher ein beliebter Trauungsort. Warum hier nicht mehr geheiratet werden darf, weiß keiner. Der Krater des Monte Brasil wird im Sommer gelegentlich als natürliche *Stierkampfarena* genutzt. Rund um den Berg liegen mehrere kleine Fortifikationen und Walausgucke, ausgeschilderte Pfade führen hin. Der Name des Berges soll übrigens daher rühren, dass ein Inselbewohner, der in Brasilien sein Glück gemacht hatte und dort zu Wohlstand gelangt war, bei seiner Rückkehr nach Angra den Kraterhügel kaufte und ihn Monte Brasil taufte.

● *Anfahrt/Fußweg* Von der Festung João Baptista gelangt man mit dem Auto wie auch zu Fuß auf den Monte Brasil; dazu muss man sich bei der Schranke im Fort links halten. Der Weg an der Nordostseite hinauf dauert zu Fuß ca. 20 Min. Mit dem Pkw stehen zwei Auffahrtsmöglichkeiten zur Wahl, die auf der Nordostseite ist die steilere und kürzere. Zutritt nur bis 20.30 Uhr.

Castelo de São Sebastião: Das Kastell auf der Ostseite des Hafens, gegenüber dem Castelo de São João Baptista, entstand ebenfalls im 16. Jh., allerdings noch vor seinem Gegenstück und in Anlehnung an italienische Festungsanlagen. Am Tor erinnert ein Gedenkstein an die Ankunft der Briten, die im Oktober 1943 hier einen Militärstützpunkt einrichteten. Innerhalb der Festungsanlagen befindet sich heute ein schickes Hotel (→ Übernachten).

Zwischen Angra und Praia

Um von Angra do Heroísmo nach Praia da Vitória zu gelangen, kann man die Schnellstraße V. R. (Via Rápida) durchs Inselinnere nehmen – oder den Weg an der Küste. Fährt man am Meer entlang in Richtung Osten, so ziehen bald hinter Angra die **Ilhéus das Cabras** den Blick auf sich. Diese zwei aus dem Meer ragenden imposanten Felsen sind Reste eines erloschenen Kraters. Ab Feteira verlaufen mehrere Straßen parallel zur Küste, als Grundregel gilt: je näher am Meer, desto schmaler die Straße.

Porto Judeu

Etwas mehr als 2300 Einwohner zählt der knapp 11 km östlich von Angra do Heroísmo gelegene Küstenort. Friedlich geht es rund um den beschaulichen Hafen zu. Der Ort gilt als der älteste Terceiras, in der Bucht soll sich Jácome de Bruges zusammen mit den ersten Siedlern niedergelassen haben. Die *Gruta das Agulhas* ist die Attraktion von Porto Judeu. Aber man muss schon ein echter Höhlenfreak sein, um der rund 150 m tiefen Grotte, in der man sich vorkommt wie in einem gigantischen Abwasserrohr, etwas abgewinnen zu können.

292 Terceira

- *Verbindungen* **Bus** Mo–Fr 6-mal tägl. (Sa/ So nur 3-mal) nach Angra do Heroísmo.
- *Übernachten* ****** Terra do Mar**, weit ab vom Schuss, 4 km westlich von Porto Judeu. 2008 eröffnete, etwas steril wirkende Anlage. 118 geräumige Zimmer mit Aircondition, Minibar, Fliesenböden und zeitgemäßem Mobiliar verteilen sich auf zweistöckige Häuser, die um das Hauptgebäude liegen. Schöner beheizter Pool mit tollem Blick auf die vorgelagerten Inseln. Fitnessraum, Sauna, türkisches Bad. 2 Restaurants, in einem davon macht man auf Französisch – mal mehr, mal weniger gut. DZ bei Vorausbuchung 90 €, EZ 80 €, teurer an der Rezeption. Anfahrt: Von Angra Richtung Porto Judeu fahren, bis ein blaues Schild mit Bettensymbol auftaucht, diesem bis hinab zur Küste folgen. Am Fuße der beschaulichen Siedlung Serretinha direkt an der staubigen Uferstraße, ✆ 295333641, ✉ 295333642, www.terradomar.com.

- *Essen & Trinken* **Boca Negra**, vorne die Bar mit Terrasse (ein beliebter Altherrentreff), hinten das einfach-rustikale Restaurant. Zu empfehlen: die *Alcatras* und der Oktopus. Hg. 8–13 €. Am Largo de Santo António im Zentrum von Porto Judeu, ✆ 295905182.
- *Weg zur Grotte* Von Angra kommend durch Porto Judeu fahren, bis es unmittelbar vor einer Brunnenanlage rechts abgeht. Nun die Straße gen Osten nehmen, die am nächsten an der Küste verläuft, bis am Ortsende von Porto Judeu ein Hinweisschild auf die Grotte aufmerksam macht. An kläffenden, aber angeketteten Hunden vorbei führt ein Weg zur Höhle, deren Eingang unmittelbar an der Küste liegt (auf der dem Meer zugewandten Seite). Ein paar Stufen führen über die Klippen hinab, bei Sturm kann die Besichtigung der Gruta das Agulhas eine feuchte Angelegenheit werden.

Bucht von Salga/Baden: Knapp 2 km östlich von Porto Judeu liegt die geschichtsträchtige *Baía da Salga*. Heute ist sie ein beliebtes Ausflugsziel mit kleinem Meerwasserschwimmbecken, einer Wiese zum Sonnenbaden, Bar (guter Hauswein und Snacks, ganzjährig geöffnet) und Campingplatz. Im Sommer herrscht hier Freibadatmosphäre.

- *Camping* **Parque de Campismo**, gepflegter Zeltplatz direkt am Meer, saubere sanitäre Einrichtungen, Stromanschluss. Bis zum nächsten Laden muss man allerdings weit laufen – Proviant mitbringen! Mitte Juni bis Ende Sept. 2 Pers. mit Zelt ab 4,80 €. Salga, ✆ 295905451.

Die Schlacht von Salga

Mit dem Tod des kinderlosen Dom Sebastião 1578 auf dem Schlachtfeld in Marokko starb der letzte Spross aus dem Hause Avis – zwei Jahre später annektierte der spanische Nachbar Portugal. Viele Festlandsportugiesen suchten daraufhin Zuflucht auf den Azoren, denn Terceira weigerte sich, den Habsburger Philipp II. als König Felipe I. von Portugal anzuerkennen. Hier sah man in Sebastians Cousin Dom António, Prior do Crato, den rechtmäßigen Thronnachfolger – Dom António war nach der Niederlage von Alcântara, die Spaniens Sieg über Portugal endgültig besiegelt hatte, ebenfalls nach Terceira geflohen. Die aufständische und dabei so wichtige Insel mitten im Atlantik war den Spaniern ein Dorn im Auge. Anfang Juli 1581 entsandten sie eine Flotte mit 800 Soldaten, die Terceira unterwerfen sollten. Am 25. Juli 1581 kam es dann zur „Schlacht" von Salga. Als die spanischen Truppen sich in ihren Landungsbooten der Küste näherten, trommelten die Bauern der Gegend über 1000 Stiere zusammen und trieben sie den Spaniern entgegen, die daraufhin die Flucht ergriffen. Die portugiesische Post widmete dem nationalen Ereignis sogar eine Briefmarke.

Gedrungene Gotik – die Pfarrkirche von São Sebastião

São Sebastião

Das 2000 Einwohner zählende große Dorf liegt etwa auf halber Strecke zwischen Angra do Heroísmo und Praia da Vitória. Wer von den Einwohnern keinen Job in Angra oder Praia hat, lebt von der Landwirtschaft. Das kleine Zentrum erstreckt sich rund um die baumbestandene Praça da Vila de São Sebastião. In den drei angrenzenden Cafés vertreibt man sich am Abend die Zeit. Auffallend ist die gedrungene **Pfarrkirche** des Ortes mit ihrem gotischem Portal, die Ende des 15. Jh. entstand. Das Innere ist ausgeschmückt mit sehenswerten Fresken, die 2009 restauriert wurden. Die schräg gegenüber liegende **Heilig-Geist-Kapelle** zählt zu den schönsten Terceiras.

- *Verbindungen* Die tagsüber fast stündl. verkehrenden **Busse** zwischen Angra do Heroísmo und Praia da Vitória halten in São Sebastião.
- *Essen & Trinken* Ein Gaumenschmaus sind die Heilig-Geist-Gerichte (nur So) des Restaurants **A Ilha** bei der Pfarrkirche. Ansonsten bekommt man hier ein Menü mit Suppe und Hg. für 7,50–12 €. Di Ruhetag. ✆ 295904166.

Bucht von Salgueiros

Wie die Baía da Salga ist auch die Bucht von Salgueiros ein beliebtes Ausflugsziel im Sommer. Zwar gibt es auch hier keinen Strand, dafür Einstiegshilfen ins Meer, zudem Picknick- und Grillgelegenheiten und für Camper eine Wiese mit Toiletten (zuletzt keine Duschen mehr, Juni–Sept., kostenlos, jedoch zuweilen von zeltenden Saisonarbeitern belegt). Zu erreichen ist die Bucht von Salgueiros über São Sebastião und entlang der Küste von Baía da Salga (vorbei am Kap Ponta das Contendas, einem Naturschutzgebiet, das von einem Leuchtturm beherrscht wird).

294   Terceira

Porto Martins

6 km südlich von Praia da Vitória liegt Porto Martins, eine weit verstreute, künstliche Feriensiedlung ohne echten Ortskern. Ausländische Touristen kommen wenige, in erster Linie machen hier die Insulaner Urlaub, viele Einwohner Angras besitzen in Porto Martins ein Ferienhaus. Auch US-Soldaten vom Luftwaffenstützpunkt in Lajes haben sich hier eingemietet. An Pensionen gibt es bislang erst eine (s. u.). Ein langer Abschnitt der Lavaküste wurde zu einer großen Badeanstalt umgewandelt; auf Betonplattformen sonnt man sich und springt von dort ins kühle Nass. Das Restaurant O Buzius (ganzjährig geöffnet, Mo Ruhetag, ✆ 295515555) sorgt für das leibliche Wohl und kredenzt auch italienische Küche.

● *Verbindungen* Porto Martins wird mit dem **Bus** nur So 2- bis 3-mal von Angra do Heroísmo und Praia da Vitória aus angefahren.

● *Übernachten* **Pensão Branco II**, ein Ableger aus Praia. Restauriertes altes Gebäude mit neuem Anbau. 17 saubere Zimmer mit Fliesenböden und privaten Bädern – alles jedoch etwas nüchtern und hellhörig. Halten Sie nach einem zweistöckigen, weißgrauen Haus ca. 150 m hinter der Badeanstalt Ausschau. DZ 37,50 €, Frühstück 2,50 €/Pers. extra. Estrada Santa Margarida, ✆ 295516075 o. 295513459, 🖷 295513459, www.residencial-branco.com.

Praia da Vitória

Praia da Vitória ist die zweitwichtigste Stadt Terceiras. Praia heißt Strand, und in der Tat galt der 1 km lange Sandstrand der Ortschaft bis in die Mitte der Achtziger nicht nur als einer der schönsten der Insel, sondern der gesamten Azoren. Heute trennen zwei mächtige Dämme die Bucht vom offenen Meer, zu Lasten der Ästhetik und zum Nutzen der Wirtschaft.

Neben dem adretten Angra war das nicht einmal halb so große Praia lange Zeit eine graue Maus. Doch langsam bekommt das Städtchen Farbe und Charme. Die Gassen werden restauriert, eine **Marina** für 200 Boote wurde gebaut und der Küstenabschnitt rund um den Largo José S. Ribeiro zu einer Strandpromenade mit Palmen und Cafés umgestaltet – von der ursprünglichen Atmosphäre keine Spur mehr. Dafür hat die Jugend nun Ausgehmöglichkeiten in den trendigen neuen Bars. Vielleicht liegt der Fortschritt am wohlwollenden Blick der Muttergottes, die seit der Jahrtausendwende von der Landzunge Ponta da Má Merenda über die Stadt wacht. Am Abend strahlt sie im Glanz der Scheinwerfer, dann ist der Aussichtspunkt zu ihren Füßen, der **Miradouro da Facho**, ein Treffpunkt der Verliebten. Neben der Muttergottes prägen auch die im Vorort Lajes (→ S. 300) stationierten US-Soldaten Praia da Vitória, in vielen Geschäften kann man mit Dollars bezahlen, fast jeder Wirt spricht Englisch.

Das Stadtzentrum erstreckt sich von der Praça F. Ornelas da Câmara entlang der Fußgängerzone Rua de Jesus bis zum Largo do Conde da P. Vitória. Geschäfte, Banken und Snackbars liegen dicht an dicht. Dazwischen befindet sich der kleine, hübsch restaurierte **Markt** (Gemüse, Fisch und Fleisch) und ihm gegenüber der Stadtpark **Jardim Silvestre Ribeiro**, dessen Namensgeber, Mitte des 19. Jh. Ratsherr, von einer Säule grüßt.

Wer sich für Kunstgeschichte interessiert, wird die **Igreja Matriz de Santa Cruz** sehenswert finden. Ihr Grundstein wurde bereits Mitte des 15. Jh. gelegt, doch erst 1517 wurde sie eingeweiht. Spätere Um- und Anbauten lassen Stilrichtungen ver-

Praia da Vitória 295

Die Ilhéus das Cabras vor der Südküste von Terceira

schiedener Epochen erkennen. So ist das Portal gotisch (der Kalkstein dafür kam vom portugiesischen Festland), während die Seitentüren Züge des Emanuelstils aufweisen. Das dreischiffige Innere ist reich geschmückt, insbesondere die Sakristei. Eine weitere Kirche von kulturhistorischem Wert ist die relativ kleine, weiß-rosafarbene **Igreja de Senhor Santo Cristo**. Ursprünglich stammt das Gotteshaus aus dem 16. Jh., nach einem Brand musste es im 20. Jh. jedoch vollständig wiederaufgebaut werden. Überraschend ist die Helligkeit im Inneren, fast alles ist weiß getüncht, auch der Altar.

Praias Sahnehäubchen aber ist noch immer der **Sandstrand** vor der Tür, der allerdings mittlerweile von der Marina unterbrochen ist. Obwohl die mächtigen Dämme am Flair der weiten Bucht kratzen, kommt man sich beim Baden trotzdem nicht wie im Hafenbecken vor.

Im Schutz des nördlichen Damms legen Versorgungsschiffe der US-Armee an, die dort neben dem Hauptstützpunkt am Flughafen eine kleine Basis unterhält. Den Süden der Bucht steuern Fischerboote, Container- und Fährschiffe an. Vorbei an der Nachbargemeinde **Cabo da Praia**, an Industrieanlagen und dem **Forte de Santa Catarina** aus dem 16. Jh. (nicht zugänglich, soll aber restauriert werden) gelangt man zum südlichen Damm. Unmengen an Beton wurden verarbeitet, um die Schutzmauer zu befestigen. Im Oktober 2004 und im März 2005 peitschten derartig mächtige Wellen darüber, dass Abschnitte des Damms ins Meer gespült wurden und der Leuchtturm zur Insel wurde. Mit eigens aus Norwegen importierten, besonders schweren Steinen wurde der Damm wieder instand gesetzt.

Stadtgeschichte

Zu Beginn der Besiedlung Terceiras war Praia das Zentrum der Insel und Sitz der Donatarkapitäne. 1480 erhielt die Siedlung Stadtrechte. Zum Schutz baute man die Festungen Santa Catarina im Süden und die Festung Espírito Santo im Norden der

Bucht, letztere existiert so gut wie nicht mehr. Ein Jahr nach der legendären Schlacht von Salga (→ S. 292) rief man in Praia Dom António, auch bekannt als Prior do Crato, zum König Portugals aus, eine nur symbolische Aktion: Dom António war lediglich ein Exilmonarch und Portugal selbst nur noch eine spanische Provinz. 1819 ließen sich mehrere deutsche Siedler in Praia nieder. Eigentlich waren sie auf dem Weg in die Neue Welt, doch auf hoher See erlitten sie Schiffbruch und konnten mit Müh und Not noch den rettenden Hafen von Praia erreichen. Den Titel „da Vitória", die Siegreiche, verlieh Königin Maria II. der Stadt 1837. Sie ehrte damit die liberal denkenden Bürger Praias für ihren heldenhaften und siegreichen Einsatz gegen die Truppen des absolutistischen Dom Miguel.

Das 20. Jh. war für Praia geprägt von einem Dasein im Schatten Angras. Erst mit dem Bau des nahe gelegenen Flughafens und mit der amerikanischen Militärbasis kam wieder frischer Wind in die Stadt, der harte Dollar brachte die Wirtschaft in Schwung. Als in der Mitte der 1980er Jahre der kilometerlange Hafendamm gebaut war, wurde Praia da Vitória endgültig Terceiras Tor zur Welt. Der Hafen wird bis heute laufend ausgebaut.

Vitorino Nemésio und die Wehmut der Azoreaner

Vitorino Nemésio (1901–1978) zählt zu den bedeutendsten Lyrikern der modernen portugiesischen Literatur. Seine Kindheit verbrachte er auf Terceira und Faial, sein Studium (Jura und Romanistik) absolvierte er an der Universität von Coimbra auf dem portugiesischen Festland. Als Dozent war er in Paris, Montpellier, Brüssel, in Brasilien und in verschiedenen Kolonien Portugals tätig, später erhielt er eine Professur an der geisteswissenschaftlichen Fakultät in Lissabon. Nebenbei arbeitete er als Journalist und schrieb und schrieb und schrieb: diverse Gedichtbände (*Canto Matinal* aus dem Jahr 1916 zählt zu den bekanntesten), Romane (*Mau Tempo no Canal* aus dem Jahr 1944 war einer der erfolgreichsten), Erzählungen, Geschichtsbände, Kritiken, Reiseberichte, Tagebücher und mehr als 9000 Briefe. Zudem soll er den Begriff *insularidade* geprägt haben, der das Lebensgefühl der Azoreaner in der ersten Hälfte des 20. Jh. kennzeichnet: die Trauer darüber, rückständig und von der Welt isoliert zu sein, die Schwierigkeiten, wegzukommen – und auf der anderen Seite das Heimweh jener Azoreaner, die ihre Inseln verlassen hatten. 2007 richtete man in Nemésios Geburtshaus an der Rua de São Paulo eine kleine Gedenkstätte ein, in der man u. a. seine Gitarre und seinen Kinderstuhl bewundern kann. In einem Lesezimmer können Interessierte, sofern sie des Portugiesischen mächtig sind, ausgiebig in Nemésios Romanen schmökern (Mo–Fr 9–18 Uhr, Eintritt frei).

Praia da Vitória 297

Übernachten
2 Hotel Residencial Teresinha
3 Pensão Branco
4 Residéncial Zig-Zag
6 Natalina Menezes S. Melo (Priv.)
7 Residéncial Salles
8 Varandas do Atlântico
10 Hotel Praiamarina

Einkaufen
10 Marina Souvenirs

Nachtleben
5 Etis
11 up & down/ Blues Bound Bar

Essen & Trinken
1 Cervejaria Topete
9 O Pescador
12 Tropical Point

Information/Verbindungen/Parken

• *Information* **art-Turismo**, Mai–Sept. tägl. 9–12 und 13.30–18.30 Uhr. In einem Kiosk am Largo do Conde da P. Vitória. ℅ 295543251.

• *Verbindungen* **Bushaltestelle** an der Rua Comendador Francisco J. Barcelos (nördlich des Largo do Conde da P. Vitória neben der Feuerwehr). Werktags von 6–19 Uhr fast stündl. Busse nach Angra do Heroísmo, zudem 6-mal tägl. (So nur 3-mal) die Küste entlang nach Biscoitos. Werktags nach Lajes (vorbei am Flughafen) von 7–19 Uhr fast stündl., So nur 4-mal tägl.

Taxis findet man am Largo Francisco Ornelas da Câmara. Nach Angra do Heroísmo 18 €, zum Flughafen 8 €, zur Algar do Carvão (retour) 30 €, nach Biscoitos 18 €.

Schiff: Praia ist der Haupthafen der Insel. Fährinformationen → An- und Weiterreise mit dem Schiff, S. 275. Fährtickets verkauft in Praia z. B. die **Agência de Viagens Teles** (s. u.).

• *Parken* Gute Möglichkeiten an der Marina.

Adressen/Sonstiges

• *Ärztliche Versorgung* **Krankenstation** an der Rua da Artesia im Südwesten des Zentrums. ℅ 295545000. In ernsteren Fällen empfiehlt sich, das **Krankenhaus** in Angra do Heroísmo aufzusuchen (→ S. 282).

• *Einkaufen* **Supermarkt Modelo**, tägl. 8.30–22 Uhr. Am Ortsrand oberhalb der Stadt.

Marina Souvenirs (10), T-Shirts, Kacheln,

Fruchtmarmeladen usw. Mo–Sa 9–18 Uhr. Im Glaspalast Edifício Beira Mar an der Uferpromenade.

Die Marina von Praia da Vitória

- *Feste/Veranstaltungen* Rund um den 11. August findet jährlich ein Festival mit Gesangs- und Tanzaufführungen, Paraden und großem Feuerwerk statt. Zudem wird ein Stierkampf am Strand veranstaltet. Das Tier wird dabei mit vereinten Kräften ins Wasser getrieben, nicht selten ereilt einen unbeteiligten Zuschauer das gleiche Schicksal. Ende Okt./Anfang Nov. steigt das **Festival do Ramo Grande** mit Worldmusic und Jazz.
- *Geld* An der Rua de Jesus **mehrere Bankautomaten**.
- *Internetzugang* Kostenloser Zugang über das **Nemésio-Geburtshaus** (→ Kasten) und die **Bibliothek** in der Casa das Tias gegenüber der Igreja Matriz. Mo–Fr 9–17 Uhr.
- *Mietwagen* → S. 276.
- *Polizei* Am Largo do Conde da P. Vitória. ✆ 295545480.
- *Post* Mo–Fr 8.30–18 Uhr. An der Praça F. Ornelas da Câmara.
- *Reisebüro* **Agência de Viagens Teles**, Flug- und Fährtickets. Mo–Fr 9–18 Uhr. Av. Alvaro Martins Homen 15 (beim Hafen), ✆ 295512044, www.telestravel.com.
- *Wäsche* **Lavanderia Artesia**, Reinigung, die auch wäscht. Abgerechnet wird nach Stück. Mo–Fr 9–12 und 13.30–18 Uhr, Sa halber Tag. Etwas zurückversetzt von der Rua da Artesia.
- *Öffentliche Toiletten* Oberhalb des Rathauses an der Rua de São Paulo sowie in der gelb-weiß ummauerten Parkanlage hinter der Marina.
- *Whale-Watching/Bootsausflüge* Bieten im Sommer mehrere Boote in der Marina an, u. a. **Ocean Emotion**. Whale-Watching 50 €. Bootsausflüge ab 30 €/Pers. ✆ 917072154 (mobil), www.ocean-emotion.com.

Übernachten (→ Karte S. 297)

Die Lärmbelästigung durch den nahen Flughafen hält sich in Grenzen, Menschen mit leichtem Schlaf sollten aber besser nach Angra do Heroísmo ausweichen.

- *Hotels/Pensionen* **** **Hotel Praiamarina (10)**, nur durch die Uferstraße vom Strand getrennt. Eines der modernsten Hotels der Azoren. Zimmer in schickem Design. Besonders empfehlenswert sind die Appartements zur Seeseite hin. Appartement für 3 Pers. 145 €, Studio für 2 Pers. 109 €, DZ 93 €. Avenida Beira Mar, ✆ 295540055, ✉ 295540056, www.hotelpraiamarina.com.

*** **Varandas do Atlântico (8)**, kleineres Haus mit nur 30 Zimmern. Wurde 2000 eröffnet, mittlerweile macht die Ausstattung einen leicht angekratzten Eindruck. Zimmer vorne raus mit schönem Buchtblick (6 € extra). EZ ab 72 €, DZ ab 89 €. Rua da Alfândega 19, ✆ 295540050, ✉ 295540051, www.hotelvarandas.com.

*** **Hotel Residencial Teresinha (2)**, 53 Zimmer auf 2 Gebäude verteilt – jene im Neubau geräumiger und mit Balkon. Dazu ein Pool. Sehr sauber, aber ohne besondere Note. EZ 45 €, DZ 59 €. Praceta Dr. Ma-

Praia da Vitória

Die Igreja Matriz de Santa Cruz in Praia da Vitória

chado Pires 45, ☎ 295540060, 📠 295542202, www.hotelteresinha.net.

Residêncial Salles (7), 25 extrem altbacken eingerichtete Zimmer, alle in beige-braunem Farbton gehalten und alle mit Klimaanlage. Terrasse mit Meeresblick, freundlicher Service. EZ 38 €, DZ 50 €. Praça Francisco Ornelas da Câmara 2 (neben der Post), ☎ 295512015, 📠 295513451, www.residencialsalles.com.

Residêncial Zig-Zag (4), 10 schlichte Zimmer mit Aircondition und z. T. nachträglich eingebautem Bad. Im EG ein Pub. Nach den Zimmern fragt man in der ebenfalls angeschlossenen Snackbar. EZ 30 €, DZ 40 €. Rua Duque de Palmela 3, ☎ 295512149, residencialzigzag@email.com.

Pensão Branco (3), typisches altes Stadthaus mit grau gestrichenen Fensterumrahmungen. Einfache, aber ordentliche Zimmer, fast alle mit TV. Hilfsbereiter Service. Faire Preise. DZ mit Etagenbad 25 €, EZ 15 €, DZ mit Bad 37,50 €, EZ 22,50 €; dürftiges Frühstück 2,50 €/Pers. extra. Estrada 25 de Abril 2, ☎/📠 295513459, www.residencialbranco.com.

● *Privatzimmer* **Natalina Menezes S. Melo (6)**, 6 Zimmer, fast alle mit TV, Teppich- oder Fliesenboden und Holzimitatdecke. Private Bäder, jedoch z. T. außerhalb der Zimmer. Spricht nur Portugiesisch. Als DZ 30 €. Rua Conde Vila Flor 48, ☎ 295513641.

Essen & Trinken/Nachtleben (→ Karte S. 297)

An der Uferpromenade eröffneten zuletzt einige schicke Fischlokale, von denen sich aber noch keines etabliert hat. Das kann sich aber ändern – probieren Sie es selbst aus. Wir verweisen daher an dieser Stelle auf die alteingesessenen Adressen:

● *Restaurants* **Tropical Point (12)**, ganz gemütliches Lokal mit windgeschütztem hölzernem Vorbau und Blick auf den Hafen. Zu empfehlen: Gegrilltes und Tintenfisch. Manche Gerichte mit brasilianischem Einschlag. Von Lesern gelobt. Hg. 9,80–18 €. Mo Ruhetag. Avenida Álvaro Martins Homen 11, ☎ 295542167. Darüber befindet sich das möchtegern-trendige, aber ganz gute Tex-Mex-Lokal **Arriba**. Beide Lokale haben bis 2 Uhr nachts geöffnet.

O Pescador (9), Fischliebhaber schwören auf das Lokal – greifen Sie z. B. zu *Cherne à Pescador*. Nicht ganz billig, Hg. 13,50–

17 €. So Ruhetag. Rua Conselheiro José Cardoso 11, ☎ 295513495.

Cervejaria Topete (1), am Largo Conde Vitória nahe der Bushaltestelle (gut zum Warten). Der freundliche Wirt der kleinen Bar erklärt einen schnell zum Stammgast. Leicht amerikanisierte Snackküche.

● *Nachtleben* Praias In-Treffpunkte der lokalen Jugend und jung gebliebenen US-Soldaten sind die schicken, urban wirkenden Bars im Glaspalast **Edifício Beira Mar** an der Uferpromenade. Tagsüber dienen die Spots als Cafés zum People-Watching. Das **up & down (11)** bietet z. B. grün-weißes Raumschiffambiente. Im Club im OG kann man an Wochenenden mit Meeresblick zu DJ-Sounds tanzen. Die **Blues Bound Bar (11)** nebenan ist ganz im roten Plastiklook gehalten. Hier werden regelmäßig Konzerte veranstaltet.

Außergewöhnlich ist die eher alternative Kneipe **Etis (5)**, ein Jugendtreff mit gelegentlichen Ausstellungen und Projekten. Hier trinkt man für einen guten Zweck, da mit den Einnahmen Sozialprojekte unterstützt werden. Schöner Hinterhofgarten. In der Rua de Jesus 26.

Lajes

Ein Ort mit zwei Gesichtern – verantwortlich dafür ist der Flughafen, der die Stadt in zwei Hälften teilt. Östlich der Landebahn, auf der Seite zum Meer, fühlt man sich wie in einem US-amerikanischen Provinzstädtchen. Für die hier stationierten GIs (ca. 1500 Amerikaner mit Familien) wurde eine eigene kleine Welt geschaffen mit Tennis- und Baseballplätzen, eigenen Schulen, Geschäften und sogar Krankenhaus.

Westlich vom Flughafen liegt der alte Stadtkern mit seinen gepflasterten Straßen. Im Zentrum ragt das dunkelblau-weiße Kirchturmdach der **Pfarrkirche São Miguel Arcanjo** hervor, ihr gegenüber steht eine schöne **Heilig-Geist-Kapelle** aus dem Jahr 1916. Egal aber, auf welcher Seite des Flughafens man steht, in Lajes sind die Fenster wegen des Fluglärms meist geschlossen, und je nach Windrichtung zieht über einen der Stadtteile zuweilen unangenehm stechender Kerosingeruch. 2003 fand in Lajes genau am Flughafen übrigens jener Gipfel statt, auf dem Präsident Bush seine Kollegen Blair und Aznar auf den Irakkrieg einschwor.

Verbindungen **Bus** werktags von 7–19 Uhr fast stündl. nach Praia da Vitória, So nur 4-mal tägl. Nach Biscoitos 6-mal tägl.

> Alles Wichtige zur An- und Abreise mit dem **Flugzeug** sowie zum Transfer nach Angra do Heroísmo auf S. 274.

Fontinhas

Die 1400-Einwohner-Gemeinde liegt am Fuß der **Serra do Cume** (→ S. 313); die zahlreichen hier entspringenden Quellen gaben der Ortschaft ihren Namen. Wegen seiner idyllischen Lage gilt Fontinhas als eine der schönsten Gemeinden des Nordostens. An manchen Häusern fallen die breiten, dreizackigen Kamine auf, einst typisch für diese Ecke der Insel (im Südwesten hingegen dominieren zylindrische Formen) – wegen ihres Aussehens nennt man sie *mãos postas*, „betende Hände". Ansonsten unterscheidet sich der Ort kaum von anderen der Gegend.

> **Wandertipp**: Bei Fontinhas beginnt ein netter, kurzer Wanderweg, auf dem man alte Karrenspuren entdecken kann (→ **Wanderung 16**, S. 314).

Alagoa da Fajãzinha   301

Weiter die Küste entlang

Alle Ortschaften Terceiras liegen in Küstennähe, die eine näher am Meer, die andere weiter weg, jedoch nie weiter als 4 km landeinwärts. Die Inselhauptstraße R 1-1° führt, stets in sicherem Abstand zum Meer, rund um die ganze Insel. Fast alle Orte entpuppen sich als endlos lange Straßendörfer, die teils fließend ineinander übergehen, nur das Ortsschild trennt sie zuweilen voneinander. Ihre Bewohner bedienen sich noch weitestgehend aus dem eigenen Garten – zu kaufen gibt es also nur das Nötigste. Dafür sind zahlreiche komplette Häuser im Angebot, auffallend sind die „Vende-se"-Schilder (*vende se* = zu verkaufen) am Straßenrand. Der Verkehr vor der Tür ist die Kehrseite der EU-Straßenbauförderung und des neuen Wohlstands.

Große Sehenswürdigkeiten sollte man bei der Inselumrundung nicht erwarten, die Fahrt lohnt in erster Linie der Landschaft und der Badebuchten wegen. Die einzige „richtige" Ortschaft, die mehr oder weniger nicht nur aus einer Häuserzeile rechts und links der Straße besteht, ist **Biscoitos**, der wohl schönste Ort der Nordküste. Das dortige Weinmuseum lädt auf eine Kostprobe ein und ein nett angelegtes Badegelände zum Schwimmen. Daneben ist aber auch die Bucht bei **Quatro Ribeiras** zu empfehlen. Typisch sind die *Burra di milho* in den Gärten, pyramidenförmige Gestelle, auf denen Maiskolben zum Trocknen festgebunden werden. Darunter steht meist noch eine Hundehütte als Rattenschreck. Schön wandern lässt es sich durch die **Mata da Serreta**, ein Eukalyptuswald im Inselwesten mit einem romantischen Picknickplatz.

Praia de Banhos/Baden

Knapp 4 km nordwestlich von Lajes breitet sich bei der Ortschaft Vila Nova zu Füßen hoher Klippen der abgeschiedene, kleine schwarze Kiesstrand Praia de Banhos aus, der allerdings nicht gerade einer der schönsten Badeplätze der Insel ist. Die letzten Meter vom Parkplatz hinunter zum Strand gleichen einer Rutschbahn ins Meer. Eine über Lavafelsen betonierte Plattform erleichtert den Einstieg ins Wasser. Im Sommer hält eine Snackbar Erfrischungen bereit.

● *Anfahrt* Von Lajes folgt man der inselumrundenden Straße nach Vila Nova. Noch bevor man das Zentrum erreicht, zweigt rechts eine Straße zum Hafen ab (Hinweisschild „Porto de Pesca/Zona balnear"). Kurz darauf ist der Weg zur Praia de Banhos ausgeschildert. Will man den Strand per Bus erreichen, muss man von der Küstenstraße ca. 1,5 km zu Fuß gehen.

Alagoa da Fajãzinha

Zwischen Vila Nova und Quatro Ribeiras zweigt von der Inselstraße R 1-1° ein ca. 2 km langes Sträßlein zur Alagoa da Fajãzinha ab. Dabei handelt es sich um eine von imposanten Klippen im Halbrund umgebene **Bucht**, in der sich das Meer in einzigartigem blauen Farbton präsentiert. Der Fußweg zu dem darüber liegenden Aussichtspunkt ging leider in die Brüche. Fährt man die Straße bis zu ihrem Ende weiter, gelangt man an einen weiten, sehr groben **Kiesstrand**. Bei rauer See sollte man von einem Bad absehen. Kein Imbiss. An der Abzweigung kommen die Busse von Praia nach Biscoitos vorbei.

Terceira
Karte S. 273

> **Wandertipp**: Zur Alagoa da Fajãzinha und ein Stück weiter entlang der Küste bis zur Ponta da Mistério führt der schöne, markierte Wanderweg *Percurso Pedestre PR 2 TER* (Dauer ca. 2 Std., Karte mit Wegbeschreibung beim Turismo in Angra). Der Einstieg mit Wandertafel liegt an der R 1-1° (von Vila Nova kommend ca. 400 m vor der Abzweigung zur Alagoa da Fajãzinha). Die Tour ist keine Rundwanderung – wer zurück zum Ausgangspunkt möchte, muss am Ende der Wanderung ca. 1,3 km entlang der R 1-1° zurücklaufen.

Quatro Ribeiras/Baden

Der Name des knapp 460 Einwohner zählenden Dorfs leitet sich von den vier Bächen ab, die (zumindest nach Regenfällen) durch die Ortschaft plätschern. An der **Ponta das Quatro Ribeiras**, dem östlichen Kap, das die gleichnamige Bucht begrenzt, liegt einer der idyllischsten Badeplätze an der rauen Inselküste (mit „Zona balnear/Miradouro" ausgeschildert, obwohl von einem Aussichtspunkt keine Rede sein kann). Entlang einem Bachlauf, vorbei an einem kleinen Wasserfall und einer alten Mühle, gelangt man zur Küste. Aus dem Meer ragen Lavafelsen, die über betonierte Stege und Treppen miteinander verbunden sind und natürliche Schwimmbecken bilden. Im Sommer hat ein kleines Café geöffnet.

Etwa 1 km weiter westlich (an der **Ponta da Furna**) thront auf einer Landzunge hoch über dem Meer ein herrlicher Aussichtspunkt mit Picknickmöglichkeit (schon von der Straße aus zu sehen).

An der Ponta das Quatro Ribeiras

Verbindungen Bus 6-mal tägl. nach Praia da Vitória und Biscoitos.

Biscoitos

Im kleinen Ortskern des mit 1300 Seelen größten Ortes der Nordküste steht eine der schönsten Heilig-Geist-Kapellen Terceiras, hier findet man auch ein paar Restaurants und Läden.

Nicht selten scheint in Biscoitos die Sonne, wenn sich auf der Südseite der Insel die dunklen Wolken an der Serra de Santa Bárbara stauen. Aus zwei Gründen lohnt dann ein Ausflug in das Städtchen: Zum einen bietet der Ort nahe dem alten Walfängerhafen (mit „Porto das Biscoitos/Zona balnear" ausgeschildert) gute **Bademöglichkeiten** zwischen schwarzen, sich ins Meer erstreckenden Lavazungen. Zum anderen ist auch das **Weinmuseum der Adega Brum (Museo do Vinho)**, im Zentrum, ausgeschildert) einen Besuch wert, das auf anschauliche Weise die Geschichte des Weinbaus auf Terceira erzählt. Allen Anfang machte im 19. Jh. der Flame Francisco Maria Brum, der die aus Sizilien stammende weiße Rebsorte Verdel-

Altares 303

ho einführte und das erste Weingut der Insel gründete. Der Betrieb wird bis heute fortgeführt, mittlerweile in der vierten Generation. Hüfthohe Steinmauern schützen die Rebstöcke vor den Nordwinden, und die schwarze Biskuitlava über den Wurzeln spendet Wärme. Davon ist auch der Name des Orts abgeleitet: Biscoitos sind Biskuits, womit die besonders „bröselige" Lavaform der Gegend gemeint ist, die an Kekse erinnert. Wer das Glück hat, Ende August zur Weinlese vor Ort zu sein, kann zusehen, wie die Trauben noch mit den Füßen zerstampft werden. Den Abschluss des Museumsbesuchs bildet eine Kostprobe des schweren Weines – eigentlich mehr ein Aperitif –, von dem jährlich gerade mal 8000 l gekeltert werden, um dann mindestens drei Jahre in Fässern zu reifen.

● *Verbindungen* **Bus** 6-mal tägl. nach Praia da Vitória und 7-mal tägl. nach Angra do Heroísmo, davon 6-mal die Westküste entlang.

● *Übernachten* **Quinta do Rossio**, hoch über Biscoitos im grünen Abseits. Die Betreiber Alberto und Isabel sind sehr freundlich und englischsprachig. Vermietet werden 4 recht kleine, aber liebevoll gestaltete Zimmer, zudem ein Haus in Biscoitos. DZ 70 €, EZ 50 €. Anfahrt: Biscoitos Richtung Altares verlassen, bei der Schule links ab und für 1,1 km bergauf fahren, dann ausgeschildert (vom Schild noch 300 m). Lugar do Rossio 20, ✆ 295908325, www.quintadorossio.com.

Maria Guadalete, vermietet auf ihrem kleinen Anwesen ein kleines, einfaches Appartement – als „sehr freundlich und sauber" beurteilen es Leser. Falls belegt, vermietet sie auch ein Zimmer in ihrer Wohnung (das Bad teilt man dann mit der guten Dame). Falls das auch belegt ist, kann Frau Guadalete weitere Privatzimmer vermitteln. Keine Fremdsprachenkenntnisse. Für 2 Pers. 25–30 €. Caminho do Concelho 106 (an der Durchgangsstraße direkt neben der Post), ✆ 295908766 o. 964520175 (mobil).

● *Camping* **Parque de Campismo Biscoitos**, östlich des Badegeländes, ca. 1 km abseits des Zentrums. Recht großer, parzellenartig angelegter Platz mit Meeresblick, leider von einem wenig romantischen Zaun umgeben. Bislang noch sehr schattenlos, die Sanitäranlagen (Warmwasserduschen) sind dafür okay. Mit Snackbar und Grillmöglichkeiten. Bleiben die Pächter, wird der Platz auch zukünftig ganzjährig geöffnet sein. 2 Pers. mit Zelt 3,50–4,50 €. Anfahrt: In Biscoitos hält man sich zunächst in Richtung Badezone. Wenn man das Meer beim rot-weißen Leuchtfeuer erreicht, rechts ab in den Caminho de Santo António. ✆ 964271385 (mobil).

● *Essen & Trinken* **Porto dos Biscoitos**, Bar und Restaurant, kleine Karte mit Fisch- (gute Meeresfrüchte) und Fleischgerichten zu 6,50–12 €. Winzige Terrasse, im Sommer oft überlaufen. Restaurant tägl. 11.30–15.30 und 18–22 Uhr, im Winter Mo Ruhetag. Am Hafen, ✆ 917951537 (mobil).

O Pedro, einfaches, aber nettes Lokal mit gutem Preis-Leistungs-Verhältnis. Unregelmäßig geöffnet, je nach Laune des Wirts ab. Innenhof, Bar. Im Zentrum an der Durchgangsstraße, ✆ 961434988 (mobil).

● *Feste/Veranstaltungen* Die **Festa do Vinho dos Biscoitos** des örtlichen Museums findet stets am 1. Septemberwochenende statt, wenn die Weinlese abgeschlossen ist und der neue Wein probiert werden kann.

● *Weinmuseum Adega Brum* Tägl. (außer Mo) 10–12 und 13.30–17.30 Uhr, im Winter bis 16.30 Uhr, Eintritt frei. 6 verschiedene Weine werden gekeltert, Flaschenpreis 4–12,50 €, der trockenste Wein ist der edelste und teuerste.

Terceira
Karte S. 273

Altares

Zwischen Biscoitos und Altares verläuft die Kreisgrenze zwischen den Concelhos von Angra do Heroísmo und von Praia da Vitória. Im schmucken Altares selbst leben knapp 900 Einwohner an der inselumrundenden Küstenstraße R 1-1°. Das Weideland ist durch Steinmauern parzellenartig unterteilt. Einen herrlichen Blick über die eigenwillig strukturierte Landschaft genießt man vom Hügel **Matias Simão** (153 m) unmittelbar an der Küste. Hinter dem darauf errichteten Kreuz fällt die Insel in steilen Klippen zum Meer hin ab. Im Zentrum des Ortes kann man dem netten kleinen **Heimatmuseum Núcleo Museológico dos Altares** neben der blau-weißen Kirche einen Besuch abstatten (nur Mi und So 14–17 Uhr, Eintritt frei).

- *Anfahrt/Wegbeschreibung* Wer den Matias Simão erklimmen möchte, zweigt, von Biscoitos kommend, nach einer kurz aufeinander folgenden Links-Rechts-Kurvenkombination in den Canada do Pico zur Küste hin ab. Es ist ratsam, den Weg zu Fuß zurückzulegen, die letzten Meter sind ohnehin nicht befahrbar.
- *Essen & Trinken* **Restaurante Caneta**, rustikal dekoriertes Restaurant mit brillantem Ruf. Bestuhlter Hof im Sommer. Sehr gute regionale Spezialitäten, darunter *Alcatra* und Blutwurst. Hg. 5,50–16 €. Mo Ruhetag. An der Durchgangsstraße, ✆ 295989162.

Raminho

Auf Altares folgt Raminho mit 600 Einwohnern. Es ist noch kein Jahrzehnt her, da gab es hier noch viele leer stehende, halb verfallene Häuser, die ihre ganz eigene Geschichte von der Emigration erzählten. Mittlerweile wurden fast alle renoviert, in der Hauptsache von jungen Familien, die in Angra arbeiten, sich dort aber keine Wohnung leisten können (Angras Mietpreise zählen zu den höchsten der Azoren). Die Landschaft prägen saftige Weiden voller Rinder. Der Blick auf die bewaldeten Hänge der **Serra de Santa Bárbara** lässt den Besucher fast glauben, er sei im Allgäu, wäre da nicht auf der anderen Seite das Meer.

Kurz hinter den letzten Häusern Raminhos (an der Straße nach Serreta) passiert man an der **Ponta do Raminho** einen der schönsten Aussichtspunkte Terceiras (mit „Miradouro do Raminho" ausgeschildert). Besonders am Abend, wenn die Sonne den Horizont küsst und in der Ferne Graciosa und São Jorge auszumachen sind, ist es hier herrlich. Vom Parkplatz beim Aussichtspunkt führt zudem ein befahrbarer Weg zu einem **Walausguck** aus den 1950ern. Mit Glück sieht man von dort die Riesensäuger vor der Steilküste vorüberziehen. Im Wäldchen neben dem Walausguck gibt es einen spartanischen, aber überaus idyllischen Campingplatz. Ein Pfad führt von dort hinunter zum Meer.

Wandertipp: Von Raminho führt ein herrlicher Wanderweg nach Serreta → **Wanderung 17**, S. 315.

Raminho

Ponta do Queimado 305

• *Verbindungen* **Bus** 6-mal tägl. nach Biscoitos und nach Angra do Heroísmo.

• *Camping* Außer traumhaften Ausblicken von der Ponta do Raminho bietet der kostenlose Platz eine Feuerstelle und nur eine Toilette und eine Kaltdusche pro Geschlecht – je nach Sauberkeit ist das Campen hier ein Traum oder eine Katastrophe. Einen kleinen Laden gibt es in Raminho bei der Kirche (rund 3,5 km zu Fuß).

Angst und Schrecken aus der Tiefe

Fast sah es aus wie die Fontäne eines Wals: In den Jahren 1998, 1999 und 2001 stieg ca. 10 km westlich von Terceira heißer Wasserdampf aus der See empor. Dazu schossen immer wieder Lavabrocken in die Höhe, manche groß wie Autos, teils explodierten sie wegen des enormen Temperaturschocks. Danach schwammen sie kurz auf der Oberfläche und verschwanden wieder. Ursache waren die Eruptionen eines unterseeischen Vulkans, dessen Aktivität Angst und Schrecken verbreitete, aber auch Faszination. Vulkanologen der Universität der Azoren und Wissenschaftler vom Festland untersuchten das seltene Naturschauspiel und gaben dem Vulkan den Namen Serreta. Die Fischer machen bis heute einen großen Bogen um den Ort.

Mata da Serreta

Folgt man von Raminho der inselumrundenden Küstenstraße R 1-1° weiter in Richtung Süden, erreicht man Mata da Serreta, einen Picknickplatz wie aus dem Bilderbuch. Ein Ort mit plätscherndem Brunnen und Blumen – so farbenfroh, dass er als Kulisse für eine Walt-Disney-Verfilmung herhalten könnte. Wer sich den Aufenthalt an diesem wunderbaren, nach Eukalyptusbäumen duftenden Ort erst verdienen möchte, der wandert am besten von Raminho aus hierher (→ S. 315).

Der nahegelegene, leer stehende Gebäudekomplex etwas oberhalb der R 1-1° (Richtung Raminho) war einst ein Vier-Sterne-Hotel, in dem sich Anfang der 1970er Jahre Präsident Nixon mit seinem französischen Kollegen Pompidou traf. Trotz dieser prominenten Begegnung musste das Hotel aus Gästemangel schließen; danach diente es einige Jahre als Therapiestätte für Drogenabhängige. Eine Renovierung und Wiederaufnahme des Hotelbetriebs wird seit Jahren angekündigt.

Wandertipp: Durch das Waldgebiet Mata da Serreta führt **Wanderung 17** (→ S. 315). Neben der beschriebenen Wanderung gibt es auch einen markierten Rundwanderweg, den *Percurso Pedestre PRC 3 TER*, der jedoch weniger abwechslungsreich ist und nördlich der Ortschaft Serreta beginnt (Dauer ca. 2 ½ Std., Karte mit Wegbeschreibung beim Turismo in Angra). Um zum Einstieg in den offiziellen Wanderweg zu gelangen, zweigt man, auf der Durchgangsstraße von Angra kommend, 700 m hinter der Kirche von Serreta beim Café & Mercado Serreta rechts ab. Hier befindet sich auch ein großes Hinweisschild „Trilho Turistico Walking Trail". Wer mit dem Bus anfährt, steigt hier aus. Von der Abzweigung sind es rund 700 m bergauf (zu Fuß recht schweißtreibend), bis eine Wandertafel den Einstieg markiert.

Ponta do Queimado

Nördlich des Straßendorfs **Serreta** erstreckt sich die Landzunge Ponta do Queimado (auch **Ponta da Serreta** genannt) ins Meer. Wie die Ponta do Raminho ist auch

Terceira

Das Neujahrsbeben von 1980

In der Silvesternacht 1979/80 krachte es – Sektkorken, Böllerschüsse, Raketen, Feuerwerk. Nachdem elf Sekunden lang die Erde lautlos gebebt hatte, krachte es am folgenden Nachmittag um 15.42 Uhr erneut. So manche glaubten, die letzte Nacht noch nicht recht verdaut zu haben, und wer noch im Bett lag, zog die Decke noch einmal über den Kopf. Das Krachen aber, das auf das Beben folgte, rüttelte jeden wach. Ganze Häuserzeilen fielen in sich zusammen, Kirchtürme stürzten um. Terceira, São Jorge und Graciosa lagen in Trümmern. Auf den drei Inseln wurden über 60 Tote gezählt, über 5400 völlig zerstörte Häuser und über 20.000 obdachlos Gewordene registriert. Am schlimmsten traf es die Südwestküste Terceiras – in dem Dorf Doze Ribeiras blieben ganze fünf Häuser unbeschädigt, und in der Inselhauptstadt Angra do Heroísmo waren 65 % der Häuser unbewohnbar geworden.

Das Epizentrum des Bebens wurde zwischen Terceira und São Jorge ermittelt. Auslöser war ein gewaltiger Erdeinbruch mehrere tausend Meter unter dem Meer. Ein Fischer, der zu diesem Zeitpunkt gerade auf See war, berichtete, dass der Meeresspiegel plötzlich um mehrere Meter nach unten gefallen sei.

Von der Katastrophe von einst ist heute nichts mehr zu sehen, der Wiederaufbau ist abgeschlossen. Hilfe kam vom Festland, aber auch aus den USA und Kanada, die den Betroffenen Einwanderungsvisa samt Arbeitserlaubnis ausstellten. Viele machten davon Gebrauch und sparten dort jeden Cent mit dem Hintergedanken, wieder nach Hause zu kommen und sich eine neue Existenz aufzubauen.

---

sie ein beliebter Platz für Sonnenuntergänge – bei guter Sicht sind nicht nur Graciosa und São Jorge im Abendrot zu sehen, sondern dahinter auch die Silhouetten Picos und Faials. Zugleich ist die Landzunge einer der besten Angelplätze der Insel. Die Landschaft ist bizarr, von der Aussichtsplattform beim einstigen Walausguck beeindrucken die Farbabstufungen der Steilküste: unten am Meer grauer Fels, darüber tiefschwarze Erdschichten, zur Abbruchkante hin ist schließlich alles grün überwuchert. Zum Baden ist die Bucht leider weniger geeignet.

• *Anfahrt/Wandern* Von Biscoitos kommend, zweigt man am Ortsbeginn von Serreta nach rechts auf die Straße zum Leuchtturm ab, der Beschilderung „Farol" folgen. Am Leuchtturm vorbei geht es dann steil zur Küste hinab. Zudem führt ein Abstecher auf Wanderung Nr. 17 vorbei.

Rinderwahnsinn – Stierkampf auf der Straße

Eine Besonderheit Terceiras sind die über den ganzen Sommer auf den Straßen stattfindenden Stierkämpfe, gemeinhin als Tourada à Corda, als Stierkampf am Strick bezeichnet. Das Spektakel reicht auf der Insel bis ins 16. Jh. zurück – schon damals grasten hier auf den Weiden über 10.000 Rinder.

Jedes Dorf veranstaltet Straßenstierkämpfe, in manchen Dörfern sogar jeder Straßenzug. Dabei wird der Stier von ein paar kräftigen Männern, den Mascardos da Corda, an einem Strick durch die Gassen am sensationslustigen Publikum vorbeigetrieben. Dieses steht geschützt hinter Zäunen oder verfolgt aus luftiger Höhe, an Telefonmasten geklammert, wie sich die Dorfjugend und ein paar Betrunkene mit dem Stier anlegen. Trotz der Leine ist der Aktionsradius des Tieres groß, die Mascardos lassen ihm viel Spiel, sodass für Spannung und Stimmung gesorgt ist, an der auch Hemingway seine Freude gehabt hätte. Ein beliebter Trick ist es, ganz nah an den Stier zu treten und ihn mit dem Regenschirm zu reizen, bis er mit den Hufen scharrt. Dann heißt es, den Schirm aufspringen lassen und Fersengeld geben. Ganz ungefährlich ist der Stierkampf an der Leine nicht, immer wieder kommt es vor, dass sich der Stier von den Mascardos losreißt – so mancher hat dann schon Narben davongetragen. Die Ambulanz steht deshalb immer vor Ort bereit. Aber auch für die Stiere geht das Spektakel oft nicht ohne Blessuren ab. Früher, als das Gros der Straßen noch ungeteert war, fanden die Tiere im erdigen Boden Halt. Heute hingegen schlittern sie oft, insbesondere nach Regen, über den glatten Asphalt, stürzen, verlieren dabei ihre Hörner oder ziehen sich Schürfwunden zu. Wer ein Herz für die Stiere hat, bleibt den Kämpfen besser fern.

Nach dem Kampf darf sich der Stier auf den Weiden im Inselinneren erholen, getötet wird er bei der portugiesischen Form des Stierkampfs nicht. Nebenbei: Das Straßenspektakel ist auch eine Art lokaler Wirtschaftsförderung. Denn die Kämpfe sind ein gesellschaftliches Ereignis ersten Ranges, zu dem man einlädt, und das Anlass genug ist, sich neu einzukleiden oder gar die Fassade seines Hauses zu streichen.

Eine neuere, erst in den letzten Jahrzehnten aufgekommene Form des Stierkampfs ist der an Stränden und Bootsstegen. Dabei wird der Bulle von der Dorfjugend ins seichte Wasser getrieben und an der Flucht zurück ans Land gehindert. Nicht selten werden dabei auch Unbeteiligte nass bis aufs Hemd.

Stierkämpfe gibt es zudem in der Arena von Angra do Heroísmo oder in erloschenen Kratern, quasi als natürliche Arena. Diese Variante ähnelt dem Stierkampf auf dem portugiesischen Festland. Die Regierung Salazars versuchte übrigens einmal, die Kämpfe per Dekret von den Werktagen auf das Wochenende zu verlegen – ohne Erfolg.

Hinweis: Wann und wo Straßenstierkämpfe stattfinden, erfährt man über die Tourist Information in Angra und unter www.toiroscorda.com. Im Sommer findet fast täglich ein Stierkampf statt, an manchen Tagen sind es auch zwei oder drei. Den Beginn jeder Kampfrunde läutet ein Böllerschuss oder der Knall einer Rakete ein. Dann müssen Sie einen sicheren Platz gefunden haben. Setzen oder stellen Sie sich nicht auf oder hinter Mauern, wo Sie der Einzige sind! Die sicheren Plätze sind dort, wo sich die Locals aufhalten!

- *Essen & Trinken* **Ti Choa Restaurante Tipico**, rustikales Lokal in einem liebevoll restaurierten Haus. Deftige Inselkost mit selbst gebackenem Brot, nach Lesermeinung „extralecker" und dazu günstig. So Ruhetag. Rund 200 m südlich der Kirche an der Durchgangsstraße von Serreta, ℡ 295906673.

Cinco Ribeiras

Knapp über 600 Einwohner zählt die Ortschaft im Südwesten der Insel. Und da sie ein typisch azoreanisches Straßendorf ist, leben ca. 300 davon rechts der Straße und 300 links davon. Dabei können sich die Bewohner rechts der Küstenstraße (von Mata da Serreta kommend) zweier Attraktionen rühmen. **Casa Tipica** nennt sich das Privatmuseum von Dr. Marcelino Moules (ausgeschildert). Das Haus aus dem 16. Jh. wurde in den 1990er Jahren restauriert und erinnert heute als ethnographisches Museum an das Inselleben von einst. Das zweite Zugpferd des Dorfs ist die **Queijaria Vaquinha** (ebenfalls ausgeschildert), die Vorzeigekäserei der Insel, die zur Besichtigung mit Kostprobe einlädt.

Von der inselumrundenden Straße zweigt in Cinco Ribeiras ein ca. 2 km langes Sträßlein zum kleinen Kap **Ponta das Cinco** ab (Beschilderung „Porto das Cinco Ribeiras"). Unterhalb einer Kapelle kann man dort von einer Betonplatte und einem Steg ins Meer springen. Die Ponta das Cinco zählt zwar nicht gerade zu den attraktivsten Badeplätzen der Insel, aber wenn an Wochenenden überall viel Trubel herrscht, geht es hier meist noch beschaulich zu. 100 m westlich der Kapelle laden steinerne Tische und Bänke zum Picknicken ein.

- *Camping* **Parque Campismo Cinco Ribeiras**, ordentlicher, jedoch unschön umzäunter Platz, z. T. schattig. Sanitäranlagen okay. Grillstellen. Snackbar, Restaurant in der Nachbarschaft. Zelt pro Tag je nach Größe 2,70–3,50 €, Auto 0,90 € extra. Anfang Juni bis Ende Sept. Direkt neben der Kapelle. ℡ 295907087.

- *Öffnungszeiten Casa Tipica* Offiziell nur vom 10. Juli bis 21. Aug. Mo–Fr 9.30–13 Uhr u. 14–17.30 Uhr. Für alle anderen Zeiten kann man unter ℡ 295907063 o. 295907169 einen Termin vereinbaren. Eintritt frei.
- *Öffnungszeiten Käserei* Mo–Fr 9–22 Uhr, Sa/So 15–22 Uhr. Eintritt frei.

São Mateus da Calheta

Ziemlich dicht bebaut ist der knapp 5 km lange Küstenabschnitt, der sich von Angra do Heroísmo bis nach São Mateus da Calheta zieht, von den Einheimischen schlicht São Mateus genannt. Die Häuser des Fischerorts stehen auf einer zum Meer hin leicht abfallenden Landzunge. Der Hafen davor wurde mit EU-Mitteln ausgebaut – zum Wohle der Fischer, die nun ihre Boote nicht mehr allabendlich an Land ziehen müssen, und zum Wohle ihrer Kinder, die im nun sicheren Hafenbecken planschen können. Darüber thront die **Pfarrkirche** aus dem 16. Jh., die dem Hl. Matthäus geweiht ist. Nach dem Erdbeben von 1980 drohte ein Turm der Kirche einzustürzen, und man beschloss, ihn kurzerhand wegzusprengen. Dabei kippte er so ab, dass er zwei bis dahin verschont gebliebene Häuser unter sich begrub. Heute stehen beide Türme wieder.

Ein Besuch von São Mateus lohnt besonders am frühen Morgen, wenn die Fischer von ihrem nächtlichen Fang zurückkehren. Aber auch am Abend ist ein Ausflug nach São Mateus zu empfehlen, v. a. wegen der Restaurants, die ausgezeichnete Fischgerichte servieren und ohne ein aufgesetztes Ambiente auskommen. Die meisten Bars und Restaurants liegen nahe beim Hafen – allzu viele sind es dennoch

São Mateus da Calheta 309

nicht. Hier kann man auch in der **Casa dos Botes Baleeiros**, einem kleinen kapellenartigen Gebäude, drei alte Walfangboote besichtigen. Sechs Mann klammerten sich darauf einst an die Ruder. Die Casa dos Botes Baleeiros ist zugleich so etwas wie ein Altherrentreff; nicht wenige der Männer, die sich hier zum Plausch versammeln, fuhren selbst als Walfänger zur See. 1970 wurde auf Terceira übrigens das letzte Mal gejagt (gewöhnlich am Nachmittag geöffnet, Eintritt frei).

In westlicher Richtung zieht sich der Ort an der Küstenstraße R 1-1° bis nach **Porto Negrito**, einem Hafen, den im 16. Jh. eine Festung schützte, von der noch die Fundamente zu erkennen sind. Die zubetonierte Bucht ist heute ein beliebter, aber nicht unbedingt schöner Badeplatz. Eine Snackbar in der alten Festungsanlage darüber bietet Erfrischungen an.

• *Verbindungen* **Bus** 6-mal tägl. nach Angra und Biscoitos.

• *Übernachten* **Casa do Pombal**, schön restauriertes altes Landhaus mit 4 kleinen, aber feinen und liebevoll eingerichteten Zimmern im ländlich-rustikalen Stil. Alle mit privaten Bädern, Kühlschrank und TV. Garten, Pool, Pferde zum Ausreiten. Reservierung erforderlich. EZ 85 €, DZ 90 €. Anfahrt: Der Küstenstraße von São Mateus nach Angra folgen. Wenn es links zur Quinta do Martelo abgeht (Wegweiser an einer Bushaltestelle) ebenfalls nach links abbiegen. Nächste Möglichkeit bei einem gelben Haus mit grünem Tor links, unmittelbar darauf wieder rechts, dann nach ca. 400 m linker Hand. Canada do Pombal 37, ℡ 968530498 (mobil), casadopombal@gmail.com, www.casadopombal.com.

Quinta de Nossa Senhora das Mercês, wunderschönes Herrenhaus, nur von der Küstenstraße vom Meer getrennt. Gemütliche Terrasse und stilvolle Salons zur Seeseite, hinten raus das Gros der 12 komfortablen Zimmer. Dazu eine Suite. Tennisplatz, großer Garten, Pool mit Meeresblick, Kapelle usw. Abendessen nach Vorbestellung. EZ 112 €, DZ ab 122 €. Caminho de Baixo. Von Angra auf der R 1-1° kommend direkt hinter dem Ortsschild von São Mateus rechter Hand, ℡ 295642588, ℡ 295642540, www.quintadasmerces.com.

Quinta do Martelo, ein altes Landgut 2 km landeinwärts mit über 90.000 m² Grund, eine Idylle mit Obstgärten, Weiden, Ställen, Brunnen und einem kleinen Bauernmuseum. Fitnessraum, Tennisplatz, Pool, gemütliches kleines Restaurant. Die 10 Zimmer sind zwar nicht die größten, dafür freundlich eingerichtet. Dazu 3 komplett ausgestattete Häuser für 2–6 Pers. Reservierung erwünscht. DZ 100 €, EZ 92 €, Haus für 2 Pers. 120 €. Canada do Martelo 24 (der Küstenstraße von São Mateus

Am Hafen von São Mateus da Calheta

Gerade Linien überm Hügelland

nach Angra folgen, dann ausgeschildert), ✆ 295642842, ℻ 295642841, www.quintadomartelo.com.

Pousada de Juventude, in netter Lage auf einer Landzunge über dem Meer. Wer hier aber den Standard der Jugendherbergen von Ponta Delgada oder Pico erwartet, wird enttäuscht sein. Großer Zweckbau, zwar nicht allzu alt, aber schon in die Jahre gekommen und ohne Flair. Unterkunft für Fußballmannschaften und sonstige Gruppen. Viele Zimmer mit Meeresblick. Übernachtung im Mehrbettzimmer (max. 6 Pers.) 14,50 €, Appartement für 4 Pers. 56,50 €. Porto Negrito. Von Angra kommend am Ortsausgang von São Mateus (der Bus nach Biscoitos fährt daran vorbei), ✆/℻ 295642095, terceira@pousadajuvacores.com, www.pousadasjuvacores.com.

• *Essen & Trinken* **Adega de São Mateus**, einfach-rustikales Restaurant mit Kachelschmuck. Relativ große Auswahl an Fleischgerichten, aber auch Fisch steht auf der Karte. Preise wie das Beira Mar, bezüglich der Lage kann es aber nicht mithalten. Sa Ruhetag. Gegenüber der Kirche, ✆ 295642345.

Beira Mar, Top-Fischlokal mit fairen Preisen – Meeresfrüchte und fangfrischer Fisch werden in einer großen Vitrine präsentiert. Schmale Terrasse. Mit ca. 10 € i(s)st man dabei. Das Restaurant soll umgebaut und um eine große Außenterrasse erweitert werden – man kann nur hoffen, dass es danach nicht zu trendig und deshalb dreimal so teuer wird. Mo Ruhetag. Blau-weißes Haus am Hafen mit Blick aufs Meer, ✆ 295642392.

A Venda do Ti Manel da Quinta, zur Quinta do Martelo gehörend (→ Übernachten). Gepflegt-rustikales Restaurant in alten Gemäuern (im obersten Gebäude der Anlage mit der grünen Fensterumrahmung). Traditionelle Küche mit Biogemüse aus dem eigenen Garten. Besonders beliebt ist die *Alcatra de peixe* (Fischeintopf). Als Beilage bekommt man *Inhame* (Yams), ein mittlerweile selten gewordenes Wurzelgemüse. Mi Ruhetag. Hg. ab 10 €. ✆ 962812796 (mobil).

Inselinneres

Das Inselinnere von Terceira ist in erster Linie die Heimat von über 50.000 Rindern. Außer ein paar Gehöften findet man keine Siedlungen. Die sattgrüne Landschaft ist zwar reizvoll, doch im Vergleich zu der anderer Azoreninseln eher zweitklassig.

Ein gut ausgebautes Straßennetz führt an grasüberzogenen Kratern, an Aschehügeln und kleinen Seen vorbei, die auch im Sommer mit Wasser gefüllt sind. Auf den Weiden grasen nicht nur Kühe, hier werden auch die schwarzen Stiere gezüchtet, die bei den Stierkämpfen auf der Straße zum Einsatz kommen. Sehenswert ist die Höhle **Algar do Carvão**. Hinab steigt man durch einen Vulkanschlot, ähnlich der Furna do Enxofre auf Graciosa, doch Algar do Carvão ist im Vergleich dazu eher zweite Wahl. Gleiches gilt für die Schwefeldampfquellen **Furnas do Enxofre**, deren spärliche Dampfschwaden sich mit denen bei Furnas auf São Miguel nicht messen können. Die winzigen Seen sind zum Baden alle ungeeignet, an den Ufern lässt es sich jedoch herrlich picknicken. Nicht versäumen sollte man einen Abstecher auf die **Serra de Santa Bárbara**, von der bei guter Sicht alle Inseln der Zentralgruppe zu sehen sind.

Im Inselinneren: Mauern grenzen die Weiden ab

Serra de Santa Bárbara

Wer hoch hinaus will, kann auf die in der Westhälfte Terceiras liegende, mit 1021 m höchste Erhebung der Insel fahren. Der Weg durch anfangs dichte Wälder hinauf lohnt aber nur bei klarer Sicht. Unterwegs jagt man unzählige Kaninchen in die Flucht. Ganz oben, ähnlich wie auf der Serra do Cume im Inselosten (→ S. 313), ein kleiner Wald aus Antennen, Schüsseln und Sendemasten portugiesischer Telefonanbieter und der auf Terceira stationierten US-Base. Ansonsten finden sich in dieser Höhe nur noch Moose, Gräser und niedrige Sträucher. Der letzte Ausbruch des Vulkanbergs ereignete sich übrigens 1867. Damals ergoss sich die Lava aus einer Seitenflanke des Berges, die begleitenden Beben zerstörten die Ortschaft Serreta, wie durch ein Wunder kam kein Mensch ums Leben.

Anfahrt Auf etwa halber Strecke zwischen Doze Ribeiras und der Kreuzung beim Pico Bagacina zweigt eine schmale Straße zur Serra de Santa Bárbara ab.

312   Terceira

Lagoa da Falca/Lagoa das Patas

Der von Seerosen geschmückte kleine See, auch Lagoa das Patas (Ententeich) genannt, liegt in einem dicht bemoosten Zedernwald an der Straße, die von Doze Ribeiras zur Kreuzung beim Pico Bagacina führt. Zum Picknicken findet man kleine Steintische zwischen den Bäumen. Nahebei steht eine Kapelle. Alles hat etwas Märchenhaftes.

Lagoa do Negro/Gruta do Natal

Eingebettet in eine sattgrüne, an Schottland erinnernde Landschaft, liegt nahe dem 622 m hohen Pico Gordo der kleine Bergsee Lagoa do Negro. Unmittelbar neben dem quakenden Gewässer befindet sich der Eingang zur **Gruta do Natal**, einer tunnelähnlichen, rund 675 m langen Grotte, in der alljährlich an Weihnachten eine Messe gelesen wird. Ein der Öffentlichkeit nicht zugänglicher Teil der Höhle erstreckt sich direkt unter dem Lagoa do Negro. Südwestlich des Sees erheben sich die **Mistérios Negros**, Lavahügel, auf denen sich langsam die erste Vegetation entwickelt.

- *Anfahrt* Die Abzweigung zum See ist von der Verbindungsstraße Angra do Heroísmo – Biscoitos ausgeschildert.

- *Öffnungszeiten der Grotte* 21. März bis 31. Mai und Okt./Nov. 15–17.30 Uhr, Juni und Sept. 14.30–17.45 Uhr, Juli und Aug. 14–18 Uhr. Eintritt 3,50 €.

> **Wandertipp**: Von der Gruta do Natal führt **Wanderung 18** (→ S. 317) als Rundwanderweg durch die Mistérios Negros.

Furnas do Enxofre

An Terceiras vulkanischen Ursprung erinnern heute fast nur noch erloschene Krater. Der einzige Ort, an dem es noch ein wenig „raucht", sind die Schwefeldampfquellen Furnas do Enxofre nahe der Höhle Algar do Carvão, fast in der geographischen Mitte der Insel. Die Besichtigung der Fumarolen empfiehlt sich frühmorgens, wenn die Außentemperaturen noch niedrig sind und der heiße Dampf gut sichtbar ist. In dem Gebiet soll – wie bereits auf São Miguel vorhanden (→ S. 217) – ein geothermisches Kraftwerk entstehen, das, so hofft man, zukünftig 50 % des Inselstroms liefern wird.

- *Anfahrt* Von der inseldurchquerenden Straße zwischen Angra und Biscoitos ausgeschildert. Die letzten Meter sind unbefestigt, fahren Sie durch bis zum Parkplatz.

Achtung: Bleiben Sie auf dem vorgegebenen Rundweg. Wegen Kohlendioxidaustritts und giftiger Gase ist der Aufenthalt abseits der Wege gefährlich.

Höhle Algar do Carvão

Die Höhle ist 100 m tief und mehr als 2000 Jahre alt. Über Treppen steigt man durch den einstigen Förderschlot eines erloschenen Vulkans ins Innere der Insel. Vorbei an Stalagmiten und Stalaktiten, die durch Kieselsäureablagerungen entstanden, gelangt man zu einem kleinen unterirdischen See, der von absickerndem Regenwasser gefüllt wird (zuweilen aber auch selbst versickert). Durch einen Erdspalt dringt Sonnenlicht wie durch einen Kamin und verleiht der Szenerie etwas Eigenartiges. Die Wände der Höhle, die einen Durchmesser von bis zu 45 m aufweist, sind relativ dunkel, stellenweise pechschwarz, was ihr den Namen Algar do Carvão

Serra do Cume **313**

(Kohlengrube) einbrachte. Die Höhle ist zugleich Heimat einer ganz bestimmten Spinnenart *(Turinyphia cavernicola Wunderlich)*, die sonst nirgendwo weltweit vorkommt. Auf Betreiben der Bergfreunde Os Montanheiros wurde das Gebiet um die Höhle zum Naturschutzgebiet erklärt.

● *Anfahrt* Im Inselinneren bestens ausgeschildert. Taxi von Angra 12 € (retour mit Wartezeit 25 €).

● *Öffnungszeiten* 21. März bis 31. Mai und Okt./Nov. 15–17.30 Uhr, Juni und Sept. 14.30–17.45 Uhr, Juli und Aug. 14–18 Uhr. Hinein geht es wie in einen unterirdischen Bunker. Eintritt 4 €.

> **Wandertipp**: Von der Höhle **Algar do Carvão** führt eine weitestgehend ungeteerte Straße nach **Agualva** (9 km; 10 km bis zur R 1-1°, Dauer ca. 3 Std.) auf der Nordseite der Insel. Der Weg ist herrlich, bietet schöne Ausblicke und ist nicht zu verfehlen, einfach alle Abzweigungen ignorieren. Den Einstieg finden Sie, wenn Sie vom Parkplatz vor der Höhle ca. 100 m die Stichstraße zurückgehen und dann auf den unbefestigten Fahrweg nach rechts abzweigen.

Caldeira de Guilherme Moniz

Folgt man von der Höhle Algar do Carvão der Straße R 5-2° gen Osten, passiert man den nördlichen Rand der Caldeira de Guilherme Moniz, mit einem Umfang von 15 km der größte Vulkankrater der Azoren. Imposant wirkt der riesige Krater jedoch nicht, die Kraterwände sind größtenteils eingestürzt und die typische felsige Kesselwand rund herum ist als solche kaum mehr zu erkennen. Der von Schollenlava geprägte Boden ist weitgehend eben und lässt ein wenig Viehzucht zu.

Höhle Furna d'Água

Bei der Furna d'Água handelt es sich genau genommen um eine Lavaröhre. Man geht davon aus, dass sie sich durch einen Vulkanausbruch vor ca. 2000 Jahren bildete. Solche Höhlen entstehen, wenn ein Lavastrom nur an seiner Oberfläche abkühlt und erstarrt und so einen isolierenden Mantel um die darunter weiterfließende Lava legt. Lässt die Aktivität des Vulkans irgendwann einmal nach und verebbt der Lavafluss, bleiben solche Röhren zurück. Die Höhle ist mit ihren Verzweigungen ca. 500 m lang, in ihrem Inneren befinden sich Tropfsteine und ein Quellbach, dessen Wasser nach Angra geleitet wird und dort aus den Hähnen fließt.

● *Anfahrt/Öffnungszeiten* Von der Schnellstraße von Angra nach Praia ausgeschildert, ab der Abzweigung noch ca. 1 km. Die Höhle war zum Zeitpunkt der letzten Recherche nicht zugänglich. Wann sie für die Öffentlichkeit wieder geöffnet ist, erfahren Sie beim Turismo in Angra oder unter ✆ 295204850. Die Besichtigung erfolgt mit Helm (samt Lampe) und Führer.

Serra do Cume

Im Osten Terceiras erhebt sich die Serra do Cume, ein grasbedeckter, bis zu 545 m ansteigender Bergrücken, der Ausblicke in alle Himmelsrichtungen bietet — unter anderem auf die Bucht von Praia da Vitória im Osten und den kleinen See **Lagoa do Junco** in westlicher Richtung. Die Gebäude auf der Serra nutzte im Zweiten Weltkrieg das Militär, die Sendeanlagen von heute dienen ebenfalls nicht nur zivilen Zwecken. An den nordöstlichen Ausläufern der Serra do Cume liegt Fontinhas (→ S. 300).

Anfahrt Von der Schnellstraße (V. R.), die Angra do Heroísmo mit dem Flughafen und Praia da Vitória verbindet, ausgeschildert.

Terceira
Karte S. 273

314 Terceira

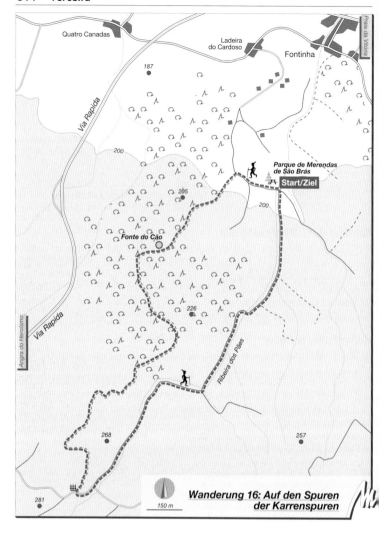

Wanderung 16: Auf den Spuren der Karrenspuren

Wanderung 16: Auf den Spuren der Karrenspuren

Route: Rundwanderung mit Start- und Endpunkt am Parque de Merendas de São Brás. Keine nennenswerten Etappenziele.
Dauer: Ca. 1 ½ Std.
Einkehr: Keine Möglichkeit.
Besonderheiten: Der Wanderweg ist identisch mit dem markierten *Percurso Pedestre PRC 8 TER*. Sofern nicht verwildert, ist der Weg eher ein netter Spaziergang durch die Natur denn eine Wanderung. Unterwegs sieht man auf dem steinernen Untergrund alte Ochsenkarrenspuren.

Wanderung 17   315

An- und Weiterfahrt: Ausgangspunkt der Wanderung ist der Picknickplatz **Parque de Merendas de São Brás**. Dieser ist nicht mit dem Bus zu erreichen. Der Picknickplatz liegt zwischen Fontinhas und Quatro Canadas südlich der *Via Rapida*. Um dahin zu gelangen, folgt man von Praia der Schnellstraße nach Angra do Heroísmo, nimmt die Ausfahrt „Agualva/Vila Nova/Fontinhas/São Brás", fährt über den Overfly und folgt dahinter der Beschilderung „Fontinhas". Ca. 500 m weiter am Ortsanfang von Fontinhas (Ortsteil Ladeira do Cardoso) rechts ab, Hinweisschild „Zona de lazer". Dann für ca. 1 km der Beschilderung „Zona de lazer" folgen, bis der Picknickplatz mit Parkplatz linker Hand auftaucht. Ein **Taxi** zum Wandereinstieg kostet von Angra ca. 18 €, von Praia die Hälfte.

Wegbeschreibung: Steht man mit dem Rücken zum Zaun des Picknickplatzes, verlässt man den Parkplatz nach rechts und folgt jener Straße, auf der man zum Picknickplatz gekommen ist. Nach ca. 200 m zweigt man nach links in den unbefestigten **Caminho Primitivo** ab (Wegmarkierung). An der Abzweigung steht ein runder Betonsockel die Achse eines alten Ochsenkarrens. Wo der Weg im Folgenden einen steinernen Untergrund aufweist, lassen sich Schleifspuren von Ochsenkarren entdecken. Die **Karrenspuren** gleichen dem Negativ eines Schienenstrangs und wurden

durch Nägel (ähnlich den Spikes bei Winterreifen) an den Rädern der Ochsenkarren verursacht, die auf diese Weise besser Halt im Untergrund fanden.

Nach ca. 5 Min. auf dem Weg gabelt sich dieser, links halten. Es tauchen weitere Karrenspuren auf. Nach weiteren 5 Min. passiert man den **Fonte de Cão ("Hundebrunnen")**, einen Brunnen, der auf den ersten Blick aussieht wie eine Feuerstelle und an dem die Hunde der hier vorbeiziehenden Bauern einst ihren Durst löschten. Danach wird der Weg schmaler. Üppig-grün, fast dschungelartig präsentiert sich die Vegetation, dazwischen verlocken im Spätsommer immer wieder dunkelrote Brombeeren zum Naschen. Zudem passiert man strahlend gelbe Ingwerlilien, die sich wie Unkraut ausbreiten. Sollte der Weg nicht frei geschnitten sein (was hier regelmäßig nötig ist), so drehen Sie um! Wenn sich ein freier Blick auftut, sehen Sie das Pico-Alto-Massiv und die Serra do Cume.

Nach rund 45 Min. durch den Wald erreicht man an einem **eisernen Gatter** eine unbefestigte Straße, links halten. Die kurz darauf folgende Rechtsabzweigung bleibt unbeachtet. Zur Rechten taucht nun durch Mauern parzelliertes Weideland auf. Die Straße bekommt vorübergehend eine Teerschicht. Wenn diese endet, hält man sich links. Keine 15 Min. später gelangt man wieder zum Ausgangspunkt der Wanderung.

Terceira
Karte S. 273

Wanderung 17: Von Raminho nach Serreta   (→ Karte S. 317)

Route: Raminho – Silveira Grande – Pico do Carneiro – Naturschutzgebiet Mata da Serreta – Ponta do Queimado – Serreta.

Dauer: Ca. 3 ½ Std.

Einkehr: Zu Beginn der Wanderung im Café bei der Kirche in Raminho und am Ende im Restaurant Ti Choa in Serreta.

Unterwegs packt man seinen Proviant am besten am schönen Picknickplatz Mata da Serreta aus.

Besonderheiten: Keine. Einfacher Weg, zu Beginn jedoch ein etwas mühseliger Aufstieg.

An- und Weiterfahrt: Der Bus auf der Strecke zwischen Angra do Heroísmo und Biscoitos hält sowohl in Raminho als auch in Serreta unter der Woche 6-mal täglich.

Wegbeschreibung: Ausgangspunkt der Wanderung ist die **Pfarrkirche des Hl. Francisco Xavier** im Zentrum von Raminho. Unmittelbar daneben folgt man der steil bergauf führenden asphaltierten Straße (Hinweisschild „P. de Merendas"), auf der man einen Brunnen aus dem Jahr 1898 passiert. Bei der Weggabelung am Ende der Ortschaft hält man sich rechts, ca. 700 m weiter wieder rechts und umgeht so die baumgekrönte Anhöhe Silveira Grande. Kurz darauf, bei einer Tränke, zweigt man erneut rechts ab und folgt weiterhin der Beschilderung „P. de Merendas". Die nächste bergab führende Möglichkeit bleibt unbeachtet. Bei der darauffolgenden Gabelung, unmittelbar vor dem Hinweisschild „P. de Merendas", hält man sich jedoch rechts und verlässt somit die asphaltierte Straße. Der breite Feldweg gabelt sich ca. 80 m weiter, hier links halten. Die darauffolgende Abzweigung linker Hand, die bergauf führt, bleibt unbeachtet. Der Weg führt durch eine leichte Schneise nach Südwesten und verläuft kurz darauf parallel zum Waldrand.

Auf den folgenden Kilometern (ca. 30 Min.) windet sich der breite Weg auf und ab durch die **Mata da Serreta**, ein unter Naturschutz stehendes Waldgebiet, und passiert das grün überwucherte Tal des **Ribeira do Veiga**. Alle Abzweigungen bleiben unbeachtet. Unterwegs genießt man bei klarer Sicht immer wieder herrliche Ausblicke auf die Nachbarinseln Graciosa und São Jorge. Nahe dem **Pico do Carneiro** (der Hügel ist im Wald jedoch nur schwer auszumachen) kreuzt an einer größeren Lichtung eine schmale, geteerte Straße den Weg, rechts halten. Sie führt bis zu dem liebevoll angelegten **Picknickplatz Mata da Serreta** (→ S. 305). Hier überquert man die Küstenstraße R 1-1° und hält sich links für ca. 50 m. Am Ende der dortigen Mauer zur Rechten nach rechts in den Waldweg abzweigen, der anfangs auf beiden Seiten von einer alten Mauer flankiert wird. Der Weg verliert mit der Zeit an Breite, führt bis zum unteren Waldrand und mündet

Blick von der Ponta do Raminho auf die Nordküste Terceiras

dort als Pfad in einen nicht zu verfehlenden, befahrbaren Feldweg. Diesem folgt man in südwestliche Richtung (links). Bei der nächsten Weggabelung hält man sich wieder links und wandert an einer alten Tränke vorbei. Alle Abzweigungen zur Küste bleiben vorerst unbeachtet; man verlässt den Weg erst nach rechts, wenn dieser links ins Inselinnere schwenkt und durch den Wald steil bergauf führt. An einem **ummauerten Bildstock** vorbei erreicht man nach ca. 500 m die Stichstraße, die auf einen Abstecher hinab zum Leuchtturm und weiter zum Walausguck an der **Ponta do Queimado** einlädt (→ S. 305, runter und wieder hoch je nach Kondition noch ca. 40–60 Min., einfache Strecke ca. 1,5 km).

Lässt man den Abstecher zum Leuchtturm aus und hält sich nach dem Bild-

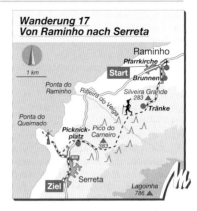

stock links, gelangt man am Ortsanfang von **Serreta** bei einer Bushaltestelle auf die R 1-1°. Bis ins Zentrum von Serreta ist es noch ungefähr 1 km.

Wanderung 18: In die Mistérios Negros (→ Karte S. 318)

Route: Gruta do Natal (– Pico do Gaspar) – Mistérios Negros – Gruta do Natal.
Dauer: Ca. 2 ½ Std.
Einkehr: Keine Möglichkeit.
Besonderheiten: Die Wanderung ist mit dem markierten *Percurso Pedestre PRC 1 TER* identisch. Eine längere Waldpassage ist etwas mühselig, da man zuweilen gebückt gehen und auch ein wenig kraxeln muss – nichts für ungelenkige Menschen. Für bessere Trittfestigkeit sind Wanderstöcke empfehlenswert. Gehen Sie die Wanderung nur bei schönem Wetter.
An- und Weiterfahrt: Am einfachsten mit einem Mietfahrzeug. Der 9-Uhr-Bus von Angra nach Biscoitos kommt an der Abzweigung zur Gruta do Natal vorbei (von da bis zum offiziellen Wandereinstieg noch ca. 700 m), der 16-Uhr-Bus von Biscoitos nach Angra ebenfalls. Ein **Taxi** zur Gruta do Natal kostet von Angra ca. 12 €.

Wegbeschreibung: Ausgangspunkt der Wanderung ist das Eingangshäuschen zur **Gruta do Natal** beim Lagoa do Negro. Daneben befindet sich eine Wandertafel. Von dieser folgt man für 50 m der Straße gen Westen, bis diese nach links abschwenkt. Hier hält man sich rechts und folgt dem rötlichen Schotterweg, der anfangs um den Lagoa do Negro herumführt und schließlich auf die dunkle Anhöhe, die Mistérios Negros, zuläuft.

Nach ca. 10 Min. endet der Weg an einem **Gatter**. Dahinter setzt sich Ihr Wanderweg für ein kurzes Stück als Pfad über Weideland fort (Wegmarkierungen an einer Tränke, darauf folgt rechts voraus eine weitere Markierung am Waldrand). Nun wird der Weg zu einem schmalen Waldpfad. 15 Min. später taucht eine Weggabelung mit Hinweisschild auf: Nach rechts zweigt ein Pfad zum „Lagoa" ab, nichts anderes als ein idyllischer Waldtümpel – Dauer des Abstechers keine 5 Min. Um die Wanderung fortzusetzen, hält man sich links (Hinweisschild „Pico do Gaspar"). Mindestens 30 Min. müssen Sie sich nun durch das Unterholz und über das unwegsame Lavagestein der **Mistérios Negros** kämpfen, bevor Sie wieder aufrecht und gemütlich auf einem breiten, grasbewachsenen Waldweg weiterwandern können.

Nach ca. 10 Min. auf diesem Weg muss man Obacht geben und nach einer leicht zu übersehenden Wegmarkierung Ausschau halten, die nach links auf einen Waldpfad weist. Der Pfad bringt Sie zu dem Sträßlein, das von der Gruta do Natal zum Lagoa das Patas führt. Unterwegs passieren Sie Wiesen- und Waldabschnitte im stetigen Wechsel und mehrere Gatter, die man so hinterlässt, wie man sie vorgefunden hat. Hat man das Sträßlein erreicht, hält man sich links. Kurz darauf bietet sich nach rechts ein Abstecher auf den Vulkankegel **Pico do Gaspar** (597 m) mit Krater an, von wo sich herrliche Panoramablicke über das Inselinnere auftun. Für den Abstecher benötigt man retour keine 20 Min.

Nach dem Abstecher wandert man für nochmals ca. 3 Min. entlang der Straße, bis eine Wegmarkierung nach links zeigt. Nun aufgepasst – im Folgenden fehlen zwei wichtige Markierungen. Nachdem Sie links abgebogen sind, wandern Sie stets gen Norden mit einer Mauer (wir nennen sie mal kurz A-Mauer) zur Rechten. Wenn der Pfad vor Büschen endet, klettern Sie über die A-Mauer. Danach über eine andere Mauer, die im 90°-Winkel von der A-Mauer abgeht. Daraufhin setzen Sie Ihre Wanderung parallel zur A-Mauer fort, diese liegt nun links von Ihnen. Erst wenn die A-Mauer an einer Baumreihe endet, halten Sie sich rechts und wandern parallel zu der Baumreihe gen Osten. So gelangen Sie automatisch zurück zum Parkplatz bei der **Gruta do Natal**.

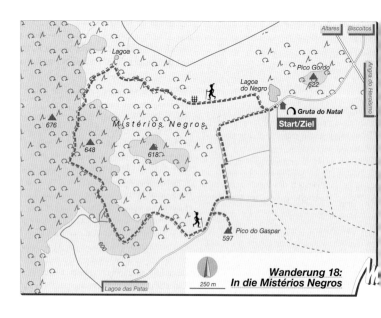

Graciosa – die stille Idylle

Graciosa

Graciosa, die „Liebliche", ist die kleinste Insel der Zentralgruppe, im gesamten Archipel belegt sie den vorletzten Platz. Ohne jede Hektik spielt sich das Leben in Santa Cruz da Graciosa, dem Hauptort der Insel, ab. Außerhalb geht es noch beschaulicher zu. Dort sorgt allerhöchstens vielleicht mal ein knatterndes Moped für Unruhe.

Graciosa unterscheidet sich in vielerlei Hinsicht von den anderen Inseln des Archipels. Das Inselinnere ist besiedelt, nicht alle Dörfer liegen an der Küste. Der Grund ist einfach: Die Insel ist nicht allzu bergig, lediglich 5 % der Inselfläche liegen auf einer Höhe von über 300 m (auf São Jorge z. B. sind es 70 %). Bei einer Fahrt über Land fallen weitere Unterschiede ins Auge. So grenzen überwiegend Trockenmauern die Felder ab, Hortensienhecken sind eher die Ausnahme, und immer wieder sieht man Windmühlen. Zudem wird auf Graciosa viel Wein angebaut, der einst zu den besten des Archipels zählte. Dafür wird vergleichsweise wenig Viehwirtschaft betrieben, v. a. im trockenen Norden sind Rinder Fehlanzeige. Den Süden der Insel nimmt die große Caldera ein, in deren Mitte die Attraktion Graciosas liegt: die Furna do Enxofre, eine einzigartige Höhle, zu der man durch einen Vulkanschlot hinabsteigen kann. Ein Besuch gleicht einer Reise in die Unterwelt, die Kulisse könnte durchaus für jeden fantastischen Film herhalten. Die letzten Ausbrüche liegen gottlob Ewigkeiten zurück – der Vulkan, der Graciosa aus den Fluten des Atlantiks hob, wird heute nicht mehr als aktiv eingestuft. Lediglich vor der Küste machen Unterwasservulkane immer wieder auf sich aufmerksam.

Inselgeschichte

Das Schicksal von Graciosa war stets eng mit dem von São Jorge, Pico, Faial und Terceira verknüpft. Wegen seiner eher unbedeutenden Stellung unter den Inseln der Zentralgruppe blieb eine eigenständige historische Entwicklung aus.

Der Überlieferung nach entdeckte Jácome de Bruges 1450 von einer Anhöhe auf São Jorge das Eiland. Wegen ihres lieblichen, ja anmutigen Erscheinens am Horizont soll der Flame ihr den Namen Graciosa gegeben haben. Andere Quellen sagen, dass die Existenz der Insel weitaus früher bekannt war und Heinrich der Seefahrer bereits um 1440 Schafe auf Graciosa hat aussetzen lassen. Damals soll die Insel *Ilha Branca* („Weiße Insel") geheißen haben, wegen der hellen Felsküste im Südwesten, wo die Serra Branca steil ins Meer abfällt.

Den Beginn der Besiedlung leitete zwischen 1451 und 1454 der Portugiese Vasco Gil Sodré ein, der sich mit seiner Familie beim heutigen Carapacho niederließ. Erster Donatarkapitän und damit Lehnsherr der Insel wurde Pedro Correia da Cunha, der mit Christoph Kolumbus verschwägert war. Allerdings unterstand ihm anfangs nur der Nordteil der Insel, den Süden regierte Duarte de Barreto, ein Edelmann, der später bei einem Piratenüberfall ums Leben kam. 1486 erhielt Santa Cruz dank guter Weizenernten und des damit einhergehenden wirtschaftlichen Aufschwungs den Stadtbrief, 1546 folgte Praia.

Wie man Geschichte schreibt

Da die Inselgeschichte wenig hergibt und Graciosas Geschichtsschreiber sich mit einer halben Seite nicht begnügen wollen, bauschen sie alles ein wenig auf. Ihr beliebtestes Mittel ist, auf Persönlichkeiten zu verweisen, die im Lauf der Jahrhunderte die Insel besuchten – in der Regel verschweigen sie aber, dass die meisten nur der Zufall auf Graciosa trieb. Ganz oben auf der Liste der mehr oder minder bedeutenden Persönlichkeiten steht der Jesuitenpater und Dichter António Vieira (1608–1667). Sein Engagement gegen die Versklavung der Eingeborenen Brasiliens machte ihn berühmt. Holländische Piraten hatten den prominenten Pater auf Graciosa ausgesetzt. 1791 unterbrach der französische Schriftsteller François René Chateaubriand (1768–1848), der der Französischen Revolution den Rücken gekehrt hatte, auf Graciosa seine Reise nach Amerika. Er war in Praia an Land gegangen, weil er sich mit dem Kapitän seines Schiffs zerstritten hatte. Seine Eindrücke von der Insel verarbeitete der Romantiker in den *Mémoires d'outre tombe*. Ein weiterer Dichter, der 1814 für kurze Zeit auf Graciosa weilte, war Almeida Garrett (1799–1854). Im zarten Alter von 15 Jahren war er mit seinen Eltern zum Besuch seines Onkels, damals Landrat von Santa Cruz, hierher gekommen. Die letzte große Persönlichkeit trug sich 1879 in das Geschichtsbuch der Insel ein, das aber aus freien Stücken. Es war Prinz Albert von Monaco (1848–1922), der mit seiner Jacht vor Graciosa Anker warf, um auf seiner Forschungsreise einen Blick in die geologisch hochinteressante Furna do Enxofre zu werfen.

Im Gegensatz zu den anderen Inseln blieben auf Graciosa schwere Naturkatastrophen weitgehend aus. Der ertragreiche Anbau von Getreide und Wein führte sogar

Inselgeschichte 321

zu gewissem Wohlstand, der aber eine ständige Bedrohung durch Piraten nach sich zog. Zum Schutz errichtete man etliche Verteidigungsanlagen, eine davon am Cais da Barra in Santa Cruz, deren Überreste noch heute zu erkennen sind. Als im 18. Jh. die Gefahr durch Piratenüberfälle nachließ, kehrte für mehr als ein Jahrhundert Frieden auf Graciosa ein. 1870 machte die Reblaus dem Weinbau im großen Stil ein Ende und raubte vielen Bauern die Existenzgrundlage. Unzählige Familien suchten ihr Glück in der Auswanderung. Graciosa wurde zu einer vergessenen Insel im Atlantik und konnte an den Wohlstand von einst aus eigener Kraft nie wieder anknüpfen.

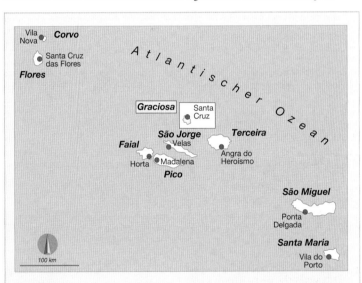

Graciosa

Hauptort: Santa Cruz da Graciosa
Touristische Zentren: Santa Cruz da Graciosa, Praia, Carapacho
Bevölkerung: 4910 Einwohner (80/km²)
Größe: 61 km², 12,5 km lang, 8 km breit
Küstenlänge: 34 km
Höchste Erhebung: Caldera 402 m

Position: 39°00′ N und 39°06′ N, 27°56′ W und 28°04′ W
Distanzen zu den anderen Inseln: Santa Maria 339 km, São Miguel 246 km, Terceira 81 km, São Jorge 61 km, Pico 78 km, Faial 85 km, Flores 280 km, Corvo 282 km

Infolge des Erdbebens am Neujahrstag 1980, das auf Terceira die größten Verwüstungen anrichtete (→ S. 306), registrierte man auf Graciosa 152 zerstörte Häuser und Wohnungen. Erneut sahen sich viele Familien gezwungen, nach Amerika auszuwandern – um rund ein Viertel reduzierte sich die Einwohnerzahl der Insel daraufhin. Ein Jahr später wurde der Inselflughafen gebaut. Über diesen kehren heute die Auswanderer in den Sommermonaten auf einen Besuch in die alte Heimat zurück. Viele Emigranten haben mittlerweile genügend Geld gespart, um ihre Häuser oder die ihrer Eltern oder Großeltern als Sommer- oder Ruhesitze restaurieren zu lassen, manche bauen sich gar neue Villen, was der lokalen Wirtschaft zugutekommt. Die EU schießt seit Jahren ebenfalls Mittel zu, was insbesondere die Infrastruktur verbesserte. Einhergehend damit verdoppelte sich die Zahl der zugelassenen Fahrzeuge. Passend dazu wurde 2005 die erste Autowaschstraße eingeweiht (aus deutscher Produktion). 2007 nahm die UNESCO Graciosa in ihre Biosphärenreservatliste auf. Dieses Ereignis wollte man groß feiern, ursprünglich in einer neuen Mehrzweckhalle, die allerdings erst ein Jahr später fertig wurde. 2009 öffnete das erste Vier-Sterne-Hotel der Insel seine Pforten.

An- und Weiterreise mit dem Flugzeug

* *Flughafen* 2 km von Santa Cruz da Graciosa entfernt. Im kleinen Flughafengebäude ein **SATA-Schalter** (✆ 295730170), eine Bar und die Stände der lokalen Autoverleiher (s. u.).
* *Transfer* **Keine Busse** zum Flughafen, die Fahrt mit dem **Taxi** ins Zentrum kostet 5 €. Wer gut zu Fuß ist und wenig Gepäck dabei hat, kann den Weg auch laufen.
* *Flugverbindungen* Alle SATA-Flüge von und nach Graciosa führen über Terceira (mind. 1-mal tägl.). Informationen zu den Flugtarifen, Gepäckbeschränkungen usw. im Kapitel „Unterwegs auf den Azoren/Flugzeug" und unter www.sata.pt.

Weitere Service-Adressen unter Santa Cruz da Graciosa ab S. 325.

An- und Weiterreise mit dem Schiff

Ausblick von der Kapelle Nossa Senhora da Saúde über Praia

* *Hafen* Fährhafen der Insel ist Praia an der Ostküste von Graciosa (6 km südlich von Santa Cruz).
* *Mit den Autofähren der Atlântico Line nach Terceira und in die Ostgruppe* Von Mitte Mai bis Mitte Sept. meist 1-mal wöchentl. (Abfahrt i. d. R. Do o. Fr) nach **Terceira** (Praia da Vitória) und von dort (zuweilen am nächsten Tag) weiter nach **São Miguel** (Ponta Delgada) und **Santa Maria** (Vila do Porto).

Weitere Infos zu den Autofähren der Atlântico Line unter www.atlanticoline.pt und im Kapitel „Unterwegs auf den Azoren/Schiff". Dort finden Sie auch Angaben zu Fahrdauer und Tarifen.

* *Mit den Autofähren der Atlântico Line innerhalb der Zentralgruppe und nach Flores* Von Ende April bis Mitte Juni und von Mitte Sept. bis Anfang Okt. meist nur 1-mal wöchentl. (Abfahrt i. d. R. Do o. Fr) nach **Terceira** (Praia da Vitória). Ganz selten Fahrten zu anderen Häfen der Zentralgruppe, da das Schiff dann weiter in die Ostgruppe tuckert (s. o.).
Von Anfang Juli bis Ende Aug., wenn die Atlântico Line ein zweites Schiff durch die

Mietwagen

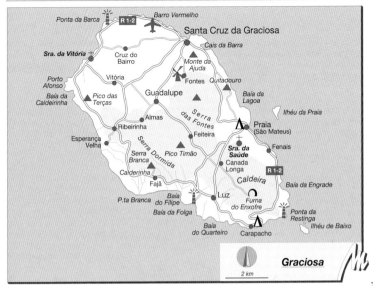

Zentralgruppe fahren lässt, bestehen zu allen Inseln der Zentralgruppe bis zu 3-mal wöchentl. Verbindungen. Nach **Flores** jedoch (meist 1-mal wöchentl.) bietet sich nur selten eine akzeptable Verbindung von Graciosa aus an, meist steuert das Schiff noch zig Häfen in der Zentralgruppe an, bevor es Kurs auf Flores nimmt.

Infos bei **TurAngra** in Santa Cruz → S. 326.

• *Mit Transportes Marítimos Gracionenses nach Terceira* Auf den Frachtschiffen der **Reederei Gracionenses** werden Passagiere nur mitgenommen, wenn keine explosiven Stoffe an Bord mitgeführt werden – eine Alternative v. a. im Winter, wenn die Autofähren der Atlântico Line nicht verkehren. Es existiert zwar ein Fahrplan, der aber aufgrund von Wind, Wellen oder defekter Maschine selten eingehalten wird. Gewöhnlich fährt ein Schiff Mo und Do nach **Terceira** (Praia), von wo Verbindungen zu allen anderen Inseln der Zentralgruppe bestehen (→ Terceira/An- und Weiterreise mit dem Schiff, S. 275). Infos dazu in der Molkerei Pronicol (→ Santa Cruz da Graciosa/Kultur & Freizeit, S. 326). Fragen Sie dort nach Rui Pampelona, 295730032 o. 914241659 (mobil).

Mietwagen

Es gibt nur drei Verleiher auf der Insel, alle haben einen Stand am Flughafen und immer dann geöffnet, wenn ein Flieger eintrudelt. Auf Graciosa gibt es im Gegensatz zu den meisten anderen Inseln bislang keinen Flughafenzuschlag.

Medina & Filhos, aus Santa Cruz (dort in der Rua da Misericórdio 9), verlangt für das preiswerteste Auto 17 €/Tag plus 0,17 €/km plus Steuern, CDW 11 € extra. Ohne Kilometerabrechnung ab 35 €/Tag plus Steuern, ab einer Leihdauer von 3 Tagen ab 30 €/Tag plus Steuern. 295712094, medina_filhos@hotmail.com.

Graciosa Rent a Car, nur am Flughafen. Preiswertestes Auto ab 16 €/Tag plus 0,16 €/km plus Steuern, CDW 9 € extra. Ohne Kilometerabrechnung ab 31 €/Tag plus Steuern, ab einer Leihdauer von 3 Tagen ab 28 €/Tag plus Steuern. 967869218 (mobil), rent_a_cargraciosa@hotmail.com.

Atlantida, Hauptstelle in Charco da Cruz nahe Santa Cruz. Preiswertestes Auto ab 16,50 €/Tag plus 0,16 €/km plus Steuern, CDW 10 € extra. Ohne Kilometerabrechnung ab 35 €/Tag plus Steuern, ab einer Leihdauer von 3 Tagen ab 29 €/Tag plus Steuern. 295732718, www.rentacar-atlantida.com.

Inselspezielles

- *Feste/Veranstaltungen* Bekannt ist Graciosa wegen des **Karnevals**, einer der besten der Azoren. Bereits ab Weihnachten feiert man sich warm, von da an gibt's jedes Wochenende Tanzveranstaltungen.

Wie überall auf den Azoren stehen auch auf Graciosa ab Ostern (Pfingsten Höhepunkt) die **Heilig-Geist-Feste** im Mittelpunkt. Das größte Inselfest ist die **Festa do Senhor Santo Cristo** in der 2. Augustwoche; parallel dazu werden auch Stierkämpfe veranstaltet.

Der Inselfeiertag ist das **Johannisfest** am 24. Juni.

- *Baden* Rund um die Insel bieten sich Bademöglichkeiten in Naturbecken an. Ein gepflegtes Badeareal entstand zum Zeitpunkt der letzten Recherche vor dem Thermalbad von **Carapacho**. Der Sandstrand vor Praia ist nicht allzu idyllisch.

- *Sport* Die Möglichkeiten auf Graciosa sind bescheiden (→ Santa Cruz/Sport, S. 326). Die Insel eignet sich jedoch ausgesprochen gut zum **Radfahren**: Zum einen ist sie nicht ganz so bergig, zum anderen

herrscht wenig Verkehr, darüber hinaus sind viele Straßen neu asphaltiert. Auch lassen sich auf der Insel schöne **Wanderungen** und **Ausritte** unternehmen.

- *Übernachten* Die meisten Quartiere befinden sich in Santa Cruz, viele sind es aber nicht. In der NS ist für jeden Geldbeutel etwas dabei, in der HS muss man gelegentlich Glück haben, überhaupt noch ein Zimmer zu bekommen. Ein einfacher, aber schöner **Campingplatz** liegt bei Carapacho, ein weiterer bei Praia. Für beide Plätze gilt, dass ohne Mietwagen das Einkaufen selbst der nötigsten Lebensmittel mit langen Fußmärschen verbunden ist. Sein Zelt kann man auch am Picknickplatz Barro Vermelho nahe dem Flughafen aufstellen.

- *Regionale Spezialitäten* Nicht jedermanns Sache, aber durchaus einen Versuch wert, ist **Peixe à molho de pescador**, Fisch in saurer Soße. Zudem sollte man sich eine Kostprobe der lokalen *Weine* nicht entgehen lassen. Bekannt ist Graciosa auch für seine **Queijadas da Graciosa**, ein überaus süßes Gebäck (→ S. 335).

Touren-Tipp

Die schönsten Orte und Sehenswürdigkeiten Graciosas lassen sich spielend an einem Tag abfahren. Trotz der bescheidenen Größe der Insel ist das Straßenwirrwarr vor Ort auf Anhieb aber nur schwer zu durchschauen. Zur Not orientiert man sich einfach an der immer nahen Küste. Wer Graciosa an einem Tag erkunden möchte, dem ist der folgende Tourenvorschlag zu empfehlen. Wer mehr Zeit hat, sollte einfach drauflos fahren, früher oder später passiert man von selbst alle schönen Flecken der Insel.

Tagestour zu den Highlights der Insel

Santa Cruz da Graciosa – Barro Vermelho – Farol da Ponta da Barca – Porto Afonso – Caldeirinha – Luz – Carapacho – Praia – Canada Longa – Caldeira – Guadalupe – Santa Cruz da Graciosa.

Santa Cruz da Graciosa

In Santa Cruz da Graciosa, schlicht Santa Cruz genannt, schlägt der Puls der Insel, gleichbleibend ruhig, nie außer Atem kommend.

Gerade mal 1770 Einwohner zählt der sympathische, schnell zu überschauende Hauptort – wer länger als zwei Tage bleibt, kennt bereits die meisten Gesichter. Das Ortszentrum bildet die **Praça Fontes Pereira de Melo**, kurz **Rossio** genannt. Hier sitzen tagsüber die älteren Männer beim Plausch unter Araukarien zusammen, hier warten die Taxifahrer auf Kundschaft und lassen sich die Frischvermählten fürs Album ablichten, und an manch lauem Sommerabend spielt eine Blaska-

Santa Cruz da Graciosa 325

pelle auf. An den Platz grenzen zwei große, wassergefüllte Becken, in denen sich die umliegenden Häuser und Bäume spiegeln. Einst dienten sie in Trockenperioden als Wasserreservoir für die Einwohner und das Vieh. Drum herum liegen das Rathaus, Restaurants, Banken und Geschäfte. Entlang der abgehenden Straßen erheben sich so manche herrschaftliche Häuser, die überwiegend aus dem 19. Jh. stammen, als die Insel als Kornkammer und Weinkeller des Archipels zu Wohlstand kam. Abends spielt sich das Leben in den Cafés und Bars rund um den Rossio ab, an Wochenenden haben viele bis früh in den Morgen geöffnet. Manche Cafés gehören Vereinen, die in Santa Cruz eine bedeutende gesellschaftliche Rolle spielen, nicht nur weil sie allzeit Tanzveranstaltungen organisieren.

Information/Verbindungen

• *Information* **Turismo**, nicht immer fremdsprachiges Personal. Mo–Fr 9–12.30 und 13–17 Uhr. An der Rua Castilho, ✆ 295712509, www.cm-graciosa.azoresdigital.pt.
art-**Turismo**, in einem Kiosk am Rossio. Juli bis Ende Sept. Mo/Di 9–12 und 13–17 Uhr, Mi–Fr 9–18 Uhr, Sa/So 13–18 Uhr. ✆ 295712888, Qit.graciosa@artazores.com.

• *Verbindungen* Keine **Busse** am So; samstags verkehren zu manchen Orten ebenfalls keine Busse, zu anderen Orten nur 2 am Vormittag. Fahrpläne hält die lokale Busgesellschaft in der Rua Boavista (nahe der Polizei) bereit, wo die Busse auch abfahren. Unter der Woche 6- bis 7-mal tägl. nach Praia, Canada Longa, Luz, 11-mal nach

326   Graciosa

Guadalupe, 5-mal tägl. zudem nach Vitória und Ribeirinha. Jeden Mo fährt 2-mal ein Bus bis nach Carapacho. Außerdem erreicht man Carapacho von Juli bis Sept. Do 2-mal tägl. über Luz.

Taxis stehen am Rossio bereit. Zum Flughafen 5 €, nach Praia 6 €, nach Carapacho, zur Caldera und zur Caldeirinha (Serra Branca) jeweils 10 €.

Adressen/Einkaufen (→ Karte S. 325)

- *Ärztliche Versorgung* **Inselkrankenhaus**, an der Av. Mouzinho de Albuquerque, ✆ 295730070.
- *Fluggesellschaft* **SATA-Büro**, Mo–Fr 9–17.15 Uhr. Rua Dr. João de Deus Vieira, nahe dem Rossio, ✆ 295730160.
- *Einkaufen* Größter **Supermarkt** der Insel ist **Filnor (1)** am westlichen Ortsende an der Straße zum Flughafen. Kleine Filiale am Rossio.

Der städtische **Markt** (mit Metzger und Fischverkäufer) an der Rua do Mercado hat wenig Flair.

Brot bekommt man bei **Santos Bakery (1)** am westlichen Ortsende an der Rua Corpo Santo.

Campinggas erhält man mit Glück in dem kleinen, zur örtlichen Tankstelle gehörenden Laden **Ilha Branca (6)**, kein Schild. Werktags bis 20 Uhr, Sa/So bis 14 Uhr. Rua das Flores 8.

Kunsthandwerkszentrum (*Feder Poseima Artesanato*, **9**), Stick- und Häkelarbeiten vom Taschentuch bis zur Tischdecke, Mo–

Fr 10–12 und 13–16 Uhr. Etwas außerhalb des Zentrums an der Rua Infante Dom Henrique 50 (EG, Seiteneingang).

- *Geld* Bank mit Geldautomat u. a. an der Rua João D. Veira, schräg gegenüber dem SATA-Büro.
- *Internet* Kostenloser Zugang (30 Min.) über die **Bibliothek** am Rossio. Mo–Fr 9–17 Uhr.
- *Mietwagen* → S. 323.
- *Öffentliche Toiletten* Am Rossio hinter der Bibliothek.
- *Polizei* An der Rua Boavista, ✆ 295730200.
- *Post* Mo–Fr 9–12.30 und 14–17.30 Uhr. An der Avenida Mouzinho de Albuquerque (gegenüber dem Krankenhaus).
- *Reisebüro* **TurAngra**, für Flug- und Fährtickets. Mo–Fr 9–12.30 und 14–18 Uhr. Rua C. Jacinto Cândido 4–6, ✆ 295732401, www.turangra.com.
- *Wäsche* **Reinigung**, die auch wäscht, 5 €/kg, Dauer 1–2 Tage. An der Rua Infante Dom Henrique 1.

Baden/Kultur & Freizeit/Sport

- *Baden* Badestelle an der rauen Küste auf Höhe der Residencial Mira Mar. Die nächste Badebucht mit Picknickmöglichkeiten und sanitären Einrichtungen ist die **Barro Vermelho** nahe dem Flughafen (→ S. 331). Auf dem Weg dorthin passiert man das **städtische Freibad** (Piscina Municipal): ummauerter, sauberer Pool mit Liegewiese. Im Sommer tägl. 13–20 Uhr.

- *Bootsausflüge/Inselrundfahrten* Über das **Centro Náutico Graciosa** (www.diving raciosa.com) möglich. 2 ½-Std.-Fahrten 32 €/Pers., wenn mind. 4 Pers. zusammenkommen. Für gewöhnlich sieht man Delfine, mit Glück auch mal einen Wal. Buchbar über das Reisebüro **Via Graciosa Agência de Viagens e Turismo**. Wenn genügend Leute zusammenkommen, werden auch Inselrundfahrten organisiert. An der Rua Serpa Pinto 19, ✆ 966777808 (mobil), geral@viagraciosa.com.

Gracipescas, veranstaltet ebenfalls Bootstouren. Einmal rund um die Insel für 30 €/Pers., wenn fünf Interessenten zusammenkommen. Kontakt über das Bekleidungsgeschäft an der Rua Serpa Pinto 1 (am Rossio), ✆ 295732530, www.gracipescas.com.

- *Feste/Veranstaltungen* Graciosas größtes Fest ist die **Festa do Senhor Santo Cristo** in der 2. Augustwoche. Ausgangspunkt der Feierlichkeiten und der Prozession ist die Igreja do Misericórdia (→ Sehenswertes).
- *Käsereibesichtigung* Nach Voranmeldung (✆ 295730032) kann die Molkereigenossenschaft **Pronicol** außerhalb der Stadt an der Straße nach Praia besichtigt werden. 8 Mio. Liter Milch werden hier jährlich zu Käse verarbeitet, der bis zum Verkauf 3 Monate reift. Das Gros der Produktion wird aufs Festland verschifft, ca. 20 % gehen ins Ausland (nach Australien, England, in die USA und selbst in die Schweiz).

Santa Cruz da Graciosa 327

Santa Cruz unterm Regenbogen

• *Radverleih* Über das Reisebüro **Via Graciosa Agência de Viagens e Turismo** (s. o.). Halber Tag 5 €, ganzer Tag 6 €.
• *Reiten* Ausritte sind über die Reithalle **Picadeiro Antonio Maria de Cunha** möglich, 10 €/Std. Infos beim Reitlehrer Carlos, ✆ 966620472 (mobil). Anfahrt: Vom zentralen Platz in Santa Cruz die Straße an Post und Krankenhaus vorbei stadtauswärts nehmen. Unmittelbar vor dem Gericht rechts ab und am Weingut Terra do Conde vorbei geradeaus fahren. Nach rund 1 km sieht man die Reithalle schon rechter Hand.
• *Stierkämpfe* Finden im Juni und Juli auf der Straße statt, im August in der **Arena** auf dem Hügel Monte da Ajuda (Eintritt 12–15 €, Tickets in den Cafés von Santa Cruz oder direkt in der Arena).
• *Tauchen* **Centro Náutico Graciosa** (→ Bootsausflüge), Bootstauchgänge mit Equipment für 45 € sowie 1 ½-stündige Schnorchelausflüge mit dem Boot für 25 €.
• *Tennis* Über 2 Plätze verfügt das **Hotel Ilha Graciosa** (s. u.). Auch Nichtgäste dürfen dort spielen.
• *Weinprobe* **Terra do Conde**, am Stadtrand von Santa Cruz. Keltert Weißwein (3 €/Flasche), einen Aperitif (7 €) und brennt einen Aguardente (9 €), der rund 8 Jahre lagert. Umgeben von alten Holzfässern (hört sich idyllischer an als es ist) kann man auch degustieren. Mo–Fr 8–17 Uhr. Nur wenige Meter hinter dem Hotel Ilha Graciosa, ✆ 295712192.

Adega Cooperativa da Graciosa, aus den Fässern dieser Kelterei, die in einer tristen Werkhalle untergebracht ist, fließt der Likör *Angelica* (6 €), der Aguardente *Vinica* (9 €), der gute Weißwein *Pedras Brancas V.Q.P.R.D.* (6,50 €) und der einfachere und billigere Weißwein *Vinho Regional*. Mo–Fr 14–17 Uhr. Anfahrt: Vom Markt der stadtauswärts führenden Straße nach Bom Jesus folgen, nach 500 m linker Hand. ✆ 295712169.
• *Whale-Watching* Mit **Centro Náutico Graciosa** (→ Bootsausflüge, 50 €/Pers., wenn 4 Pers. zusammenkommen) und **Gracipescas** (200 €/Boot, 6 Pers. sollten zusammenkommen). So professionell wie auf Pico oder Faial arbeitet man hier aber nicht. Für beide Veranstalter → Bootsausflüge.

Graciosa
Karte S. 323

Übernachten (→ *Karte S. 325*)

Offiziell gibt es keine Privatzimmer auf der Insel, unter der Hand aber schon – einfach in Cafés oder Bars fragen. Wenn alle offiziellen Unterkünfte ausgebucht sind, hilft auch das Turismo weiter.
• *Hotel/Pensionen* **** **Graciosa Resort Hotel (10)**, neuestes und bestes Haus der Insel. Recht schicke Anlage aus dunkelgrauem Lavastein, die so gar nicht nach Santa Cruz passen will. Minimalistischer Touch. Komfortable, lichte Zimmer mit zeit-

328 Graciosa

gemäßem Mobiliar, alle mit Balkon und viele mit Meeresblick. Zudem würfelförmige „Villen" für 4 Pers. mit Küche und Dachterrasse. Lounge, Restaurant, Pool. Der Garten muss noch gedeihen. EZ 95 €, DZ 100 €, Villa 161 €. Ca. 1 km außerhalb des Zentrums am Porto da Barra, ℅ 295730500, ℅ 295730501, www.graciosahotel.com.

Ilha Graciosa (11), ordentliches Hotel in einem alten Stadthaus mit gusseisernen Balkonen. Zimmer mit Flair und schönen Holzböden in der 2. Etage, die Zimmer im EG sind jedoch nichts Besonderes. Tennisplätze. EZ 50 €, DZ 62 €. Avenida Mouzinho de Albuquerque, ℅ 295712675, www.residencialilhagraciosa.com.pt.

Residencial Santa Cruz (4), freundliche Pension mit 19 Zimmern, sehr sauber, blauweiße Bäder. Die nette Wirtin mit der Reib-eisenstimme ist stolz darauf, auch ein „Präsidentenzimmer" im Repertoire zu haben — man muss jedoch kein hohes Tier sein, um darin wohnen zu können. Waschservice. EZ 42 €, DZ 57 €. Largo Barão do Guadalupe, ℅ 295712345, ℅ 295712828.

Residencial Mira Mar (3), 10 überwiegend kleine Zimmer, 4 davon mit Meeresblick. Die Bäder sind restaurierungsbedürftig. Enger Eingang mit schweren Ledersesseln, insgesamt eine etwas düstere Angelegenheit. EZ 40 €, DZ 45 €, Dreier 50 €. Rua Comandante Carlos P. Vidinha, ℅/℅ 295712632.

• *Privatzimmer* **Valquírio Correia Espínola Melo (5)**, 4 einfache Zimmer mit Gemeinschaftsbad. Auch eine Haustür weiter, in der Rua 25 de Abril 66, werden gelegentlich Zimmer vermietet. 2 Pers. 20 €, ab 3 Tagen 15 €/Tag. Rua 25 de Abril 64, ℅ 295712890.

Hinweis: Zur Festa do Senhor Santo Cristo in der zweiten Augustwoche ist es schwierig, in Santa Cruz ein Zimmer zu bekommen. Reservieren Sie für diesen Termin lange im Voraus.

Essen & Trinken/Nachtleben (→ Karte S. 325)

• *Restaurants* **Costa do Sol (2)**, gepflegtes Restaurant, regionale Küche, freundlicher Service. Große und kleine Portionen. Preiswerte Mittagsgerichte für 4 €, das Abendessen mit Wein kommt auf 10–12 €. Kein Ruhetag. Am Largo da Calheta nahe dem Hafen, ℅ 295712694.

Zufrieden waren Leser auch mit dem Café-Restaurant **Apolo 80 (8)**, mit Terrasse. Kantinenambiente, sättigendes Mittagsbüfett für 6,50 €. Am Rossio, ℅ 295712660.

• *Café* **Pub Filarmónica (7)**, *das* Café der Insel. An Wochenenden bis spät in die Nacht geöffnet, kein Schild über der Tür. Im hinteren Saal übt zuweilen die Blaskapelle (lustig!). Selbst gebackene Kuchen. Praça Fontes Pereira de Melo (gegenüber dem Taxistand).

• *Diskothek* Die einzige *Discoteca* der Insel ist die **Vila Sacramento**. Nur Fr/Sa, Einlass ab 21 Uhr, voll wird's meist erst gegen Mitternacht. Gespielt wird alles, was Laune macht, darunter viel Latin, House, zuweilen auch Techno. Gemischtes Publikum. Geringer Eintritt. Nahe dem Flughafen.

Sehenswertes

Die meisten Sehenswürdigkeiten von Santa Cruz liegen im Zentrum unweit des Rossio und lassen sich spielend zu Fuß ablaufen. Es gibt aber ein paar Ausnahmen wie die Kapellen auf dem Monte da Ajuda (sind auch einen längeren Spaziergang wert), einige Abteilungen des Inselmuseums und der Cais da Barra, der östliche Hafen.

Igreja do Misericórdia und **Igreja Matriz de Santa Cruz**: Beide Kirchen prägen das Stadtbild von Santa Cruz. Die kleine *Igreja do Misericórdia* wurde im 16. Jh. errichtet, im 18. Jh. erneuert und ist wegen der im Hochaltar stehenden Christusfigur Santo Cristo dos Milagres auch unter dem Namen Igreja Santo Cristo bekannt. In der zweiten Augustwoche wird die Figur in einer Prozession durch die Straßen getragen, das anschließende Fest hat sich zum größten Graciosas entwickelt, dann findet in der Stierkampfarena auch eine Tourada statt.

Santa Cruz da Graciosa 329

Die dreischiffige *Igreja Matriz de Santa Cruz* stammt ursprünglich aus dem 15. Jh. Erst 1701 erhielt die Kirche ihr heutiges Aussehen. Im Innern lassen Unterbrechungen bei der Bildfolge der Azulejos die nachträglichen Um- und Anbauten erkennen. Sehenswert ist der vergoldete, geschnitzte Hauptaltar, dessen Tafelbilder Cristovão de Figueiredo zugeschrieben werden und zu den wertvollsten Renaissancemalereien der Azoren gehören. Sie entstanden vermutlich gegen Ende des 15. Jh. und stellen den Leidensweg Christi dar.

Die dritte bedeutende Kirche der Stadt war einst die Nossa Senhora dos Anjos aus dem frühen 18. Jh. Leider wurde sie 1950 samt angrenzendem Franziskanerkloster abgerissen. Nur der *Glockenturm* etwas südlich des Rossio blieb stehen.

Museu da Graciosa: Das Volkskundemuseum nahe dem Rathaus wurde 1982 eingerichtet. Heute besitzt es weit über 2500 katalogisierte Ausstellungsstücke, die auf mehrere Gebäude verteilt sind.

Im *Hauptgebäude* werden überwiegend Gebrauchsgegenstände präsentiert, die einst nach Brasilien oder in die USA ausgewanderte Inselbewohner zurückgelassen haben. In so manchem Haushalt auf dem Land gehören die ausgestellten Objekte z. T. noch heute zum Alltag. Beachtlich ist die Gehstocksammlung, besonders die Knäufe aus kunstvoll geschnitzten und verzierten Walknochen. Einige Räume sind dem Weinbau gewidmet, auch dem traditionellen Handwerk und der Landwirtschaft wird mit alten Pflügen und Tischlergeräten Tribut gezollt. Hinter dem Hauptgebäude war zuletzt ein *neuer Museumstrakt* im Bau. Dieser soll künftig Büros und temporäre Ausstellungen beherbergen.

Ein paar Straßen weiter erinnern in der *Barração das Canoas Baleeiros*, einem ehemaligen Lagerraum der Walfänger, das Walfangboot Restinga SG123B, ein paar Walknochen, Funkgeräte und Flaggen an die Zeit, als vor der Küste Graciosas noch Jagd auf die Riesensäuger gemacht wurde.

Im Museu da Graciosa

Eine ähnliche Exposition präsentiert das Museum auch in Praia. Bei der Ortschaft Fontes kann man zudem eine liebevoll restaurierte und noch voll funktionsfähige *Windmühle (Moinho de Vento)* besichtigen. Alle Ausstellungen außerhalb des Haupthauses sind nur nach Anmeldung (mindestens ein Tag im Voraus, ✆ 295712429, museugraciosa@azores.gov.pt) zu besichtigen. Für die Mühle in Fontes und für die Barração das Canoas in Praia ist zudem ein eigenes Auto erforderlich, mit dem man den Führer vom Museum abholt.

Öffnungszeiten Mo–Fr 9–12.15 und 14–17.15 Uhr. Eintritt 1 € für alle Ausstellungen.

Trutzige Ermida de Nossa Senhora da Ajuda

Monte da Ajuda: Einen herrlichen Blick über die Stadt genießt man von dem 130 m hohen Vulkankegel. Drei Einsiedlerkapellen verteilen sich auf dem halbkreisförmigen Krater, darunter die Ermida de Nossa Senhora da Ajuda aus dem 16. Jh., deren Äußeres an eine Festung erinnert. Das Nebengebäude diente einst Pilgern als Unterkunft. Sehenswert sind die Azulejos im Inneren. Um hineinzukommen braucht man aber einen Schlüssel, den man sich zuvor beim Stadtpfarrer in der Igreja Matriz de Santa Cruz holen kann. Die anderen beiden Kapellen auf dem Monte da Ajuda, die Ermida de São João (ebenfalls aus dem 16. Jh.) und die Ermida de São Salvador aus dem 18. Jh. sind weniger interessant. Im Krater unterhalb der Kapellen, die zusammen ein Dreieck bilden, liegt die Stierkampfarena von Santa Cruz.
Anfahrt/Fußweg Von der Straße in Richtung Praia ist noch im Zentrum von Santa Cruz die Abzweigung auf den Monte da Ajuda ausgeschildert. Der Weg eignet sich auch als Spaziergang (retour ca. 1 Std.).

Cais da Barra: Eine Attraktion ist der östliche Hafen nicht, aber das wird sich künftig vielleicht ändern, es soll nämlich eine Marina gebaut werden. Die alten Festungsmauern sind noch mit Kanonen bestückt. Anbei betreibt der Clube Naval eine Bar. An der Abzweigung zum Cais da Barra passiert man das *Cruz da Barra*, eine 5 m hohe Säule, die eine Kugel und ein Kreuz trägt. Bis vor wenigen Jahren stand das Kruzifix aus dem 16. Jh. noch direkt am Hafen. Aufgrund eines Gelübdes ließ es Antonio de Freitas errichten, angeblich nicht nur auf Graciosa, sondern auch auf Teneriffa und an der westafrikanischen Küste.

Weitere Ziele in der Nordhälfte

Drei Höhenzüge, die Serra Branca, die Serra Dormida und die Serra das Fontes, trennen den Norden vom Rest der Insel. Wein, Gemüse und Korn werden hier angebaut. Nur selten sieht man grasende Kühe. Ein Wirrwarr an Straßen durchzieht die dünn besiedelte Region und verbindet die kleinen Weiler und Ortschaften.

Für azoreanische Verhältnisse ist diese Region äußerst flach, nur wenige Hügel erreichen die 100-Meter-Grenze. Die vielen kreuz und quer verlaufenden Straßen sind oft von meterhohen Mauern gesäumt, die nicht ahnen lassen, was dahinter gedeiht. Ins Auge fallen dagegen immer wieder verlassene und dem Verfall preisgegebene Häuser und Anwesen am Straßenrand – stumme Zeugen der Auswanderung. Gepflegte Gärten samt gut bestückten Wäscheleinen und kunterbunten Fensterumrahmungen kennzeichnen dagegen die noch bewohnten Gebäude. Die meisten Ziele, die einen Halt lohnen, findet man entlang der Küste. Im Westen, wo der Boden extrem trocken ist, fühlen sich Agaven wohl.

Guadalupe

Die zweitgrößte Ortschaft der Insel mit über 1500 Einwohnern liegt gerade 3 km von Santa Cruz entfernt im Inselinneren. In drei Himmelsrichtungen zieht sich der Ort, in Richtung Südwesten entlang der Straße nach Ribeirinha, nach Nordosten entlang der Straße nach Santa Cruz und nach Südosten Richtung Canada Longa (zugleich die Straße zur Caldera). Wo die drei Straßen zusammentreffen, befindet sich das Zentrum des Orts. Hier steht die **Igreja Nossa Senhora da Guadalupe** mit einer für die Azoren typischen Barockfassade, eine Heilig-Geist-Kapelle und der Supermarkt. Zu mehr als zur Durchfahrt eignet sich Guadalupe nicht.
Verbindung **Bus** werktags 11-mal tägl. nach Santa Cruz.

Barro Vermelho/Baden

2 km nordwestlich von Santa Cruz (nahe dem Flughafen) liegt Barro Vermelho, ein Picknickplatz mit Bademöglichkeit. Wie der Name andeutet, ist hier das Erdreich mit rötlichem Lehm durchsetzt, den einst die Töpfer der Insel abgetragen haben. Unmittelbar an der Küstenstraße findet man sanitäre Einrichtungen (Toiletten und Kaltwasserduschen) sowie Grillgelegenheiten, dazu Tische und Bänke unter Akazien. Hier wird auch gecampt. Ein paar vorgelagerte Felsen in der Brandung bilden ein großes natürliches Schwimmbecken. Gäbe es noch einen Sandstrand, wäre die Bucht zum Baden mehr als ideal. Keine Busverbindung.
Verbindung **Bus** 5-mal werktägl. nach Santa Cruz.

An der Ponta da Barca

Die Windmühlen von Graciosa

Malerisch wirken sie mit ihren weiß getünchten Steinunterbauten und den drehbaren, zwiebelförmigen Holzaufsätzen samt ihren großen Flügeln. Drei funktionstüchtige Windmühlen gibt es auf Graciosa noch, einst waren es fast dreißig.

Für viele sind sie die schönsten des Archipels und zugleich Wahrzeichen und bekanntes Fotomotiv der Insel, besonders dann, wenn Tuch auf die Flügel gespannt ist, was allerdings nur noch selten verkommt. Manuel Bettencourt, der letzte hauptberufliche Müller, starb zur Jahrtausendwende, einen Nachfolger hatte er nicht gefunden. Elektrische Mühlen arbeiten auf Knopfdruck.

Die Bauart der Mühlen auf den Azoren ist von Insel zu Insel verschieden, Experten vergleichen die von Graciosa mit denen in Flandern. Graciosas erste Windmühle wurde zu Beginn des 19. Jh. errichtet, zuvor nutzte man zum Korn mahlen die Kraft des Wassers und der Ochsen. Eine Mühle ist auf der Insel noch zu besichtigen, sie gehört heute zum Museu da Graciosa (→ S. 329). Auch kann man noch in einer alten Mühle übernachten (→ Praia/Übernachten, S. 335).

Farol da Ponta da Barca

Den äußersten Nordwesten der Insel markiert der Leuchtturm an der Ponta da Barca über einer imposant zerklüfteten Steilküste. Östlich des Leuchtturms ragt ein dunkler, schroffer Fels aus dem Meer, der mit seiner Form an einen Wal erinnert und daher im Volksmund Ilhéu da Baleia genannt wird. Nur mit eigenem Fahrzeug zu erreichen, keine Busse.

Vitória

Die Ortschaft ist nicht mehr als ein großes langes Straßendorf, das sich von der Nordwestküste ins Inselinnere erstreckt. Der glorreiche Name der Ortschaft – die Siegreiche – geht auf ein Ereignis aus dem Jahr 1623 zurück. Damals wollten maurische Piraten in der Bucht bei Porto Afonso an Land gehen. Die Bauern des Orts schlugen sie jedoch mit Hacken und Sensen in die Flucht. Die unauffällige **Kapelle Nossa Senhora da Vitória** an der inselumrundenden Küstenstraße (R 1-2) wurde zum Gedenken daran errichtet.

Porto Afonso/Baden

Porto Afonso, einst der Hafen von Vitória, liegt im äußersten Inselwesten in einer geschützten Bucht. Hier erhebt sich ein einsamer Felsen wie ein Obelisk aus der Brandung. Der Weg hinunter zum Hafen offenbart an der steilen Küste die verschiedenfarbigen Erdschichten. Die Vulkanschlacke ist hier so bröselig, dass man, anstatt Bootshäuser zu bauen, nur den Fels aushöhlte. Als Hafen hat Porto Afonso heute ausgedient, nur noch selten fahren Boote zum Fischen oder Algensammeln hinaus. Mittlerweile wird Porto Afonso fast ausschließlich zum Angeln aufgesucht. In den Sommermonaten ist der Hafen zudem ein beliebter Badeplatz, besonders wenn an der Ostküste die See zum Baden zu rau ist. Leider nehmen nicht alle Badegäste ihren Müll wieder mit nach Hause. Nur mit dem Wagen über einen Schotterweg zu erreichen, keine Busse.

Ribeirinha

Die kleine Gemeinde liegt nördlich der Serra Branca. Ein Pavillon im einzigen Kreisverkehr markiert zugleich den Mittelpunkt des Orts. Drum herum stehen die **Kirche Nossa Senhora da Esperança**, die zentrale Bushaltestelle und das örtliche „Kommunikationszentrum", der urige Gemischtwarenladen Novo Mundo. Über einen schmalen Stichschotterweg gelangt man von Ribeirinha in die zum großen Teil aufgegebene Siedlung **Esperança Velha**.

● *Verbindung* **Bus** werktags 5-mal nach Santa Cruz.

● *Essen & Trinken* **Quinta das Grotas**, neuestes Lokal der Insel (2009 eröffnet), untergebracht in einem mit Liebe restaurierten alten Landhaus mit gemütlicher Terrasse. Wirt Francisco hat lange Jahre in Österreich gelebt. Auf der Karte Klassiker wie *Frango assado*, aber auch ausgefallene Fischgerichte für 7–12 €. Am Wochenende wird der alte Backofen angeschmissen, dann kommen neben knusprigem Brot auch etliche Gerichte aus dem Ofen. Gute Weinauswahl, trinkbarer (!) Hauswein. Anfahrt: Von Santa Cruz (Rossio) die Straße an Post und Krankenhaus vorbei Richtung Rebentão nehmen und dann für ca. 4 km stets geradeaus fahren. An der Kreuzung, wo es rechts nach Vitória geht, links ab nach Ribeirinha. Das Lokal liegt nach ca. 1 km rechter Hand. Anfahrt von Ribeirinha aus: Vom Kreisverkehr bei der Kirche folgt man der Beschilderung „Vitória". Nach ca. 1 km linker Hand. Caminho das Grotas 28, ☎ 295712334.

Serra Branca

Im Westen Graciosas trennt der Höhenzug der Serra Branca die Insel in eine nördliche und eine südliche Hälfte. Der schon vor der Küstenstraße ins Auge fallende **Windpark** darauf wurde mit EU-Geldern finanziert, von einem deutschen Unternehmen errichtet und deckt 15 % des Strombedarfs Graciosas. Die höchste Erhebung der Serra Branca ist die **Caldeirinha** („kleine Caldeira") mit 363 m. Lohnenswert ist ein Blick vom Kraterrand in den tiefen Schlot des Vulkans, der wie der Eingang zum Hades wirkt und in den ein Pfad ein Stück weit hinabführt.

● *Anfahrt zur Caldeirinha* Von Ribeirinha kommend, die Straße nach Luz nehmen und nach 2,5 km links abbiegen (die erste Möglichkeit, kein Hinweisschild). Eine Teerstraße führt bis zum Tor des Windparks. Etwa 100 m weiter, gegenüber dem Eingang zum Windpark, liegt der Krater. Von Luz kommend, geht es 4,4 km hinter der Abzweigung nach Ribeirinha rechts ab.

Wandertipp: Von der Serra Branca führt **Wanderung 19** einmal quer über die Insel, → S. 340.

Kein klassischer Urlaubsort: Praia

Ziele im Süden der Insel

Den Süden Graciosas bestimmt die mächtige Caldera: In ihrem Inneren beeindruckt die Furna do Enxofre, wohl die faszinierendste Höhle der Azoren.

Rund um die Caldera erstreckt sich überwiegend Weideland, Wein wird hier nur noch wenig angebaut. Die Ortschaften unterhalb der Caldera sind meist Straßendörfer, einen längeren Aufenthalt wert ist lediglich Carapacho ganz im Süden. Dort kann man – nach Fertigstellung der Bauarbeiten am Kurhaus – im Meer und in warmen Thermen baden. Praia, die größte Ortschaft der südlichen Inselhälfte, besitzt neben einem zweitklassigen Sandstrand den bedeutendsten Hafen von Graciosa.

Praia (São Mateus)

Neuerdings gelangt man nach Praia, wenn man der Beschilderung „São Mateus" folgt. Dem Hl. Matthäus ist die Pfarrkirche des Städtchens geweiht. Sämtliche Fähr- und Containerschiffe steuern hingegen noch Praia an. Fast alles, was die Insel importiert und exportiert, geht hier von oder an Bord.

Der Hafen prägt das Leben und das Bild der Stadt. Doch kein malerischer Fischerhafen mit dümpelnden Booten und gemütlichen Cafés zeigt sich hier dem Besucher, sondern eine große Mole aus feinstem grauen Beton. Gleich neben dem Hafen besitzt Praia – wie der Name schon vermuten lässt – einen **Sandstrand**. Dieser ist von der Uferstraße jedoch nicht zu sehen, eine hohe Mauer versperrt den Blick darauf und raubt dem Ort viel Charme; sie hat etwas von einer Festungsmauer, und deshalb wurde sie einst auch gebaut: Sie sollte vor Piraten und Flutwellen schützen. Das vorgelagerte Inselchen **Ilhéu da Praia** ist ein Vogelreservat, zu dem im Sommer Fischerboote übersetzen. Im Winter 2001 lief das Containerschiff *Corvo* auf das Inselchen auf und brach auseinander. Der Navigationsfehler war, so sagt man, die Folge von zu viel Aguardente am Steuerrad.

Praia (São Mateus) **335**

Sehenswertes hat Praia wenig zu bieten. Eine rühmliche Ausnahme ist die **St.-Matt-häus-Pfarrkirche**. Sie stammt aus dem 15. Jh. und erlebte mehrere Um- und An-bauten. Im Inneren beeindruckt ein fein geschnitzter Hochaltar und eine Schrank-orgel aus dem 18. Jh. Die **Barração das Canoas** (→ Santa Cruz/Museu da Graciosa, S. 329) können nur nach Vereinbarung besichtigt werden. Einen herrlichen Blick über Praia und die Ilhéu da Praia genießt man von der **Kapelle Nossa Senhora da Saúde** hoch über der Stadt. Um zu ihr zu gelangen, nimmt man vom Zentrum in Praia die Straße zur Caldera und zweigt in Fonte do Mato bei der Kirche links ab (Hinweisschild). Die Fahrt lohnt jedoch nur wegen der Aussicht, die Kapelle selbst ist meist verschlossen.

Tipp: Für die Rückfahrt nach Santa Cruz bietet sich als Alternative zur Küstenstra-ße eine Fahrt über den Höhenzug der **Serra das Fontes** an (von der Küstenstraße ist die Abzweigung zwischen Praia und Santa Cruz ausgeschildert). Die Strecke ist komplett geteert und bietet grandiose Ausblicke.

Süße Mitbringsel – Queijadas da Graciosa

Die Inselspezialität Queijadas da Graciosa hat in jeder Konditoreiauslage des Archipels ihren festen Platz. Auf dem Flughafen von Graciosa sieht man sie in weiß-blauen Zwölferkartons gleich stapelweise neben jedem zweiten Reisen-den stehen. Kein Emigrant, der *das* Mitbringsel aus der Heimat nicht im Ge-päck hat.

So gehen sie von den Backblechen der *Pastelaria Queijadas da Graciosa* in Praia in die ganze Welt. Die Queijadas werden aus Maismehl, Eiern, Milch und sehr viel Zucker gebacken. Obwohl sie häufig als Käsekuchen bezeichnet werden, haben sie nichts mit den sahnig-lockeren Gebilden von zuhause gemeinsam. Queijadas da Graciosa werden, sind sie erst einmal ein paar Tage alt, recht steinige Teilchen, außerdem sind sie pappsüß. Ein Karton kostet rund 3 €.

Die Pastelaria Queijadas da Graciosa fin-det man, wenn man sich vom Zentrum aus Richtung Norden hält, der Straße entlang der Uferbefestigung folgt, zwi-schen den Windmühlen links abzweigt und die nächste wieder links abbiegt. Mo–Fr 9–17 Uhr, falls geschlossen, im Nachbarhaus klingeln. www.quejadasdagraciosa.pt.

Graciosa
Karte S. 323

● *Verbindung* **Bus** 6- bis 7-mal tägl. nach Santa Cruz.
Schiff: Für Fährverbindungen → An- und Weiterreise auf S. 322.
Ausflugsboote: Zur Ilhéu da Praia setzen im Sommer Fischerüber (2–5 €).
● *Übernachten* **Moinho de Pedra**, hübsch restaurierte Windmühle mit Anbau. Darin 4 nette Appartements für 2–4 Pers., alle mit gut ausgestatteter Küche. Nur nach Voraus-buchung. Für 2 Pers. ab 50 €, für 4 Pers. 90 €. Rua dos Moinhos de Venta 28 (vom Zentrum die Straße entlang der Uferbefesti-gung Richtung Norden nehmen, dann lin-ker Hand), ✆ 295712501, www.moinho-de-pedra.pt.
Silva's Lodging, im Zentrum in einem 500

Jahre alten Haus. 7 rustikal angehauchte Zimmer, fast schon Studios, mit kleiner Kü-chenzeile und Kühlschrank. Sehr gepflegt und sauber. Aufgrund der alten Baustruktur, die nicht viele Fenster kannte, jedoch etwas dunkel. Hinten raus Garten mit Grillmög-lichkeit. Waschmaschine. Der freundliche englischsprachige Vermieter Manuel da Silva wohnt nicht im Haus, daher ist eine Reser-vierung nötig. Gutes Preis-Leistungs-Verhält-nis, für 2 Pers. 30–35 €. Anfahrt: Steht man mit dem Rücken zum Portal der Hauptkirche, folgt man rechts der Straße hinab und hält sich bei der nächsten Möglichkeit gleich wieder links. Es ist das auffällige, dunkelrote Haus auf der rechten Seite. Travessa de Matriz 7, ✆ 295732354 o. 916840623 (mobil).

336   Graciosa

Fatima Barcelos, 3 einfachste Privatzimmer. Der Wegbeschreibung zur Pastelaria (→ Kasten oben) folgen. 50 m dahinter auf der linken Seite in einem tristen zweistöckigen Eckhaus. 15 €/Pers. Travessa da Guia 40, ☎ 295712254.

● *Camping* **Parque de Campismo Pinheiro**, hoch über Praia, knapp 1 km vom Hafen entfernt. Baumbestandene Wiese mit Blick über Praia aufs Meer. Kinderspielplatz, Picknickplätze, Pizzaofen (!) und Grill, ordentliche sanitäre Anlagen (Warmwasser). Offiziell ganzjährig zugänglich, besser aber vorher nachfragen. Fahrbarer Untersatz ratsam. 2 Pers. mit Zelt 3 €. Anfahrt: Vom Hafen die Straße zwischen den Windmühlen landeinwärts nehmen. Bei der nächsten größeren Kreuzung mit „Pinheiro" ausgeschildert. Praia, ☎ 2957112779.

● *Essen & Trinken* **Snack-Bar Osé** oáo, Mischung aus Bar, Bäckerladen (vorne) und Restaurant (hinten). Man sitzt im netten Natursteingemäuer und isst Fisch, Fleisch oder Spaghetti, Hg. 6–15 €. Küche nur bis 16 Uhr, Bar bis 24 Uhr. An der Uferstraße hinter der Strandmauer.

Luz und Umgebung

Im Südwesten der Insel, im Schatten der mächtigen Caldera, liegt das 900 Einwohner zählende Luz – ein freundliches Örtchen ohne besondere Sehenswürdigkeiten. Daran ändert auch das Marienbild mit Jesulein in der Pfarrkirche nichts, welches das Meer an die Küste Graciosas spülte und hier hoch verehrt wird. Vermutlich wurde das Heiligenbild von ungläubigen Piraten in die See geworfen, nachdem sie es irgendwo geraubt und kein „Lösegeld" dafür bekommen hatten.

Folgt man vom Zentrum der inselumrundenden R 1-2 nach Nordwesten, zweigt linker Hand eine Stichstraße zur **Baía da Folga** ab, dem Hafen von Luz. Hier bringen frühmorgens die Fischer ihren Fang an Land. Wer zu spät kommt, kann nur noch zuschauen, wie die Boote über eine Winde aus dem Wasser gezogen werden. Die nächste Bucht weiter nördlich ist die **Baía do Filipe** mit der Häuseransammlung **Beira Mar**. In der vorletzten Auflage dieses Buchs beschrieben wir sie noch als „nahezu aufgegebene, fast gespenstisch wirkende Siedlung". Inzwischen sind aus vielen der ruinösen Natursteinhäuser schicke Sommerresidenzen geworden, darüber hinaus wurde ein Picknickplatz angelegt.

● *Verbindung* **Bus** werktags 6- bis 7-mal tägl. nach Santa Cruz sowie von Juli bis Sept. Do 2-mal tägl. nach Carapacho.

● *Essen und Trinken* **Restaurante do Mar**, urige, verkachelte Fischtaverne. Innen lederhäutige alte Männer beim Kartenspielen, außen ein kleiner Bretterverschlag mit ein paar Tischen und herrlicher Aussicht auf die Bucht. Gebratener und gekochter Fisch zu angemessenen Preisen. In der Baía da Folga.

● *Übernachten* **Quinta Perpétua**, auf seinem ruhig gelegenen Anwesen am Ortsrand von Luz vermietet das freundliche Ehepaar Mory (Theresa aus der Schweiz, Peter aus Deutschland) ein modern und geschmackvoll eingerichtetes Gästehaus mit genügend Platz für eine kleine Familie. Bestens ausgestattet, kleine Auswahl an Literatur, CDs und Videokassetten. Toller Meeresblick von der Terrasse, weitläufiger Garten, Grillmöglichkeiten, Räder. Mindestmietdauer 3 Tage. 68 €/Tag, Endreinigung 30 €. Anfahrt: In Luz die Straße zur Kirche nehmen, an der Kirche vorbeifahren und die erste Straße links bergauf nehmen, dann rechter Hand. Caminho da Ribeira 3, ☎ 295714317, www.mory.eu.com.

Wandertipp: In Luz beginnt ein kleiner Rundwanderweg in die Baia da Folga, → **Wanderung 20**, S. 341.

Prozession auf Pico

▲▲ Im wolkenverhangenen Hochland von Pico (MB)
▲ Majestätischer Pico, der höchste Berg Portugals

Horta (Faial) ▲▲
Blick über die Marina von Horta auf Pico ▲

▲▲ Eine Tradition – Segler verewigen sich auf der Kaimauer von Horta (Faial)

Die Caldera

Die Caldera von Graciosa („Caldeira" genannt) ist die Attraktion der Insel schlechthin. Das, was sie von den anderen Calderen des Archipels unterscheidet, ist die Höhle Furna do Enxofre im Kraterinnern, die zum Besuch in die Unterwelt einlädt. Sogar einen Prinzen aus Monaco zog sie Ende des 19. Jh. in ihren Bann.

Rund 1200 m misst die Caldera im Durchmesser. Von Canada Longa gelangt man durch einen Tunnel ins Innere des imposanten Kraters, der teils bewaldet ist, teils als Weideland genutzt wird. Die Sonne strahlt erst ab dem späten Vormittag über die mächtige Kraterwand. Kurz hinter dem Tunnel zweigt links eine Straße zu einem Picknickplatz mit Grillmöglichkeiten (Parque de Merendes) und Wildgehege ab. Geradeaus nach unten führt der Weg zur Furna do Enxofre. Die Höhle ist ein einzigartiges Naturphänomen. Über einen Treppenschacht inmitten eines Vulkanschlots steigt man hinab in eine andere Welt, wo stechende Schwefeldämpfe die Luft durchziehen und sich ein See namens Styx ausbreitet. An den Krateraußenwänden der Caldera sind noch weitere Höhlen zu besichtigen (s. u.).

Furna do Enxofre

Einst musste man sich in die Höhle abseilen, seit 1939 erleichtert ein Treppenschacht mit 184 Stufen den Zugang. Einst holten die Bauern aus dem Styx-See Wasser für ihr Vieh, seit Jahren ist das verboten. Und einst wurde mit einem Kahn über den See gerudert, der 15 m tief war und einen Durchmesser von 150 m hatte; heute ist der See ein wenig geschrumpft und der Kahn undicht – er liegt am Ufer, das aus Sicherheitsgründen abgesperrt ist. Es sind die aufsteigenden Dämpfe und Gase (vor allem Kohlendioxid), die gefährlich werden können und schon Menschenleben gekostet haben. Wegen überhöhter Kohlendioxidwerte ist die Furna do Enxofre deswegen auch hin und wieder geschlossen. Ist die Höhle mit einer Gewölbehöhe von 80 m aber geöffnet, erwartet Sie noch immer ein Erlebnis der besonderen Art. Am besten eignet sich die Mittagszeit, wenn das Sonnenlicht durch den Vulkanschlot fällt. Der Ozeanforscher und Geologe Prinz Albert von Monaco segelte 1879 über den halben

Treppenschacht zur Furna do Enxofre

338   Graciosa

Atlantik, um ins Innere der Erde abzusteigen – seinerzeit noch über eine Strickleiter. Zuletzt wurde bei der Höhle ein Besucherzentrum gebaut – bis zu Ihrem Besuch sollte es bereits geöffnet haben.

● *Öffnungszeiten* Ganzjährig tägl. (außer So) 11–16 Uhr. Eintritt 1 €.

● *Verbindung* Wer per **Bus** zur Höhle möchte, muss in Canada Longa aussteigen

und den Rest des Weges laufen, ca. 40 Min. Der Weg ist mit „Caldeira" ausgeschildert → Wanderung 20.

Furna de Abel

An der Außenseite der Caldera, zwischen Viehweiden und Schweineställen, liegt die Höhle Furna de Abel. Es handelt sich dabei um einen Hohlgang, der durch Gasbildung in der sich abkühlenden Lava entstand. In der Gegend gibt es noch ähnliche Höhlen, allerdings hält keine einzige einem Vergleich mit der Furna do Enxofre stand.

● *Anfahrt/Fußweg* Von Canada Longa der Beschilderung zur Caldera folgen und nach ca. 400 m rechts abzweigen. Nach weiteren

100 m liegt die Höhle rechts der Straße. Vom Auto aus sieht man sie jedoch nicht, man muss schon aussteigen. Frei zugänglich.

Furna da Maria Encantada

Diese Höhle gleicht einer sich schlängelnden Röhre am Kraterrand und lohnt einen Besuch v. a. wegen der herrlichen Aussicht über die bewaldete Caldera. Über einen ca. 15 m langen Hohlgang gelangt man von der Krateraußenseite in das Innere des Felsrunds.

● *Anfahrt/Fußweg* Von Canada Longa der Beschilderung zur „Caldeira" folgen und nach ca. 400 m rechts abzweigen. Nach weiteren 350 m erreicht man die Straße, die

die Caldera umrundet; hier links halten. Der Beginn des Fußwegs zur Höhle ist ausgeschildert, keine 5 Min. Dauer.

Wandertipp: Rund um die Caldera und in die Caldera hinein führt **Wanderung 21**, → S. 342.

Carapacho

Ganz im Süden von Graciosa liegt Carapacho zu Füßen der Caldera und der Ponta da Restinga, auf der ein Leuchtturm den Schiffen den Weg weist. Vor der Küste erhebt sich aus dem Meer die kleine Felseninsel **Ilhéu de Baixo**. Carapacho, übrigens die erste Siedlung der Insel, ist ein attraktives Straßendorf – das hiesige **Thermalbad** ist einer der Gründe dafür. In das über 100 Jahre alte Badehaus wird 35 bis 40 °C warmes Quellwasser geleitet, und unter Rheumatikern hat sich die Therme schon fast zu einer Art Wallfahrtsort entwickelt. Zuletzt glich das Areal jedoch einer Großbaustelle, das alte Badehaus wurde mit einem schicken Anbau versehen und soll künftig – wahrscheinlich schon bis zu Ihrem Besuch – als Wellnesszentrum noch mehr Kundschaft anlocken. Zudem wurden die Meeresschwimmbecken davor erweitert und neue Liegeflächen angelegt. Wer länger bleiben will, findet in Carapacho einen idyllischen Campingplatz und mehrere Quartiere.

● *Verbindung* Carapacho erreicht man von Santa Cruz aus montags mit dem Bus um 10.30 und 15.30 Uhr, von Juli bis Sept. zu-

dem Do um 8.15 und 15.30 Uhr. In die andere Richtung fahren die Busse ca. 30 Min. später (Stand 2009).

Carapacho

Die Ponta da Restinga bei Carapacho

- *Übernachten* **Santa Casa**, die Santa Casa aus Santa Cruz verwaltet 7 einfache Ferienhäuschen nahe der Snackbar Dolphin, alle mit Bad, Küche, Wohnzimmer und Terrasse. Im Juli und Aug. gibt es eine Rezeption vor Ort, ansonsten bucht man in Santa Cruz in einem Nebengebäude (Hausnr. 2) der Igreja do Misericórdia (Mo–Fr 9–12 und 14–18 Uhr). Je nach Größe der Häuser 25–60 €/Tag. ✆ 295714440 o. 295712115.

Quinta da Gabriele, das Anwesen des hilfsbereiten deutschen Paars Sibylle Vogel und Harald Dressel. Vermietet werden 2 freundliche Gästehäuser: ein überaus geräumiges für bis zu 5 Pers. und ein kleineres für 2 Pers., beide mit komplett ausgestatteter Küche. Schöne Terrasse mit Meeres-, Caldera- und Leuchtturmblick. Grill, Gartendusche. Liebe Haushunde. Auf Wunsch Inselrundfahrten. Vorausbuchung erwünscht. Im Haus wird auch Wein gekeltert. Größeres Apartment 65 €, kleineres 40 €. Am westlichen Ortsende von Carapacho 50 m hinter dem Waschhaus, Nr. 52, ✆/℡ 295714352, www.azorengesundheitsurlaub.com.

- *Camping* **Parque de Campismo Carapacho**, schöner, terrassierter und romantischer Platz mit viel Schatten, Grillgelegenheiten und sauberen sanitären Einrichtungen (Warmwasser). Der Platz ist frei zugänglich (nicht umzäunt), offiziell aber nur von Juni bis Sept. geöffnet. Azoraner feiern hier gern auch mal kleine Partys. 1 €/Zelt (falls jemand zum Abkassieren kommt). Zwischen dem Thermalbad und dem Café Dolphin, ✆ 295712959 (Rathaus Luz).

Hinweis: Der nächste größere Laden befindet sich in Luz! Für den Notfall gibt es ein winziges Lädchen gegenüber dem Café Catarinas (Nr. 110).

- *Essen & Trinken* **Snackbar Dolphin**, Bar und Restaurant neben dem Campingplatz. Gepflegt und gut. Die Karte reicht vom Cheeseburger bis zum Garnelenspieß (Hg. 6–15 €), dazu kann man den sauren, günstigen Hauswein kosten. Gemütliche Terrasse mit Meeresblick. ✆ 295712014.

Café Catarinas, an der Küstenstraße unmittelbar am Meer. Die Bar ist Treffpunkt der Männer des Orts, abends immer rappelvoll (wie auch so mancher Besucher). Kein Schild überm Eingang, Hausnr. 181, beim Carapacho-Ortsschild.

340 Graciosa

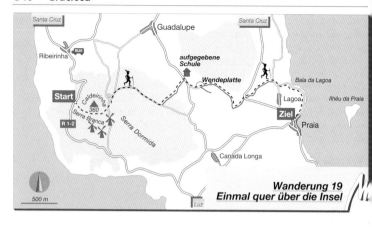

Wanderung 19: Einmal quer über die Insel

Route: Von der Serra Branca vorbei an Wiesen und Weiden und durch Wälder in die Baía da Lagoa und weiter nach Praia
Dauer: 3 Std.
Einkehr: Unterwegs keine Möglichkeit.
Besonderheiten: Einfacher, markierter Weg, identisch mit dem *Percurso Pedestre PR 1 GRA*.

An- und Weiterfahrt: Ausgangspunkt der Wanderung ist die Abzweigung zum Windpark auf der Serra Branca an der Straße zwischen Ribeirinha und Luz (→ S. 333). Da dorthin keine Busse fahren, muss man entweder ein Taxi nehmen (von Santa Cruz ca. 10 €) oder den Bus bis Ribeirinha, was die Wanderung jedoch um anstrengende 2,5 km verlängert, da es auf diesen Metern überwiegend bergauf geht. Die Straße nach Luz ist bei dem kleinen Kreisverkehr in Ribeirinha (zugleich die Bushaltestelle) ausgeschildert. Von Praia bestehen verhältnismäßig gute Busverbindungen zurück nach Santa Cruz.

Wegbeschreibung: Ein neues Teersträßlein führt von der Abzweigung an der Straße zwischen Ribeirinha und Luz zum Windpark. Gegenüber dem Eingang zu den Windrädern liegt die **Caldeirinha**, ein Vulkanschlot, dessen Anblick man sich nicht entgehen lassen sollte (→ S. 333). Auf der Straße geht es schließlich an den **Windrädern** vorbei und steil bergab (gelb-rot markiert). Die erste Rechtsabzweigung bleibt unbeachtet. Bei der nächsten Möglichkeit hält man sich rechts.

Ca. 70 m weiter (vorbei an einem Teich) zweigt rechter Hand ein geteertes Sträßlein ab, Ihr Weg für die nächsten 1,5 km. Nach einer Weile taucht schon die Ostküste Graciosas auf, schräg voraus die Ilhéu da Praia. Man verlässt das Sträßlein bei einer Linksabzweigung, die linker Hand an einer Mauer gelb-rot markiert ist. Nun geht es auf einem oft von Kuhfladen gepflasterten Weg relativ steil bergab.

An einer **aufgegebenen Grundschule** (Escola Primaria) trifft man auf die Verbindungsstraße zwischen Guadalupe und Canada Longa, rechts halten. Nach ca. 300 m gelangt man an eine Abzweigung mit einem „Weihnachtsbaum" in der Mitte, einer Araukarie; hier links halten. Die Straße endet nach ca. 500 m an einer kleinen **Wendeplatte**. Zwei Feldwege führen von hier weiter, der linke ist Ihrer.

Nun wandern Sie auf einem uralten Weg und kommen vorbei an aufgegebenen Gärten und vor langer Zeit verlassenen Gehöften. Nach ca. 10 Min. gabelt sich der Weg, man hält sich weiterhin links (gelb-rot markiert). Schließlich trifft der Weg in einer Kurve auf die Verbindungsstraße zwischen Santa Cruz und Praia. Hier hält man sich für ca. 50 m rechts und dann wieder links – Ihr Weg in die Siedlung Lagoa. Alle Abzweigungen bleiben unbeachtet. In der Siedlung folgt man vorerst der Straße, die von Laternen an Betonpfeilern gesäumt ist. Bei Hausnummer 56 jedoch zweigt man links ab, dem Meer entgegen. Die Straße schwenkt schließlich kurz vor der Küste nach rechts in Richtung **Praia** ab.

Wanderung 20: In die Baía da Folga

Route: Luz – Baía da Folga – Luz.
Dauer: Ca. 1–1 ¼ Std.
Einkehr: Restaurant in der Baía da Folga.
Besonderheiten: Einfache, schöne und kurze Rundwanderung. Der erste Abschnitt in die Baía da Folga ist identisch mit dem offiziellen Wanderweg *Percurso Pedestre PR 3 GRA*. Der Rückweg verläuft auf einer kaum befahrenen Straße.

An- und Weiterfahrt: → Luz/Verbindung.

Wegbeschreibung: Von der zentralen Kreuzung in **Luz** mit dreieckiger Verkehrsinsel und blau-weißer Heilig-Geist-Kapelle folgt man der bergab führenden Straße (rechts vorbei am Gebäude mit der Aufschrift „Largo 1 de Dezembro"), bis es nach rund 500 m rechts abgeht – hier ein Wanderhin-

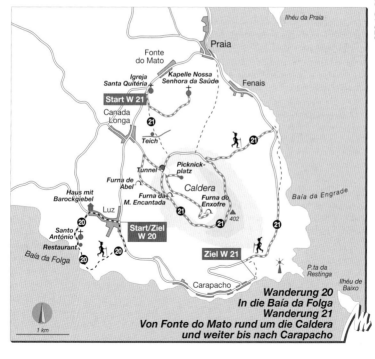

Wanderung 20
In die Baía da Folga
Wanderung 21
Von Fonte do Mato rund um die Caldera und weiter bis nach Carapacho

342   Graciosa

weisschild mit der Aufschrift „Portinho da Folga". Sollte dieses aus irgendwelchen Gründen nicht mehr vorhanden sein, achten Sie auf die betonierten Straßenlaternen linker Hand. Vor jener, die ein gelb-rotes Kreuz ziert (die Markierung für „falscher Weg"), müssen Sie rechts ab. Nun folgt man dem von Mauern flankierten Feldweg (rot-gelb markiert), es geht an ein paar Häusern und Weingärten vorbei. Kurz bevor man das Meer erreicht, schwenkt der Weg nach rechts ab und wird anschließend zum Pfad. Weiter geht es, mit dem Meer zur Linken, entlang der schroffen Lavaküste. Nach ca. 30 Min. Gehzeit ab Beginn der Wanderung hat man die **Baía da Folga** bereits erreicht. Hinter dem dortigen Restaurante do Mar hält man sich rechts und folgt dem gepflasterten Sträßlein bergauf an der **Kapelle Santo António** vorbei. Kurz hinter der Kapelle geht das Pflastersträßlein in eine geteerte Straße über und endet nach 700 m an einem Stoppschild bzw. vor einem Haus mit Barockgiebel. Hält man sich hier rechts, gelangt man zurück zum Ausgangspunkt der Wanderung.

Wanderung 21: Von Fonte do Mato rund um die Caldera und weiter bis nach Carapacho
(→ Karte S. 341)

Route: Fonte do Mato (Abstecher zur Kapelle Nossa Senhora da Saúde) – Furna da Maria Encantada (Abstecher ins Innere der Caldera) – Baía da Engrade – Restinga – Carapacho.

Dauer: Ohne den Abstecher zur Furna do Enxofre ca. 3 ½ Std., mit ca. 6 Std.

Einkehr: Unterwegs keine Möglichkeit.

Besonderheiten: Einfache, z. T. auf geteerten Wegen verlaufende Wanderung, die in Abschnitten dem *Percurso Pedestre PRC 2 GRA* folgt.

Alternativroute mit Start und Ziel in Praia: Man verlässt das Zentrum Praias gen Süden auf der Küstenstraße Richtung Fenais/Carapacho. Ca. 200 m, nachdem man eine Kapelle mit der Jahreszahl 1933 passiert hat, zweigt man direkt hinter einer Brücke nach rechts in den Caminho da Ventosa. Zwischen Feldern geht es nun stets bergauf, bis man die die Caldera umrundende Straße erreicht. (Unterwegs bleiben alle kleineren Abzweigungen unbeachtet.) Dort rechts halten und die Caldera gegen den Uhrzeigersinn umrunden (→ Wegbeschreibung). Über den Weg, den Sie bergauf gekommen sind, gelangen Sie auch wieder zurück nach Praia.

An- und Weiterfahrt: Ausgangspunkt der Wanderung ist die Kirche Santa Quitéria (= Nossa Senhora da Livramento) in Fonte do Mato (an der Abzweigung zur Kapelle Nossa Senhora da Saúde). Die Busse, die die Strecke von Santa Cruz über Praia nach Luz **bedienen,** halten fast unmittelbar vor der Abzweigung bei der Kirche. Von Carapacho zurück fahren nur wenige Busse (→ Carapacho/Verbindung, S. 338). Erkundigen Sie sich sicherheitshalber vorher noch einmal beim Turismo in Santa Cruz.

Wegbeschreibung: Von der **Kirche Santa Quitéria** folgt man der Zufahrtsstraße Caminho de Nossa Senhora da Saúde zur gleichnamigen Kapelle und biegt bei der erstmöglichen Abzweigung nach ca. 200 m in einer weit gezogenen Linkskurve auf einen unbefestigten Feldweg rechts ab.

Abstecher: Geradeaus weiter führt das Sträßlein zur einsam stehenden **Kapelle Nossa Senhora da Saúde** hoch über Praia, von deren Vorplatz man einen herrlichen Ausblick über den darunter liegenden Küstenabschnitt hat. Für den Abstecher, hin und zurück 2 km, muss man mit ca. 30 Min. rechnen.

Wanderung 21   343

Teils von hohen Mauern flankiert, verläuft der Weg nun zwischen Feldern und Viehweiden. An einem Teich überquert man einen anderen Feldweg und wandert auf einem deutlich schmaleren Weg weiter bergauf auf die Straße zu, welche die Caldera umrundet (ihre Trasse zeichnet sich deutlich durch die Bäume ab, die die Straße säumen). Auf diesem Abschnitt passiert man mehrere Weiden, der z. T. grasbewachsene Weg ist aber insgesamt klar zu erkennen.

Auf der Straße, die die Caldera umrundet, hält man sich rechts. Nach ca. 300 m führen links ein paar Stufen zur **Furna da Maria Encantada** (Hinweisschild, → S. 338), von wo sich ein imposanter Ausblick ins Kraterinnere auftut. Folgt man der Schotterstraße weiter, erreicht man knapp 100 m später die Abzweigung, bei der sich alle, die einen Abstecher ins Innere der Caldera und zur **Furna do Enxofre** unternehmen wollen, rechts halten.

Für diesen **Abstecher ins Innere der Caldera und zur Furna do Enxofre** muss man inkl. Besichtigung mit ca. 2 ½ Std. rechnen. Nach ca. 250 m liegt linker Hand (hinter einem Schweinestall) die Höhle Furna de Abel. 100 m weiter zweigt man rechts ab. In den Krater gelangt man durch einen Tunnel. Bei der Weggabelung dahinter hält man sich rechts (links geht es zu einem Picknickplatz). Knapp 1 km, nachdem man den Tunnel passiert hat, zweigt in der ersten serpentinenartigen Rechtskurve linker Hand ein alter Treppenpfad zur Höhle ab.

Bleibt man jedoch auf der Straße, die teils geteert, teils als Schotterpiste den Krater umrundet, genießt man aus der Vogelperspektive herrliche Ausblicke auf die darunter liegenden Ortschaften und Küstenabschnitte. Vorbei geht es an Luz mit Kirchturm und Sportplatz, den Hintergrund bestimmt die Serra Branca. Bei klarer Sicht kann man sogar in der Ferne hinter São Jorge den Pico erkennen. Hinter einem kleinen Waldstück erscheint am Fuß des Kraters die Siedlung Alto do Sul, danach die Ortschaft Carapacho unterhalb des mächtigen und von einem Leuchtturm gekrönten Felsens Restinga. Nach den spärlich besiedelten Südosthängen der Caldera tauchen schließlich die Häuser von Fenais auf, dahinter liegt die Ilhéu da Praia und westlich der Insel das gleichnamige Städtchen mit seiner großen Kaimauer.

Auf der Nordostseite der Caldera verlässt man schließlich den Rundweg und folgt der einzigen befahrbaren Straße (geteert), die fast im 180-Grad-Winkel abknickt und kurz darauf steil bergab führt. Man erreicht die Küstenstraße, hält sich auf dieser für ungefähr 50 m links und folgt danach einem darunter verlaufenden Feldweg in Richtung Süden. Bei der einzigen Weggabelung vor einer halbrunden Mauer wählt man den rechten, leicht ansteigenden Weg (je nach Jahreszeit mehr oder weniger verwachsen). Vorbei geht es an glücklichen Kühen, Pferden und kleinen Feldern, stets parallel zur Küste. Voraus liegt die Ilhéu de Baixo. Der Weg trifft schließlich wieder mit der wenig befahrenen Küstenstraße zusammen, auf der man weiter gen Süden wandert. Dabei passiert man die **Baía da Engrade**, eine an sich hübsche Bucht, der eine Müllhalde den Reiz raubt. Ein paar hundert Meter weiter folgt die Abzweigung zum Leuchtturm, die, will man keinen Abstecher machen, unbeachtet bleibt. Etwa 150 m nach der Abzweigung biegt man nach links auf den alten Eselspfad ab, der sich in Serpentinen nach **Carapacho** hinabschlängelt.

Graciosa
Karte S. 323

An der Kaimauer von Horta verewigen sich die Atlantiküberquerer

Faial

Ilha Azul, wie Faial wegen der vielen blauen Hortensienhecken auch genannt wird, ist ohne Zweifel eine der reizvollsten Inseln der Azoren. Nicht zuletzt wegen Horta, einem überaus charmanten Städtchen mit internationalem Jachthafen und Weltenbummleratmosphäre. Faial bietet aber noch mehr: eine imposante Caldera und das Vulkangebiet von Capelinhos.

Die fünftgrößte Insel der Azoren spielte seit jeher eine besondere Rolle, besonders im letzten Jahrhundert – mal als Zwischenstation für Transatlantikflüge, mal als Zentrum des Fernmeldewesens zwischen der Alten und der Neuen Welt. Heute ist der Jachthafen Hortas erste Adresse für Atlantiküberquerer.

In seiner Geschichte war Faial nur selten ein abgeschiedenes Eiland „irgendwo im Blauwasser", so das Seglerdeutsch – Faial war meist mit der Außenwelt verbunden. Das zeigt sich besonders in Horta, einer Stadt mit Flair und herrschaftlichen Gebäuden, eine offene, lebendige Stadt. Gute Strände bietet Faial außerdem, die meisten sogar nahe der Inselmetropole, was die Attraktivität Hortas einmal mehr erhöht. Ferner bietet die Insel eine touristische Infrastruktur, wie sie ansonsten nur auf São Miguel oder Terceira zu finden ist. Regelmäßige Schiffsverbindungen im *Triângulo* – so bezeichnet man das „Dreieck", das Faial, Pico und São Jorge bilden – machen Horta zudem zu einem interessanten Ausgangspunkt für Erkundungen der Nachbarinseln.

Zu den landschaftlichen Höhepunkten Faials zählen die mächtige, das Inselinnere beherrschende Caldera und das Vulkangebiet von Capelinhos, eine Aschewüste, die durch den letzten Vulkanausbruch der Azoren zwischen 1956 und 1958 entstanden ist.

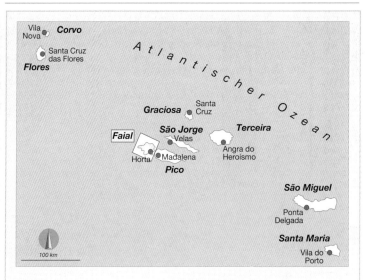

Faial

Hauptort: Horta
Touristische Zentren: Horta, Praia do Almoxarife, Varadouro
Bevölkerung: 15.629 (90 pro km²)
Größe: 173 km², 14 km lang, 21 km breit
Küstenlänge: 80 km
Höchste Erhebung: Cabeço Gordo 1043 m

Position: 38°31′ N und 38°39′ N, 28°36′ W und 28°50′ W
Distanzen zu den anderen Inseln: Santa Maria 356 km, São Miguel 276 km, Terceira 124 km, Graciosa 85 km, São Jorge 39 km, Pico 9 km, Flores 246 km, Corvo 257 km

Inselgeschichte

Die Geschichte Faials spiegelt in gewisser Hinsicht die Geschichte der gesamten Azoren wider. Wie keine andere zeigt sie, dass alle historischen Entwicklungen auf dem Archipel von außen beeinflusst wurden.

Vermutlich wurde die Insel von Jácome de Bruges entdeckt, wenige Tage nachdem er am 23. April 1450 auf São Jorge an Land gegangen war. Der Sage nach soll der erste Siedler ein Abenteurer gewesen sein, der hier fernab jeglicher Zivilisation sein Glück versuchte. Die Besiedlung Faials im großen Stil leitete der Flame Josse van Hurtere 1466 ein, der durch Heirat gute Beziehungen zum portugiesischen Königshaus unterhielt. Damals vermutete man reiche Zinn- und Silbervorkommen auf der Insel. Deshalb war es für van Hurtere leicht, im Not leidenden heimatlichen Flandern annähernd 1000 Landsleute zu finden, die bereit waren, mit ihm nach Faial auszuwandern. *Ilha da Ventura*, „Glücksinsel", hieß Faial damals noch. Rund um das heutige Flamengos ließen sich die Flamen nieder. Als man aber kein Zinn und Silber fand, obwohl man unzählige Wälder gerodet und das Erdreich darunter umgepflügt hatte, setzte sich der Inselname Fayal durch (*faia* sind im Portugiesischen Buchen, und dafür hatte man die hiesigen Bäume zunächst gehalten). 1468 erhielt

346 Faial

van Hurtere den Lehnsbrief von König Afonso V. In seiner alten Heimat warb er weiter um Siedler, die sich in der Bucht des heutigen Horta – der Name leitet sich von Hurtere ab – eine neue Existenz aufbauen wollten. 1490 sollen bereits 1500 Flamen auf der Insel gelebt haben. Auch ein berühmter Nürnberger hatte sich unter sie gemischt: Martin Behaim, der mit einer Tochter van Hurteres vermählt war und über 10 Jahre in Horta lebte, bevor er sich an seinen weltberühmten Globus machte. In der Kirche Nossa Senhora das Angústias erinnert ein Gedenkstein an seine Zeit auf Faial.

Touren-Tipps

Mit dem Mietwagen kann man die schönsten Orte Faials spielend an einem Tag abfahren. Dabei ist es fast egal, welche Richtung man einschlägt, denn bis auf die Stichstraße zur Caldera führen nahezu alle Straßen rund um die Insel. Wer mehrere Tage auf der Insel verbringt, dem sind Tour 2 und Tour 3 zu empfehlen, die man mit ausgedehnten Bade- und Picknickpausen verbinden kann.

Tour 1: Tagestour zu den Highlights der Insel
Horta – Praia do Almoxarife – Ribeirinha – Salão – Cedros – Ribeira Funda – Praia do Norte – Baía da Ribeira das Cabras – Ponta dos Capelinhos – Capelo – Varadouro – Flamengos – Caldera – Horta.

Tour 2: Durch die östliche Inselhälfte
Horta – Praia do Almoxarife – Ribeirinha – Ponta da Ribeirinha – Salão – Cedros – Ribeira Funda – Caldera – Flamengos – Jardim Botânico do Faial – Horta.

Tour 3: Durch die westliche Inselhälfte
Horta – Flamengos – Ribeira Funda – Praia do Norte – Baía da Ribeira das Cabras – Ponta dos Capelinhos – Capelo – Parque Florestal – Varadouro – Castelo Branco – Costa da Feteira – Monte da Guia – Horta.

Anfang des 16. Jh. kam durch den Anbau von Weizen und dem gewinnträchtigen Export der Färberpflanzen Pastell und Urzela nach England und Flandern Wohlstand auf die Insel. Als 1580 Spaniens König Philipp II. Portugal in seinen Besitz eingliederte, unterstützte Faial wie Terceira den portugiesischen Thronanwärter Dom António. 1583 aber fielen Faial und Terceira nach schweren Kämpfen in die Hände der Spanier. Trotz französischer Unterstützung konnten die spanischen Schiffe nicht an der Einfahrt in den Hafen von Porto Pim gehindert werden. Da Faial, ähnlich wie Terceira, als Anlaufhafen auf dem Weg zwischen den Kolonien und der Iberischen Halbinsel genutzt wurde, lockte es auch Piraten an. Mehrmals wurde Faial im 16. und 17. Jh. geplündert.

1672 verschwand die Insel nach dem Ausbruch des Cabeço do Fogo unter einer grauen Ascheschicht; zudem hinterließ eine Serie schwerer Erdbeben Tod und Verwüstung. Von allen Schicksalsschlägen erholten sich die Bewohner der Insel aber rasch, übrigens nicht selten auf Kosten der Nachbarinsel Pico, die von Faial aus verwaltet und ausgebeutet wurde.

Im 18. Jh. liefen die ersten amerikanischen Walfangschiffe die Bucht von Porto Pim an. Sie führten nicht nur den Walfang auf der Insel ein, sondern sorgten auch für ein blühendes Gewerbe rund um die Jagd: Im Hafen von Porto Pim wurden Schiffe gewartet, Besatzungen ergänzt, Proviant aufgenommen, mit Waltran gehandelt zeitweise lagen bis zu 100 Fregatten vor Anker. Nebenbei entwickelte sich der

Inselgeschichte 347

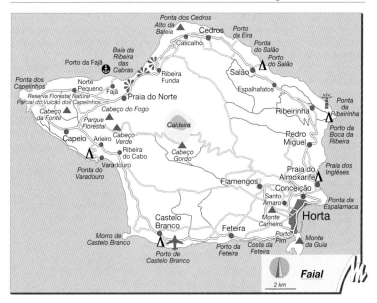

Orangenexport zu einem wirtschaftlichen Standbein der Insel und warf bis 1860 (dann zerstörten die weiße Wollschildlaus und anschließender Pilzbefall die Plantagen) satte Gewinne ab.

Während der Kämpfe zwischen den Anhängern der absoluten und der konstitutionellen Monarchie in der ersten Hälfte des 19. Jh. unterstützten die Einwohner Faials letztere. Dom Pedro besuchte Horta daraufhin 1832 und verlieh ihr den Titel „Cidade" (Stadt).

Im Sommer 1867 kam Mark Twain (1835–1910) vorbei. Zunächst notierte er: „Wir ankerten auf der offenen Reede vor Horta, eine halbe Meile vor der Küste. Die Stadt hat acht- bis zehntausend Einwohner. Ihre schneeweißen Häuser kuscheln sich behaglich in einem Meer von frischen grünen Pflanzen, und kein Ort könnte hübscher oder einladender aussehen." Sein zweiter Eindruck, nachdem er an Land gegangen war, war weniger positiv: „Die Menge auf dem Pier war schäbig – Männer und Frauen, Jungen und Mädchen, alle zerlumpt und barfuß, ungekämmt und unsauber, und aus Instinkt, nach Erziehung und von Beruf Bettler. Sie rotteten sich hinter uns zusammen, und solange wir in Fayal weilten, wurden wir sie nicht mehr los …" (aus: *Reise um die Welt*)

Um die Jahrhundertwende stieg Faial zum Zentrum der telegrafischen Kommunikation zwischen Europa und Amerika auf (→ Kasten „Am Strang zwischen Alter und Neuer Welt", S. 367). 1885 wurde das erste Kabel von Lissabon nach Horta verlegt, 1900 eine Leitung nach Nova Scotia (Kanada). Internationale Telegrafengesellschaften ließen sich in Horta nieder, in Kürze mauserte sich Faial zur fortschrittlichsten Insel der Azoren. 1919 setzte das erste Wasserflugzeug im Hafen von Horta auf und leitete damit ein weiteres Kapitel in der Inselgeschichte ein – die Zwischenlandung vor Faial stand bis zum Zweiten Weltkrieg auf dem Flugplan sämtlicher Transatlantikflüge (→ Kasten „Stop-over Horta", S. 353).

348 Faial

Während des Zweiten Weltkriegs kam dem Hafen von Horta auch als Militärstützpunkt im Atlantik eine wichtige Rolle zu, ab 1943 nutzten ihn die Alliierten. Mehrere britische Kriegsschiffe sollen übrigens rund um Faial und Pico von deutschen U-Booten versenkt worden sein.

Unter Salazar geriet mit dem gesamten Archipel auch Faial ins politische Abseits. Erst 1976, nachdem die Azoren zur autonomen Region geworden waren, sprach man Horta als einem der drei Verwaltungszentren den Sitz des Parlaments zu. Das brachte der Insel neue politische Bedeutung und wirtschaftlichen Aufschwung. Auch die Schreibweise änderte sich: aus Fayal wurde Faial. Seit dem Bau der Marina schließlich weht wieder ein Hauch der großen weiten Welt über Horta. Heute will man – u. a. mit Subventionen der EU – den Tourismussektor weiter ausbauen. Zuletzt entstand ein großer Kai für Kreuzfahrtschiffe.

Als die Erde bebte

Am 9. Juli 1998 überraschte ein Erdbeben der Stärke 5,8 auf der Richterskala die Einwohner Faials im Schlaf. Die Erdstöße dauerten 30 Sekunden, das Epizentrum lag 15 km vor der Küste, die Erschütterungen waren auch auf Pico und São Jorge zu spüren. 10 Menschen starben, über 90 erlitten z. T. schwere Verletzungen. Rund 500 Häuser stürzten ein, über 1500 Obdachlose wurden registriert. Am schwersten traf es den Nordwesten, besonders die Ortschaften Ribeirinha und Salão, sie wurden weitgehend zerstört. An der Südseite der Insel war Castelo Branco am stärksten betroffen – 1700 Nachbeben wurden gezählt. Allein der Sachschaden betrug über 50 Millionen Euro. Zerstörte Häuser und in Trümmern liegende Kirchen sind zum Teil noch immer gegenwärtig. Besonders aber fallen die vielen Neubauviertel ins Auge – ebenfalls eine Folge dieser Nacht.

An- und Weiterreise mit dem FLUGZEUG

● *Flughafen* Der Inselairport liegt ca. 10 km westlich von Horta nahe der Ortschaft Castelo Branco (→ S. 379). Im Terminal ein **Turismo** (nur Juni–Sept. tägl. 8.30–18.30 Uhr), ein **SATA-Schalter** (✆ 292202310), ein Postamt, Bar, Geldautomat und Schalter mehrerer Autovermietungen (s. u.).

● *Transfer* **Bus** werktags 5-mal tägl. vom Flughafen nach Horta, in die andere Richtung 6-mal tägl., Sa 2-mal tägl., So keine Busse. Abfahrt in Horta entweder von der Rua Vasco da Gama beim Turismo oder von der Avendida 25 de Abril – Infos beim Turismo oder bei der Busgesellschaft

(✆ 292292482). **Taxifahrt** mit Gepäck 11 €.

● *Flugverbindungen* Die SATA fliegt direkt nach **Flores** (im Sommer tägl.), nach **Terceira** und **São Miguel** (2- bis 3-mal tägl.) wie auch nach **Corvo** (3-mal wöchentl., für gewöhnlich Mo/Mi/Fr). Nach **Santa Maria** fliegt man über São Miguel, nach **Graciosa** über Terceira. Es gibt keine Direktflüge zwischen Horta, Pico und São Jorge, nur Schiffsverbindungen. Informationen zu den Flugtarifen, Gepäckbeschränkungen usw. im Kapitel „Unterwegs auf den Azoren/Flugzeug" und unter www.sata.pt.

An- und Weiterreise mit dem SCHIFF

● *Hafen* Alle Fähren von oder nach Faial legen in Horta ab bzw. an.

● *Mit den Autofähren der Atlântico Line über die Inseln der Zentralgruppe in die Ostgruppe* Von Mitte Mai bis Mitte Sept.

meist 1-mal wöchentl. (Abfahrt i. d. R. Do o. Fr) über **Pico** (Cais) und **Terceira** (Praia da Vitória) weiter nach **São Miguel** (Ponta Delgada) und **Santa Maria** (Vila do Porto).

An- und Weiterreise 349

Weitere Infos zu den Autofähren der Atlântico Line unter www.atlanticoline.pt und im Kapitel „Unterwegs auf den Azoren/Schiff". Dort finden Sie auch Angaben zu Fahrdauer und Tarifen.

• *Mit den Autofähren der Atlântico Line innerhalb der Zentralgruppe* Von Ende April bis Mitte Juni und von Mitte Sept. bis Anfang Okt. meist nur 1-mal wöchentl. (Abfahrt i. d. R. Do o. Fr) über **Pico** (Cais) und zuweilen **São Jorge** (Velas) nach **Terceira** (Praia da Vitória). Ganz selten Fahrten zu anderen Häfen der Zentralgruppe, da das Schiff dann weiter in die Ostgruppe (s. o.) tuckert.

Von Anfang Juli bis Ende Aug., wenn die Atlântico Line ein zweites Schiff durch die Zentralgruppe fahren lässt, bestehen zu allen Inseln der Zentralgruppe bis zu 3-mal wöchentl. Verbindungen.

• *Mit den Autofähren der Atlântico Line nach Flores* In der Vor- und Nachsaison 1- bis 2-mal monatl. (Abfahrt meist Do) direkt nach Flores und zurück. In der HS meist 1-mal wöchentl. (Abfahrt ebenfalls meist Do).
Infos in diversen Reisebüros der Stadt, z. B. über Aerohorta, → Horta/Reisebüro. Fahrpläne auch beim Turismo.

• *Durch den „Canal" nach Pico* Von Horta nach **Madalena** bestehen im Sommer ca. 7- bis 8-mal tägl. Fährverbindungen (erstes Schiff gegen 7.30 Uhr, letztes zurück gegen 22 Uhr), im Winter 4- bis 5-mal tägl. (letztes Schiff zurück oft gegen 18 Uhr). Je nach Schiff 3,40–4,10 €. Infos am Hafen und über das Turismo.

• *Mit Transmaçor-Personenfähren nach Pico und zu den Inseln der Zentralgruppe* Von Juni bis Mitte Sept. gibt es 4-mal wöchentl. eine Morgenfähre und tägl. eine Abendverbindung von Horta über **Pico** (zuerst Madalena, dann Cais do Pico) nach **São Jorge** (Velas) und zurück. Zudem 3-mal wöchentl. (i. d. R. Mi/Fr/So) eine Fährverbindung von Horta über **São Jorge** (Velas), **Pico** (Cais do Pico), nochmals **São Jorge** (nochmals Velas, dann Calheta) nach **Terceira** (Angra do Heroísmo).

Baía da Ribeira das Cabras

Den Rest des Jahres 1-mal tägl. über **Pico** (zuerst Madalena, dann Cais do Pico, im Winter zuweilen nur Cais do Pico) nach **São Jorge** (Velas).

Je nach Schiff kostet die Passage nach Cais do Pico 10–13 €, nach Velas 13–17 €, nach Calheta 19–25 €, nach Angra do Heroísmo 43–48 €.

Tickets und Informationen am Hafen bei der Anlegestelle.

• *Transportes Marítimos Graciosenses* Die Reederei verfügt nur über Cargoschiffe, auf denen aber auch, sofern keine explosiven Stoffe an Bord sind, Passagiere mitgenommen werden. Eine Alternative v. a. im Winter, wenn die Atlântico-Line- und Transmaçor-Fähren nicht nach Terceira fahren. Das Schiff legt (sofern Wind, Wellen und Maschine mitspielen) meist Fr in Horta mit Ziel **Terceira** (Praia) ab. 22 €/Pers. Infos bei Naviangra, ✆ 292943440 o. 916635207 (mobil), ✉ 292943883.

350 **Faial**

> Weitere Service-Adressen unter Horta ab S. 354.

Mietwagen

Es gibt rund 8 Anbieter, nicht alle haben ein Office am Flughafen – Preisvergleiche lohnen! Die Erfahrung hat gezeigt, dass aus dem teuersten Anbieter des letzten Jahres der billigste im nächsten Jahr werden kann und umgekehrt. Auf Faial werden Flughafenzuschläge zwischen 15 und 25 € verlangt.

Açor Rent 296, zugleich die **Hertz**-Vertretung. Pkw ab 25 €/Tag plus 0,22 €/km inkl. Steuern. Ohne Kilometerabrechnung (ab 2 Tagen) 45 €/Tag inkl. Steuern. CDW extra ca. 10 €. Office am Flughafen, in Horta über Aerohorta (→ Horta/Reisebüro). ✆ 292208130, www.azoresrent.com.

Auto Turística Faialense, billigstes Fahrzeug ab 19 €/Tag plus 0,19 €/km plus Steuern. CDW 9 € extra. Fahrzeuge ohne Kilometerabrechnung (ab 3 Tagen) ab 38 €/Tag plus Steuern. Office am Flughafen, in Horta an der Rua Conselheiro Medeiros 12, ✆ 292292308, www.autoturisticafaialense.com.

Ilha Verde, berechnet für das billigste Auto 23 €/Tag plus 0,23 €/km plus Steuern. Ohne Kilometerabrechnung ab 2 Tagen möglich, 48 €/Tag. CDW 11 € extra. Office am Flughafen, in Horta hinter dem Hotel do Canal an der Rua das Angústias, ✆ 292943945, www.ilhaverde.com.

Ilha 3 Rent a car, billigstes Auto 18,95 €/Tag plus 0,19 €/km plus Steuern. Ohne Kilometerabrechnung ab einem Tag möglich, 35 €/Tag plus Steuern. CDW 9,70 €. Kein Office am Flughafen. In Horta gegenüber der Pousada da Horta Santa Cruz, ✆ 292292661, www.ilha3.com.

Inselspezielles

● *Baden* Mehrere gute Bademöglichkeiten rund um die Insel, man kann zwischen Sandstränden und Felsbuchten wählen. Beliebt und im Sommer rege besucht sind der Hausstrand von Horta in der Bucht von **Porto Pim** und der Strand von **Praia do Almoxarife**. *Der* Strand der Nordküste ist die **Baía da Ribeira das Cabras.** Schöne Naturschwimmbecken am Hafen von **Salão** und bei **Varadouro.**

● *Feste/Veranstaltungen* Von Ostern bis August (Höhepunkt Pfingsten) finden auf Faial wie auf allen anderen Azoreninseln die traditionellen **Heilig-Geist-Feste** statt, neuerdings zuweilen mit **Stierkämpfen** wie auf Terceira.

Am 6. Sonntag nach Ostern steht in Horta die Kirche **Nossa Senhora das Angústias** im Mittelpunkt ausgiebiger Feierlichkeiten (Prozession, Jahrmarkt usw.).

Ein spannendes sportliches Ereignis, mehr für die Teilnehmer als für die Zuschauer, ist der **Peter Café Sport Triathlon,** der Ende April über die Bühne geht. Die Disziplinen sind Surfen (von Velas auf São Jorge nach Cais do Pico, 12 Seemeilen), Mountainbiking (60 km von Cais do Pico nach Mada-

lena, dabei überwindet man 1000 Höhenmeter), und zum Schluss per Kajak durch den *Canal* nach Horta.

Ein weiteres großes Fest ist das **St.-Johannis-Fest** am 24. Juni am Largo Jaime de Melo in Horta mit Musik und Tanz.

Am 1. Sonntag im August wird die **Senhora da Guia,** die Schutzheilige der Fischer, geehrt. Dabei gibt es eine Bootsprozession von Porto Pim um den Monte da Guia in den Hafen von Horta.

In der Woche vor dem 2. Sonntag im August erfreut die **Semana do Mar** („Woche des Meeres") die Besucher, ein feuchtfröhliches Fest mit Regatten zwischen Pico und Faial.

● *Folklore/Musik* Die beliebtesten Tänze sind der **Pezinho** und der **Chamarrita.** Erleben kann man sie bei den kleinen Heilig-Geist-Festen, mit Sicherheit aber am 22. November, wenn Santa Cecília, die Schutzheilige der Musikanten, geehrt wird. Zu der Feierlichkeit versammeln sich die besten Musiker der Insel in der Pfarrkirche von Horta und spielen dort auf der *Viola de Arame,* einem traditionellen Saiteninstrument.

Horta 351

- *Souvenirs* Faial ist bekannt für **Miniaturarbeiten aus Feigenmark**. Mühlen, Blumen, Tiere und Schiffchen aus diesem Material werden in diversen Souvenirshops angeboten. Eine Sammlung solcher Arbeiten zeigt auch das Museum von Horta. Auf Faial lassen sich zudem qualitativ hochwertige **Scrimshaw-Arbeiten** erstehen (→ Horta/Einkaufen, S. 356).
- *Sport* Vielfältiges Sport- und Freizeitangebot, schöne Wanderwege, lediglich ein Golfplatz fehlt, ist jedoch bei Flamengos (seit Jahren) in Planung. Bei Tauchunfällen steht im Krankenhaus von Horta ein Kompressionsraum zur Verfügung. Für Ausritte → Varadouro.
- *Übernachten* Horta verfügt über ein großes Zimmerangebot in den verschiedensten Kategorien und Preisklassen, zudem werden rund um die Insel schöne Ferienhäuser vermietet. **Campingplätze** findet man in Praia do Almoxarife, in Varadouro, am Porto de Salão und an der Ponta da Ribeirinha. Campingmöglichkeiten bestehen zudem an der Ponta da Eira und in Castelo Branco (alles andere als toll).
- *Regionale Spezialitäten* Zu den regionalen Spezialitäten gehören, obwohl die Insel von Meer und Fischen umgeben ist, in erster Linie Würste wie die **Linguiça** (geräucherte Fleischwurst) oder die **Morcela** (Blutwurst).

Blick auf Horta vom Monte da Espalamaca

Horta

In der von der Halbinsel Monte da Guia im Süden und dem Kap Ponta de Espalamaca umrahmten weiten Bucht von Horta reihen sich vornehme Stadthäuser, Kirchen und Paläste aneinander. Dazwischen liegt die Festung Castelo de Santa Cruz und vor ihr der Jachthafen, den Segelboote aus aller Welt ansteuern – ihre Besatzungen verbreiten im Städtchen internationales Flair.

Außer Angra do Heroísmo (Terceira) kann keine Stadt der Azoren Horta das Wasser reichen – Horta hat ganz besonderen Charme. An lauen Sommerabenden spielen in dem knallroten Pavillon der Praça da República Blaskapellen auf, wenn nicht, wird auf der Uferpromenade flaniert. In den Bars und Cafés herrscht reges Treiben. Dafür sorgt nicht nur der „Jachtset" beim Landgang, sondern auch die einheimische Akademikerszene: Hinter den Lagerhallen am Hafen befindet sich das große Forschungsinstitut für Ozeanographie der Universität der Azoren. Beliebt bei allen ist der Sandstrand vor der Haustür, genauer vor dem alten Hafentor in der Bucht von **Porto Pim**.

Rund 6500 Einwohner zählt Horta, das sich aus drei Pfarrgemeinden zusammensetzt: **Angústias** nennt sich der Teil um Porto Pim, **Matriz** das Viertel um die Kirche São Salvador und **Conceição** der nördliche Stadtteil, wo einst die Matrosen ihr lang ersehntes Glück fanden. Das Zentrum erstreckt sich vom Hafen vorbei am **Castelo de Santa Cruz** und der angrenzenden, baumbestandenen Praça do Infante bis zur Praça da República. Reich geschmückte Fassaden alter Bürgerhäuser prägen es, dazu viele kleine Läden, für hiesige Verhältnisse vornehme Boutiquen, einfache Bars und schicke Cafés. Dahinter klettern die Häuser die Hänge hinauf, auf den einmaligen Anblick des Pico muss niemand verzichten. Übrigens bietet sich der Inselhauptort auch bestens als Ausgangspunkt für den Besuch der Nachbarinsel an.

Stadtgeschichte

In der zweiten Hälfte des 15. Jh. warb der Flame und damalige Donatarkapitän (Lehnsherr) von Faial, Josse van Hurtere, Landsleute aus seiner Heimat an, die am Nordufer der Bucht Porto Pim siedelten. Flandern lag damals, zur Zeit des Hundertjährigen Kriegs zwischen Frankreich und England, in Schutt und Asche. Die Menschen, die kamen, zeigten sich dem edlen Spender für die Überfahrt dankbar und benannten ihr neu gegründetes Fischerdorf nach ihm. Über die Jahrhunderte hinweg wurde schließlich Horta daraus – das portugiesische Wort für Gemüsegarten. Vorerst jedoch blieb Horta nur ein Fischerdorf, die meisten Siedler zimmerten ihre Häuser im Inselinnern rund um das heutige Flamengos, das von See aus nicht sichtbar war und so meist von den Piratenüberfällen verschont blieb. Erst mit dem Bau von Verteidigungsanlagen im 16. und 17. Jh. entwickelte sich aus dem Fischerdorf eine kleine Stadt, ab 1583 unter spanischer Regie. Dennoch kamen bis zum Ende des 17. Jh. immer wieder Korsaren, die ihr Glück versuchten. Am grausamsten brandschatzte der Freibeuter Sir Walter Raleigh 1596.

Im 17. Jh. waren es besonders die Klöster, die die Entwicklung der Stadt vorantrieben. Ab der Mitte des 18. Jh. liefen amerikanische Walfangschiffe die Bucht von Porto Pim an, nahmen Verpflegung auf, heuerten Mannschaften an und sorgten für regen Handel. 1775 ging der berühmte britische Entdecker Captain Cook in Porto Pim vor Anker. Er war erstaunt über die Festungsanlagen der Stadt und die vielen Kanonen. Am meisten aber verwunderte ihn deren Zustand. Seinen Salut hatte man nicht erwidern können – die Zeit der Piratenüberfälle war lange vorbei, und die Geschütze waren verrostet.

Der wirtschaftliche Aufschwung im 19. Jh. war in erster Linie das Verdienst des Dabneys-Familienclans. Was die Familie Hickling für São Miguel war, waren die Dabneys für Faial, Pico und São Jorge. Den Anfang machte John Bass Dabney. Bereits 1804 hatte er sich in Horta niedergelassen, zwei Jahre später wurde er zum Konsul der USA ernannt. Er investierte in den Walfang, in die Jagd, in die Versorgung der Jäger und die Wal-Verarbeitung. Charles William Dabney gewann 1858/59 die Sympathien der Insulaner, nachdem er monatelang kostenlos Mais an die hun-

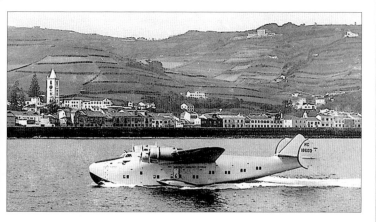

Das waren noch Zeiten ... (um 1930)

Stop-over Horta

Der erste Flughafen Hortas musste gar nicht gebaut werden, Albert Reid erklärte den Seehafen einfach dazu – auf dem ersten Transatlantikflug der Geschichte. Am 22. Mai 1919 war er von der amerikanischen Trepassey Bay mit einer viermotorigen *NC 4* der US-Marine gestartet. 20 Stunden später setzte er im Hafen von Horta auf, dort, wo andere den Anker warfen. Sein Ziel war das englische Plymouth, die weitere Route führte über Ponta Delgada und Lissabon. In den 1920er Jahren erfolgten weitere Versuche, per Flugzeug den Atlantik zu überqueren, aber erst zehn Jahre später steuerte die nächste Maschine den Hafen von Horta an. Es war das zwölfmotorige Flugboot *Dornier Wal*, auch unter dem Namen *DO-X* bekannt, das damals größte Wasserflugzeug der Welt, in dem über 70 Passagiere Platz fanden. 1930 tauchte ein Zeppelin am Horizont auf, 1933 landeten 24 *Savoia Machetti*-Flugboote auf dem Rückflug von der Weltausstellung in Chicago nach Rom in Horta zwischen. Wenige Tage später sollen es auch ein paar UFOs probiert haben. Augenzeugen zufolge – betrunkene amerikanische Walfänger – gingen sie jedoch kurz darauf unter.

Ebenfalls 1933 flog Charles Lindbergh im Auftrag der PanAm mit einer *Lookheed Sirius* den Seehafen von Horta an und erklärte diesen, nachdem er weitere Inselhäfen der Azoren begutachtet hatte, als den geeignetsten für Zwischenlandungen im Transatlantikflugverkehr. Hortas große Wasserflughafen-Ära begann. Doch noch bevor 1938 die erste PanAm-Maschine aufsetzte, war die Lufthansa im Hafenbecken Hortas zur Stelle. Mit dem Flugboot *Zephir* nahm sie 1936 den planmäßigen Flugverkehr nach New York auf, per Katapultstart ging es von den Schiffen *Schwabenland* und *Friesland* aus dem Hafen von Horta weiter. Bis zum Zweiten Weltkrieg flogen Lufthansa und PanAm über 700-mal Faial an, über Imperial Airways (Vorgänger der British Airways) und Air France liegen keine Zahlen vor. Mit dem Weltkrieg war es jedoch mit der Zweckentfremdung des Hafens durch den Flugverkehr vorbei. Zum einen hatten die Amerikaner einen modernen Landflughafen auf Santa Maria errichtet, zum anderen hatte der erste Non-Stop-Flug von Berlin nach New York mit dem Landflugzeug *Brandenburg* im Jahr 1938 das Ende der Wasserflugzeug-Ära angekündigt.

Faial

Horta, eine Perle der Azoren

gernden Bauern verteilen ließ, denen ein Unwetter die Ernte zerstört hatte – in die Inselchronik ging er als „Vater der Armen" ein. Bald aber musste er mit ansehen, wie ein Standbein der Familie, der Orangenanbau und -handel, infolge Laus- und Pilzbefalls verloren ging; danach setzte er auf Ananas- und Weinanbau. Auf Initiative der Dabneys wurde 1876 der Hafen östlich des Monte Guia gebaut, mit dem Hintergedanken, am zukunftsträchtigen Transatlantikverkehr der Dampfschiffe kräftig mitzuverdienen. Einer der Herrensitze der Dabney-Dynastie, die Villa Cedars an der Rua Consul Dabney, steht noch heute.

1893 begann Hortas Aufstieg zum Zentrum der telegrafischen Kommunikation, was der Stadt neuen Aufschwung brachte (→ Kasten „Am Strang zwischen Alter und Neuer Welt", S. 367). Viele Bauten aus dieser Zeit erinnern noch daran. 1919 begann mit Albert Reid Hortas neue Rolle im transatlantischen Flugverkehr (→ Kasten oben).

Im Zweiten Weltkrieg wurde der Stadthafen zum Stützpunkt der Alliierten, mehr als 1500 britische und amerikanische Schiffe machten an den Kaimauern fest, beladen mit Kriegsmaterial, das für den Einsatz in der Normandie nach England gebracht wurde. Nach dem Krieg kamen noch ein paar US-Kriegsschiffe mit Hilfsgütern für Berlin vorbei, dann fiel Horta in den Dornröschenschlaf. Nur heitere Weltumsegler sorgten im Peter Café Sport beim ersten Gin nach Tausenden von Seemeilen für Stimmung. Erst 1976, als Horta Sitz des Parlaments der Autonomen Region der Azoren wurde, begann die Stadt wieder aufzublühen. Anfangs tagte man im Clube Sociedade Amor da Patria (Rua D. Pedro IV.), einem elitären Club, heute tagt man im neuen Parlamentsgebäude an der Rua Marcelino Lima.

Information/Verbindungen

• *Information* **Turismo-Büro**, hilfsbereit und kompetent. Juni–Sept. Mo–Fr 9–18 Uhr, Sa 9–16 Uhr, sonst Mo–Fr 9–12.30 u. 14–17.30 Uhr. Rua Vasco da Gama, ℡ 292292237, www.cmhorta.pt.

Horta 355

art-Turismo, Mai–Okt. Mo/Di 13.30–20 Uhr, Mi 9–13 u. 14–20 Uhr, Do 9–14 u. 17–20 Uhr, Fr–So 9–13 u. 14–20 Uhr, im Winter stark verkürzt. Neben dem Kastell, ℡ 292292167.

● *Verbindungen* **Innerorts**: Es gibt 4 Minibuslinien, die vom Zentrum in die Randbezirke fahren, Fahrpläne beim Turismo. Die Linien 1, 2 und 4 kommen am Modelo vorbei, alle am Krankenhaus. Da die Distanzen in Horta kurz sind, dauert das Warten auf die Minibusse oft länger als der Fußweg. Pro Fahrt 0,25 €.

Inselbusse: Die Haltestelle für die Busse der Südroute liegt nahe dem Turismo an der Rua Vasco da Gama. Die Bushaltestelle für die Nordroute befindet sich weiter nördlich an der Uferstraße (vor dem Mid Atlantic Jachtservice). Lediglich die Busse nach Castelo Branco vorbei am Flughafen fahren mal da und mal dort ab. Sa nachmittags, So und feiertags kein Busverkehr.

Verbindungen Mo–Fr: 5-mal tägl. nach Flamengos, 3-mal tägl. nach Praia do Almoxarife, 3-mal tägl. über Ribeirinha/Salão nach Cedros, wovon 2 Busse bis Ribeira Funda weiterfahren. 6-mal tägl. am Flughafen vorbei nach Castelo Branco und 2-mal tägl. über Capelo und Norte Pequeno nach Ribeira Funda. Sa vormittags jeweils rund die Hälfte der Fahrten.

Inselumrundungen per Bus sind Mo–Fr um 11.45 Uhr möglich (Stand 2009, Abfahrt an der Rua Vasco da Gama). Manchmal fährt der Bus durch, manchmal muss man in Ribeira Funda umsteigen. Erkundigen Sie sich vor Antritt der Fahrt beim Turismo.

Taxis stehen am Hafen, an der Uferpromenade und am Markt bereit. Zum Flughafen ca. 11 €, nach Cedros oder Varadouro 15 €, zur Caldera (retour) 25 € und nach Capelinhos (retour) 35 €.

Schiff → An- und Weiterreise, S. 348.

Adressen

● *Ärztliche Versorgung* **Inselkrankenhaus**, 1 km außerhalb an der Straße nach Flamengos, ℡ 292201000.

● *Fluggesellschaften* **TAP**, Mo–Fr 9–12 und 13.30–17 Uhr. Rua Vasco da Gama 28, ℡ 707205700 (Reservierungen) bzw. 218413700 (Fluginfos).

SATA, Mo–Fr 9–12.30 und 13.30–17.15 Uhr. Ebenfalls in der Rua Vasco da Gama, ℡ 292202292.

● *Geld* Im Zentrum viele Banken mit Automat.

● *Gepäckaufbewahrung* Bei **Norberto Diver** am Hafen. Pro Tasche und Tag 1 €.

● *Internet* Kostenloser Zugang über die **Bibliothek** in der Rua W. Bensaúde. Kostenpflichtig in der **Base Peter Zee** (s. u.) und bei **Navigate informática** in der Rua Cons. Medeiros.

● *Mietwagen* → S. 350.

● *Öffentliche Toiletten* An der Praça da República beim Markt.

● *Polizei* In der Avenida Gago Coutinho e Sacadura Cabral, ℡ 292208510.

● *Post* Mo–Fr 8.30–18.30 Uhr, Sa halber Tag. Am Largo Duque D'Avila Bolama.

● *Reisebüro* **Aerohorta**, Flüge, Autoverleih (296 und Hertz), Tickets für die Atlântico Line und Inseltouren. Mo–Fr 9–12.30 und 14–18 Uhr, Sa halber Tag. Rua Cons. Medeiros 2, ℡ 292208130, www.aerohorta.com.

● *Wäsche* **Horta Laundry**, 2,75 €/kg. Mo–Fr 9–18 Uhr, Sa 9–13 Uhr. Rua Cons. Medeiros 6.

● *Zweiradverleih* Mäßige Mountainbikes bei **Base Peter Zee** (neben Peter Café Sport → Whale-Watching) für 12 €/Tag. Fahrräder nur für den Stadtgebrauch verleiht das *art*-Turismo (→ Information) von Mai bis Okt. kostenlos. Personalausweis mitbringen.

Scooter bei **Yamaha Faial Moto**, 25 €/Tag, bei 3 Tagen Leihdauer 23 €. Mo–Fr 9.15–18.15 Uhr, Sa nur bis 13 Uhr. Rua Eduardo Bulcão 1, ℡ 292392782, 📠 292392499.

*Faial
Karte S. 347*

Einkaufen (→ Karte S. 356/357)

● *Lebensmittel* **Modelo (4)**, in dem großen Supermarkt gibt es alles, i. d. R. auch **Campinggas**. Mo–Sa 9–21 Uhr, So und feiertags halber Tag. Vom Zentrum ca. 15 Fußmin., an der Straße nach Flamengos, der Rua Príncipe Alberto do Mónaco.

Schöner und zentraler kauft man auf dem kleinen baumbestandenen **Mercado Municipal** an der Praça da República ein. Es gibt Fleisch, Obst und Gemüse von Faial, Pico und São Jorge, zudem natürlich fangfrischen Fisch. Mo–Sa 7–15 Uhr.

Regionale Produkte (Brot, Obst und Gemüse, Wurst, Käse, Wein, Liköre, dazu etwas

356 Faial

Übernachten
1 Hospedaria Atlantis
2 Braulio Rebelo (Priv.)
3 Hospedaria J.S.F.
5 Vila Odette (Apartments)
6 Maria Otilia de Morais Évora (Priv.)
7 Hotel Horta
8 Estrela do Atlântico
9 Verdemar Apartamentos
10 Fayal Resort Hotel
11 Residência Neves
12 Maria Zélia Silva (Priv.)
19 Residencial São Francisco
23 Pousada da Horta Santa Cruz
25 Residência A Casa do Lado
26 Hotel do Canal
28 Residência Lima
32 Residência Machado
36 Vila Bélgica

Essen & Trinken
13 Casa do Chá
14 Ponto Come
15 Bico Doce II
17 Capitólio Restaurante
20 Peter Café Sport
21 Taberna de Pim
22 Café Internacional
23 Pousada de Santa Cruz
24 Canto da Doca
29 Kabem Todos
30 Bar da Marina
34 O Kapote
35 Barão Palace

Einkaufen
4 Modelo
16 Tabacaria da Sorte
18 Costa & Martins
27 Iris Horta
31 Loja do Triângulo

Nachtleben
33 Bar do Teatro
34 Booka
35 Riverside

Kunsthandwerk) auch bei **Loja do Triângulo (31)** in der Rua Serpa Pinto (auch So morgens geöffnet). Kleine Filiale auf dem Marktgelände.

Costa & Martins (18), guter Weinladen. Die Sonderangebote stehen auf dem Boden. Mo–Fr 9–13 und 14–17 Uhr. Rua Conselheiro Medeiros 3.

• *Souvenirs* Der aus Holland stammende **Scrimshaw**-Künstler **John van Opstal** ist eigentlich Maler und lebt seit 1985 auf Faial. Zwei Jahre nach seiner Ankunft nahm er den ersten Pottwalzahn in die Hand und versuchte sich als Graveur, heute sind seine mit „John" signierten „rauchergelben Zähne" in Museen rund um den Globus zu sehen. Wie lange er aber noch der Pottwalzahngravur nachgehen kann, ist fraglich – wegen des Walfangverbots ist das Elfenbein des Meeres rar geworden. Und die wenigen Zähne, die noch heute auf den Dachböden der Inseln schlummern, haben oft schon Marktpreise von mehreren Hundert Euro pro Stück. Die Abzweigung zu seinem Haus, wo man ihm bei der Arbeit zusehen kann, ist von der Straße nach Espalamaca ausgeschildert. Einfach vorbeischauen, keine offiziellen Öffnungszeiten.

• *Zeitungen* Deutschsprachiges findet man mit viel Glück in der **Tabacaria da Sorte (16)** an der Rua Cons. Medeiros 20. Übliche Öffnungszeiten.

Horta 357

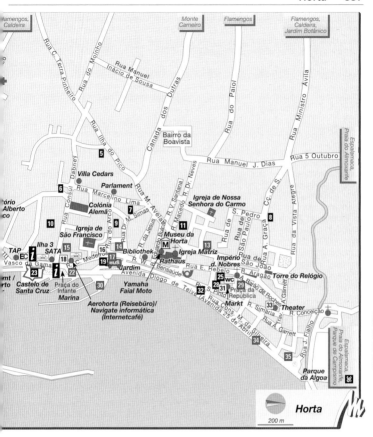

Kultur & Freizeit

- *Bootsrundfahrten* Entlang der Küste zu den Höhlen und Grotten nahe Feteiras bietet **Peter Café Sport** (je nach Länge der Ausfahrt 20–30 €/Pers.), zu buchen bei Base Peter Zee neben dem Café (→ Whale-Watching).
- *Feste/Veranstaltungen* → Inselspezielles.
- *Kino* Internationale Filme im **Teatro Fialense** in der Alameda Barão de Roches.
- *Whale-Watching/Delfinschwimmen* Es gibt mehrere Anbieter auf Faial. Die renommiertesten sind **Peter Café Sport** und **Diver Norberto**, die von April bis Okt. Ausfahrten anbieten. Im Juli und Aug. ist bei ihnen eine Reservierung dringend zu empfehlen, in der NS müssen mindestens 4 Pers. zusammenkommen, ansonsten nur auf Anfrage. Werden von den Spähern an den Walausgucken keine Tiere gesichtet, finden auch keine Ausfahrten statt. Die Wahrscheinlichkeit, tatsächlich Wale oder Delfine zu sehen, liegt deswegen bei ca. 80 %. Ausfahrten (Dauer ca. 3–4 Std.) kosten bei allen Anbietern rund 55 €.

Diver Norberto, fährt mit kleinen, wendigen Schlauchbooten (mit Hartboden) raus, besitzt aber auch ein robusteres Schiff mit Toilette – gut geeignet für Familien. Informatives Briefing vor Beginn der Fahrt. Bietet auch Delfinschwimmen an (gleiche Preise). Mo–Sa 9–13 u. 14–17 Uhr, So unregelmäßig. Am Hafen bei der Fähranlege-

358 Faial

stelle, ☎ 962824028 (mobil), www.norberto diver.com.

Peter Café Sport, besitzt u. a. ein großes Boot für 45 Pers. – all jenen zu empfehlen, die sich auf kleinen Schlauchbooten (mit Hartboden) unwohl fühlen oder schnell seekrank werden. Zudem wird Delfinschwimmen angeboten, ebenfalls ca. 55 €/Pers. Zu buchen über Base Peter Zee

neben dem Café (☎ 292292327, www.peter cafesport.com). Mai–Sept. tägl. 8.30–22 Uhr, Okt. 8.30–18 Uhr, sonst Infos direkt über das Café.

In der HS bieten zudem **Horta Cetaceos** (Kiosk schräg gegenüber dem Turismo, ☎ 292391940, www.hortacetacaos.com) und **Diveazores** (→ Tauchen) Ausfahrten an.

Baden/Sport

• *Baden* In der Bucht des Porto Pim liegt im Schutz der Halbinsel Monte Guia der **Hauptbadestrand** von Horta, ein ca. 300 m langer, hellbrauner Sandstrand. Im Sommer mit Wassersportangeboten, Bar, Sanitäranlagen. Innenpool in der **Piscina Municipal** im **Parque da Algoa** am nördlichen Ende der Bucht von Horta, davor ein schwarzer Lavasandstrand mit Sonnenschirmen.

• *Hochseefischen* Für rund 800 €/Tag bei **Brasilia Fishing Charter** (☎ 967579224, mobil, www.bluemarlin.be) und bei **Double Header** (☎ 292392375, www.atlantic-sport

fisheries.com). **Faial Terra Mar** hingegen bietet Hochseeangeln an, Dauer 4 Std., 80 €/Pers. (☎ 964066351, mobil, www.faial terramar.net). Alle sind mit einem Kiosk am Hafen vertreten.

• *Kajaks* Vermietet **Base Peter Zee** (→ Whale-Watching) für 10 €/Std.

• *Radtouren* Eine besondere Radtour bietet die **Base Peter Zee** (→ Whale-Watching). Für 15 € wird man mit dem Auto bis zur Caldera, dem höchsten Punkt der Insel, gefahren und kann dann von dort gemütlich bergab rollen. Fahrtwind statt Schweiß!

Rund 45 Seemeilen südwestlich von Faial liegt die **Princess Alice Bank**, der Gipfel eines mächtigen unterseeischen Berges. Wäre dieser 35 m höher, würde er über die Wasseroberfläche hinausragen und eine Insel bilden. An sonnigen Tagen und bei glatter See ist er vom Boot aus erkennbar. Wie die Formigas nahe Santa Maria ist die Princess Alice Bank wegen ihres Reichtums an Großfischen eines der Top-Hochseefisch- und Tauchreviere der Welt.

• *Tauchen* Die renommierteste Tauchbasis der Zentralgruppe ist **Diver Norberto** (→ Whale-Watching). Pro Bootstauchgang mit Blei und Flasche 35 €, mit komplettem Equipment 50 €. Auch Nacht- und Höhlentauchgänge. In der HS bieten auch **Central Sub** (☎ 965125439, mobil, www.central sub.com) und **Diveazores** (☎ 912585803, mobil, www.diveazores.net) Tauchausfahrten an. Beide sind mit Kiosken am Hafen vertreten.

• *Wandern/Trekking* Organisierte Touren (z. B. Caldera-Umrundung inkl. Transport für 10 €/Pers.) veranstaltet **Peter Café Sport**,

sofern ein paar Leute zusammenkommen. Infos in der Base Peter Zee (→ Whale-Watching). Auch haben so manche Tauch- und Whale-Watching-Agenturen, die in den Hüttchen am Hafen sitzen, geführte Wandertouren im Programm.

• *Segeln* **Yachtaçor Boat Charter**, 8-Std.-Trip mit Skipper 86 €/Pers. Auch Mehrtagestrips möglich. Kiosk am Hafen, ☎ 912240999 (mobil), www.yachtacor.com. Ab 2010 wollen zudem die Betreiber der **Vila Bélgica** (→ Übernachten) ein Inselhopping auf ihrer Jacht (3 Kabinen) anbieten.

Übernachten (→ Karte S. 356/357)

In der HS ist eine Reservierung ratsam. Eine Liste gemeldeter Privatzimmer hält das Turismo bereit.

• *Hotels* ****** Pousada da Horta Santa Cruz (23)**, in der gleichnamigen Festungsanlage über der Marina. 28 komfortable Zimmer, die

nach vorne mit Balkon zum Meer sind ihr Geld wert (toller Blick über die Marina und das Meer nach Pico), die nach hinten gar

Fassadenpracht im Zentrum von Horta

nicht. Pool, À-la-Carte-Restaurant. EZ ab 186 €, DZ ab 198 €. Rua Vasco da Gama, ✆ 292202200, ℻ 292392836, www.pousadas.pt.
**** Fayal Resort Hotel (10), über dem Hafen. Weitläufige Anlage, fast Vorortcharakter. 131 geräumige Teppichbodenzimmer ohne besondere Note, die jedoch dem Niveau der Sternenzahl entsprechen (Klimaanlage, Minibar etc.). Entscheiden Sie sich für eines mit Meeresblick! Sehr gutes Frühstücksbüfett, das Abendbüfett bezeichneten Leser jedoch als „eher arm". Tennisplätze, Außen- und Innenpool, türkisches Bad etc. EZ 150 €, DZ 160 €. Rua Consul Dabney, ✆ 292207400, ℻ 292207450, www.fayalhotel.com.
**** Hotel do Canal (26), nahe dem Fährhafen. Über 100 Zimmer, farbenfroh-gemütlich und komfortabel ausgestattet. Steriler Innenhof. Jacuzzi, türkisches Bad, kein Pool. Freundlicher Service, gutes Abendbüfett. Garage. Von Lesern gelobt. EZ 143 €, DZ 158 €. Largo Dr. Manuel de Arriaga, ✆ 292202120, ℻ 292202129, www.bensaude.pt.
**** Hotel Horta (7), funktionaler Hotelkomplex hoch über der Stadt, dem eine kleine Beauty-Kur mal wieder guttun würde. Alle 80 Zimmer mit Balkon, z. T. mit Blick auf die Marina und Pico. Panoramarestaurant, Pool. Leser loben den Service. EZ 124 €, DZ 137 €. Rua Marcelino Lima, ✆ 292208200, ℻ 292208208, www.hotelhorta.com.

Estrela do Atlântico (8), eine kleine charmante Oase in Horta, unter deutscher Leitung. 3 liebevoll und individuell gestaltete Zimmer und 2 Suiten, fast alle mit Balkon oder Terrasse. Großer Garten mit Minipool und Liegestühlen. Zuvorkommende Hausherrin, bei der sich Leser stets sehr aufgehoben fühlten. Lediglich die Gebäude in der Nachbarschaft könnten schöner sein. DZ 90 €, Suite ab 110 €. Calçada Santo António, Apartado 196, ✆/℻ 292943003, www.edatlantico.com.

Residência Machado (32), 2008 eröffnetes Haus in bester Lage – trotz der ersten Reihe besitzen jedoch nur wenige Zimmer Meeresblick. Alles picobello sauber und mit nagelneuen Furniermöbeln, jedoch ziemlich sterile Atmosphäre. DZ 70 €, Appartement für 2 Pers. 120 €. Avenida 25 de Abril, ✆ 292293433, ℻ 292292510, mjmachadjoaquim@sapo.pt.

Residencial São Francisco (19), gegenüber der gleichnamigen Kirche. Altes Haus z. T. mit knarrenden Holzböden. 32 geräumige Zimmer, Bäder okay. Möbel alt, aber nicht antik, Teppichböden schon ausgefranst. Bei unserer Inspektion war alles sauber, Leser schrieben schon vom Gegenteil. EZ ab 58 €, DZ ab 69 €. Rua Conselheiro Medeiros 13, ✆ 292200980.

360 Faial

Residência A Casa do Lado (25), 14-Zimmer-Unterkunft in guter Lage. Unter englisch-amerikanischer Leitung. Zimmer mit Dielenböden und neuen Bädern. Schlicht, sauber, ordentlich, aber ohne besondere Note. EZ 55 €, DZ 60 €. Rua D. Pedro IV 23, ✆/📠 292392427.

Hospedaria J.S.F (3), eher trostloses Haus in unschöner Lage neben dem Supermarkt Modelo. 30 funktionale Zimmer mit Bad und TV. EZ 40 €, DZ 50 €. Rua Príncipe Alberto Mónaco, ✆ 292208070, 📠 292208074, joaofreitas@mail.telepac.pt.

Cäptn Fritz & die Crew waren auch schon da

Residência Neves (11), etwas oberhalb der Stadt. Sehr sauber und gepflegt, von Lesern empfohlen. Die netten Vermieter sprechen leider kein Englisch. Sehr gutes Preis-Leistungs-Verhältnis. EZ 27 €, DZ 35 €, Studios für 2 Pers. 40 €. Rua Commendador Macedo 7, ✆/📠 292292564, www.residencianeves.com.

Hospedaria Atlantis (1), 7 schlichte, saubere DZ mit Bad etwas abseits des Zentrums. Das freundliche Personal und der Chef sprechen Englisch. Angeschlossen ist eine beliebte Snackbar, in der dicke Pizzen serviert werden. EZ 25 €, DZ 30 €. Rua Príncipe Alberto de Mónaco 16 (gegenüber dem Krankenhaus), ✆ 292392777, 📠 292293638, www.hospedariaatlantis.com.

Residência Lima (28), zentrale Lage. Zimmer z. T. um einen kleinen grünen Innenhof. Bunt gestrichen, spartanisch eingerichtet, erfüllen aber den Zweck und sind für den Preis okay. Freundlicher Inhaber. Zur Residência gehören auch Unterkünfte außerhalb des Zentrums. EZ mit Bad 25 €, DZ 30 €. Rua Serpa Pinto 38, ✆ 292293575 o. 966746538 (mobil), residencialima@hotmail.com.

• *Privatzimmer* **Maria Otilia de Morais Évora (6)**, die überaus freundliche ältere Dame (französischsprachig) vermietet 4 Zimmer in einem schönen Landhaus oberhalb der Stadt. Sehr sauber, z. T. wuchtige Möbelstücke. Kleiner, netter Garten mit Zitronenbäumen. Lesern gefiel's. DZ 35 €. Rua Consul Dabney 8, ✆ 292292520.

Maria Zélia Silva (12), 5 Zimmer, z. T. mit eigenem Bad und durchs Wohnzimmer zu erreichen. Gepflegt und sauber. DZ 25 €. Rua Mons. Silv. de Medeiros 6 (nahe der Bucht von Porto Pim), ✆ 292292094.

Bráulio Rebelo (2), etwas außerhalb des Zentrums in einer Neubausiedlung. 3 blitzblanke Zimmer in einem hellhörigen Haus. Gemeinschaftsbad. DZ 30 €. Anfahrt: Von der Küstenstraße nach Feteira geht es am Kreisverkehr bei der aZoria-Tankstelle rechts bergauf, erstes Reihenhaus auf der linken Seite. Rua Ilha de S. Luis 4, ✆/📠 292293421.

• *Appartements* **Verdemar Apartamentos (9)**, 16 Appartements für bis zu 6 Pers. Neubau, komfortable Ausstattung, z. T. mit Blick auf den Pico. Weißes Haus mit gelben Fensterumrahmungen, Rezeption auf der Rückseite. Appartements für 2 Pers. ab 95 €, 4 Pers. ab 119 €. Rua Dr. Melo e Simas 10, ✆ 292200300, 📠 292200310, www.verdemar-azores.com.

Vila Odette (5), 2 Häuschen mit jeweils 2 Schlafzimmern, Wohnzimmer und Küche sowie ein 2-Pers.-Appartement mit Küchenzeile vermietet die freundliche, englischsprachige Maria de Lurdes da Silva Nunes hoch über der Stadt. Geschmackvolle Ausstattung und sehr gepflegt. Ruhige Lage, herrliche Aussicht (Pico-Blick). Das 6000 m² große Anwesen diente im 19. Jh. als Orangenhain. Für 2 Pers. ab 50 €, für 4 Pers. ab 80 €. Rua Ilha do Pico 5, ✆ 292292754, 📠 292392226, www.vilaodette.com.

Horta   361

- *Außerhalb* **Vila Bélgica (36)**, ca. 3 km außerhalb von Horta nahe der Estrada de Caldeira. Das überaus gastfreundliche Ehepaar Dhont aus Belgien vermietet 6 gepflegte Zimmer, 3 mit privaten Bädern, 3 mit Gemeinschaftsbad. Dachterrasse mit herrlichem Panoramablick, großer Garten, gutes Frühstück. DZ mit Bad je nach Größe 75–85 €, ohne Bad 60 €. Anfahrt: In Horta die Straße nach Praia do Almoxarife nehmen. Auf dem Bergrücken Espalamaca der Beschilderung zur Caldera folgen, dann ausgeschildert. Caminho Velha da Caldeira, ✆ 292392614, www.azoresvilabelgica.com.

Essen & Trinken/Nachtleben (→ Karte S. 356/357)

- *Restaurants* **Barão Palace (35)**, eines der besten Lokale der Insel, in einem Neubau mit funktionalistischem (aber auch extrem nüchternem) Touch. Dafür überaus freundliches und gepflegtes Personal und sehr gute Küche. Große Steaks, Tintenfisch in Senfsoße oder gegrillter Schwertfisch für 10–16 €. Unter der Woche günstiges Lunchbüfett, So teurer (13,50 €), aber überaus reichhaltig. So abends und Mo geschl. Rua José Fialho 3, ✆ 292292124.

Kabem Todos (29), heißt so viel wie „alles ist möglich". Freundliches kleines Lokal mit rot gestrichenen Wänden in einem schmucken rosafarbenen Stadtpalais. Portugiesische Festlandsküche mit Pfiff – zu empfehlen sind die Lendenspieße und die Shrimps-*Cataplana*. Hg. 11,50–15,50 €. So Ruhetag. An der Praça da República, ✆ 202202120.

Pousada de Santa Cruz (23), im gleichnamigen Hotel (→ Übernachten). Außergewöhnliche Küche in gepflegtem Ambiente: Mit Inselkäse gratinierte Zwiebelsuppe (7 €), schmackhafte *Cataplana* (18 €), auch an Vegetarier wird gedacht, Nachspeisenbüfett. Seit Jahren beschweren sich Leser jedoch immer wieder über den unfreundlichen Service.

Canto da Doca (24), originell-modernes Restaurant, dessen Innenausstattung sich vom azoreanischen Standard abhebt. Das Essen bereitet man auf einem heißen Stein zu. Hg. 12–20 €. „Sehr gut", meinen Leser. Kein Ruhetag. Ecke Rua C. F. Costa/Rua Nova (nahe der Igreja Angústias), ✆ 292292444.

O Kapote (34), großes Lokal mit modernem Speisesaalambiente im 1. Stock, toller Blick auf den Pico (Fensterplatz reservieren!). Beliebt sind die Gerichte vom Holzkohlegrill (Fisch und Fleisch), auch das Grillhähnchen ist lecker. Hg. 8–18,50 €, günstige Tagesgerichte, So Lunchbüfett für 9,50 €. Avenida Marginal 24, ✆ 292391174.

Taberna de Pim (21), herrliche Terrasse in der Bucht von Porto Pim. Innen holzvertäfelt. Guter Oktopussalat (6,50 €), gegrillte Koteletts in Weißwein (12 €), diverse Nudelgerichte (7,50–9 €). Spezialität sind zudem Fondues (mit Fisch und Shrimps 25 €, mit Käse 10 €, mit Fleisch 20 €). Achtung: Das Lokal soll verkauft werden! Rua Nova 3, ✆ 292392239.

Capitólio Restaurante (17), ein Klassiker. Rustikale und dennoch gemütlich-verspielte Einrichtung, fest in der Hand von Seglern. Kleine Karte mit Grillhähnchen, gegrillten Sardinen, ein paar Fleischgerichten und Omeletts für 8–12 €. Unter der Woche günstige Mittagsmenüs. Leider hinkten Service und Qualität zuletzt dem netten Ambiente arg hinterher (was sich hoffentlich wieder ändert!). So Ruhetag. Rua Conselheiro Medeiros 23, ✆ 292292538.

Ponto Come (14), Self-Service-Restaurant mit einer Theke, an der man zwischen sättigenden Fisch-, Fleisch- und Hühnergerichten wählen kann. Dazu Salate und diverse Beilagen. Bezahlung nach Gewicht (preiswert). Mo–Fr 8–20 Uhr, So 12.30–20 Uhr, Sa Ruhetag. Rua Dr. M. Simas.

Lanchonette Sabores Tradicionais, einfache Snackbar, die zur Mittagszeit ordentliche Hausmannskost anbietet (Bezahlung ebenfalls nach Gewicht). I. d. R. gibt es stets ein Fisch- und ein Fleischgericht, dazu Kartoffeln und Reis. Ein Tipp für Budgetreisende. Auf dem Marktgelände.

- *Bars/Cafés* **Bar da Marina (30)**, Treffpunkt von Skippern, ihrer Crew und allen, die dazugehören wollen. Internationales Flair, mäßige Snacks. Am Jachthafen.

Peter Café Sport (20), im Sommer ist die Kultkneipe überlaufen und das überforderte Personal genervt. In der NS geht es gemütlich zu, wenngleich sich hier kontaktfreudige Segler i. d. R. wohler fühlen als müde Urlauber in Wanderschuhen. Snacks und warme Mahlzeiten auch noch nach 22 Uhr. Keine Angst übrigens vor der *Whale Soup* – dabei handelt es sich um eine kräftige Fleischbrühe mit Gemüse, obwohl einem die Kellner gerne weismachen, es handle sich um importierten Wal aus Japan. Drau-

Faial

Karte S. 347

362 Faial

ßen auf der Terrasse werden 10 % mehr verlangt. Unübersehbar an der Uferstraße (→ Kasten S. 364).

Café Internacional (22), alteingesessenes Café mit Kaffeehausatmosphäre. Gehobenere Preise. Oberhalb der Marina an der Avenida Diogo de Teive.

Casa do Chá (13), keine esoterische Teestube, sondern ein Café mit lauschigem Garten. Tagsüber eine ideale Adresse zum Entspannen. 85 verschiedene Teesorten, *Nespresso*-Kaffee, hausgemachte Kuchen, Snacks. Abends Barbetrieb, zuweilen Jazzkonzerte. Wi-Fi-Spot. Tägl. (bis auf Do) 14–24 Uhr. Zugang von der Rua de São Bento aus.

Bico Doce II (15), *die* Frühstücksadresse schlechthin! Mischung aus Bäckerei und Café mit großer Auswahl an Sandwichs, Kuchen und süßen Teilchen. Großer Andrang, wenn die gegenüberliegende Schule Pause hat. Mo–Sa 7–20 Uhr, So bis 14 Uhr. Rua Consul Dabney (nahe der SATA).

● *Nachtleben* **Riverside (35)**, Disco mit Musik quer durch den Garten, viel Latino. Kein Eintritt. Im Barão Palace (s. o.).

Booka (34), Disco, in der Fr und Sa die Party ab Mitternacht losgeht. Musik ebenfalls quer durch den Garten, auch 80s-Partys. Unter dem O Kapote (s. o.).

Bar do Teatro (33), gemütliche Bar mit roten Corbusier-Ledersofas, tägl. ab 12 Uhr. Partystimmung am Wochenende. Dem Theater an der Alameda Barão de Roches angegliedert.

Sehenswertes

Horta hat eines der freundlichsten Stadtbilder der Azoren. Alte Häuser im Kolonialstil säumen die Straßenzüge und laden zum Bummeln ein. Dabei lohnt auch stets ein Blick zu Boden – auf den Gehwegen erfreuen herrliche Mosaike aus weißem Kalkstein und schwarzem Basalt.

Porto Pim: Die geschützte, kreisrunde Bucht mit ihrem schönen Sandstrand, gepflegten Sanitäranlagen dahinter und einem türkis schimmernden Wasser davor ist *der* Badespot der Stadt. Das war nicht immer so. Bis zur Fertigstellung des neuen Hafens östlich des Monte Guia im Jahr 1878 war Porto Pim der Stadthafen. Zum Schutz der Bucht und des Hafens errichtete man bereits im 17. Jh. umfangreiche Befestigungsanlagen, von denen heute außer dem Hafentor *Portão Fortificado de Porto Pim* und dem kleinen *Forte São Sebastião* kaum noch etwas zu sehen ist. Hier legten die mit Gold und Silber beladenen Schiffe aus der Neuen Welt an, hier brachten die Walfangboote bis Mitte der 1970er Jahre ihre Beute an Land. Ein bestialischer Gestank lag damals über der Bucht, und das Meer war durch das Schlachten der Säuger blutrot gefärbt und voller Haie. Die *alte Walfabrik* im Süden der Bucht, heute das *Museu Centro do Mar*, kann besichtigt werden.

Museu Centro do Mar: 1943 nahm die mit deutschen Geldern finanzierte Walfabrik den Betrieb auf, 50 bis 60 Pottwale wurden hier jedes Jahr zerlegt, der letzte 1974. 25 Arbeiter, die in zwei Schichten malochten, fanden in der Fabrik ihr Auskommen. Bis heute erhalten sind die riesigen Fleischmühlen und Dampfmaschinen; sie dienten der Ölgewinnung aus Walfett, das nach Deutschland exportiert wurde. Die Verarbeitung eines 15 m langen Wal ergab rund 25 Fässer à 210 l Öl, aus den Fleisch-, Haut- und Knochenresten wurde Dünger hergestellt, den man aufs portugiesische Festland und nach Italien verschiffte. Zum Museum gehört auch das *Centro de Interpretação Marinha Virtual (CIMV)*, wo man sich computeranimierte Tauchgänge in Tiefen von bis zu 3000 m ansehen kann.

Öffnungszeiten Mo–Fr 9–12.30 u. 14–17.30 Uhr, Mai–Sept. Mo–Fr 9–18 Uhr, Sa/So 15–19 Uhr. Spende erwünscht.

Igreja Nossa Senhora das Angústias: Die Kirche an der Rua Vasco da Gama wurde im 17. Jh. auf den Fundamenten einer Kapelle aus dem 15. Jh. errichtet. Die Kapelle soll die Gemahlin von Josse van Hurtere gestiftet haben, aus Dank und Erleichte-

Horta 363

rung darüber, dass es auf Faial keine Schlangen und gefährlichen Tiere gab; das Ehepaar van Hurtere wurde auch in der Kapelle beigesetzt. Heute ist die Kirche Mittelpunkt des westlichen Stadtteils *Angústias*, des ältesten von Horta. Beim Erdbeben im Juli 1998 wurde sie stark in Mitleidenschaft gezogen. Die Decke des Chors ist mit Wappen einflussreicher Familien der Stadt geschmückt, darunter auch das des Nürnbergers Martin Behaim (→ Kasten unten), der hier 1486 die Tochter van Hurteres heiratete und 1492 den ersten deutschen Globus schuf. In einer Seitenkapelle fällt eine hübsche Weihnachtskrippe aus dem 18. Jh. ins Auge, die der Schule Machado de Castros zugeschrieben wird.

Martin Behaim – sein Globus und sein Leben

Das Leben des Kaufmanns Ritter Martin Behaim (1459–1507) lässt sich anhand von Briefen, Schuldscheinen (oft konnte er seine Rechnungen nicht bezahlen) und Strafakten vage rekonstruieren, ansonsten gibt es kaum Quellen. Behaim stammte aus einer alten Nürnberger Patrizierfamilie, seine Tuchhändlerlehre absolvierte er in Antwerpen. Zwischen 1484 und 1485 nahm er angeblich an einer Entdeckungsfahrt entlang der westafrikanischen Küste bis nach Benin teil, von wo die Expedition eine neue Pfefferart mitbrachte. Vermutlich deshalb wurde er 1485 vom portugiesischen König João II. zum Ritter geschlagen. Ein Jahr später heiratete er auf Faial Joanna, die Tochter des Donatarkapitäns van Hurtere. Aus der Ehe ging ein Sohn hervor. Wegen Erbstreitigkeiten hielt sich Behaim 1490–93 erneut in Nürnberg auf. In dieser Zeit ließ er die älteste erhaltene Darstellung der Erde in Kugelgestalt anfertigen, die im Germanischen Nationalmuseum in Nürnberg ausgestellt ist. (Der weltweit erste Globus, der rund 15 Jahre zuvor von Papst Sixtus IV. in Auftrag gegeben wurde, ist nicht mehr erhalten.)

Die Kosten für den nach Behaims Plänen gestalteten Globus, auf dem u. a. Lissabon, Paris, Rom und Venedig fast schon richtig eingezeichnet waren (mit den Küstenverläufen Europas haperte es noch), hatte die Stadt Nürnberg übernommen. Die fränkischen Patrizier waren an der Finanzierung von Fahrten an die Küsten Indiens, Chinas und Afrikas interessiert, da diese hohe Gewinne versprachen – deshalb war auf dem Globus auch vermerkt, wo Gewürze, Edelsteine oder Gold zu finden waren.

1494 geriet Behaim auf einer Reise nach Flandern in Gefangenschaft. Er wurde nach England verschleppt, erkrankte dort schwer, konnte aber nach Frankreich fliehen, von wo er weiter nach Lissabon reiste. Dort aber war er nach dem Tod König João II. (1495) bei Hofe in Ungnade gefallen. Seine Frau auf den Azoren besuchte er angeblich nie mehr. Diese hatte ein Verhältnis mit dem obersten Gefängniswärter der Insel angefangen, woraufhin der wegen Ehebruchs selbst einsitzen musste. 1507 starb Martin Behaim völlig verarmt in Lissabon. Die Nazis machten ihn später zum Kolonialpionier, zu einem deutschen Helden. Sie stilisierten ihn zum Entdecker, Seefahrer und Wissenschaftler, der in den einst berühmten portugiesischen Christusorden aufgenommen wurde, die Entdeckungsfahrt zur Kongomündung begleitet habe u. v. m. Historische Belege dafür fehlen aber. Behaims Interesse an der Kartographie war niemals wissenschaftlicher Natur, sondern allein von dem Motiv gewinnbringender Fahrten an fremde Küsten geprägt.

Faial Karte S. 347

Gravierter Pottwalzahn im Scrimshawmuseum

Peter Café Sport – internationaler Treffpunkt unterm Museum

Das Peter Café Sport ist kein gewöhnliches Café, es ist eine Institution mit langer Tradition. 1918 wurde es von Henrique Azevedo als *Café Sport* gegründet, schnell avancierte es zum internationalen Treffpunkt in Horta. In den Anfangsjahren saß hier ein buntes Publikum beim Gin beisammen: einfache Seeleute neben raubeinigen Walfängern, Angestellte der internationalen Telegrafengesellschaften neben abenteuerlustigen Transatlantikpiloten, dazwischen Geheimdienstagenten der damals verfeindeten Länder. Zu dieser Zeit war Horta Umschlagplatz und Versorgungshafen der Walfangindustrie, und es war Knotenpunkt der interkontinentalen Telekommunikation. Mit Henriques Sohn José (2005 gestorben) wurde aus dem Café Sport das Peter Café Sport – ein englischer Kapitän hatte im Zweiten Weltkrieg José den Spitznamen Peter gegeben, weil dieser ihn an seinen Sohn Peter erinnerte.

Unter „Peter" wurde das Café dann zur Institution für Weltenbummler und Segler. Als Poststelle für die Atlantiküberquerer bewahrte er Briefe und Päckchen auf, tauschte exotische Währungen und vermittelte bei Bedarf Segelmacher, Bootsbauer und Mechaniker. Bis heute tut es ihm Sohn José Henrique gleich, doch in Zeiten elektronischer Kommunikation und bargeldlosen Zahlungsverkehrs wird der Post- und Geldwechselservice nur noch selten in Anspruch genommen. Die farbenfrohen Flaggen und Wimpel aus aller Welt im holzvertäfelten Inneren (nur ein Bruchteil baumelt von der Decke) sind Ausdruck des Danks für erhaltene Hilfe oder erteilten Rat. Selbst das auffällige Himmelblau der Fassade war einst ein Geschenk: 1918 bekam Henrique Azevedo ein paar Eimer von einer holländischen Schiffscrew überreicht, seither wird das auffällige Blau regelmäßig originalgetreu erneuert. 2003 kürte das Magazin *Newsweek* das Café zu den besten Bars der Welt.

Im ersten Stock überrascht den Besucher ein Museum der besonderen Art: das *Scrimshaw-Museum*. Seit 1888 sammelt die Familie Azevedo Kunst auf Walfischzähnen, dem Elfenbein der Meere. Filigrane Porträts verwegener Seefahrer, sich durch peitschende Wogen kämpfende Segelschiffe, sanfte Palmenlandschaften und exotische Schönheiten sind in die Pottwalzähne eingraviert. Die kleinen Kunstwerke auf den gelblichen, auf Hochglanz polierten Zähnen lösen beim Betrachter ein seltsames Empfinden aus, lassen die Abenteuergeschichten von Jack London und Herman Melville lebendig werden und geben Anlass zum Träumen, am besten einen Stock tiefer bei einem Glas Gin – angeblich der beste im Umkreis von mehreren Tausend Seemeilen … À sua saúde!

Katja Ferwagner

• *Öffnungszeiten/Souvenirs* **Café** tägl. 8–1 Uhr (So erst ab 9 Uhr), **Museum** Mo–Sa 9–12 und 14–17 Uhr, Eintritt 1,50 €. Ein paar Türen weiter wurde ein Souvenirshop eingerichtet, in dem neben Wimpeln, Postkarten und T-Shirts alles erhältlich ist, worauf ein gedruckter Wal passt. Für Segler ist ein solches T-Shirt (mit dem Schriftzug des Lokals) ein Muss, sozusagen als Nachweis der Atlantiküberquerung – in einem Mittelmeer-Jachthafen das Emblem von Peter Café Sport stolz auf der Brust zu tragen, sagt mehr als tausend Worte.

John van Opstal:
Scrimshaw-Künstler

Im Peter Café Sport

366   Faial

Observatório Príncipe Alberto do Mónaco: Von der Kirche Nossa Senhora das Angústias führt die Rua Príncipe Alberto do Monaco zum Observatorium auf dem 60 m hohen Monte das Moças. Es wurde 1915 als Wetterstation eröffnet, heute dient es in erster Linie als vulkanologische Mess- und Frühwarnstation. Benannt wurde die Forschungseinrichtung nach dem Ozeanforscher und Geologen Prinz Albert von Monaco (1848–1922), der in der zweiten Hälfte des 19. Jh. die Azoren besuchte und unter anderem die Höhle Furna do Enxofre auf Graciosa erkundete.
Öffnungszeiten Das Observatorium kann i. d. R. Mo–Fr nachmittags besichtigt werden. Besser aber ruft man vorher an (✆ 292292818).

Castelo de Santa Cruz: Die von Efeu umrankte Festungsanlage neben der Praça do Infante, auf der eine Büste an Heinrich den Seefahrer erinnert, entstand Mitte des 16. Jh. Im Inneren steht eine dem Hl. António geweihte Kapelle aus dem 17. Jh. Einst bot die Festung den Einwohnern Hortas Schutz vor Piraten. Stark umkämpft war sie u. a. in der Zeit der Machtübernahme durch Spaniens Könige Philipp II. Ende des 16. Jh. Heute befindet sich im Inneren des Kastells die *Pousada da Horta Santa Cruz*, Hortas am schönsten gelegenes Hotel (→ Übernachten), das abends herrlich beleuchtet ist.

Marina da Horta: Aus aller Welt liegen hier die Jachten der Atlantiküberquerer vor Anker. Rund 300 Liegeplätze stehen zur Verfügung, rund 5000 Segler gehen hier jährlich für ein paar Tage von Bord. Ab Oktober laufen vor allem Schiffe aus Europa mit Ziel Karibik ein, im Mai und Juni (vor der Hurrikansaison in der Karibik) sind sie die entgegensetzte Route unterwegs. Treffpunkt der Crews ist neben Peter Café Sport (s. u.) die Bar da Marina (→ Essen & Trinken). Hätte sie ein Gästebuch, enthielte es die Namen zigtausender Millionäre – erstaunlich, dass das Bier gar nicht so teuer ist. Zwischen ihnen sitzen junge Hand-gegen-Koje-Segler und alle, die sich einem Überführungstörn angeschlossen haben und damit einen Lebenstraum verwirklichen – was den Gipfelstürmern der Kilimandscharo, ist den Seglern die Atlantiküberquerung.

Es ist ein Erlebnis, an all den Jachten vorbeizuschlendern und die Mole zu begutachten, auf der sich unzählige Besatzungen verewigt haben. In den 1970ern soll erstmals jemand die kahle Betonwand mit einem Bild bemalt haben, auf dem der Name des Boots, der Besatzungsmitglieder und die Jahreszahl notiert waren. Andere Segler taten es ihm gleich, und bald verbreitete sich die Mär, wer sich nicht auf der Mole verewigt, werde den Hafen von Horta niemals wieder sehen. Viele der farbenfrohen Bilder sind zu wahren Kunstwerken geworden.

Colónia Alemã: Etwas zurückversetzt von der Uferfront (Zugang u. a. über die Rua Consul Dabney) liegt die einstige deutsche Siedlung – die Wohn- und Verwaltungsgebäude der *Deutsch-Atlantischen-Telegraphengesellschaft* aus dem frühen 20. Jh. (→ Kasten). Im sog. *Transatlantischen Haus*, an der Uhr zu erkennen, erinnern bis heute die mit Einlegearbeiten verzierten Fensterscheiben an die Colónia Alemã, geschmückt mit den farbenfrohen Wappen der Königreiche Bayern, Sachsen, Württemberg und Preußen, mit verschiedenen Stadtwappen und dem Reichsadler. Heute sind in dem Gebäude Amtsräume des Ministeriums für Fischerei und Landwirtschaft untergebracht. Wer freundlich fragt, bekommt Zutritt.

Igreja de São Francisco: Etwas abseits der Rua Conselheiro Medeiros steht die von außen schlicht wirkende Kirche aus dem 17. Jh., die einst zu einem Franziskanerkonvent gehörte. Im Inneren überrascht sie durch ihre prunkvolle Ausstattung – wertvolle exotische Hölzer, wuchtige Gemälde, ein eindrucksvoller Schnitzaltar, herrliche Azulejos und eine imposante Kassettendecke. In einem Nebengebäude

Horta 367

links der Kirche, der früheren *Casa da Misericórdia*, pflegen Schwestern Bedürftige. Über diesen Trakt gelangt man auch ins Kircheninnere.

Öffnungszeiten Die Kirche ist meist nur zur Morgenmesse zwischen 8 und 9 Uhr geöffnet.

Am Strang zwischen Alter und Neuer Welt

Noch heute erinnern viele Gebäude an die Zeit, als auf Horta Nachrichten und Mitteilungen aus der ganzen Welt einliefen und weitergeleitet wurden. So waren die Bauten des Hotels Fayal einst Unterkünfte der Mitarbeiter der amerikanischen Gesellschaft *Western Union Telegraph Company*. Auch die Gebäude der *Deutsch-Atlantischen-Telegraphengesellschaft* stehen noch (s. o.).

Hortas Aufstieg zum Zentrum der telegrafischen Kommunikation leitete die britische *Europe & Azores Company* mit der Verlegung eines Unterwasserkabels von Carcavelos (nahe Lissabon) nach Horta ein. 1885 wurden die ersten Meter zu Wasser gelassen, 1893 startete der Betrieb, Wetterdaten waren die ersten Meldungen, die verschickt wurden. Sieben Jahre später verlegte die Deutsch-Atlantische-Telegraphengesellschaft ein Kabel von der Insel Borkum nach Horta – das modernste Kabel der damaligen Zeit, das mehr als 500 Wörter pro Minute übertragen konnte. Gleichzeitig siedelte sich die amerikanische Gesellschaft *Commercial Cable Company* in Horta an, ihre Leitung ging nach Nova Scotia (Kanada) und bald bis nach New York.

Damit war Hortas große Kabelzeit eingeleitet, weitere Gesellschaften mit immer neuen Kabeln kamen wegen des sprunghaft wachsenden Telegrafenverkehrs in den folgenden Jahren hinzu. Die erste Zeitung der Stadt trug den passenden Titel *O Telegrafo*. In den 1930er Jahren schließlich verbanden 15 Kabelstränge Horta mit dem Rest der Welt. Die Kabelunternehmen förderten auch die Entwicklung der Stadt, die vielen ausländischen Angestellten gaben ihr ein internationales Flair. Und weil zwischen den Ländern der verschiedenen Gesellschaften nicht selten politische Differenzen herrschten, soll es in dieser Zeit in Horta von Agenten nur so gewimmelt haben.

In den Weltkriegen wurden jedoch viele Kabel gekappt; hatte man sie nach 1918 noch repariert, unterließ man dies nach dem Zweiten Weltkrieg teilweise – der Aufwand lohnte nicht mehr: Funktechnik und Luftpost hatten den Niedergang der Relaisstation im Atlantik eingeleitet. 1969 verabschiedete sich die letzte Kabelgesellschaft aus Horta.

Igreja Matriz São Salvador: Die imposante Pfarrkirche mit ihrer aufs Meer blickenden Barockfassade beherrscht den Largo Duque D'Avila. 1680 wurde mit dem Bau begonnen, 1719 legte man den Grundstein für das angrenzende Jesuitenkolleg. Nach dem Erdbeben von 1926 wurde die Kirche aufwändig restauriert. Im Innern beeindruckt sie durch ihre reiche Ausschmückung: vergoldete Schnitzereien (kunstvoll die Seitenaltäre und der Hauptaltar) und herrliche Azulejos. Hinein geht es durch ein relativ schlichtes Portal, das pompösere linker Hand führt zum Museum. Rechts der Kirche sind heute Ämter und das Rathaus untergebracht.

Öffnungszeiten Mo–Sa 8–18.45 Uhr, So 8–12.30 u. 16–19 Uhr.

Museu da Horta: Das Stadtmuseum befindet sich neben der Igreja Matriz im ehemaligen Konvent, in dem bis 1760 Jesuiten auf ihre Missionarstätigkeit in Brasilien vorbereitet wurden. Es zeigt u. a. Fotografien, Gemälde, eine Sänfte, eine englische Tauchausrüstung, die beim Bau des Hafens Verwendung fand, eine Sammlung von

Heiligenfiguren aus dem 15. bis 19. Jh., sakrale Silberarbeiten, zwei Pianos und den Propeller einer *Dornier Wall*. Über die spannende Stadtgeschichte wird hingegen nicht informiert. Jedoch ist ein Raum den filigranen Miniaturen des 1901 auf Faial geborenen Künstlers Euclides Selveira da Rosa gewidmet, der 1997 in Brasilien verstarb. Er fertigte seine Arbeiten, darunter Windmühlen, Stadthäuser, Segelschiffe, Landschaften mit Palmen u. v. m., aus dem weißen Mark des Feigenbaums.
Öffnungszeiten Di–Fr 10–12.30 u. 14–17.30 Uhr, Sa/So nur nachmittags. Eintritt 2 €.

Igreja Nossa Senhora do Carmo: Ihre Fassade hoch über den Häusern der Inselmetropole prägt das Stadtbild von der Meerseite aus, für viele ist sie die schönste Kirche der Stadt. Fast das gesamte 18. Jh. war man mit dem Bau der Kirche des einstigen Karmeliterklosters beschäftigt. Heute befindet sie sich in einem desolaten Zustand und ist der Öffentlichkeit nicht zugänglich. Immer wieder finden halbherzige Restaurierungsarbeiten statt, die die Kirche aber immerhin vor dem Einsturz bewahren. Von ihrem Vorplatz genießt man einen herrlichen Blick über Horta und die Meerenge hinweg auf Pico und São Jorge.

Kapelle Império dos Nobres: Die kleine Kapelle gabelt die Rua E. Rebelo nördlich der hübschen Praça da República in die Rua T. Aragão und die Alameda Barão de Roches. Sie zählt zu den ältesten Impérios (Heilig-Geist-Kapellen) des Archipels. 1672 wurde sie nach einer Erdbebenserie errichtet, die in einem Vulkanausbruch bei Praia do Norte gipfelte, der die Insel zentimeterhoch mit Asche bedeckte. Die zwei weißen Tauben über dem Eingang und die Aufschrift „Memoria do Vulcão da Praia do Norte EM 1672" erinnern daran.

Torre do Relógio: Über die Rua Ten Aragão erreicht man vom Império dos Nobres den einsam stehenden Turm mit Uhr, der einst zu einer Kirche gehörte, die einem Erdbeben zum Opfer fiel. Dort, wo früher die Messe gelesen wurde, spielen heute Kinder Fußball. Oberhalb des Turms befindet sich der nette kleine *Jardim de Florêcio Terra* mit drei uralten Drachenbäumen. Dahinter erhebt sich das alte Stadt-

Igreja Matriz São Salvador

krankenhaus, ein hübscher Bau aus dem Jahr 1901, das heute die meeresbiologische Fakultät der Universität der Azoren beherbergt.

Horta/Umgebung

Monte da Guia: Die Halbinsel, die sich südlich der Stadt ins Meer erstreckt, ist nach einem erloschenen Vulkan benannt, dessen Krater sich hufeisenförmig zum Meer hin öffnet. Weite Teile der Halbinsel stehen unter Naturschutz, den höchsten Punkt (145 m) beschlagnahmt technisches Gerät zur Flugsicherung. Ein Spaziergang hinauf zur *Kapelle Nossa Senhora da Guia* lohnt besonders am späten Nachmittag, wenn einem die Sonne im Nacken steht. Dann blickt man über die Dächer Hortas hinweg bis auf die nordöstlich gelegene Insel São Jorge. Der allgegenwärtige majestätische Pico auf der gleichnamigen Nachbarinsel wird angestrahlt, unten in der Bucht des Porto Pim zeigt sich das Meer ganz in Türkis – und am Abend zieht es die Liebespaare hinauf auf den Hügel.

Anfahrt/Fußweg Auf den Monte da Guia kann man sowohl mit Pkw als auch per pedes gelangen. Die Straße hinauf führt hinter den Lagerhallen am Hafen vorbei. Zu Fuß kann man über den Strand von Porto Pim abkürzen.

Monte da Espalamaca: Der mit Windmühlen bestückte Bergrücken erhebt sich im Norden von Horta, schiebt sich weit ins Meer vor und trennt die Stadt von der Praia do Almoxarife. Auf ihm liegt der *Miradouro Nossa Senhora da Conceição*, ein Aussichtspunkt unter einem mächtigen Kreuz. Frühmorgens genießt man von hier eine fantastische Aussicht über die Bucht von Horta mit dem Monte Guia und Porto Pim im Hintergrund. Auf den Monte da Espalamaca lässt sich auch ein etwas schweißtreibender Spaziergang unternehmen.

● *Fußweg* Im Norden Hortas folgt man der Rua Calcada da Conceição (links vorbei an der gleichnamigen Kirche) und zweigt danach von der geteerten Straße bei Hausnr. 35 rechts auf einen gepflasterten Weg ab. Kurz darauf hält man sich wieder rechts und gelangt über den Canada da Praia, der bei der Quinta da Ermitagem in einen Pfad übergeht, auf den Monte da Espalamaca. Festes Schuhwerk ist ratsam.

Miradouro Monte Carneiro: 267 m ragt der Aussichtspunkt auf dem Monte Carneiro im Westen der Stadt aus dem Meer in die Höhe. Wegen der herrlichen Aussicht über Horta und die Meerenge hinweg auf den mächtigen Pico wird der Weg hinauf gern als Spaziergang empfohlen. Allzu schön ist sein Verlauf jedoch nicht, und hat man bereits die ähnliche Aussicht von der Igreja Nossa Senhora do Carmo genossen, ist der mühselige Aufstieg nicht mehr gar so lohnend.

● *Fußweg* Von der Praça do Infante geht es zuerst die Avenida Consul Dabney bergauf, dann rechts ab in die Rua Marcelino Lima, dann links in die Rua Ilha do Pico und kurz darauf rechts in den Canada das Dutras (ab hier Hinweisschilder). Diesem folgt man bis zum Gipfel. Zu Fuß hin und zurück ca. 1 ½ Std.

Flamengos

Auf dem Weg von Horta zur Caldera passiert man nach rund 4 km Flamengos, einen verschlafenen Ort, dem das Erdbeben von 1998 die schönsten Häuser raubte. Für Botaniker und Hobby-Botaniker sehenswert ist der **Jardim Botânico do Faial** neben der Quinta de São Lourenço (ausgeschildert, an der kürzesten Verbindungsstraße nach Horta). Dabei handelt es sich um einen kleinen, liebevoll angelegten botanischen Garten mit Teich. Interessierte können hier die Kultivierung endemischer und gefährdeter Pflanzen verfolgen. Viele Gewächse sind zur besseren Identifizierung mit Schildern versehen.

Öffnungszeiten Juni bis Sept. Mo–Fr 9–19 Uhr, Sa/So 10–13 u. 14–17.30 Uhr; Okt. bis Mai nur Mo–Fr 9–12.30 u. 14–17.30 Uhr. Eintritt frei.

Die Caldera

Die mächtige Caldera von Faial, an deren Hängen Zedern, Wacholderbüsche, Buchen und Farne gedeihen, beherrscht das menschenleere Inselinnere. Nur Kühe grüßen den Besucher am Straßenrand.

Der imposante Vulkankegel, der am **Cabeço Gordo** auf 1043 m ansteigt, weist einen Durchmesser von 1,5 bis 2 km auf – vom Rand der Caldera fallen die Kraterwände steil ab, der Boden des Kessels liegt rund 400 m tiefer. Der Anblick des Kraters ist faszinierend, wenn nicht gerade Wolken darüberfegen und die Sicht versperren. Bis zum Ausbruch des Capelinhos 1958 schimmerte ein tiefblauer See im Krater, ein Teich blieb übrig. Ein Erlebnis – nur bei guter und stabiler Wetterlage – sind Wanderungen um den Krater sowie von der Caldera hinab nach Ribeira Funda. Die Begehung des Pfades hinunter zum sumpfigen Kraterboden ist offiziell verboten.

Anfahrt/Verbindung Die Caldera ist nicht mit öffentlichen Verkehrsmitteln zu erreichen. Von Flamengos führt eine 8 km lange Teerstraße an meterhohen Hortensienhecken vorbei bis zum Kraterrand; durch einen kurzen Stollen gelangt man ins Innere des Kraters.

> **Rad- und Wandertipps**: Lassen Sie sich per Auto samt Fahrrad von der Base Peter Zee (→ Horta/Sport, S. 358) zur Caldera bringen, von dort können Sie dann gemütlich bergab radeln. Die Caldera kann man auf ihrem Grat auch per pedes umrunden (→ **Wanderung 22**, S. 380). Von der Caldera führt zudem ein schöner Wanderweg hinab nach Ribeira Funda (→ **Wanderung 23**, S. 381).

Die Caldera von Faial zählt zu den imposantesten Einsturzkratern der Azoren

Rund um die Insel

Entlang der R 1-1, die rund um die Insel führt, reiht sich ein langes Straßendorf an das nächste. Die Küste bietet mehrere schöne Badegelegenheiten. Das Highlight ist der Besuch der Vulkanlandschaft an der Ponta dos Capelinhos.

Viel Abwechslung bieten die Straßendörfer der Insel nicht, und die Zerstörungen durch das Erdbeben von 1998 sind noch immer zu sehen. Das Zentrum der meisten Ortschaften markiert die Kirche oder das Dorfcafé, in dem man in den Sommermonaten in den USA lebende Azoreaner trifft, die bei ihren Verwandten zu Besuch sind. Gute Bademöglichkeiten findet man an der Praia do Almoxarife, bei Salão, in der Baía da Ribeira das Cabras und bei Varadouro.

Praia do Almoxarife/Baden

Nördlich der Ponta Espalamaca (ca. 8 km von Horta entfernt) erstreckt sich die weite dunkle Sandbucht Praia do Almoxarife, ein an Wochenenden beliebtes Ausflugsziel. Der Strand ist im oberen Bereich in manchen Jahren von großen Steinen durchsetzt und lädt v. a. bei Ebbe zum Baden ein. Aber Achtung: starke Strömung! Im Norden der Bucht, am **Porto da Praia**, existiert eine kleine Siedlung. Die dazugehörige Kirche wirkt überproportioniert. Im leicht ansteigenden Hinterland liegen weit verstreut ein paar Ferienhäuser.

Ebenfalls schön baden lässt es sich eine Bucht weiter hinter dem Hafen an der **Praia dos Inglêses**, einem kleinen idyllischen Sandstrand. Man erreicht ihn, wenn man vom Ortskern der Rua da Rocha Vermelha folgt und bei einem Haus, dessen Balkon Rauten zieren, rechts abzweigt (Fußweg).

● *Verbindung* **Bus** Mo–Fr 3-mal tägl. nach Horta.

● *Camping* **Parque de Campismo**, großer umzäunter und gepflegter Platz mit noch jungen, aber schon Schatten spendenden Bäumen im Süden der Bucht. Nur durch eine Straße vom Strand getrennt, auf der die Jugend zeigt, was die frisierten Mofas hergeben. Grillgelegenheiten, Warmwasserduschen. In der HS sehr voll. Zum nächsten Supermarkt ist es leider eine Ewigkeit zu Fuß. Nur vom 15. Juni bis 15. Sept., 2,20 €/Pers., Zelt 3,30 €. Von der R 1-1 ausgeschildert, ☎ 292949855.

● *Essen & Trinken* **O Cagarro**, gepflegtes Restaurant, geschmackvoll-originell eingerichtet, einen Blick verdienen die aus Waschmaschinentrommeln gebastelten Deckenlampen. Kleine Terrasse. Gute Küche, Fisch und Fleisch für 6,50–12,50 €. Di Ruhetag. Nahe der Kirche, ☎ 292948828.

Restaurante Mini Mar, einfaches Lokal, ordentliche Küche, man sollte sich für den Tagesfisch entscheiden, der Rest kommt häufig aus der Tiefkühltruhe. Mo Ruhetag. Am kleinen „Dorfplatz", ☎ 292948143.

Café Restaurante O Rochedo, in Wirklichkeit nur eine Snackbar mit Hamburger und Fritten, preiswert. Nette Terrasse. Hin und wieder Partys. Am Hafen.

Pedro Miguel/Ribeirinha

Über Pedro Miguel führt die R 1-1 in das etwas abseits der inselumrundenden Straße gelegene Ribeirinha im Nordosten Faials. Früher prägten hier Milchkannen und Blumentöpfe vor den Häusern das Bild. Doch Pedro Miguel und Ribeirinha wurden bei dem Erdbeben im Juli 1998 stark in Mitleidenschaft gezogen. Seitdem ist das liebliche Idyll dahin. Die Kirchen liegen noch immer in Trümmern, drum herum stehen vereinzelt noch ein paar Ruinen. Das Gros der zerstörten Häuser wurde mittlerweile eingeebnet und durch Neubausiedlungen ersetzt – Pedro Miguel und Ribeirinha sehen z. T. aus wie erst gestern gebaut.

372 Faial

Erhalten blieben der **alte Hafen** mit einer kleinen Kapelle an der **Ponta da Ribeirinha**. Dort kann man auch picknicken und grillen. Für Camper wurde eine Wiese neu angelegt – eine Toilette und je eine Kaltwasserdusche pro Geschlecht sind vorhanden, dazu gibt es Idylle pur und einen alten, restaurierten Ofen zur Dachziegelherstellung ums Eck. Bademöglichkeiten bieten sich an einem Felsstrand.

Weiter nördlich wies der 1915 erbaute Leuchtturm **Farol da Ribeirinha** (→ Wanderung 24) bis 1998 nachts den Schiffen den Weg durch die Meerenge zwischen Pico, São Jorge und Faial. Auch ihn hat das Erdbeben erwischt.

• *Wegbeschreibung zum alten Hafen* Von Horta kommend die Abzweigung nach Ribeirinha nehmen und bei einem Brunnen mit der Jahreszahl 1962 rechts ab in den Caminho Trás da Serra. Diesem geteerten Sträßlein folgt man bis zu seinem Ende.

• *Übernachten* **Quinta da Abegoaria**, weitläufige Anlage mit viel Grün. 3 Häuser mit jeweils 2–4 Schlafzimmern, Küche und Wohnraum. Schlicht-rustikale Einrichtung. 2 Pools, Hängematten, Garten mit Grillmöglichkeiten, Tennisplatz. Je nach Haus 90–200 €/Nacht. Von Horta kommend gleich hinter dem Ortseingangsschild linker Hand. Estrada Regional 16, ✆/📠 292949819, www.quinta-da-abegoaria.com.

> **Wandertipp:** Am Leuchtturm Farol da Ribeirinha vorbei zum alten Hafen führt **Wanderung 24**, → S. 381.

Salão

Die Inschrift auf dem Brückenpfeiler auf dem Weg nach Salão hat mittlerweile etwas von einem Gedenkstein an all die Katastrophen, die diese Küstenregion heimsuchten: 1883, 1938 und 1998 wurde die Brücke zerstört und musste wiederaufgebaut werden. Salão selbst ist ein verschlafenes, friedliches Dorf, das sich die R 1-1 entlangzieht. Der alte Ortskern befand sich einst weiter inseleinwärts. Doch schon vor dem letzten Beben wurden viele Häuser aufgegeben und verfielen. Nun fehlt auch die alte Kirche, und so erinnert nichts mehr an das ursprüngliche Zentrum. Lohnenswert ist ein Abstecher zum **Porto do Salão**, dem alten Hafen unter der Steilküste. Bei ruhiger See kann man hier baden, der Weg hinab ist jedoch recht abenteuerlich. Traurig stimmt auch hier die Ruine der einst so gemütlichen Snackbar A Canoã.

• *Verbindung/Anfahrt* 3-mal tägl. **Busse** von und nach Horta. Der Weg zum Hafen und zum Campingplatz ist ausgeschildert – folgen Sie den braunen (!) Schildern zum „Porto" und zum „Parque de Campismo" und *nicht* den blauen!

• *Camping* **Parque de Campismo**, der wildromantische, wunderschöne Campingplatz von Salão, hoch über der steil abfallenden Küste beim alten Hafen, ist weitaus idyllischer als der in Praia do Almoxarife, allerdings auch weniger komfortabel (einfache, aber sehr saubere Sanitäranlagen mit Kaltwasserduschen). Meeresrauschen und Gelbschnabelsturmtauchergesänge als Wiegenlied. Grillgelegenheiten, Kinderspielplatz, Bar im Sommer. Frei zugänglich, kein Zaun. Falls die Sanitäranlagen außerhalb der Saison geschlossen sind, im Rathaus von Salão (Casa do Povo) nach dem Schlüssel fragen. Achtung: kein Laden in Salão! Kostenlos.

Cedros

Auf den ersten Blick unterscheidet sich der Ort kaum von den anderen Straßendörfern rund um die Insel. Auch hier ging das Erdbeben nicht spurlos vorüber. Trotzdem, Cedros ist anders: Cedros ist die größte Ortschaft an Faials Nordküste und besitzt einen richtigen Ortskern mit einer Kirche in der Mitte. Drum herum findet

Cedros 373

Gegenverkehr

man ein paar Cafés und eine Bank. Nahe der Kirche liegt das **Museu Cedros**, das verstaubte Heimatmuseum. Unten sind Geräte aus Landwirtschaft und Milchverarbeitung ausgestellt, im Obergeschoss historische Gebrauchsgegenstände des Alltags. Insgesamt ein buntes Sammelsurium, darunter ein alter Webstuhl und ein altes Grundig-Röhrenradio. Für gewöhnlich ist das Museum geschlossen. Wer es besichtigen möchte, muss im Rathaus an der Straße nach Ribeira Funda nach einer Begleitperson fragen.

Am östlichen Ortsende (Hinweisschild) zweigt eine Straße zum **Porto da Eira** mit einem Naturschwimmbecken und zweitklassigen Campingmöglichkeiten ab. Der alte Hafen von Cedros ist bei Weitem nicht so idyllisch wie der von Salão. In einem Bretter- und Wellblechverschlag ist eine Snackbar untergebracht, wo im Sommer guter Fisch gegrillt wird. Auch gibt es einen Fußballplatz – wer den Ball ins Meer kickt, muss eine Runde zahlen.

Am westlichen Ortsende hat die **Molkereigenossenschaft** der Insel *(C.A.L.F.)* ihren Sitz. Jeden Nachmittag pilgern die Bauern von Faial dorthin, zu Pferd, per Moped oder Pick-up, aber immer vollbeladen mit Milchkannen. 40.000 bis 50.000 l Milch werden hier täglich zu Butter und Käse verarbeitet. Unmittelbar hinter der Genossenschaft (westlich, zur Küste hin) beginnt ein Weg (besser zu Fuß) zum alten **Walausguck Cabeço da Vigía** auf der Anhöhe Alto da Baleia.

- *Verbindung* **Bus** Mo–Fr 3-mal tägl. nach Horta.
- *Übernachten* **Casa do Capitão**, 5 schöne, gepflegte Zimmer in stilvoll restaurierten Natursteinhäusern. Bauernhof-Atmosphäre, krähender Hahn inklusive. Reservierung erforderlich. DZ 80 €. Anfahrt: Vom Ortszentrum die Straße nach Salão nehmen. Hinter dem Ortsausgangsschild die zweite Möglichkeit nach rechts abbiegen (bei einem Verkehrsspiegel). Rua do Capitão 5, ☏ 292946121, www.casadocapitao.pt.

Casa na Ponte, in der Abgeschiedenheit hoch über Cedros. Hinter der Casa na Ponte verbirgt sich ein liebevoll restauriertes altes Bauernhaus mit Schlafzimmer, Wohnraum,

374   Faial

Bad, Küche und Grillmöglichkeiten im Garten, 50 m weiter steht die etwas größere, ebenfalls schön hergerichtete **Casa Covões** mit 2 Schlafzimmern, Leser fühlten sich bei den deutschen Besitzern Silvia Schunke und Uwe Petsch sehr gut aufgenommen. Für 2 Pers. ab 60 €, bis 4 Pers. 70 €. Anfahrt: Von Salão auf der R 1–1 kommend, fährt man durch Cedros bis in den Ortsteil Cascalho. Dort hinter dem Café Silvino die erste Straße links abbiegen, dann rund 200 m geradeaus, bei der folgenden Weggabelung rechts und dann für ca. 800 m stets bergauf halten. Beim Schild „Joana Pires" wieder rechts ab, dann gleich linker Hand (blau-weißes Gebäude). Rua Joana Pires 54, ✆/☏ 292946681, www.casanaponte.com.

Casinha Fränky, wird von den Betreibern des Restaurante O Esconderijo (s. u.) vermietet. Ferienhäuschen auf den Grundmauern eines alten Natursteinhauses in den Hügeln von Cedros. Studioartig: Küche, Sitzgelegenheiten und Schlafecke in einem Raum. Terrasse mit Grill, Gärtchen mit Meeresblick. Waschmaschine, TV, Gasofen für kalte Tage. Minimumaufenthalt 3 Tage. Für (max.) 2 Pers. 49 €. Canada Larga 17, ✆ 292946505, einjo@web.de.

● *Essen & Trinken* **Bico Doce**, die beste Frühstücksadresse der Nordküste. Snackbar, Eisdiele, Bäckerei und Konditorei (gute Auswahl) in einem. Terrasse mit Meeres- und Straßenblick. An der Durchgangsstraße in Cedros.

> **Restaurante O Esconderijo**, das versteckt in den Hügeln von Cedros gelegene Lokal der liebenswerten Chiemseer Hans und Fränky bezeichnete eine Leserin als „bestes Restaurant der Insel". Innen sehr gemütlich-charmant eingerichtet. Außen verwunschene Terrasse über einem Bach, der nur im Winter Wasser führt. Kleine, feine und regelmäßig wechselnde Karte mit internationalen Gerichten, stets zu bekommen sind das Filet Mignon mit Knoblauchbutter und der köstliche Ziegenkäse mit Honig. An Vegetarier wird auch gedacht. Hg. 9–18,50 €. Reservierung erwünscht. Mai–Sept. tägl. (außer Di) ab 18 Uhr, Okt.–April nur Fr/Sa/So ab 18 Uhr. Von Salão kommend kurz hinter der Kirche links abzweigen, dann immer der breitesten Straße bergauf folgen (ausgeschildert), ✆ 292946505.

Wandertipp: Hoch über Cedros beginnt eine Levada-Wanderung nach Capelo, → **Wanderung 25**, S. 383.

Ribeira Funda und Umgebung

Die kleine, zu Cedros gehörende Siedlung liegt knapp 6 km weiter westlich. Über das gleichnamige grüne Tal hinweg aufs blaue Meer kann man von einem **Aussichtspunkt** nahe dem Café Miradouro (zuletzt geschlossen) an der inselumrundenden Straße blicken. Der dazugehörige Picknickplatz mit Tischen, Bänken und Grillgelegenheiten wurde 2009 neu angelegt und präsentiert sich in einem tadellosen Zustand.

Wenige Kilometer weiter in Richtung Praia do Norte lag einst der Aussichtspunkt Miradouro Costa Brava knapp 400 m über dem Meer. Beim Erdbeben von 1998 stürzte er zu großen Teilen ins Meer ab, die Küste Faials wurde auf diesem Abschnitt stellenweise neu geformt. Unversehrt blieb hingegen der noch weiter südwestlich gelegene Aussichtspunkt **Miradouro Ribeira das Cabras**, an dem man ebenfalls picknicken kann – Grillgelegenheiten sind vorhanden.

● *Übernachten* **Casas d'Arramada**, komfortable, aber noch etwas nüchterne Anlage mit 6 terrassiert und etwas eng stehenden Ferienhäusern für 2–7 Pers. Farbenfrohe rustikale Einrichtung, sehr gute Ausstattung, z. T. mit Kamin und Meeresblick, alle mit Außenbereich. Eselstouren, Rad- und Angelverleih. Oben ein Pool, der bei schlech-

Norte Pequeno und Umgebung 375

tem Wetter mit einem Glasdach überspannt wird. Je nach Haus 98–225 €/Nacht mit Frühstück. In Ribeira Funda ausgeschildert, ☎/📠 292946200, www.ruralturazores.com.

Praia do Norte/Baden

Der Ort selbst ist ein langweiliges Straßendorf hoch über dem Meer. Auch den Strand, den der Name verspricht, sucht man hier oben vergebens. Dafür muss man am Ortsende die Abzweigung nach **Fajã** nehmen, einer kleinen netten Siedlung mit Ferienhäusern an der **Baía da Ribeira das Cabras** – auf dem Weg dorthin passiert man einen hübschen Picknickplatz. Der große schwarze Sandstrand am Fuß der imposanten Steilküste ist einer der schönsten Faials. Sanitäre Einrichtungen und Grillmöglichkeiten sind vorhanden. Im Sommer hat eine Snackbar geöffnet, man findet sie auf dem Weg zum Strand (gute Pizzen und leckeres Knoblauchbrot; nur hat der Chef zuweilen schlechte Laune). Keine Busverbindung zur Küste hinunter.

Übrigens havarierte im Dezember 2005 keine 100 m vor der Baía da Ribeira das Cabras das 177 m lange Containerschiff *CP Valour*, das auf dem Weg von Kanada nach Spanien war. An Bord befanden sich u. a. giftige Chemikalien, die per Hubschrauber geborgen wurden. Das Wrack sollte eigentlich zum Abwracken nach Lissabon geschafft werden, sank aber beim Abtransport bereits nach wenigen Kilometern, was Kosten sparte …

● *Übernachten* **Casa Bela Vista**, das Gästehaus des freundlichen Ehepaars Wolfgang und Gudrun Thiem. Moderner, kleiner Würfel mit großen Fenstern, die tolle Meeresblicke bieten – wie sollte es bei einem Häuschen mit solch einem Namen auch anders sein. Oben die komplett ausgestattete Küche, unten das Schlafzimmer (für 2 Pers.). Nett möbliert, Fußbodenheizung für kalte Tage, Terrasse mit Grillgelegenheit. Von Lesern hoch gelobt. Minimumaufenthalt 3 Tage. 65 €/Nacht, Endreinigung 30 €. Von Cedros kommend am Ortseingang linker Hand. Praia Cima 11, ☎ 965770553 (mobil), wugthiem@web.

● *Verbindung* **Bus** Mo–Fr 2-mal tägl. nach Horta.

● *Essen & Trinken* **Café Snackbar Rumar**, populäres, einfaches Lokal, tolle Meeresblicke – leider hat man die Terrasse vergessen. Unbedingt probieren sollten Sie den köstlichen Oktopussalat für 6 € (nur am Wochenende), dazu gibt es selbst gebackenes Brot. Durchgehend geöffnet. In Praia do Norte an der Durchgangsstraße schräg gegenüber der Kirche, ☎ 292945170.

Wandertipp: Von Praia do Norte führt ein schöner Rundwanderweg zur Baía da Ribeira das Cabras, → **Wanderung 26**, S. 385.

Norte Pequeno und Umgebung

Macht man sich von Praia do Norte nach Norte Pequeno auf (man folgt dazu der Rua do Vulcão), durchfährt man eine üppig grüne Landschaft mit vielen kleinen Weingärten, die an Pico erinnern. Westlich des „Einpaarhäuserstraßendorfs" Norte Pequeno ändert sich die Landschaft schlagartig: Eine Staubwüste tut sich auf. Passend dazu erscheint der Schriftzug an einem der letzten Häuser des Ortes: *Fim do Mundo* – das „Ende der Welt". Dahinter verbirgt sich die gemütliche Bar von Domingos Manuel Dutra Andrade, der mehrere Jahre in Boston gelebt hat. Im Inneren schmücken Landkarten die Wände.

Karte S. 347

Faial

Im spektakulären Inneren des Centro de Interpretação do Vulcão

Ponta dos Capelinhos/Capelo

Die vegetationslose, einer Mondlandschaft gleichende Steinwüste steht im starken Kontrast zum Rest der Insel. Hier, vor der Westküste Faials, spuckte der Vulkan Capelinhos von 1957 bis 1958 mehr als 30 Millionen Tonnen Asche und Lava aus. Ein sehenswertes Museum erinnert heute daran.

Der Westzipfel der Insel ist beeindruckend: da die ockerrot und schwarz gestreifte Lavasteilwand, dort die Ruine des Leuchtturms, der einst den Schiffen den Weg wies. Ursprünglich thronte er unmittelbar an der Küste, sein Nachfolger steht heute an der Uferstraße nach Varadouro. In Nachbarschaft der Turmruine eröffnete 2008 ein unterirdisches Informationszentrum mit grandioser Architektur (s. u.), das zu den besten Museen der Azoren zählt. Das gesamte Gebiet ist eine Touristenattraktion ersten Ranges.

Ein Jahr lang hielt der Vulkan Capelinhos die Einwohner der Insel in Atem. Dem Ausbruch war eine Serie von über 200 Erdbeben vorausgegangen. Am 16. September 1957 wurde das erste Beben registriert, am Morgen des 27. September erfolgte eine submarine Explosion ungefähr 1 km vor der Westküste Faials. Kurz darauf stieg eine Rauchwolke auf – man wusste, ein neuer Vulkan war geboren. Das Meer vor der Küste begann zu kochen, Asche wurde über 1400 m hoch in die Atmosphäre und Lava bis zu 500 m hoch geschleudert, der Westen Faials wurde evakuiert. Ende Oktober waren bereits ganze Landstriche unter einer 1,5 m dicken Ascheschicht begraben, drei Tote gab es zu beklagen. Rund 250 Familien aus dem Westen der Insel, von deren Häusern nur noch die Giebel zu sehen und deren Felder verschwunden waren, verließen daraufhin Faial für immer. John F. Kennedy nahm an ihrem Schicksal besonderen Anteil und erleichterte ihnen die Emigration in die USA. Am 12. Mai setzte eine so heftige Erdbebenserie ein, dass sich vielerorts im Erdreich Risse von bis zu 70 cm Breite auftaten. Der Westen der Insel hob sich um einen halben Meter. Am 14. Mai drohte noch Schlimmeres: In der großen Caldera

Ponta dos Capelinhos/Capelo 377

von Faial zeigten sich Fumarolen. Panik brach auf der ganzen Insel aus, die Angst vor einem gigantischen, alles zerstörenden Vulkanausbruch ging um. Doch die aufsteigenden Dämpfe verflüchtigten sich bald wieder. Bis zum 24. Oktober 1958 ereigneten sich ständig neue Eruptionen, nach kurzen Pausen meist umso heftiger. Aus dem Atlantik tauchte schließlich eine kleine Insel auf, die sich in der letzten Eruptionsphase mit dem „Festland" verband. Faial wuchs damit um 2,4 km². Durch Brandung, Regen, Wind und umherspazierende Touristen sind inzwischen allerdings schon mehr als drei Viertel des „Neulands" wieder im Meer verschwunden. Um weitere Erosionsprozesse zu vermeiden, ist der Pfad vom Leuchtturm durch die Aschewüste bis zur Spitze des Kaps mittlerweile gesperrt.

● *Verbindung* **Bus** Mo–Fr 2-mal tägl. von und nach Horta. Der Bus fährt an der Abzweigung zum Leuchtturm (Farol) vorbei, zu Fuß noch rund 1 km!

Achtung: Baden ist in dieser Gegend wegen starker Strömungen sehr gefährlich! Selbst die Fischer umschiffen die Ponta dos Capelinhos in großem Abstand.

● *Übernachten* Rund um Capelo gibt es ein paar schöne Unterkünfte, die aber im Voraus gebucht werden müssen, z. B.:

Casal do Vulcão, kleine Anlage, bestehend aus 4 Gebäuden (3 davon aus Naturstein), allesamt zu freundlichen Appartements umgebaut und komplett ausgestattet, je nach Größe 75–120 €. Hinter einem roten Tor an der Abzweigung zum Vulcão dos Capelinhos. ☎ 292945057, 📠 292943869, www.casaldovulcao.com.

Casas do Capelo, hinter dem Namen verbergen sich mehrere Häuser rund um Capelo und Varadouro, z. T. alte, renovierte Natursteinhäuser, z. T. Neubauten, z. T. mit Meeresblick, z. T. an der Straße. Allesamt freundlich-modern und nicht überladen ausgestattet. 2 Pers. 70 €. ☎ 292945272, www.casasdocapelo.com.

Sehenswertes

Centro de Interpretação do Vulcão: Um die einmalige Szenerie an der Ponta dos Capelinhos nicht zu stören, baute man das Informationszentrum nicht ober-, sondern unterirdisch – allein das futuristische Foyer ist sehenswert. Das Besucherzentrum, das übrigens von Architekt Nuno Ribeiro Lopes stammt, informiert über den Ausbruch des Capelinhos 1957/58, generell über die Entstehung des azoreanischen Archipels (Film), über Unterseevulkane vor den Inseln und über bedeutende Vulkane weltweit. Auch kann die Ruine des Leuchtturms bestiegen werden.

Spaziert oder fährt man vom Besucherparkplatz zum alten Hafen hinab, kann man linker Hand noch die Giebel von Häusern aus dem Sand ragen sehen. In entgegengesetzter Richtung befindet sich der einstige Walausguck *Vigia das Capelinhos*, der einem kleinen Bunker ähnelt und heute als Vogelausguck dient. Dahinter jagen heute Motocross-Fahrer durch das staubige Gelände.

Öffnungszeiten Okt. bis Mai Di–Fr 9.30–16.30 Uhr, Sa/So 14–17.30 Uhr, Juni bis Sept. Di–Fr 10–19 Uhr, Sa/So 11–18 Uhr. Eintritt für die Dauerausstellung 6 €, für die Wechselausstellung 3 €, für den Film 3 €, für den Leuchtturm 1 €, Ticket für alles 10 €.

Escola de Artesanato: Die lokale Kunsthandwerkschule präsentiert in einem weiß-rosafarbenen Gebäude im Zentrum von Capelo Skurriles aus Feigenmark, Strohschmuck, Holzminiaturen usw. Beim Basteln kann zugeschaut werden.

Öffnungszeiten Offiziell Mo–Fr 10–18 Uhr, Sa/So 14–18 Uhr, tatsächlich mehr nach Lust und Laune.

Cabeço Verde: Im Gegensatz zur staubtrockenen Westspitze der Insel ist der knapp 500 m hohe Vulkankegel Cabeço Verde von üppiger Vegetation überzogen. Rund um seinen Krater führt ein Sträßlein, das herrliche Ausblicke bietet.

378 **Faial**

• *Anfahrt* Die Abzweigung zum Cabeço Verde befindet sich, von Praia do Norte auf der R 1-1 (der Straße durchs Inselinnere) kommend, ca. 100 m nach dem Ortsschild rechter Hand (hier auch eine Wandertafel). Von Castelo Branco kommend, fahren Sie in Capelo am Café O Vulcão vorbei und kurz darauf rechts ab Richtung Praia do Norte. Die Abzweigung taucht dann nach ca. 300 m linker Hand auf. Bei der Straßengabelung 400 m hinter der Abzweigung links halten, den roten Schotterweg nehmen. Ca. 1 km weiter nach rechts abzweigen, dann noch 1,5 km steil bergauf zum Kraterrund. Fährt man wieder hinunter und hält sich unten rechts sowie 1 km weiter links, gelangt man zur Ponta dos Capelinhos.

> **Wandertipp**: An der Abzweigung zum Cabeço Verde beginnt der markierte Wanderweg *Circuito Pedestre PR 1 FAI* (hier auch eine Wandertafel, → Anfahrt Cabeço Verde). Er führt über den Cabeço Verde und einen weiteren Vulkankegel, den Cabeço do Canto, zur Ponta dos Capelinhos. Dauer ca. 2 ½ Std.

Parque Florestal: Der ausgeschilderte Parque Florestal am östlichen Ortsende von Capelo ist eines der schönsten Picknickareale der Insel, wenn auch ohne Meeresblick. Die Mondlandschaft an der Ponta dos Capelinhos ist auf dem paradiesischen Gelände wieder vergessen. Grillgelegenheiten und Toiletten sind vorhanden.

Varadouro

In **Arieiro** zweigt von der R 1-1 eine Stichstraße nach Varadouro ab, einem hübschen Ferienort, in dem reiche Ausländer und Heimkehrer Sommerresidenzen unterhalten. Das Meer trotzte hier der zerklüfteten Küste ein herrliches **Naturschwimmbecken** ab, das nachträglich befestigt wurde und fast als kleine Badeanstalt durchgeht. Wer unbedingt einen Strand möchte, findet ein paar Quadratmeter (mehr Kies als Sand) unmittelbar hinter dem **Thermalbad** Varadouros; letzteres ist seit dem Erdbeben von 1998, bei dem die Pumpanlagen zerstört wurden, geschlossen. Wann es wieder öffnet und ein Bad im heißen Thermalwasser wieder möglich wird, steht in den Sternen. Nahe dem Thermalbad befindet sich ein kleiner öffentlicher Grillplatz. Doch in Varadouro grillt man eigentlich nicht selbst: Hier gibt es die besten Grillhähnchen der Insel (→ Essen & Trinken)!

• *Verbindung* Mo–Fr 2-mal tägl. **Busse** von Horta nach Arieiro; nach Varadouro keine Busverbindung (von der Abzweigung ca. 15 Gehmin. bergab, zurück anstrengend).

• *Übernachten* **Residências Varadouro**, bietet 18 Zimmer mit Bad, verteilt aufs Hauptgebäude (nicht der Hit, aber okay) und auf in Reihe gebaute Häuschen daneben. Zudem Appartements. Restaurant. DZ ab 60 €, Appartement ab 85 € (ohne Frühstück). Direkt in Varadouro, nicht zu verfehlen, ✆ 292945555, ☏ 292945032, www.varadouro.com.

Marijke Schiffers, die freundliche deutschsprachige Niederländerin vermietet in ruhiger Lage 2 hübsche, 100 Jahre alte, nebeneinander stehende Natursteinhäuschen für bis zu 6 Pers. Bestens ausgestattet, rustikales Interieur, alter Holzofen. Garten mit Hühnern, Grill und Fischteich. Mindestaufenthalt 3 Nächte. Keine Einzelvermietung der Häuschen. Zudem vermietet Frau Schiffers ein weiteres Haus bei Capelo. Reservierung erforderlich. Für 4 Pers. 115 €. Zwischen Areiro und Ribeira do Cabo, ✆ 292945277, www.casaazores.com.

• *Camping* **Parque Campismo Varadouro**, schattiger Platz mit nagelneuen, sehr guten Sanitäranlagen. Parzellenartig unterteilt, leider sehr harter Boden – krummer Hering garantiert. Juni bis Ende Sept. 2 Pers. mit Zelt 7 €. Anfahrt → Kasten „Kleine Wanderung ...", der Platz liegt gleich neben dem Hintereingang zu den Residências Varadou-

Castelo Branco 379

ro. Ca. 20 Fußmin. bis zur nächsten Bushaltestelle! ℡ 292945339.

• *Essen & Trinken* **Vista da Baía Varadouro**, spezialisiert auf Gegrilltes, berühmt sind die Grillhähnchen mit Knoblauchbrot und Salat. Zudem verschiedene Burger. Recht preiswert. Mit Terrasse. Im Winter nur an Wochenenden geöffnet, im Sommer tägl. (außer Mi) 12–21 Uhr. Direkt am Meer, ℡ 292945140.

Bela Vista, von Lesern gelobtes Restaurant, gute *Linguiça* (Räucherwurst), zudem können Sie Muräne kosten. Snackbar angegliedert. Mittlere Preisklasse. Di Ruhetag. An der Hauptstraße in Arieiro, ℡ 292945204.

• *Minigolf* **Golf Ilha Azul**, 3 €/Std. Restaurant mit netter Terrasse angeschlossen (wochentags nur abends, Sa/So ganztags). Von der Straße zwischen Arieiro und Varadouro ausgeschildert.

• *Reiten* **Centro Hípico do Capelo**, mit Lusitanerzucht. Ausritte 20 €/Std. Helme vorhanden. Deutschsprachiges Personal, fragen Sie nach Birgit. Anfahrt: Man folgt der Anfahrt zum Minigolfplatz, fährt am Platz vorbei und hält sich am Ende der Straße links bergab. ℡ 292945055.

Kleine Wanderung von Varadouro die Küste entlang bis zur Ponta dos Capelinhos: Dazu folgt man vom Restaurante Vista da Baía Varadouro dem Sträßlein, das schräg gegenüber zu den Residências Varadouro führt. Die Abzweigung der Rua Amorin bleibt unbeachtet. Bald darauf verwandelt sich die geteerte Straße in einen unbefestigten, breiten Feldweg, der entlang der Küste bis nach Capelo (unterwegs drei Picknickplätze ohne Grillmöglichkeit) und weiter bis zur Ponta dos Capelinhos führt. Der Weg kann auch mit dem Auto abgefahren werden.

Castelo Branco

Die Ortschaft nahe dem Flughafen (ca. 10 km westlich von Horta) ist nicht mehr als ein langes Straßendorf, dessen einst freundlicher, vom Erdbeben mitgenommener Kern sich rund um die Kirche ausbreitet. Der Name des Orts leitet sich von der Ponta de Castelo Branco ab, einer Halbinsel, die sich westlich des Flughafens ins Meer erstreckt. Nicht selten begrüßen dort ganze Familien die Heimkehrenden winkend beim Anflug auf Faial. Nimmt man die Straße, die direkt westlich an der Landebahn vorbeiführt (Anfahrt → Camping), gelangt man zu einem Picknickgelände mit zweitklassiger Bademöglichkeit.

• *Verbindung* **Bus** Mo–Fr 5-mal tägl. von Castelo Branco nach Horta, andersrum 6-mal tägl.

• *Übernachten* **Quinta das Buganvílias**, gepflegte Unterkunft in alten, schön renovierten Gemäuern. Die 8 Zimmer sind geräumig und gut ausgestattet, 4 davon teilen sich eine Küche. Lage leider in unattraktiver Flughafennähe. EZ 70 €, DZ 85 €. An der Straße nach Horta, ca. 50 m hinter der Tankstelle auf der rechten Seite, ℡ 292943255, ℡ 292943743, www.quintadasbuganvilias.com.

Quinta da Meia Eira, aus zwei Häusern aus dem 19. Jh. bestehendes Anwesen, restauriert und durch moderne Anbauten (z. B. schöner, heller Lesesaal) ergänzt. Davor Felder und das Meer. 5 Zimmer und 2 Suiten. Innenpool. DZ 85 €, Suite 98 €. Von der Durchgangsstraße in Castelo Branco zur Seeseite ausgeschildert. Rua dos Inocentes 1, ℡ 292943037, www.meiaeira.com.

• *Camping* **Zona de Campismo**, unterhalb der Landebahn. Nur für den Notfall. Umzäunter Zeltplatz mit Grillstelle. Die Sanitäranlagen der „Badeanstalt" gegenüber (Toiletten und kalte Duschen) können mitbenutzt werden. Snackbar. Laut Turismo in Horta ganzjährig geöffnet. Kostenlos. Ca. 1,5 km vom Flughafenterminal entfernt. Anfahrt: Nach Verlassen des Terminals links halten und für 700 m auf der inselumrundenden Straße bleiben, bis es bei einer Kreuzung mit Baum und Bank links abgeht. Von dort noch 800 m.

Faial

Karte S. 347

380 Faial

> **Kleiner Ausflug auf den Morro de Castelo Branco**: Von Horta kommend ist die Abzweigung an der Durchgangsstraße bei einer Heiliggeist-Kapelle (ca. 2 km nordwestlich der Kirche) mit „área protegida morro de C. Branco" ausgeschildert (von Arieiro kommend kein Schild!). Man folgt dem Weg, bis dieser auf eine Querstraße stößt und hält sich dort rechts. Dann durch ein Tor hindurch bis zur Landenge, die den Berg mit der Insel verbindet. Von hier noch ca. 15 Min. zu Fuß. Es gibt auch einen offiziellen Wanderweg dorthin, den *Percurso Pedestre PRC 5 FAI*, der jedoch wenig reizvoll ist. Einstieg mit Wandertafel an der Durchgangsstraße ca. 200 m weiter Richtung Arieiro linker Hand. Dauer ca. 1 ¼ Std.

Feteira

Die Küste bei Feteira, die Costa da Feteira, ist v. a. wegen ihrer Höhlen bekannt. Die **Ponta Furada**, ein auch vom Miradouro Lajinha an der inselumrundenden Küstenstraße sichtbarer Torbogen, ist die reizvollste Steinformation. Am schönsten ist es, diesen Küstenabschnitt mit dem Boot abzuschippern. Angler ziehen hier Brassen, Rochen, Makrelen, Muränen und Thunfische an Land.

● *Verbindung* Bus Mo–Fr 5-mal tägl. von Feteira nach Horta, andersrum 6-mal tägl.
● *Übernachten* **Casa da Japoneira**, ein Lesertipp. Geschmackvoll eingerichtetes Minihotel (nur 4 Zimmer) in einem schönen Gebäude aus dem 19. Jh. Komfortable, nach Blumen benannte Zimmer mit Klimaanlage. Üppiges Frühstück mit Picoblick. Garten. Sehr freundliche Wirtin. EZ 70 €, DZ 80 €. Rua da Igreja 67 (die Straße, die an der Kirche vorbeiführt, gelbes Haus mit roten Toren), ✆/✉ 292392165, www.casadajaponeira.com.
● *Essen & Trinken* **Salgueirinha**, nettes Restaurant, kleine Terrasse, von der Durchgangsstraße ausgeschildert. Sehr gepflegt. 1-a-Fischgerichte, die Spezialität ist Degenfisch. Hg. 8,50–12,50 €. Di Ruhetag. Am Hafen, ✆ 292943553.

Wanderung 22: Umrundung der Caldera

Route: Umrundung der Caldera im Uhrzeigersinn, Ausgangspunkt ist der Parkplatz vor der Caldera.

Dauer: Ca. 2 Std., 45 Min.

Einkehr: Unterwegs keine Möglichkeit.

Besonderheiten: Sofern trocken, einfacher Weg mit herrlichen Ausblicken auf Pico und São Jorge, nicht selten sieht man sogar Graciosa in der Ferne. Der Wanderweg ist identisch mit dem *Percurso Pedestre PRC 4 FAI*. Nach Regen jedoch sollte man die Wanderung unterlassen, und auch dann, wenn die Caldera von Wolken verhangen ist. Erstens ist dann ohnehin nichts zu sehen, zweitens ist der Pfad dann auch schwierig zu finden. Schwindelfreiheit ist auf manchen Passagen erforderlich.

An- und Weiterfahrt → Caldera/Anfahrt.

Wegbeschreibung: Vom **Parkplatz vor der Caldera** steigt man unmittelbar vor dem Tunnel, der zur Innenseite des Kraters führt, linker Hand die Treppe hinauf. Auf dem Grat der Caldera passiert man ein kleines Gatter. Ein relativ breiter Pfad führt nun bis zum höchsten Punkt der Insel, dem **Cabeço Gordo**, der sich durch den Sendemast und die Antennen klar zu erkennen gibt. Auf der geteerten Zufahrtsstraße zum Cabeço Gordo verläuft nun der Weg in Richtung Nordwest. Nach ca. 400 m passiert man eine tiefer gelegene, einst umzäunte und heute aufgegebene **Sendeanlage** mit einem Container und einem Cattlegrid davor. Etwa 1 km weiter schwenkt die geteerte Straße nach Westen (links) ab, bis zu diesem Punkt ist die Wanderung mit Wanderung 23 identisch. Man wandert hier einfach geradeaus weiter (an einem alten Mauerrest vorbei, nicht die etwas tiefer gelegene Schotterpiste nehmen!). Kurz darauf wird aus dem breiten Weg ein schmaler Pfad, der schließlich weiter rund um die Caldera führt – von einem geodätischen Messpunkt zum anderen.

Wanderung 23: Von der Caldera nach Ribeira Funda

Route: Parkplatz vor der Caldera – Cabeço Gordo – Rinquim – Ribeira Funda.
Dauer: Ca. 3 Std.
Einkehr: Unterwegs keine Möglichkeit.
Besonderheiten: Keine, einfacher Weg. Dennoch empfiehlt sich, festes Schuhwerk mit einer stabilen Sohle zu tragen, da lange Passagen der Wanderung auf harten, von Steinen übersäten Feldwegen zurückzulegen sind.
An- und Weiterfahrt → Caldera/Anfahrt. Erkundigen Sie sich vor Beginn der Wanderung beim Turismo in Horta, wann der letzte Bus von Ribeira Funda zurück nach Horta fährt. Das Taxi kostet rund 18 €.
Wegbeschreibung: Die Strecke bis zur **Linkskurve nach der Sendeanlage** finden Sie in der Wegbeschreibung zu Wanderung 22 (→ S. 380). Am Ende der Linkskurve zweigt rechter Hand ein Schotterweg ab (Hinweisschild „C. P. Brejo 5100 m"), Ihr Weg für die nächste gute Stunde. Dieser verläuft in Serpentinen stets bergab. Bei einem **Wasserspeicher** (drum herum Hecken und Weiden) trifft der Schotterweg auf ei-

nen breiteren, unbefestigten Feldweg, hier rechts halten. Man passiert die hier noch kleine Schlucht des **Ribeira das Cabras** und stößt auf eine Weggabelung. Nun sind beide zur Auswahl stehenden Wege geteert, Ihrer ist der rechte (Hinweisschild „Ribeira Funda"). Man wandert nun leicht bergauf und umgeht so den **Hügel Rinquim** auf seiner Ostseite. Die dort bergauf führenden Abzweigungen sind ohne Interesse. Kurz darauf führt das Sträßlein auch schon wieder bergab, und voraus liegt die Ortschaft Ribeira Funda, der sich das Sträßlein in Serpentinen nähert. Ist das Gras trocken, kann man die Serpentinen durch die Wiesen abkürzen. Man erreicht so die Küstenstraße und folgt dieser in den Ort bis zum **Café Miradouro** (zuletzt geschlossen, gleich gegenüber befindet sich die Bushaltestelle). Lassen Sie sich vom Ortsschild Cedros nicht verwirren, Sie befinden sich in **Ribeira Funda**, das zur Gemeinde Cedros gehört.

Wanderung 24: Zum Leuchtturm von Ribeirinha

Route: Espalhafatos – Farol da Ribeirinha – Ponta da Ribeirinha – Ribeirinha – Espalhafatos.
Dauer: 3 ½–4 Std. Selbstfahrer können die Wanderung abkürzen, indem sie bis zur Kreuzung mit Dreiecksinsel fahren (→ Wegbeschreibung), dort parken und dann erst loswandern.
Einkehr: In Espalhafatos im **Por do Sol** (✆ 292946698), ein recht gutes Restau-

382 Faial

rant nahe der Durchgangsstraße. Grillmöglichkeiten an der Ponta da Ribeirinha.

Besonderheiten: Einfache Wanderung mit schönen Ausblicken. Mehrere Abschnitte verlaufen auf geteerten Wegen.

An- und Weiterfahrt: Die kleine Ortschaft Espalhafatos zwischen Ribeirinha und Salão passieren 3-mal tägl. die Busse von Horta nach Cedros, der letzte fährt gegen 16.15 Uhr zurück (Stand 2009). Sagen Sie dem Fahrer, dass Sie an der Abzweigung zum „Farol" aussteigen möchten.

Wegbeschreibung: In **Espalhafatos** zweigt man, auf der inselumrundenden Straße R 1-1 von Horta kommend, bei einer Bushaltestelle nach rechts in den Caminho Trás da Terra ab (gekacheltes Straßenschild und Hinweisschild „Farol", das zuletzt jedoch aussah, als würde es bald umfallen). 150 m weiter bleibt die Rechtsabzweigung in die Rua 9 de Julho unbeachtet. Kurz darauf, hinter den letzten Häusern von Espalhafatos, wird aus der Straße ein geteertes Wiesensträßlein, das hoch über der Küste an Weiden vorbeiführt. Zur Linken fällt der Blick aufs Meer, voraus tauchen nach einer Weile São Jorge und dann der mächtige Pico auf.

Nach 2,5 km, bei einer **Kreuzung mit einer Dreiecksinsel** in der Mitte (Selbstfahrer können hier parken), führt links eine Stichstraße zum aufgegebenen Leuchtturm **Farol da Ribeirinha** (→ S. 372). 200 m vor dem Leuchtturm zweigt fast im 180°-Winkel ein unbefestigter Feldweg nach rechts gen Ribeirinha ab. Diesem folgt man, bis es nach 600 m, wieder im 180°-Winkel, nach links auf einen Waldweg abgeht. Dieser schöne Weg bringt Sie in ca. 15 Min. hinab zur **Ponta da Ribeirinha** (→ S. 372). Nach einer gemütlichen Pause nimmt man dort das geteerte Sträßlein an der **Kapelle** vorbei bergauf. Nach 1,5 km erreicht man bei einem Brunnen mit der Jahreszahl 1962 die Hauptstraße von **Ribeirinha**; hier rechts halten. Ca.

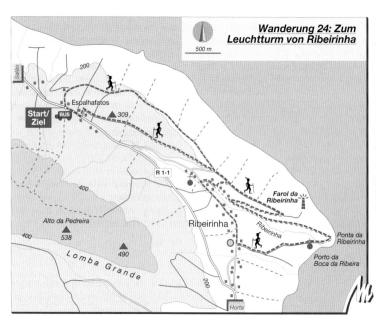

600 m weiter, noch vor der verfallenen Kirche von Ribeirinha, zweigt man nach rechts auf das Sträßlein ab, das über eine **Brücke** führt (Hinweisschild „Farol"). Nach der Brücke geht es rechts ab in den Caminho do Farol. 100 m weiter verliert das Sträßlein seine Teerschicht. Nochmals 50 m weiter zweigt man von dem Schotterweg nach links auf einen steil bergauf führenden Waldweg ab. Nach fünf schweißtreibenden Minuten mündet der Weg auf die oben bereits erwähnte Zufahrtsstraße zum Leucht-turm, links halten. Nach weiteren 700 m erreicht man die schon beschriebene **Kreuzung mit Dreiecksinsel**.

Nun nimmt man von dort den Feldweg, der geradeaus bergauf führt. Ca. 1,5 km weiter bleibt die Rechtsabzweigung vor und unterhalb der Sendemasten unbeachtet. Man folgt stets dem Hauptweg, der schließlich als Teersträßlein an einem **Brunnen** an der inselumrundenden Straße endet. Hier hält man sich rechts und erreicht nach ca. 300 m den Ausgangspunkt der Wanderung.

Wanderung 25: Der Nordwesten – von Cedros nach Capelo

Route: Cedros – Calha da Água – Cabeço dos Trinta – Cabeço do Fogo – Capelo.

Dauer: Ca. 5 Std.

Einkehr: Unterwegs keine Möglichkeit.

Besonderheiten: Die an sich sehr schöne Route war zuletzt eine Abenteuerwanderung – je nach Erfahrungshorizont für den einen ein kleines, für den zweiten ein größeres Abenteuer, für den dritten ein nicht machbares! Dies liegt v. a. daran, dass ein Abschnitt des Wanderwegs entlang dem Wasserkanal Calha da Água durch einen Hangrutsch verschwunden ist – für die Umgehung bedarf es ein wenig Pfadfindergespür. Auch führt der Weg durch einen Tunnel (Taschenlampe!) und über marode Brückchen (unser Gewicht haben sie noch getragen) mit teils eingestürzten Geländern (Schwindelfreiheit vonnöten!). Wegen Glätte daher nicht nach Regenfällen laufen! Gehen Sie kein Risiko ein und nehmen Sie keine Kinder mit. Der Weg, einst ein offizieller Wanderweg, soll wieder hergerichtet werden. Falls Sie sich vorab über den Zustand des Weges informieren möchten, fragen Sie bei den Trekking-Anbietern in den Hüttchen am Hafen von Horta nach. Manche von ihnen haben den *Levada Trail* im Programm. Das Personal vom Turismo hat diesbezüglich wenig Ahnung.

Der Aufstieg zu Beginn der Wanderung ist mühselig. Wer mit dem Taxi den Ausgangspunkt der Wanderung ansteuert, kann sich diesen Abschnitt aber auch sparen und lässt sich gleich bis zur Calha da Água chauffieren.

An- und Weiterfahrt: Cedros ist von Horta aus per Bus Mo–Fr 3-mal tägl. zu erreichen, Sa verkehrt nur ein Bus, So gar keiner. Steigen Sie an der Bushaltestelle beim Café Silvino aus.

Das Ende der Wanderung liegt im Parque Florestal von Capelo. Erkundigen Sie sich nach der genauen Abfahrtszeit des letzten Busses von Capelo zurück nach Horta. Mit dem Taxi kostet der Weg nach Horta ca. 15 €, zurück zum Ausgangspunkt der Wanderung ca. 10 €.

Wegbeschreibung: Ausgangspunkt ist das **Café Silvino** ganz im Westen von Cedros (Ortsteil Cascalho) an der R 1-1 ca. 400 m östlich der Molkerei *(Cooperativa Agrícola de Lacticínos Faial)*. Vom Café folgt man der Küstenstraße Richtung Ribeira Funda und zweigt nach ca. 80 m links in die bergauf führende Rua Professor José da Rosa Aica ab (bei der letzten Recherche war hier das Straßenschild verschwunden, dafür gab es ein Hinweisschild „Levada"). Keine 150 m weiter biegt man erneut links ab in den Canada Larga, eine insgesamt steil bergauf führende Straße, die für die nächste Stunde Ihr Weg ist. Dabei hält man sich stets auf der geteerten Straße, lässt alle Abzweigungen unbeachtet, auch die Verbindungsstraße Ribeira Funda – Flamengos.

Am Ende der Straße, das eine Wendeplatte markiert, geht es auf einem unbefestigten Waldweg geradeaus weiter. Die kurz darauf folgende Linksabzweigung bleibt unbeachtet, und man erreicht nach 70 m die **Calha da Água**, jenen ca. 50 cm breiten künstlichen Wasserkanal, an dem entlang nun die Nordwestflanke der Caldera umgangen wird, also rechts halten. Dabei wandert man stets am Kanal entlang, immer unmerklich bergab, passiert kleine Brücken und einen Tunnel und genießt herrliche Ausblicke auf den Nordwesten der Insel. Für die gesamte Strecke entlang dem Kanal (inkl. Umleitung, s. u.) muss man mit ca. 2 ½ Std. rechnen.

Nach ca. 50 Min. entlang dem Kanal, nach dem einzigen Tunnel, stößt man auf den schon angesprochenen Hangrutsch, der den Kanal und damit auch den Wanderpfad mit in die Tiefe gerissen hat. Hier müssen Sie eine **Umleitung** von ca. 30 bis 40 Min. gehen. Der Beginn der Umleitung wird durch einen grünen, nach rechts weisenden Holzpfeil markiert. Diesem folgend, durchläuft man zunächst die Geröllschneise hinab bis zu ihrem Ende. Dort markiert ein Holzpfeil mit einem zweiten grünen Pfeil den weiteren Verlauf der Umleitung. Dabei steigen Sie zunächst links des Bachlaufs des Ribeira Funda bergan, überqueren diesen mehrmals und gehen so auf den Waldrand zu. Kurz bevor es nicht mehr weitergeht und der Bach eine steile Wand herabströmt, führt rechts des Bachlaufs – Ausschau halten! – ein z. T. mit Holzstämmen befestigter Pfad den Berg hinauf. Der verwachsene, aber gut erkennbare Pfad endet auf einer Weide, von wo es nur noch ein paar Meter weiter bergauf zum Kanal und damit zum Wiedereinstieg in die Wanderung sind.

Nach einer weiteren Stunde Laufzeit entlang dem Kanal quert diesen eine Schotterstraße, die unbeachtet bleibt. Es geht immer weiter den Kanal entlang, bis dieser schließlich am Fuß des Berges **Cabeço dos Trinta** in einem **Staubecken** endet. Von dem Stau-

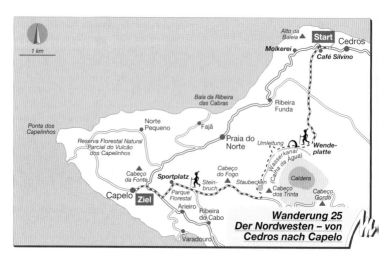

becken folgt man der rötlichen, unbefestigten Straße, die eine Anhöhe überwindet (die Linksabzweigung an der höchsten Stelle bleibt unbeachtet). Kurz dahinter erreicht man die asphaltierte Zufahrtsstraße zum Cabeço Gordo, hier rechts halten. Auf dieser geht es nun hinab (vorbei am Cabeço do Fogo) bis zum **Parque Florestal** von Capelo. Unterwegs muss man sich bei der Weggabelung hinter dem zweiten Steinbruch mit dem einsamen Häuschen in der Mitte rechts halten. Bei der Weggabelung vor dem Sportplatz von Capelo links.

Wanderung 26: Von Praia do Norte in die Baía da Ribeira das Cabras

Route: Praia do Norte – Baía da Ribeira das Cabras – Porto da Fajã – Praia do Norte.

Dauer: Ca. 2 ½ Std.

Einkehr: In Praia do Norte und in der Baía da Ribeira das Cabras.

Besonderheiten: Schattige, einfache Wanderung. Nicht nach Regen gehen, da die Passagen durch den Wald dann sehr glitschig sind. Der Wegverlauf ist mit Ausnahme des Einstiegs und des Endes der Wanderung mit dem markierten *Circuito Pedestre PRC 2 FAI* identisch.

An- und Weiterfahrt: → Praia do Norte/Verbindungen.

Wegbeschreibung: Ausgangspunkt der Wanderung ist das **Café Rumar** an der Durchgangsstraße von Praia do Norte schräg gegenüber der Kirche. Von dort folgt man für ca. 50 m der Durchgangsstraße gen Norden (also Richtung Kirche) und zweigt dann nach links (gegenüber der Kirche) auf das geteerte Sträßlein bergab ab. Am Ende des Sträßleins hält man sich rechts. Nun folgt man dem Sträßlein, das sich am unteren Ortsrand von Praia do Norte gen Norden schlängelt. Die Rechtsabzweigung in den Canada do Marau bleibt unbeachtet. Es geht weiter auf der Rua da Ponte. Nach ca. 300 m taucht die erste Wegmarkierung auf. Sie fordert dazu auf, hinter einem **Brunnen** nach links abzuzweigen. So überquert man ein meist ausgetrocknetes Bachbett. 150 m weiter nimmt man die erste mögliche Linksabzweigung – ein roter Feldweg, der auf das Meer zuführt.

Der Weg führt zunächst an Maisfeldern vorbei und schwenkt keine 5 Min. später nach rechts ab, wo er sich als verwunschener Pfad durch den **Wald** fortsetzt. Von einem kleinen **Aussichtspunkt** unterwegs genießt man einen herrlichen Blick auf die Siedlung Fajã und die Baía da Ribeira das Cabras. Bei den ersten Häusern von **Fajã** stößt der Pfad auf einen rotbraunen Schotterweg, rechts halten. Der Schotterweg geht nach kurzer Zeit in eine Teerstraße über, die zum Parkplatz am **Strand der Baía da Ribeira das Cabras** führt. Hier hält man sich links und folgt der Straße entlang der Küste. 100 m weiter, hinter einem Brückchen und einem Grillplatz, hält man sich rechts und folgt der Rua do Porto weiter entlang der Küste bis zum alten Hafen.

Oberhalb des Hafens, bei einem Brunnen, beginnt ein bergauf führender Schotterweg, der kurze Zeit später in einen Wiesenweg und dann in ein Teersträßlein übergeht. Dabei passiert man neben ein paar Häusern die Kapelle **Ermida de Nossa Senhora da Penha de França**. Bei der T-Kreuzung am Ende des Teersträßleins hält man sich links (Hinweisschild „Praia da Fajã") und zweigt nach ca. 150 m bei einem Brun-

386 Faial

nen rechts ab in die Rua Portugal (erste Möglichkeit). Man folgt stets dem geteerten Sträßlein, das in einen Schotterweg übergeht. Ca. 100 m hinter einem einsam stehenden, weißen, umzäunten **Wasserspeicher** linker Hand verlässt man den roten Schotterweg und zweigt nach links auf einen grasbewachsenen Waldweg ab (Wanderweg-Hinweisschild). Der Weg wird bald darauf zu einem streckenweise recht verwachsenen Pfad und führt stetig bergauf.

Nach einem ca. 20-minütigen, schweißtreibenden Anstieg erblickt man die ersten Häuser von **Praia do Norte** und erreicht kurz darauf ein Teersträßlein. Hier hält man sich rechts und gelangt, anders als die offizielle Wegmarkierung anzeigt, zurück zum Ausgangspunkt an der Kirche.

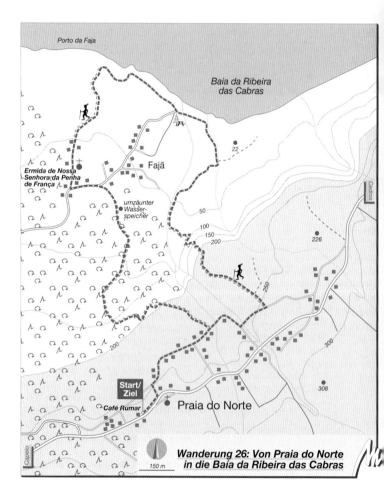

Wanderung 26: Von Praia do Norte in die Baía da Ribeira das Cabras

Pico-Gipfel in Wolken

Pico

Pico, die Insel, und Pico, der Berg, der höchste Portugals, sind eine Reise wert. Landschaftlich zählt das Eiland zu den reizvollsten des Archipels. Die Besteigung des 2351 m hohen Vulkans, dessen Gipfel in den Wintermonaten eine weiße Haube überzieht, ist ein unvergessliches Erlebnis. Zudem ist Pico eine der besten Adressen für Whale-Watching-Ausfahrten – nicht nur auf den Azoren, sondern weltweit.

Pico ist eine Perle unter den Azoreninseln und mit einer berauschenden Landschaft gesegnet. Allgegenwärtig ist der Vulkan Pico Alto, kurz Pico genannt – ein Berg von majestätischer und einzigartiger Schönheit, ein Berg, wie ihn Kinder malen würden. Er nimmt den gesamten Westen der Insel ein und seine Gipfel küssen die Wolken. Zu seinen Füßen breiten sich weite Weinanbaugebiete aus, die man 2004 bei der UNESCO anmeldete – jetzt kann sich Pico auch eines Welterbes rühmen.

Gen Osten erstreckt sich das Planalto da Achada, ein bis zu 1000 m ansteigendes Hochland, gespickt mit Hunderten von Vulkankegeln und von Wiesen, Weiden und Wäldern gesäumt – jedes Grün, das der Malkasten zaubern könnte, ist hier zu finden. Mal steil, mal sanft fallen die Hänge zur Küste hin ab, hier werden Obst und Wein angebaut.

Das Städtchen Lajes do Pico an der Südküste ist der Geburtsort des Whale-Watchings auf den Azoren, der Franzose Serge Viallelle zeichnete dafür verantwortlich. Seine Walbeobachtungstouren locken Wissenschaftler, Journalisten und Fotografen aus aller Welt an, ihre Filme, Fotos und Publikationen wiederum Tausende von Touristen.

Die Zeiten, als das Eiland ein Schattendasein neben Faial pflegte, sind passé, Pico ist eine aufstrebende Insel. Keine zehn Jahre ist es her, da eröffnete der erste größere Supermarkt – davor gab es Fleisch nur aus der Tiefkühltruhe oder mittwochs am Schlachttag beim Metzger zu kaufen. Überall werden Straßen neu geteert. Der

Flughafen wurde ausgebaut, 2005 setzte die erste Linienmaschine aus Lissabon auf. Zudem sprießen mehr und mehr Luxusvillen aus dem Boden. Sie sind jedoch weniger Ausdruck des neuen Wohlstands der Insulaner, die meisten gehören Emigranten. Auch immer mehr neue, schmucke Unterkünfte entstehen – zum Glück aber keine Megaclubanlagen. Von den drei Städten Picos sollten Sie aber nicht zu viel erwarten, es sind nicht mehr als große Dörfer.

> **Hinweis**: Planen Sie keine Pico-Reise nur wegen der Pico-Besteigung. Wenn Sie Pech haben, ist der Berg tagelang von Wolken verhüllt.

Inselgeschichte

Die Geschichte Picos ist eng mit der von Faial verknüpft, weil Pico lange von seiner Nachbarinsel abhängig war. Entdeckt wurde das Eiland von Jácome de Bruges – angeblich am gleichen Tag wie São Jorge, am 23. April 1450. Wegen des mächtigen Vulkans taufte er es *Pico* (Spitze, Gipfel). Anderen Quellen zufolge wusste man von der Existenz der Insel schon weitaus früher, anfangs soll sie den Namen *São Denis* getragen haben. Einigkeit herrscht aber über das Jahr der Inselbesiedelung: 1460. Die ersten Bewohner kamen aus den nördlichen Provinzen Portugals und ließen sich in der Gegend von Lajes nieder. Bald führte der Geistliche Frei Pedro Gigante die Verdelho-Rebe aus Madeira ein und legte damit den Grundstock für den Weinbau auf Pico. Der erste Donatarkapitän und Lehnsherr, Alvaro de Ornelas, hatte für Pico wenig übrig. Er lebte auf Madeira, nur zweimal soll er die Insel betreten haben. Bereits Ende des 15. Jh. wurde Pico an das Donatarkapitanat von Faial angeschlossen, der dortige Lehnsherr Josse van Hurtere nahm sich der Insel an.

Das Leben der Siedler war im 16. Jh. von Hungersnöten geprägt, erst die Einführung der Yamswurzel stellte eine ausreichende Versorgung sicher. Ständige Piratenüberfälle verbreiteten bis ins 18. Jh. Angst und Schrecken. Die Vulkanausbrüche in den Jahren 1718 und 1720 führten zu ersten größeren Auswanderungswellen. Bis in die zweite Hälfte des 19. Jh. war neben dem Fischfang der Weinanbau eine der Haupteinnahmequellen. Das große Geld mit dem Pico-Wein wurde jedoch in Horta gemacht, von wo man die Fässer unter dem Namen „Faial-Wein" bis nach Russland exportierte. Der Mehltau (1852) und eine eingeschleppte Reblausplage (1853) be-

An- und Weiterreise

deuteten das Aus für den Weinbau in großem Stil. Als neuer Wirtschaftszweig entwickelte sich der Walfang, der erst 1983 eingestellt wurde.

Bis 1976 wurde Pico von Horta (Faial) aus verwaltet, bis dahin stand die Insel in Abhängigkeit, die lange Zeit Ausbeutungscharakter hatte. So blieben z. B. nur 30 % der Zolleinnahmen auf Pico, der Rest musste nach Faial abgeführt werden. Erst 1982 löste sich Pico mit dem Bau des Flughafens aus dem Schattendasein von Faial. Mit Unterstützung der EU und heimgekehrter Emigranten wird heute auf der Insel investiert, viele sehen die Zukunft im Tourismus: Die herausragenden Whale-Watching-Möglichkeiten und der Vulkan Pico Alto machen die Insel zu einer der attraktivsten des Archipels.

Pico

Hauptorte: Madalena, Lajes do Pico und São Roque do Pico
Touristische Zentren: Madalena, Lajes do Pico, São Roque do Pico und Piedade
Bevölkerung: 14.850 Einwohner (33 pro km²)
Größe: 447 km², 15 km lang, 46 km breit
Küstenlänge: 110 km

Höchste Erhebung: Pico Alto 2351 m
Position: 38°23' N und 38°34' N, 28°02' W und 28°32' W
Distanzen zu den anderen Inseln: Santa Maria 330 km, São Miguel 246 km, Terceira 111 km, Graciosa 78 km, São Jorge 19 km, Faial 9 km, Flores 265 km, Corvo 274 km

An- und Weiterreise mit dem Flugzeug

- *Flughafen* Der fast einer Großstadt würdige Inselairport liegt bei Bandeiras zwischen Madalena und São Roque an der Nordküste. Es gibt einen **SATA-Schalter** (✆ 292628380), eine Bar, ein meist geschlossenes Turismo, einen Geldautomaten und einen Schalter des Autoverleihers Ilha Verde (s. u.). Die **TAP** wird von der SATA vertreten. Für spezielle Auskünfte ist das Büro auf Faial (→ Horta/Adressen) zuständig.

- *Transfer* **Keine Busse** direkt zum Flughafen. Vom Inselairport bis zur Verbin-

390　Pico

dungsstraße São Roque – Madalena sind es ca. 2 km zu Fuß. **Taxi** nach Madalena mit Gepäck ca. 12 €.

• *Flugverbindungen* SATA fliegt von Pico 1-mal tägl. (im Juli u. Aug. Di/So 2-mal) nach **Terceira** und 1-mal tägl. (im Juli und Aug. Di/Do/Fr/So 2-mal) direkt nach **São Miguel**.

Zu allen anderen Inseln gelangt man von Horta aus, oder man steigt in Terceira bzw. São Miguel um. Informationen zu den Flugtarifen, Gepäckbeschränkungen usw. im Kapitel „Unterwegs auf den Azoren/Flugzeug" und unter www.sata.pt.

Touren-Tipp

Pico bezaubert vor allem im Inselinneren, dort ist die Landschaft am reizvollsten. Bedenken Sie aber, dass eine Fahrt ins zentrale Hochland nur bei gutem Wetter zu einem Erlebnis wird. Ziehen Wolken auf, empfiehlt es sich, die Insel entlang der Küste zu umfahren. Die folgende Tour ist für all die gedacht, die nur einen Tag für Pico eingeplant haben und einen Eindruck von der Schönheit der Insel gewinnen möchten. Die Highlights von Pico, wie die Besteigung des Vulkans oder eine Whale-Watching-Ausfahrt, lassen sich nicht mit einer Tagesrundfahrt vereinbaren und erfordern einen längeren Aufenthalt.

Tagestour zu den Highlights der Insel:

Madalena – Lagoa de Capitão – Lagoa Do Caiado – Lagoa da Rosada – Terra Alta – Santo Amaro – São Roque do Pico – Lajes do Pico – São Mateus – Calhau – Criação Velha – Madalena.

An- und Weiterreise mit dem Schiff

• *Häfen* Pico hat zwei Fährhäfen: Madalena und Cais do Pico (São Roque). Die **Autofähren der Atlântico Line** und die Schiffe von **Transportes Marítimos Graciosenses** steuern nur Cais do Pico an, die **Transmaçor-Personenfähren** im Winter vorrangig Madalena, im Sommer beide.

• *Mit den Autofähren der Atlântico Line über die Inseln der Zentralgruppe in die Ostgruppe* Von Mitte Mai bis Mitte Sept. meist 1-mal wöchentl. (Abfahrt i. d. R. Do o. Fr) über **Terceira** (Praia da Vitória), zuweilen auch über **São Jorge** (Velas) und dann erst Terceira, nach **São Miguel** (Ponta Delgada) und weiter nach **Santa Maria** (Vila do Porto).

> Weitere Infos zu den Autofähren der Atlântico Line unter www. atlanticoline.pt und im Kapitel „Unterwegs auf den Azoren/ Schiff". Dort finden Sie auch Angaben zu Fährdauer und Tarifen. Alle Angaben unter Vorbehalt.

• *Mit den Autofähren der Atlântico Line innerhalb der Zentralgruppe* Von Ende April bis Mitte Juni und von Mitte Sept. bis Anfang Okt. meist nur 1-mal wöchentl. (Abfahrt i. d. R. Do o. Fr) nach **Terceira** (Praia

da Vitória), zuweilen über **São Jorge** (Velas). Ganz selten Fahrten zu anderen Häfen der Zentralgruppe, das das Schiff dann weiter in die Ostgruppe (s. o.) tuckert.

Von Anfang Juli bis Ende Aug., wenn die Atlântico Line ein zweites Schiff durch die Zentralgruppe fahren lässt, bestehen zu allen Inseln der Zentralgruppe bis zu 3-mal wöchentl. Verbindungen.

• *Mit den Autofähren der Atlântico Line über Faial nach Flores* In der Vor- und Nachsaison 1- bis 2-mal monatl. (Abfahrt meist Do) über Horta nach Flores. In der HS meist 1-mal wöchentl. (Abfahrt ebenfalls meist Do).

Infos in den Reisebüros von Madalena und São Roque, → dort unter Adressen. Fahrpläne auch beim Turismo.

> • *Durch den „Canal" nach Faial* Von **Madalena** nach **Horta** bestehen im Sommer 7- bis 8-mal tägl. Fährverbindungen (erstes Schiff gegen 8.15 Uhr, letztes zurück gegen 20 Uhr), im Winter 4- bis 5-mal tägl. (letztes Schiff zurück oft gegen 17.15 Uhr). Je nach Schiff 3,40–4,10 €. Infos am Hafen und über das Turismo.

Mietwagen 391

Kuhparty vor der Kulisse des Pico

• *Mit Transmaçor-Personenfähren zu den Inseln der Zentralgruppe* Von Juni bis Mitte Sept. gibt es 4-mal wöchentl. eine Morgenfähre und tägl. eine Abendverbindung von Madalena über Cais do Pico nach **São Jorge** (Velas) und von Cais do Pico über Madalena nach **Faial** (Horta).

Zudem besteht 3-mal wöchentl (i. d. R. Mi/Fr/So) eine Fährverbindung von Cais do Pico über **São Jorge** (erst Velas, dann Calheta) nach **Terceira** (Angra do Heroísmo).

Den Rest des Jahres 1-mal tägl. von Madalena über Cais do Pico (im Winter zuweilen nur Cais do Pico) nach **São Jorge** (Velas). Zudem 1-mal von Cais do Pico über Madalena (im Winter zuweilen kein Halt in Madalena) nach **Faial** (Horta).

Je nach Schiff kostet die Fährpassage von **Madalena** nach Cais do Pico 6–11 €, nach Velas 13–15 €, nach Calheta 18–23 €. Jene von **Cais do Pico** nach Horta 10–13 €, Velas 9–11 €, nach Calheta 9–15 €, nach Angra do Heroísmo 34–47 €.

Transmaçor-Tickets kauft man vor der Abfahrt in Cais do Pico/São Roque am Hafen (direkt am Kai in dem weißen Gebäude) und in Madalena im neuen Hafenterminal (✆ 292623340).

• *Transportes Marítimos Graciosenses* Die Reederei verfügt nur über Cargoschiffe, auf denen aber, sofern keine explosiven Stoffe an Bord sind, auch Passagiere mitgenommen werden. Eine Alternative v. a. im Winter, wenn die Fähren von Transmaçor und Atlântico Line Terceira nicht ansteuern. Das Schiff fährt (sofern Wind, Wellen und Maschine mitspielen) meist Mo von Cais do Pico nach Praia (22 €/Pers.). Von dort bestehen Verbindungen zu den anderen Inseln. Weitere Infos in Cais do Pico, Rua Cais do Pico 13, ✆ 292642579, ✆ 292642827.

Mietwagen

5 Agenturen machen das Geschäft unter sich aus, nur Ilha Verde ist bislang mit einem Schalter am Flughafen vertreten. Da die Insel recht groß ist und man sehr schnell viele Kilometer zusammenfährt, ist allen, die nur kurze Zeit auf der Insel bleiben und viel sehen wollen, von einem Mietfahrzeug mit Kilometerabrechnung abzuraten. Preisvergleiche lohnen sich in jedem Fall.

Ilha Verde, günstigste Autos ab 24 €/Tag plus 0,23 €/km plus Steuern. Ohne Kilometerabrechnung (Mindestleihdauer) 2 Tage ab 48 € plus Steuern. CDW 11 € extra. Am Flughafen 23 € Zuschlag. Office zudem in Madalena beim Hotel Caravelas.

392   Pico

📞 292622601 o. 918611765 (mobil), www.ilhaverde.com.
Tropical Rent a Car, ab 21,50 €/Tag plus 0,23 €/km inkl. Steuern. Ohne Kilometerabrechnung ab 2 Tagen ab 47,90 €/Tag inkl. Steuern. CDW 11,50 € extra. In Madalena, Largo Cardeal C. Nunes, 📞 292623370, www.rentacartropical.com.
Oásis, Autos ohne Kilometerabrechnung 35 €/Tag, ab 2 Tagen Mietdauer 30 €, Steuer inkl. CDW 7 € extra. Hauptsitz in São Roque an der Durchgangsstraße, in Madalena am alten Hafen, 📞 292623770, 📠 292622251.
Almeida & Azevedo, gleiche Preise wie auf São Jorge (→ S. 434). Hauptsitz auf São Jorge, in Madalena in der Gebäudezeile vorm Hotel Caravelas am Hafen, 📞 292628550, www.velasauto.com.
Auto Turistica Picoense, weniger professionell, dafür recht flexibel mit den Preisen. Billigstes Auto ohne Kilometerabrechnung offiziell 42 €/Tag plus Steuern. CDW 11 € extra. In Madalena am Largo Cardeal C. Nunes, 📞 292622253, geral@picauto.net.

Inselspezielles

- *Feste/Veranstaltungen* Wie auf allen Azoreninseln finden ab Ostern (Höhepunkt Pfingsten) auch auf Pico die **Festas do Espírito Santo**, die Heilig-Geist-Feste, statt. Dabei werden Brote verteilt, jeder Besucher bekommt eines geschenkt.
Vier weitere Feste sind erwähnenswert: die **Cais Agosto** in Cais do Pico (geht vier Tage lang, Beginn vor dem 1. So im August), die Walfängerwoche **Festa dos Baleeiros** in Lajes do Pico (→ dort), das Fest **Bom Jesus Milagroso** am 6. Aug. in São Mateus und das **Weinfest** von Madalena im Sept.
- *Souvenirs* Als Mitbringsel von Pico bieten sich die Kunsthandwerksprodukte aus Santo Amaro an, dort speziell die von Hand liebevoll gefertigten **Strohpuppen**. Dazu auch lokaler **Wein** (s. u.).
- *Baden* Sandstrände sind auf Pico Fehlanzeige. Aufs Schwimmen muss man dennoch nicht verzichten, rund um die Insel gibt es **Naturschwimmbecken**.
- *Sport/Freizeit* Lajes do Pico ist *die* **Whale-Watching**-Adresse des Archipels. Darüber hinaus eignet sich Pico wegen des gut ausgebauten Straßennetzes wie kaum eine andere Insel des Archipels zum **Radfahren**. Auch **wandern** kann man herrlich auf Pico.

> **Pico-Besteigung**: Die Tour auf den höchsten Berg Portugals zählt zu den Höhepunkten jeder Azorenreise. Alles Wichtige dazu ab S. 423.

Ein **Golfplatz** ist seit Jahren in Planung, aber bis heute nicht realisiert. **Ausreiten** kann man über die Quinta do Cavalo bei Piedade.

> Über 20 verschiedene Walarten (darunter auch Delfine) tummeln sich vor Picos Küste. Die besten **Whale-Watching-Adressen** auf S. 407.

- *Übernachten* Gute **Hotels** sind Mangelware. Im Sommer ist oft alles ausgebucht und eine rechtzeitige Reservierung zu empfehlen. Dafür gibt es schöne Ferienhäuser zu mieten. Quartiere findet man v. a. in Madalena und Lajes do Pico, die schönsten in Piedade.
Campingplätze gibt es in Madalena, in der Nähe von São Roque und in Lajes do Pico.
- *Regionale Spezialitäten* Die Spezialitäten Picos unterscheiden sich nur wenig von denen anderer Inseln der Zentralgruppe. Probieren sollte man die **Caldeirada de peixe** (Fischeintopf) und die **Linguiça com inhames**, eine Räucherwurst mit Yamswurzel. Eine Besonderheit auf Pico ist der **Polvo guisado em vinho**, in Wein gedünsteter Tintenfisch. Als Vorspeise ist **Käse** von São João und Criação Velha empfehlenswert. Kosten Sie auch die hiesigen **Rot- und Weißweine**. Zu den besten gehören die der Cooperativa Vitivinícola da Ilha do Pico (ist zu besichtigen, → Madalena) und der Sociedade Vitvinícola (nicht zu besichtigen, die Rot- und Weißweine nennen sich *Curral Atlântis*).

Blick von Madalena auf die Inselchen Deitado und Em Pé

Madalena do Pico

Die bedeutendste Stadt Picos heißt im Volksmund schlicht Madalena. Madalena do Pico ist das Wirtschaftszentrum der Insel und zugleich das Tor nach Faial.

Setzt man mit dem Boot vom schmucken Horta auf Faial nach Madalena (3700 Einwohner) über, ist man auf den ersten Blick ein bisschen enttäuscht. Etwas nüchtern wirkt das Zentrum, lediglich die der Hl. Magdalena geweihte **Pfarrkirche** aus dem 17. Jh. mit ihrer verkachelten Fassade und den beiden mächtigen Araukarien daneben zieht Blicke auf sich. Im Inneren des Gotteshauses heben sich die Seitenaltäre und der Hauptaltar von den leeren weißen Wänden prunkvoll ab.

Madalena ist kein Schmuckstück, aber auch nicht trostlos. Rund um die Kirche laden ein paar freundliche Cafés auf ein Getränk ein. Am gemütlichsten sitzt man am **alten Hafen** mit netter Aussicht über die beiden vorgelagerten Felsinselchen Deitado („die Liegende") und Em Pé („die Stehende") hinweg nach Faial.

Hinter dem **neuen Hafen**, wo die Fähren nach Horta ablegen, sind den Winter über die Boote der lokalen Thunfischfangflotte aufgedockt. Von Mai bis Oktober stechen sie in See. Lange Zeit sah die Zukunft des Thunfischfangs düster aus, doch mittlerweile keimt wieder Hoffnung auf. Mit Unterstützung der Meeresbiologischen Fakultät der Universität der Azoren wurden neue Fangmethoden entwickelt, die ohne Schleppnetze (seit 2005 verboten) höhere Erträge bringen. Im Jahr 2009 zogen die hiesigen Fischer rund 1600 t an Land. Etwa 1,30 € bekommen sie für ein Kilo Thunfisch, der im südlich angrenzenden Areia Larga konserviert wird.

394   Pico

Nahe der dortigen Fischfabrik hat ein weiterer großer Arbeitgeber seinen Sitz, die **Cooperativa Vitivinícola da Ilha do Pico** (s. u.), in der u. a. die Verdelho-Trauben der Gegend gekeltert werden. Der Weinbau auf Pico hat eine lange Tradition, den die Stadt im **Museo do Vinho** in den Räumlichkeiten des ehemaligen Karmeliterkonvents dokumentiert (ca. 1 km außerhalb, von der Straße nach São Roque ausgeschildert, Di–Fr 9.15–12.30 und 14–17.30 Uhr, Sa/So nur vormittags). Zu sehen sind ein paar alte Weinpressen, Fässer, Körbe für den Abtransport der Trauben, alte Fotos aus der Zona das Adegas (→ S. 417) usw. – nichts allzu Spannendes, dafür ist der Besuch kostenlos. Im Hof steht der angeblich größte Drachenbaum Europas.

Jack, Jim, Lemmy und eine kuriose Whiskysammlung

In den Kellern der Familie Quaresma aus Madalena schlummert eine der umfangreichsten Whiskysammlungen der Welt – über 1200 Flaschen aus aller Herren Länder. Ins Leben rief sie der inzwischen verstorbene Senhor João Quaresma, Hafenkapitän von Horta und Madalena. Noch Mitte des letzten Jahrhunderts half er mit seinem kleinen Frachter Schiffen, die in die Häfen von Faial oder Pico wegen ihrer Größe bzw. ihres Tiefgangs nicht einlaufen konnten, beim Löschen der Ladung auf See. Als Dank bekam er von den Kapitänen oft eine Flasche Whisky geschenkt, manchmal eine ganze Kiste. Den einfachen Fusel reichte Quaresma an seine Mannschaft weiter, die besten Tropfen behielt er für sich. Ein paar Flaschen trank er, das Gros aber sammelte er. So kam er zu Whisky aus China, Indien, Thailand, Australien, Taiwan, Brasilien, England, Schottland, den Vereinigten Staaten und weiß der Henker (oder Whiskysäufer Lemmy von *Motörhead*), wo sonst noch Whisky destilliert wird. Weil Senhor Quaresma den Kapitänen der Meere seine Sammlung auch zeigte, sprach sich herum, dass da einer auf Pico sitzt, der in seinem Keller mehrere Hundert Whiskyflaschen gebunkert hat. Und weil sich Senhor Quaresma auch merken konnte, von wem er welche bekommen hatte, war es den Kapitänen eine Ehre, nur noch die erlesensten Tropfen aus der Heimat mitzubringen und in Quaresmas Sammlung zu wissen – schließlich wollte man den anderen in nichts nachstehen. So wuchs und wuchs die Sammlung, und seit Jahren wird diskutiert, ihr mit einem Museum einen würdigen Rahmen zu verleihen.

Information/Verbindungen

● *Information* **Turismo-Büro**, hilfsbereit. Im Sommer Mo–Fr 8–18 Uhr, Sa/So 8–13 Uhr, im Winter Mo–Fr 9–12.30 und 13.30–17 Uhr. Im Hafenterminal, ✆ 292623524, www.cm-madalena.pt. *art*-Turismo, inkompetent, neben der Kirche.

● *Verbindungen* **Bus**haltestelle an der Avenida Machado Serpa nahe der Kirche (gegenüber dem Taxistand). Entlang der Südküste werktags 2-mal tägl. (So und feiertags 1-mal tägl.) über Criação Velha, São Mateus, Lajes, Calheta und Piedade nach Ri-

beirinha. Ebenfalls werktags 2-mal tägl. (So und feiertags 1-mal tägl.) verkehren Busse auf der Nordroute von Madalena über Santa Luzia, Cais do Pico und Santo Amaro nach Piedade. Keine Busverbindung durch das Inselinnere! Wer die Insel umrunden will, wechselt in Piedade den Bus.

Taxis stehen an der Kirche parat. Zum Airport ca. 12 €, nach Lajes do Pico 25 €, nach São Roque 15 €.

Schiff, → An- und Weiterreise mit dem Schiff, S. 390.

Madalena do Pico 395

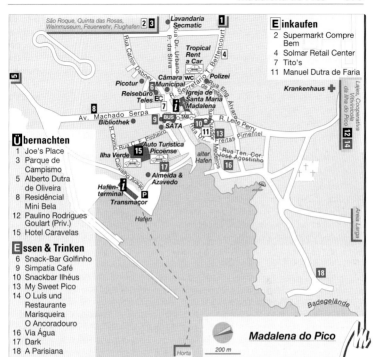

Einkaufen
2 Supermarkt Compre Bem
4 Solmar Retail Center
7 Tito's
11 Manuel Dutra de Faria

Übernachten
1 Joe's Place
3 Parque de Campismo
5 Alberto Dutra de Oliveira
8 Residéncial Mini Bela
12 Paulino Rodrigues Goulart (Priv.)
15 Hotel Caravelas

Essen & Trinken
6 Snack-Bar Golfinho
9 Simpatia Café
10 Snackbar Ilhéus
13 My Sweet Pico
14 O Luís und Restaurante Marisqueira O Ancoradouro
16 Via Água
17 Dark
18 A Parisiana

*A*dressen/*E*inkaufen

• *Ärztliche Versorgung* **Städtische Krankenstation**, von der Straße nach Lajes do Pico ausgeschildert, ✆ 292628800.

• *Campinggas* Bei **Manuel Dutra de Faria (11)**, in einem Eckhaus nahe der Snackbar Ilhéus.

• *Fluggesellschaft* **SATA,** Mo–Fr 8.30–17.15 Uhr. Largo Jaime Ferreira, ✆ 292628390.

• *Geld* Mehrere Banken mit Automat im Zentrum.

• *Internetzugang* Über die **städtische Bibliothek**, tägl. 9–12.30 und 14–17 Uhr. Avenida Machado Serpa, bei der Apotheke.

• *Mietwagen* → S. 391.

• *Öffentliche Toiletten* Hinter der Kirche in der Rua Dr. Urbano Prudêncio da Silva.

• *Polizei* Rua S. T. Bettencourt/Ecke Rua Eng. A. de Freitas, ✆ 292622860.

• *Post* Mo–Fr 9–12.30 und 14–17 Uhr. Schräg gegenüber der Kirche.

• *Reisebüro* **Agência de Viagens Teles**, Infos und Tickets zu Flügen und Fähren. Mo–Fr 9–12.30 und 14–18 Uhr. Gegenüber dem Rathaus an der Rua Carlos Dabney 1, ✆ 292622258.

• *Souvenirs* Weine, Liköre und viel Azorenkitsch bei **Tito's (7)**, Mo–Sa 9.30–13.30 und 15.30–19 Uhr, So 15.30–18 Uhr. An der Ecke Avenida Machado Serpa/Rua Carlos Dabney.

• *Supermärkte* Der größte Supermarkt der Insel ist der **Compre Bem (2)**. Ca. 2,5 km außerhalb des Zentrums an der Hauptverbindungsstraße nach São Roque.
Auch nicht schlecht ist das **Solmar Retail Center (4)** an der Rua Secretário Teles Bettencourt.

• *Wäsche* **Lavandaria Secmatic Soares**, Trockenreinigung, die auch wäscht. Abgerechnet wird nach Stück, Dauer bis zu 2 Tage. Mo–Fr 9–19 Uhr, Sa nur vormittags. In einem hellgrünen Neubau an der Rua Dr. Urbano Prudêncio da Silva.

Der „Canal" zwischen Pico und Faial

• *Zweiradverleih* Scooter verleiht **Oásis** (→ Mietwagen, S. 392). 10 €/Tag plus 0,10 €/km, ohne Kilometerabrechnung 20 €. Mountainbikes verleihen ein paar der Whale-Watching- und Tauchanbieter am Hafen für 10 €/Tag. Insgesamt gibt es aber nur wenige Räder (das Geschäft bringt mehr Ärger als Profit), also früh kommen!

Sport/Kultur & Freizeit

• *Baden* Gepflegtes **Badeareal mit Pool** an der Südwestspitze der Bucht von Madalena.

• *Feste/Veranstaltungen* **Patronatsfest** um den 22. Juli. Zudem steigt Ende Sept. vor der Cooperativa Vitivinícola da Ilha do Pico das feuchtfröhliche Weinfest **Festa das Vindimas** (→ Weinprobe).

• *Picknicken* Der blühende Garten der **Quinta das Rosas** (3,5 km außerhalb von Madalena) ist ein beliebtes Ausflugsziel an Sommerwochenenden. Der Weg ist von der Straße nach São Roque beschildert, von der Abzweigung noch 2,5 km, stets der Vorfahrtsstraße folgen.

• *Tauchen* Bootstauchgänge bieten u. a. **Azores Oceanic** (✆ 292623389, www.azoresoceanic.com), **Pico Sport** (deutschsprachig, ✆ 292622980, www.whales-dolphins.net) und **CW Azores** (✆ 292622622, www.cwazores.com) an – allesamt in den Hüttchen zwischen Fähranleger und altem Hafen. Tauchgang mit Equipment ca. 45 €.

• *Trekking/Radfahren* **Azores Oceanic** (→ Tauchen), bietet geführte Wandertouren (ab 5 Pers. 40 €/Pers. inkl. Transfer) und Radtouren (Transport zum Startpunkt, geradelt wird dann ohne Guide, 25 €/Pers., sofern 4 Pers. zusammenkommen; mit Guide 10 € mehr). Pico-Bergbesteigungen mit Transport und Guide kosten für 1–4 Pers. 200 €.

• *Weinprobe* Die **Cooperativa Vitivinícola da Ilha do Pico** kann besichtigt werden, auch darf man Weine kosten – den Charme einer Weinprobe à la Toskana hat das Ganze aber nicht. Neben einfachem, offenem Tafelwein werden hier auch edlere Tropfen gekeltert und abgefüllt, 2009 waren es rund 500.000 l. Ein Teil der Produktion geht ins Ausland, besonders in die USA. Die bekanntesten und besten Weißweine der Kooperative sind der *Terras de Lava* und der *Frei Gigante*. Auch ein guter Rotwein wird gekeltert: der *Basalto*. Beliebt ist zudem der *Verdelho Lajido*, ein Aperitif, der min-

Madalena do Pico   397

destens 3 Jahre in Holzfässern ausreift. Teuerste Flasche 6 €, die Preise entsprechen denen der Supermärkte. Ein Besuch der Winzergenossenschaft ist v. a. ab Ende Sept. interessant, wenn die Ernte verarbeitet wird, sonst sieht man nur ein paar Frauen Etiketten aufkleben. Besichtigung mit Probe 1,50 €, Mo–Fr 14–16.30 Uhr. Anfahrt: Vom Zentrum Madalenas nimmt man die Küstenstraße Richtung Lajes do Pico, kurz darauf beim braunen Hinweisschild „Paisagem protegida cultura da vinha Património

Mundial" rechts abbiegen. Nach 300 m auf der linken Seite.

● *Whale-Watching/Delfinschwimmen* Zwischen Fähranleger und altem Hafen stehen die Hütten mehrerer Whale-Watching-Anbieter für den Besucherstrom, der zum Walbeobachten nach Pico kommt, bereit. Die Ausfahrten sind infolge des Konkurrenzdrucks billiger (Walbeobachtungen ab ca. 40 €, Schwimmen mit Delfinen ab ca. 50 €) und finden von April/Mai bis Okt. statt.

Übernachten/Camping (→ Karte S. 395)

● *Hotels* ***** Hotel Caravelas (15)**, größtes Gebäude der Stadt, bestehend aus einem alten Teil und einem steril-modernen Anbau. Bis zu Ihrem Besuch sollte ersterer (zuletzt arg abgewohnt) restauriert und der gesamte Komplex auf Vier-Sterne-Niveau aufpoliert sein (ohne die Preise zu erhöhen). 137 Teppichbodenzimmer mit Balkon, jene im alten Trakt mit dem schöneren Meeresblick. Sehr freundliches Personal. EZ 100 €, DZ ab 110 €. Rua Conselheiro Terra Pinheiro 3, ✆ 292628550, ✆ 292628558, www.hotelcaravelas.net.

Residêncial Mini Bela (8), lang gezogene, weiß-rote, zweistöckige Anlage. 15 schwer in die Jahre gekommene Zimmer mit Bad. Die Sauberkeit ließ bei unserem letzten Check etwas zu wünschen übrig, dafür wohnt man billig. DZ mit TV (!) 32 €, ohne 29 €. Avenida Machado Serpa 18, ✆ 292623521.

● *Privatzimmer* **Joe's Place (1)**, 5 unterschiedlich ausgestattete Zimmer ohne besondere Note, 2 mit privatem Bad, 3 mit Gemeinschaftsbad. Englischsprachig, unkompliziert. Am besten reservieren, um nicht vor verschlossener Tür zu stehen. DZ je nach Zimmer 40–60 €. Anfahrt: Der Straße am Supermarkt Solmar Retail Center vorbei ca. 700 m stadtauswärts folgen, dann auf der rechten Seite. Rua Sec. Teles Bettencourt 54, ✆ 292623586, www.joesplaceazores.com.

Paulino Rodrigues Goulart (12), außerhalb (15 Fußmin. ins Zentrum), an der Straße nach Lajes do Pico (rechter Hand, zu einer Zimmerei gehörend). 4 geräumige Zimmer,

eines davon mit eigenem Bad. Dass die Decken mit Holz verschalt sind, ist naheliegend. Freundliche Vermieter. EZ 20 €, DZ 30 €. Rua General António Ribeiro 28, ✆/✉ 292622402.

Picotur, Vermittlung von Landhäusern und Privatzimmern. Mo–Fr 9–17.30 Uhr. Landhäuser ab 60 €, Privatzimmer ab 30 €. Rua Carlos Dabney 9 A, ✆ 292622499, ✉ 292622095. www.picotur.com.

● *Appartements* **Alberto Dutra de Oliveira (5)**, vermietet 3 Appartements in einem Neubau außerhalb des Zentrums. Komplett ausgestattet, auf den Balkons sonnen sich Hauskatze und -hund (beide lieb). Nahe einem Steinbruch, doch das Meeresrauschen ist stärker als der Lärm von dort. Appartement für 2 Pers. 50 €, 4 Pers. 75 €. Anfahrt: In Madalena die Avenida Machado Serpa nehmen, an Bibliothek und Stadion vorbei und immer entlang der Küste fahren. Das Haus liegt ca. 700 m nach dem Stadion rechter Hand leicht erhöht (grüne Fensterläden). Caminho da Barca, ✆/✉ 292623624, www.vivendaoliveira.com.

● *Camping* **Parque de Campismo**, nagelneuer umzäunter Platz in wenig attraktiver Lage ca. 700 m vom Fähranleger entfernt. Super Grill, gute Sanitäranlagen. Nebenan Tennisplätze. Offiziell Juni bis Sept., man plant aber künftig ganzjährig zu öffnen, einfach in der Snackbar nebenan fragen. 2 Pers. mit Zelt 5–8 €. Anfahrt: Der Beschilderung zum „Hospital" folgen, 100 m hinter dem Krankenhaus rechter Hand, ✆ 282628700.

Karte S. 388

Pico

Pico

Essen & Trinken/Nachtleben (→ *Karte S. 395*)

Wenig Auswahl im Zentrum.

• *Essen & Trinken* **My Sweet Pico (13)**, das beste Restaurant im Zentrum, nur Fr/Sa abends geöffnet. Angenehme Atmosphäre. Internationale Küche, lecker Gegrilltes und guter Mango- und Avocadosalat. Etwas höhere Preise. Rua Ouvidor Medeiros 3, ✆ 292623582.

Snack-Bar Golfinho (6), einfaches Lokal mit null Atmosphäre. Ein bisschen Fleisch und Fisch, daneben Omeletts, Hamburger und Hotdogs; gute Kuchen. Hg. 6,50–11,50 €, günstige Tagesgerichte. So Ruhetag. Rua Carlos Dabney, ✆ 962583130 (mobil).

A Parisiana (18), Neubau beim Badegelände. Speisesaal der gehobenen Klasse mit Wintergarten. Mittagsbüfett für 8 € (das beste der Stadt), abends à la carte (azoreanische Klassiker auf hohem Niveau zu 8–12 €, Meeresfrüchte nach Gewicht). Do Ruhetag. ✆ 292623771.

O Luís (14), in einem neuen Lavasteingebäude. Großes, gepflegtes Restaurant mit Veranda (leider ohne Aussicht). Frischer Fisch und Fleisch. Gutes Mittagsbüfett, sonst Hg. 9–13 €. Kein Ruhetag. Auf halber Strecke zum Ancoradouro (s. u.), vom Zentrum kommend linker Hand. Rua Padre Nunes da Rosa, ✆ 292622185.

> **Restaurante Marisqueira o Ancoradouro (14)**, eine der besten Adressen der Insel, von Lesern hoch gelobt. Im südlich gelegenen Vorort Areia Larga (ca. 1,5 km von Madalena entfernt). 1-a-Fischlokal für gehobenere Ansprüche. Gepflegtes Interieur, nette Terrasse mit Blick auf den kleinen Hafen der Ortschaft. Hg. wie *Cataplana de Cherne* oder *Lapas* 8–15 €, viele Gerichte für 2 Pers. Mi Ruhetag. ✆ 292623490. Anfahrt: Vom Zentrum Madalenas die Straße Richtung Lajes do Pico nehmen, beim Hinweisschild „Paisagem protegida cultura da vinha Património Mundial" rechts abbiegen, dann immer der Straße folgen. Kurz nach dem Ortsschild von Areia Larga auf der rechten Seite.

• *Cafés*/Bars **Via Água (16)**, nette Bar mit billigem Bier und Snacks. Schöne Terrasse mit Aussicht. Beliebter Treffpunkt am Abend. Viel junges Publikum. Am alten Hafen.

Dark (17), möchtegernhippe, große Freiluftbar mit Billard, Kicker und Darts, nur im Sommer. Beliebt bei vielen, die zum Whale-Watching wollen oder von dort zurückkommen. Zwischen Fähranleger und altem Hafen.

Simpatia Café (9), freundliches Café mit ordentlichen Snacks. Außenbestuhlung am Platz. Eine gute Adresse zum People-Watching. Am Largo J. Ferreira.

Snackbar Ilhéus (10), wenn es auf Pico so etwas wie eine halbseidene Unterwelt gibt, dann trifft sie sich hier. Nicht jedermanns Geschmack, aber netter Außenbereich und zentralste Lage am alten Hafen.

Discoteca Later, i. d. R. nur am Wochenende geöffnet. Musik quer durch den Garten. Außerhalb an der Küstenstraße nach Porto Cachorro.

Die Pfarrkirche prägt das Zentrum von Madalena

Pocinho/Baden **399**

Zwischen Madalena und Lajes do Pico

Unterwegs auf der Küstenstraße nach Lajes zieht an wolkenfreien Tagen der imposante Pico die Blicke auf sich. Ihm zu Füßen liegt das Weinbaugebiet des Verdelho. Wer es im Spätsommer durchstreift, wenn die Lese stattfindet (→ Wanderung 27, S. 419), wird zuweilen in einer Adega auf ein Glas eingeladen. In sicherem Abstand zur Küste reihen sich kleine Straßendörfer aneinander. Zur Rechten schimmert das Meer mit Faial am Horizont. Viele der alten Häfen eignen sich heute gut zum Baden.

Criação Velha und die Gruta das Torres

Gerade mal 2,5 km südlich von Madalena passiert man das 750-Einwohner-Dorf. Von der inselumrundenden R 1-2 ist von Criação Velha kaum mehr als die Kirche mit ihrem alleeartigen Vorplatz zu sehen, daneben steht eine 1902 errichtete Heilig-Geist-Kapelle. Die Ortschaft selbst erstreckt sich dahinter hangaufwärts dem Pico entgegen. Hoch darüber breitet sich die **Gruta das Torres** aus, ein Lavaröhrensystem (→ Furna d'Agua, S. 313), das vor 1000 bis 1500 Jahren entstand. Es hat eine Gesamtlänge von über 5 km, wovon rund 250 m im Rahmen einer ca. einstündigen Führung begangen werden können. Zuvor gibt es ein kurzes Briefing, Helme und Lampen werden gestellt, festes Schuhwerk ist ratsam. Der Weg zur Höhle ist von Madalena kommend am Ortsende von Criação Velha ausgeschildert, es geht links für rund 3 km bergauf.

In die andere Richtung, zur Küste hin, ziehen sich im **Verdelho-Anbaugebiet** endlose schwarze Mauern, die kleine Parzellen bilden, welche die Reben schützen und Wärme speichern. Dazwischen stehen *Adegas*, die privaten Weinkeller der Bauern, in denen sie die Reben keltern und den Saft in Fässern lagern. Folgt man der Beschilderung „Património Mundial", gelangt man mitten ins Anbaugebiet. Nahe der dortigen Küstenstraße kann man Ochsenkarrenspuren im Lavagestein entdecken, die vom Weinfasstransport herrühren (mit „Relheiras" beschildert), zudem gibt es künstliche Schneisen, die in die Küste geschlagen wurden, um den Fasstransport zu den Booten zu erleichtern (dem Schild „Rola-Pipas" folgen).

- *Verbindung* **Bus** 2-mal tägl. nach Madalena und Lajes do Pico.
- *Öffnungszeiten Gruta das Torres* Juli/Aug. tägl. 10–12.30 u. 14–17.30 Uhr, Juni u. Sept. tägl. 14–17.30 Uhr, Mai u. Okt. nur Sa/So 14–17.30 Uhr. Eintritt 4 €.

- *Einkaufen* In Criação Velha wird in der **Käserei Manuel da Silva Leal** einer der besten Käse der Insel produziert. Mo–Fr 9–12.30 und 14–17 Uhr. Die Käserei liegt an der Straße zur Gruta das Torres, ca. 1 km nach der Abzweigung rechter Hand.

> **Wandertipp**: Durch das Anbaugebiet des Verdelho-Weins führt **Wanderung 27**, → S. 419.

Pocinho/Baden

Die kleine Bucht von Pocinho ist von der R 1-2 ausgeschildert. Der kratzig-grobe Kiesstrand (Duschen vorhanden) taugt zum Sonnenbaden eigentlich nicht besonders – die wenigsten Azoreaner scheint dies jedoch zu stören, er wird sehr gut angenommen. Eine Badeplattform erleichtert den Zugang zum Meer, außerdem gibt es ein von Felsen geschütztes natürliches Becken. Hinter dem Strand versteckt sich eine der stilvollsten Hotelanlagen der Insel.

- *Übernachten* **Pocinhobay**, hinter dem Strand. Überaus stilvolle Anlage mit nur 6

Karte S. 388 **Pico**

400 Pico

sehr komfortablen, schicken Zimmern, verteilt auf mehrere liebevoll restaurierte Natursteinhäuser. Ein kleines Paradies, absolut ruhig. Hängematten zum Relaxen, Pool im Garten. EZ 145 €, DZ 170 €. Pocinho, ☎ 292628460, www.pocinhobay.com.

Porto Calhau/Baden

Am Ortsausgang des Straßendorfs Monte zweigt von der R 1-2 ein 1,2 km langes, schmales Sträßlein zum Hafen Calhau ab. Die Bucht ist ein beliebter Angelplatz, der Strand wie der von Pocinho zum Sonnenbaden eher ungeeignet (Kiesel größer als Fußbälle!), die Küste davor jedoch ein beliebtes Schnorchelrevier. Das Restaurant mit einladender Terrasse darüber ist leider schon seit Jahren dicht.

Der Wein der Lava – Picos Welterbe

Weinbau hat auf Pico eine Jahrhunderte lange Tradition. 1460 brachte Frei Pedro Gigante, ein aus Madeira stammender Geistlicher, die ersten Verdelho-Reben mit, aus denen mal ein leicht süßlicher, mal trockener, charaktervoller Weißwein gewonnen wird. Im großen Stil begann man mit dem Rebenanbau nach den Ausbrüchen des Pico in den Jahren 1718 und 1720. Die Felder, auf denen einst Obst, Getreide und Gemüse geerntet wurden, waren unter einer dicken Lavaschicht verschwunden, die nur noch eine Bepflanzung mit Reben zuließ. An die mühevolle Arbeit, die die rauen Lavafelder in fruchtbare Weinfelder verwandelte, erinnern noch heute die *Moroiços*, aus Lavabrocken aufgetürmte Steinhaufen, sowie die *Currais*, aus Lavasteinen aufgeschichtete Wälle, welche die Anbaugebiete rund um den Pico prägen. Die die Rebstöcke parzellenartig umgebenden Mauern spenden Wärme, die dem Geschmack des Weins zu Gute kommt; kein Wunder also, dass der Verdelho einst in aller Welt geschätzt war. Zur Blütezeit des Weinbaus wurden Verdelho-Weine von Pico über Horta in die Herren- und Königshäuser Europas exportiert, sogar an der Tafel des Zaren von Russland wurde er kredenzt, auch Tolstoi erwähnte ihn.

Der Niedergang des Weinbaus auf Pico, Graciosa, Terceira und São Miguel setzte Mitte des 19. Jh. ein – amerikanische Handelsschiffe hatten die Reblaus „eingeführt". Die Verdelho-Reben gingen größtenteils zugrunde und wurden durch in Amerika gezüchtete Isabella-Reben ersetzt, die gegen das Ungeziefer resistent waren. Aus ihnen wird heute der *Vinho de Cheiro* gekeltert, ein süffiger, fruchtiger Rotwein, der aber leider relativ viel Alkaloide enthält, weshalb er nur auf den Azoren, nicht aber in andere Regionen der EU verkauft werden darf. Vielerorts wurde der Weinanbau infolge der Reblaus komplett eingestellt. Waren 1850 auf den Inseln noch rund 16.000 ha mit Reben bepflanzt, sind es heute gerade noch 1700. Um wieder hochwertigere Weine zu keltern, setzte man in den letzten Jahren auf den Azoren vermehrt auf den Anbau der Rebsorten *Castelão* (auch *Periquita* genannt; für feste, himbeerige Rotweine), *Bual* (hochwertige, süße Rotweine), *Baga* (tanninreiche, tiefrote Weine), *Malvasia* (weiche Rot- und Weißweine), *Arinto* (frisch-duftige, trockene Weißweine), *Torrontés* (eine muskatähnliche Rebsorte für trockene Weißweine), *Fernão Pires* (reif-aromatische, würzige Weißweine) und *Sercial* (vermutlich eine Rieslingsorte, für trockene Weißweine). Die alten Weinanbaugebiete Picos wurden 2004 als bewahrenswertes Welterbe in die Liste der UNESCO aufgenommen.

São João **401**

São Mateus

Über Candelária, Mirateca und Areeiro und vorbei an ewigen Weinfeldern erreicht man 15 km südöstlich von Madalena das hübsche, 900 Seelen zählende São Mateus, das zu den ältesten Orten Picos gehört. Bereits Ende des 15. Jh. ließen sich hier die ersten Siedler nieder, auch spielte die Gemeinde eine Pionierrolle in Sachen Walfang. Seit 1572 ist São Mateus zudem Wallfahrtsort. Da in der kleinen Kirche aber zu wenig Platz für die vielen Pilger war, weihte man dem Hl. Matthäus 1842 eine neue, größere Kirche, die direkt an der Durchgangsstraße liegt. Im Inneren des dreischiffigen Baus kann man in einer Kapelle auf der rechten Seite das Bildnis *Bom Jesus Milagroso* besichtigen. Jedes Jahr am 6. August steht es im Mittelpunkt des **Festes Bom Jesus Milagroso**, zu dem ganz Pico kommt und auch Gläubige von Faial, São Jorge und Emigranten aus den USA anreisen. Hunderte von Brotlaiben werden dann vor der Kirche ausgelegt und nach der Messe an die Besucher verteilt. Am Ortsausgang von São Mateus passiert man das **Artesanato Picoartes** (linker Hand), in dem lokales Kunsthandwerk aus Keramik und Holz sowie Stickereien und Häkeleien feilgeboten werden (Mo–Sa 9–12 und 14–18 Uhr).

Verbindung Bus 2-mal tägl. nach Madalena und 2-mal tägl. nach Lajes do Pico.

São Caetano und Porto da Prainha/Baden

Auf ungefähr halber Strecke zwischen Madalena und Lajes do Pico passiert man São Caetano. Die 600 Einwohner des Ortes sind stolz darauf, die beste Blaskapelle der Insel in ihren Reihen zu wissen (was die Leute von São João ein paar Kilometer weiter ebenso für sich reklamieren).

Im 16. Jh. baute hier ein Mann namens Garcia Gonçalves Madruga in jahrelanger Arbeit ohne fremde Hilfe eine Galeone, um sich von seinen Schulden bei Dom João III. freizukaufen. Er legte damit den Grundstein der Schiffbautradition auf Pico. Am Hafen **Porto da Prainha** (auch **Porto de São Caetano** genannt, ausgeschildert), wo er die Galeone zu Wasser ließ, wird heute gebadet. Die Bucht verfügt über eine weiten, sanddurchsetzten, groben Kiesstrand (Duschen vorhanden) – ins Meer springt man am besten von der Hafenplattform. Oberhalb davon findet man ein Café, das allerdings nur im Sommer geöffnet ist. Eine Top-Badeadresse ist der Hafen nicht, bessere Bademöglichkeiten findet man in der Nachbargemeinde **Terra do Pão** – folgen Sie dort der Beschilderung zum „Porto da Baixa".

Wandertipp: Vom Porto da Prainha führt ein Schottersträßlein vorbei an einem Leuchtturm die Küste entlang nach São Mateus (4 km).

São João

Das 550-Seelen-Dorf liegt zwischen zwei *Mistérios* – Lavafelder, die durch einen Vulkanausbruch 1718 entstanden und den Landstrich unter sich begruben. Von São João blieb damals kaum ein Haus stehen. Die sich zu Tal wälzenden Lavaströme wurden von den Bauern Mistérios („Geheimnisse") genannt, weil sie sich nicht erklären konnten, warum ausgerechnet sie die Strafe Gottes ereilte. Mittlerweile sind die Mistérios weitgehend unter üppigem Grün verschwunden, und der Ort hebt sich äußerlich kaum mehr von anderen Picodörfern ab.

An der ewigen Durchgangsstraße steht gegenüber dem Rathaus die **Sociedade de Produção de Lacticinios**. Eine lokale Käserei wäre für die Azoren keine Sensation – doch wer sich hier mit einem Stück versorgt, kann am Ortseingang (von Madalena

402   Pico

kommend) in einem schön angelegten **Park mit Wildgehege** und Grillmöglichkeiten unter schattigen Bäumen picknicken.

Das Highlight von São João aber ist das ausgeschilderte **Museum Cachalotes e Lulas**, ein skurril-faszinierendes Pottwal- und Tintenfischmuseum, das 2004 von den Clarks, einem Ehepaar aus Cornwall, eröffnet wurde. Dr. Malcolm Clarke ist Meeresbiologe im Ruhe- und Unruhestand. Jahrzehntelang erforschte er Tiefseekraken, die aber, wie der Name schon sagt, in schwer zu erforschenden Tiefen leben. So begann er ihre Jäger, besonders die Pottwale, zu explorieren – über deren Mageninhalte erhoffte er mehr über die Tiefseekraken zu erfahren. (Stets soll Dr. Clarke mit Gummistiefeln, Regenjacke und Machete als erster zur Stelle sein, wenn irgendwo ein toter Pottwal gefunden wird.) Bis heute gibt es auf der Welt kaum einen Wissenschaftler, der mehr über Pottwale und Tiefseekraken weiß. Als Abschluss seiner wissenschaftlichen Laufbahn schrieb Malcolm Clarke kein Buch, wie es die meisten tun, sondern rief ein Museum ins Leben. Interessierte, die er an den von seiner Frau gebastelten Riesenkraken vorbeiführt, können hier alle Fragen über Pottwale und Kraken loswerden, die sie schon immer fragen wollten. Zudem gibt es einen deutschen Begleittext (Mai bis Okt. Mo–Fr 10–17.30 Uhr, So 14–17.30 Uhr, Sa geschl.; Eintritt 5 €).

● *Verbindung* **Bus** je 2-mal tägl. nach Madalena und Lajes do Pico.

● *Übernachten* **Guest House Miradouro da Papalva**, hier wohnt man im Haus des hilfsbereiten USA-Rückkehrers John Bernardo und seiner Frau Pamela. Sehr persönliche Atmosphäre. 3 suitenähnliche, bürgerlich eingerichtete, sehr komfortable Zimmer auf Mehr-Sterne-Niveau: TV, DVD-Player, Internet, Minibar, Kaffeemaschine, blitzblanke Bäder. Von allen Zimmern schöner Meeresblick, ein Zimmer mit Terrasse. Openair-Küche, Garten mit Liegestühlen, eigener Aussichtspunkt (= Miradouro). Inseltouren, Barbecueabende, Verleih von Handys mit den wichtigsten Nummern. Früh-

stück per Voucher in den beiden Dorfbars. Ca. 200 m abseits der Durchgangsstraße, ausgeschildert. DZ 59–69 €. Ramal Salazar 13, ✆/✉ 292673006, www.miradouro-da-papalva.com.

● *Essen und Trinken* **Restaurante Marisqueira**, fast ein Muss für jeden, der Fisch liebt. 10 Jahre lebte der Wirt Manuel Maciel in den Staaten, kam zurück und eröffnete mit seiner Frau, der Köchin, das Restaurant. Hervorragende *Caldo de Peixe*. Nur Ambiente und Preis entsprechen nicht dem eines First-Class-Restaurants: Hg. 10–12 €. Kein Ruhetag. Abzweigung zum Hafen nehmen. ✆ 292673116.

Lajes do Pico

An keinem Ort der Azoren dreht sich so viel um den Wal wie in Lajes do Pico. Das Städtchen ist heute fast ein Synonym für den Walfang von einst und die Walbeobachtungen von heute.

Schon auf der Fahrt in das Städtchen, egal ob von Westen oder Osten, stößt man auf Relikte des Walfangs. Am Ortseingang, von Madalena kommend, steht rechter Hand die alte, am 30 m hohen Schornstein zu erkennende **Walfabrik**, in der die Riesensäuger einst verarbeitet wurden. Seit 2008 ist auf dem Areal das Museum **Centro de Artes e de Ciências do Mar** untergebracht (→ Kasten, S. 407).

In der anderen Richtung (an der Straße nach Piedade) befindet sich auf der **Ponta da Queimada** der alte Walausguck. Hier hisste man das Signal zum Auslaufen der *Canoas*, der Walfangboote. Im Städtchen selbst werden in jedem zweiten Laden Andenken verkauft, die mit dem Wal zu tun haben, in manchen Bars wie im O Baleeiro erinnern Fotos an die Zeit der Harpuniere. Heute zieht es Touristen und Naturfreunde aus aller Welt nach Lajes zum Whale-Watching. Kein anderer Ort Picos

Lajes do Pico

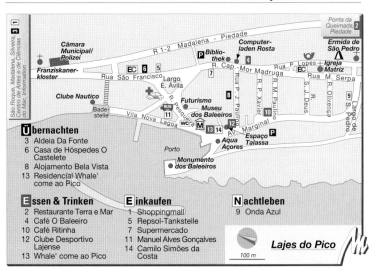

Übernachten
- 3 Aldeia Da Fonte
- 6 Casa de Hóspedes O Castelete
- 8 Alojamento Bela Vista
- 13 Residencial 'Whale' come ao Pico

Essen & Trinken
- 2 Restaurante Terra e Mar
- 4 Café O Baleeiro
- 10 Café Ritinha
- 12 Clube Desportivo Lajense
- 13 'Whale' come ao Pico

Einkaufen
- 1 Shoppingmall
- 5 Repsol-Tankstelle
- 7 Supermercado
- 11 Manuel Alves Gonçalves
- 14 Camilo Simões da Costa

Nachtleben
- 9 Onda Azul

sieht mehr ausländische Besucher als die 1900 Einwohner zählende Kreisstadt, übrigens die älteste der Insel. Bereits 1460 ließen sich hier die ersten Siedler nieder. Auch Picos erste Kapelle wurde in Lajes errichtet, es ist die kleine, weiß getünchte **Ermida de São Pedro** mit einer winzigen Glocke (am Ortsausgang Richtung Piedade auf der linken Seite). Ein weiterer erwähnenswerter Sakralbau ist die Kirche des ehemaligen Franziskanerklosters **Nossa Senhora da Conceição** an der Straße nach Madalena. In ihrem Inneren steht eine kostbare Marienstatue aus Alabaster. In dem Gebäudetrakt rechts der Kirche sitzen heute die Stadtverwaltung und die Polizei. In einem Seitenflügel links der Kirche überrascht Drucktechnik aus der Vorkriegszeit, u. a. eine Intertype-Setzmaschine und eine Heidelberger Zylinder-Druckerpresse, auf der bis 1988 die Wochenzeitung *O Dever* produziert wurde. Interessierten schließt die Stadtverwaltung die Räume auf.

Das **Zentrum** erstreckt sich auf einer Ebene unmittelbar an der Küste. Die Gassen und Straßen wurden einst so angelegt, dass bei starken Stürmen über das Ufer getretenes Meerwasser schnell wieder zurückfließen konnte. Die häufigen Überflutungen gehören mittlerweile dank einer neuen Schutzmauer der Vergangenheit an. Dafür kratzt der Betonwall nun leider am Charme des Städtchens – die geplante Umgestaltung der Uferfront hat bislang noch nicht wirklich Form angenommen. Am Hafen begegnet man dem Thema „Wal" erneut: Im **Museu dos Baleeiros**, dem zweiten Museum der Stadt, erinnert man eindrucksvoll an die Zeit des Walfangs (→ Kasten, S. 407). Zudem setzte der Lissabonner Künstler Pedro Cabrita Reis den einstigen Walfängern am Ende der Hafenmole mit dem **Monumento dos Baleeiros** (2001) ein augenfälliges Denkmal.

Information/Verbindungen

- *Information* **Turismo**, im Sommer Mo/Di 10–13 und 14–17 Uhr, Mi–Fr 10–18 Uhr, Sa/So 10–17 Uhr, im Winter verkürzt. Im jüngst restaurierten Forte Santa Catarina im Norden des Städtchens, ✆ 292679320, www.municipio-lajes-do-pico.pt.

404   Pico

● *Verbindung* **Bus**: Sa/So nur 1-mal tägl., sonst 2-mal tägl. über São Mateus nach Madalena und über Santa Bárbara und Calheta nach Piedade. Haltestelle zwischen dem Museu dos Baleeiros und dem Largo Edmundo Ávila.

Taxistand vor dem Krankenhaus. Zum Flughafen 30 €, nach São Roque 20 €.

*A*dressen/*B*aden/*E*inkaufen (→ *K*arte *S*. 403)

● *Ärztliche Versorgung* **Städtisches Krankenhaus** am Largo Edmundo Ávila, ✆ 292679400.

● *Baden* Möglichkeiten südlich und nördlich des Zentrums. Im Süden gelangt man über Einstiegshilfen ins Meer. Im Norden sonnt man sich auf der Rampe vor dem Clube Nautico und jagt auf einer Rutsche ins Wasser. Dort gibt es auch eine nette Bar.

● *Einkaufen* Zum Zeitpunkt der letzten Recherche war eine **Shoppingmall (1)** mit großem Supermarkt an der Straße nach Madalena im Bau. Kleiner **Supermercado (7)** im Zentrum an der Durchgangsstraße. Campinggas bekommt man bei der **Repsol-Tankstelle (5)**.

● *Geld* Mehrere Banken mit Automat an der Rua Capitão-Mor E. G. Madruga.

● *Internetzugang* Über die **Bibliothek** an der Rua Capitão-Mor E. G. Madruga (kostenlos) und über den Computerladen **Rosta** daneben (3 €/Std.).

● *Öffentliche Toiletten* Vor dem Museu dos Baleeiros.

● *Post* Mo–Fr 9–12.30 und 14–17.30 Uhr. Schräg gegenüber der Igreja Matriz in der Rua P. Lopes.

● *Polizei* Am Ortseingang im einstigen Franziskanerkloster, ✆ 292672410.

● *Souvenirs/Kunsthandwerk* Im Ort finden sich zwei Kunsthandwerker, die sich auf das Schnitzen, Gravieren und Bemalen von Walknochen spezialisiert haben. Beide betreiben ein Souvenirgeschäft: **Manuel Alves Gonçalves (11)** in der Rua Vila Nova Lagoa (falls geschlossen, einfach klingeln) und **Camilo Simões da Costa („Artesanato Lajense",14)** in der Rua Pesquira (neben Espaço Talassa). Simões da Costa kann man auch bei der Arbeit zusehen.

● *Zweiradverleih* Mountainbikes verleiht **Futurismo** (→ Whale-Watching) für 12 €/Tag.

*K*ultur & *F*reizeit/*S*port (→ *K*arte *S*. 403)

● *Feste/Veranstaltungen* In der letzten Augustwoche steigt die einwöchige **Festa dos Baleeiros**, das Fest der Walfänger. Dann ist Lajes knallvoll, jeder Verein betreibt ein Zelt mit Essständen, und die Bands spielen bis weit in die Nacht hinein.

● *Whale-Watching* Halbtägige Ausfahrten kosten im Schnitt 60 € (in der NS 50 €). **Espaço Talassa**, fährt die Touren mit wendigen Schlauchbooten mit Hartboden (Horror für Leute mit Rückenproblemen!). Auch Pakete buchbar, die mehrere Ausfahrten, Übernachtungen, Transfer vom Flughafen etc. beinhalten. Nur im Paket wird Schwimmen mit Delfinen angeboten. Komplettangebote je nach Umfang 500–900 €. Tägl. 9–19 Uhr, im Juli und Aug. bis 20 Uhr. Office im Caminho de Baixo 17 (neben dem Walfangmuseum), ✆ 292672010, www.espacotalassa.com.

Futurismo, im Einsatz sind Hartschalen- und Schlauchboote. Bietet ebenfalls Wochenpakete und wird ebenfalls von Lesern immer wieder gelobt. Neben dem Walfangmuseum, ✆ 292672000 o. 962413409 (mobil), www.azoreswhales.com.

Auch **Aqua Açores** offeriert einen guten Service. Besitzt Kabinen- und Hartschalenboote, vertreten durch einen Stand am Hafen, ✆ 917569453 (mobil), www.aquaacores.com.pt.

● *Tauchen* Fragen Sie bei **Espaço Talassa** an. Kommen mehrere Anfragen zusammen, wird Norberto Diver aus Faial (→ Horta/Tauchen, S. 357) gerufen.

*Ü*bernachten/*C*amping (→ *K*arte *S*. 403)

Wer bei den von uns aufgeführten Unterkünften kein Glück hat, spaziert einfach durch die Gassen: An vielen Häusern wird mit Schildern oder Zetteln auf Privatzimmer oder Appartements aufmerksam gemacht.

● *Übernachten* ****** Aldeia Da Fonte (3)**, dem Baustil der Insel angepasster Hotel- und Appartementkomplex mit unverputzten Lavasteinhäuschen. Ein Ort der Ruhe und Erholung. Charmante Zimmer und Suiten. Leser bemängelten jedoch schon die Arbeit

Lajes do Pico 405

Lajes do Pico

der Putzfrauen. Schöner, romantischer Garten, viel Bewegungsfreiheit. Restaurant mit azoreanischer und chinesischer (!) Küche. Bar. Nahebei Bademöglichkeiten im Meer. EZ 86 €, DZ 99 €, Appartement für 2 Pers. ab 113 €. In Silveira, ca. 6 km nordwestlich von Lajes, dort ausgeschildert, ✆ 292679500, ✉ 292672700, www.aldeiadafonte.com.

Residencial Whale' come ao Pico (13), unter Leitung der Whale-Watching-Agentur Espaço Talassa, neben dem Office an der Uferfront. Gemütlich-modernes 10-Zimmer-Haus im IKEA-Stil, alle Zimmer mit Holzböden und privaten Bädern, eines mit Pico-Blick von der Toilette aus. Nur Nichtraucher-Zimmer! Netter Frühstücksraum im EG. EZ 49 €, DZ 69 €. Lajes do Pico, ✆ 292672010, ✉ 292672617, www.espacotalassa.com.

Alojamento Bela Vista (8), gut ausgestattete, sehr saubere Zimmer und Appartements, auf mehrere Gebäude verteilt und unterschiedlichen Datums. Teils etwas pseudoschick, aber das braucht nicht zu stören. Für azoreanische Verhältnisse recht gutes Frühstück. 2 Pers. 60 €, 1 Pers. 45 €. Rua P. J. Paulino, ✆ 292672000, ✉ 292672027, www.lajesbelavista.com.

Casa de Hóspedes O Castelete (6), gegenüber dem Krankenhaus. 4 enge, spartanische und ältliche Zimmer, für den Preis aber okay. Der Besitzer spricht nur Portugiesisch. EZ 20 €, DZ 25–30 €. Rua de São Francisco 2, ✆ 292672304.

• *Camping* **Parque de Campismo**, zentrales Wiesenstück mit ordentlichen Sanitäranlagen (Warmwasser) und Kochmöglichkeiten. Ganzjährig, die Sanitäranlagen sind im Winter aber nur nach Anmeldung unter ✆ 292679700 zugänglich. 2 Pers. mit Zelt 5 €. Anfahrt: Von Madalena kommend dem Einbahnstraßensystem durch den Ort folgen, Lajes Richtung Osten verlassen und ca. 50 m hinter der kleinen weißen Kapelle links ab.

Essen & Trinken/Nachtleben (→ Karte S. 403)

• *Essen & Trinken* **Whale' come ao Pico (13)**, das Restaurant des gleichnamigen Hotels (s. o.). Gemütliches Interieur, nette Außenbestuhlung auf dem Gehweg. Azoreanische Klassiker, aber auch große Salate, Crêpes, Tartes und lecker belegte Baguettes. Günstige Tagesgerichte, sonst Hg. 7,50–12 €.

Restaurante Terra e Mar (2), leider schon viele Jahre geschlossen, aber sollte es mal wieder offen sein: ausprobieren! Grandiose Terrasse fast 500 m über dem Meer. Rund

Walfängerdenkmal am Hafen von São Roque

Wale – einst mit Harpunen gejagt, heute mit Kameras

Von den *Vigias de baleia*, den Walausgucken hoch über der Küste, hielt man früher Ausschau nach den Riesensäugern. Hatte man einen erspäht, ließ man das die Walfänger im Ort durch den Abschuss einer Rakete oder durch ein Fahnensignal wissen. „Baleia, Baleia!" hallte es dann durch die Gassen, über das Land und die Felder. Und die Männer ließen die Arbeit liegen – hauptberufliche Walfänger gab es wenig –, eilten zum Hafen und brachten ihre *Canoas*, die Walfangboote, zu Wasser. In der Regel hatte eines dieser schmalen Boote sieben Mann Besatzung. Stand der Wind günstig, konnte man sich unter Segeln dem Tier nähern, andernfalls musste man rudern. Im Bug saß der Harpunier, *Trocador* genannt. War man nahe genug am Wal, schleuderte dieser von Hand die Harpune tief in das Fleisch des Wals. Das war der entscheidende Moment, und nicht immer war das Tier der Verlierer. Denn nun wurde es gefährlich, der Wal tauchte ab, blitzschnell. An den Harpunen hingen bis zu 1000 m Seil, die der getroffene Wal in Sekunden abrollte. Nicht selten verhedderte sich ein Mann in dem Seil, nicht selten wurden dabei Gliedmaßen abgerissen, und nicht selten wurde einer mit in die Tiefe gezogen. Tauchte der Wal zu weit ab, musste das Seil sofort mit der bereitliegenden Axt gekappt werden, damit das Boot nicht von der Meeresoberfläche verschwand. Meist aber begann jetzt eine wilde Fahrt im Schlepptau des Wals. Dieses Treiben dauerte so lange, bis das Tier müde war und zum Luftholen wieder heraufkam (Pottwale können bis zu eine Stunde tauchen). War der Wal an der Wasseroberfläche, hieß es für die Besatzung, möglichst schnell an das Tier heranzukommen, damit es der Harpunier mit einem gezielten Lanzenstoß in die Lunge töten konnte.

Rund um die Azoren sollen in Rekordjahren bis zu 20.000 Pottwale erlegt worden sein, einen großen Anteil daran hatten amerikanische Walfangboote. Die Fangquoten der Azoreaner waren vergleichsweise gering, nicht zuletzt deshalb, weil sie stets von Hand jagten. 1983 wurde der Walfang auf den Azoren aufgegeben, er war unrentabel geworden. Nach der Gesetzeslage könnte der nichtautomatisierte Walfang aber noch heute betrieben werden. So war es möglich, dass 1987 nach vierjähriger Pause nochmals drei Pottwale erlegt wurden. Der Grund dafür war nicht wie früher der Tran, sondern einzig und allein die Zähne, das „Elfenbein der Meere", ein beliebtes Mitbringsel gut betuchter Touristen.

An die Wal-Jagd erinnert in Lajes das eindrucksvolle **Museu dos Baleeiros**. Dort wird der Walfang vergangener Zeiten wieder lebendig, man schlendert vorbei am knapp 11 m langen Walfangboot *Sta. Teresinha*, an Harpunen, Navigationsinstrumenten und anderem, dazu bringt ein Dokumentarfilm dem Besucher die Eigenheiten des Walfangs auf den Azoren näher. Die wertvollsten Ausstellungsstücke sind die geschnitzten und gravierten Zähne der Pottwale. In der angegliederten Bibliothek kann man hinterher seinen Wissensdurst stillen.

Ein weiteres Museum, das sich den Riesensäugern widmet, ist das neue **Centro de Artes e de Ciências do Mar** in der alten, modern restaurierten Walfabrik im Norden von Lajes. Zwischen 1955 und 1982 wurden hier jährlich rund 200 Wale von etwa 20 Arbeitern zerlegt. Die alten Maschinen sind z. T. noch erhalten, sie stammen u. a. aus dem schweizerischen Winterthur. Ein Industriemuseum wie das von São Roque (→ S. 414) ist das Centro de Artes e de Ciências do Mar aber nicht. Die Prozesse der Walverarbeitung werden hier u. a. mithilfe von computeranimierten Darstellungen illustriert, an Bildschirmen kann man sich über das Leben der Wale informieren. Außerdem dient das Zentrum als Ort für temporäre Ausstellungen und kulturelle Veranstaltungen. Mehr Wissenswertes zu Pottwalen und Tiefseekraken hält übrigens Dr. Malcolm Clarke im **Museum Cachalotes e Lulas** (→ São João, S. 402) bereit.

Bis heute wird Jagd auf die Wale gemacht, bis heute ist der Walausguck an der Ponta da Queimada (Vigia da Queimada, von der Straße aus zu sehen) südöstlich von Lajes besetzt. Heute jedoch funkt der Späher den professionellen Whale-Watching-Teams, wo und welche der 24 verschiedenen Walarten vor der Küste Picos aufgetaucht sind.

Wer eine garantiert naturverträgliche Walbeobachtungstour unternehmen will, für den sollte Espaço Talassa die erste Wahl sein. Das Team arbeitet seit Jahren mit Meeresbiologen und Naturschützern zusammen und ist sorgsam darauf bedacht, die Wale in ihrem natürlichen Umfeld so wenig wie möglich zu stören. Espaço Talassa wurde 1991 von dem Franzosen Serge Viallelle gegründet. Der Pionier unter den Whale-Watching-Anbietern gilt heute als „Wal-Papst" der Azoren. Viallelle kam zufällig nach Pico und blieb der Liebe wegen. Seine Touren leiteten den Walrausch ein und zählen zu den besten überhaupt, zu seinem Team gehören auch deutschsprachige Guides. Espaço Talassa bietet zudem stets ein gutes Briefing an, was bei den anderen Anbietern aus Lajes do Pico nicht immer der Fall ist und stark von dem gerade unter Vertrag stehenden Personal abhängt. Infos zu Adressen und Preisen → Lajes do Pico/Whale-Watching. Schwimmen mit den Riesensäugern ist übrigens verboten.

Öffnungszeiten **Museu dos Baleeiros** Di– Fr 9.15–12.30 und 14–17.30 Uhr, Sa/So nur nachmittags. Eintritt 2 €, So und feiertags kostenlos. **Centro de Artes e de Ciências do Mar** tägl. 10–19 Uhr. Eintritt 2,50 €, Kinder bis 12 Jahren frei. Der Walausguck an der Ponta da Queimada, ein kleiner weißer Turm, ist ebenfalls zu besichtigen. Er liegt ca. 1 km südöstlich von Lajes nahe der Küstenstraße nach Ribeiras.

408   Pico

3 km östlich von Lajes (an der R 1-2 am Ortsende von Terras auf der rechten Seite). **Café Ritinha (10)**, nette Bar mit Restaurant, geführt von einer freundlichen Fischerfamilie. Zur Auswahl stehen tägl. 5–6 Gerichte, darunter Fisch und Fleisch (7 €). Von Lesern gelobt. Zudem ordentliche Snacks. Überdachte Terrasse. Avenida Marginal, ✆ 292672271.
Cafe O Baleeiro (4), drei große Schwarzweißfotos und ein Walkiefer an den Wänden erinnern an die Zeit des Walfangs, ansonsten nichts Besonderes. Kicker. Rua Ca-

pitão-Mor E. G. Madruga.
Clube Desportivo Lajense (12), Bar des hiesigen Sportclubs. Viele Pokale, viele Locals. Snacks, Sandwichs und süße Teile fürs Frühstück. An der Uferpromenade, im Sommer mit ein paar Tischen davor.
• *Nachtleben*   **Onda Azul (9)**, eigentlich eher ein Standardkneipe, doch wenn es so etwas wie Nachtleben in Lajes gibt, dann findet es hier statt. Zu lauter Discomusik (am Abend) werden Pizzas und Hamburger serviert. Kein Ruhetag. Largo de S. Pedro.

Zwischen Lajes und São Roque do Pico

Die Küstenregion der östlichen Inselhälfte ist spärlich besiedelt, auch wenn die manchmal endlosen Straßendörfer einen anderen Eindruck erwecken. Das Gros der Neubauten sind Sommersitze von Emigranten, weniger ein Zeichen neuen Wohlstands auf der Insel. Die Zentren der Siedlungen markieren die Dorfkirche und die Dorfkneipe, in der die Pokale der lokalen Fußballmannschaft verwahrt werden. Viel zu sehen oder zu unternehmen gibt es nicht. *As terras*, „die Felder", nannte man bis vor wenigen Jahren noch den Osten Picos. Obst, Wein, Mais, Kartoffeln und Gemüse wurden in großem Umfang angebaut. Heute liegen viele Felder brach, und Kühe weiden darauf. Versteckt in den Wäldern um Piedade aber gedeiht, so hört man es flüstern, das beste Marihuana des Archipels. Die Pflanzen erreichen Höhen von bis zu 3 m.

Ribeiras/Santa Cruz

Knapp 1200 Einwohner zählt die Gemeindeansammlung Ribeiras, deren Zentrum der Fischerort Santa Cruz (nicht Cruz!) ist. Santa Cruz liegt 8 km östlich von Lajes do Pico, von der höher gelegenen Küstenstraße R 1-2 schlängelt sich eine Straße hinab. Das Zentrum liegt am kleinen Hafen, den eine große Kaimauer schützt. Daneben die Kirche mit ihrem kleinen Glockenturm. Schräg gegenüber vor dem Clube Nautico treffen sich im Sommer die Alten (sie belegen die einzige Bank davor) und die Jungen (sie stehen rauchend daneben). Hinter den grünen Toren des Clubs verbergen sich drei alte Walfangboote. Im Winter trifft man sich im nahen Café O Emigrante. Es ist, der Name lässt es vermuten, im Besitz von früheren Auswanderern, die in den 90er Jahren aus Kanada in die lang vermisste Heimat zurückkamen.

• *Verbindung*   **Bus** 2-mal tägl. nach Lajes do Pico und weiter nach Madalena.
• *Übernachten*   **Manuela Frey**, die Hamburgerin, die die Insel aus dem Effeff kennt (Reiseleiterin), lebt ca. 2 km östlich von Santa Cruz in Pontas Negras. Sie vermietet 3 Ferienhäuser in Pontas Negras und ein weiteres in Calheta, alle gut ausgestattet und geräumig. Das Wichtigste aber: Terras-

sen mit Megameeresblick samt Liegestühlen, auf denen man seinen ganzen Urlaub verbringen könnte. Frau Frey kümmert sich rührend um ihre Gäste, bietet Inseltouren und Segeltörns an. Von Lesern hoch gelobt. Haus für 2 Pers. ab 65 €. Pontas Negras, ✆ 292678397 o. 918186376 (mobil), www.azorenurlaub.net.

Calheta de Nesquim

Verlässt man, von Ribeiras kommend, die inselumrundende Straße und zweigt nach Calheta de Nesquim ab, taucht kurz darauf das Hinweisschild „Zona balnear da

Manenha   409

Poça das Mujas" auf. Dahinter verbirgt sich ein netter **Badeplatz** an der rauen Küste mit Sanitäranlagen und einem Naturschwimmbecken; es gibt eine gemütliche Bar in einem Verschlag und ein „Beachvolleyballfeld". Vorbei am Fußballplatz (selbst wenn keine Spiele stattfinden, ist hier immer was los, weil nirgendwo in Calheta der Mobilfunkempfang besser ist) und an einer Windmühle gelangt man schließlich in den beschaulichen Ortskern der weit verstreuten Siedlung. Hier merkt man schnell, dass Calheta lange Zeit eines der Walfangzentren der Insel war. Am kleinen Hafen, wo einst die Walfänger in See stachen, erinnern in der **Casa dos Botes** (wenn geschlossen, in der Bar Beira Mar nebenan nach dem Schlüssel fragen) verschiedene Fotos an vergangene Zeiten wie auch drei alte, liebevoll instand gehaltene Walfängerboote, die heute allerdings nur noch bei Dorffest-Regatten zu Wasser gelassen werden. Über dem Hafen mit seinen markierten „Bootsparkplätzen" erhebt sich die barocke **Pfarrkirche** aus dem Jahr 1856. Daneben liegt der schmucke Dorfplatz Largo do Terreiro Capitão Anselmo Baleeiro mit Brunnen und Pavillon – die Büste des Walfängers blickt respektvoll zur See. An den Platz grenzt eine urige Bar, in der heute die früheren Waljäger am einzigen Tisch Domino spielen – die Bar wäre es wert, unter Denkmalschutz gestellt zu werden. An Calheta schließt sich im Osten die kleine Siedlung **Feteira** mit einer kleinen Badestelle am ausgeschilderten **Portinho** an.

• *Verbindung* **Bus** 2-mal tägl. nach Lajes do Pico und weiter nach Madalena.

• *Übernachten* **Casa do Bernardo**, das freundliche Paar Raul (deutschsprachig, hat in Hamburg gelebt) und Susi (englischsprachig) vermietet in idyllischer Lage in Feteira ein liebevoll hergerichtetes, altes Natursteinhaus inkl. Steinbackofen (es gibt aber auch moderne Küchengeräte) und windgeschützter überdachter Terrasse mit herrlichem Meeresblick. Mietwagen vonnöten.

Auf Wunsch Grillabende. Von Lesern hoch gelobt. Reservierung nötig. Für 2 Pers. 69 €, für 4 Pers. 89 €. Feteira, ☎ 292666466 o. 913406007 (mobil), susi-raul@portugalmail.pt.

• *Essen & Trinken* **Restaurante O Zeca**, große Auswahl an Fisch und Fleisch zu kleinen Preisen. Nettes Besitzerpaar, Meeresblick vom Speisesaal aus. Richtung Lajes do Pico fahrend ca. 700 m hinter der Kirche von Calheta rechter Hand.

> **Wandertipp**: Folgt man der Straße durch Feteira weiter gen Osten, verliert diese bald ihre Teerschicht und bietet sich als netter Wanderweg (3 km) im sicheren Abstand zur Küste bis nach Manenha an.

Manenha

Mit dem Auto wählt man von Calheta de Nesquim am besten das geteerte Sträßlein hoch über der Küste (ganz hoch bis zur inselumrundenden Straße müssen Sie aber nicht fahren). Manenha bestand früher hauptsächlich aus Adegas, im letzten Jahrzehnt entstanden hier aber zahlreiche Emigrantenvillen. An der Hafenmole kann man baden. Den östlichsten Zipfel der Insel Pico, die **Ponta da Ilha**, markiert ein Leuchtturm, der besichtigt werden kann. Keine Busanbindung.

• *Essen & Trinken* **Restaurant Ponta da Ilha**, in der letzten Auflage war es noch ein einfaches, aber niedliches Restaurant in einem Steinhaus mit Blockhüttenanbau. Mittlerweile ist nebenan ein Neubau mit rustikalem Touch und überdachter Terrasse entstanden, zwar nicht direkt am Meer, aber mit Meeresblick. Zu den Spezialitäten des Hauses gehören Muräne und Bernsteinmakrele (*Írio*). Hg 6.50–11 €. In Manenha ausgeschildert, ☎ 292666708.

Wandertipp: Von Manenha aus kann man eine etwa 1 ½-stündige **Rundwanderung** unternehmen. Der Weg folgt anfangs dem markierten Wanderweg *Percurso Pedestre PR 3 PIC*, der nicht unbedingt einfach zu gehen ist, da er teils über schroffes Gestein führt (gutes Schuhwerk!). Startpunkt ist die Badeanlage von Manenha. Von dort geht es stets entlang der Küste und, vorbei am Leuchtturm an der Ponta da Ilha, in die Baía de Engrade. In der Baía de Engrade, zu erkennen an einem Treppchen, das auf einen steinernen Tisch mit zwei steinernen Bänken zuläuft, schwenkt man nach links (landeinwärts) ab. Der von Mauern gesäumte Weg endet an einer T-Kreuzung, hier links halten. Vorbei an Gärten und Weinparzellen gelangt man zurück nach Manenha, dabei passiert man auch das Restaurant Ponta da Ilha. Wer sich bei der T-Kreuzung rechts hält und weiter den Markierungen folgt, gelangt entlang der Küste zum Porto do Calhau, dem Hafen von Piedade (Dauer insgesamt ca. 3 Std.). **Achtung**: Der Wanderweg zwischen Manenha und dem Porto do Calhau ist von Mitte Mai bis Mitte Juli wegen hier brütender Seeschwalben gesperrt!

Piedade

Ganz im Osten der Insel, abseits des Meeres, liegt Piedade, ein knapp 940 Einwohner zählendes, weit versprenkeltes Örtchen ohne große Attraktionen (sieht man von den Bars ab, die für ihre Karaokeabende bekannt sind). Drum herum findet man ein paar der schönsten Unterkünfte der gesamten Azoren (s. u.). Am Ortseingang zweigt (von Lajes do Pico kommend auf der rechten Seite) eine Straße zur gepflegt-verspielten **Parkanlage Matos Souto** ab, die zum *Centro de Formacão Agricola*, einer Landwirtschaftsschule, gehört. Folgt man im Ort den Schildern „Oleiro-Potter" bzw. „O Zimbreiro", gelangt man zur **Töpferei** des Belgiers François Le Bon, der seine Besucher stets mit freundlichem Lächeln empfängt. Unterhalb und nördlich von Piedade liegt der kleine Hafen **Porto do Calhau**.

● *Verbindung* **Bus** 4-mal tägl. nach Madalena, 2-mal über Lajes do Pico und 2-mal über São Roque.

● *Übernachten* **Pico Holiday Chalets**, der Hamburger Oliver Jacques Dittmers, seit 1998 auf den Azoren, vermietet auf seinem 10.000 m² großen Grundstück 2 Häuser (ein hübsches altes Natursteinhaus an einer kaum befahrenen Straße, das andere mit viel Wiese drum herum und schöner Aussicht), dazu ein Appartement. Alle komfortabel ausgestattet und mit Grillmöglichkeit. Organisation von Inselrundfahrten. Mindestmietdauer 3 Tage. Haus 80 €/Nacht, Appartement 50 €. Im Ort ausgeschildert (auf dem Weg zum L'Escale de l'Atlantic linker Hand). Caminho do Calhau 37, ✆/℡ 292666599, www.picoholiday.com.

L'Escale de l'Atlantic, in jahrelanger mühevoller Kleinarbeit haben Jean-Claude René Jaccoud und seine Frau Monique (beide deutschsprachig) dieses kleine Paradies aufgebaut. Unglaublich viel Liebe zum Detail – hier und dort Mosaike, die auch Gaudí begeistert hätten! Ein Ort zum Relaxen und Wohlfühlen. 6 Zimmer, alle unterschiedlich eingerichtet, jedes mit Bad und herrlicher Veranda bzw. Terrasse mit Meeresblick. Lauschiger Garten. Planschpool für Kinder. Im Sommer sollte man reservieren. Nur Mai bis Sept. DZ mit großem Frühstück ab 80 €, EZ ab 70 €. Morro de Baixo, unterhalb von Piedade in Calhau (ausgeschildert), ✆/℡ 292666260, www.escale-atlantic.com.

Steffi und Tony Daum, das freundliche Ehepaar aus Kaiserslautern vermietet auf seinem Grundstück ein Appartement für 2 Pers. sowie ein Haus für bis zu 6 Pers. mit 2 Schlafzimmern. Gut ausgestattet, beide besitzen Terrassen mit schönem Meeresblick. Liebe Hunde, Hühner, ein Kater und eine Ziege. Netter Grillplatz, auf dem die Daums auf Wunsch selbst gemachte Bratwürste brutzeln. Von Lesern gelobt. Für 2 Pers. 55 €, für bis zu 6 Pers. 75 € plus Endreinigung. Anfahrt: Ca. 70 m hinter dem Ortsausgangsschild von Piedade (Richtung Santo Amaro) rechts ab, dann mit „holiday-on-pico" ausgeschildert. Caminho de Cima 33, ✆ 292666077, www.holiday-on-pico.com.

O Zimbreiro, ein weiteres absolutes Idyll. Die freundliche belgische Familie Le Bon (englischsprachig, Vater François ist der oben erwähnte Töpfer) vermietet auf ihrem Anwesen 5 auf 3 Häuser verteilte Zimmer: geräumig, liebevoll-individuell eingerichtet, alle mit Terrasse und Meeresblick. Dazu ein in die Naturlandschaft integrierter Pool – mit der schönste auf den gesamten Azoren. Ausbau geplant. Abendessen auf Wunsch. DZ mit leckerem Frühstück 65–75 €. Im Ort ausgeschildert, ✆ 292666709, 📠 292666020, www.zimbreiro.com.

● *Essen & Trinken/Nachtleben* Wer will, kann sich im **L'Escale de l'Atlantic** (s. o.) mehrmals pro Woche mit französischer Küche verwöhnen lassen (Gaumenschmaus!). Gäste haben jedoch Priorität, Reservierung 24 Std. vorab. Die meisten Zutaten stammen aus dem eigenen Garten. Vier-Gänge-Menü ohne Getränke 27 €.

In der **Sonhos Bar** am Dorfplatz gibt es sättigende Mittagsgerichte und Fr/Sa hin und wieder Karaokeabende, bei denen das Dorf Kopf steht. Karaokespaß bietet zuweilen auch das **Café Estrela** in der Nachbarschaft.

● *Reiten* **Quinta do Cavalo**, zweistündige Ausritte in die Berge 40 €. Außerhalb von Piedade, an der Straße nach Santo Amaro ausgeschildert, ✆ 292666379 o. 912622198 (mobil).

Miradouro Terra Alta

Zwischen Ribeirinha und Santo Amaro taucht an der Küstenstraße R 1-2 rechter Hand bei einer Bushaltestelle unverhofft ein spektakulärer Aussichtspunkt auf (400 m über der steil abfallenden, teils bewaldeten Küste). Er ist leicht zu übersehen, nur verwachsene Schilder machen auf ihn aufmerksam. Von ihm genießt man einen herrlichen Blick auf São Jorge. Der 20 km breite Kanal, der Pico von São Jorge trennt und sich wie ein See vor einem ausbreitet, ist über 1000 m tief. Der vordere Teil des Aussichtspunktes, der wie ein Sprungbrett über die Küste ragt, war zuletzt wegen Einsturzgefahr gesperrt.

Wandertipp: Vom Aussichtspunkt Terra Alta kann man eine ca. 2-stündige Wanderung mit schönen Ausblicken auf die Nordküste Picos nach Santo Amaro unternehmen. **Achtung**: Der Weg vom Aussichtspunkt (Einstieg ca. 80 m westlich davon) durch den Wald hinab bis zur Siedlung Terra Alta ist abenteuerlich. Nicht bei Regen gehen, glitschig! Vom Dorf Terra Alta bis Santo Amaro folgt man der geteerten Küstenstraße.

Santo Amaro

In Santo Amaro (330 Einwohner) werden die typischen azoreanischen Holzschiffe für den Thunfischfang gezimmert. Schiffsbau ist bekanntlich etwas für harte Männer, und so verwundert es nicht, dass in Santo Amaro 1867 einer der stärksten Männer der Welt geboren wurde: Manuel Paulo da Silveira, 11-maliger Weltmeister im Gewichtheben. An den azoreanischen Schiffsbauer Manuel Joaquim Melo erinnert das kleine private, liebevoll eingerichtete **Museu Maritimo Construção Naval** bei der Werft (unregelmäßig geöffnet, Spende erwünscht).

Der Dorfkern liegt etwas östlich der Werft und ist durch eine hohe Mauer entlang der Küste vor Flutwellen geschützt. Nahe der Kirche befindet sich die **Escola de**

412   Pico

Artesanato, in der knapp 30 Frauen jeden Alters – die jüngste ist meist um die 15 Jahre alt, die älteste weit über 60 – das traditionelle Kunsthandwerk der Insel pflegen: Sie kreieren Blumen aus Fischschuppen, sticken und basteln schöne Strohpuppen. Bei der Arbeit kann man zuschauen und danach die fertigen kleinen Kunstwerke im darunter liegenden Laden erstehen (Mo–Fr 9–17 Uhr, zuweilen auch Sa/So). Der Escola de Artesanato ist ein winziges Heimatmuseum angegliedert.

Folgt man von der Escola de Artesanato der küstennahen Straße an der Werft vorbei Richtung Prainha, kann man auch das private **Casa da Artesanato da Alfaias Agrícolas** (dunkles Natursteingebäude linker Hand, Schild am Haus, neben Hs.-Nr. 5) von Carlos Melo besuchen. In einem kleinen Raum zeigt Carlos Melo stolz seine liebevoll gefertigten, detailgetreuen Feigenholz-Miniaturen: Segelschiffchen, Ochsenkarren usw. Nicht nur Touristen klopfen bei ihm an (es gibt keine festen Öffnungszeiten), sondern auch Einheimische – diese jedoch nicht wegen des Museums, sondern wegen Melos Heilkünsten: Niemand sonst auf der Insel soll bei verrenkten und ausgekugelten Gliedern so gut Hand anlegen können.

Verbindung **Bus** 2-mal tägl. nach Cais do Pico und Madalena.

Prainha do Norte und Umgebung

4 km westlich von Santo Amaro liegt die knapp 700 Einwohner zählende, weit verstreute Siedlung Prainha do Norte. Der Ortskern mit der Kirche oben am Berg ist nicht allzu reizvoll. An der Küste kann man in einem **Naturschwimmbecken** („Piscina") ein Bad nehmen, dort gibt es auch sanitäre Anlagen und Grillmöglichkeiten. Die Häuser am etwas weiter westlich gelegenen Küstenabschnitt **Poça Branca** besitzen fast alle einen Weinkeller.

Lässt man Prainha do Norte rechts liegen und fährt auf der inselumrundenden Straße R 1-2 weiter, passiert man hinter dem westlichen Ortsteil Prainha de Cima das heute bewaldete Lavafeld **Mistério da Prainha**. Es beherbergt den **Parque Florestal da Prainha**, einen herrlich angelegten, riesigen Forstpark samt Wildgehege. An heißen Sommerwochenenden herrscht hier buntes Treiben, Großfamilien versammeln sich zum Picknick, abends spielt gelegentlich eine Kapelle auf. Das einstige Lavafeld entstand bei dem Ausbruch des Pico do Caveiro 1562. Zwei Jahre lang hielten die Eruptionen an, die ausgespuckte Lava floss bis zur heutigen Ponta do Mistério und vergrößerte so die Insel um mehrere Quadratkilometer. Eine Eruption soll nach Angaben des Azorenchronisten Gaspar Frutuoso so stark gewesen sein, dass der erleuchtete Himmel über Pico noch auf São Miguel wahrgenommen werden konnte und kurz darauf ganz São Jorge unter einem Ascheregen versank. Heute hat die üppig grüne Vegetation die Lavafelder schon weitestgehend besetzt.

2 km unterhalb des Parque Florestal (von Prainha kommend die erste Abzweigung zum Park bergab nehmen) liegt die ruhige Siedlung **Baía de Canas**. Von den hiesigen alten Adegas wurden viele zu kleinen Ferienhäusern umgebaut.

• *Verbindung* **Bus** 2-mal tägl. nach Cais do Pico und Madalena.

• *Übernachten* Die aufgeführten Unterkünfte können nicht vor Ort gebucht werden, eine Reservierung ist erforderlich.

Casa da Adega, östlich von Prainha vermietet Isabel Medeiros aus São Miguel ein schnuckeliges Natursteinhäuschen in ruhiger Lage. Ein Paradies für Flitterwöchner

und -innen! Liebevoll eingerichtet, gemütliche Küche. TV und Waschmaschine. Meeresblick. Mindestaufenthalt 3 Tage. 2 Pers. 80 €/Tag, 440 €/Woche. Prainha, ✆/℡ 296584354, www.domus-adepta.com.

Adegas do Pico, hinter dem Namen verbergen sich mehrere Häuser rund um Prainha do Norte, fast alle alte Adegas, hübsch restauriert. Für 2 Pers. ab 90 €.

Strohpuppen aus der Escola de Artesanato von Santa Amaro

✆ 292642583, www.adegasdopico.com.
A Abegoaria, gepflegte Anlage mit 2 Häusern. Gemütlich-rustikale Ausstattung, sehr sauber. Freundliche Betreiber. Nur der Meeresblick könnte besser sein. Großes Freizeitprogramm von Eselsritten bis zu Wandertouren. Für 2 Pers. 80 €, für 4 Pers. 110 €. Caminho do Poço Diogo Vieira (am Ortsrand, ausgeschildert), Prainha do Norte, ✆ 292642834, www.a-abegoaria.com.

• *Essen & Trinken* **Canto do Paço**, von der Hauptstraße ausgeschildert, dann nach 300 m linker Hand. Hübsches zweistöckiges Lokal in einer alten Natursteinkate. Recht modernes, nettes Ambiente: schwarze Möbel, rote Tischdecken. Die Karte klingt zwar weniger innovativ, doch sind die Fisch- und Fleischgerichte für 9–14 € gut. Rua do Ramal, Prainha do Norte, ✆ 292655020.

Wandertipp: Die Baía de Canas ist Endpunkt einer herrlichen Wanderung, die im Hochland von Pico beginnt, → **Wanderung 30**, S. 425.

São Roque do Pico (Cais do Pico)

Spricht man von São Roque do Pico, ist in aller Regel Cais do Pico gemeint, der bedeutendste Güter- und zweitgrößte Fischerhafen der Insel.

In Cais do Pico liegen sämtliche Ämter und Einrichtungen der dritten Kreisstadt der Insel, das Rathaus, das Krankenhaus, Post und Polizei, zudem gibt es eine Radiostation *(Radio Cais)* und – noch wichtiger: ein nettes Café am Hafen. São Roque do Pico dagegen ist nur ein Dorf, ungefähr 1 km östlich des Hafens und abseits der Küste gelegen.

Das Leben spielt sich in Cais do Pico ab, pulsierend ist es aber auch dort nicht. Das größte Treiben herrscht am Hafen, wenn die Ladung eines Containerschiffes gelöscht wird oder ein Fährschiff anlegt. Von der großen Kaimauer, an der Jung und Alt abends die Angelroute auspacken, genießt man einen schönen Blick über das Städtchen im Schatten des alles überragenden Pico Alto. Aus der Silhouette von Cais do Pico ragt das alte **Franziskanerkloster São Pedro de Alcântara** heraus. Die

414 Pico

Franziskaner waren es übrigens einst, die den Weinanbau zur Blüte führten. Jüngst wurde der herrliche Gebäudekomplex samt angegliederter Kirche restauriert, heute beherbergt der Klostertrakt eine der schönsten Jugendherbergen der Azoren.

Wo der Lebertran herkommt – Museu Industrial da Baleia

Die Walfabrik von Cais do Pico, 1946 gegründet, war die letzte auf den Azoren, die ihre Tore schloss. Auch ohne Walfangverbot hätte man den Betrieb stillgelegt, die Walverarbeitung war längst unrentabel geworden. 1994 wurde das Museum eingerichtet, das im Gegensatz zum schick restaurierten Museum in der Walfabrik von Lajes do Pico (→ S. 407) noch „Industrietouch" besitzt. Die alten Maschinen und Kessel, die zur Gewinnung von Öl, Wachs, Tran und Knochenmehl benötigt wurden, sind noch erhalten. Verarbeitet wurden ausschließlich Pottwale, denn nur diese ließen sich mit den kleinen azoreanischen Fangbooten an Land bringen, da tote Pottwale noch längere Zeit an der Wasseroberfläche schwimmen. Andere Wale sinken sehr schnell, und ein toter Blauwal hätte das Boot mit in die Tiefe gezogen. Der größte Pottwal, der je vor der Fabrik zerlegt wurde, hatte eine Länge von 22 m und das Gewicht mehrerer Sattelschlepper. 14 *Canoas* waren für das Unternehmen im Einsatz. Der Rekord eines Fangbootes lag bei 35 Walen im Jahr. Die ausgestellte Kanone zum Abschießen der Wale kommt aus den USA und wurde auf den Azoren nur einmal ausprobiert: Sie war zu groß und zu schwer für die kleinen, wackeligen Boote. Vor dem Museum hat man den Walfängern von einst ein Denkmal gesetzt.

In der Fabrik arbeiteten rund 100 Beschäftigte rund um die Uhr und hielten die Kessel auf Temperatur, alles in einem fürchterlichen Gestank, der damals über ganz Cais do Pico lag. 1974 explodierte ein Kessel, ein Arbeiter wurde durch die Wucht der Detonation zum Dach der Fabrik hinausgeschleudert, landete auf einer dicken Schwarte Walfett und blieb fast unverletzt. Das hier gewonnene Öl wurde exportiert und diente vorrangig als Grundlage zur Seifen- und Margarineherstellung.

Öffnungszeiten Di–Fr 9.15–12.30 und 14–17.30 Uhr, Sa/So nur vormittags. Eintritt 2 €.

Am Hafen befindet sich auch das **Museu Industrial da Baleia**, das in der 1983 aufgegebenen Walverarbeitungsfabrik unter dem Namen „Vitaminas Oleos Farinhas Adubos Armaçoes Baleeiras Reunidas" residiert (→ Kasten unten). Daneben verkauft das sporadisch geöffnete „Old Whaler's" Souvenirs, die an den Walfang erinnern.

Beim Stadtpark weiter östlich liegt das **Strandbad** mit sanitären Einrichtungen. Als die Fabrik noch in Betrieb war, war an ein Bad im Meer rund um den Hafen nicht zu denken. Es wimmelte nur so von Haien, angelockt durch das Blut der zerlegten Säuger. Noch weiter östlich, auf dem Weg zum Restaurant Águas Cristalinas (Anfahrt s. u.), findet man die Badestelle **Poças**: Auf einen Sprung ins kühle Nass lädt dort ein natürliches Meerwasserbecken ein, dahinter gibt es neue Duschen und Toiletten. Auch in der knapp 2 km westlich gelegenen **Furna-Bucht** bei Santo António kann man baden. Dort gibt es nicht nur Naturschwimmbecken an der schroffen Basaltküste, sondern auch richtige kleine Pools. Etwas zurückversetzt befindet sich ein empfehlenswerter Campingplatz.

São Roque do Pico (Cais do Pico) 415

N achtleben
2 Discoteca Skipper

E ssen & Trinken
1 Águas Cristalinas
3 Tropical Cervejaria
4 Clube Naval

Ü bernachten
5 Casa das Barcas
6 Casa de Hóspedes Serpa
7 Pousada de Juventude de Pico
8 Pensão Montanha

nformation/Verbindungen/Adressen

- *Information/Internet* **art**-Turismo, kostenlose Internetnutzung, Ausstellungsräume angeschlossen. Mo–Fr 9.30–21 Uhr, Sa 9.30–17 Uhr. An der Uferpromenade, ℘ 292642507, www.cm-saoroquedopico.azoresdigital.pt.
- *Verbindung* Die **Busse** halten in Cais do Pico und São Roque. 2-mal tägl. in Richtung Westen über Santa Luzia nach Madalena; ebenfalls 2-mal tägl. in Richtung Osten über Santo Amaro nach Piedade.

Schiff → An- und Weiterreise mit dem Schiff, S. 390.

- *Ärztliche Versorgung* Kleines städtisches **Krankenhaus** etwas außerhalb in Richtung Santo António. ℘ 292648070.
- *Auto- und Zweiradverleih* → Mietwagen, S. 391.
- *Polizei* Neben dem Rathaus in Cais do Pico, ℘ 292642115.
- *Post* Mo–Fr 9–12.30 und 14–17.30 Uhr. Rua do Cais in Cais do Pico.
- *Reisebüro* **AeroHorta**, für Fährtickets. Tägl. 10–12.30 und 14–18 Uhr. R. Cons. Medeiras 38, ℘ 292642450, hcosta@aerohorta.com.
- *Sport & Freizeit/Zweiradverleih* **A Abegoaria**, veranstaltet alles Mögliche, was mit Sport & Fun zu tun hat. Preisbeispiele pro Pers.: Picobesteigung 40 €, Angeltrip 20 €, Vogelbeobachtung 35 €, Wanderungen 30 €, Eselstrip 25 €, geführte Mountainbiketour 30 €. Zudem Verleih von Mountainbikes (15 €/Tag). Von Juni bis Sept. mit einem Kiosk am Hafen und am Campingplatz vertreten. ℘ 917815902 (mobil), www.aventura.a-abegoaria.com.
- *Veranstaltungen/Feste* Zur **Cais Agosto** in den ersten vier Tagen vor dem 1. Sonntag im August gibt es Regatten mit Walfangbooten, Konzerte etc.

Übernachten/Camping/Essen & Trinken/Nachtleben

- *Übernachten* **Casa das Barcas (5)**, am alten Hafen, gegenüber dem Diniz-Denkmal. 4 sparsam, aber stilvoll-elegant ausgestattete Zimmer mit privaten Bädern in einem schön renovierten alten Stadthaus mit offenem Kamin. Das Haus wird nur als Ganzes vermietet. Lauschiger Garten mit Weinreben. 600 €/Woche. Rua do Cais, ℘ 292642847, ℻ 292642661, www.cazasdopico.com.

Pensão Montanha (8), 16 Zimmer, okay und sauber, aber etwas in die Jahre gekommen. Freundlicher Service, ruhige Lage. Buchen Sie ein Zimmer mit Balkon und Meeresblick. EZ 42 €, DZ 46 €. Hoch über dem Zentrum von Cais do Pico an der Rua do Capitão Mor, kein Schild am Eingang, ℘ 292642699, ℻ 292642652.

Casa de Hóspedes Serpa (6), 9 einfache Zimmer, davon 4 mit Bad. EZ ohne Bad 20 € (mit 25 €), DZ ohne Bad 25 € (mit 35 €). Über der gleichnamigen Bar an der R 1-2, ℘ 292642243, ℻ 292642813.

Pousada de Juventude do Pico (7), Jugendherberge im alten Kloster. Sehr schön restauriert, 2009 eröffnet. Platz für 44 Pers. in freundlichen 2- bis 6-Bett-Zimmern. Wären die Möbel etwas gediegener, könnte man glatt das Dreifache verlangen. Gemeinschaftsküche, Bar, Fernseh- und Internetraum. Waschservice. Im Schlafsaal 14 €/Pers., DZ ohne Bad 36 €, mit Bad 41 €. Sao Roque do Pico, ✆ 292648050, ✆ 292642670, www.pousadasjuvacores.com.

• *Camping* **Parque de Campismo da Furna**, gepflegte, schattige Anlage mit Tennisplatz, Kinderspielplatz und Bar. Allerdings Krummer-Hering-Boden! Nahe gelegene Bademöglichkeit in der Furna-Bucht, Einkaufsmöglichkeiten in einem kleinen Laden in Santo António. Nur Juni bis Ende Sept. Umzäunt, mit Rezeption. 2 Pers. mit Zelt 7 €. Ca. 2 km nordwestlich von Cais do Pico in Santo António. Vom Hafen in Cais do Pico immer die nächstmögliche Straße zum Meer Richtung Madalena wählen, beim Restaurant O Rochedo links ab, ✆ 917615902 (mobil).

• *Essen & Trinken* **Águas Cristalinas (1)**, das gepflegteste Restaurant weit und breit. Fisch und Fleisch zu 10–23 €, preiswertere Tagesgerichte, auch halbe Portionen. Spe-zialität ist das *Posta à Águas Cristalinas*, ein leicht blutiges Filet. Täglich mittags und abends. Von Lesern hoch gelobt. Anfahrt: Rund 2 km östlich der Stadt. Cais do Pico Richtung Piedade verlassen und am oberen Ortsende von São Roque der Beschilderung „Poças" folgen, dann mit „Restaurante" ausgeschildert. ✆ 292648230.

Tropical Cervejaria (3), stinknormale Bar, in der man auch essen kann. „Lecker und preiswert", meinen Leser. Etwas außerhalb des Zentrums an der Durchgangsstraße Richtung Campingplatz.

Clube Naval (4), beliebter Treffpunkt, ein rustikaler Raum und einer im Plastikambiente, nette Terrasse. Beschallung mit Musik-TV, am Wochenende oft kleinere Partys. Man kann auch essen. Am Hafen.

Discoteca Skipper (2), beliebteste Disco der Insel. Musik quer durch den Garten. I. d. R. nur am Wochenende geöffnet, ab 3 Uhr wird's rappelvoll. Im Westen der Stadt.

Zwischen São Roque do Pico und Madalena

Oberhalb der inselumrundenden Küstenstraße R 1-2 erstrecken sich zwischen São Roque do Pico und Madalena Wälder, Wiesen und Weiden dem Pico entgegen. Dazwischen sieht man viele aufgegebene Gehöfte und Felder, die oft nur noch an der Ummauerung zu erkennen sind – stumme Zeugen der Emigration.

Hinter Santa Luzia, der einzigen nennenswerten Ortschaft in diesem Abschnitt, breitet sich entlang der Küste die **Zona das Adegas** aus, die als Welterbe in die UNESCO-Liste aufgenommen wurde: Schwarze hüft- bis schulterhohe Mauern schützen die Weingärten und spenden den Reben Wärme. Auch die Häuser der kleinen Weiler dazwischen wurden aus schwarzem Lavastein gebaut, die meisten sind alte *Adegas* (Weinkeller). Als der Weinbau auf Pico noch von Bedeutung war, reisten ganze Familien zur Weinlese aus weit entfernten Orten an, die Adegas dienten ihnen seinerzeit auch als Unterkunft. Daneben lagerte man in den Kellern das landwirtschaftliche Gerät und die Weinfässer. Heute sind die meisten Adegas zu Wochenendhäusern umgebaut, zur Lese fährt man kurz mit dem Auto an. An den Fässern im Keller hat sich aber nichts geändert. Während der Weinlese von Ende September bis Ende Oktober hat man als Wanderer oft das Glück, auf ein Glas eingeladen zu werden.

Die optische Einheit der Dörfer des Landstrichs stören ein paar moderne Ferienhäuser. Zu Reichtum gekommene Auswanderer ließen sie auf geerbtem Grund errichten. Mittlerweile schreiben die Baubestimmungen vor, dass alle Gebäude der Gegend mit schwarzem Lavastein verkleidet werden müssen.

Santa Luzia und Umgebung

8 km westlich von São Roque do Pico säumen die Häuser Santa Luzias die inselumrundende Hauptstraße R 1-2. Freundlich wirkt der Ort mit knapp 500 Einwohnern.

Porto Cachorro und die Zona das Adegas

Wegen seines guten Blasorchesters kennt man Santa Luzia übrigens nicht nur auf Pico. Noch vor Ortsbeginn (von São Roque kommend) zweigt rechter Hand eine Straße zu dem hübschen Weiler **Cabrito** an der Ponta Negra ab (ausgeschildert). Von dort führt eine schmale Straße mehr oder weniger parallel zur Küste durch die **Zona das Adegas**. Vorbei an der Kapelle São Mateus geht es über die Weiler Arcos und Lajido bis nach Porto Cachorro.

> **Wandertipp**: Rund um Santa Luzia und durch die Zona das Adegas (s. u.) verläuft **Wanderung 28**, → S. 421.

Porto Cachorro und die Zona das Adegas

Alle Siedlungen der **Zona das Adegas** (von Madalena kommend in der Reihenfolge Porto Cachorro, Lajido, Arcos, Cabrito) sind von der inselumrundenden Straße ausgeschildert. Das parallel zur Küste verlaufende Verbindungssträßlein zwischen den Dörfern ist mittlerweile komplett geteert – schön als Autotour, aber nicht (mehr) zum Wandern.

Die hübscheste Häuseransammlung ist **Porto Cachorro**, dessen Name sich von einer Felsformation im Meer ableitet, die einem Hundekopf (Cachorro) ähnelt. Die Küste gleicht hier einem wundersamen Labyrinth von Höhlen, Bögen, Brücken, Schluchten und Becken. Den bizarren Küstenstreifen prägte der Pico-Ausbruch von 1718. Mehrere Wochen lang ergossen sich damals die Lavaströme ins Meer. Den Hund – die Ohren aus Stein sind nachträglich angeklebt – findet man übrigens, wenn man sich oberhalb des Hafens nach Westen zur Kiesbucht wendet. Vor Ort verkauft im Sommer ein kleiner Souvenirladen in einer alten Adega hiesige Liköre, Weine und Aguardentes. Diese bekommt man auch in **Lajido** in der Bar der *Associação de Festas* (an der Durchgangsstraße, von Porto Cachorro kommend 50 m hinter dem Brunnen auf der linken Seite, kein Schild). Zudem gibt es in Lajido ein sog. **Núcleo Museológico do Lajido de Santa Luzia** – kein totes Museum, sondern der etwas hochgegriffene Sammelbegriff für die immer noch genutzte örtliche Destillerie und die Lagerräume für die Weinfässer (i. d. R. jedoch nur während der Lese zugänglich).

Einsamkeit im Hochland von Pico

Das Inselinnere

Im Westen bestimmt der Pico, Portugals höchster Berg, das Inselinnere, im Osten erstrecken sich ausgedehnte Wiesen und Weideflächen zwischen Wacholderbäumen, grasbewachsenen Kratern, kleinen Seen und Tümpeln. Keine Menschenseele lebt hier, nur Rinder und Nebelschwaden ziehen durch die Einsamkeit des Hochlands.

Eine ausgesprochen gute Straße führt durch das unbewohnte Hochland, das weitgehend zum Naturschutzgebiet erklärt wurde. Entgegenkommende Fahrzeuge sind selten, die Vorfahrt missachtende Rinder nicht – hier ist man zuweilen im Kuhtempo unterwegs. Die meist sattgrüne Landschaft mit ihren Seen und Kratern ist grandios, dazu überwältigt der Anblick des Pico. Während der Wintermonate, wenn der dunkle Basalt des Bergs ein weißes Kleid bekommt, zieht er magisch den Blick auf sich. Aber auch die Aussichten über Picos Küsten hinweg auf das Meer und São Jorge, dessen grüner Gebirgskamm sich parallel erstreckt, lassen eine Fahrt durchs zentrale Hochland zu einem unvergesslichen Erlebnis werden. Erkunden kann man das Inselinnere auch mit dem Fahrrad und zu Fuß. Nur Busse verkehren hier leider nicht.

> **Tipp**: Das Inselinnere von Pico ist weitaus schöner als die Küstenregionen. Wer die Insel wirklich kennen lernen möchte, der muss sich einfach hierher aufmachen. Gutes Wetter ist für eine eindrucksvolle Fahrt durch die Region aber Voraussetzung.

Pico Alto

2351 m Höhe misst der höchste Berg Portugals – ab Meeresniveau. Vom Meeresgrund ragt der Stratovulkan 3500 m in die Höhe. Der letzte Ausbruch wurde 1963 registriert, es handelte sich dabei um eine Flankeneruption unter Wasser vor der Baía do Cachorro. Den Vulkan bei gutem Wetter zu erklimmen, ist eines der schönsten Azorenerlebnisse, auch wenn der Weg mühselig ist (aber nicht schwierig). Am Krater unterhalb des **Pico Pequinho**, des eigentlichen Gipfels, kann man auch übernachten – Zelt und Isomatte mitbringen, der Boden ist steinhart. Wer von dort den Sonnenaufgang und -untergang erlebt, wird dies nie mehr vergessen. Bei guter Sicht zeigen sich alle Inseln der Zentralgruppe am Horizont. Ziehen aber Wolken auf, vielleicht sogar Regenwolken und es wird windig, nass und kalt – dann viel Spaß ...

> **Wandertipp**: Alles zur Picobesteigung → **Wanderung 29**, S. 423.

Die Lagoas im Hochland

Das Hochland der Insel Pico überrascht mit einer Vielzahl von Seen, teils wirken sie wie künstlich angelegte Teiche, teils sind sie einfach runde Kraterseen. An den Ufern nisten Fischreiher und andere Vögel – Baden ist verboten. Der **Lagoa do Capitão**, der erste See, den man (von Madalena kommend) auf der fast geradlinig das Hochland durchziehenden R 3-2 passiert, ist von der Straße aus nicht zu sehen. Er liegt etwas abseits am Fuß des Pico Lomba (861 m), ein Hinweisschild macht auf ihn aufmerksam. Ungefähr in der Inselmitte, nahe dem **Cabeço da Cruz** (804 m), trifft die R 3-2 auf die R 2-2, die São Roque do Pico mit Lajes do Pico verbindet. Hält man sich hier rechts und nach knapp 1 km links (Hinweisschild „Lagoas"), geht es weiter durch das Hochland des Inselostens. Ca. 5 km hinter der Abzweigung liegt links der Straße auf 800 m Höhe der **Lagoa do Caiado**. Zweigt man hinter dem See auf das Sträßlein nach links ab, erreicht man nach nur wenigen Metern den **Lagoa Seca**. Zurück auf der Seenstraße gen Osten zweigt nach weiteren 2 km ein Sträßlein nach rechts ab, das zum **Lagoa do Paul** führt (2,5 km). Fährt man hingegen nochmals 5 km weiter auf der Seenstraße, taucht hinter dem knapp 1000 m hohen **Cabeço do Carveiro** rechter Hand der **Lagoa da Rosada** auf. Weiter gen Osten, kurz hinter der Abzweigung nach Prainha, liegt schließlich noch der **Lagoa do Peixinho**.

Wandertipp: Vom Hochland führen zwei Wanderwege hinab zur Küste. Der eine führt in die Baía de Canas, → **Wanderung 30**, S. 425. Ein weiterer, erst nach Abschluss unserer Recherchen bekannt gegebener, ist der *Percurso Pedestre PR 13 PIC* vom Lagoa do Capitão nach São Roque (Dauer ca. 3 Std.). Infos, Karte und GPS-Daten – wie zu allen offiziellen Wanderwegen – unter www.trails-azores.com.

Wanderung 27: Durchs Anbaugebiet des Verdelho-Weines

Route: Criação Velha – Monte (– Pocinho)– (Moinho do Frade) – Criação Velha.

Dauer: Ca. 2 ½ Std.

Einkehr: Denken Sie an eine Brotzeit für die Picknickplätze unterwegs. Wer die Wanderung nicht am Ausgangspunkt beendet, sondern entlang der Küste zurück nach Madalena wandert, kann dies mit einem Abendessen im Restaurante Marisqueira o Ancoradouro (→ S. 398) kombinieren.

Besonderheiten: Da in den letzten Jahren immer mehr Wege rund um Criação Velha geteert wurden, hat die Wanderung durch das auf der UNESCO-Welterbeliste stehende Weinanbaugebiet arg an Reiz verloren. Der beschriebene Wanderweg verläuft größtenteils auf geteerten Straßen – mittlerweile ist es fast schöner, diese Route mit dem Fahrrad zu erkunden. Unterwegs wird eine Badestelle passiert. Beste Zeit für die Wanderung ist der späte Nachmittag, wenn die Abendsonne den Pico und das Meer anstrahlt.

Alternativroute: Von Porto Calhau nach Madalena

Wer mit dem Bus anreist, kann an der Abzweigung zum Hafen von Calhau (Porto Calhau, → S. 400) aussteigen. Zum Hafen sind es ca. 15 Min. zu Fuß. Dort beginnt der markierte Wanderweg *Percurso Pedestre PR 5 PIC*, der entlang der Küste gen Norden führt (rechts halten). Auch dieser verläuft mittlerweile weitestgehend auf geteerten Straßen. Nach rund 1 km passiert man die Bucht von Pocinho. Hinter der Bucht wandert man auf der nun landeinwärts führenden Straße weiter und hält sich nach ca. 400 m links (erste Möglichkeit). Nun umrunden Sie den Monte, nach rund 500 m trifft dieser Weg mit dem von rechts kommenden, im Folgenden beschriebenen Wanderweg zusammen.

An- und Weiterfahrt: Ausgangspunkt der Wanderung ist der Platz vor der Kirche von Criação Velha. Dort halten auch die Busse auf der Strecke von Madalena nach Lajes do Pico. Zu Fuß ist die Strecke von Madalena in ca. 30 Min. zu bewältigen.

Wegbeschreibung Vom baumbestandenen Platz vor der **Kirche von Criação Velha** folgt man der bergauf führenden Straße Rua Direita durch die Ortschaft, stets dem Pico entgegen. Linker Hand taucht zwischen den Häusern gelegentlich eine alte Windmühle auf. Nach ca. 700 m, bei einem roten Briefkasten und einem Telefonmast mit Laterne linker Hand, zweigt man nach rechts in den Canada Nova ab. Kurz darauf überquert man eine Kreuzung, wenige Meter später passiert man einen dem Hl. Martin geweihten **Bildstock** und mehrere Adegas. Die Rechtsabzweigung bei einem Neubau ca. 200 m weiter bleibt unbeachtet, links halten und kurz darauf wieder rechts. Von nun an führt der Weg als Schotterweg an teils gepflegten, teils verwilderten, von Mauern umschlossenen Gärten vorbei bis nach **Monte**. Abzweigungen und Kreuzungen bleiben unbeachtet. Linker Hand fällt der Blick immer wieder auf den Pico, rechter Hand über die Meerenge hinweg nach Faial.

Nach ca. 20 Min. auf dem Schotterweg ist die Kirchturmspitze von Monte auszumachen. Hinter dem ersten (garagenartigen) Gebäude der Ortschaft überquert man eine bergab führende Straße und folgt dem Weg ins Zentrum. Bei der ersten Gabelung im Ort (weißes Haus mit dunkelgrüner Tür voraus) hält man sich links, etwas weiter (bei einem weißen Haus mit grauen Fensterumrahmungen) geht es rechts ab in den Canada de Baixo. Man gelangt zur **Verbindungsstraße Madalena – Lajes do Pico**, überquert sie und folgt auf der anderen Seite der Teerstraße, die zum Meer führt. Der kleine Berg rechts voraus ist der Monte. An seinem Fuß gabelt sich die Straße.

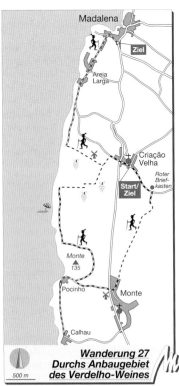

Wanderung 27 – Durchs Anbaugebiet des Verdelho-Weines

Abstecher: Hält man sich links, gelangt man in die **Bucht Pocinho** (ca. 5 Min., → S. 399).

Der rechte Weg führt um den Berg herum bis zum Meer. Alle nach rechts abzweigenden Möglichkeiten bleiben unbeachtet. Erst wenn man das Meer erreicht, hält man sich rechts. Entlang der rauen Küste geht es Richtung Norden.

Rechter Hand verliert sich schnell die anfangs noch üppige Vegetation; schwarze Mauern, fast so weit das Auge reicht, zwischen denen der Verdelho gedeiht, geben ein eigenartiges Landschaftsbild ab. Links voraus blickt man auf die in der Meerenge thronenden Felsen Deitado und Em Pé. Unterwegs passiert man eine nette **Badegelegenheit** an der schroffen Lavaküste. Im Lavagestein kann man Ochsenkarrenspuren entdecken wie auch künstliche Schneisen, die in die Küste geschlagen wurden, um den Fasstransport zu den Booten zu erleichtern.

Sie verlassen den Weg entlang der Küste erst, wenn eine gelb-rote Wandermarkierung dazu auffordert, nach rechts zwischen die von Mauern gesäumten Weingärten abzuzweigen. Nach ca. 300 m zweigt man nach links ab (erste Möglichkeit – wer mit dem Rad unterwegs ist, fährt hier geradeaus weiter und nimmt die nächste Linksabzweigung) und ca. 50 m weiter nach rechts in einen engen, für Fahrzeuge unpassierbaren Weg. Keine 5 Min. später mündet das Weglein in einen breiten, roten Schotterweg, wo man sich links hält. Geht man nun stets geradeaus, gelangt man an Adegas vorbei auf die Straße, die zurück zum Kirchlein von **Criação Velha** führt – der Weg für all jene, die zum Ausgangspunkt der Wanderung zurückgehen möchten. Unterwegs bietet sich noch ein Abstecher (200 m) zur **Moinho do Frade** an, der dominanten Windmühle mit rotem Dach und weißen Flügeln (im Sommer gelegentlich zur Besichtigung geöffnet).

Wer hingegen nach Madalena möchte, wandert an der Windmühle vorbei zur Küste und hält sich dort rechts. So gelangt man über **Areia Larga** und vorbei am Restaurante Marisqueira o Ancoradouro nach **Madalena**.

Wanderung 28: Rund um Santa Luzia

Route: Teil 1: Santa Luzia (Ortsteil Miragaia) – Lajido – Santa Luzia. Teil 2: Santa Luzia – verwilderte Gärten – Santa Luzia.

Dauer: Teil 1 durch die Zona das Adegas ca. 1 ½ Std., Teil 1 u. 2 zusammen ca. 2 ¾ Std.

Einkehr: Snackbar Freitas in Santa Luzia, von Madalena kommend ca. 150 m hinter der Kirche an der R 1-2.

Besonderheiten: Die markierte Wanderung, identisch mit dem *Percurso Pedestre PR 1 PIC*, besteht aus einer Tour durch die küstennahe Zona das Adegas und einer dem Pico entgegengeführenden Rundtour, vorbei an verwilderten Gärten. Der erste Teil durch das UNESCO-Welterbe-Weinanbaugebiet verläuft, anders als Wanderung 27, nicht überwiegend auf geteerten Wegen und ist daher reizvoller. Der zweite Teil der Wanderung ist zwar recht interessant, bietet aber keine besonderen Ausblicke.

An- und Weiterfahrt: Sowohl die Busse von Madalena über São Roque do Pico nach Piedade als auch die in entgegengesetzter Richtung passieren Santa Luzia. Steigen Sie, von Madalena kommend, am Ortsanfang von Santa Luzia bei der ersten Bushaltestelle hinter dem Ortsschild aus. Von dieser müssen Sie rund 200 m entlang der inselumrundenden Straße vorbei am Café Montanha zurückgehen, um zum Einstieg in die Wanderung zu gelangen.

Wegbeschreibung: Startpunkt der Wanderung ist die Wandertafel direkt gegenüber dem **Ortsschild von Santa Luzia** (von Madalena kommend). Von der Wandertafel folgt man dem asphaltierten Sträßlein Richtung Lajido bergab. Die Vegetation links und rechts des Weges wirkt beinahe mediterran. Nach ca. 500 m verlässt man das Teersträßlein (Holzpfosten mit Wandermarkierung) und zweigt nach rechts in einen von Mauern gesäumten Weg ab, der an größtenteils verwilderten Gärten vorbeiführt. Es geht stetig leicht bergab, immer wieder fällt der Blick rechts voraus auf São Jorge. Nach ca. 20 Min. mündet der gepflasterte Weg – stets geradewegs aufs Meer zuhalten – in einen

Karte S. 388

Pico

breiteren Schotterweg und schließlich in ein geteertes Sträßlein. Man passiert nun auch gepflegte Gärten und kleine Adegas – die ersten Häuser von **Lajido** (→ S. 417).

Am Ende des Sträßleins hält man sich vor einem weißen einstöckigen Haus mit Veranda scharf rechts (die geteerte Straße entlang der Lavaküste bleibt unbeachtet!) und biegt auf einen schneisenartig zwischen Mauern hindurchführenden breiten Lavasteinweg ab. Am Boden lassen sich alte Karrenspuren ausmachen, die beim Abtransport des Weines entstanden. Der Weg trifft kurze Zeit später auf die Verbindungsstraße Lajido – Santa Luzia. Hier hält man sich links, nach 50 m rechts und setzt die Wanderung auf dem alten Lavaweg fort. Der leicht bergauf führende Weg trifft ca. 20 Min. später erneut auf die Verbindungsstraße Lajido – Santa Luzia, wo man sich rechts hält. Ca. 100 m weiter, schräg gegenüber der Abzweigung nach Arcos (= Rua dos Arcos), geht es nochmals rechts ab. Nun folgt man dem bergauf führenden Feldweg. Dieser bringt Sie, auf den letzten Metern geteert, wieder zur inselumrundenden Straße. **Ende des 1. Teils der Wanderung**. Wer zurück zum Ausgangspunkt (ca. 700 m) oder zur nächsten Bushaltestelle möchte, hält sich hier rechts.

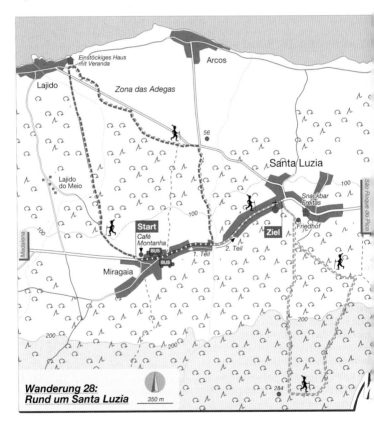

Wanderung 28: Rund um Santa Luzia

Wer noch den **2. Teil der Wanderung** gehen möchte, hält sich hier links und folgt der inselumrundenden Straße für ca. 700 m in Richtung São Roque. Bei der ersten Möglichkeit hinter der **Pfarrkirche** zweigt man nach rechts ab. Die Straße (= Rua do Outeiro) führt zum nahe gelegenen **Friedhof**, hier endet auch der geteerte Weg. Nun folgt man dem Schotterweg, dem Pico entgegen. Die Linksabzweigung nach rund 250 m bei einem Natursteinhaus mit der Hausnr. 7 bleibt unbeachtet – in rund einer Stunde werden Sie von dort zurückkommen. Es geht stetig leicht bergauf dem Pico entgegen.

Nach rund 15 Min. gabelt sich der Weg, der linke (gelb-rot markiert) ist Ihrer. Es geht weiter bergauf. Hinter den Mauern rechts und links des Weges wurden einst Weizen, Yams, Wein und Gemüse angebaut – in einer Zeit, als die Insel noch doppelt so viele Einwohner hatte und noch keine Nahrungsmittel per Schiff vom Festland kamen. Heute sind die **Gärten** verwildert.

Rund 5 Min. nach der Weggabelung ignoriert man die Linksabzweigung, hält sich jedoch ca. 30 m weiter, wenn sich der Weg erneut gabelt, wieder links (hier gibt es keine Markierungen!). Auf einem mit großen Natursteinen gepflasterten Wegabschnitt geht es nun steiler bergauf, wobei der Weg Richtung Südosten abschwenkt. Nachdem man einen Hohlweg passiert hat, fordert eine gut sichtbare Wegmarkierung dazu auf, nach links abzuzweigen. Nun befindet man sich auf einem uralten Weg, rechts und links sind die Mauern von Moos überzogen.

Der Weg verwandelt sich schließlich in einen recht idyllischen Pfad, der weiterhin von Mauern gesäumt ist. Nach ca. 10 Min. trifft der Pfad auf einen Wald- und Wiesenweg, den man nach links bergab geht, bis dieser, kurz nachdem man den Wald verlassen hat, bei ein paar verfallenden Häusern auf eine T-Kreuzung trifft. Hier hält man sich links. Der Feldweg bringt Sie zurück zu jenem Weg, auf dem Sie dem Pico entgegengestiegen sind. Zwischen den von der Natur zurückeroberten Gärten liegen versteckt weitere Häuserruinen.

Wanderung 29: Besteigung des Pico

Dauer: Hauptsächlich eine Frage der Kondition. Wer die Tour an einem Tag unternehmen möchte, sollte 5–8 Std. einplanen. Allein für den Aufstieg bis zum Gipfel ist mit 2 ½–4 Std. zu rechnen. Immerhin müssen Sie einen Höhenunterschied von über 1000 m bewältigen. Sie starten auf ungefähr 1200 m. Der Abstieg geht ein wenig zügiger.

Besonderheiten: Die Besteigung des Pico erfordert keine besondere alpinistische Erfahrung und ist für jedermann, der zuweilen kniehohe Schritte machen kann, zu bewältigen. Der Weg hinauf ist lediglich steil und mühsam, v. a. die letzten 70 m auf den Gipfel, den Pico Pequinho, können es in sich haben.

Hier sind Schwindelfreiheit (besonders auf den letzten Metern bis zum Gipfel) und festes Schuhwerk Grundvoraussetzung. Wer nicht absolut trittsicher ist, keine Stöcke dabeihat und sich beim Aufstieg zuweilen mit den Händen abstützen will, sollte Handschuhe tragen. Eine Windjacke sollte auf jeden Fall im

Achtung Kühe!

Gepäck sein – oben kann es fürchterlich blasen. Wer unter dem Gipfel übernachten möchte, muss an einen wasserfesten Schlafsack denken. Am besten startet man frühmorgens, nachmittags ist der Berg oft schon wolkenverhangen.

Geführte Bergtouren: Eine Liste mit Bergführern hält das Turismo in Madalena bereit. Man kann sich u. a. an Manuela Frey aus Pontas Negras wenden (→ Santa Cruz/Übernachten, S. 408; 45 €/Pers. bei einer Gruppe von 4 Pers.). Ein guter englischsprachiger Guide ist zudem Nilton Nunes von der Outdoor-Agentur Cume 2351 (℡ 914570009, mobil, www.cume2351.com).

Achtung: Verlassen Sie nie den markierten Weg! Wandern Sie auf keinen Fall bei schlechtem Wetter! Die Wegmarkierungen (ca. 1 m hohe Beton- und Kunststoffpfosten mit Reflektoren, wie man sie als Straßenmarkierungspfosten kennt) sind dann nicht mehr zu erkennen, da sie sich von der Umgebung nicht abheben. Auch die gelb-roten Farbkleckse lassen sich bei Nebel nur noch schlecht ausmachen. Drehen Sie bei einem Wetterumschwung zu Ihrer Sicherheit lieber um.

Hinweis: Seit vielen Jahren taucht immer wieder das Gerücht auf, dass ein Führer zur Besteigung des Picos Pflicht sei. Das war jedoch bis zum Redaktionsschluss 2009 nicht der Fall. Sollte sich das ändern, erfahren Sie dies im Turismo in Madalena. Bislang ist lediglich Pflicht, sich vor dem Aufstieg bei der Feuerwehr registrieren zu lassen. Von Juni bis Sept. können Sie dies rund um die Uhr im Besucherzentrum direkt am Ausgangspunkt der Wanderung tun. Das restliche Jahr über muss man sich an die Feuerwehr von Madalena wenden (weit außerhalb an der Straße zum Flughafen, ℡ 292628300). Vergessen Sie bitte nicht, sich wieder von der Liste streichen zu lassen, andernfalls wird nach Ihnen gesucht!

Zukünftig (vielleicht schon bis zu Ihrem Besuch) soll eine Bergsteuer eingeführt werden, die bei der Feuerwehr zu entrichten ist. Zudem soll man gegen Pfand jedem Picobesteiger ein GPS-Gerät mit Sender in die Hand gedrückt werden, um dessen Position im Unglücksfall ermitteln zu können.

An- und Weiterfahrt: Folgt man vom Zentrum Madalenas der Straße Richtung Lajes do Pico und zweigt beim Krankenhaus links ab, gelangt man auf die R 3-2, jene Straße, die das Hochland durchquert. Von der R 3-2 ist die Abzweigung zum Picowandereinstieg mit „Reserva natural montanha do Pico" ausgeschildert. Fast genau 5 km nach der Abzweigung, also noch bevor die Straße in einen unbefestigten Schotterweg übergeht, steht rechter Hand die Casa da Montanha, wo man sich bei der Feuerwehr registrieren muss. Hier beginnt auch der Pfad auf den Berg. Eine Busverbindung dahin gibt es nicht. Der Preis für einen Mietwagen ist ungefähr der gleiche wie der Taxitarif für das Hinbringen und Abholen (Taxi von Madalena ein Weg ca. 25 €).

Wegbeschreibung: Die ersten paar hundert Meter sind gelb-rot markiert, dann folgt die Pfostenmarkierung. Da Winterstürme immer wieder Markierungen zerstören, kann sich dies ändern. Der Weg ist zu Beginn jedoch relativ gut ausgetreten und das Risiko, sich zu verlaufen, dadurch gering. Da in diesem Gebiet aber auch Ziegen weiden, gibt es ein paar Pfade, die im Nichts enden. Zur Orientierung: Der Weg führt links an einem kleinen Seitenkrater des Pico vorbei. Nach ca. 15 Min. steigt man zu einem kleinen Felskamm auf der linken Seite auf. Dort sehen Sie tiefe, grubenartige Höhlen, einstige Vulkanschlote, die von Steinen ummauert sind. Wenige Meter weiter (dem Pico entgegen) steht ein Brunnen. Rechts davon findet man einen Pfad, der zu dem Felskamm auf der rechten Seite führt, von wo der Weg per Pfosten markiert ist und für Sie der steile Anstieg beginnt.

Sehen Sie die Markierungspfosten lediglich als Orientierungshilfe an, wählen Sie nicht den direkten, schweißtreibenden Weg von Pfosten zu Pfosten. Schauen Sie sich um, und Sie werden einen Pfad finden, der in Serpentinen bergauf führt. Auf ca. 2250 m erreichen Sie den Kraterrand (Umfang ca. 700 m) des Pico. Auf den dortigen ausgetretenen Wegen wandert man in südöstlicher Richtung (entgegen dem Uhrzeigersinn) weiter, steigen Sie nicht zum Boden des Kraters ab. So gelangen Sie automatisch an die Südseite des Pico Pequinho, dem abschließenden Gipfel des Picos, der sich von dort am einfachsten besteigen lässt. Es sieht schwieriger und steiler aus, als es in Wirklichkeit ist. Sollte sich aber herausstellen, dass lose Geröllmassen hier einen Aufstieg unmöglich oder gefährlich machen, so halten Sie nach einem anderen Pfad auf den Gipfel Ausschau. Durch Wind und Sturm, aber auch durch den Aufstieg vieler Besucher, werden immer wieder einst sichere Pfade zerstört, zugleich aber auch anderswo neue ausgetreten. Ein Gipfelkreuz und ein Gipfelbuch gibt es nicht, nur einen langweiligen Pfosten und ein paar Namen, die mit weißer Farbe auf die Steine geschmiert wurden. Dennoch ist es ein Erlebnis, den höchsten Berg Portugals erklommen zu haben; und dass man auf einem Vulkan ist, merkt man erst recht am Gipfel, von wo man aus manchen Felsspalten Dämpfe aufsteigen sieht.

Wanderung 30: Vom Hochland hinab in die Baía de Canas

Route: Hochland – Cabeços do Mistério – Parque Florestal da Prainha – Baía de Canas.

Dauer: Ca. 3 ¼ Std. für die gesamte Strecke; ca. 2 ¼ Std., falls man die Wanderung an der inselumrundenden Straße zwischen Prainha do Norte und São Roque do Pico (kurz vor dem Parque

Florestal) enden lässt.

Einkehr: Keine Möglichkeit. Seine Brotzeit kann man an den Picknicktischen des schönen Parque Florestal da Prainha auspacken.

Besonderheiten: Eine abwechslungs- und aussichtsreiche Wanderung durch unterschiedliche Vegetationszonen. Es geht, teils auf alten Eselspfaden, nur bergab. Wandern Sie nur bei freier Sicht! Bei Nebel läuft man Gefahr, dem anfänglichen Pfad durchs Hochland nicht mehr folgen zu können. Die Wanderung ist markiert und mit dem *Percurso Pedestre PR 2 PIC* identisch.

An- und Weiterfahrt: Ins Hochland fahren keine Busse! Ein Taxi zum Einstieg in die Wanderung kostet von Madalena ca. 30 €, von Lajes do Pico ca. 12 €. Wer die Wanderung nicht an der inselumrundenden Straße zwischen Prainha do Norte und São Roque do Pico enden lassen möchte, von wo Busverbindungen bestehen, sondern bis in die Baía de Canas fortsetzen will, ist auch dann auf ein Taxi angewiesen (nach Madalena oder Lajes do Pico ca. 25 €, zurück zum Ausgangspunkt der Wanderung ca. 18 €). Um den Wandereinstieg zu finden, folgen Selbstfahrer von der durchs Hochland führenden Verbindungsstraße Lajes do Pico – São Roque do Pico dem Hinweisschild „Lagoas/Piedade/Prainha do Norte". Nach 2,3 km markiert linker Hand eine Wandertafel neben einem Gatter den Einstieg.

Wegbeschreibung: Vom **Gatter mit Wandertafel** folgt man dem Feldweg gen Norden. Keine 10 Min. später (aufpassen!) fordert Sie eine auf einem moosbewachsenen Stein angebrachte Wandermarkierung dazu auf, nach rechts auf einen Pfad abzuzweigen. Dieser führt über Lavagestein in eine eigenartige Hügellandschaft, **Cabeços do Mistério** genannt. Sie entstand durch einen Vulkanausbruch in den Jahren 1562 bis 1564. Der Pfad steigt zunächst leicht an und verläuft dann, nachdem man eine Anhöhe passiert und erste herrliche Blicke auf den „Canal" und São Jorge genossen hat, stetig bergab. Auf das karge Hochland folgt nun zunehmend Baumbestand, die Wanderung wird immer schattiger.

Nach ca. 45 Min. Gesamtlaufzeit mündet der Pfad in eine **Teerstraße**. Hier hält man sich rechts und zweigt 300 m weiter, nach einer Rechtskurve, im 180°-Winkel nach links auf einen roten Schotterweg ab (zugleich erste Möglichkeit). Nach rund 20 Min. endet dieser an einer T-Kreuzung, wo man sich rechts hält. 150 m weiter gabelt sich der Schotterweg, erneut rechts halten (Hinweisschild „Baía de Canas", der Weg nach links führt nach São Miguel Arcanjo, 3 km). Mit dem Meer und São Jorge zur Linken wandert man nun stets auf etwa gleicher Höhe weiter. Der Weg verleitet zum Vorsichhinträumen – doch aufgepasst: Achten Sie nach ca. 25 Min. auf eine Wegmarkierung rechter Hand an einem Fels. Diese fordert

Angler an der schroffen Lavaküste Picos

Wanderung 30   427

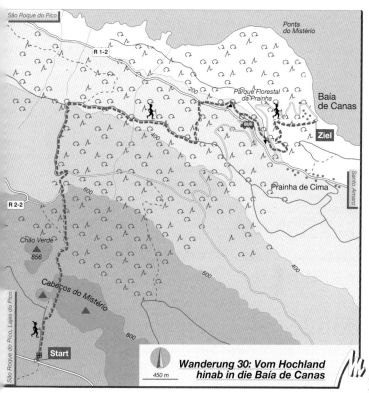

Wanderung 30: Vom Hochland hinab in die Baía de Canas

Sie dazu auf, nach links auf einen unauffälligen Pfad, der durch den Wald führt, abzuzweigen. Dieser lauschige Pfad bringt Sie hinab zur inselumrundenden **Straße R 1-2**.

Wer die Wanderung hier beenden möchte, hält sich rechts und trifft nach ca. 1 km auf eine Bushaltestelle. Alle anderen halten sich für gerade mal 50 m rechts, überqueren die Straße und nehmen das geteerte Sträßlein hinab zum Parque Florestal da Prainha (→ S. 412, markiert). Nun folgt man stets dem Sträßlein für ca. 1 km, die Rechtsabzweigung auf halber Strecke bleibt unbeachtet. Unterwegs erhascht man schon erste kurze Blicke auf die Baía de Canas.

Kurz hinter dem Eingang zum **Parque Florestal** überquert man die Zufahrtsstraße, die hinab zur Baía de Canas führt, und folgt dahinter der für den Verkehr gesperrten Waldstraße, die von einer Rosenhecke in zwei Spuren geteilt wird. Bei einer Gabelung an einem „Einfahrt verboten"-Schild, das an einer Steinsäule befestigt ist, hält man sich links. Aus dem Teersträßlein wird ein Feldweg, von dem kurze Zeit später ein Waldpfad nach links abzweigt (Beschilderung „Baía de Canas 1 km"). Dieser gut markierte, steile Pfad, einst die einzige Verbindung in die **Baía de Canas**, ist teils mit Lavasteinen gepflastert und bringt Sie in ca. 20 Min. hinab in die Bucht.

Weideland auf São Jorge

São Jorge

Wie der Rückenpanzer eines Seeungeheuers ragt, nur zwei Bootsstunden von Faial und eine von Pico entfernt, die Insel aus dem Atlantik. Trotzdem verirren sich nur verhältnismäßig wenige Touristen hierher. Erstaunlich, denn São Jorge ist eine der attraktivsten Wanderinseln der Azoren. Mit ihren traumhaft gelegenen Fajãs kann sie in puncto Naturschönheit durchaus mit Pico oder Flores mithalten.

56 km ist São Jorge lang und gerade mal 8 km breit. Einem kieloben schwimmenden Schiff ähnlich steigt das Eiland auf über 1000 m an. Landschaftlich äußerst reizvoll sind die Höhenwege auf dem Inselrücken mit Blick auf Graciosa im Norden, auf Terceira im Osten und auf Faial und Pico im Westen. Abenteuerlich hingegen präsentieren sich die Pfade, die sich entlang der Steilküste mit ihren vielen Wasserfällen hinab in die Fajãs, die vorgelagerten flachen Küstenebenen, schlängeln. Außer wandern kann man auf der viertgrößten Azoreninsel nicht viel tun. Unter Trekkern und Naturfreunden hat sich São Jorges einzigartiger landschaftlicher Reiz jedoch längst herumgesprochen. Deshalb übersteigt die Zahl der Quartiersuchenden in den Sommermonaten schnell die der wenigen Betten, und oft ist es schwierig, noch ein Zimmer zu bekommen. Die wenigen Autoverleiher der Insel sind dann auch meist ausgebucht – die touristische Infrastruktur hinkt noch hinterher. Im Straßengraben muss aber keiner schlafen, dafür sorgt die Freundlichkeit der Insulaner. Und die ist auf São Jorge fast unübertroffen.

São Jorge

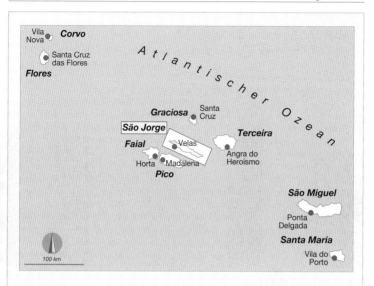

São Jorge

Hauptorte: Velas und Calheta

Touristische Zentren: Velas, Calheta, Urzelina

Bevölkerung: 9473 Einwohner (39 pro km²)

Größe: 246 km², 56 km lang, knapp 8 km breit

Küstenlänge: 115 km

Höchste Erhebung: Pico da Esperança 1053 m

Position: 38°32' N und 38°45' N, 27°45' W und 28°19' W

Distanzen zu den anderen Inseln: Santa Maria 330 km, São Miguel 246 km, Terceira 93 km, Graciosa 61 km, Pico 19 km, Faial 39 km, Flores 267 km, Corvo 272 km

Inselgeschichte

Die Azorenchronik verzeichnet zu São Jorge meist nur Randnotizen, die Geschichte der Insel war stets mit der von Faial und Terceira eng verknüpft. Entdeckt wurde das Eiland angeblich von Jácome de Bruges am 23. April 1450, dem Namenstag des Hl. Georg, weshalb er ihr den Namen São Jorge gab. Anderen Quellen zufolge soll man von der Existenz der Insel aber schon weitaus früher gewusst haben. Kurz nach Bruges Entdeckung ließen sich die ersten Abenteurer auf den Fajãs (→ Kasten) nieder. Eine Besiedlung im größeren Stil leitete der flämische Edelmann Wilhelm van der Hagen 1470 ein, den man auf den Azoren Guilherme da Silveira nannte. Mit ihm suchten mehrere Kolonisten nahe dem heutigen Topo eine neue Heimat. Sie hatten Kulturpflanzen und Vieh für die Fleischversorgung dabei. Aber nicht die traditionelle Landwirtschaft wurde favorisiert. Vielmehr wollten sie den gewinnträchtigen Färberwaid, hierzulande Pastell genannt, großflächig anbauen (→ Kasten „Montags blaumachen", S. 131).

Aller Anfang waren die Fajãs

Als Fajãs bezeichnet man jene fruchtbaren Ebenen, die sich am Fuße der steil abfallenden Küsten und meist nur wenige Meter über dem Meer ausbreiten. Sie entstanden im Akkumulationsbereich von Jahrtausende währenden Erosionsprozessen, die durch das Abrutschen von Geröll oder ganzer Felswände geprägt waren. Ohne die Fajãs wäre die Besiedlung der Insel wohl um einiges später erfolgt, möglicherweise auch gar nicht, denn ohne die Ebenen am Fuße der Steilküsten hätte es für die ersten Siedler kaum eine Möglichkeit gegeben, überhaupt an Land zu gehen. Das Mikroklima der Fajãs ließ gedeihen, was man säte, sogar den Anbau von Kaffee, Tabak, Feigen, Bananen und anderen tropischen Früchten ließ es zu. Wegen ihrer abgeschiedenen, meist schwer zugänglichen Lage entwickelten sich in vielen Fajãs sippenartige Dorfgemeinschaften. Im Zuge der allgemeinen Abwanderung im 19. Jh. wurden die ersten Fajãs aufgegeben, in der zweiten Hälfte des 20. Jh. auch viele der kleineren, die keine Anbindung an das Straßen- und Stromnetz fanden oder durch das Erdbeben von 1980 (→ S. 306) nicht mehr sicher schienen. Zurück blieben oft nur ein paar Alte, die nicht wussten, wohin sie sonst sollten, vor Entbehrungen nicht zurückschreckten und sich von der Einsamkeit nicht beeindrucken ließen. Ihr Alltag war mühevoll – Brennmaterial und Viehfutter mussten sie an den Steilhängen sammeln, von wo sie es über Drahtseile hinabließen.

Heute beginnt man die aufgegebenen Fajãs wieder zu entdecken. Hier und dort werden die alten Natursteinhäuser zu Wochenendhäusern umgebaut, die Gärten mit ihren herrlichen Drachenbäumen hergerichtet und mit Reben bestückt. So manche alten Pfade, auf denen man noch vor ein paar Jahren den Bauern auf Eseln begegnete, hat man – zum Wohle der Insulaner und zum Schaden der Inselidylle – in schmale Zufahrtsstraßen verwandelt, auf denen man nun per *Quad* oder Auto hoch- und hinunterdüsen kann. Aber keine Sorge, es gibt noch genügend traumhafte Pfade, immerhin weist São Jorge 46 Fajãs auf.

Topo entwickelte sich bald darauf zum Zentrum des Inselostens. Pastell und die Färberflechte Urzela wurden erfolgreich nach Flandern exportiert. Auch das Korn gedieh prächtig und wurde ebenfalls verschifft. Doch es gab auch Jahre mit Missernten und Hunger. Nachfolgende Siedler suchten ihr Glück im Westen, zur wichtigsten Siedlung dort stieg Velas wegen des geschützten natürlichen Hafens auf.

1580 sorgte ein großer Vulkanausbruch für Angst und Schrecken. Nachdem im selben Jahr Spaniens König Philipp II. den Thron Portugals an sich gerissen hatte, folgte São Jorge dem Beispiel Terceiras und unterstützte den portugiesischen Thronanwärter Dom António. Mit der Einnahme Terceiras 1583 musste sich aber auch São Jorge Spanien unterordnen. Im Gegensatz zu Terceira wurde São Jorge von den Spaniern aber nicht gefördert, sondern ausgebeutet und mit Sondersteuern belegt. In den folgenden Jahrhunderten blieb São Jorge nichts anderes als eine vernachlässigte Insel im Atlantik. Doch die Bewohner packten an, bauten aus eigener Kraft Kirchen, Kapellen und Festungsanlagen, um sich gegen Piraten zu schützen. Auf kurze, hoffnungsvolle Jahre folgten aber immer wieder Naturkatastrophen und Missernten. Ein wenig Fortschritt brachten im 17. Jh. die Klöster auf die Insel. So waren es Franziskanermönche, die die

An- und Weiterreise 431

erste Schule auf São Jorge gründeten. Zu etwas Wohlstand verhalf im 18. und 19. Jh. auch der Orangenexport, zudem wurde Holz, Vieh und Wein ausgeführt. 1852 jedoch bereitete die Reblaus dem Weinbau ein Ende, 1860 zerstörten Laus- und Pilzbefall die Orangenplantagen, und 1899 verwüstete ein Wirbelsturm weite Waldflächen der Insel. Jede dieser Katastrophen sorgte für eine Auswanderungswelle, besonders nach Brasilien. Ein neues wirtschaftliches Standbein fanden die Bewohner São Jorges mit der Viehzucht, ein weiteres mit der Käseproduktion. Heute lebt die Insel in erster Linie vom Käse- und Rinderexport, zudem wird sie mit EU-Subventionen unterstützt. Letzte News: Kurz vor Redaktionsschluss wurde gemeldet, dass die erste Ampel der Insel an der Durchgangsstraße von Urzelina aufgestellt wurde ...

Touren-Tipps

Eine Rundfahrt im wörtlichen Sinn ist auf São Jorge nicht machbar, denn in den äußersten Osten und Westen führt nur eine Straße. Eine Route vorbei an den schönsten Orten und Gegenden ist ebenso wenig möglich, denn viele reizvolle Fajãs sind über Straßen gar nicht zu erreichen. Wer die Insel wirklich kennen lernen will, sollte mehrere Tage einplanen, denn nicht selten muss man das Fahrzeug stehen lassen und zu Fuß weiter. Wer aber nur wenig Zeit zur Verfügung hat, kann sich dennoch an einem Tag mit dem Mietwagen ein Bild von der Schönheit São Jorges machen. Bedenken Sie bei der Planung, dass eine Fahrt ins zentrale Hochland nur bei gutem Wetter zum schönen Erlebnis wird.

Tour 1: Tagestour zu den Highlights der Insel
Velas – Rosais – Sete Fontes – Urzelina – Pico das Calderinhas – Santo António – Fajã Ouvidor – Norte Pequeno – Fajã dos Cubres – Fajã dos Vimes – Fajã de São João – Calheta – Manadas – Urzelina – Velas

Tour 2: Der Westen
Velas – Rosais – Ponta dos Rosais – Sete Fontes – Fajã do João Dias – Toledo – Pico das Calderinhas (Wegbeschreibung von Wanderung 32 folgen) – Santo Amaro – Velas

Tour 3: Die Mitte und der Osten
Velas – Urzelina – Manadas – Calheta – Fajã dos Vimes – Fajã de São João – Topo – Norte Pequeno – Fajã dos Cubres – Fajã Ouvidor – Toledo – Velas

An- und Weiterreise mit dem Flugzeug

• *Flughafen* Der Inselairport *(Areódromo São Jorge)* liegt ca. 7 km südöstlich von Velas bei Queimada. Im Terminal befinden sich ein **SATA-Schalter** (✆ 295430360) und eine Bar – die Rollläden werden aber nur hochgezogen, wenn Maschinen an- und abfliegen.

• *Transfer* Theoretisch besteht zwar die Möglichkeit, mit dem Bus zum Flughafen zu gelangen – das Terminal liegt nur wenige Meter von der Verbindungsstraße Velas – Calheta entfernt. Da aber nur 1-mal am Tag ein **Bus** von Calheta nach Velas und umgekehrt unterwegs ist, bleibt es meist bei der Theorie.

Taxi vom Flughafen nach Velas 7,50 €.

• *Flugverbindungen* Die SATA fliegt 1- bis 2-mal tägl. nach **Terceira**, 5-mal wöchentl. (im Juli und Aug. 1-mal tägl.) nach **São Miguel**. Zu allen anderen Azoreninseln steigt man auf Terceira oder São Miguel um. Informationen zu den Flugtarifen, Gepäckbeschränkungen usw. im Kapitel „Unterwegs auf den Azoren/Flugzeug" und unter www.sata.pt.

São Jorge
Karte S. 433

432 São Jorge

An- und Weiterreise mit dem Schiff

• *Häfen* São Jorge hat zwei Häfen, einen in Calheta (im Südosten) und einen in Velas (Südwesten). Die **Autofähren der Atlântico Line** steuern nur **Velas** an. Die **Transmaçor-Personenfähren** legen in **Velas** und/oder **Calheta** an und ab. Gleiches gilt für die Transportschiffe von **Transportes Marítimos Graciosenses**.

> Weitere Infos zu den Autofähren der Atlântico Line unter www.atlanticoline.pt und im Kapitel „Unterwegs auf den Azoren/Schiff". Dort finden Sie auch Angaben zu Fährdauer und Tarifen.

Teppichweberinnen in der Fajã dos Vimes

• *Mit den Autofähren der Atlântico Line über Terceira in die Ostgruppe* Von Mitte Mai bis Mitte Sept. meist 1- bis 2-mal wöchentl. nach **Terceira** (Praia da Vitória). Die Fähren, die i. d. R. Do o. Fr ablegen, fahren weiter nach **São Miguel** (Ponta Delgada) und **Santa Maria** (Vila do Porto).

• *Mit den Autofähren der Atlântico Line innerhalb der Zentralgruppe und nach Flores* Von Ende April bis Mitte Juni und von Mitte Sept. bis Anfang Okt. meist 1- bis 2-mal wöchentl. nach **Terceira** (Praia da Vitória), zuweilen (aber eher selten) fährt das Schiff weiter nach Graciosa. Zudem meist 1-mal wöchentl. über **Pico** (Cais do Pico) nach **Faial** (Horta).
Von Anfang Juli bis Ende Aug., wenn die Atlântico Line ein zweites Schiff kreuz und quer durch die Zentralgruppe fahren lässt, bestehen zu allen Inseln der Zentralgruppe bis zu 3-mal wöchentl. Verbindungen. Nach **Flores** jedoch (meist 1-mal wöchentl.) bietet sich nur selten eine akzeptable Verbindung an, meist steuert das Schiff noch zig Häfen in der Zentralgruppe an, bevor es Kurs auf Flores nimmt.
Infos → Reisebüro/Velas.

• *Mit Transmaçor-Personenfähren zu den Inseln der Zentralgruppe* Von Juni bis Mitte Sept. gibt es 4-mal wöchentl. eine Morgenfähre und tägl. eine Abendverbindung von Velas über **Pico** (zuerst Cais do Pico, dann Madalena) nach **Faial** (Horta). Zudem 3-mal wöchentl. (i. d. R. Mi/Fr/So) eine Fährverbindung von Velas über Calheta nach **Terceira** (Angra do Heroísmo) und von Calheta über Velas nach **Pico** (Madalena) und weiter nach **Faial** (Horta).
Den Rest des Jahres 1-mal tägl. von Velas über **Pico** (zuerst Cais do Pico, dann Madalena, im Winter zuweilen nur Cais do Pico) nach **Faial** (Horta).
Je nach Schiff kostet die Passage von **Velas** nach: Cais do Pico 9–11 €, Madalena 13–15 €, Horta 13–17 €, Calheta 6–11 €, Angra do Heroísmo 32–45 €. Von **Calheta** kostet es nach Angra do Heroísmo 32–44 €, nach Cais do Pico 9–15 €, nach Madalena 18–23 € und nach Horta 19–25 €.
Informationen im Hafenoffice in Velas (℡ 295432225) und Calheta (℡ 295416590).

An- und Weiterreise 433

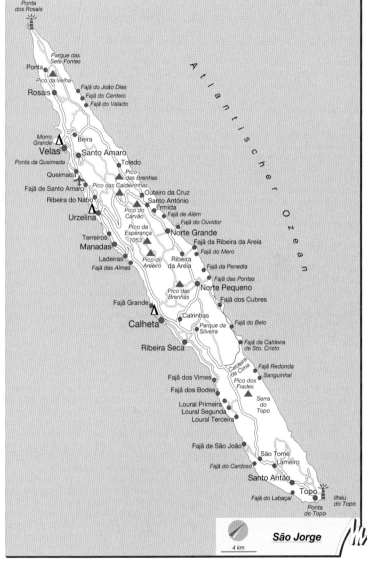

São Jorge
Karte S. 433

● *Transportes Marítimos Graciosenses* Die Reederei verfügt nur über Cargoschiffe, auf denen aber, sofern keine explosiven Stoffe an Bord sind, Passagiere mitgenommen werden. Eine Alternative v. a. im Winter, wenn die Transmaçor-Autofähren nicht verkehren. Das Schiff legt (sofern Wind, Wellen und Maschine mitspielen) meist Mi von Velas und Fr von Calheta mit Ziel **Terceira** (Cabo da Praia) ab. Zuweilen wird noch ein

434   São Jorge

Abstecher nach **Pico** (Cais) gemacht. Egal wohin: 22 €/Pers. Nähere Informationen bei Transvelas im Gewerbegebiet Levadas (zwischen Velas und Flughafen rechter Hand), Mo–Fr 9–12 und 13.30–17.30 Uhr. ✆ 295430040, transvelas@clix.pt.

Mietwagen

Der einzige Verleiher, der bislang mehr oder weniger regelmäßig bei landenden und startenden Maschinen am Flughafen vertreten ist, ist **Almeida & Azevedo**. Africauto und Ribeiro & Sá erscheinen nur bei Reservierungen – wenn überhaupt. Es werden nur Fahrzeuge ohne Kilometerabrechnung verliehen. Fahrzeuge mit Kilometerabrechnung würden auf der Insel mit ihren vielen Stichstraßen ohnehin schnell zu einem teuren Unterfangen werden.

Almeida & Azevedo (auch als **Auto Turística São Jorge** bekannt), der professionellste und zugleich zuverlässigste Verleiher der Insel hat seinen Sitz gegenüber dem Hotel São Jorge in Velas. Falls am Airport kein Angestellter mit einem Schild auf sich aufmerksam macht, so halten Sie nach dem Bus des São Jorge Hotel Garden Ausschau. Mit diesem geht es zum Hotel bzw. zum Autoverleih gegenüber. Dort gibt man sein Fahrzeug auch wieder ab und wird per Hotelbus zum Flughafen gebracht. Billigster Pkw ab 39,55 €/Tag inkl. Steuern. CDW 9 € extra. Ab 3 Tagen 33,90 €/Tag. Gegenüber dem Hotel São Jorge in Velas, ✆ 295430159, www.velasauto.com.

Rent-a-Car Ribeiro & Sá, erntet von Lesern viel Kritik (schlechter Service, übler Zustand der Fahrzeuge). Billigster Pkw ab 40 €/Tag plus Steuern, ab 3 Tagen 36 €/Tag. CDW 9,50 € extra. Liefert ohne Aufpreis zum Flughafen. Rua Dr. José Pereira 9, Velas, ✆/≈ 295432470, rentacarribeiroesa@hotmail.com.

Africauto, billigster Pkw ab 30 €/Tag inkl. Steuern, 79 € für 3 Tage. Lieferservice zum Flughafen 22 € extra. CDW 9 € extra. Im Gewerbegebiet Levadas (zwischen Velas und Flughafen rechter Hand, gehört zu einer Bosch-Service-Werkstätte); auch in Calheta vertreten, ✆ 961302274 (mobil), www.africauto.net.

Auto Turística Calhetense (zugleich Residêncial California in Calheta → Übernachten, S. 449) vermietet mehrere Gurken für 30 €/Tag plus Steuern und inkl. Versicherung. Kein Lieferservice. Sa geschl. ✆ 295416447, ≈ 295416732.

Inselspezielles

● *Baden*   Sandstrände sind Mangelware. Einen nicht ganz so kleinen Sandkiesstrand findet man bei der Fajã de São João und ein paar sandige Quadratzentimeter fürs Handtuch in der Fajã do João Dias. Die meisten Fajãs rund um die Insel bieten jedoch gute Schwimmmöglichkeiten in Naturbecken, ein Highlight ist der Badespot Poça de Simão bei der Faja do Ouvidor.

● *Feste/Veranstaltungen*   Ähnlich wie auf Terceira beginnen auch auf São Jorge nach Ostern (Höhepunkt Pfingsten) die **Festas do Espírito Santo**. Zudem gibt es das ganze Jahr über diverse Kirchweihfeste. Wo und wann gerade was los ist, erfährt man im Turismo von Velas.

Die **Semana Cultural**, ein Festival mit traditionellen Tänzen, Folk- und Rockmusik, Trachtenumzügen, Regatten usw. findet Anfang/Mitte Juli in Velas statt, etwa zwei Wochen später steigt das viertägige **Festival de Julho** in Calheta.

Ähnlich wie auf Terceira gibt es auch auf São Jorge bei vielen Dorf- bzw. Kirchweihfesten einen **Stierkampf** am Strick, die sog. *Tourada à corda* (→ Kasten „Rinderwahnsinn …", S. 307). Von Anfang Juni bis Anfang Okt. hat man die Möglichkeit, dieses Spektakel bis zu 2-mal wöchentl. zu erleben. Infos im Turismo in Velas.

Für weitere Feste → Inselorte.

● *Folklore/Musik*   Auf allen Azoreninseln, nirgendwo aber so ausgeprägt wie auf São Jorge, wird noch auf der *Viola de arame* gespielt, einer Gitarre, die mit 12 oder gar 16 Stahlsaiten bespannt ist. Bei fast allen größeren Inselfesten hat man Gelegenheit, einem Violaspieler zu lauschen.

● *Souvenirs*   Bedeutendstes Kunsthandwerksprodukt der Insel sind die Wandteppiche, die sog. *Colchas de Ponto Alto*, die von Hand auf Webstühlen wie vor 100 Jahren hergestellt werden. Sie zeichnet eine geometrische Musterung aus, die Farben Gelb und Rot dominieren. Einer der wenigen Orte, wo das alte Handwerk noch ausgeübt wird, ist die Fajã dos Vimes. Im Kunsthandwerkszentrum in Ribeira do Nabo bekommt man zudem schöne, aus Lavastein gefertigte Pottwale.

● *Sport* São Jorge ist neben Flores die schönste **Wanderinsel** der Azoren, mangelnde Busverbindungen setzen aber, sofern man nicht trampen will, häufig eine kostspielige An- und Abfahrt mit dem Taxi voraus. Das organisierte Sportangebot ist eher bescheiden. Ein Geheimtipp unter **Wellenreitern** ist die Fajã Caldeira de Santo Cristo.

Tipp: Bei gutem Wetter sollte man eine Tour durch das menschenleere Inselinnere (S. 447) jeder Aktivität an der Küste vorziehen – wer weiß, wie lange das Wetter so bleibt.

● *Übernachten* Das Zimmerangebot ist bescheiden, Quartiere gibt es vorrangig in Velas, Urzelina und Calheta. Im Sommer empfiehlt sich eine Reservierung im Voraus. Dafür bietet São Jorge 3 offizielle **Campingplätze**: in Velas, nahe Calheta und in Urzelina, dazu einen inoffiziellen in der Fajã Caldeira de Santo Cristo. Auf letzterem kann ganzjährig gecampt werden, auf den anderen theoretisch auch, falls man jemanden findet, der aufsperrt …

● *Regionale Spezialitäten* Die Küche São Jorges unterscheidet sich wenig von der anderer Azoreninseln. Eine Kostprobe wert sind die **Amêijoãs** (Herzmuscheln), die roh gegessen werden. Greifen Sie zu, wenn die Köstlichkeit angeboten wird. Sie werden u. a. aus dem See der Fajã Caldeira de Santo Cristo herausgeholt; sie sind jedoch geschützt und nicht jedes Jahr zum Sammeln freigegeben.

Nicht versäumen sollte man zudem den Besuch einer **Käserei** mit abschließender Kostprobe – der Käse São Jorges ist der beste der Azoren.

Unter den Süßigkeiten ragen die **Espécies**, eine Art Eischaumtörtchen, heraus.

Velas

Das Städtchen an der Südküste der westlichen Inselhälfte ist neben Calheta das Wirtschaftszentrum São Jorges. Velas zählt rund 2000 Einwohner, etwa ein Fünftel der gesamten Inselbevölkerung lebt hier. Der Ortskern ist freundlich und beschaulich – das macht den Aufenthalt angenehm, auch wenn kunstgeschichtliche Kostbarkeiten fehlen.

Zentrum des Städtchens, das auf 500 Jahre Geschichte zurückblickt, ist der adrette **Jardim da República**, der kleine, quadratisch angelegte Stadtpark. In seinen rot gedeckten Pavillon zwängt sich an warmen Sommerabenden die örtliche Blaskapelle und gibt ihr Bestes. Drum herum reihen sich Banken, Geschäfte, Rathaus und Cafés. Rund dreißig Taxis gibt es auf der Insel, die Fahrer vertreiben sich die Zeit gerne mit einem Plausch. Mehrere abgehende Straßenzüge hat man in den letzten Jahren renoviert. In neuem Glanz erstrahlen nun die schmucken Stadthäuser aus dem 18. und 19. Jh. mit ihren geschnitzten Dachgauben als Zeugen des einstigen Wohlstands, der dem Orangenhandel zu verdanken war. Zur Seeseite hin dominieren zweckmäßige Neubauten wie das Kulturzentrum *(Auditório Municipal)*, das auf den Fundamenten der alten Hafenburg entstand. Der Hafen selbst wurde 2008 durch einen **Jachthafen** mit rund 80 Liegeplätzen ergänzt, sechs Millionen Euro kostete der Spaß.

Vom Hafen im Osten dehnt sich die Stadt nach Westen bis zum 161 m hohen Vulkanfelsen **Morro Grande** aus, an dessen Fuß die kleine, weiße Kapelle Nossa Senhora do Livramento steht. Noch vor wenigen Jahren stand sie hier einsam und verlassen, heute blickt sie auf ein Neubaugebiet. Viele, die sich hier ein modernes Einfamilienhaus geleistet haben, verdienten das Geld dafür auf São Jorge. Die Zeiten, als ausschließlich aus den USA heimgekehrte Emigranten Wohlstand zur Schau stellen konnten, sind vorbei.

436   São Jorge

Information/Verbindungen/Parken

• *Information* **Turismo-Büro** nahe dem Hafen. Im Sommer Mo–Fr 9–12.30 und 14–17.30 Uhr, Sa 9–13 Uhr, im Winter Sa geschl. In der Rua Dr. José Pereira, ✆/℡ 295412440, www.cm-velas.azoresdigital.pt. Zudem gibt es ein *art*-Turismo am Hauptplatz vor der Kirche. Mo–Fr 9–18 Uhr.

• *Verbindungen* Die **Busse** fahren an der Rua Dr. Miguel nahe dem Auditório Municipal ab. Die Verbindungen sind sehr dürftig, wer den einzigen Bus am Tag verpasst, muss sein Vorhaben oft auf den nächsten Tag verschieben. Sonntags verkehren keine Busse! Die kleineren Fajãs werden überhaupt nicht per Bus angefahren.

Einen Fahrplan hält das Turismo bereit.

Entlang der Südküste 1-mal tägl. am Nachmittag (15.30 Uhr, Stand 2009) über Urzelina und Calheta nach Topo.

Entlang der Nordküste 1-mal tägl. (Mo, Di, Do und Sa nachmittags, Mi und Fr vormittags, Stand 2009) über Beira, Toledo, Norte Grande und Norte Pequeno nach Calheta. Ferner 1-mal tägl. am Nachmittag von Velas nach Rosais.

Taxis stehen am Jardim da República. Nach Norte Grande ca. 13,50 €, zum Flughafen 7,50 €, nach Urzelina 10 €, nach Calheta 19 €, nach Topo 35 €.

Schiff → An- und Weiterreise mit dem Schiff, S.432.

• *Parken* Am besten nutzt man den Parkplatz zwischen dem Jardim Botánico und dem Gericht, oder man parkt beim Auditório.

Tipp: Die Fähre von Transmaçor, die Mi, Fr und So vormittags von Velas über Calheta nach Terceira fährt und abends über Calheta und Velas Kurs auf Faial nimmt (→ An- und Weiterreise mit dem Schiff, S.432), bietet die Möglichkeit einer rund einstündigen **Schifffahrt** (vorbei an herrlichen Wasserfällen) zwischen den beiden Kreisstädten São Jorges.

Adressen/Einkaufen/Sonstiges (→ Karte S. 438/439)

• *Ärztliche Versorgung* **Krankenhaus** in der Rua do Corpo Santo, ✆ 295412122.

• *Baden* Badezone mit Snackbar und sanitären Einrichtungen hinter dem Auditório Municipal, eine weitere Badestelle mit Bar und Naturschwimmbecken befindet sich nahe dem Hotel São Jorge Garden. Das städtische Freibad **Piscina Morro** liegt ganz im Westen der Stadt hinter dem Fußballplatz (Zugang links davon, für die Anfahrt → Quinta do Canavial). Im Sommer tägl. 10–19 Uhr.

• *Bootsfahrten/Tauchen/Hochseefischen* Bootsausflüge bietet **Aquarius** (→ Reisebüros). Zum Tauchen und Hochseefischen kann man **Victor Soares** kontaktieren (✆ 965440100, mobil, www.urzelinatur.com). Besser wendet man sich aber an eine **eco Triángulo** in Terreiros (→ S. 446).

• *Campinggas* Erhält man mit Glück im **Supermarkt Compre Bem** (s. u.).

• *Fest* Das Fest zu Ehren des Inselpatrons **St. Georg** findet am 23. April statt (zugleich ein kommunaler Feiertag).

• *Fluggesellschaft* **SATA**, Mo–Fr 9–18 Uhr. Rua Santo André (gegenüber dem Gericht), ✆ 295430350.

• *Geld* Etliche Banken mit Automaten im Zentrum.

• *Internetzugang* Kostenlos im **Clube Informático de Velas** gegenüber dem Auditório Municipal.

• *Mietwagen* → S. 434.

• *Öffentliche Toiletten* Unterhalb des Jardim Botánico sowie nahe der Kirche am Largo João unter der Treppe.

• *Post* Mo–Fr 9–12.30 u. 14–17.30 Uhr. An der Rua Dr. Miguel Teixeira/Ecke Rua Cunha Silveira.

• *Polizei* An der Rua Dr. Miguel Bombarda, ✆ 295412339.

• *Reisebüro* **Aquarius**, freundlicher, hilfsbereiter Service. Veranstaltet Wandertouren (20 €/Pers., wenn 4 Pers. zusammenkommen) und Bootstrips (2–3 Std. ab 120 €/Boot). Auch Fährtickets für die Atlántico Line. Rua Infante Dom Henrique 21, ✆ 295432006, www.viagensaquarius.com.

• *Supermarkt* **Compre Bem (16)**, größerer Supermarkt, leider wenig Auswahl bei Fisch und Fleisch. Mo–Sa 8.30–20 Uhr, So bis 13 Uhr. Etwas außerhalb des Zentrums an der Rua M. Jorge.

Am alten Hafen

• *Wäsche* **Lavandaria Limpezas Correia**, Trockenreinigung. Offizielle Öffnungszeiten Mo–Fr 10–12 und 15.30–17.30 Uhr, Sa nur vormittags; leider aber trifft man nicht immer jemanden an. Avenida do Livramento 41.

• *Zeitungen* Englischsprachige Zeitschriften im Sommer mit Glück in der **Papelaria Utilnova (12)** am Jardim da República neben dem Rathaus.

Übernachten (→ Karte S. 438/439)

Achtung: Im Sommer kann es zu Engpässen kommen. Bei der Privatzimmersuche kann Lino Jorge da Fonseca weiterhelfen (✆ 295430081 oder mobil 913375442, imovelas@hotmail.com). Er ist sehr hilfsbereit und spricht Englisch, vermietet selbst Appartements (ab 75 €) und vermittelt Privatzimmer (DZ ab 40 €). Lino trifft man für gewöhnlich im Rathaus an. Das Turismo wollte bislang für solche Angelegenheiten nicht zuständig sein, vielleicht ändert sich das aber. Übrigens hört man in Velas immer wieder von Ungezieferproblemen in den Unterkünften.

• *Hotels/Pensionen* **Quinta de São Pedro (15)**, die sympathischste Adresse von Velas. Hoch über der Stadt – so hoch aber, dass ein gemütlicher Spaziergang vom Zentrum zur Quinta kaum drin ist. Dafür kann man es sich auf dem weitläufigen, z. T. terrassierten Areal, am schönen Poolbereich und im Gärtchen mit Hängematten gut gehen lassen. Die 10 Zimmer verteilen sich auf das Haupthaus (jugendlicher Pep trifft auf Antiquitäten) und einen Nebenbau (modern eingerichtete Einheiten mit Küche), dazu wird ein schnuckeliges Häuschen vermietet. Für 2 Pers. ab 110 €. Von der Straße nach Beira ausgeschildert, ✆ 295432189, www.quintadesaopedro.com.

*** **São Jorge Hotel Garden (23)**, großer, nüchterner Hotelkomplex am Ortsrand. 58 Zimmer mit Meeresblick, komfortabel ausgestattet, das Mobiliar ist jedoch schon etwas in die Jahre gekommen. Die Bäder wurden immerhin bereits renoviert. Gepflegter Garten mit Pool. EZ 85 €, DZ 95 €. Rua Machado Pires, ✆ 295430100, www.hotelsjgarden.com.

Casa do António (2), unübersehbarer weißblauer Komplex beim Hafen. Beste Unterkunft im Zentrum. „Ein vorzügliches Haus, nur zu empfehlen", meinen Leser. 8 schöne, helle, modern eingerichtete und z. T. sehr geräumige Zimmer, viele mit tollem Ausblick. Waschservice. Sehr sauber, netter Service. Falls niemand anzutreffen ist, im Reisebüro Aquarius nebenan nach-

438 São Jorge

fragen. EZ 82 €, DZ 93 €. Rua Infante D. Henrique 21, ✆ 295432006, ℻ 295432008, www.casadoantonio.com.

Quinta do Canaval (21), terrassierte Anlage etwas außerhalb des Zentrums. Schöner Blick auf den Morro Grande und weniger schöner auf das Fußballstadion mit Kunstrasen (!). Im verspielt eingerichteten Restaurant werden gute lokale Spezialitäten aus einem alten Steinofen serviert. Sehr freundliche Wirtsleute. An sich charmante, individuell eingerichtete Zimmer, die jedoch ziemlich klein (auch die Bäder) und im Sommer stickig sind. Kleiner Poolbereich. Fazit: nicht perfekt oder luxuriös, dafür mit Atmosphäre und relativ preiswert. EZ 50 €, DZ 60 €. Anfahrt: Der Avenida do Livramento stadtauswärts folgen und oberhalb des Fußballplatzes nach einem blau-weißen Komplex am Hang Ausschau halten. ✆ 295412981, ℻ 295412827, www.aquintadocanavial.com.

Residencial Neto (4), 23 Zimmer, 2 davon mit Meeresblick. Mini-Pool direkt über dem Hafen. Zentrale Lage. Zimmer mit Bad, TV und ältlichem Mobiliar. Das Haus könnte etwas gepflegter sein. Airporttransfer. EZ 35 €, DZ 45 €. Rua Dr. José Pereira (nahe dem Hafen), ✆ 295412403, ℻ 295412333.

Residência Livramento (17), im Neubaugebiet. 14 saubere Zimmer mit Bad und Fliesenböden. Die im EG sind klein, die in der 2. Etage geräumiger, z. T. mit Balkon und Blick auf den Pico. Zuvorkommender englischsprachiger Service. Café. EZ ab 34 €, DZ ab 44 €. Av. do Livramento, ✆ 295430020, ℻ 295412878, www.acores.com/residencialivramento.

Hospedaria Australia (3), zentrale Lage. Helle und dunkle Zimmer mit Bad. Fliesenböden, sauber. Nicht die neueste Ausstattung, aber gut in Schuss. Gefrühstückt wird in der angeschlossenen Snackbar. DZ 44 €, EZ 34 €. Rua Teófilo Braga, ✆ 295412210, ℻ 295412332, www.acores.com/australia.

• *Appartements* **Restaurante Velense (8)**, das Restaurant vermietet im Juli und Aug., wenn die Langzeitgäste (Lehrer vom Festland) weg sind, 8 Appartements mit zweckmäßiger Ausstattung, davon 4 im eigenen Haus. Für 2 Pers. ab 40 €. Rua Dr. José Pereira, ✆ 295412160.

Alfredo Augusto da Rosa (22), Taxifahrer von Beruf, vermietet in den Sommermonaten 8 komplett ausgestattete Appartements (3 mit Terrasse). Den Rest des Jahres wohnen Lehrer darin. Kein Englisch. Abholservice vom Hafen. Für 2 Pers. 50 €. Nahe dem

Ü bernachten
1 Maria Araujo (Priv.)
2 Casa do Antonio
3 Hospedaria Australia
4 Residêncial Neto
6 Urselina da Cunha Silva (Priv.)
8 Restaurante Velense
15 Quinta de São Pedro
17 Residência Livramento
20 José Manuel Moniz Melo (Priv.)
21 Quinta do Canavial
22 Ap. Alfredo Augusto da Rosa
23 São Jorge Hotel Garden

E inkaufen
12 Papelaria Utilnova
16 Compre Bem (Supermarkt)

N achtleben
13 Sociedade Filarmónica Nova Aliança
14 Tamancos Bar
18 Zodiaco

E ssen & Trinken
5 Clube Naval Restaurante Marisqueira
7 Tasca Caldeira
8 Restaurante Velense
9 Suspiro
10 Restaurant Açor
11 Cervejaria S. Jorge
19 Apneia Bar

Hotel São Jorge in der Rua Dr. Teotónio Machado Pires, ✆ 295412508 o. 967080389 (mobil).

• *Privatzimmer* **José Manuel Moniz Melo (20)**, ebenfalls Taxifahrer, bietet etwas abseits des Zentrums nahe der Avenida do Livramento 4 saubere, ordentliche Zimmer, die sich 2 Bäder teilen. Ebenfalls Abholservice vom Hafen. Kein Englisch. DZ 30 €, ab 2 Tagen 25 €. Velas, ✆ 295412680 o. 966780128 (mobil).

Urselina da Cunha Silva (6), 3 Zimmer unterm Dach über einem Supermarkt. Klein, einfach und überladen, dafür sehr preiswert. Die Zimmer teilen sich Bad und Küche, die Vermieterin wohnt darunter. Ihre beiden kläf-

Velas 439

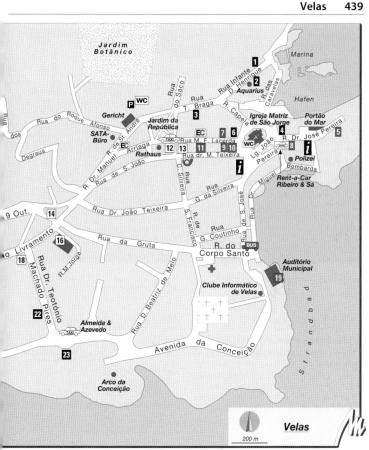

fenden Wollmöpse heißen übrigens Snoopy und Dace. 2 Pers. 20 €. Largo da Matriz 18, ℅ 295412356 o. 968265249 (mobil).

• *Außerhalb* **Casa de Campo Correia**, ca. 5 km außerhalb, von Velas kommend am Ortseingang von Rosais linker Hand. Schönes altes Natursteinhaus mit blauen Fensterläden. Freundlich-rustikal ausgestattet, sehr gepflegt. Sauna, Außenpool. Für max. 6 Pers. (3 Schlafzimmer). Reservierung erforderlich. 143 €/Tag. Ribera do Belo 9, ℅/℅ 295432210, www.casacorreia.com.

Os Moinhos Eco Hotel, natursteinverkleidete Anlage mit 12 Einheiten (Zimmer und Studios) in Santo Amaro, zum Restaurant Fornos de Lava gehörend. Zum Zeitpunkt der Recherche war das Hotel noch im Rohbau, bis zu Ihrem Besuch sollte es aber eröffnet haben. Pool. Travessa de S. Tiago 46, ℅ 295432415, www.ilha-da-aventura.pt.

• *Camping* **Parque de Campismo Velas**, ab vom Schuss ganz im Westen der Stadt in recht unattraktiver Lage. Vorteil: Freibad nebenan. Hinter dem Fußballplatz, Zugang rechts davon (Anfahrt → Quinta do Canavial). Parzellenartig angelegt, Stromanschluss. Grillmöglichkeiten, überdachte Picknickbereiche. Gepflegt. Im Sommer mit Snackbar. Juni–Sept. 2 Pers. mit Zelt 6 €. Rua Dr. Leonel Nunes, ℅ 912733285 o. 912763323 (mobil).

440 São Jorge

Velas – im Jardim da República

Essen & Trinken/Nachtleben

Die Auswahl an Restaurants ist bescheiden, Gleiches gilt für Bars und Diskotheken.

• *Restaurants* **Clube Naval Restaurante Marisqueira (5)**, Fischlokal mit Terrasse. Zu den Spezialitäten gehören verschiedene Eintöpfe, die man mit „Gulasch" übersetzt. So gibt es ein Gulasch mit Schweinefleisch und Herzmuscheln und eines mit Garnelen. Hg. 10–12,50 €. Sa/So geschl. Am Hafen, ✆ 295412945.

Restaurant Açor (10), klimatisiertes Restaurant mit Bar. Innen recht steril, schöner sitzt man zum People-Watching draußen am Platz. Es wird experimentiert, so bekommt man Reis mit Oktopus oder Zackenbarsch und asiatisch angehauchtes Shrimpscurry. Mittlere Preisklasse. Von Lesern sehr gelobt. Gegenüber der Igreja Matriz, ✆ 295412362.

Restaurante Velense (8), einfaches Restaurant und Café. Abends wird recht gut gekocht, die preiswerten Tagesgerichte kann man essen, nicht aber loben. An der Rua Dr. José Pereira, ✆ 295412160.

Cervejaria S. Jorge (11), ebenfalls einfaches Lokal. 1-a-Lapas, aber auch Rippchen, Lammkoteletts, Hamburger und Pizza. Hg. 5–10 €. Zur Mittagszeit brechend voll. Rua M. F. Lacerda.

• *Außerhalb* **Fornos de Lava**, fast vollständig verglaster Rundbau mit toller Aussicht, eine Panoramaterrasse war im Sommer 2009 im Entstehen. Zu den Spezialitäten gehören verschiedene *Cataplanas*, dazu selbst gebackenes Brot. Sehr große Portionen. Von Lesern sehr gelobt. Hg. 12–18 €. Ca. 4 km außerhalb in Santo Amaro (auf dem Weg dorthin ausgeschildert), ✆ 295432415. Taxi von Velas ca. 6 €.

• *Café/Bars* **Suspiro (9)**, schnuckeliges, holzig-warm eingerichtetes Café, eine Abwechslung zu den einfachen Bars der Stadt. Gute Frühstücksadresse, aber auch Pizza, Pasta und Salate. Außenbestuhlung auf der Straße. Rua M. F. Lacerda 9.

Apneia Bar (19), jugendliche Bar mit netter Terrasse auf der alten Festungsmauer. Im Auditório Municipal.

Velas 441

Tasca Caldeira (7), eine uralte Bar, in der es meist geruhsam zugeht. Tagsüber sind ein paar Dominospieler in ihre Steine vertieft, abends gähnen Trinker an den Tischen. Das Bier lagert im Kühlschrank mitunter über das Verfallsdatum hinaus. Die Attraktion ist eine einzigartige, von der Decke baumelnde Schlüsselanhängerkollektion (rund 2000 Exemplare!). Leider nur unregelmäßig geöffnet. Rua M. F. Lacerda 2.

• *Nachtleben* Am Abend trifft man sich in der Bar der **Sociedade Filarmónica Nova Aliança (13)** gegenüber der Post oder in der **Tamancos Bar (14)** in der Rua Poetisa Belmira de Andrade gegenüber dem Supermarkt Compre Bem.

Die *Discoteca* von Velas ist das **Zodiaco (18)**, aufgelegt werden die Hits der letzten drei Jahrzehnte. Nur an Wochenenden und vor Feiertagen geöffnet. An der Rua Dr. Machado Pires/Ecke Avenida do Livramento.

Sehenswertes

Portão do Mar: Wer São Jorge mit dem Boot anläuft und in Velas an Land geht, kann die Stadt durch das einbogige Hafentor betreten. Es wurde 1799 gebaut und war einst Teil der Stadtmauer, hinter der sich die Einwohner bei Piratenangriffen verschanzten.

Igreja Matriz de São Jorge: Nach testamentarischer Verfügung des portugiesischen Prinzen Heinrich des Seefahrers wurde an dieser Stelle bereits 1460 ein Kirchlein errichtet. Im 16. und 17. Jh. wurde es mehrmals umgebaut, 1803 fiel es einem Erdbeben zum Opfer. So stammt die heutige frei stehende, dreischiffige Pfarrkirche aus dem frühen 19. Jh. Beachtenswert ist der geschnitzte, vergoldete Altaraufsatz, ein Geschenk König Sebastians aus dem 16. Jh. in der dem Hl. Georg geweihten Seitenkapelle. Die Orgel aus der zweiten Hälfte des 19. Jh. wurde auf São Jorge gebaut und nicht wie zu dieser Zeit üblich vom Festland importiert. Ihre ersten Pfeifen waren aus reinem Blei, da man kein Kupfer zur Hand hatte. Der Kirche angegliedert ist das *Museu de Arte Sacre*, das eine Sammlung von Heiligenfiguren und Devotionalien überwiegend aus dem 16.–19. Jh. präsentiert. Auf der Empore sind ferner alte Priestergewänder ausgestellt. Den Platz vor der Kirche ziert seit Neuestem ein asiatisch anmutender Brunnen, der den Hl. Georg als Drachentöter zeigt.

Öffnungszeiten Museum meist Mo–Fr 9.30–12 u. 14–17 Uhr. Eintritt frei.

Câmara Municipal: Das Rathaus von Velas, das fast die gesamte Südseite des Jardim da República einnimmt, ist ein typisches Beispiel für den Azorenbarock des 18. Jh. Das Portal kennzeichnen spiralförmige Säulen. Im Inneren beherbergt die Câmara Municipal das *Stadtarchiv*, das bis ins 16. Jh. zurückreichende Dokumente aufbewahrt, die aber nur bei speziellem Interesse einzusehen sind.

Arco da Conceição: Nahe dem Hotel São Jorge erhebt sich vor der dunklen Felsküste ein schwarzer Basaltbogen über das tiefblaue Meer. Das Gebiet rund um den Naturbogen, den die Brandung aus der Lava gewaschen hat, ist ein beliebtes Anglerrevier.

Weitere Sehenswürdigkeiten: Ein netter kleiner Ausflug führt zum alten *Walausguck auf den Morro Grande* an den steil abfallenden Klippen (Einstieg in den Fußweg an der Avenida do Livramento gegenüber Hausnr. 84, nach Auskunft des Turismo frei zugänglich). Mitunter ist auch ein Besuch des *Hafens* interessant: Wenn die Containerschiffe vom Festland anlegen und Rinder und Kälber eng an eng in Stahlgestellen verfrachtet und gestapelt werden, vergeht einem der Appetit auf das Steak am Abend.

Die Westspitze

Der westliche Zipfel der Insel ist dünn besiedelt und von einer sanften Hügelland-schaft geprägt – im Juni geschmückt von wild blühenden Rosen. Die Fahrt hierher lohnt vor allem wegen des Parque das Sete Fontes, der zum Picknicken einlädt, und wegen der landschaftlich äußerst reizvoll gelegenen Fajã do João Dias.

Auf dem Weg zur Ponta dos Rosais, der Westspitze São Jorges, durchquert man den 800-Einwohner-Ort **Rosais**, der bis ins 17. Jh. zu den bedeutendsten der Insel zähl-te. Heute ist Rosais ein ewig langes, nicht besonders attraktives Straßendorf, das sich in mehrere Ortsteile aufgliedert. Damals wie heute waren die Bewohner von Rosais fast allesamt Bauern, die Gegend galt als die Kornkammer der Insel. Heute ziehen sie aber nicht mehr mit dem Pflug aufs Feld, sondern leben fast ausnahmslos von der Milchwirtschaft. Rechts und links der Wege grasen Kühe auf Weiden, die von Hortensienhecken gesäumt werden. Das Gebiet lässt sich herrlich durchwan-dern, alte Saumpfade sind aber selten, und so verlaufen fast alle Wege auf befahrba-ren Pisten.

Parque das Sete Fontes und Umgebung

Der große, gepflegte Forstpark mit einer Kapelle und mehreren Tiergehegen ist ein beliebtes Ausflugsziel an Wochenenden. Riesige Farne und Zedern spenden Schat-ten, farbenfrohe Azaleen Freude. Finanziert wurde der Park mit Geldern von Aus-wanderern. Ihnen gedenkt man bei der Kapelle mit einer Kopie des Gemäldes *Os Emigrantes* von Domingos Rebelo (Original im Museu Carlos Machado/Ponta Delgada → S. 166) – hier zu sehen auf Azulejos an einer *Canoa* aus Beton. Nahebei liegen zwei herrliche Aussichtspunkte. Von dem einen, fast 300 m senkrecht über dem Meer, genießt man einen grandiosen Blick auf die Nordküste von São Jorge, vom anderen auf dem annähernd 500 m hohen Pico da Velha fällt der Blick auf Pico, Faial und Graciosa. Man kann im Kreis um die Hügelspitze fahren.

Anfahrt/Weiterfahrt zur Ponta dos Rosais
Der Weg zum Park ist ausgeschildert, ebenso die Wege zu den Aussichtspunk-ten. Von der Kapelle führt ein 5,3 km langer,
befahrbarer Schotterweg zum Leuchtturm an der Ponta dos Rosais (s. u., ausgeschil-dert), der zugleich ein beliebter Wander-weg ist.

Ponta dos Rosais

An der Ponta dos Rosais, der westlichsten Spitze São Jorges, erhebt sich über der steil abfallenden Küste fast 200 m über dem Meer die Ruine einer **Leuchtturman-lage**. Noch zu Zeiten Salazars diente sie militärischen Zwecken. Das starke Erdbe-ben von 1980 (→ S. 306) zog den Komplex aber so in Mitleidenschaft, dass man den Leuchtturm aufgab. Nun verfällt er unaufhaltsam. Einen imposanten Blick auf das Westkap und einen im Meer stehenden Felsen mit Torbogen erhascht man, wenn man sich vom Eingang der Anlage wenige Schritte links hält. Von einem Betreten des Farol ist wegen Einsturzgefahr abzuraten. Nahebei steht ein alter **Walausguck**, zu dem ein Pfad führt. 1964 konnte man von dort beobachten, wie das Meer ko-chend aufschäumte und kurzzeitig Lavabrocken an der Wasseroberfläche trieben – unweit der Küste war es zu einer Unterwassereruption gekommen.

Anfahrt Der holprige Weg zum Leuchtturm ist ausgeschildert („Farol"), die Straße ist ab Rosais (Ortsteil Ponta) nicht mehr geteert.

Alles Käse – Queijo São Jorge

„Insel des Käses" wird São Jorge gern genannt, und das nicht ohne Grund. Der *Queijo São Jorge* ist der beste der Azoren, eine Delikatesse. Vielfach versuchte man bereits, ihn zu kopieren – und scheiterte, obwohl das Rezept bekannt ist. Es ist die einzigartige Milch der Kühe von São Jorge, die dem Käse seinen unverwechselbaren Geschmack verleiht. Die Flora der Hochlandweiden und die salzhaltige, feuchte Luft geben der Milch die besondere Note. Die Kühe selbst, 30.000 bis 35.000 an der Zahl, sind dagegen fast ausschließlich gewöhnliche Holsteinrinder. Zwischen 20 und 25 Millionen Liter Milch zapfen ihnen die Bauern im Jahr ab. Wer beim Wandern an einer Melkstation vorbeikommt und freundlich grüßt, bekommt oft einen Schluck aus dem Aludeckel der Kanne angeboten.

Die Produktion: Auf São Jorge wird nahezu jeder Liter Milch zu Käse verarbeitet – Milch und Butter in den Läden kommen meist aus Terceira. Für einen 10 kg schweren Käselaib werden 100 l Milch verarbeitet. Als Erstes wird die Milch gefiltert, bevor man sie bei lauwarmer Temperatur gerinnen lässt und die so verfestigte Masse in runde, autofelgengroße Ballen presst. Beigemischt werden nur Salz und natürliche Fermente. Drei bis vier Monate dauert der Reifeprozess; anfangs wird jeder Laib täglich von Hand gewendet. Soll der Käse scharf und kräftig im Geschmack werden, lagert er bis zu sieben Monate. Appetitlich sieht so ein Laib dann aber noch nicht aus – bevor er verpackt wird, muss er noch gereinigt (gehobelt) werden.

Das Käse-Abitur: Ein unabhängiges „Testerkomitee" prüft den Käse auf seine Qualität und vergibt dabei Punkte. Die Höchstzahl, die ein Queijo São Jorge erreichen kann, sind 20 Punkte. Und damit auf seinen Laib das begehrte, schwarz-gold glänzende Etikett geklebt werden kann, muss der Käse von allen Testern mindestens 15 Punkte erhalten. Der auf der Insel konsumierte Käse ist meist zweite Wahl – und trotzdem köstlich. Die erste Wahl geht fast ausschließlich in den Export.

Käserei-Besichtigungen: In Beira kann man in der 1927 gegründeten **Cooperativa Leitaria da Beira** (nördlich von Velas und direkt an der Straße), der ältesten Käsekooperative Portugals, bei der Käseherstellung zuschauen. Besuchertage sind Mo, Di und Mi (Unkostenbeitrag mit Kostprobe 1,50 €), gearbeitet wird tägl. von 8 Uhr morgens bis spät in den Abend – die Milchkühe legen sonntags keinen Ruhetag ein. Folgt man von Velas kommend der Straße an der Kooperative vorbei, taucht rechter Hand das zentrale Käseversandhaus der Insel auf, in dem auch die Qualitätsprüfung vorgenommen wird. Exportiert wird aufs Festland, nach Kanada und in die USA.

Fajã do João Dias/Baden

Die Fajã an der Nordküste der Insel ist bislang nur zu Fuß erreichbar, eine Straße hinunter ist jedoch in Planung. Ungefähr 40 kleine Häuser liegen dort verstreut, überwiegend als Ferien- und Wochenendhäuser genutzt. Westlich der Fajã do João Dias schließt ein schmaler Strand an, viel erwarten sollte man aber nicht. Nach Regen verwandeln hier schlammführende Bäche das Meer zuweilen in eine braune Brühe. Rund 1,5 km östlich liegt die **Fajã do Centeio**, in der noch bis vor wenigen

444   São Jorge

Jahren ein Haus dauerhaft bewohnt war. Nochmals 1 km weiter östlich befindet sich die kleine **Fajã do Valado.**

● *Anfahrt/Fußweg* Die Straße zum Parkplatz für die Fajã do João Dias ist ausgeschildert, nur für das letzte Wegstück (ca. 1 km unbefestigt) fehlte zur Zeit der letzten Recherche das inseltypische Hinweisschild – achten Sie daher auf ein kleines blau-weißes, gekacheltes Schild mit der Aufschrift „Fajã do João Dias". Vom Parkplatz sind es

noch ca. 45 Min. zu Fuß bergab, knapp 400 Höhenmeter müssen überwunden werden. Für den mühseligen Rückweg sollte man mindestens 1 Std. einkalkulieren. Wer einen zusätzlichen Abstecher zur Fajã do Centeio unternehmen möchte, zweigt ca. 200 m vor Erreichen der Fajã do João Dias auf einen Fußpfad nach rechts ab.

Piraten und Irrlichter

Sie raubten die Frauen und nahmen die Kinder als Sklaven, sie plünderten die Ställe und Vorratskammern, brandschatzten Kirchen und brachten Hunger und Tod. Egal, ob die Piraten als Freibeuter segelten oder unter der Flagge europäischer Königshäuser, besonders im 16. und 17. Jh. verbreiteten sie rund um die Azoren Angst und Schrecken. Bei all den Grausamkeiten, die da verübt wurden, wäre selbst Errol Flynn sein charmantes Lächeln vergangen.

Dabei waren auch die Azoreaner keine Unschuldslämmer. Besonders auf den kleineren oder unbedeutenderen Inseln wie Flores und Corvo, aber auch auf São Jorge und Graciosa setzten sie oft irreführende Küstenlichter, die die Kapitäne der stolzen Handelsschiffe direkt auf die Klippen steuern ließen. In kleinen Booten warteten die Inselbewohner dann den Schiffbruch ab und plünderten in Windeseile alles, was sich aus dem sinkenden Schiff schnell holen ließ. Der Stadtname *Velas* (Kerze), so behaupten böse Zungen, gehe auf diese Irrlicht-Taktik zurück.

Die Südküste zwischen Velas und Calheta

Die 20 km lange Straße zwischen Velas und Calheta verläuft meist hoch über der Küste. Auf der Fahrt sieht man von mehreren Aussichtspunkten auf die Fajãs. Und an sonnigen Tagen berauscht der Blick über den Kanal hinweg, der São Jorge von Pico trennt. Ist der mächtige Vulkan der Nachbarinsel gerade nicht in Wolken gehüllt, sollte man sein Foto gleich schießen – manchmal zeigt er sich so die nächsten zehn Tage nicht mehr. Die kleine Insel weiter westlich, deren Silhouette sich meist unscharf im Dunst des Meeres zeigt, ist Faial.

Das schönste Dorf entlang dieser Strecke ist Urzelina, ein gemütlicher kleiner Ort mit ein paar einladenden Buchten. Von Urzelina aus windet sich eine Straße in Serpentinen auf den von Vulkankegeln überzogenen Höhenkamm von São Jorge.

Ponta da Queimada

Den Osten der Bucht von Velas begrenzt die Landzunge Ponta da Queimada, die durch die Lavamassen zweier großer Vulkanausbrüche entstand; der letzte war 1808. Luftlinie ist die Ponta da Queimada gerade 1 km von Velas entfernt, mit dem Pkw muss man jedoch einen weiten Bogen fahren. Früher stand auf dem Kap eine Festung, die zusammen mit der einstigen Hafenburg von Velas die Piraten am Einlaufen in die Bucht hindern sollte. Heute gibt es hier einen kleinen Picknickplatz, von dem man den Anglern zusehen kann, dahinter ein paar heruntergekommene Windmühlen neben Kleinbetrieben, Ferienhäusern und Villen.

● *Übernachten/Essen & Trinken* **Cantinho das Buganvilias**, moderne Appartementanlage mit zeitgemäß ausgestatteten, luftighellen, jedoch etwas dicht gedrängten Einheiten. 2009 eröffnet – der Garten war zum Zeitpunkt der Recherche noch nicht angelegt, das soll aber noch werden. Und damit man hier nicht festsitzt, ist ein Bootsservice nach Velas angedacht. Pool, Restaurant. Für 2 Pers. je nach Ausstattung 95–135 €. Rua Pedro Augusto Teixeira (= Straße zur Ponta da Queimada), ✆ 917542888 (mobil), www.cantinhodasbuganvilias.com.

A Quinta, Unterkunft und Restaurant der Berufsschule. 7 geschmackvoll ausgestattete Zimmer, benannt nach verschiedenen Fajãs. Angeschlossen ein stilvoll-gepflegtes Restaurant mit roten Tischdecken, die Köche geben sich Mühe: Neben Cataplanas und raffinierten Fischgerichten auch Klassiker wie Blutwurst (Hg. 6–19 €). DZ 55 €, Suite für 2 Pers. 95 €. An der Straße von Velas zum Flughafen (nicht die schönste Lage), ✆ 295430240, restaurantehospedariaaquinta@gmail.com.

Fajã de Santo Amaro

Beim kleinen Hafen der Fajã de Santo Amaro mit ein paar alten Bootshäusern zeigt die Küste von São Jorge besonders reizvolle Felsformationen. Zwei dunkle Naturbögen überbrücken dort zwei je nach Lichteinfall unglaublich türkis schimmernde Becken, die durch einen Abbruch entstanden sind. Sie würden zu den besten Bade- und Schnorchelstellen der Insel gehören, gäbe es eine Möglichkeit, auf einfache Weise ins und aus dem Wasser zu gelangen.

Anfahrt/Fußweg Aus Richtung Velas kommend, zweigt man 500 m hinter dem Flughafen rechts ab und fährt dann immer geradeaus bis zum Hafen. Von da noch ca. 150 m zu Fuß, einfach nach links an den Bootshäusern vorbeigehen und dahinter entlang der Küste weiter.

Ribeira do Nabo

Parallel zur Küstenstraße R 1-2 verläuft weiter inseleinwärts zwischen der Fajã do Santo Amaro und Urzelina eine schmale Straße durch das verschlafene Dorf Ribeira do Nabo. Wer seine Mitbringsel für die Lieben zu Hause schon zusammenhat, kann sich den Umweg sparen. Die anderen können ihr Glück in der **Cooperativa do Artesanato** von Ribeira do Nabo versuchen. 10 bis 15 Frauen jeden Alters stricken, häkeln, sticken und weben hier (Wandbehänge und Teppiche, Untersetzer, Schals etc.). In einem kleinen angeschlossenen Laden werden ihre Kunstwerke verkauft.

Anfahrt/Öffnungszeiten Aus Richtung Velas 500 m hinter der Abzweigung zum Flughafen links abbiegen (Hinweisschild). Die Cooperativa Artesanato liegt nach knapp 2 km rechter Hand. Von Urzelina bestens ausgeschildert. Mo–Fr 9–12 und 14–17 Uhr.

Urzelina

Die 850-Einwohner-Siedlung knapp 10 km südöstlich von Velas ist der Badeort der Insel. Im Winter wirkt Urzelina ganz verschlafen, im Sommer erwacht es mit den ersten Touristen.

Es sind die Buchten, die die Touristen nach Urzelina locken. Die wohl schönste liegt westlich des Campingplatzes bei den Windmühlen und ist über die Rua do Canto, die von der Zufahrtsstraße zum Campingplatz abzweigt, zu erreichen. Auch ein relativ großer Pool zwischen Campingplatz und Hafen lädt auf einen Sprung ins kühle Nass ein (gebührenpflichtig). Daneben stand im 17. Jh. eine Festung, von der nur noch die Fundamente zu erkennen sind – heute hat hier der *Clube Naval* seinen Sitz. Östlich des Hafens (vor dem Restaurant Manezinho) tut sich die **Furna das Pombas** auf, eine Meeresgrotte.

446 São Jorge

Freundlich wirkt der Ortskern mit seinen gepflegten Häusern und Blumengärten. Zu Zeiten, als der Orangenhandel das wirtschaftliche Standbein des Archipels war, galt Urzelina als eine der ersten Adressen der Insel. Viele Orangenbarone gaben Urzelina den Vorzug vor Velas, Topo oder Calheta und ließen sich hier in prächtigen Herrenhäusern nieder. Nach Jahren der Armut und Auswanderung tun es ihnen heute Emigranten und neureiche Insulaner gleich – der Küstenstreifen rund um den Ort gehört wieder zu den bevorzugten Wohngegenden São Jorges. So baut man rund um Urzelina in kleinen Parzellen nicht nur Wein an, sondern errichtet in größeren auch Villen. Die ersten Siedler aber sammelten hier die *Urzela*, eine Färberflechte, von der sich der Name des Orts ableitet (→ Kasten „Montags blaumachen", S. 131).

Wer sich auf einen Spaziergang durch die wenigen Gassen aufmacht, dem fällt ein frei stehender Glockenturm auf – das einzige Überbleibsel einer Kirche, die bei einem Vulkanausbruch Anfang des 19. Jh. von Lava verschüttet wurde. Danach kann man das liebevoll eingerichtete **Heimatmuseum** (mit „Centro de Exposição Rural" ausgeschildert) am Hafen aufsuchen. Wer Glück hat, findet es geöffnet vor, wer Pech hat (wie die meisten), dem bleibt nur der Blick durch die Glasfront der Toreinfahrt.

Von Urzelina führt eine schmale, geteerte Straße entlang der Küste zum Hafen der verschlafenen Häuseransammlung **Terreiros**. Dort sollte es bis zu Ihrem Besuch eine kleine Badeanstalt samt Snackbar geben.

- *Verbindung* **Bus** 1-mal tägl. (außer So) nach Velas und Calheta.
- *Einkaufen* Gut sortierter Minimercado an der Durchgangsstraße im Zentrum Urzelinas. Auch Campinggas. So nachmittag geschl. Im Häuserblock dahinter versteckt sich die örtliche **Bäckerei**.
- *Fest* Das **Dorffest** Ende Sept. ist manchmal mit einem **Stierkampf** verbunden.

- *Geld* Automat an der Rua do Porto, gegenüber dem Café an der Durchgangsstraße.
- *Internet* **Sunset**, Snackbar mit Internetzugang gegenüber dem Geldautomaten an der Rua do Porto.
- *Übernachten* **Die Stadtverwaltung** vermietet mehrere Appartements mit Küche nahe dem Hafen. 45 €/Tag. ✆ 295414333 o. ✆ 295414250.

Guesthouse Jardim do Triângulo, von Lesern sehr gelobt. Die mit Abstand schönste Adresse der Insel, unter Leitung der Hamburger Elfi Lange und Christian Imlau. Auf ihrem weitläufigen 3500 m² großen Grundstück verteilen sich mehrere Häuschen mit modern ausgestatteten Zimmern samt Terrasse und Meeresblick. Neben Touristen spazieren Hühner, ein Hund, ein Kater und zuweilen Ziegen umher. Großer Wert wird auf natur- und sozialverträglichen Tourismus gelegt. Außerdem: Leihfahrräder für die Gäste, Organisation von Wandertouren in Kleingruppen, Vermittlung von Whale-Watching-Ausfahrten (45 €), Bootsausflügen (3-Std.-Ausflug 40 €/Pers.) und Tauchgängen (mit professionellem PADI-Instructor und Equipment ca. 80 €/Tag). EZ 55 €, DZ 70 € inkl. leckerem Frühstück, Appartement für 2 Pers. 80 €, für 2 Pers. im einfacheren Holzhäuschen ca. 50 €. Zudem Vermittlung von Häusern auf der ganzen Insel. In Terreiros (Hausnr. 91, ca. 1,5 km östlich von Urzelina an der Straße nach Manadas), ✆ 295414055 o. 914220522 (mobil), ✆ 295414055, www.ecotriangulo.com.

- *Camping* **Parque de Campismo**, weite, baumbestandene Wiese mit ordentlichen sanitären Einrichtungen (Warmwasser) und Grillmöglichkeiten. Herrlicher Picoblick – einer der schönstgelegenen Plätze der Azoren. Offiziell nur Juni–Sept. 2 Pers. mit Zelt 6 €. Direkt am Meer nahe dem Pool am Hafen (ausgeschildert), ✆ 913174107 (mobil).

- *Essen & Trinken* **Restaurante Castelinho**, freundliches kleines Lokal mit Bar, ganz in Blau gehalten, netter Betreiber. Gute Küche, wählen Sie den Oktopussalat vor der *Cataplana*. Hg. 8,50–18 €. So Ruhetag. An der Straße zum Freibad, ✆ 295414095.

  Restaurante Manezinho, großes Restaurant, das in den letzten Jahren zwar mehr-

Fajã das Almas/Baden 447

mals den Besitzer wechselte, aber stets empfehlenswert war. Hervorzuheben ist das Büfett (im Sommer tägl., im Winter nur zum Sonntagslunch, 8,50–10 €), bei dem auch Krebse und Garnelen gereicht werden. Freundlicher Service, keine Terrasse. Durchgehend geöffnet, Mo Ruhetag. Östlich des Hafens, ℡ 295414484.

Wandern auf dem Inselrücken – das zentrale Bergland

Auf über 1000 m Höhe steigt der sattgrüne Inselrücken São Jorges an. In einer Linie reihen sich hier Vulkankegel, der höchste mit stolzen 1053 m ist der Pico da Esperânça. Fast nirgendwo sonst auf den Azoren lässt es sich herrlicher wandern, fast nirgendwo sonst ist die Aussicht so faszinierend. Immer wieder blickt man über Kuhweiden auf die in der Ferne spielzeughaft daliegenden Dörfer und auf das tiefblaue Meer. Am Horizont sind alle Inseln der Zentralgruppe auszumachen, im Südwesten Pico und Faial, im Norden Graciosa und im Osten Terceira. Wanderungen auf dem Inselkamm von São Jorge sind unvergesslich schön, allerdings nur bei Sonnenschein. Wenn Wolken in der Ferne aufziehen, muss man sich in Acht nehmen – innerhalb von wenigen Minuten kann dann alles in Nebel getaucht sein, und nur noch das Läuten der Kuhglocken ist zu hören.

Auf dem Inselrücken verlaufen die Wanderungen 31 und 32 (ab S. 456). Im Verlauf von **Wanderung 31** passiert man in sicherem Abstand die Algar do Montoso, einen spektakulären, flaschenhalsartigen Kraterschlund von ca. 150 m Tiefe, in den sich Waghalsige in die Unterwelt São Jorges abseilen. Die Algar do Montoso soll touristisch erschlossen werden – auf welche Weise, steht jedoch in den Sternen. Nur so viel ist sicher: Bisher ist ein Blick ins Innere der Erde ohne Sicherung per Seil lebensgefährlich!

Wanderung 32 verläuft fast ausschließlich auf befahrbaren Feldwegen und ist bei trockenem Wetter weitgehend auch mit einem Leihwagen machbar (z. T. steile Lehmpisten!). Zum Ausgangspunkt der Tour gelangt man über die R 3-2, die von Urzelina über den Inselrücken nach Santo António führt. Dabei passiert man den Pico das Caldeirinhas.

Manadas

Den kleinen Fischerhafen der 450-Seelen-Gemeinde überragt die idyllisch gelegene, kleine **St.-Barbara-Kirche**, wohl die schönste Barockkirche São Jorges, wenn nicht sogar der gesamten Azoren. Sie stammt aus dem 18. Jh., im Inneren ist sie reich verziert, ein wahres Schmuckstück. Herrliche Azulejos zeigen den Lebens- und Leidensweg der Hl. Barbara, die von ihrem Vater geköpft wurde, weil sie sich weigerte, dem Christentum abzuschwören. Filigran geschnitztes Zedernholz schmückt die kostbare Decke. Sollte die Kirche verschlossen sein, gehen Sie einfach die Straße an der Kirche vorbei ca. 30 m weiter und fragen im gelb-weißen Haus (Nr. 6, Freguesia de Manadas, Hintereingang) nach dem Schlüssel.

● *Verbindung* Der **Bus**, der 1-mal tägl. (außer So) von Velas nach Calheta und zurück fährt, hält auf Wunsch in Manadas.

● *Übernachten* Ein hübsches restauriertes Natursteinhaus ein paar Schritte hinter der Kirche mit 2 Apartments (für jeweils 2–3 Pers.) vermitteln Elfi Görke und Christian Imlau vom **Guesthouse Jardim do Triângulo** in Terreiros (s. o.). Garten mit Bananenstauden. Je nach Größe 60–75 €/Tag.

Fajã das Almas/Baden

Ein netter Badeplatz, nur 1 km östlich von Manadas gelegen. Um ihn zu erreichen, zweigt man am Ortsausgang von Manadas in den Caminho da Fajã ab (Hinweisschild). In steilen Serpentinen geht es zur Fajã hinab, die letzten Meter sind extrem steil. Die Straße endet kurz vor der dortigen Siedlung mit Kapelle und einem kleinen Hafen, in dem man schwimmen kann.

São Jorge
Karte S. 433

Calheta

Calheta ist São Jorges zweitgrößter Ort. Viel los ist nicht in dem Städtchen, und zu tun gibt es auch nicht viel.

1200 Einwohner zählt die Kreisstadt der östlichen Inselhälfte. Von der Küste klettern die farbenfrohen Häuser mit ihren bunten Fensterumrandungen die steilen Hänge hinauf und bieten so fast jedem Einwohner eine herrliche Aussicht auf Pico und den Kanal dazwischen. Neben den alten, teilweise herrschaftlichen Gemäuern stehen viele Neubauten, die nach dem Erdbeben von 1980 errichtet wurden. Calhetas Chronik verzeichnet eine Reihe von Erdbeben, das schlimmste 1757, als nur noch zwei intakte Häuser aus dem Trümmermeer schauten.

Das Zentrum Calhetas breitet sich an der Zufahrtsstraße zum **Hafen** aus, der in den letzten Jahren ausgebaut wurde. Zuvor konnten nur kleine Fischerboote in die natürliche Bucht einlaufen. Calhetas Kern ist nicht allzu groß. Hektik ist hier ein Fremdwort, und in den wenigen Cafés und Läden freut man sich über neue Gesichter. Sehenswürdigkeiten, die nicht nur der Inselprospekt als bedeutend hervorhebt, gibt es keine, auch wenn alles nett anzusehen ist. Die **Pfarrkirche Santa Catarina** aus dem 17. Jh. schmückt eine reizvolle Fassade, ist aber meist verschlossen. Das **Museum**, in einem alten Stadthaus an der Rua José Azevedo da Cunha untergebracht, präsentiert i. d. R. temporäre Ausstellungen. Angeschlossen ist das Kulturzentrum der Stadt und eine Bibliothek mit Internetzugang (Mo–Fr 9–12.30 und 14–17 Uhr).

Richtung Westen geht Calheta fließend in die Nachbargemeinde **Fajã Grande** über, was die Stadt vom Meer aus wie ein lang gezogenes Küstenstädtchen erscheinen lässt. Am Hafen von Fajã Grande (beim Campingplatz) kann man in einem Naturschwimmbecken baden, in einer zur Bar umfunktionierten Windmühle werden im Sommer Erfrischungen angeboten. Fajã Grande ist zudem Sitz der **Konservenfabrik Santa Catarina**, ein Traditionsunternehmen, das mit angeblich garantiert umweltverträglichen und delfinfreundlichen Methoden Thunfische fangen lässt und vor Ort eindost. Die hübschen Konserven, die man überall auf der Insel kaufen kann, sind neben Käse das ideale São-Jorge-Souvenir.

Information/Verbindungen

- *Information* **art-Infostelle**, nur Juli bis Ende Sept. i. d. R. Mo–Sa 9.30–12 und 13.30–15.30 Uhr besetzt. An der Uferstraße, ✆ 295416252, www.cm-calheta.pt
- *Verbindungen* Alle **Busse** starten und enden am Hafen von Calheta (sonntags keine Busse), die kleinen Fajãs werden nicht angesteuert. Nach Velas vormittags 1-mal tägl. entlang der Südküste und (außer Mi und Fr, dann nachmittags) der Nordküste. Zudem 1-mal tägl. nachmittags nach Topo.

Taxis stehen i. d. R. in der Rua Domingos d'Oliveira bereit.

Übernachten
1 Residêncial California
2 Residêncial Solmar

Essen & Trinken
4 Casa de Pasto Beira Mar
5 Bar Calhetense
6 Os Amigos

Einkaufen
3 Supermarkt Com Bem

Calheta 449

Adressen/Einkaufen/Sonstiges

- *Ärztliche Versorgung* **Städtisches Krankenhaus** hoch oberhalb des Zentrums nahe der R 1-2 Richtung Velas, ✆ 295460120.
- *Einkaufen* Im Ort mehrere Minimercados und Supermärkte. Am größten ist der Supermarkt **Compre Bem (3)** am Hafen (mit Café).
- *Fest* Am 25. Nov. findet zu Ehren der Schutzpatronin des Städtchens, der Hl. Katharina, das **Kirchweihfest** statt. Es besitzt fast Volksfestcharakter, dazu formiert sich stets eine Kapelle, die, ohne je geprobt zu haben, ihr Bestes gibt.
- *Geld* Mehrere Bankomaten im Zentrum.
- *Mietwagen* → S. 434.
- *Polizei* Rua Padre Manuel Azevedo da Cunha, ✆ 295416365.
- *Post* Mo–Fr 9–12.30 und 14–17.30 Uhr. Rua 25 de Abril.
- *Freizeit* **Turismo Aventura**, in einem Kiosk am Hafen (jedoch nur unregelmäßig geöffnet), organisiert fast alles, was man zu Wasser und zu Lande unternehmen kann. Im Angebot sind je nach Wochentag u. a. Wander-, Rad- und Jeeptouren, Klettern an Wasserfällen, Boots- und Schnorcheltrips. Nur im Hochsommer. ✆/✉ 295416424, www.aventour-net.com.

Übernachten/Essen & Trinken

- *Übernachten* **Residêncial Solmar (2)**, weißes Haus mit gelben Fensterumrahmungen in zentraler Lage. 17 saubere Zimmer mit Fliesenböden, 2 davon mit Balkon. Zimmer wie Bäder recht geräumig. EZ 45 €, DZ 60 €. Rua Domingos d'Oliveira 4, ✆ 295416120, ✉ 295416564, www.residencialsolmar.com.

Residêncial California (1), weit außerhalb des Zentrums in unattraktiver Lage an der Straße nach Velas (kurz hinter der aZoria-Tankstelle rechter Hand). 6 zweckmäßige Zimmer mit Bad, 2 davon mit kleiner Terrasse und Blick auf den Pico. Im EG ein nicht gerade stilvolles, aber preiswertes Restaurant (Sa Ruhetag). EZ 20 €, DZ 25 €. Velas, ✆ 295416447, ✉ 295416732.

- *Privatzimmer* Privatzimmer gibt es offiziell keine, man kann sich jedoch in den Bars oder Geschäften durchfragen.
- *Camping* **Parque de Campismo Fajã Grande**, nahe dem Naturschwimmbecken am Hafen. Terrassiert angelegt und sehr gepflegt. Blick aufs Meer und den Pico. Kochgelegenheiten, Snackbar mit gemütlicher Terrasse. Offiziell nur Juni–Sept. Im Sommer kann es zuweilen hoch hergehen. 2 Pers. mit Zelt 9 €. Fajã Grande, ✆ 912042470 (mobil).
- *Essen und Trinken/Nachtleben* **Os Amigos (6)**, rustikal angehauchter, luftiger Speisesaal. Spezialität sind Entenmuscheln, au-

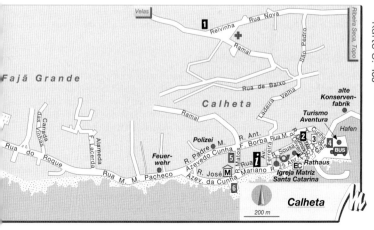

São Jorge
Karte S. 433

450   São Jorge

ßerdem kann man *African Steaks* (mit Bananen und Ananas) oder *Hungarian Steaks* (mit Pilzsoße) kosten. Der Service lässt zuweilen zu wünschen übrig. Hg. 8,50–12 €. Mo nur mittags. Nebenan eine pseudoschicke Lounge mit regelmäßigen DJ-Abenden. An der Ponta São Lourenço südlich des Museums, ℡ 295416421.

Casa de Pasto Beira Mar (4), winzige, einfache Kneipe. Beliebt wegen der guten Tagesgerichte, es wird nur mittags serviert! Innen viel Holz, außen Terrasse. Am Hafen.

Bar Calhetense (5), gemütliche jugendliche Bar mit Außenbereich. Oft Livemusik. Nur am Abend. In der Rua Matos.

Die Nordküste

Landschaftlich ist die Gegend ähnlich reizvoll wie die wesentlich dichter besiedelte Südküste. Wälder, Weiden und die typischen Hortensienhecken ziehen sich über die oft steilen Hänge des zentralen Bergmassivs hinab bis zu den Fajãs (→ Kasten „Aller Anfang waren die Fajãs", S. 430). Die Fajã da Caldeira de Santo Cristo und die Fajã Ouvidor gehören dabei zu den schönsten. Allein die Zufahrtswege sind ein Erlebnis und oft von herrlichen Aussichtspunkten gesäumt, die einen Blick auf das imposante Küstenszenario, das Meer und auf die Nachbarinseln Terceira und Graciosa bieten. Selbstverständlich geben die Fajãs, die man mit einem Fahrzeug erreichen kann, ein moderneres Bild ab als die, zu denen nur alte Eselspfade führen. Die verwachsenen Pfade zu den längst aufgegebenen Fajãs ganz im Nordosten der Insel sind – wenn überhaupt – nur noch mit der Machete begehbar. Abenteuerlustige Insulaner gehen hier zuweilen auf die Jagd nach wilden Ziegen. Angeblich sind die Tiere Nachkömmlinge von Hausziegen, die nach dem letzten Erdbeben 1980 zurückgelassen wurden.

> **Fahrten an die Nordküste**: Die Nordküste ist nur über drei Straßen zu erreichen, die eine führt von Velas nach Toledo, die zweite von Urzelina über das zentrale Bergmassiv nach Santo António und eine dritte von Calheta nach Norte Pequeno. Die Nordküste ist mit „Nortes" ausgeschildert.

Weniger spektakulär als die Fajãs sind die vergleichsweise ärmlichen Dörfer der Nordküste, deren Bewohner sich der Milchwirtschaft verschrieben haben. Während sich die Männer um Kühe, Weiden und das Melken kümmern, arbeiten die Frauen in den Käsereien. Und so wundert es nicht, dass sich das Leben meist um die Milchsammelstellen abspielt.

Norte Pequeno und Umgebung

Zweierlei hat die kleine Ortschaft Norte Pequeno bekannt gemacht. Zum einen die **Cooperativa Agricola de Lacticíno**, die durch die Milchkannen davor kaum zu übersehen ist und einen der besten Käse der Insel herstellt, zum anderen der schlichte Sachverhalt, dass hier die Teerstraße zur **Fajã dos Cubres** abzweigt. Sie passiert einen Aussichtspunkt, von dem so manches Titelbild eines Azorenbuchs entstand. Die Fahrt hinab ist ein Muss!

In der Fajã dos Cubres leben nur noch sieben Menschen das ganze Jahr über. Entlang der Küste führt von dort ein Fußweg über die **Fajã do Belo** zur **Fajã da Caldeira de Santo Cristo** (Dauer ca. 45. Min). Fußfaule können Paula von der Snackbar Costa Norte in der Fajã dos Cubres (s. u.) bitten, einen Quadservice für sie zu organisieren. Alle drei erwähnten Fajãs passiert man in umgekehrter Richtung auch bei Wanderung 35 (→ S. 461).

Norte Pequeno/Umgebung 451

In der Fajã da Caldeira de Santo Cristo lebten noch bis in die zweite Hälfte des 20. Jh. fast 200 Menschen, heute sind es nur noch zwölf. Infolge des Erdbebens von 1980 verließen viele den Ort. Jedes Jahr in der zweiten Septemberwoche kehren sie jedoch zurück, um das Kirchweihfest zu feiern. Ihre alten Natursteinhäuschen, die lange Zeit dem Verfall preisgegeben waren, werden heute wieder restauriert – die Fajã da Caldeira de Santo Cristo entwickelt sich zu einem alternativen Szenetreff junger Festlandsportugiesen, insbesondere Surfer. Sie schätzen den Wind und die hiesige Brandung: Die Wellen kommen regelmäßig, werden von ihrer Höhe her als „world class waves" eingestuft, sind 150–300 m lang (an guten Tagen bis 500 m) und nur etwas für Cracks. Wellenlos ist hingegen der kleine Salzsee, der durch einen natürlichen, aber künstlich verstärkten Damm von der Küste getrennt liegt. Übrigens gibt es in der Fajã da Caldeira de Santo Cristo – einzigartig auf den Azoren – sog. Kreuzmuster-Teppichmuscheln *(Tapes decussatus)*. Das Glück, sie einmal auf den Teller zu bekommen, haben jedoch nur wenige São-Jorge-Besucher.

Fajãs an der Nordküste

Doch mit diesen Fajãs nicht genug: Von Norte Pequeno aus lassen sich noch weitere Siedlungen an der Küste aufsuchen. Eine holprige Schotterstraße führt in Serpentinen hinab in die **Fajã das Pontas** (auf die Straße gelangt man, wenn man in Norte Pequeno in den Canada do Porto abzweigt). Wer ein Herz für Mietfahrzeuge hat, sollte den Weg lieber zu Fuß gehen. Von der Fajã das Pontas wiederum führt ein Fußweg weiter in die **Fajã da Penedia** und in die **Fajã do Mero** (→ Kasten).

(Kein) Wandertipp: Der offizielle Rundwanderweg *Trilho do Norte Pequeno PRC 6 SJO* führt von Norte Pequeno hinab in die Fajã do Mero und von dort über die Fajã da Penedia und die Fajã das Pontas wieder zurück zum Ausgangspunkt. Den Einstieg in die Wanderung findet man in Norte Pequeno ca. 300 m westlich der Kirche gegenüber der Cooperativa Agricola de Lacticíno. Gesamtlaufzeit ca. 3 Std. Im Herbst 2009 war der erste Abschnitt hinab in die Fajã do Mero jedoch derartig verwachsen, dass eine gefahrlose Begehung nicht möglich war – erkundigen Sie sich deswegen vorab im Turismo von Velas nach dem Zustand des Weges! Auch bei freigeschnittenen Pfaden ist absolute Schwindelfreiheit Voraussetzung! Laufen Sie die Strecke nicht, nachdem es geregnet hat, die Pfade können dann sehr glitschig sein!

- *Verbindung* **Bus** von Norte Pequeno 1-mal tägl. nach Calheta (Mo, Di, Do, Sa nachmittags, Mi u. Fr vormittags) und 1-mal tägl. nach Velas (Mo, Di, Do, Sa vormittags, Mi u. Fr nachmittags).

- *Übernachten/Essen & Trinken* **Snackbar Costa Norte**, winzige Mischung aus Bar und Restaurant. Paula zaubert den besten Tintenfisch der Insel (Megaportion für 15 €). Vor der Tür sonnen sich die ortsansässigen Katzen. Beim Kirchlein in der Fajã dos Cubres.

O Borges, Senhor Borges und seine Frau kochen hier für Stammgäste und Wanderer. Gute Hausmannskost (Spezialitäten sind *Caldeirada* und Muscheln) in rustikaler Umgebung, gemütliche Terrasse. Im Sommer tägl., im Winter nur Fr–So geöffnet. Das Paar veranstaltet auch Bootstouren

und vermietet 3 Häuser und mehrere Zimmer (für 2 Pers. ab 40 €). In der Fajã da Caldeira de Santo Cristo (unauffälliges Schild am Eingang, halten Sie Ausschau nach einem zweistöckigen Haus mit Veranda), ☎ 917763132 (mobil), http://o_borges.tripod.com.

Elfi Görke und Christian Imlau (→ Urzelina/Guesthouse Jardim do Triângulo, S. 446) vermitteln einfach eingerichtete Häuser in der Fajã Caldeira de Santo Cristo für Naturfreaks, absolut Ruhebedürftige und anspruchslose Surfer. Rechtzeitige Buchung empfehlenswert. Ab 20 €/Pers.

- *Camping* In der Fajã Caldeira de Santo Cristo wird (inoffiziell) auf der Wiese neben der Kirche gecampt.

Fajã da Ribeira da Areia

In Richtung Norte Grande (knapp 3 km westlich von Norte Pequeno) zweigt eine geteerte Straße von der R 1-2 zur Fajã da Ribeira da Areia ab (ausgeschildert). Sie ist nett anzusehen, ein kleiner, natürlicher Felsbogen im Meer ist die Attraktion (um ihn zu sehen, folgt man der Beschilderung „Caminho do Arco"). Viele Emigranten haben sich hier alte Häuser hergerichtet, z. T. sogar mit Pool, andere Häuser liegen noch unter Gestrüpp begraben.

Norte Grande

780 Einwohner zählt die größte Gemeinde der Nordküste. Der Musikverein des Ortes soll einer der besten der Insel sein, sagt man zumindest im Café Esperança bei der **Pfarrkirche Nossa Senhora das Neves**. Das Gotteshaus wurde im 19. Jh. errichtet und genießt durch seine sechs bunten Glasfenster, die der azoreanische Künstler J. A. Mendes geschaffen hat, lokale Berühmtheit.

Verbindung **Bus** → Norte Pequeno.

Fajã do Ouvidor

Von Norte Grande führt eine Straße in Serpentinen hinab zur Fajã do Ouvidor, ein lohnenswerter Abstecher. Unterwegs passiert man einen herrlichen Aussichtspunkt und eine Quelle, die wegen ihres heilenden Wassers einst sehr geschätzt wurde. Mittlerweile bezweifeln jedoch Experten die heilende Wirkung und behaupten das Gegenteil: Die Qualität des Wassers habe in den letzten Jahren wegen der Überdüngung der Weiden sehr abgenommen. Auf der Fajã Ouvidor stehen ausnahmsweise nicht nur ein paar Häuser, hier steht ein ganzes Dorf, in dem 48 Menschen leben. Die meisten Häuser sind jedoch auch hier Feriensitze, viele davon gehören Auswanderern. Dazwischen sieht man *Adegas*, alte Natursteinhäuser mit Weinkellern – besonders um den wildromantischen **Hafen**, der lange Zeit der einzige Hafen der Nordküste war. Noch in den 1950er Jahren, als es noch keinen freien Warenaustausch unter den Inseln gab, segelten nachts häufig Schmuggler von der Fajã do Ouvidor nach Graciosa. An Bord hatten sie Wasser, da auf Graciosa in den Sommermonaten oft die Brunnen versiegten. Für den Rückweg füllten sie die Fässer mit Wein und Schnaps. Heute wird im Hafen in einem natürlichen Pool zwischen den rauen Lavafelsen gebadet. Schöner aber badet es sich ganz in der Nähe: Halten Sie dazu in der letzten Kurve vor dem Hafen (ca. 50 m hinter einem grell-apricotfarbenen Haus) linker Hand nach einem **Leuchtturm** Ausschau. Auf dem Pfad zum Turm, der selbst wenig spannend ist, weist ein Schild nach links zur **Poça do Caneiro**. Dahinter verbirgt sich eine kleine Schneise in der Lavaküste mit bizarren Felsformationen samt Planschbecken, zu dem man hinabklettern kann. Noch ein paar Schritte weiter westlich lädt die **Poça de Simão Dias**, der beste Badespot der Insel, zum Sprung ins Meer ein (ebenfalls ausgeschildert, Stufen führen hinab). Und noch weiter westlich stürzen Wasserfälle über die Steilhänge der Küste hinab ins Meer.

● *Essen & Trinken* **Amilcar**, nüchterne Innenausstattung, aber nette Terrasse, kleine Bar angegliedert. Probieren Sie die Spezialitäten des Hauses, *Lapas*, zudem guter Thunfisch. Auch halbe Portionen. Hg. ab 7 €. ✆ 295417448. Am Hafen.

Wandertipp: Rund 3 km nordwestlich der Fajã do Ouvidor liegt die Fajã de Além. Sie war die letzte ausschließlich zu Fuß erreichbare Fajã São Jorges, die noch ständig bewohnt war; zum Millennium verstarb allerdings ihr letzter Bewohner. Heute werden die meisten Häuser der Fajã, wie so oft auf São Jorge, als Wochenendhäuser genutzt. Zur Fajã de Além führt **Wanderung 33**, → S. 459.

Toledo

Der Ort unterscheidet sich nur wenig von anderen der Nordküste. Angeblich soll Toledo von spanischen Emigranten (manche behaupten auch Piraten) gegründet worden sein. Zu sehen gibt es nicht viel, zumindest nichts Beeindruckendes. Auch die Tatsache, dass Toledo mit Santo Antonio zu den höchstgelegenen Ortschaften der Azoren zählt, ändert nichts daran.

Die Ostspitze

Fast 30 km sind es von Calheta (→ S. 448) bis Topo. Bis auf 700 m steigt die R 2-2, die Straße durch den Ostzipfel der Insel, an. Selten kommt ein Auto entgegen. Die Ortschaften wirken fast alle wie ausgestorben, öffnet nicht gerade die Milchsammelstelle. Dann wird man zuweilen von einem jungen Bauern mit nagelneuem Pick-up – Kredite machen's möglich – überholt oder überholt selbst ältere Bauern zu Esel oder Pferd, an deren Sattel Milchkannen hängen.

Die hügelige Landschaft des Inselostens ist ein einziges Grün, auf dem Kühe grasen. Nur ein paar Windräder unterwegs bringen Abwechslung ins Bild – die Rotoren decken fast ein Zehntel des Energiebedarfs der Insel. Wer Pech hat, der sieht nichts von alledem, denn nicht selten stochert man auf dieser Strecke mit den Scheinwerfern durch dichte Wolken. Bessere Sicht herrscht für gewöhnlich in den Fajãs auf Meeresniveau, besonders die Fajã São João lohnt einen Abstecher.

Ribeira Seca

Die Häuser der Ortschaft Ribeira Seca liegen weit verstreut hoch über der Küste, die hier zum Meer hin steil abfällt. Im ältesten Ortsteil, der sich mit einem Pavillon und einer Heilig-Geist-Kapelle rund um die **Igreja São Tiago Maior** schmiegt, steht ein auffälliges, aber renovierungsbedürftiges **Haus im französischen Kolonialstil**. Es besitzt einen reich verzierten geschnitzten Holzgiebel und eine von Azulejos überzogene Fassade, von deren einstigem Glanz jedoch nicht mehr viel übrig geblieben ist. Das Haus ist das einzige dieser Art auf den Azoren und trägt den Namen seines Erbauers Gaspar Silva, ein von Hawaii zurückgekehrter Auswanderer, der es dort zu unermesslichem Reichtum gebracht hatte. Bekanntester Sohn des Ortes aber ist der Komponist und Dirigent Francisco de Lacerda (1869–1934), der zu Anfang des 20. Jh. in Paris große Erfolge feierte (→ Folklore und Musik, S. 434).

Fajã dos Vimes

Die Fajã dos Vimes erreicht man über eine Stichstraße von Ribeira Seca aus. Die Anfahrt, die an mehreren Picknickplätzen und Aussichtspunkten mit imposanten Panoramen vorbeiführt, ist ein Erlebnis. Treffpunkt des 104-Einwohner-Orts ist das Café Nunes – Patron Manuel Casimiro serviert zuweilen Kaffee aus lokalen Bohnen. Darüber befindet sich die **Casa de Artesanato**, zugleich die Werkstatt von Maria Alzira und Maria Carminda Nunes. Hier entstehen auf Webstühlen wie vor hundert Jahren die geometrisch gemusterten Wandteppiche, die *Colchas de Ponto Alto*, für die die Fajã dos Vimes bekannt ist. An einem großen Stück arbeiten die beiden Frauen rund acht Tage, man kann ihnen dabei zusehen (wenn sie da sind, wird geöffnet). Das Café und die Casa de Artesanato findet man, wenn man sich bei der Kirche in Fajã do Vimes rechts hält, dann nach ca. 150 m auf der rechten Seite.

Fest Das **Fronleichnamsfest** von Fajã dos Vimes zählt zu den größten Festen der Insel. Im Anschluss an die Prozession gibt es Tanz und Musik. Man könnte meinen, halb São Jorge ist dann hier versammelt.

Frischmilchtransport

> **Wandertipp**: Von der Fajã dos Vimes führt ein herrlicher Wanderweg zur Fajã de São João, → **Wanderung 34**, S. 460.

Parque da Silveira

In der Nähe von Ribeira Seca taucht im Inselinneren an der R 2-2, der Hauptverbindungsstraße zwischen Calheta und Topo, die ausgeschilderte Abzweigung zum Parque da Silveira auf. Der Park ist das Pendant zum Parque Sete Fontes (→ S. 442) auf der nordwestlichen Inselhälfte, nur ist er überschaubarer und verspielter angelegt. Auch hier findet man ein Tiergehege sowie Grill- und Picknickmöglichkeiten.

Wandertipp: Südöstlich des Parque da Silveira erstreckt sich die Serra do Topo. Von hier führt **Wanderung 35** (→ S. 461) über die Fajã da Caldeira de Santo Cristo bis zur Fajã dos Cubres – ein Azorenklassiker. Diese Wanderung ist
identisch mit dem offiziellen *Percurso Pedestre PR 1 SJO*. Geht man diesen
Wanderweg in die entgegengesetzte Richtung und folgt im Anschluss dem
markierten *Percurso Pedestre PR 2 SJO* (Dauer ca. 2 ½ Std.) von der Serra do
Topo hinab in die Fajã dos Vimes, überquert man die Insel von der Nord- zur
Südküste. Wir empfehlen und beschreiben diese Tour aber nicht, da der
Percurso Pedestre PR 2 SJO aufgrund seiner Bodenbeschaffenheit unschön
zu gehen und zudem – falls sich nichts ändert – extrem verwachsen ist. Wer
es dennoch probieren möchte: Der Einstieg in diesen Wanderweg (mit
Wandertafel) befindet sich an der Verbindungsstraße Calheta – Topo ca.
800 m westlich des Einstiegs von Wanderung 35.

Lourais

Von der R 2-2 zweigt auf Höhe des bis zu 942 m ansteigenden Pico dos Frades eine
Straße nach Lourais ab, eine weit verstreute Siedlung, die aus insgesamt drei Dörfern besteht. Nach 1,8 km erreicht man eine hübsche, dem Wind ausgesetzte Einsiedlerkapelle nahe **Loural Segunda**. Westlich liegt **Loural Primeira**, östlich **Loural
Terceira**. Die Siedlung passiert man auf Wanderung 34 (→ S. 460).

Fajã de São João

Sie ist ohne Zweifel die schönste Fajã der östlichen Inselhälfte, in wilden Serpentinen geht es steil bergab. Zehn Familien leben noch im Dorf. Treffpunkt ist das Café
e Mercearia Águeda am Ortsbeginn mit je einem großen Holztisch darin und davor
(So geschl.). Ein paar Schritte weiter steht ein hübsches **Kirchlein** mit einem Glockenturm aus dem Jahr 1899. Fast senkrecht steigt darüber die Küste an, mit üppiger Vegetation verkleidet. Üppig gedeiht es aber auch im Mikroklima der Fajã. Neben Wein und Gemüse aller Art werden Kaffee, Bananen und Tabak angebaut. Im
Westen schließt die **Baía da Areia** mit einem an sich netten, aber nicht immer ganz
sauberen Sand-Kies-Strand an.

Topo

Den Küstenabschnitt um das beschauliche Topo ließ der flämische Edelmann Wilhelm van der Hagen 1470 urbar machen. In den folgenden Jahrhunderten entwickelte sich das Städtchen zu einem der wichtigsten der Insel und wurde gar die in-
offizielle Hauptstadt von São Jorge. An diese Zeit erinnern noch heute alte Herrenhäuser, die breite **Pfarrkirche Nossa Senhora do Rosário** aus dem 16. Jh. und das
gegenüberliegende **Franziskanerkloster**, in dem das Rathaus untergebracht ist. In
den Gassen überraschen immer wieder schmucke Häuser mit gusseisernen Balkonen. Fährt man links an der Pfarrkirche vorbei, gelangt man zum **alten Hafen**, der
von rötlichen Lavaklippen umgeben ist. Einst stachen von hier die Walfangboote in
See. Waren sie erfolgreich, schleppten sie ihren Fang nicht selten auf die Nachbarinsel nach Cais do Pico zur Weiterverarbeitung.

Folgt man der Beschilderung „Farol", erreicht man den **Leuchtturm an der Ponta do
Topo**, der Ostspitze der Insel São Jorge. Zu Füßen des Leuchtturms findet man ein
kleines Picknickareal und ein **Naturschwimmbecken**. Dem Leuchtturm vorgelagert

456 São Jorge

ist nur noch das kleine Inselchen **Ilhéu do Topo**, auf dem gelegentlich Kühe grasen, die in schaukeligen Fischerbooten übergesetzt werden.

● *Verbindung* **Bus** 1-mal tägl. nach Calheta und von dort weiter bis Velas.

● *Essen & Trinken* **O Baleeiro**, einfaches, preisgünstiges Lokal, in dem es Lesern geschmeckt hat. Fr gibt es Grillhähnchen für 6 €. Ca. 1 km nördlich von Topo in São Pedro. Bereits auf dem Weg nach Topo ausgeschildert.

Fumeiro de Santo Antão, Wursträucherei im gleichnamigen Ort, 5 km westlich von Topo. War zum Zeitpunkt letzten Recherche gerade insolvent, mal sehen, was die Zukunft bringt.

Wanderung 31: Vom Pico das Calderinhas über den Pico da Esperânça nach Norte Pequeno

Route: Pico das Calderinhas – Pico do Pedro – Pico do Carvão – Pico Verde – Morro Pelado – Pico da Esperânça – Pico do Areeiro – Pico Pinheiro – Norte Pequeno.

Dauer: Ca. 5 ¼ Std.

Besonderheiten: Der Weg verläuft mit einmaligen Ausblicken ausschließlich auf unbefestigten Straßen. Bis zum Pico da Esperânça geht es insgesamt stets leicht bergauf, danach bis Norte Pequeno fast nur noch bergab. Die erste Hälfte des Weges ist mit dem offiziellen *Percurso Pedestre PR 4 SJO*, der zur Fajã do Ouvidor führt, identisch.

Einkehr: Unterwegs keine Möglichkeit.

An- und Weiterreise: Die Anfahrt ist nur mit dem Taxi möglich, von Velas ca. 15 €, von Urzelina ca. 10 € – sofern man ein Taxi auftreibt (Urzelina selbst ist mit dem Bus Mo–Fr vormittags von Calheta aus zu erreichen). Alternativ dazu bietet sich der ausgestreckte Daumen an. Von Norte Pequeno fährt Mi und Fr um 15.45 Uhr ein Bus nach Velas und Mo, Di und Do um 16.15 Uhr nach Calheta (an allen anderen Werktagen nur vormittags Busse). Überprüfen Sie die Angaben zur Sicherheit im Turismo. Taxi von Norte Pequeno nach Velas ca. 17,50 €, nach Calheta ca. 9 €.

Wegbeschreibung: Ausgangspunkt der Wanderung ist die Kreuzung an der R 3-2 nahe dem Pico das Calderinhas, wo die Schotterstraße zum Pico da Esperânça beginnt (Wegweiser). Die Schotterstraße passiert zuerst den Pico do Pedro an dessen Nordseite, daraufhin den Pico do Carvão (ebenfalls an der Nordseite). Die dort bergab führende Linksabzweigung bleibt unbeachtet. Vor dem nächsten Berg, dem Pico Verde, gabelt sich der Weg, es steht einem offen, ob man sich für den linken Weg mit Aussicht auf Graciosa und Terceira entscheidet oder rechts den Blick auf Pico und Faial vorzieht. Vor dem Morro Pelado treffen beide Routen wieder zusammen. Diesen Berg mit einem imposanten Krater umgeht man auf der Südseite. Rechter Hand des Weges liegt, von der Schotterstraße nicht einsehbar, die Algar do Montoso (→ S. 447).

Tragik am Wegesrand

Am Morro Pelado zerschellte am 11. Dezember 1999 eine SATA-Maschine des Typs *ATP-530* mit 35 Passagieren an Bord. Es gab keine Überlebenden. Der Pilot hatte auf dem Flug von Ponta Delgada über Faial nach Flores wegen schlechter Wetterverhältnisse die Orientierung verloren. Die meisten Passagiere kamen aus Flores. Mit an Bord war auch der Pfarrer der Insel, was die Tragik des Unglücks für die Hinterbliebenen verschärfte: Keiner war zur Stelle, der Seelsorge leisten konnte oder die Trauerfeier leitete. Eine Gedenktafel erinnert an das Unglück.

Vor einem liegt nun der Pico da Esperânça, São Jorges höchster Vulkankegel. Zwei Seen – eigentlich mehr Tümpel –

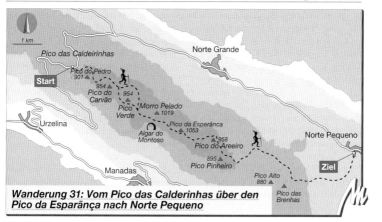

Wanderung 31: Vom Pico das Calderinhas über den Pico da Esperânça nach Norte Pequeno

befinden sich im Krater, ein grasbewachsener Feldweg führt hinauf (15–30 Min.). Hinter dem Pico da Esperânça windet sich die Schotterstraße in Serpentinen bergab und passiert danach den Pico do Areeiro auf der Nordseite (auf ihn weisen erst ein viereckiges, dann ein dreieckiges Schild hin). Die Rechtsabzweigungen dahinter bleiben allesamt unbeachtet. Der Schotterweg führt nun in weiten Serpentinen durch hoch gelegenes, von Stacheldraht gesäumtes Weideland und erreicht eine Weggabelung mit verrosteten Schildern. Hier verlässt man den markierten Weg und hält sich rechts. Der Weg führt über einen Cattlegrid und vorbei an einer Mauer mit einem rot-gelben Kreuz für „falscher Wanderweg".

Die nächste, nach ca. 500 m folgende Linksabzweigung bleibt außer Acht. Kurvenarm verläuft nun der Weg in Richtung Südost weit unterhalb der Vulkankegel des Pico Alto und Pico das Brenhas und endet schließlich in einer bergab führenden Schotterstraße, links halten. Nach ca. 10 Min. erreicht man die nächste Kreuzung (rechts auf der Weide steht eine alte Melkstation), hier rechts halten. Nun geht es weiter vorbei an Weiden und Wacholderbüschen. Die Linksabzweigung zwischen einem Stacheldrahtzaun hindurch (hier rechts voraus des Hauptweges eine niedrige Mauer) bleibt unbeachtet. Bei der nächsten Weggabelung hält man sich links und biegt auf die leicht bergauf führende, einen kleinen Hügel umrundende Schotterstraße ab. Dieser Weg bringt Sie direkt in die Ortschaft Norte Pequeno. (Hält man sich an der Hauptstraße im Ort rechts, gelangt man an der Kirche vorbei zum Café Reis.)

Wanderung 32: Vom Pico das Calderinhas nach Velas

Route: Pico das Calderinhas – Santo Amaro – Velas.
Dauer: Ca. 4 Std.
Besonderheiten: Wie Wanderung 31 bietet auch diese Wanderung grandiose Ausblicke. Einfacher Weg, auf dem es überwiegend bergab geht.

Einkehr: Unterwegs keine Möglichkeit.
An- und Weiterreise: Anfahrt → Wanderung 31. Wer nicht in Velas nächtigt, gelangt von dort entweder mit öffentlichen Verkehrsmitteln oder mit dem Taxi zurück zu seiner Unterkunft (→ Velas/Verbindungen, S. 436).

Wegbeschreibung: Ausgangspunkt auch für diese Wanderung ist die Kreuzung an der R 3-2 nahe dem Pico das Calderinhas (zugleich der Einstieg in die Wanderung 31). Um aber nach Velas zu gelangen, geht man in die entgegengesetzte Richtung, folgt dabei stets der breitesten unbefestigten Straße, die Richtung Westen verläuft, und lässt alle kleineren und größeren Abzweigungen unbeachtet. Den Pico das Calderinhas passiert man auf seiner Südseite, den Pico das Brenhas auf dessen Nordseite. Herrliche Ausblicke auf Pico und Faial wechseln mit Ausblicken auf Graciosa und Terceira ab. Mit der Zeit verläuft der Weg nur noch auf der Südseite des Inselrückens und schlängelt sich von dort schließlich bergab. Auch hier wandert man stets weiter Richtung Westen und ignoriert alle zur Küste abzweigenden Wege und Straßen. Am späten Nachmittag rattern an den Hängen die Melkmaschinen, und wer Glück hat, wird von einem Bauern auf einen Schluck frische Milch aus dem Deckel der großen Aluminiumkannen eingeladen.

Nach ca. 2 Std. Gehzeit (7 km) bekommt der Schotterweg einen Teerbelag und ändert durch die erste Serpentine seine Richtung nach Süden. 600 m weiter zweigt man vor einem überbrückten Wasserlauf (an zwei niedrigen Mauern zu erkennen) links ab und wandert auf dem befahrbaren Schotterweg parallel zu der Nadelbaumreihe auf der linken Seite weiter. Nach ca. 400 m erreicht man eine geteerte Straße (links halten) und verlässt diese bei der ersten möglichen Rechtsabzweigung noch vor dem Ortsbeginn von Santo Amaro wieder.

Auf einem Feldweg gelangt man nun – wieder alle Abzweigungen ignorierend – zur R 1-2, der Verbindungsstraße Velas – Calheta, überquert diese, hält sich für ca. 80 m links, bis rechter Hand eine kaum befahrene Straße nach Velas beginnt, die Sie zu den ersten Häusern von Velas hoch über der Stadt bringt. Dort nimmt man die nach links steil bergab führende, betonierte Serpentinenstraße, die hinab ins Zentrum von Velas führt.

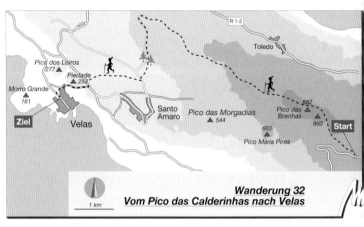

Wanderung 33: In die Fajã de Além

Route: Ermida – Fajã de Além – Ermida.
Dauer: Ca. 2 ½–3 Std.

Besonderheiten: Eine nette Rundtour, falls das Hochland wolkenverhangen ist.

Wanderung 33   459

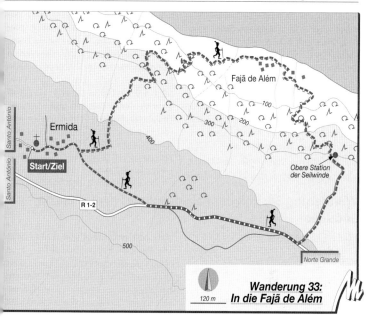

Wanderung 33: In die Fajã de Além

Der markierte Weg, identisch mit dem offiziellen *Percurso Pedestre PRC 5 SJO*, ist hinab in die Fajã recht steil und glitschig, Stöcke sind von Vorteil. Zudem ist Schwindelfreiheit vonnöten.

Einkehr: Keine Möglichkeit.

An- und Weiterreise: Mi und Fr passiert der Morgenbus (8.30 Uhr, Stand 2009), der von Velas nach Calheta entlang der Nordküste fährt, Santo António. Gegen 16 Uhr passiert der Bus an den gleichen Tagen Santo António in entgegengesetzter Richtung. Mo, Di und Do fährt der Bus um 8.30 Uhr von Calheta aus an Santo António vorbei nach Velas, zurück ebenfalls gegen 16 Uhr. Sagen Sie dem Fahrer, dass Sie an der Abzweigung nach Ermida aussteigen wollen.

Mit dem eigenen Fahrzeug zweigt man, auf der R 1-2 von Velas kommend, am östlichen Ortsende von Santo António nach links in den Weiler Ermida ab und parkt dort beim Kirchlein, gegenüber steht eine Wandertafel.

Wegbeschreibung: Um den Einstieg in den Pfad hinab in die Fajã de Além zu finden, folgt man vom **Kirchlein Ermidas** noch für rund 150 m der bergab führenden Straße. Halten Sie nach einer gelb-roten Markierung an einem betonierten Laternenpfahl Ausschau, die Sie dazu auffordert, nach links abzuzweigen. Rund 15 Min. später kommt die Fajã do Ouvidor, eine ins Meer ragende, bebaute Landzunge (→ S. 452), ins Blickfeld. In der Ferne sieht man linker Hand Graciosa und rechter Hand Terceira.

Entlang dem steilen Abhang verläuft der Fußweg in Serpentinen bergab. Nach rund 45 Min. Gesamtgehzeit hat man die rund 20 Häuser zählende **Fajã de Além** (→ S. 453) erreicht. Ein paar der kleinen Felder in der Fajã werden noch bewirtschaftet, an einem Bachlauf steht eine alte Wassermühle. Die Fajã könnte noch heute als Kulisse für eine Hänsel-und-Gretel-Verfilmung dienen.

Nun folgt man dem markierten Weg durch die Fajã, überquert dabei zwei Brücklein und hält sich dort, wo Markierungen fehlen, stets auf dem breitesten Pfad. So gelangt man automatisch auf den bergauf führenden Pfad, der oberhalb der östlichsten Häuser der Fajã auf eine Felswand zuläuft und dann in Serpentinen steil ansteigt. Je nach Kondition dauert der Aufstieg auf dem Pfad zwischen 45 und 90 Min.

Bei der **oberen Station der Seilwinde**, über die die Fajã mit Brennholz und an-

deren Dingen versorgt wird, trifft man auf einen befahrbaren Feldweg. Nun folgt man diesem weiter bergauf und erreicht nach ca. 10 Min. die **Verbindungsstraße** Santo António – Norte Grande. Hier hält man sich rechts und folgt der Straße für 10 Min. Hinter einem kleinen Waldstück und vor einem Überholverbotsschild zweigt man nach rechts auf das Sträßlein nach **Ermida** ab (kein Hinweisschild). Das Kirchlein der Häuseransammlung ist kurz darauf schon zu sehen.

Wanderung 34: Von der Fajã dos Vimes in die Fajã de São João

Route: Fajã dos Vimes – Fajã dos Bodes – Lourais – Baía da Areia – Fajã de São João.

Dauer: Ca. 3 ½ Std.

Besonderheiten: Der markierte Wanderweg ist mit dem offiziellen *Percurso Pedestre PR 3 SJO* identisch. Der Weg ist einfach, jedoch mit einem schweißtreibenden Aufstieg am Anfang verbunden – man steigt von Meereshöhe auf rund 500 m auf.

Anfahrt: Nachteil der Wanderung ist, dass Sie, sofern Sie nicht trampen, auf Taxis angewiesen sind. Zur Fajã dos Vimes kostet das Taxi von Velas aus 28 €, von Calheta 12,50 €. Von der Fajã de São João nach Velas kostet die Fahrt 35 €, nach Calheta 22 €, zurück zur Fajã dos Vimes 24 €.

Einkehr: Am Anfang der Wanderung im Café Nunes in der Fajã dos Vimes und am Ende im Café e Mercearia Águeda in der Fajã de São João (So geschl.).

Wegbeschreibung: Startpunkt der Wanderung ist die **Kirche** über dem Hafen der Fajã dos Vimes, wo auch eine Wandertafel steht. Von dort folgt man dem befahrbaren Schotterweg entlang der Küste gen Osten zur benachbarten **Fajã dos Bodes**. Sie besteht aus rund 25 Häusern mit Wein- und Maisgärten. Einige sind verfallen, andere wurden be-

reits nett restauriert und dienen heute vorrangig als Wochenendhäuser.

Hinter den letzten Häusern der Fajã dos Bodes wird aus dem Weg ein Pfad. Zunächst geht es vorbei an verfallenen Häuschen, Weingärten und kleinen Bananenplantagen, dann steil den Felshang hinauf und durch den Wald. Der Anstieg bis zur Siedlung Lourais hat es in sich und dauert rund anderthalb schweißtreibende Stunden! Unterwegs überquert man zwei Bachläufe auf Trittsteinen, was jedoch keine größere Herausforderung darstellt. Ausblicke auf die fantastische Küstenlandschaft hat man nur selten, da Bäume meist die Sicht versperren.

Schließlich erreicht man das erste Haus von **Lourais**. Aus dem Pfad wird wieder ein Feldweg, der kurz darauf in eine Teerstraße mündet, wo man sich rechts hält. Nun folgt man der anfangs bergauf, dann stetig bergab führenden Teerstraße vorbei an einer **Einsiedlerkapelle** (→ S. 455) durch die weit verstreute Siedlung, wobei sämtliche Abzweigungen unbeachtet bleiben. Die Straße windet sich schließlich in Serpentinen hinab. Beim letzten Haus von Lourais verliert sie ihre Teerschicht und setzt sich als Schotterweg fort.

Wanderung 35 461

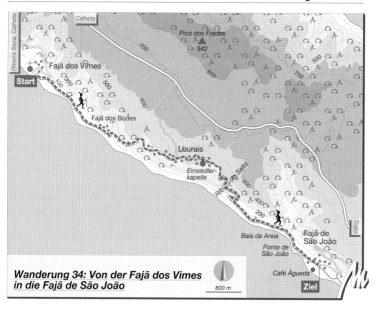

Wanderung 34: Von der Fajã dos Vimes in die Fajã de São João

Kurz darauf passiert man den Fluss **Ribeira do Salto** auf einer Brücke, die Vegetation mutet tropisch an. Es geht weiterhin stetig bergab, schöne Ausblicke auf die Küste und auf Pico tun sich auf. Wenig später sieht man bereits die **Fajã de São João** in der Ferne. Man erreicht sie schließlich, nachdem man an größtenteils aufgegebenen Katen und am Strand der **Baía da Areia** vorbeigekommen ist. Um zum **Café Águeda** zu gelangen, wo man (falls geöffnet) einkehren und sich ein Taxi rufen lassen kann, durchquert man den Ort bis zu seinem oberen Ende.

Wanderung 35: Von der Serra do Topo über die Fajã da Caldeira de Santo Cristo bis zur Fajã dos Cubres

Route: Serra do Topo – Caldeira da Cima – Fajã da Caldeira de Santo Cristo – Fajã do Belo – Fajã dos Cubres.

Dauer: Reine Gehzeit ca. 2 Std., 40 Min. Unterwegs passiert man idyllische Plätze, z. B. die aufgegebene Siedlung Caldeira da Cima, an der man mit Vergnügen ein ganztägiges Picknick veranstalten könnte. Bedenken Sie dies bei der Planung, insbesondere wenn Sie sich von einem Taxi abholen lassen wollen. Unternimmt man die Wanderung als Rundtour, sollte man 4–7 Std. einplanen (→ Kasten).

Besonderheiten: Der Wanderweg ist markiert und identisch mit dem *Percurso Pedestre PR 1 SJO*. Die Wanderung zählt zu den Klassikern des Archipels, nahezu jeder Reiseführer macht auf sie aufmerksam.

An- und Weiterfahrt: Die Anfahrt mit öffentlichen Verkehrsmitteln ist zwar möglich, ist aber, da der Bus nach Topo erst am späten Nachmittag fährt, nur an langen Sommertagen machbar. Zurück gibt es von der Fajã dos Cubres keine Alternative zum Taxi. Für die Hin- und Rückfahrt mit dem Taxi (von

462 São Jorge

und nach Velas) muss man insgesamt mit ca. 50 € rechnen. Immerhin gibt es die Möglichkeit einer Rundtour (→ Kasten) – ideal für alle, die mit dem Mietwagen anfahren.

Einkehr: In der Fajã da Caldeira de Santo Cristo und in der Fajã dos Cubres am Ende der Wanderung → Norte Pequeno und Umgebung, S. 450.

Wegbeschreibung: Der Einstieg zur Wanderung liegt an der **Straße von Calheta nach Topo**. Halten Sie, nachdem Sie die Windräder passiert haben, rund 5 km östlich des Ortsausgangsschilds von Ribeira Seca nach einem betonierten Unterstand (der einzige weit und breit) rechter Hand Ausschau. Gegenüber beginnt der Weg, auch finden Sie hier eine Wandertafel. Nach wenigen Minuten leichten Ansteigens blickt man in das größte Tal der Insel namens Caldeira da Cima (Infotafel), das nach einem aufgegebenen Weiler benannt ist, der später noch passiert wird. Der Name „Caldeira" mag irreführend sein, denn einen Krater sucht man hier vergebens.

Von nun an verläuft der Weg überwiegend auf alten Eselspfaden bis zur Fajã da Caldeira de Santo Cristo stets bergab, der Einstieg liegt wenige Meter hinter einem Gatter rechts voraus. Anfangs ist der Weg noch relativ breit, manchmal wird er aber von wuchernden Hortensienhecken auf eine schmale Schneise reduziert. Man passiert mehrere Gatter, die man so hinterlässt, wie man sie vorgefunden hat. Zwischen dem zweiten und dem dritten Gatter gabelt sich der Weg, beide Wege treffen jedoch kurz darauf wieder zusammen. Hinter dem dritten Gatter verengt sich der Weg immer öfter zu einem (deut-

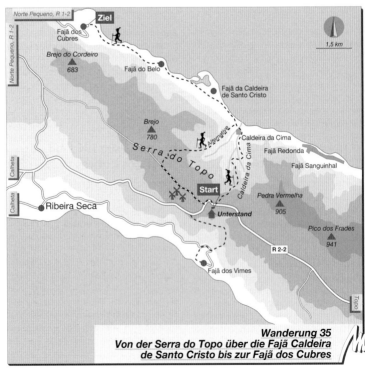

Wanderung 35
Von der Serra do Topo über die Fajã Caldeira de Santo Cristo bis zur Fajã dos Cubres

Wanderung 35   463

lich ausgetretenen) Pfad. Er führt weiterhin in kleinen Serpentinen bergab und gabelt sich erneut für ein paar Meter. Man hält sich stets auf dem Hauptpfad, der auf dem Bergrücken hinabführt. Man erreicht ein fünftes Gatter, und kurz darauf hört man das Rauschen eines Baches zur Linken. Der Pfad nähert sich diesem Bach, verläuft schließlich ein paar Meter parallel zu ihm, schwenkt aber dann ab und überquert eine Wiese zu dem Taleinschnitt, der rechts des Bergrückens liegt, auf dem man heruntergekommen ist. Dort passiert man erneut ein Gatter und überquert zwei Bäche auf Steinbrücken.

Nun führt der Weg zwischen einer Mauer (zur Rechten) und einem Bach (zur Linken) bis zur aufgegebenen Siedlung **Caldeira da Cima** (bei einer für diese Gegend großen Brücke). Auf diesem Weg weiter in westliche Richtung (dabei wird eine weitere Brücke überquert) erreicht man die **Fajã da Caldeira de Santo Cristo**. Vorbei an der Kirche und dem davor liegenden See gelangt man am Ende des Orts auf einen schmalen Weg, der anfangs unterhalb einer Felswand verläuft. Auf diesem geht es nun auf und ab zur **Fajã do Belo**, wo nur noch ein intaktes Gehöft steht, und weiter bis zur **Fajã dos Cubres**.

Wanderung 35 als Rundtour: Beim aufgegebenen Dorf Caldeira da Cima beginnt ein steiler, alter Eselsweg, der wieder hinauf zur Serra do Topo führt. Dieser Weg bietet die Möglichkeit, Wanderung 35 als Rundtour abzuschließen. In diesem Fall ist der Weg zur Fajã da Caldeira de Santo Cristo und weiter bis zur Fajã dos Cubres jedoch ein langer Abstecher, d. h., Sie wandern zu den Fajãs und müssen aber wieder zurück. Dauer der Rundtour Serra do Topo – Caldeira da Cima – Serra do Topo ca. 4 Std. Mit einem Abstecher zur Fajã da Caldeira de Santo Cristo ca. 5–5 ½ Std., bis zur Fajã dos Cubres ca. 7 Std.

Wegbeschreibung/Rundtour: Um den Einstieg in den Rückweg zu finden, verlassen Sie Caldeira da Cima über die oben beschriebene große Brücke in Richtung der Fajã da Caldeira de Santo Cristo. Ca. 3 Min. später passiert man eine weitere Brücke. Abermals 3 Min. später (rechter Hand säumen nun Felder den Weg) taucht linker Hand ein Brunnen auf. Unmittelbar hinter dem Brunnen müssen Sie den Waldweg linker Hand nehmen, einen alten, mit großen Steinen gepflasterten Eselsweg, der steil bergauf führt – zuweilen passiert man Bänke für eine Verschnaufpause. Sämtliche Linksabzweigungen werden ignoriert. Nachdem man ein Gatter passiert hat, führt der Weg aus dem Wald heraus, nun geht es über Wiesen weiter, man überquert ein nahezu ausgetrocknetes Bachbett. Teils dienen hölzerne Pfosten als Wegmarkierungen, teils wurden Treppchen an besonders steilen Passagen angelegt. Man kommt an zwei weiteren Gattern vorbei, dann wird der Weg etwas matschig. Ca. 20–30 Min. nach dem dritten Gatter hat man den höchsten Punkt erreicht. Falls Wolken aufgezogen sind, pfeift Ihnen nun der Wind um die Ohren. Bei starkem Nebel ist der folgende Wegabschnitt (nur ein kurzes Stück) nicht einfach zu finden. Halten Sie sich daher an folgende exakte Beschreibung: Wenn Sie oben am Grat angekommen sind, halten Sie sich für ein paar Schritte links und zweigen dann gleich hinter der mit Stacheldraht versehenen niedrigen Mauer nach rechts ab. Sie wandern nun einen kurzen Abschnitt entlang der Mauer, die rechts von Ihnen verläuft, bis eine Markierung auf der Mauer Sie dazu auffordert, sich nach links zu wenden. Nach wenigen Schritten durch sumpfiges Terrain stoßen Sie auf einen grasbewachsenen Feldweg. Auf diesem geht es nach rechts bergab. Der Feldweg trifft nach 2 Min. auf eine asphaltierte Straße, hier links halten. Vorbei an den Windrädern erreichen Sie so nach ca. 20 Min. die Verbindungsstraße Calheta – Topo, wo Sie sich erneut links halten. 3 Min. später sind Sie am Ausgangspunkt der Wanderung angelangt.

São Jorge
Karte S. 433

▲ Flores - wenig Menschen, viele Kühe

Westgruppe (grupo ocidental)

Flores 466   Corvo 496

Musterhaft – Weideland auf Flores

Flores

Flores ist die größte Insel der Westgruppe und die viertkleinste der Azoren. Zusammen mit São Jorge gilt Flores bei Wanderern und Naturliebhabern immer noch als Geheimtipp des Archipels. Den Namen „Flores" (Blumen) trägt die Insel zu Recht: Die Pflanzenvielfalt ist einzigartig, die Farbenpracht ebenso – Flores ist ein Paradies für Botaniker.

Geographisch betrachtet liegt die Insel auf dem amerikanischen Festlandsockel, heute in sicherem Abstand zur tektonischen Bruchzone. An ihren vulkanischen Ursprung erinnern nur noch ein paar heiße Schwefelquellen und malerische Kraterseen. Ausbrüche wurden seit Menschengedenken nicht mehr registriert. Politisch gesehen ist Flores mit dem westlichsten Dorf Europas, Fajã Grande, einer der Eckpunkte, die den Raum der Europäischen Union begrenzen.

Aus der Lage weiter westlich im Atlantik resultieren deutliche klimatische Unterschiede zu den Inseln der Zentral- und Ostgruppe. Flores ist die wasserreichste Insel des Archipels, die jährliche Niederschlagsmenge beträgt durchschnittlich 1500 mm. So regnet es auf Flores fast doppelt so viel wie auf der knapp 600 km entfernten Insel Santa Maria. Auch windet es auf Flores mehr, oft ist der Regen mit Stürmen gekoppelt, die Dächer spielend abdecken können. Der Regen schenkt Flores aber auch besonderen Charme – nicht selten strahlt über der grünsten Insel der Azoren ein gigantischer Regenbogen. Entlang der Küste, die kleine Felsinselchen umlagern, liegen alle Dörfer der Insel, die den zwei Concelhos Santa Cruz das Flores und Lajes das Flores zugeordnet sind. Faszinieren die Dörfer durch ihre bäuerliche Idylle, so enttäuschen die beiden Verwaltungszentren durch ihre belanglose Nüchternheit.

Inselgeschichte 467

Das wildromantische, oft unberührte, menschenleere Inselinnere, in dem nur Kühe grasen, prägen hohe Berge, die steil zum Meer hin abfallen, rauschende Bäche, die in herrlichen Wasserfällen enden – und dazwischen verwunschene Wäldchen. Der Samen für den Reichtum an Blumen und anderem Grün kam übrigens im Gefieder der Zugvögel von der amerikanischen Ostküste mit, für die die westlichste Insel der Azoren der erste Rastplatz war. So wundert es nicht, dass auf Flores Blumen blühen, die man eigentlich von Florida kennt.

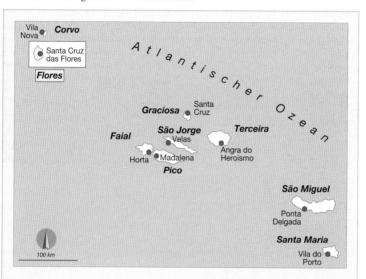

Flores

Hauptorte/touristische Zentren: Santa Cruz das Flores und Lajes das Flores
Bevölkerung: 4117 Einwohner (29 pro km²)
Größe: 143 km², 17 km lang, 12 km breit
Küstenlänge: 48 km
Höchste Erhebungen: Morro Alto 914 m; Pico da Burrinha 886 m; Pico dos Sete Pés 849 m
Position: 39°22′ N und 30°32′ N, 31°07′ W und 31°16′ W
Distanzen zu den anderen Inseln: Santa Maria 589 km, São Miguel 511 km, Terceira 352 km, Graciosa 280 km, São Jorge 267 km, Pico 265 km, Faial 246 km, Corvo 24 km

Inselgeschichte

Das Eiland soll von dem Seefahrer Diogo de Teive auf der Rückkehr seiner Neufundlandfahrt im Jahr 1452 entdeckt worden sein – eine These, die andere Quellen bestreiten. Tatsache ist, dass Diogo de Teive erster Donatarkapitän und damit Lehnsherr der Inseln *São Tomas*, wie Flores ursprünglich hieß, und Corvo wurde.

Der Flame Wilhelm van der Hagen gilt als derjenige, der die Besiedlung der Insel Ende des 15. Jh. einleitete; er brachte die ersten Kulturpflanzen und Vieh für die Fleischversorgung mit. Wie auf São Jorge wollte er auch auf Flores den Färberwaid, hierzulande Pastell genannt, großflächig anbauen (→ Kasten „Montags blaumachen", S. 131). Die Erträge waren gut, doch gab er zehn Jahre später wieder auf,

468 Flores

denn unregelmäßige Schiffsverbindungen erschwerten den Export und ließen die Ernte im Hafen verschimmeln. 1510 kamen portugiesische Siedler vom Festland und ließen sich in der Gegend des heutigen Lajes das Flores nieder. Bald darauf wurde die Stadt gegründet und ihr die gesamte Insel unterstellt. 1548 erhielt Santa Cruz das Flores die Stadtrechte.

Die Siedler rodeten Land und bauten nun Weizen, Mais, Gerste und Gemüse an. Nebenbei ernteten sie die Hinterlassenschaft van der Hagens, das Pastell. Doch auch sie konnten wegen der isolierten Lage der Insel ihre Erträge nicht exportieren, zu sporadisch legten Schiffe an. Und wenn ein Segel am Horizont auftauchte, war meist die Angst größer als die Freude: Nicht selten waren es Korsaren, die plünderten und brandschatzten und mit frischer Verpflegung an Bord wieder Kurs auf Terceira nahmen, um dort die goldbeladenen Schiffe der Krone aus der Neuen Welt abzufangen. So gaben viele Siedler wieder auf, glaubten den Versprechungen von

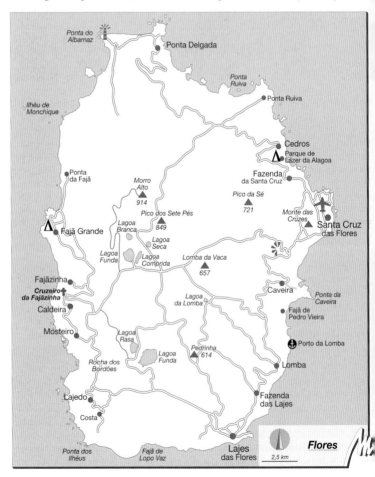

besseren Perspektiven anderswo, bestiegen das falsche Boot – und landeten als Sklaven auf den Plantagen irgendwelcher Großgrundbesitzer in Brasilien.

Anfang des 19. Jh. steuerten die ersten amerikanischen Walfangschiffe Lajes das Flores an. Sie heuerten nicht nur die Jugend der Insel an, um Verluste unter den Besatzungen auszugleichen, sondern brachten auch das Wissen und die Technik für die Jagd und die Verwertung der Riesensäuger. 1860 besaß die Insel bereits zwei Walfangboote. Jedoch waren die ersten Jahrzehnte des Walfangs auf Flores nur von spärlichem Erfolg gekrönt. Erst gegen Ende der 1930er Jahre blühte dieser Wirtschaftszweig kurze Zeit auf. Wohlstand aber bescherte er dem Gros der Bevölkerung auch nicht. Die lebte weiter in bitterer Armut, sämtliche Sehnsüchte segelten am Horizont vorbei. So suchten viele ihr Glück in der Auswanderung.

> „Die Insel in Sicht war Flores. Sie schien nur ein Berg zu sein, der aus den trüben Nebelschleiern über dem Meer herausragte. Aber als wir auf die Insel zufuhren, kam die Sonne heraus und verwandelte sie in ein schönes Bild – eine Masse von grünen Feldern und Wiesen, die sich zu einer Höhe von vierhundertfünfzig Metern emporhoben und ihre äußeren Umrisse mit den Wolken vermischten. Scharfe, steile Gebirgskämme rippten die Insel, dazwischen klafften enge Schluchten, hier und da auf den Höhen bildeten felsige Erhebungen Festungswälle und Burgen nach, durch zerrissene Wolken drangen breite Ströme von Sonnenlicht herab, die Höhen und Abhänge und Schluchten mit feurigen Streifen bemalten [...] Es war das Nordlicht der frostigen Polarsonne, in ein Land des Sommers versetzt."
>
> Mark Twain: Reise um die Welt, 1867

Erst Mitte des 20. Jh. kam die Moderne nach Flores. Sie kam mit der portugiesischen Marine, die in Lajes einen Stützpunkt errichtete, und mit den Franzosen, die

470 Flores

in Santa Cruz eine Abhöranlage für den internationalen Funkverkehr aufbauten – nicht zuletzt deshalb sprechen auf Flores bis heute viele Einwohner gut Französisch. In der Folgezeit wurde das Straßen- und Stromnetz gebaut und 1968 der Flughafen eröffnet. Doch der Fortschritt geriet vor Flores ins Stolpern. Als 1975 auf den Azoren das Fernsehzeitalter begann, kauften sich auch auf Flores über 100 Familien einen Fernseher. Enttäuscht blickten sie aufs Schneetreiben – das Signal von Terceira war zu schwach. Die Fernsehpremiere auf Flores kam schließlich mit der Fußballweltmeisterschaft 1986. Zu jener Zeit gab es immer noch Insulaner, die noch nie in ihrem Leben Schuhe getragen hatten (1994 angeblich die letzten zwei). Mit EU-Hilfen besserten sich die Lebensverhältnisse jedoch enorm; auch der Tourismus wurde gefördert. Mittlerweile gibt es auf der Insel auch einen Zahnarzt (!), jedoch immer noch kein Kino, obwohl schon lange Jahre eines geplant ist. Seit 2007 steht Flores zusammen mit Corvo auf der Liste der UNESCO-Biosphärenreservate.

Touren-Tipps

Die Schönheit der Insel offenbart sich nur dem, der sich Zeit für sie nimmt, den Wagen auch mal stehen lässt und zu Fuß loszieht. Wem es aber an Zeit mangelt, der hat die Möglichkeit, die Insel mit dem Mietwagen an einem Tag zu erkunden – wegen ihrer bescheidenen Größe ist das kein Problem. Zwei Touren bieten sich an, die auch miteinander kombiniert werden können. Damit die Fahrten durch das Inselinnere zu unvergesslichen Erlebnissen werden, ist gutes Wetter aber eine Grundvoraussetzung.

Tour 1: Die Südroute

Santa Cruz – Lagoa Comprida – Lagoa Funda – Fajã Grande – Fajãzinha – Caldeira – Mosteiro – Lajedo – Lagoa Funda – Lagoa Rasa – Fajã de Lopo Vaz – Lajes das Flores – Lomba – Caveira – Santa Cruz

Tour 2: Die Nordroute

Santa Cruz – Fazenda de Santa Cruz – Cedros – Ponta Ruiva – Ponta Delgada – Pico dos Sete Pés – Lagoa Seca – Santa Cruz

An- und Weiterreise mit dem Flugzeug

- *Flughafen* Inselairport in Santa Cruz das Flores. Es gibt einen **SATA-Schalter** (✆ 292590350), eine Bar, ein Office des Autoverleihers Autatlantis (→ Mietwagen) und einen Turismo-Stand (nur Sa bei ankommenden Maschinen geöffnet).

Achtung bei An- und Abreise: Die Landebahn des Flughafens von Flores verläuft in Nord-Süd-Richtung, was angesichts der vorherrschenden Westwinde an einen Schildbürgerstreich erinnert. Deswegen werden bei starken Winden mehr Flüge als auf anderen Inseln annulliert – und das zu jeder Jahreszeit!

- *Transfer* Wer zu viel Gepäck hat und nicht zu Fuß ins Zentrum gehen möchte, fährt mit dem **Taxi** (ca. 3,50 €).
- *Flugverbindungen* Die SATA fliegt im Sommer tägl. nach **Faial**, nach **Terceira** im Juli und Aug. tägl. (außer Sa/So) und nach **Corvo** 2-mal wöchentl. (Mo/Mi), nach **São Miguel** im Winter 1- bis 3-mal tägl. über Terceira oder Horta, im Juli und Aug. auch 4-mal wöchentl. direkt. Zu allen anderen Inseln muss man in Faial, Terceira oder São Miguel umsteigen. Informationen zu den Flugtarifen, Gepäckbeschränkungen usw. im Kapitel „Unterwegs auf den Azoren, Flugzeug" und unter www.sata.pt.

Weitere Service-Adressen unter Santa Cruz das Flores ab S. 473.

An- und Weiterreise mit dem Schiff

- *Häfen* Alle größeren Schiffe, darunter auch die Autofähren der Atlântico Line, steuern den sicheren Hafen von Lajes das Flores an. Die Fähre sowie die kleinen schnellen Boote nach Corvo verkehren, sofern das Wetter es zulässt, von Santa Cruz das Flores und dort meist vom Porto das Poças aus.

- *Mit den Autofähren der Atlântico Line in die Zentral- und Ostgruppe* Von Mitte Mai bis Anfang Juli und von Ende Aug. bis Mitte Sept. meist 1- bis 2-mal monatl. nach **Faial** (Horta). Von Anfang Juli bis Ende Aug., wenn die Atlântico Line ein zweites Schiff vorrangig durch die Zentralgruppe tuckern lässt, gibt es meist 1-mal wöchentl. eine Verbindung nach **Faial** (Horta). Von Faial fährt das Schiff meist weiter nach **Pico** (Cais), **São Jorge** (Velas), **Terceira** (Praia da Vitória), **Graciosa** (Praia) und wieder zurück nach **Terceira** (Praia da Vitória), bevor es über **São Miguel** (Ponta Delgada) nach **Santa Maria** (Vila do Porto) geht.

> Weitere Infos zu den Autofähren der Atlântico Line unter www.atlanticoline.pt und im Kapitel „Unterwegs auf den Azoren/Schiff". Dort finden Sie auch Angaben zu Fahrdauer und Tarifen.

Informationen zu den Atlântico-Line-Autofähren bei **RIAC**, Mo–Fr 9–12 u. 13–16.30 Uhr. Praça Marquês de Pombal, ✆ 800500501.

- *Nach Corvo* Die schnelle, wendige 12-Pers.-Fähre *Ariel* der **Atlântico Line** verkehrt von Flores (Porto das Poças/Santa Cruz) nach Corvo, im Sommer bis zu 4-mal tägl., im Winter oft nur 2-mal wöchentl. Dauer 40 Min., retour 20 €. Tickets und Informationen bei RIAC (s. o.).

Zudem bestehen von Juli bis Sept. nahezu tägl. – sofern es das Wetter zulässt – Transfermöglichkeiten **mit kleineren Booten** nach Corvo. Meist werden unterwegs Höhlen angesteuert, oft sind Delfine zu sehen. Dauer je nach Boot 45 Min. bis 1 ½ Std., retour 25–30 €/Pers., sofern mindestens sechs Pers. zusammenkommen. Die Abfahrt der meisten Boote erfolgt gegen 9.30 Uhr, zurück geht's um 16 Uhr. Infos bei **João Cardoso** (fährt mit Hartboden-Schlauchboot, zu erreichen über das Restaurant Sereia → Velas/Essen & Trinken, ✆ 292592220 o. mobil 927544665), **Cristino Malheiros** (von der gleichnamigen Unterkunft, hat ebenfalls schnelle Schlauchboote, ✆ 964220645 o. 917918964, beide mobil) und **Toste Mendes** (vom Hotel Ocidental → Velas/Übernachten, ✆ 292590100, fährt mit einem Hartschalenboot; Achtung: Toste düst meist schon nach 2 Std. wieder zurück).

Ganzjährig verkehren zudem die Schiffe von **Mare Ocidental** zwischen Corvo und Flores. Im Winter jedoch nur ca. 2-mal im Monat, um Güter (insbesondere Gas) nach Corvo zu transportieren, Abfahrt dann meist in Lajes. Werden keine explosiven Stoffe an Bord transportiert, können auch Personen (25 €) mitfahren. Von Juli bis Sept. hingegen legt das Schiff nahezu jeden zweiten Tag vom Porto das Poças in Santa Cruz ab. Genaueres erfährt man im Office in der Rua Dr. Armas da Silva neben dem Restaurant Sereia (Mo–Fr 9–12 u. 13.30–17.30 Uhr, ✆ 292592289, mareocidental@gmail.com).

> **Tipp**: Die See ist hier öfters etwas rau, auf den kleinen Booten merkt man das ganz besonders. Wer nicht die Fische füttern will, sollte ein Mittelchen zur Hand haben.

Mietwagen

Insgesamt drei Autovermietungen gibt es auf Flores, wobei nur **Autatlantis** am Flughafen vertreten ist. Das Office von **IUR** befindet sich gleich gegenüber vom Terminal. **Braga & Braga** stellt bei Reservierung das Fahrzeug am Flughafen zu. Achtung: Wer Flores in kurzer Zeit erkunden will, hat schnell ein paar hundert Kilometer zusammen!

472 Flores

Autatlantis, ab 23 €/Tag plus 0,23 €/km plus Steuern. CDW 12 € extra. Ab 2 Tagen ohne Kilometerabrechnung ab 38 €/Tag plus Steuern. Flughafenzuschlag 21 €! ℡ 292542278, www.autatlantis.com.

IUR, bunter Fuhrpark, darunter alte und neuere Wagen. Freundlicher, englischsprachiger Service. Am Ende der Mietzeit, wenn man sieht, wie viele Kilometer man gefahren ist, kann man wählen, was billiger kommt: mit oder ohne Kilometerabrechnung. Billigstes Fahrzeug ab 30 €/Tag plus 0,30 €/km plus Steuern. CDW 10 € extra. Fahrzeuge ohne Kilometerabrechnung ab 54 €/Tag plus Steuern, Mindestleihdauer dafür 2 Tage, ab 3 Tagen 49 €. Rua da Esperança, ℡ 292590110, ℡ 292590115.

Freitas Braga & Braga, moderne, aber schlecht gepflegte Wagen. Ab 25 €/Tag plus 0,25 €/km plus Steuern. CDW 12,50 € extra. Ab 3 Tagen ohne Kilometerabrechnung ab 40 €/Tag plus Steuern. Verleihbüro Mo–Fr 9–18 Uhr, Sa halber Tag. In einem Großmarkt im Industriegebiet, ℡ 292592685 o. 917763334 (mobil), freitasbragabraga@sapo.pt.

Inselspezielles

- *Feste/Veranstaltungen* Zu Ostern finden in allen Pfarrbezirken die **Karfreitagsprozessionen** statt. Die **Festas do Espírito Santo**, die sich ebenfalls über die ganze Insel verteilen, haben ihren Höhepunkt am 1. So nach Pfingsten. Vom 23.–25. Juni wird in Santa Cruz die **Festa de Sanjoaninas** gefeiert. Das bedeutendste Fest ohne religiösen Hintergrund geht Mitte Juli in Lajes über die Bühne: die 4 Tage dauernde **Festa do Emigrante**. Im August gibt es diverse **Kirchweihfeste**.

- *Baden* Sandstrände gibt es nur wenige, dafür ein paar einladende Kiesstrände und Naturschwimmbecken (eines davon in **Santa Cruz**). Die schönste Bademöglichkeit bietet die nur zu Fuß erreichbare **Fajã de Lopo Vaz** im Süden der Insel. Baden an einem Wasserfall lässt es sich bei **Fajã Grande** im Westen, auch der dortige Hafen ist sehr beliebt.

> **Buchtipp:** *Flores Azores. Walking through History* von Pierluigi Bragaglia. 2009 erschienen. Zig kurze und längere Wanderungen, dazu eine Fülle von spannenden, humorigen Infos zur Insel – Bragaglia (Hausherr des „Argonauta" in Fajã Grande) lässt keinen Stein umgedreht und langweilt dabei keineswegs. Grandios! Das 382 Seiten starke Werk kann man u. a. im Turismo von Santa Cruz erstehen.

- *Sport/Freizeit* Obwohl Flores als *die* Wanderinsel gilt, gibt es nur vier offizielle, markierte Wanderwege, dazu aber etliche Pfade, die sich zu Wanderungen verbinden lassen. Ansonsten gibt es nicht viel zu tun. Und egal ob Sie tauchen gehen oder eine Bootsausfahrt (für Anbieter → Santa Cruz/ Sport & Freizeit) unternehmen wollen: Sofern nicht ein paar Leute zusammenkommen, findet so gut wie nichts statt. **Paraglider** können sich für Infos an den Belgier André Eloy aus Lajes das Flores wenden (℡ 292593262).

- *Übernachten* Die meisten Unterkünfte finden Sie in Santa Cruz das Flores. Am schönsten aber wohnt man in Privatunterkünften außerhalb der Stadt. Es gibt keinen

Die Kirche von Fazenda de Santa Cruz

offiziellen Campingplatz, campen kann man aber in Fajã Grande, spartanische Campingmöglichkeiten bestehen zudem im Parque de Lazer da Alagoa (→ Ziele in der Nordhälfte).

● *Regionale Spezialitäten* Eine Delikatesse auf Flores ist die **Sopa da agrião**, eine Brun-nenkressesuppe, und die **Caldeirada de Congro**, ein Eintopf mit Aal. Beliebt ist auch **Inhame com Linguiça**, Yamswurzel mit Räucherwurst. Oft werden Kaninchen angeboten, sie werden jedoch mit Schrot geschossen, dann hat man zuweilen das Gefühl, auf eine Plombe gebissen zu haben.

Santa Cruz das Flores

Flores' gut 1800 Einwohner zählender Hauptort liegt auf einem Landvorsprung zu Füßen des Monte das Cruzes, eingeklemmt zwischen der großen Landebahn des Flughafens und dem Meer. Viel Flair hat Santa Cruz das Flores bislang nicht, aber man ist bemüht, das zu ändern.

Das im Osten von Flores gelegene Städtchen ist das administrative Inselzentrum, öffentliche Ämter und Einrichtungen liegen Tür an Tür. Nur zwei Straßen führen an beiden Enden der Landebahn in die Stadt, das Flughafenareal trennt die Ortschaft fast vom Rest der Insel ab. „Santa Cruz do Aeroporto" wäre für die Stadt fast treffender. Doch arg störend oder belästigend sind die Flieger nicht, dafür sind es zu wenige am Tag. Das Brummen der Propeller lässt die Langeweile in den Gassen für kurze Zeit vergessen, füllt sie sogar mit Leben, denn plötzlich setzt sich die Stadt in Bewegung, ein Autokorso zieht dann durch die Straßen, hat doch jeder einen Verwandten oder Bekannten, der zum Airport gebracht oder von dort abgeholt werden muss.

Ansonsten wirkt Santa Cruz das Flores verschlafen, bezeichnend sind die vielen Videotheken. Im Norden der Stadt finden sich ein paar Betriebe, Autos und Waschmaschinen werden hier repariert. Am Porto Boqueirão liegt die alte Walfabrik, die 1981 geschlossen wurde und seit 2009 ein modernes Museum beherbergt (→ Sehenswertes). Vorbei am Hotel Ocidental und einem neueren Wohnviertel stößt man auf die ehemalige Siedlung der Franzosen, die auf Flores einst eine Abhörstation betrieben – triste Militärarchitektur aus der Zeit des Kalten Krieges. Das Zentrum ist bei einem kurzen Spaziergang schnell erkundet. Die meisten Geschäfte liegen an der Rua Senador André Freitas, die in die Rua do Porto übergeht. Die Straße führt zur Praça Marquês de Pombal bis zum Porto Velho, einem der drei Häfen der Stadt. Seitdem in Lajes ein Hafen gebaut wurde, an dessen Kaimauer auch Frachter anlegen können, haben die Häfen von Santa Cruz das Flores jedoch an Bedeutung verloren.

nformation/Verbindungen

● *Information* **Turismo**, man ist sehr zuvorkommend und hält englischsprachige Wanderbeschreibungen bereit. Zuständig auch für Corvo. Zugleich Verkaufsstelle für lokale Handarbeiten. Mo–Fr 9–12.30 u. 14–17.30 Uhr, Sa nur am Flughafen, wenn ein Flieger ankommt. An der Rua Dr. Armas da Silveira, ✆ 292592369, www.virtualazores.com/cmsc (Rathaus Santa Cruz) oder www.cm-lajesflores.pt (Rathaus Lajes das Flores).

● *Verbindungen* Die **Busverbindungen** sind so schlecht und unattraktiv, dass man sie eigentlich gar nicht erwähnen bräuchte. Mo, Mi und Fr fährt morgens hin und nachmittags zurück ein Bus von Ponta Delgada nach Santa Cruz und ein Bus von Lajes nach Santa Cruz. Des Weiteren verkehrt Do am Morgen ein Bus von Fajã Grande über Lajes das Flores nach Santa Cruz und am frühen Nachmittag auf demselben Weg wieder zurück. Das bedeutet, dass man mit dem Bus von Santa Cruz am Mo abfahren

474 Flores

kann, jedoch erst am Mi wieder zurückkommt. Der Schulbus nimmt für gewöhnlich keine Touristen mit, fragen schadet aber nichts. Die Busse starten von der Avenida Príncipe de Mónaco auf Höhe der Apotheke beim Krankenhaus.

Taxis: 13 Taxis zählt die Insel, 7 davon sind in Santa Cruz stationiert, genauer an der Praça Marquês de Pombal neben dem Café Gil. Zum Airport 3,50 €, nach Fajã Grande, Ponta Delgada und Lajedo 15 €, nach Lajes 13 €. Englisch sprechen z. B. die Taxifahrer Arcilio Costa (✆ 962733094, mobil) oder João Machado (✆ 965261663, mobil).

Adressen/Einkaufen

- *Ärztliche Versorgung* **Krankenhaus** neben dem ehemaligen Franziskanerkloster an der Rua do Hospital, ✆ 292590270.
- *Einkaufen* Größter Supermarkt der Insel ist **Braga & Braga** im Industriegebiet, Mo–Sa bis 21 Uhr, So halber Tag. Frisches Fleisch und Campinggas erhält man im Supermarkt **Boaventura & Ramos (5)**, Rua Senador André de Freitas, schräg gegenüber vom SATA-Büro. Frischen Fisch bekommt man Di–Sa bei der Fischereigenossenschaft **Lotaçor (18**, blau-weiß-gelbes Gebäude) am Porto Velho. Kein offizieller Laden, aber wer fragt, was es an frischem Fang gibt, dem wird auch was verkauft.
- *Fluggesellschaft* **SATA-Büro**, Mo–Fr 9–17.15 Uhr. Rua Senador André de Freitas 5, ✆ 292590350.
- *Geld* Im Zentrum mehrere Bankomaten.
- *Internetzugang* **B@d Sector**, gute Rechner. Großer Haken: Der Laden liegt recht weit außerhalb, hinter dem Flughafen an der Straße nach Lajes. Darüber hinaus hat er auch noch unregelmäßige Öffnungszeiten – ein Ärger, wenn man den weiten Weg bereits hinter sich hat.

Übernachten
2 Casa de Hóspedes Malheiros Serpa
6 José Espírito Santo Melo (Priv.)
7 Casa de Hóspedes
9 Restaurante Sereia
11 Hospedaria Telma Silva (Priv.)
12 Hotel das Flores
13 Hospedaria Maria Alice Pereira
14 Noémia Teixeira (Priv.)
15 Hospedaria AcquaMarina Flores
16 Servi-Flor Hotel
17 Hotel Ocidental

Über 3 Rechner verfügt zudem die **Bibliothek** im sog. Haus des Pimentel de Mesquita. Mo–Fr 10–12 u. 14–18 Uhr. In der Rua da Conceição.
- *Mietwagen* → S. 471.
- *Polizei* In einer namenlosen Straße nahe dem Servi-Flor Antigo Hotel dos Francêses, ✆ 292592115.
- *Post* Mo–Fr 9–12.30 und 14–17.30 Uhr. An der Travessa São José/Ecke Rua Senador André de Freitas.

Sport/Freizeit

- *Baden* Über die Rua da Anunciação gelangt man zu einer Wendeplatte über der Küste. Von dort führen Stufen zu Naturschwimmbecken („Piscina") hinab.
- *Bootsausfahrten/Tauchen* Bootsausflüge bieten u. a. **Toste Mendes, João Cardoso** und **Cristino Malheiros** an (Adressen → A- und Weiterreise mit dem Schiff). Die Preise sind abhängig von der Teilnehmerzahl, eine Inselumrundung kostet bei 6 Pers. rund 45 €/Pers., eine Bootsfahrt zu den Höhlen 17,50 €. Toste Mendes offeriert zudem Bootstauchgänge ab 30 €/Pers. mit Flasche und Blei. Ein weiterer Anbieter für Bootsausflüge und Tauchausfahrten ist **Florescetáceos**, der im Sommer mit einem Stand am Porto das Poças vertreten ist.
✆ 292542163 o. 964220645 (mobil).
- *Jagen* Das **Hotel Ocidental** (s. u.) veranstaltet auf Anfrage Hasenjagd mit Hund und Gewehr. Information an der Rezeption.
- *Käsereibesichtigung* Die hoch über der

Santa Cruz das Flores 475

Stadt gelegene Kooperative, aus der der Queijo **Uniflores** stammt, kann besichtigt werden. In der 1994 gebauten Käserei arbeiten 8 Angestellte. 4000–5000 l Milch werden hier täglich zu Käse verarbeitet. 60 % der Produktion gehen aufs Festland. Der beste Käse reift 3 Monate, ein Kilolaib kostet ca. 7,70 €. Anfahrt (zu Fuß zu weit): Von Santa Cruz die Straße nach Norden (Richtung Ponta Delgada) nehmen, nach ca. 1 km geht es in Monte (ca. 100 m hinter einem Baugeschäft auf der rechten Seite) links ab, dann immer der Straße folgen.

Übernachten

Die meisten Quartiere von Flores findet man in Santa Cruz. Im Sommer kommt es gelegentlich zu Engpässen. Sollten Sie sich für ein Privatzimmer entscheiden, reservieren Sie besser im Voraus – nicht immer ist jemand vor Ort anzutreffen. Die Lärmbelästigung durch den nahen Flughafen hält sich aufgrund der wenigen Maschinen in Grenzen.

• *Hotels* ** **Hotel Ocidental (17)**, etwas außerhalb des Zentrums. Zweigeschossige Anlage mit 36 geräumigen Zimmern, fast alle mit Balkon oder Terrasse und Meeresblick – lassen Sie sich keines zum Café Hotel hin geben (Lärmbelästigung). Das Mobiliar ist älteren Datums, aber okay. Der Pool glich bei unserer letzten Besichtigung einer mit Regenwasser gefüllten Tränke. Dürftiges Frühstück. EZ 75 €, DZ 95 €, in der NS fast 50 % Rabatt. Avenida dos Baleeiros, ℡ 292590100, www.hotelocidental.com.
**** **Hotel das Flores (12)**, bestes Haus der Stadt. 2009 eröffnete Anlage direkt an der Küste, jedoch in unattraktiver Lage ganz im Westen von Santa Cruz bei der alten Walfabrik. 19 der 26 modern eingerichteten Zimmer mit Meeresblick. Pool. EZ 85 €, DZ 90 €. Zona do Boqueirão, ℡ 292590420, www.inatel.pt.

476 Flores

** Servi-Flor Hotel (16), im alten Quartier der Franzosen, die Möbel stammen vermutlich noch aus jener Zeit. Die Fassade hat bereits ein Facelifting erhalten, die 32 Zimmer könnten noch eines gebrauchen, im Ganzen aber akzeptabel. Bar und von Lesern gelobtes Restaurant. Minipool und Minigolf für Gäste. DZ 85 €. Bairro dos Francêses, ℡ 292592453, 📠 292592554, hotelserviflor@sapo.pt.

Hospedaria AcquaMarina Flores (15), in zentraler Lage, einem Souvenirshop angegliedert. Ordentliche Zimmer mit Bad. DZ 50 €. Rua André Freitas, ℡ 292592960, 📠 219105247, www.aquamarina.com.pt.

Hospedaria Maria Alice Pereira (13), nahe dem Flughafenterminal. Eine gute Wahl in dieser Preisklasse. 11 saubere, solide möblierte, teils recht geräumige Zimmer mit Fliesenböden und Bad. Freundliche Betreiber, täglicher Zimmerservice. Unkompliziert – die Rezeption ist i. d. R. tagsüber besetzt. Nicht fremdsprachig. EZ 30 €, DZ 35 €. Rua Nossa Senhora do Rosário 3 (weiß-blaues Haus hinter dem Friedhof), ℡/📠 292592309.

Restaurante Sereia (9), über dem Restaurant werden 2 einfachste Zimmer vermietet (ohne Flair, dafür mit Bad und TV). Zuweilen hat man noch eine Kammer ohne Bad für weniger Geld frei. DZ 25 €. Rua São Francisco, ℡ 292592220.

• *Privatzimmer* **Hospedaria Telma Silva (11)**, restauriertes, weiß-rosafarbenes Stadthaus. 4 Zimmer, die sich 2 Bäder und eine Küche teilen. Sehr sauber. Reservierung nötig, da die Vermieterin (englischsprachig) nicht vor Ort wohnt. DZ 30 €. Rua André Freitas, ℡ 292593326 o. 914101882 (mobil), www.hospedariatelmasilva.com.

Casa de Hóspedes Malheiros Serpa (2), 5 gepflegte, sehr saubere Zimmer mit Bad und Gemeinschaftsküche. Sehr freundliche englischsprachige Vermieterin. Der Sohn organisiert Bootsfahrten nach Corvo. DZ für die erste Nacht 40 €, EZ 35 €, alle weiteren Nächte 5 € billiger. Rua do Hospital (blaues Haus beim Krankenhaus), ℡/📠 292592201, www.malheiros.net.

Casa de Hóspedes (7), hat mit einer Pension wenig gemein. Frau Julia de Freitas Avelar vermietet 14 einfache, auf 4 Häuser verteilte Privatzimmer. 4 Zimmer mit Küchenbenutzung. Telefonische Reservierung nötig. DZ 28 €. Bairro dos Francêses, ℡ 292592511.

Noémia Teixeira (14), vermietet nahe dem Flughafen nur im Juli und Aug. 8 hellhörige, schlichte Zimmer, dafür mit dem besten Frühstück der Stadt. Die Vermieterin ist auch Bäckerin (die Backstube befindet sich hinterm Haus) – der Apfelkuchen ist super! EZ 20 €, DZ 25 €. Travessa da Graça 26, ℡ 292592503.

José Espírito Santo Melo (6), spricht französisch, vermietet 7 einfache Zimmer und 3 Appartements (v. a. zur Ferienzeit frei, ansonsten von Lehrern und Zeitarbeitern belegt). Zimmer 25–30 €, App. für bis zu 4 Pers. 45 €. Vom Flughafen kommend links in die Rua Com. S. Cruz, zweites Haus linker Hand (Nr. 5), ℡ 292592315 o. 963745740 (mobil).

Essen & Trinken/Nachtleben (→ Karte S. 474/475)

Es gibt nur wenige nennenswerte Restaurants, besser isst man außerhalb. Von den Hotelrestaurants wird das des Servi-Flor gelobt.

• *Restaurants* **Baleia Ocidental (8)**, nicht in der schönsten Gegend und sehr altmodisch, aber freundlicher Service. Übliche Fleisch- und Fischgerichte, Ausgefalleneres wie Oktopus aus dem Ofen oder Reisgerichte mit Meeresfrüchten sollte man vorbestellen. Hg. 8–12 €. Das große Plus: Terrasse mit Meeresblick. Im hinteren Bereich eine Bar, in der mittags Arbeiter abgefüttert werden. In einem gelben Gebäude neben der alten Walfabrik im Industriegebiet, ℡ 292592462.

Restaurante Sereia (9), einfaches, freundliches Restaurant mit guten, preiswerten Tagesgerichten. Stolz ist die Köchin auf ihre *Inhame com Linguiça*, vielen schmeckt aber die gegrillte *Irio* (Bernsteinmakrele) besser. Hg. ca. 10 €. Rua Dr. Armas da Silveira 30, ℡ 292542229.

Gegenüber befindet sich das relativ neue Restaurant **Marés Vivas (10)**, in dem man auch satt wird.

• *Cafés/Bar* **Café Gil (1)**, einer der Treffpunkte des Städtchens mit gemütlichen Tischen davor. Im kleinen, zu einem Markt gehörenden Backladen nebenan kann man sich mit süßen oder herzhaften Teilchen versorgen. Schließt schon früh am Abend. An der Praça Marquês de Pombal.

Lucino's Bar (4), Cafébar mit Kunstdrucken an den Wänden und gekachelter Theke. Beliebt bei den Inseltwens, tägl. bis 24 Uhr.

Largo 25 de Abril (nahe dem Museum).
Café Buena Vista (20), verglaster, moderner Würfel; das Schickste, was der Ort zu bieten hat und sehr populär unter Nachtschwärmern. Gute Auswahl an Snacks und Getränken zu fairen Preisen, kleine Terrasse davor. „Der perfekte Ort, um seinen Tag ausklingen zu lassen", meinen Leser. Über der Badezone.

● *Nachtleben* **Café Hotel (19)**, zum Hotel Ocidental gehörend (s. o.). Café im Dorfdiscostil, alles andere als etwas Besonderes. Kaum jemand ist älter als 20 Jahre. Abends häufig Disco oder Karaoke, tägl. (außer So) 20–4 Uhr.
Am Wochenende steigen zudem DJ-Partys in der Bar **Gare do Ocidente (3)**, sonst normaler Barbetrieb. Rua F. Diogo Chagas.

Sehenswertes

Museu das Flores: Das Inselmuseum an der Rua do Hospital befindet sich im ehemaligen Franziskanerkloster São Boaventura. Mit dessen Bau wurde 1642 begonnen, 114 Jahre lang legte man Stein auf Stein. Nach der Vertreibung der Franziskaner wurde aus dem Kloster das erste Krankenhaus der Insel. Die dazugehörige Kirche besitzt einen Hochaltar, der aus Lateinamerika stammen könnte, der einschiffige Kirchenraum ist mit herrlicher Deckenbemalung versehen. Das Erdgeschoss des Museums widmet sich v. a. der Seefahrt wie auch dem Wal- und Fischfang – allzu viele Exponate sollte man aber nicht erwarten: Zu sehen sind gravierte Pottwalzähne, zwei alte Sextanten, Werkzeuge, die der Zerlegung der Riesensäuger dienten, usw. Im Obergeschoss werden temporäre Ausstellungen präsentiert.
Öffnungszeiten Mo–Fr 9–12 u. 14–17 Uhr. Eintritt 1 €.

Centro de Interpretação Ambiental do Boqueirão: Das 2009 eröffnete Museum in der alten restaurierten Walfabrik von Santa Cruz informiert über die Fauna der Azoren, über den Gelbschnabelsturmtaucher wie auch über Wale und Fische. Die Attraktion sind „virtuelle Aquarien", in denen sich die wichtigsten Bewohner des Atlantiks tummeln.
Adresse/Öffnungszeiten Porto do Boqueirão. Mo–Fr 9–12 u. 13–17 Uhr. Kein Eintritt.

Igreja Matriz de Nossa Senhora da Conceição: Mit dem Bau der dreischiffigen Pfarrkirche wurde 1859 begonnen. Laut lokaler Fremdenverkehrswerbung ist sie die prächtigste der Azoren, und damit sie es bleibt, wurde ihre Fassade 2009 aufwändig restauriert. Hinter der mächtigen, neobarocken Fassade mit zwei Türmen besitzt das Gotteshaus aber lediglich einen sehenswerten Chor.
Öffnungszeiten Unter der Woche ist die Kirche meist nur nachmittags zu den Messen geöffnet, am So hingegen vormittags.

Der Norden der Insel

Die nördliche Inselhälfte präsentiert sich durch und durch gebirgig. An der Küste fällt sie in steilen Klippen zum Meer hin ab. Im Inselinneren erhebt sich der Morro Alto, mit 914 m der höchste Berg von Flores. Die wenigen abgeschiedenen Dörfer wirken wie im Dornröschenschlaf, kein Wunder, erst in der zweiten Hälfte des 20. Jh. wurde die Straße zwischen Santa Cruz und Ponta Delgada gebaut. Bis dahin waren Eselspfade die einzige Verbindung zur Außenwelt. Die Einsamkeit dieses Landstrichs nimmt einen gefangen, genauso wie der Blick auf das nahe Corvo. Nicht selten hat man das Gefühl, man könnte mal eben rüberrudern.
Zum Wandern ist der Norden von Flores ideal – entlang der Westküste verläuft einer der schönsten Wege des Azorenarchipels. Zudem existieren viele weitere Pfade, auf denen man diese Inselhälfte erkunden kann. Leider lassen sie sich bislang nicht

478   Flores

zu einer Rundwanderung verbinden. Übrigens ist es ratsam, stets auf den Pfaden zu bleiben, da der Boden oft von dickem Moos bewachsen ist und Spalten oder matschige Passagen nicht zu erkennen sind.

> **Routen durch den Inselnorden**: Fährt man von Santa Cruz das Flores nach Ponta Delgada, kann man, um den Rückweg etwas abwechslungsreicher zu gestalten, eine Alternativroute durchs Inselinnere wählen. Dafür zweigt man ca. 9 km südöstlich von Ponta Delgada zum Lagoa Seca/Lagoa Branca ab (Hinweisschild) – die Straße ist geteert, auch wenn sie in vielen Karten nicht als Teerstraße eingezeichnet ist. Sie führt nördlich am Pico da Sé vorbei, der, wie sein Name schon verrät, einer Kathedrale ähnelt. Etwas später zweigt linker Hand ein Sträßlein zum Pico dos Sete Pés ab, auf dem Geräte zur Flugsicherung installiert sind. Von hier genießt man einen herrlichen Blick auf die Kraterseen im Inselinneren. Die Straße trifft schließlich auf die Verbindungsstraße Santa Cruz – Fajã Grande. In Planung ist zudem eine Straße durch den einsamen Nordwesten der Insel von der Ponta do Albarnaz zur Zufahrtsstraße auf den Morro Alto.

Fazenda de Santa Cruz

An Fazenda de Santa Cruz fällt zunächst die **Igreja Nossa Senhora de Lurdes** auf, die, leicht übertrieben gesagt, so spektakulär wie Schloss Neuschwanstein in der Gegend steht. Die Ortschaft selbst breitet sich hinter dem 1909 errichteten Gotteshaus aus.

Biegt man (von Santa Cruz kommend) bei der Bushaltestelle am Ortseingang links ab und folgt der Straße durch den Ort, so stößt man am Ortsende auf den **Parque Florestal**. Das Areal beherbergt Wildgehege (Rotwild, Schafe und verschiedene Vogelarten), endemische Pflanzen, freilaufende Pfauen und vor dem Besucher flüchtende Perlhühner, eine Fischzuchtstation, Picknickbänke und ein Staubecken. Letzteres wurde 1966 errichtet, um das erste und bislang einzige Kraftwerk der Insel (2010 soll ein zweites in Betrieb gehen) regelmäßig mit Wasser versorgen zu können – davor war Flores ohne Strom. Das Kraftwerk selbst liegt am Meer; die Straße dahin führt durch einen eindrucksvollen **Cañon** mit Basaltsäulen und Wasserfällen.

• *Öffnungszeiten des Parque Florestal* Mo–Fr 9–17 Uhr, Sa/So 11–18 Uhr.

• *Anfahrt zum Kraftwerk* Von Santa Cruz das Flores lässt man die Abzweigung in den Ortskern von Fazenda de Santa Cruz außer Acht, passiert das hiesige Tal in einer Rechtskurve und zweigt in der folgenden Linkskurve rechts ab.

• *Übernachten* **Quinta da Badanela**, vom Gästehaus der Familie Ortmann sind Leser hellauf begeistert. Platz für max. 3 Pers., Kochmöglichkeit, kleiner, mit Mosaikstein-

chen verzierter Wellnessbereich mit Sauna und Felsendusche. Frühstück mit hauseigenen Produkten, auf Wunsch hervorragendes Abendessen. Beste Betreuung. Dank Gasheizung auch für kältere Tage geeignet. Auf dem idyllisch gelegenen Hof tummeln sich auch Ziegen, ein Pferd, Hühner, Kaninchen und Katzen. Reservierung erwünscht. Für 2 Pers. 60 €. Fazenda de Santa Cruz, ☎ 292542909, www.quintadebadanela.no.sapo.pt.

Parque de Lazer da Alagoa

3 km hinter Fazenda de Santa Cruz weist ein Schild von der Straße nach Ponta Delgada den Weg zum Parque de Lazer da Alagoa (1,2 km, auch mit „rede natura Costa Nordeste" ausgeschildert). Hält man sich bei der einzigen Gabelung unterwegs (hier kein Schild) rechts, endet die Straße an einer Wendeplatte. Von dort führt ein Fußpfad an einem Bachlauf entlang zu einem wildromantischen Picknickgelände

Ponta Delgada   479

mit Tischen und Grillmöglichkeiten, wo im Sommer zuweilen Schulgruppen und Vereine campen (keine Duschen). Am Picknickgelände vorbei führt der Fußweg weiter in eine Kiesbucht. Voraus liegen vier winzige Inselchen, darunter eine mit einer Felsnadel.

Cedros

Weiter auf der einzigen Straße in den Norden der Insel passiert man 7 km hinter Santa Cruz das Flores das 168 Einwohner zählende Dorf Cedros. 300 m liegt es über dem Meer. Wer hier aussteigt, wird vielleicht vom drollig-verdutzten Blick eines schwanzwedelnden Hundes begrüßt. Hinter Cedros windet sich die Straße entlang der Küste weiter bergauf, steigt bis auf 500 m an und bietet herrliche Ausblicke auf das karge Hochland und das Meer. Unterwegs jagt man hoppelnde Hasen in die Flucht.

● *Verbindung* **Bus** Mo, Mi und Fr 1-mal tägl. nach Ponta Delgada und Santa Cruz.

● *Übernachten* **Helga und Georg Schneider**, das deutsche Ehepaar vermietet 2 freundliche Appartements für 2–4 Pers. direkt an der Steilküste (kindersicher!) mit herrlichem Blick auf Corvo. Grillmöglichkeiten, Kinderbett, Transfer. Vorausbuchung empfehlenswert. Für 2 Pers. 58 €, jede weitere Pers. 5 €. Anfahrt: Von Santa Cruz kommend hinter dem Ortsschild von Cedros die zweite Abzweigemöglichkeit nach links nehmen (rechts geht es zur Kirche). Zweites Haus (rot-weiß) auf der linken Seite. Rua da Igreja, ✆/☏ 292542143, www.cedros-flores-azoren.de.

Ponta Ruiva

Auf der Weiterfahrt nach Ponta Delgada zweigt eine knapp 3 km lange, steil abfallende Stichstraße zu dem kleinen Weiler am gleichnamigen Kap ab. Abgeschieden liegt er da, umgeben von kleinen, terrassenförmig angelegten Feldern. In Ponta Ruiva geht es friedlich zu: Schafe stehen am Wegesrand, viele Türen haben nicht mal ein Schloss. Aus irgendeinem Haus tönt die kratzige Stimme des Nachrichtensprechers aus dem Radio, aus einem anderen Opernklänge. Magnet für das Auge ist stets Corvo, das zum Greifen nahe liegt.

Ponta Delgada

In Serpentinen führt die Straße hinab nach Ponta Delgada – im satten Grün vor der Küste und mit dem blauen Meer dahinter setzen die roten Dächer Akzente. Knapp über 500 Einwohner zählt die nördlichste Ortschaft von Flores. Es gibt zwei *Minimercados* und eine Schule, viel mehr aber auch nicht. Von der **Igreja de São Pedro** aus dem 18. Jh., die sich auf den Resten einer älteren Kapelle aus dem 16. Jh. erhebt, kann man hinab zur kleinen **Hafenbucht** laufen (baden möglich). Auch ein Ausflug zur **Ponta do Albarnaz** bietet sich an, dem nordwestlichsten Inselzipfel samt gleichnamigem Leuchtturm in herrlicher Lage. Von hier verständigte man sich früher per Leuchtsignal mit der Nachbarinsel Corvo.

● *Verbindung* **Bus** Mo, Mi und Fr nach Santa Cruz das Flores.

● *Übernachten* **Fatima Xavier**, vermietet ein Zimmer. Man trifft Frau Xavier am einfachsten bei der Arbeit im Supermarkt der Straße zur alten Kirche auf der linken Seite an (gegenüber Silveira's Bar). DZ 20 €. ✆ 292592516 (privat) o. 292592277 (Supermarkt).

> **Wandertipp**: Von Ponta Delgada aus kann man entlang der Westküste nach Fajã Grande wandern – eine der schönsten Azorenwanderungen, → **Wanderung 36**, S. 490.

480   Flores

Die Lagoas im Inselinneren

Flores' Inselinneres präsentiert sich als bergige, oft karge Landschaft mit
Seen von z. T. einzigartiger Schönheit – weil sie allesamt Krater vulkanischen Ursprungs füllen, nennt man sie auch „Caldeiras". Am beeindruckendsten ist der Blick von dem schmalen Grat, der den Lagoa Comprida
zur Rechten vom Lagoa Funda zur Linken trennt. Auch die Aussicht vom Pedrinha-Bergkamm über den Lagoa Funda (ein anderer See desselben Namens) auf den Lagoa Rasa ist grandios.

Die Seen von Flores zählen zum Schönsten, was die Insel zu bieten hat. Es sind sieben an der Zahl: der Lagoa Funda und der Lagoa Comprida an der Ost-West-Stra-
ßenverbindung der Insel, nahebei der Lagoa Branca und der Lagoa Seca. Im Südosten der Insel bildet der Lagoa Rasa mit dem zweiten Lagoa Funda ebenfalls ein
Seenpaar. Der Lagoa da Lomba, der siebte der Flores-Seen, liegt etwas abseits weiter im Osten. Sie alle sind von einer überwiegend endemischen Vegetation umgeben, ein kleines Eldorado für Botaniker, und zudem Brutstätte und Rastplatz vieler
Vögel – aus diesem Grund sollte man Spaziergänge um die Seen vermeiden. Zudem gibt es auch kaum Wege, und in dem meterdicken Moos in Ufernähe glaubt
man zu versinken. Die meisten Seen lassen sich aber bequem von Aussichtspunkten überblicken.

● *Angeln* In den Gewässern wimmelt es
von **Karpfen**. 1899 wurden die ersten ausgesetzt. Heute dauert es nur ein paar Minuten, bis einer anbeißt. Wer sein Glück versuchen will, holt sich eine Lizenz (3,20 €) bei

Serviços Florestais in Santa Cruz (schräg
gegenüber der Post in der Rua Senador André de Freitas). Was man sonst noch alles
fischen kann und welche Schonzeiten gelten, erfährt man dort ebenfalls.

Kleine Berg- und Seentour

Von Santa Cruz das Flores folgt man zuerst der Beschilderung in Richtung Lajes
das Flores, also nach Süden, und zweigt dann auf die inseldurchquerende Straße
nach Fajã Grande ab. Diese passiert mehrere Aussichtspunkte. Einen kurzen Stopp
lohnt der **Miradouro Arcos Ribeira da Cruz** (Hinweisschild, der zweite Aussichtspunkt nach der Abzweigung) hoch über dem gleichnamigen Tal mit typisch anmutender Vegetation und einem Wasserfall auf der gegenüberliegenden Seite.

3 km weiter ist die Abzweigung zum **Lagoa da Lomba** ausgeschildert. Von der Abzweigung führt ein rund 2 km langes, fast geradlinig verlaufendes Sträßlein zu einer
Kreuzung (hier rechts halten, kein Hinweisschild), von wo es noch rund 400 m bis
zum See sind. Der Lagoa da Lomba ist der unspektakulärste aller Inselseen, das
Ufer säumen Weiden und Wäldchen. Wegen der vielen Wasserpflanzen ist baden
nicht möglich.

Hoppelnde Karnickel begleiten Sie bis zum nächsten See. Dafür folgt man vom
Lagoa da Lomba der Beschilderung „Vista da Pedrinha miradouro Lagoas Funda e
Rasa" Richtung Süden. Sämtliche Linksabzweigungen lässt man dabei unbeachtet.
Die Straße wird zu einem Traum, Kartographen würden sie mit dem grünen Saum
für „landschaftlich reizvoll" versehen. Grandiose Ausblicke auf die Ostküste tun
sich auf und, nachdem man den Pedrinha-Bergkamm umfahren hat, ebensolche auf
den **Lagoa Funda** und den **Lagoa Rasa**. Man könnte meinen, die Straße sei allein
wegen der herrlichen Aussicht angelegt worden. Um zu dem Aussichtspunkt zwischen den beiden Seen zu gelangen, folgt man fortan der Beschilderung „Lagoas

Ländliche Idylle in Fajãzinha (Flores) ▲

▲▲ Der dünnbesiedelte Nordosten von Flores
▲ Weidelandschaft im Inselinneren Flores – typisch für die Azo

Die alten Windmühlen von Vila Nova do Corvo ▲▲
Die Küste von Corvo ▲

▲▲ Auf den kleinen Inseln kennt jeder jeden – insbesondere auf Corvo
▲ Blick auf Vila Nova do Corvo
▲ Caldeirão – der imposante Krater Corvos

Kleine Berg- und Seentour 481

Traumhaft – die Kraterseen von Flores

Funda e Rasa". In beiden Seen kann man baden. Zum höher gelegenen Rasa gelangt man leicht, zum tiefer in einem Kessel gelegenen Funda mit Wasserfall ist der Weg etwas beschwerlich, zudem war der See 2009 kurz vorm Umkippen. Will man dennoch für ein Bad zum Lagoa Funda hinabsteigen, fährt man noch knapp 2 km weiter und stoppt bei der Parkausbuchtung in der letzten Kurve, die einen Blick auf den See ermöglicht. Linker Hand führt ein verwachsener Pfad hinab.

Um die kleine Seenrundfahrt fortzusetzen, nimmt man 300 m hinter dem Aussichtspunkt zwischen dem Lagoa Funda und dem Lagoa Rasa die erste Rechtsabzweigung und folgt der unbefestigten, aber leicht zu meisternden Schotterstraße. Die Linksabzweigung nach rund 500 m bleibt unbeachtet. Keine 2 km weiter stößt man auf die R 1-2 und hält sich rechts gen Norden. Aber Achtung: Bereits nach 400 m auf der nun wieder geteerten Straße lohnt der nächste Stopp am leicht zu übersehenden **Miradouro Craveiro Lopes**, einem herrlichen Aussichtspunkt direkt am Klippenrand hoch über Fajazinha. 1 km weiter passiert man die Brücke über den Ribeira Grande. Theoretisch könnte man am Flussbett entlang bis zur Abbruchkante gehen, von wo sich der Fluss als höchster Wasserfall der Insel in Kaskaden zu Tale stürzt; praktisch versumpft man aber im Morast. Kurz hinter der Brücke zweigt bei einer Rechtskurve eine unbefestigte Straße zum **Morro Alto** ab, dem mit 914 m höchsten Berg von Flores. Wer ihn besteigt, dem liegt die ganze Insel zu Füßen. Bleibt man auf der geteerten Straße, taucht knapp 1 km weiter das Hinweisschild zu den Seen Lagoa Funda und Lagoa Comprida auf. Über eine kurze, ca. 250 m lange Stichstraße gelangen Sie zu einer Wendeplatte. Hier sollte man beim Verlassen des Wagens das Weitwinkelobjektiv nicht vergessen und über die Erdstufen zu der kleinen Wiese hochsteigen. Von hier genießt man einen tollen Blick auf den kreisrunden (auch Lagoa Negra genannten) **Lagoa Funda** zur Linken, der über 100 m tief ist, und den 17 m tiefen **Lagoa Comprida** zur Rechten.

482 Flores

Folgt man der R 2-2 weiter Richtung Santa Cruz und zweigt nach rund 1 km links ab, passiert man den **Lagoa Seca**, der sich in einem Kessel rechts der Straße versteckt. Weiter die Straße bergauf sieht man schließlich linker Hand den **Lagoa Branca** (nur ca. 2 m tief). Immer wieder kommen Ornithologen hierher, um Krickenten, Graureiher und andere Vögel zu beobachten. Vorbei am **Pico dos Sete Pés** (→ Kasten, S. 478) gelangt man in den Norden der Insel. Nahe Ponta Ruiva stößt man auf die asphaltierte Straße nach Ponta Delgada.

> **Wandertipp**: Vom Lagoa Comprida führt ein anspruchsvoller Wanderweg nach Fajã Grande, → **Wanderung 37**, S. 492.

Fajã Grande und der Südwesten

Kleine, beschauliche Dörfer prägen die dünn besiedelte Küstenregion des Südwestens. Unmittelbar am Meer liegt nur Fajã Grande, die westlichste Siedlung Europas. Das „Grande" bezieht sich übrigens mehr auf die Fajã als auf die Ortschaft.

Eine Stichstraße führt nach Fajã Grande. Auf dem Weg dorthin passiert man die Abzweigung zur Ortschaft Fajãzinha und zum Teich Poço da Alagoinha, dazu eine alte Wassermühle. Diese Ziele sind weiter unten beschrieben. Fajã Grande selbst ist im Winter ein verschlafenes Dorf und im Sommer ein beliebtes Ausflugsziel. Baden kann man u. a. im etwas abseitig gelegenen Naturschwimmbecken (mit „Piscinas naturais" ausgeschildert, vom Schild 500 m entfernt und über einen Schotterweg zu erreichen) und in der Hafenbucht. Nicht mehr als fürs Fußbad taugt der kleine Pool des dortigen Restaurants. Am Hafen wird an Sommerabenden auch gern gegrillt und gefeiert, denn der Sonnenuntergang von Fajã Grande zählt zu den schönsten der Azoren.

Erst in der zweiten Hälfte des 19. Jh. wurde die Ortschaft zur Pfarrei erhoben. Fajã Grandes große Zeit war da aber längst passé. Die Emigration hatte die Einwohnerzahl mehr als halbiert. Dass Fajã Grande im 18. Jh. der zweitgrößte Ort von Flores war, ist heute kaum mehr vorstellbar. Damals besaß es einen sicheren und wehrhaften Hafen. Vier Festungen schützten die Bucht, heute erinnern daran nur noch ein paar Steinbrocken. Bis Anfang des 19. Jh. zählte Fajã Grande zudem zu den wohlhabendsten Orten der Insel. Schlendert man durch die engen Gassen, fallen ein paar alte herrschaftliche Häuser ins Auge, aus einer Zeit, in denen der Walfang noch Geld nach Flores brachte.

Die nahe **Felsinsel Monchique** vor der Küste wird übrigens gerne als das Ende Europas bezeichnet – über Tausende von Seemeilen tanzen die Wogen des weiten, launischen Atlantiks von dort bis nach Amerika.

● *Verbindung* **Bus** Mo, Mi und Fr nach Lajes das Flores, Do nach Santa Cruz. Die Busse fahren morgens ab und kommen am Nachmittag zurück.

● *Geld* Weder Bank noch Automat vor Ort!

● *Übernachten* Auch wenn es in Fajã Grande im Sommer recht turbulent zugeht – keine Sorge: Sie können friedlich einschlafen, solange Sie nicht auf dem Campingplatz nächtigen!

Laura Costa, die Besitzerin der Snackbar Costa Ocidental an der Durchgangsstraße vermietet 4 komplett ausgestattete, alte Häuser für 4–6 Pers., 70 €/Tag. Fajã Grande, ℡ 292552041, ℡ 292552241.

Die **Residência Denesi** (kleine, einfache Zimmer mit Gemeinschaftsbad) gab es zum Zeitpunkt der letzten Recherche nicht mehr. Das kann sich aber, wie schon öfters geschehen, wieder ändern. Falls Sie Ihr

Ponta da Fajã/Baden   483

Glück versuchen wollen: Von Santa Cruz kommend, die erste Straße nach der Kirche nach rechts nehmen (zweistöckiges, gelb-weißes Haus rechter Hand).

Aldeia da Cuada, ein abgeschiedener Traum, ca. 1,5 km von Fajã Grande entfernt. Das verlassene Geisterdorf Cuada wurde in eine ländlich-ur-sprüngliche Ferienanlage mit 9 Natur-steinhäusern verwandelt. Liebevoll ausgestattet, fast alle Häuschen mit gusseisernen Öfen und Meeresblick. Grillmöglichkeiten. Daneben weiden die Kühe. Von Lesern hoch gelobt. Je nach Ausstattung und Größe 75–240 €/Nacht. Auf dem Weg nach Fajã Grande ausgeschildert, ℰ 292590040, aldeiacuada@mail.telepac.pt, www.aldeiadacuada.com.

● *Camping*   Beim Restaurant Balneário (s. u.) am Hafen möglich. Einfache, schat-tenlose Wiese, die als Camperwiese ohne ein Zelt darauf nicht zu erkennen wäre. Die sehr gepflegten sanitären Einrichtungen des angrenzenden Restaurants (leider nur Kaltwasserduschen) können genutzt wer-den. Pool fürs Fußbad, Grill- und Picknick-möglichkeiten. Kostenlos. Fajã Grande, ℰ 292552170.

● *Essen & Trinken*   **Balneário**, großes Res-taurant mit netter Terrasse. Kleine Auswahl an Fisch- und Fleischgerichten (ab 9,50 €). Die Portionen sind selbst zu zweit kaum zu schaffen – das Motto lautet hier leider „Masse statt Klasse". Außerhalb der Saison etwas geisterhaft. Kioskähnlicher Außen-bereich für Biertrinker. Oberhalb des Ha-fens von Fajã Grande, ℰ 292552170.

Restaurante Casa da Vigia, kleiner, schnu-ckeliger Innenraum, hübscher Garten. Sehr gute italienische Küche, italienische Besit-zerin. Alle Zutaten von hoher Qualität, haus-gemachte Pasta, Vegetarisches. Nur Mai–Okt. Leider ziemlich kleine Portionen für ziemlich gehobene Preise. Freundlicher Service. Am Ortseingang ausgeschildert, ℰ 292552217.

Argonauta, Tipp! Eine der empfehlenswertesten Adressen auf Flores ist das Haus von Pierluigi Bragaglia aus Bologna. Rund um die Welt ist er gereist, tausend Orte hat er gesehen, doch keiner hat es ihm mehr angetan als das Dorf am westlich-sten Ende Europas. 1990 ließ er sich in Fajã Grande nieder. Mit viel Mühe restaurier-te er ein altes Stadthaus im Zentrum – übrigens das erste Haus Fajã Grandes, das eine Badewanne besaß. Heute vermietet er nicht nur 5 mit Liebe ausgestattete, gemütliche Zimmer, sondern veranstaltet für seine Gäste auch Wanderungen, or-ganisiert Rundfahrten und Kajaktouren. Sporadisch kocht er auch für seine Gäste – ein Genuss. Nebenbei fabriziert er lustige Souvenirs. Für Selbstversorger steht na-hebei ein ebenfalls liebevoll bis ins Detail eingerichtetes, sehr gut ausgestattetes Gästehaus zur Verfügung: 2 Schlafzimmer mit privaten Bädern, traditionelle Küche, Wohnraum mit DVDs und kleiner Bibliothek, Garten. Die Zimmer können auch ein-zeln gemietet werden. Im Winter nur nach Voranmeldung. DZ 67–125 €, Haus für bis zu 4 Pers. 160 €. Das Argonauta-Hauptgebäude befindet sich in dem gelben, 1920 errichteten Haus an der Hauptstraße neben der Kirche. Rua Senador André de Freitas 5, ℰ 292552219, www.argonauta-flores.com.

Ponta da Fajã/Baden

Eine schmale Stichstraße führt von Fajã Grande in das knapp 2 km nördlich gelege-ne Ponta da Fajã. Sie verläuft am Fuße einer gewaltigen Felswand mit mehreren im-posanten **Wasserfällen**. Dort, wo der Wasserfall des Ribeira das Casas hinabstürzt, liegt der **Poço do Bacalhau**, der Stockfischteich. Im Sommer lässt es sich hier, um-geben von einer Blumenidylle und dem Rauschen des Wasserfalls, herrlich baden. Auf dem Fußweg dahin kommt man an einer alten Wassermühle vorbei. Das stille Dorf Ponta da Fajã selbst wurde bereits im 16. Jh. gegründet, in den 1980er Jahren aber vorübergehend aufgegeben: Am Morgen des 19. Dezember 1987 lösten sich Brocken aus der dahinter aufragenden Felswand und begruben Felder, eine Kapelle,

484   Flores

ein Wochenendhaus und eine Garage samt Mercedes unter sich. Die 50 Einwohner blieben glücklicherweise allesamt unverletzt, wurden aber von der Regierung aufgefordert, den Ort zu verlassen, da sich der Vorfall jederzeit wiederholen kann. Bis heute gilt offiziell: Man darf hier tagsüber verweilen, aber nicht übernachten. Doch daran hält sich niemand – so manche Einwohner sind zurückgekehrt und es werden auch Ferienhäuser vermietet.

● *Fußweg zum Poço do Bacalhau* Zwischen Fajã Grande und Ponta da Fajã ausgeschildert. Achtung: Das letzte Stück ist etwas sumpfig! Dauer ca. 7 Min.

● *Übernachten* **Alain und Anita Fournier**, das überaus freundliche französische Weltumseglerpaar (englischsprachig) vermietet in Ponta da Fajã 2 gemütlich-nette Appartements in traditionellen Häusern mit Garten und Grillmöglichkeit, jeweils für max. 3 Pers. „Absolut empfehlenswert", meinen Leser. Mindestaufenthalt 3 Tage. Reservierung nötig. Sehr gutes Preis-Leistungs-Verhältnis. Das größere Appartement kostet 57 €/ Nacht, das kleinere 47 €. Ponta da Fajã, ☎ 292552014 o. 961269770 (mobil), www.ferienhaus-flores.de.

Moinho da Alagoa

Nahe der Stichstraße nach Fajã Grande, ca. 3,5 km vor dem Ort, steht (von Santa Cruz kommend rechter Hand) eine alte, funktionstüchtige **Wassermühle**, die noch immer in Betrieb ist. Vorrangig Mais wird hier gemahlen. Die Müllerin heißt Fatima Serpa.

Poço da Alagoinha

Ca. 3 km vor Fajã Grande taucht ein Hinweisschild zum Poço da Alagoinha auf (Parkmöglichkeiten auf der anderen Straßenseite). Das Schild zeigt ein wenig verwirrend ins Grüne und lässt zwei Möglichkeiten zu. Folgen Sie dem rechten Wiesenweg, der auf den ersten Metern parallel zur Straße verläuft. Daraus wird schon bald ein wunderschöner, uralter und schattiger Weg (nach Regen sehr glitschig!), der rund 800 m stets leicht bergauf führt. Dann erreichen Sie, begleitet von Vogelgezwitscher, den Teich Poço da Alagoinha, der von mehreren Wasserfällen gespeist wird. Das Ufer ist sumpfig und morastig, trotzdem wird hier zuweilen gebadet. In der Umgebung wächst wilder Yams.

Fajãzinha

Hoch über dem Meer auf einem weiten Plateau liegt Fajãzinha, ein verschlafenes Bauerndorf – nicht umsonst kräht stets der Hahn. Knapp 130 Einwohner zählt der Ort, der lange Zeit von der Außenwelt isoliert war. Mitte des 20. Jh. begann man mit dem Bau einer Straße nach Fajãzinha, 1958 fuhr der erste Autobus nach Santa Cruz. Rund um den verträumten, dreieckigen, baumbestandenen Dorfplatz Rossio findet man zwei kleine Lebensmittelläden, die zugleich die Bars und die Versammlungsorte des Dorfs sind. Folgt man der Beschilderung „Queijaria Tradicional", gelangt man zu einer kleinen **Familienkäserei**, die leckeren Frischkäse herstellt. Falls geschlossen, einfach klingeln.

Verbindung Der seltene **Bus** von Santa Cruz nach Fajã Grande hält auch in Fajãzinha.

● *Essen & Trinken* **Restaurante Pôr do Sol**, altes Natursteingebäude in wunderschöner Lage mit Garten. Tolles Ambiente, gute Küche (typisch azoreanische Gerichte der mittleren Preisklasse). Von Lesern gelobt. Mo Ruhetag, Ende Sept. bis März nur Sa/So geöffnet. Auf dem Weg vom Dorf zum Meer, ausgeschildert, ☎ 292552075.

Caldeira

Am Fuß des **Cruzeiro da Fajãzinha**, dem großen Steinkreuz hoch über Fajãzinha, beginnt eine herrliche Panoramastraße über Caldeira nach Mosteiro. Caldeira selbst, an einem Bächlein in einer Senke gelegen, ist ein Geisterdorf, dessen Geschichte mit dem Wegzug der letzten Familie 1992 endete. Ein kleiner Spaziergang durch das verlassene Dorf – am Wegesrand wächst *Roca-da-velha*, ein Ingwergewächs mit blassgelben Blüten – hat seinen besonderen Reiz, und so manche Ecken und Winkel erzählen vom harten Landleben der einstigen Einwohner. Wer der Wanderung 38 (s. u.) von Lajedo nach Fajã Grande folgt, passiert das Dorf.

Mosteiro

Der Name des Ortes („Kloster") soll von einem Felsen herrühren, der von Weitem vor langer Zeit die Form und das Aussehen eines Klosters besaß. Den Felsen trug man irgendwann ab, man benötigte Steine für den Häuserbau. Mosteiro ist fast eine Kopie von Fajãzinha, nur ist der Ortskern rund um die **Kirche Santissima Trindade** etwas kompakter. Im Inneren der für die Azoren etwas untypischen Kirche befindet sich eine Statue der Hl. Filomena, die der Opiumhändler António de Freitas einst aus Macao mitgebracht hatte. Ansonsten gibt es nicht viel Sehenswertes. 2 km entfernt, über der Straße nach Lajedo, steigen die **Rocha dos Bordões** auf, eine imposante Basaltformation (→ S. 21). Angeblich zählen die Basaltsäulen mit einer Höhe von bis zu 28 m zu den höchsten der Welt.

Geschenke des Meeres

Vor Lajedo lief 1909 die *Slavonia*, ein Dampfer auf der Route New York – Triest, im dicken Nebel auf Grund. Als erstes Schiff der Welt setzte die Slavonia den Hilferuf *S-O-S* im Morsecode ab, drei Jahre zuvor war dieser von Vertretern aus 27 Ländern im Rahmen der ersten Welt-Funkkonferenz in Berlin als internationales Notrufsignal vereinbart worden. Alle 600 Passagiere konnten gerettet werden. Danach wurde vom Schiff abmontiert, was nicht niet- und nagelfest war (ein paar Relikte zeigt das Museum in Santa Cruz). Heute gilt das 155 m lange Wrack 25 m vor der Küste in einer Tiefe von 18 m als Tauchattraktion.

Nicht nur die Slavonia erlitt vor der Küste von Flores Schiffbruch; allein vor Fajã Grande wurden drei Schiffbrüche verzeichnet: 1869 ein französischer Logger (an Bord soll Zucker gewesen sein, bis dato auf Flores noch weitgehend unbekannt), 1918 ein norwegischer Dampfer und 1965 das unter der Flagge Liberias fahrende Frachtschiff *Papadiamandis*. Da bis zum Ende des 19. Jh. Geld auf Flores Mangelware war (man lebte vom Tauschhandel), waren auch Importartikel rar. Und so stammten die meisten Kerzenständer, Petroleumlampen, Werkzeuge, Pfannen, Schmuckgegenstände – also fast alles, was es in den Häusern auf Flores gab – von gestrandeten Schiffen.

Lajedo und Umgebung

Auf einer frisch geteerten Straße geht es hinab in das idyllisch gelegene Lajedo, eingebettet in ein grünes Tal zwischen Felsen und kleinen Bergkämmen. Nur wenig weiter liegt der Weiler **Costa**. Zusammen zählen beide Orte gerade 130 Einwohner.

Hund und Katz sagen sich hier noch immer bei Sonnenuntergang gute Nacht, auch wenn seit 1978 elektrischer Strom aus der Dose kommt. Bekannt ist der Ort v. a. wegen der am Meer sprudelnden heißen Quellen, den **Água Quente**. Eine Attraktion sind sie nicht, wer dennoch seine Hand hineinhalten möchte, folgt der Wegbeschreibung. Achtung, der Pfad ist nicht ungefährlich!

• *Anfahrt/Fußweg zu den Água Quente*
Von Mosteiro kommend, zweigt man am Ortsbeginn von Lajedo bei dem Stromverteilerhäuschen links ab (Hinweisschild „Costa do Lajedo"). Die Straße (2 km) führt in einem weiten Bogen in den Weiler Costa. In Costa orientiert man sich immer in Richtung Küste und parkt, wenn die Straße ihren Teerbelag verliert, beim Hinweisschild „Água Quente 1600 m". Zu Fuß folgt man nun dem Weg weiter zur Küste, der schließlich in einen Pfad übergeht und weiterhin mit „Água Quente Warm Water" ausgeschildert ist. Ab dem Hinweisschild, das auf etwa gleicher Höhe steht wie ein Felsobelisk im Meer, bedarf es absoluter Schwindelfreiheit, von hier aus sind es noch rund 200 m. Wenige Meter hinter dem Schild führt der Pfad entlang einer steinigen, steilen Felswand und endet hoch über einer kleinen Felsbucht. Im weiteren Verlauf sollte man über absolute Trittsicherheit verfügen, denn die letzten Meter des Weges sind leider einem Felsabbruch zum Opfer gefallen. Man muss steil absteigen; manchmal lassen sich noch ein paar in den Stein geschlagene alte Stufen erkennen. Die Route hinab ist mit weißer Farbe markiert. Aus einer Felsspalte (je nach Gezeiten nur wenige Meter über dem Meer) rinnt die warme Quelle.

> **Wandertipp**: Von Lajedo führt ein Wanderweg nach Fajã Grande, → **Wanderung 38**, S. 493.

Abgeschieden von der Außenwelt – Fajãzinha

Lajes das Flores und der Südosten

Flores' zweitgrößte Stadt, von den Einheimischen kurz Lajes genannt, ist das Verwaltungszentrum der südlichen Inselhälfte. Charme hat der Ort nicht, doch die Küste des Südostens begeistert: besonders durch ihre Fajãs, ebene Küstenzonen, die durch Hangabrutsche entstanden sind.

Lajes das Flores zählt etwas über 1500 Einwohner. Einen richtigen Ortskern sucht man vergebens, großflächig sind die Straßenzüge angelegt, weit verstreut sind die Häuser – irgendwie hat alles Vorortcharakter. In der Avenida do Emigrante findet man das Rathaus, die Bibliothek und einige Banken, neben der Kirche steht das Postgebäude. Die Siedlung nahe dem **Leuchtturm** gehörte einst der portugiesischen Marine, die hier eine Radiostation unterhielt. Als diese 1993 aufgelöst wurde, gingen zwar Arbeitsplätze verloren, der Ausbau des Hafens schuf jedoch neue. Zuletzt war auch eine **Marina** im Entstehen.

Santa Cruz das Flores ist heute das Zentrum des Flugverkehrs, Lajes das Flores das des Schiffsverkehrs. Es gibt Pläne, den Hafen noch weiter auszubauen. Dem Touristen kommt das weniger zugute – je größer die anlegenden Schiffe, desto unattraktiver wird der **Sandstrand** davor werden. Zumindest wimmelt es heute im Hafen nicht mehr von Haien. Als die lokale Walfabrik noch in Betrieb war, lockte das Blut der zerlegten Säuger die Raubfische an. An den Walfang erinnert ein kleines „Museum" – falls man es über haupt so nennen kann. Das Natursteinhäuschen mit der roten Tür (das dem Strand nächstgelegene Gebäude) ist so gut wie nie geöffnet und dient in erster Linie dem ortsansässigen *Clube Naval* als Lagerraum. Über der alten Walfabrik, die, ihres Schornsteins beraubt, heute kaum mehr als solche wahrzunehmen ist, erhebt sich die **Kirche Nossa Senhora do Rosário** mit ihrer aufs Meer blickenden, gekachelten Fassade. Nur wenige Schritte entfernt steht am nahe gelegenen Friedhof die kleine **Kapelle Nossa Senhora das Angústias** aus dem 18. Jh. Sie wurde aufgrund eines Gelübdes spanischer Seeleute errichtet, die nach dem Untergang ihrer Galeone tagelang an eine Planke geklammert im Meer trieben und schließlich gerettet wurden.

Two in one – Laden und Kneipe

Richtung Norden erstreckt sich Lajes das Flores wie ein endloses Straßendorf bis nach **Fazenda das Lajes**. Unterwegs passiert man den **Miradouro Pedras Brancas** (rechter Hand), einen Picknickplatz mit öffentlichen Toiletten. In Fazenda das Lajes fällt die blau-weiß gekachelte **Igreja Senhor Santo Cristo** aus dem 19. Jh. mit ihrer

488 Flores

typisch azoreanischen Architektur ins Auge. Beim Friedhof nahe der Küste liegt zudem der **Miradouro Caldeira**, ein kleiner, unspektakulärer Aussichtspunkt. Von hier hielten einst die Walfänger nach Beute Ausschau.

• *Verbindung* **Bus** Mo, Mi, Do, Fr nach Santa Cruz und Fajã Grande.

• *Internetzugang* Über die **Bibliothek** an der Durchgangsstraße Avenida do Emigrante.

• *Übernachten/Appartements* **Aldeamento Hoteleiro (ehem. Rádio Naval)**, die einstigen Unterkünfte der Marine – kleine, heute zweckmäßig ausgestattete Bungalows – werden von der Hospedaria Telma Silva (s. u.) als Appartements vermietet. Die Bungalows liegen nahe dem Leuchtturm. Nur nach Vorausbuchung, da die Vermieterin nicht vor Ort wohnt. Für max. 4 Pers. 52 €/Nacht. Lajes das Flores, ✆ 914101882 (mobil), www.hospedariatelmasilva.com.

Marianne Strasser, die Schweizerin vermietet ein einfaches, winziges Studio mit Flair. Der eine findet es schnuckelig und gewinnt es lieb, dem anderen ist es zu eng. Großer Garten davor. Am Ortsende von Lajes (Richtung Lajedo) linker Hand im Laden O Artesão oder im Restaurant Casa do Rei fragen. 30 €/Nacht. Lajes das Flores, ✆/☏ 292593262.

Telma Silva, vermietet in Fazenda 3 blitzsaubere Zimmer, 2 davon ohne Bad. Kitschige, rosalastige Einrichtung, gefliese Böden. An der Durchgangsstraße (von Lajes kommend) linker Hand vor der Kirche, kleines Schild „Telma" vorm Haus. EZ 20 €, DZ ohne Bad 25 €, mit Bad 30 €. Fazenda das Flores, ✆ 292593326 o. 914101882 (mobil).

Auch das **Restaurante O Forno Transmontana** und das **Restaurante Pousada** vermieten Zimmer, s. u.

• *Essen & Trinken* **Casa do Rei**, recht kleines Restaurant unter schweizerisch-belgischer Leitung, für viele das beste der Insel. Wer Abwechslung zur Azorenküche sucht, ist hier richtig. Kleine Karte (Klasse statt Masse), gute, große Salate, zu den Spezialitäten gehören geräucherter und gegrillter Haifisch wie auch Entenbrust. Hg 10–17 €. Tägl. (außer Di) nur abends. Am Ortsende

von Lajes (Richtung Lajedo) linker Hand, ✆ 292593262.

Beira Mar Paula's Place, Treffpunkt der örtlichen Trinker und der wenigen Segler. Erwarten Sie keine kulinarischen Sensationen. Kleine Terrasse. Am Hafen, von der Avenida do Emigrante ausgeschildert, ✆ 292593153.

Pousada, von innen besser als von außen. Gepflegter Speisesaal, sättigende Küche. Dazu Vermietung von Zimmern, sofern diese nicht von Dauergästen belegt sind. Avenida do Emigrante 16 (auf einer Anhöhe im Ort, ausgeschildert), ✆/☏ 292593547.

Restaurante O Forno Transmontana, gepflegt-rustikales Lokal. Umfangreiche Karte, zu den Spezialitäten des Hauses gehören die Gerichte vom Schwein, dazu die gegrillte *Cherne*. Hg. 8–13,50 €, lediglich die Meeresfrüchte sind teurer. So Ruhetag. Zudem werden ordentliche Zimmer mit Bad vermietet (DZ 35–40 €). Am Ortseingang von Fazenda das Lajes, von Lajes kommend auf der linken Seite, ✆ 292593137 o. 917763459 (mobil).

• *Einkaufen/Souvenirs* **O Artesão**, T-Shirts mit verschiedensten Aufdrucken fabriziert der Belgier André Eloy. Hier gibt es auch erstklassigen Honig zu kaufen, den der Franzose Alain Fournier imkert, zudem lustige Zedernholzsouvenirs und gravierte Steine im Angebot. Am Ortsausgang Richtung Lajedo. Einen Ableger (Kiosk) gibt es im Badeareal von Fajã Grande. Klingeln, falls geschlossen.

• *Feste/Veranstaltungen* Am 2. Wochenende im Juli wird die **Festa do Emigrante** gefeiert – das Fest der Auswanderer gehört zu den größten Feierlichkeiten des Archipels.

• *Tauchen/Bootsausfahrten* Theoretisch über den **Clube Naval de Lajes das Flores** möglich (Office in dem Gebäude, das dem Strand am nächsten liegt, ✆ 292593145), leider ist jedoch oft niemand anzutreffen.

Fajã de Lopo Vaz/Baden

Die Fajã de Lopo Vaz besitzt ohne Zweifel den besten und längsten Strand der Insel – mit dunklem Sand und wegen seiner Abgeschiedenheit nie überlaufen.

Die Fajã gehört zu den am frühesten besiedelten Gebieten von Flores, die aus Spanien emigrierte Familie Lopo Vaz bewirtschaftete den Küstenabschnitt über mehrere Jahrhunderte. Heute stehen in der Fajã ein paar Wochenendhäuser, und noch immer wird sie landwirtschaftlich genutzt. In ihrem besonderen Mikroklima gedeihen Bananen, Feigen, Trauben, Ananas und andere Früchte. Hinab zur Fajã führt ein alter Fußweg, der sich an Japanischen Sicheltannen vorbeizieht.

> **Achtung**: Wegen gefährlicher Strömungen nur bei ruhiger See baden! In diesem Küstenabschnitt werden angeblich des Öfteren Haie gesichtet, von Angriffen auf Menschen ist aber nichts bekannt.

• *Anfahrt/Fußweg* Von Lajes das Flores nimmt man die Straße nach Lajedo und zweigt bei der ersten Möglichkeit hinter dem Fußballplatz links ab (Hinweisschild), dann die nächstmögliche geteerte Straße wieder links, dann immer geradeaus, bis die Straße nach ca. 1 km an einem Parkplatz mit Kreuz und Picknickmöglichkeit endet. Von dort genießt man eine schöne Aussicht auf die Südküste, nicht aber auf die Fajã, sie liegt hinter einem Felsrücken rechter Hand. Rechts vom Kreuz beginnt der Pfad hinab (zugleich der offizielle Wanderweg *PRC 4 FLO*). Dauer ca. 30 Min., Schwindelfreiheit erforderlich!

Lomba und Umgebung

In abwechslungsreicher Landschaft, umgeben von Wäldern, Weiden und Bächen, liegt die kleine Ortschaft Lomba und der sprichwörtliche Hund begraben. Blickfang ist die **Kirche** aus dem 18. Jh. mit einer mächtigen Palme daneben und einem Parkplatz, der eines Supermarkts würdig ist.

Von Lomba führt ein von Hortensienhecken gesäumtes Sträßlein, das herrliche Ausblicke bietet, zu den Lagoas im Inselinneren (→ S. 480). Zu Fuß kann man zum nördlich gelegenen Hafen **Porto da Lomba** absteigen, der einst durch die Festung São Caetano geschützt war. Zwischen der kleinen Bucht und den Bootsschuppen sprudelt eine Quelle, die **Fonte da Saúde** – die „Gesundheitsquelle". Der Weg beginnt nahe dem nördlichen Ortsschild von Lomba (Hinweisschild „Porto da Lomba" 1500 m), hinab geht es schnell, der Rückweg ist mühselig.

Lomba: Kirche mit Palme

• *Übernachten* **Appartements Atlântico**, 3 nebeneinanderliegende Appartements unter dem Wohnbereich der freundlichen Dortmunder Folker und Rita Hänselmann. Jedes hat einen privaten Terrassenbereich mit Meeresblick. Sehr gutes Preis-Leistungs-Verhältnis: 30 € für 2 Pers. Mindestaufenthalt 3 Nächte, Vorausbuchung empfehlenswert. Anfahrt: Von Lajes kommend die erste Abzweigung links hoch (Rua da Grota). Ca. 80 m vor der Kirche des Orts erneut links in die Rua Nova abbiegen und steil bergauf fahren, bis die weiß-orangefarbene Anlage rechter Hand auftaucht. ✆ 292593278.

Caveira und Umgebung

Die 78-Einwohner-Gemeinde liegt 7 km südlich von Santa Cruz das Flores und rund 300 m über dem Meer. Zweigt man von der Durchgangsstraße in die Rua José Pereira Borges ab, gelangt man nach ca. 1 km (steil!) zum Kap **Ponta da Caveira**, wo es auch einen Aussichtspunkt gibt. Nördlich des Kaps steuern Ausflugsboote (Bootsausflüge → Santa Cruz/Sport & Freizeit, S. 474) die **Gruta Enxaréus** an, eine knapp 25 m breite und rund 50 m tiefe Höhle. Südlich des Kaps liegt die **Fajã de Pedro Vieira**, die von zwei Bachläufen eingerahmt wird: Im Norden fließt die Ribeira da Silva, im Süden der Ribeira da Urzela. Wer Glück hat, fängt hier Forellen. Einst war die gesamte Fajã unterhalb der mächtigen Felswand gerodet und von einer kleinen Festung geschützt. Wie viele Menschen hier lebten, ist unbekannt, bekannt ist nur, dass sie Weizen, Mais, Kartoffeln und Yams anbauten. Mitte des 20. Jh. wurde die Fajã aufgegeben. Die Natur hat sie sich inzwischen zurückerobert, Zeugnisse der Vergangenheit sind aber noch sichtbar und verleihen dem Ort einen ganz eigenen verzauberten Charme. In die Fajã gelangt man am einfachsten ebenfalls per Bootsausflug. Die Pfade dahin (einer beginnt an der Straße zum Kap, auf einen anderen macht ein Hinweisschild an der Verbindungsstraße Lomba – Caveira aufmerksam) waren zuletzt total verwildert.

Wanderung 36: Von Ponta Delgada nach Fajã Grande

Route: Ponta Delgada – Ribeira do Moinho – Ponta da Fajã – Fajã Grande.
Dauer: 3 ½ Std.
Einkehr: Unterwegs keine Möglichkeit, nur Picknickplätze.
Besonderheiten: Die Wanderung zählt zu den Wanderklassikern der Azoren – und zu den schönsten des Archipels. Der markierte Weg, identisch mit dem *Percurso Pedestre PR 1 FLO*, ist im Ganzen problemlos zu meistern und stellt bis auf **absolute Schwindelfreiheit** keine besonderen Anforderungen. Unternehmen Sie diese Wanderung nur an sonnigen Tagen und wenn es mindestens ein bis zwei Tage zuvor nicht geregnet hat, da sich sonst mehrere Abschnitte in gefährliche, rutschige Passagen verwandeln können.

> **Varianten**: Selbstverständlich kann man die Wanderung auch *von* Fajã Grande nach Ponta Delgada unternehmen, jedoch mit dem Nachteil, dass der schönste Streckenabschnitt nicht als krönender Abschluss erlebt werden kann, sondern zu Beginn als mühseliger Aufstieg wahrgenommen wird.
> Wer ganz Flores von Nord nach Süd an der Westküste entlang abwandern will, folgt, in Fajã Grande angekommen, der Wanderung 38 in entgegengesetzter Richtung. Auch eine Kombination mit Wanderung 37 ist möglich.

An- und Weiterfahrt: Von Santa Cruz das Flores gelangt man Mo, Mi und Fr mit dem Bus nach Ponta Delgada. Der Bus hält beim Einstieg in die Wanderung. Eine Rückfahrt von Fajã Grande mit dem Bus ist nicht möglich, da diese in Fajã Grande frühmorgens starten. So bleibt nur der Daumen oder das Taxi (nach Santa Cruz 15 €, nach Ponta Delgada 17 €).

Wegbeschreibung: Ausgangspunkt der Wanderung ist die **Kreuzung mit Bushaltestelle** oberhalb des kleinen Hafens von Ponta Delgada. (Rechts geht es zum Hafen, geradeaus sind es noch ein paar Meter bis zu einer Wendeplatte.) Hier

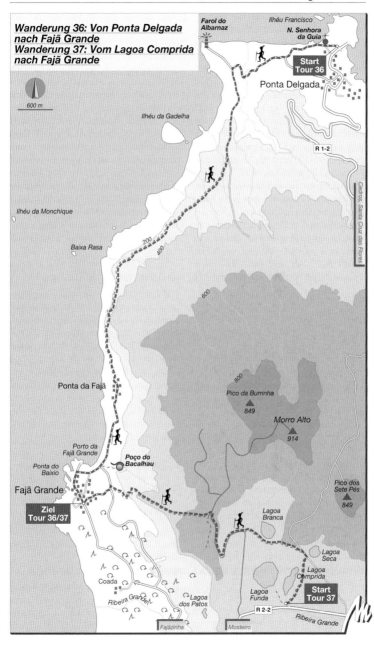

492 **Flores**

folgt man der Straße links zum Leuchtturm (Schild „Farol do Albarnaz"). Sie führt stetig leicht bergauf und streift die kleine **Kapelle Nossa Senhora da Guia** (daneben die offizielle Wandertafel). Kurz darauf sieht man rechter Hand das Felseninselchen Ilhéu Francisco aus dem Meer ragen. Nach ca. 3 km (30–35 Min.) zweigt man nach links auf eine breite betonierte Straße ab. Auf dieser geht es für rund 2,5 km zwischen Weiden bergauf. Wenn aus dem breiten Fahrweg ein Sträßlein wird, das sich steil bergauf zu schlängeln beginnt, zweigt man nach rechts (rot-gelbe Markierung beachten, dazu ein hölzernes Hinweisschild) auf einen schmalen, von Mauern flankierten Weg ab. Dieser verläuft nach wenigen Metern parallel zu einem Bach, der schließlich überquert wird, und führt entlang eines anderen Bachbetts weiter bergauf. Man durchstreift nun hügeliges, baumloses Weideland, in dem man erneut einen Bach überquert. Wenig später folgt der nächste.

Daraufhin passiert man landwirtschaftlich weniger intensiv genutzte Abschnitte mit lichter Baumheide, und meist ist der Weg nur noch ein schmaler, aber gut zu erkennender Pfad. Hinter einem kleinen **Gatter** (das man so hinterlässt, wie man es vorgefunden hat) empfiehlt es sich, falls schlammige Passagen auftauchen, parallel zum Hauptweg weiterzuwandern. Bei einem breiteren, auf Trittsteinen aber einfach zu überquerenden Bachbett muss man über eine kleine Mauer steigen, dahinter setzt sich der Weg etwas weiter rechts fort.

Nach dem nächsten Bach verliert der Pfad für ein kurzes Stück seine Konturen. Hier geht man parallel zu einer Mauer weiter in Richtung Süden (Markierung beachten), aber schon nach dem Überqueren des nächsten Bachs zeigt sich der Pfad wieder deutlich. Nun verläuft er in sicherem Abstand parallel zur steil abfallenden Küste, überquert weitere Wasserläufe und schwenkt dazu gelegentlich ins Landesinnere. Hoch über dem Meer, direkt an der Abbruchkante der Klippen, gelangt man schließlich an ein **Gatter**, dahinter beginnt der Abstieg nach Ponta da Fajã. Blicken Sie aber nochmals zurück und genießen Sie die prächtige Aussicht auf den nordwestlichen Küstenstreifen von Flores, auf den trutzigen Felsen im Meer namens Maria Vaz bis hin zum Leuchtturm an der Ponta do Albarnaz.

Für den Abschnitt bis zur kleinen Ortschaft Ponta da Fajã bedarf es absoluter Schwindelfreiheit. Der Weg führt an einer Felswand entlang, meist ist er nur 1 bis 2 m breit und fällt rechter Hand steil zum Meer ab. Kleine Rinnsale und Bäche machen ihn gelegentlich glitschig, besonders nach Regen. Nach ca. 20 Min. werden Sie die Kirche von **Ponta da Fajã** (→ S. 483) sehen, an der vorbei Sie nach **Fajã Grande** (→ S. 482) gelangen.

> **Dringende Empfehlung**: Sollte sich das Wetter während der Wanderung verschlechtern und Regen aufkommen, drehen Sie um und verzichten Sie auf den Abstieg, auch wenn dies der Höhepunkt der Wanderung ist.

Wanderung 37: Vom Lagoa Comprida nach Fajã Grande

Route: Lagoa Comprida – Lagoa Seca – Fajã Grande.

Dauer: Ca. 3 Std.

Einkehr: Zum Schluss in Fajã Grande.

Besonderheiten: Der markierte Wanderweg, identisch mit dem *Percurso Pedestre PR 3 FLO*, führt anfangs durchs Hochland und zum Schluss auf einem uralten, sehr steilen Pfad zur Küste

Wanderung 38   493

nach Fajã Grande hinab (Stöcke hilfreich!). Der erste Abschnitt der Wanderung ist v. a. nach Regen extrem matschig. Die Wanderung lässt sich mit den Wanderungen 36 und 38 kombinieren.

An- und Weiterfahrt: Nicht mit dem Bus möglich, nur mit dem Taxi. Zum Lagoa Comprida kostet die Fahrt von Santa Cruz aus ca. 12 €, von Fajã Grande aus ca. 8 €, für weitere Taxipreise → Wanderung 36.

Wegbeschreibung: Von der Wandertafel am **Lagoa Comprida** folgt man dem Pfad, der östlich am See vorbeiführt. Die Markierungen sind hier wegen des oft dichten Nebels deutlich auffälliger als bei anderen Wanderwegen. Nach ca. 15 Min. erreicht man eine asphaltierte Straße, auf der gegenüberliegenden Seite befindet sich der **Lagoa Seca**. Um die Wanderung fortzusetzen, folgt man der Straße für ca. 50 m bergauf und hält dann linker Hand nach einer Wegmarkierung Ausschau, die den Einstieg in einen Pfad markiert, der durch sumpfiges Gebiet gen Westen führt. Der Pfad folgt größtenteils Bachläufen und ist nach Regen extrem matschig! Pfad und Bachlauf treffen schließlich auf eine **Schotterpiste**. Hier hält man sich rechts und folgt der Piste für 1,6 km. Dabei beschreibt der Weg eine weite Serpentine und führt stets bergauf. Der erste Feldweg, der nach links von der Schotterpiste abzweigt, ist Ihrer. Schon nach rund 40 m gabelt sich dieser Feldweg, hier rechts halten. Bei Regen ist dieser Weg ebenfalls ein Bachlauf – Vorsicht ist geboten! Wenn der Weg bzw. Bach rund 8 Min. später nach links abschwenkt, wandert man durch

ein Gatter (bitte wieder schließen!) und geradeaus auf einem Pfad weiter. Bald darauf tut sich ein gigantischer Blick auf Fajãzinha zur Linken auf.

Schon nach kurzer Zeit verläuft der Pfad parallel zu einer **Mauer**, die rechts von Ihnen liegt. Wenn eine weitere Mauer von links hinzukommt und beide Mauern eine Wegschneise bilden, müssen Sie aufpassen – der Wegschneise dürfen Sie nicht folgen. Am Beginn der Wegschneise müssen Sie den Durchgang durch die Mauer linker Hand wählen (Markierung beachten!). Danach wandern Sie parallel zu dieser Mauer weiter gen Westen, schließlich parallel zu den Hortensienhecken rechter Hand. Sie haben nun auch einen Blick auf das Tal rechter Hand, links versperrt der Berggrat die Aussicht. Die Markierungen sind hier spärlich gesetzt. Automatisch gelangen Sie nun auf den uralten Weg hinab zur Küste. Vorsicht, er ist extrem steil und teils sehr glitschig. Die Barfußläufer von einst fanden auf den Steinen einen besseren Halt als die Wanderer von heute mit ihren teuren Stiefeln. Unten angekommen, führt der Weg an einem Bachlauf entlang zu einer befestigten Straße. Hier müssen Sie sich nach rechts in Richtung Küste wenden. Bei der T-Kreuzung rund 400 m weiter haben Sie zwei Möglichkeiten: Biegen Sie links ab, erreichen Sie **Fajã Grande**. Folgen Sie hingegen von der Brücke aus rechter Hand wieder dem Bachlauf bergauf, gelangen Sie zum **Poço do Bacalhau**, wo Sie ein kühles Bad unter einem Wasserfall nehmen können.

Wanderung 38: Von Lajedo nach Fajã Grande

Route: Lajedo – Mosteiro – Caldeira – Fajãzinha – Fajã Grande.

Dauer: 3 ½ Std.

Einkehr: Im Restaurant Pôr do Sol in Fajãzinha. In Fajãzinha gibt es zudem

Dorfläden, die auch Sandwichs belegen.

Besonderheiten: Der markierte Wanderweg ist mit dem offiziellen *Circuito Pedestre PR 2 FLO* identisch. Machen Sie diese Wanderung nur, wenn es min-

Karte S. 468 · **Flores**

destens einen Tag lang nicht geregnet hat, da Abschnitte des Weges andernfalls überaus glatt und schlammig sind.

Kombination mit Wanderung 36: Will man die Insel von Nord nach Süd entlang ihrer Westküste ablaufen, kann man die im Folgenden beschriebene Wanderung in Anschluss an Wanderung 36 unternehmen. Dafür geht man sie in entgegengesetzte Richtung. Um den Einstieg von Fajã Grande aus zu finden, folgt man stets der Hauptstraße durch den Ort (Richtung Santa Cruz). Bei den letzten Häusern Fajã Grandes beginnt der Weg rechter Hand (Hinweisschild). Auch eine Kombination mit Wanderung 37 ist möglich.

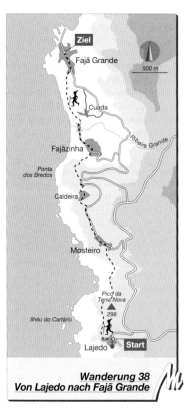

*Wanderung 38
Von Lajedo nach Fajã Grande*

An- und Weiterfahrt: Mit dem Bus gelangen Sie Mo, Mi und Fr von Lajes nach Lajedo, Do von Santa Cruz aus. Von Fajã Grande aus gibt es an denselben Tagen keine Verbindungen mehr, das Taxi (zurück nach Lajedo ca. 10 €, nach Santa Cruz 15 €) oder der Daumen sind die einzigen Alternativen.

Wegbeschreibung: Ausgangspunkt der Wanderung ist die **Pfarrkirche von Lajedo**. Davor steht die Heilig-Geist-Kapelle des Ortes aus dem Jahr 1885. Kein Kreuz, nur eine Krone schmückt die Fassade. Von hier nimmt man das Sträßlein rechts bergauf (gelb-rote Markierung), das aber schon nach wenigen Metern zur Küste hin als Rua F. Caetano Tomás abschwenkt. Nach 250 m auf dem Sträßlein passiert man die Wanderinfotafel für den Weg. Kurz darauf dreht das Sträßlein scharf nach links ab und den Berg hinunter. Hier verlässt man den geteerten Weg und wandert einfach geradeaus weiter (ebenfalls gelb-rot markiert). Ein alter Eselsweg führt Sie nun bis Mosteiro (→ S. 485). Lassen Sie alle Abzweigungen zur Küste oder steil bergauf ins Inselinnere unbeachtet. Der Weg verläuft insgesamt hoch über dem Meer, mal geht es leicht bergauf, mal leicht bergab. Lediglich die letzten ca. 15 Min. bis zur Ortschaft Mosteiro, die sich durch ihre Hochleitung ankündigt, sind mit einem mühseligen Aufstieg verbunden. Auf diesem herrlichen Weg mit schönen Ausblicken auf die Küste begegnet man heute noch Frauen, die große Milchkannen von den Weiden auf ihren Schultern heimtragen.

In **Mosteiro** hält man sich auf der Dorfstraße links. Die geteerte Straße führt bergab an der **Pfarrkirche** vorbei. Bei dem kleinen, baumbestandenen Dorfplatz mit seinen vier Bänken hält man sich rechts bergab. Wenn die Straße kurz darauf nach Norden (rechts) ab-

Wanderung 38   495

schwenkt, wählen Sie den steil bergab führenden, betonierten Weg. Auf diesem überqueren Sie nach wenigen Metern einen Bachlauf, dahinter geht es auf einem alten Pfad weiter (markiert). Bereits 5 Min. später erreichen Sie die selten befahrene Straße nach Caldeira/Fajãzinha, links halten. Sie folgen der Straße für ca. 5 Min., und schon sehen Sie unmittelbar voraus **Caldeira** (→ S. 485) liegen, eine aufgegebene Siedlung. Die Straße führt in einem weiten Bogen landeinwärts daran vorbei. Sie aber müssen die rot-gelbe Wegmarkierung hinter einer Rechtskurve beachten, die dazu auffordert, nach links auf einen Serpentinenpfad abzuzweigen. Auf diesem wandert man nach Caldeira hinab und gelangt auf der gegenüberliegenden Hangseite vorbei an verfallenen Häusern in einen Hohlweg, der schließlich wieder bergauf zu der geteerten Straße führt. Danach folgt man noch für wenige Minuten der Küstenstraße. Wenn diese steiler anzusteigen beginnt, auf zwei Antennenmasten zu, zweigt linker Hand ein gelb-rot markierter Pfad nach Fajãzinha ab. Aufpassen: Es geht sehr steil bergab. Bei Regen kann es hier sehr glatt werden.

In **Fajãzinha** (→ S. 484) wählt man den Weg an der Kirche vorbei und zweigt schließlich unmittelbar hinter dem zentralen Stromverteilerhäuschen des Ortes links ab. Links an einer **Kapelle** vorbei führt die geteerte Straße hinab zur Küste – der Weg für alle, die im Restaurant Pôr do Sol eine Pause einlegen wollen. Andernfalls kürzt man den Weg ab und wandert, wenn bei einer Rechtskurve eine Tafel mit der Aufschrift „Rua dos Rolos" auftaucht, einfach geradeaus weiter und folgt der gelb-roten Markierung. Weiter unten trifft der alte Eselspfad wieder auf die Straße.

Achtung: Bevor die Straße auf ihren letzten Metern nach links zur Küste abschwenkt, passiert man eine kurze Schneise. Unmittelbar hinter dieser hält man sich rechts. Hier beginnt ein Pfad durch Schilfbestand zum Flusslauf des Ribeira Grande, über den eine **Holzbrücke** führt. Folgt man am anderen Ufer dem markierten Weg, erreicht man den Zielort **Fajã Grande**.

Was haben Sie entdeckt?

Haben Sie die Quinta Ihrer Träume gefunden, die Marisqueira mit dem besten gegrillten Fisch, die freundlichste Pensão, einen herrlichen Wanderweg zu einer verborgenen Fajã oder die verschollenen phönizischen Münzen von Corvo? Wenn Sie Ergänzungen, Verbesserungen oder neue Tipps zum Buch haben, lassen Sie es uns bitte wissen. Auch für Kritik sind wir dankbar. Schreiben Sie an:

Michael Bussmann

Stichwort „Azoren"

c/o Michael Müller Verlag

Gerberei 19

91054 Erlangen

E-Mail: michael.bussmann@michael-mueller-verlag.de

Ein unvergesslicher Anblick – der Caldeirão von Corvo

Corvo

Corvo ist die kleinste Insel der Azoren, geboren aus nur einem Vulkan. Die Caldera, von den Corvinos Caldeirão genannt, zählt zu den beeindruckendsten des Archipels, für viele Reisende ist sie sogar die schönste. Nur ein Städtchen, Vila Nova do Corvo, gibt es auf dem Eiland und auch nur eine Straße; sie führt von der einzigen Stadt zum einzigen Krater oder, was häufiger zutrifft, in die Wolken. Wer sich auf Corvo einlässt, hier ein paar Tage verbringt und mit den Menschen in Kontakt kommt, wird erfahren, dass weniger auch mehr sein kann.

Corvo, die nördlichste Insel der Azoren, besteht aus einem Vulkan, der vor rund zwei Millionen Jahren das letzte Mal aktiv war. Wie Flores liegt Corvo auf der amerikanischen Platte und entfernt sich durch die Kontinentaldrift jedes Jahr um einige Zentimeter von Europa. Zur Küste hin fällt der erloschene Krater steil und schroff ab, lediglich zum Südzipfel der Insel laufen die Hänge flacher aus. Hier liegt Vila Nova do Corvo mit seinen 488 Einwohnern. Die Hälfte aller Erwerbstätigen ist in der Vieh- und Landwirtschaft tätig, kümmert sich um die mehr als 1300 Rinder oder baut Kartoffeln, Mais und Zwiebeln an – auf Land, das zu 70 % der Gemeinde gehört. Die andere Hälfte findet ihr Auskommen in der Dienstleistungsbranche oder in der Selbstverwaltung – allein die Stadtverwaltung hat 40 Leute auf der Gehaltsliste. Für die portugiesische Regierung, so wurde einmal ausgerechnet, wäre es billiger, alle Einwohner auf Lebenszeit im besten Hotel Lissabons einzuquartieren, als die funktionierende Infrastruktur – es gibt eine Schule bis zur 9. Klasse – und den Verwaltungsapparat der Insel aufrechtzuerhalten.

Die Corvinos sind nicht arm, auch wenn die vielen verfallenen Häuser im Zentrum von Vila Nova do Corvo dies vermuten lassen. Aber wozu renovieren, wenn hier ohnehin kein Mensch mehr wohnen will. Statistisch gesehen sind die Corvinos sogar reich und verfügen über eines der höchsten Pro-Kopf-Einkommen Portugals. Doch stellen sie ihren Wohlstand nicht zur Schau, es gibt auch nicht viel zu kaufen, was man zur Schau stellen könnte, und welche Luxusgüter wären auf der Insel überhaupt erstrebenswert? Zudem sind Statussymbole überflüssig, ohnehin weiß jeder über jeden Bescheid. Das Gemeinwesen auf Corvo ist eben von besonderer Art. Die ältere Generation liebt diese Verhältnisse, die Geborgenheit, die Nachbarschaftshilfe und den Frieden.

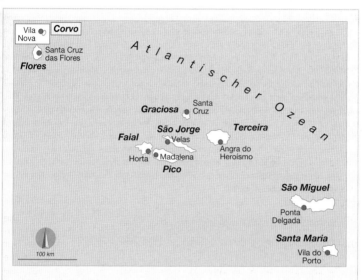

Corvo

Hauptort: Vila Nova do Corvo
Bevölkerung: 488 Einwohner (29 pro km²)
Größe: 17 km², 6,1 km lang, 3,8 km breit
Küstenlänge: 18 km
Höchste Erhebungen: Morro dos Homens (Caldeirão) 718 m

Position: 30°40' N und 39°44' N, 31°02' W und 31°08' W
Distanzen zu den anderen Inseln: Santa Maria 602 km, São Miguel 519 km, Terceira 352 km, Graciosa 280 km, São Jorge 267 km, Pico 265 km, Faial 246 km, Flores 24 km

Und friedlich geht es hier wirklich zu. Die beiden Nationalgardisten, die Polizeifunktion innehaben, überarbeiten sich kaum. Eine ihrer vornehmsten Aufgaben ist es, bei der Ankunft der SATA-Maschinen am Inselairport präsent zu sein. Ihr Gefängnis wartet noch immer auf den ersten Gast. Was sollte jemand auch stehlen, was er dann sein Leben lang verstecken müsste, wohin sollte ein Bankräuber flüchten? Die letzten Unfälle, zu denen man die Nationalgardisten rief, ereigneten sich 1987, 1992, 2004 und 2008. Corvo, das ist so etwas wie Frieden auf Erden, und viele Emigranten, die ihn vermissen, kehren wieder in die alte Heimat zurück. Für die Jugend liegen die Dinge freilich etwas anders; ihr bietet Corvo wenig Perspektiven, v. a. was eine ordentliche Berufsausbildung anbelangt. So geht die Jugend und so kommen die Alten. Zu den Corvinos gesellen sich übrigens auch ein Deutscher, ein Franzose und fünf Brasilianer.

498 Corvo

Die Corvinos bilden ein Gemeinwesen der besonderen Art, seit eh und je sind sie eine verschworene Gemeinschaft, die sich gegenseitig hilft und kontrolliert. Tagestouristen aus Flores schenkt man kaum Interesse. Bleibt man aber zwei oder drei Tage, weckt man die Neugier und eine unglaubliche Freundlichkeit.

Inselgeschichte

Die Geschichte Corvos ähnelt im Großen und Ganzen der von Flores, der benachbarten größeren Schwesterinsel. So schreibt man die Entdeckung Corvos auch dem Entdecker von Flores zu, dem Seefahrer Diogo de Teive (auf der Heimfahrt nach Portugal 1452 → Geschichte/Flores), was andere Quellen allerdings bestreiten. Tatsache aber ist, dass Diogo de Teive erster Donatarkapitän und Lehnsherr beider Inseln war. Die Besiedlung Corvos erfolgte jedoch erst Jahre nach der von Flores. Die ersten Siedler hatten sich die Insel nicht selbst ausgesucht, 1548 schenkte der Donatarkapitän Gonçalo de Sousa ein paar Sklaven auf Corvo die Freiheit, Ende des 16. Jh. gesellten sich Siedler vom portugiesischen Festland hinzu. Die Abgeschiedenheit der Insel, ihre bescheidene Größe und besonders die unsicheren Ankerplätze verhinderten aber jeglichen Fortschritt. Nicht wenige, die auf dem Eiland einen Neuanfang wagten, verließen es bald wieder. Für Jahrhunderte sollte die Insel nicht mehr sein als ein Navigationspunkt auf den Seekarten, *Insula Corvi Marini*, Insel der Meerraben genannt – womit natürlich die Piraten gemeint waren. Und in der Tat findet sich auf der Liste der Plünderer auch Sir Francis Drake, Korsar im Dienste der englischen Königin.

Corvos Versuch, Weltgeschichte zu schreiben

Wer mag es schon, wenn ihm stets die Bedeutungslosigkeit der Heimat vor Augen geführt wird, wenn er als abhängig von anderen gesehen und ihm ständig das Gefühl vermittelt wird, sich bedanken zu müssen? Wer will nicht lieber die Geschicke der Welt beeinflussen und sich unsterblich machen? Die Corvinos wollen es. Weil ihnen das in der Gegenwart aber nicht recht gelingt, muss die Vergangenheit herhalten. So sind immer wieder zwei Geschichten zu hören, die Corvo eine zentrale Rolle bei der Entdeckung Amerikas zuschreiben.

Die erste Geschichte erzählt von einem vorgelagerten Felsen namens *Rochedo do Cavaleiro*, der einst die Form einer Reiterstatue gehabt haben soll, die gen Westen zeigte. Eben dieser Felsen soll es gewesen sein, der den Entdeckungsreisenden genau die richtige Richtung wies.

Die zweite berichtet von Münzen, die einst vor Corvos Küste gefunden worden waren. Je nachdem, wer die Geschichte erzählt, schreibt er die Münzen den Karthagern oder den Phöniziern zu, die natürlich schon damals nach Amerika unterwegs waren und auf Corvo Proviant aufnahmen, ohne den sie die lange Seereise nie geschafft hätten. Die Kronzeugen der Geschichte, die Münzen, sind leider spurlos verschwunden ...

Mit dem friedvollen Leben von heute hatte das Leben auf Corvo lange Zeit nichts gemein. Auf Corvo zu leben bedeutete, mit permanenter Bedrohung konfrontiert zu sein. Die armen Hirten und Bauern plagten sich mit der Landwirtschaft. Und weil die Felder oft zu wenig hergaben, rodeten sie immer neue Flächen – bis

Inselgeschichte 499

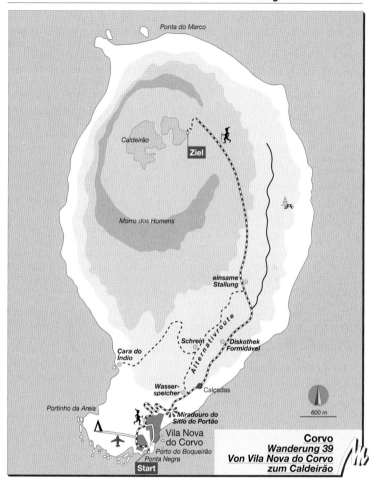

schließlich im 18. Jh. Corvos letzter Baum gefällt war. Während der Auseinandersetzungen zwischen den Anhängern der absoluten Monarchie und den Liberalen, die für Dom Pedro votierten, schlugen sich auch die Corvinos auf die Seite der letzteren. Als Dank ließ Dom Pedro 1832 die Steuerlast halbieren und schenkte dem kleinen Dorf auf der Insel die Stadtrechte. Damit war die administrative Abhängigkeit von Flores beendet, worauf die Corvinos bis heute stolz sind.

Als im 19. Jh. immer mehr amerikanische Walfangschiffe vor Corvos Küste auftauchten, fanden sie hier mutige, junge Männer, die bereit waren, für wenig Entgelt anzuheuern. Dies markierte auch den Beginn der großen Emigration, die bis in die 1970er Jahre anhielt. Die nach Amerika Ausgewanderten schickten den Zuhausegebliebenen Geld. Neben dem Tauschhandel, der noch bis Mitte des 20. Jh. dominierte, etablierte sich der Dollar, nicht wenige Corvinos besaßen mehr Dollars als Escudos. 1973 wurde das erste Telefongespräch von Corvo aus geführt. Davor stand man mit Flores über Funk in Kontakt oder musste, wenn der Generator mal wieder den Geist aufgegeben hatte, per Leuchtfeuer nach Ponta Delgada auf Flores morsen, wenn ein Arzt oder Priester vonnöten war.

Bis in die 1980er Jahre sollen viele Corvinos den Horizont ihrer Insel nie überschritten haben, über die Nachbarinsel Flores nie hinausgekommen sein. Mit dem Bau des Flughafens aber hatte auch Corvo plötzlich sein Tor zur Welt, die Isolation begann sich zu lockern. Doch bis heute haben sich die Corvinos durch die lange Abgeschiedenheit ihre altertümliche Sprache bewahrt, archaische Formen in ihrem Dialekt sind unverkennbar. Aber auch das wird sich ändern, über Satellit sind heute alle Fernsehprogramme vom Festland zu empfangen.

Zu den bedeutendsten Ereignissen der letzten Jahre zählen die Einweihung der Käserei (2003) und der Bibliothek (2008), der Bau des Altenheims (2004) und eines Kraftwerks (2007) sowie die Einrichtung einer regelmäßigen Fährverbindung nach Flores (2009).

Meerenge zwischen Corvo und Flores

An- und Weiterreise mit dem Flugzeug

• *Flughafen* Die Landebahn des Inselairports *(Aerogare do Corvo)* erstreckt sich unmittelbar vor Vila Nova do Corvo. Im kleinen Terminal findet man einen **SATA-Schalter** (✆ 292590310) und öffentliche Toiletten – das war's. Im UG des Terminals hat die Freiwillige Feuerwehr (15 trinkfeste Männer) ihren Sitz.

• *Flugverbindungen* Von Corvo fliegt die SATA für gewöhnlich Mo, Mi u. Fr nach **Faial** und Mo u. Mi nach **Flores**. Von Faial und Flores aus bestehen direkt oder mit Umsteigen in São Miguel oder Terceira Flugverbindungen zu allen anderen Inseln. Informationen zu den Flugtarifen, Gepäckbeschränkungen usw. im Kapitel „Unterwegs auf den Azoren/Flugzeug" und unter www.sata.pt.

An- und Weiterreise mit dem Schiff

Für Fahrten von und nach Corvo gilt: Wer nicht hochseefest ist, sollte ein Mittelchen zur Hand haben.
Von Juli bis Sept. gibt es tägl. Möglichkeiten, nach Flores überzusetzen, im Winter hingegen hat man schlechtere Karten (→ Flores/An- und Weiterreise mit dem Schiff, S. 500). Tickets für die Atlântico-Line-Fähre *Ariel* gibt es im **RIAC-Büro** (Mo–Fr 9–19 Uhr) an der Ecke Avenida Nova/Rua Jogo da Bola, ✆ 800500501.

Inselspezielles (→ Karte S. 504)

• _Feste/Veranstaltungen_ Am letzten So im Juni wird die **Festa do São Pedro** mit einer Prozession zum Hafen gefeiert. Das **Heilig-Geist-Fest** der Insel findet am dritten So im Juli statt. **Mariä Himmelfahrt** ist Corvos größtes Fest, gefeiert zu Ehren der Inselpatronin Nossa Senhora dos Milagres. Dann spielt auch das inseleigene Blasorchester auf, dann verdreifacht sich wegen der vielen Besucher die Inselbevölkerung, und dann ist kein Zimmer zu bekommen.

• _Souvenirs_ Handgewebte Teppiche, Stick- und Häkelarbeiten, dazu Seemannsmützen und viel Kitsch finden sich bei **Inês Mendonça (3)**. Ihr Mann ist gelernter Schreiner und fertigt noch jene typischen Stöcke ohne Knauf, die auf Corvo einst der Vereh-

rer der Angebeteten zu schenken pflegte. Caminho da Horta Funda, Haus mit Nicos Hundehütte davor.

• _Baden_ Baden kann man am westlichen Ende der Landebahn, → Vila Nova.

• _Sport/Freizeit_ Außer wandern ist nicht viel drin. Es gibt zwei offizielle Wanderwege, beide haben ihre Haken. Der _Percurso Pedestre PR 2 COR_ am Kraterrand der Insel ist bei Nebel gefährlich und daher auch nicht markiert, da er nur mit Führer begangen werden soll – leider hat kaum ein Corvino Lust, sich als Guide zur Verfügung zu stellen. Der erste Abschnitt des _Percurso Pedestre PR 1 COR_ ist als Abstecher von Wanderung 39 beschrieben, der zweite Teil ist nicht empfehlenswert (→ S. 507).

Vogelbeobachtungen: Corvo, seit 2007 als UNESCO-Biosphärenreservat ausgewiesen, ist ein Geheimtipp unter Ornithologen. Im Spätherbst lassen sich hier Krickenten, Spießenten, Reiherenten, Ringschnabelmöwen und viel weiteres Gefieder beobachten. Alle Vögel kann man zwar auch auf anderen Azoreninseln entdecken, auf Corvo aber muss man sie noch suchen: Da es nur wenige Bäume gibt, gibt es auch nur wenige Rastplätze, die dafür stets gut besucht sind.

• _Übernachten_ Nur in Vila Nova do Corvo. Es gibt auch einen provisorischen Campingplatz.

• _Regionale Spezialitäten_ Berühmt ist Corvo wegen seines hausgemachten Käses. Wer einen Laib mitnehmen möchte, kann diesen z. B. bei **Fatima Hilario (7)** in der Rua da Fonte erstehen. Ihr Haus findet man, wenn man vom Largo do Outeiro das

bergauf führende Sträßlein nimmt und nach ca. 70 m rechts in die Rua da Fonte abzweigt. Wenn die Ladeira do Maranhão auf die Rua Pedro Pimentel Cepo trifft, liegt Fatima Hilarios Haus rechter Hand, zum Eingang führen Treppen hinab. Auch in der **Käserei (2)** im Caminho da Horta Funda kann man sich werktags von 8–18 Uhr mit Käse eindecken (ein Laib ca. 7 €).

Vila Nova do Corvo

Die einzige Stadt der Insel und zugleich eine der kleinsten Europas zählt heute kaum mehr als 480 Einwohner, wirkt wegen der vielen verlassenen, leer stehenden Häuser aber um einiges größer. Das Zentrum durchziehen enge, schattige Canadas, Gassen, die keiner Ordnung gerecht werden.

Vila Nova do Corvo liegt am Südzipfel der Insel. Die Corvinos nennen ihre Stadt einfach wie ihre Insel, Corvo, zum Verwechseln gibt es ja nichts. Die Häuser der Altstadt drängen sich dicht aneinander, viele davon in Hanglage, die meisten besitzen einen kleinen Innenhof mit Dreschplatz und Schweinestall. Die weiß umrahmten Fenster der dunklen Fassaden blicken auf den Fischerhafen zur Linken und den Flughafen zur Rechten. Um letzteren baute man einen Zaun, damit die Hunde nicht mehr faul auf der Landebahn liegen oder den startenden Maschinen kläffend

502 Corvo

hinterherrennen. Parallel zum Flughafen verläuft die einzige Straße der Insel, auf der die Jugend mal richtig Gas geben kann. Hinter der Landebahn am Meer runden drei alte Windmühlen das Bild ab – mit ihren dreieckigen Segelflügeln erinnern sie an die der Mauren auf dem Festland. Tuch spannt man heute aber nicht mehr auf die Flügel, seit 1973 gibt es Strom in Vila Nova do Corvo.

Nahezu alles, was auf der Insel existiert, ist am kleinen Kreisverkehr über dem Hafen ausgeschildert. Doch sich im Städtchen zu orientieren, fällt im ersten Moment gar nicht so leicht, besonders im Gassengewirr der Altstadt, über dessen Kieselpflaster die Mopeds düsen. Autos passen kaum irgendwo hindurch, dennoch – man glaubt es kaum – sind fast 100 registriert. Die Haustüren stehen i. d. R. offen, lediglich ein Fliegenvorhang verhindert den Blick ins Innere. Schlösser haben nur die Neubauten. Und sucht man zum ersten Mal eine Adresse auf, einen einfachen Laden z. B., so kann es passieren, dass hinter dem Vorhang, wo man das Geschäft vermutet, plötzlich zwei alte Damen aus ihren Wohnzimmersesseln grüßen.

Sehenswerte Kulturdenkmäler bietet die Stadt keine, auch die einschiffige **Kirche Nossa Senhora dos Milagres** aus dem 18. Jh., die mit von Emigranten aus den USA gestifteten Holzbänken bestückt ist, wäre an sich keine Erwähnung wert, gäbe es zur kleinen, aber groß verehrten flämischen Marienstatue (Anfang 16. Jh.) im Innenraum nicht zwei nette Geschichten zu erzählen. Angeblich wurde sie in einer wasserdichten Truhe angeschwemmt, mit einem Notizzettel darin, auf dem die Bitte notiert war, der Finder möge eine Kirche um sie herum bauen. Zudem soll einst der Pfarrer der Insel erhobenen Hauptes und mit der Statue in der Hand plündernden Piraten entgegengetreten sein. Diese richteten ihre Pistolen auf den Gottesmann und ließen das Volk erzittern. Doch die Kugeln prallten allesamt von der Marienfigur ab und trafen ihre Schützen.

Baden kann man nahe der Stadt am westlichen Ende der Landebahn am **Portinho da Areia**. Hier findet man ein großes Naturschwimmbecken und einen kleinen Sandstrand.

> **Wandertipp**: Von Vila Nova do Corvo führt ein Wanderweg zum Caldeirão (s. u.), → **Wanderung 39**, S. 505.

Information/Verbindungen/Adressen (→ Karte S. 504)

● *Information* Für Corvo war bislang das Turismo in Flores zuständig (✆ 292592369). Vor Ort erteilt man im Rathaus Auskünfte, ✆ 292596116, www.cm-corvo.pt. Für die Zukunft ist aber ein eigenes Infobüro samt kleinem Museum geplant.

● *Verbindungen* Da es nur ein Dorf gibt, existiert auch kein Busnetz. Um zum Caldeirão zu gelangen, steht im Sommer bei Ankunft der Boote aus Flores meist ein Taxi am Hafen bereit, Hin- und Rückfahrt zum Krater 5–6 €/Pers. Insgesamt gibt es drei Taxis, zwei unterhält Carlos Reis (✆ 292596141 o. mobil 964577765), eines João Mendonça (✆ 917763029, mobil).

● *Ärztliche Versorgung* Krankenstation an der Avenida Nova, ✆ 292596153.

● *Bootsausflüge* Touren rund um die Insel kann man mit Jorge Cardoso und Marco Silva von **Nauticorvo** vereinbaren (Sitz im Caminho da Horta Funda, ✆/☏ 292596287). Auch Hochseefischen. Die Preise sind Verhandlungssache.

● *Einkaufen* Die größte Auswahl an Lebensmitteln bietet der **Supermarkt Loja do Cabral (5)** an der Straße zur Caldera. Eine gute **Bäckerei (11)** befindet sich in der Avenida Nova unterhalb der Krankenstation. **Achtung**: Viele Lebensmittel kosten auf Corvo im Vergleich zu den anderen Inseln

Vila Nova do Corvo 503

Dancefloor zwischen Weiden: Disco Formidável

mehr als das Doppelte. Ausnahmen: Bier und Zigaretten.
- *Fluggesellschaft* **SATA,** im Flughafengebäude, ✆ 292590310.
- *Geld* Es gibt zwei Bankomaten auf der Insel, die aber nicht immer funktionieren.
- *Internetzugang* Der Bar der freiwilligen Feuerwehr *(Associação dos Bombeiros Voluntários)* an der Avenida Nova ist ein Raum mit mehreren Rechnern angeschlossen. Kostenlos. Tägl. 12–24 Uhr.
- *Polizei* Die Nationalgarde sitzt im ehemaligen Posto Fiscal, ✆ 292596261.
- *Post* Mo–Fr 9–12.30 und 14–17.30 Uhr. Estrada Para O Caldeirão.

Übernachten/Camping (→ Karte S. 504)

Sollten alle Betten belegt sein, fragen Sie im Restaurant Traineira (s. u.) nach Fernando Pimentel Câmara (✆ 912635318, mobil, aber schwer zu erreichen), der Ihnen irgendwo eine Unterkunftsmöglichkeit herbeizaubern kann. Auch Manuel Rita vom Hotel Comodoro (→ Kasten) hilft gerne weiter. Achtung: In der Zeit um Mariä Himmelfahrt (15. August) sind alle Zimmer belegt.

> **** Hotel Comodoro (8)**, die mit Abstand beste Unterkunft vor Ort. Die freundlich-zurückhaltende, aus den Staaten zurückgekehrte Familie Rita vermietet 3 komplett ausgestattete Appartements und 8 geräumige, komfortable Zimmer auf hohem Niveau: TV, Internetanschluss, Aircondition, sehr gute Bäder. „Die Betreiber können gar nicht hoch genug gelobt werden", meinen Leser. EZ mit 1-a-Frühstück 50 €, DZ oder Appartement 65 €. Caminho do Areeiro, ✆/✉ 292596128, corvoazores@yahoo.com.

- *Privatzimmer* **Margaret Cabral (6)**, die Tochter des Supermarktbesitzers vermietet gleich neben dem Laden in ihrem großen Haus mit gepflegtem Garten 3 Zimmer mit Gemeinschaftsbad. DZ 30 €. Avenida Nova, ✆ 292596004.

José Jorge (10), bietet 2 Zimmer mit Gemeinschaftsbad. DZ 30 €. Rua António Pedro Coelho/Ecke Caminho da Várzea (weißgraues Haus mit Garage), ✆ 914046505 (mobil).

José Silva (9), auch er vermietet in der gleichen Straße 2 Zimmer. Sein Haus liegt etwas weiter bergauf und besitzt eine Veranda und eine Palme im Garten. DZ 30 €. Rua António Pedro Coelho, ✆ 919806039 (mobil).

Übernachten

6 Margaret Cabral
8 Hotel Comodoro
9 José Silva
10 José Jorge

Essen & Trinken

4 Irmãos Metralha
12 Pub Convento
13 Traineira
14 Restaurante O Caldeirão

Nachtleben

1 Formidável

Einkaufen

2 Käserei
3 Inês Mendonça
5 Supermarkt Loja do Cabral
7 Fatima Hilario
11 Bäckerei

• *Camping* Im Westen der Stadt (am Portinho da Areia) kann man sein Zelt auf einer windigen Wiese mit Landebahnblick aufschlagen. Es gibt ein paar Tische und Bänke, Grillmöglichkeiten und sanitäre Einrichtungen mit Kaltwasserduschen (nicht immer sauber; falls geschlossen, im Rathaus nach dem Schlüssel fragen).

Essen & Trinken/Nachtleben

• *Restaurants* Es gibt zwei Restaurants auf Corvo. Das noch „gepflegtere" ist das **Restaurante O Caldeirão (14)**, in dessen vorderem Raum ein einfaches Café untergebracht ist, dahinter befindet sich der Speisesaal. Mit Terrasse. Sättigende Gerichte (Hg. 8–10 €), der Fisch ist nicht immer frisch. Als Vorspeise sollte man den lokalen Käse probieren. Neben dem Flughafengebäude, ✆ 292596018.

Das zweite Restaurant der Insel ist das **Traineira (13)**, das schlicht mit der Aufschrift „Bar" auf sich aufmerksam macht. Ohne Vorbestellung gibt's entweder gar nichts oder nur Rindersteaks mit Ei, ansonsten auch – je nach Fangglück – Fischgerichte und Hausmannskost. So Ruhetag. Über dem Hafen, ✆ 292596088.

• *Café* **Irmãos Metralha (4)**, nette Terrasse. Wenn es denn mal geöffnet hat (abhängig von Lust und Laune der Betreiber), wird auch lecker gekocht. An der Rua António Pedro Coelho etwas oberhalb des Orts.

• *Nachtleben* **Pub Convento (12)**, lustiger Pub, verspielt eingerichtet. Das *Sagres* gibt's aus gepflegten Pilsgläsern. Einmal im Monat ist Disco – dann dröhnt die Musik durch den ganzen Ort. Neben der Polizei.

> **Formidável (1)** heißt „fantastisch", und genau das ist die Inseldiskothek auch. Wenn das *Time Magazin* oder der *Playboy* das Formidável zu einem der zehn originellsten Clubs der Welt küren würden, wäre das kein Wunder. Die Openairdisco liegt ein gutes Stück außerhalb des Orts auf dem Weg zur Caldera in Hanglage mit tollem Küstenblick – drum herum Wiesen und weidende Kühe. Die kreisrunde Tanzfläche, auf die eine Sonne gemalt ist, wird von vier Scheinwerfern angestrahlt. Darüber befindet sich das DJ-Pult auf einem Natursteinpodest. Auf dem Wiesenareal gibt es zudem eine urige kleine Bar, eine „Billardhütte" und einen Megagrill für das leibliche Wohl. Nur an Sommerwochenenden geöffnet, dann aber feiern hier im Schnitt rund 150 Leute.

Caldeirão

3,5 km Umfang misst der Einsturzkrater des Vulkans, aus dem die Insel entstand. Wegen seiner mächtigen Ausmaße schien den starken Männern der Insel die weibliche Form „Caldeira" unpassend, und so gaben sie ihr, den Feministinnen zum Trotz, die männliche Form „Caldeirão". Ein Blick in den gelbgrünen Krater, an dessen Wänden die Wolken zerfetzen, und auf die Seen und Inseln darin ist ein unvergessliches Erlebnis.

Die einzige, 7 km lange „Fernstraße" der Insel führt von Vila Nova do Corvo hoch zum Caldeirão. Nicht selten aber ist die Fahrt nichts anderes als eine Fahrt in die Wolken, und vom gigantischen Krater ist dann nichts zu sehen. Die Straße führt vorbei an Weiden, auf denen Kühe und Lusitanerpferde grasen. Stets im Blickfeld ist dabei die Ostküste der Insel, der Kontrast des saftigen Grüns der Wiesen zum schweren Blau des Meeres begeistert. Die Straße endet auf dem nordöstlichen Grat des Caldeirão. Im Süden steigt der Grat als **Morro dos Homens** auf 718 m Höhe an. Im Westen stürzt die Außenseite des Kraters fast senkrecht ins Meer.

Bis zu 300 m fallen die Kraterwände ins Innere der Caldera ab, die Hänge sind stellenweise so intensiv mit gelblichen Moosen überzogen, als wären sie von noch immer austretenden Schwefeldämpfen gefärbt. Vom Parkplatz führt ein Weg zu den Seen im Krater hinab. Auch hier weiden Kühe, einsam liegt die Ruine eines alten Gehöfts da. Die Inseln in den Seen, so sagt man, sollen ein Spiegelbild der Azoren sein – jedes Satellitenbild könnte dies aber widerlegen.

Der letzte Ausbruch des Vulkans, auf den die Entstehung der Caldera folgte, wird vor zwei Millionen Jahren vermutet. Damals hatte sich die Magmakammer geleert, sodass der Berg in sich zusammenstürzte und die Geröllmassen die Förderschlote des Vulkans verstopften. Seitdem nagt die Erosion an den Vulkan, und Corvo wird von Jahr zu Jahr ein Stückchen kleiner.

Wanderung 39: Von Vila Nova do Corvo zum Caldeirão (→ Karte S. 499)

Vorweg: Diese Wanderung, in nahezu allen Reise- und Wanderführern über die Azoren beschrieben, ist keine klassische Wanderung in dem Sinn, dass man auf Schusters Rappen Gebiete durchstreift, die z. B. nur über alte Saumpfade zugänglich wären. Die Wanderung verläuft, je nachdem, welche Route man wählt, mit nur wenigen Ausnahmen auf der Zufahrtsstraße zum Krater.

Unterwegs auf Corvo

Dennoch lohnt es, diesen Weg zu Fuß zurückzulegen. Er bietet einzigartige Aussichten über den Osten Corvos und das Meer, und die Geräuschkulisse besteht aus nichts anderem als Vogelgezwitscher und dem Pfeifen des Windes.

Dauer: 3 ½–4 Std. bis zum Grat des Caldeirão und zurück (ohne Abstecher).

Einkehr: Unterwegs keine Möglichkeit.

Besonderheiten: 580 Höhenmeter sind zu bewältigen. Der Aufstieg ist aber nicht steil und weniger schweißtreibend als vielleicht vermutet.

Wegbeschreibung: Die Straße zum Caldeirão ist an sich nicht zu verfehlen. In der Stadt trägt sie den Namen **Avenida Nova** und führt vom Hafen bzw. Flughafen an der Krankenstation und der Post (dann als Estrada Para O Caldeirão) vorbei. Kurz darauf windet sie sich in Serpentinen den Berg hinauf, mal gepflastert, mal geteert, aber immer befestigt. Lässt man alle unbefestigten Abzweigungen außer Acht, kann man nur am Kraterrand herauskommen. Den Krater kann man entlang seines Grats gegen den Uhrzeigersinn problemlos bis etwa zur Hälfte umrunden. Von dort führt ein Pfad durch die Caldera zurück.

> **Achtung**: Wandern Sie nicht bei schlechtem Wetter oder aufziehenden Wolken den Grat entlang. Wandern Sie dann auch nicht vom Parkplatz am Caldeirão-Grat den Weg zu den Seen im Kraterinneren hinab. Werden Sie im Kraterinneren von Nebel überrascht, so versuchen Sie nicht, den Rückweg anzutreten – warten Sie ab, bis es wieder aufklart. Wegen des morastigen Bodens ist es gefährlich, vom Weg abzukommen und die Orientierung zu verlieren.

Wanderung 39   507

Für einen Streckenabschnitt der Wanderung besteht die Möglichkeit einer Abkürzung. Man sollte sie sich aber für den Rückweg aufheben, da sonst der Hinweg steiler wird. Trotzdem beschreiben wir beide Möglichkeiten: Wer die **Abkürzung bergauf** nehmen möchte, zweigt ca. 200 m nach der letzten Serpentine, die einen Blick auf Villa Nova ermöglicht, unmittelbar hinter einem unauffälligen und überwucherten **Wasserspeicher** (den man in erster Linie an den vier Lüftungsschächten am Dach erkennt) links ab. Darüber erhebt sich das einstöckige Gebäude des Kraftwerks **Central Termoeléctrica do Corvo**, wenige Meter dahinter befindet sich linker Hand eine Tränke. Kurz darauf erreicht man eine Weggabelung mit einem Kreuz, wo Sie sich erneut links halten müssen. Nun geht es auf einem betonierten Weg stets bergauf. Hinter einem Gatter verwandelt sich der Weg in einen Schotterweg und stößt kurz darauf auf einen breiten, rötlichen Feldweg, dem man nach rechts folgt, einem einsamen **Haus mit drei Fenstern** entgegen. Bei dem Haus gelangt man wieder auf die Zufahrtsstraße zur Caldera.

Wer die **Abkürzung auf dem Rückweg von der Caldera** nehmen möchte, zweigt ca. 200 m hinter dem ersten Haus (einer einsam stehenden Stallung hinter einer Links- und vor einer Rechtskurve) bei einer **Tränke mit Stoppschild** rechts auf einen unbefestigten Feldweg ab. Nach ca. 1 Min. ist dieser für wenige Meter wegen eines Baches betoniert. Man folgt diesem Weg, bis er hinter einem **Schrein** zu einer großen Rechtskurve ansetzt. Hier hält man sich links, passiert ein Gatter und folgt fortan dem betonierten Weg bergab, bis man wieder die Straße nach Vila Nova do Corvo erreicht.

Abstecher zum Cara do Índio: Der Weg zu den Klippen im Südwesten Corvos ist Teil des offiziellen Wanderweges *Percurso Pedestre PR 1 COR* – er führt Sie zu einer Felsformation, die Ähnlichkeit mit einem Indianerkopf *(Cara do Índio)* hat. Dauer hin und zurück ca. 45 Min. Für den Abstecher wählt man anfangs denselben Weg wie bei der Abkürzung auf dem Rückweg vom Krater (s. o.). Hinter dem Schrein hält man sich jedoch nicht links, sondern folgt dem Weg weiter nach rechts bergauf. Ca. 6 Min., nachdem man den Schrein passiert hat, zweigt man bei der ersten Möglichkeit nach links ab. Keine 250 m weiter sehen Sie links voraus die Infotafel zum offiziellen Wanderweg. Der hier noch bestens markierte Weg führt, mal von Mauern gesäumt, mal über Wiesen und Weiden, an die Südwestküste Corvos, die in Klippen zum Meer hin abfällt. Das Hinweisschild „Cara do Índio" macht dort auf den „Indianerkopf", der aus den Klippen herausragt, aufmerksam. Der weitere Verlauf des offiziellen Wanderweges hinab nach Vila Nova do Corvo ist nicht zu empfehlen: Einige Bauern, die nicht möchten, dass Wanderer ihre Weiden passieren, haben diverse Wegmarkierungen zerstört und andernorts Stacheldraht gespannt. Zudem war der Weg 2009 in vielen Abschnitten extrem verwachsen.

Etwas Portugiesisch

Aussprache: Die Buchstaben **b, d, f, k, l, m, n, p, t** und **u** werden ähnlich wie im Deutschen ausgesprochen (Ausnahme: Folgt **m** oder **n** auf einen Vokal, so ist dieser zu nasalieren, etwa wie das **o** in franz. *chanson*). Diphthonge (zwei Vokale auf eine Silbe) sind getrennt auszusprechen (also *E-u-ro-pa*, statt *Eu-ro-pa*). Im Folgenden zwei Tabellen zur Aussprache der vom Deutschen abweichenden Vokale und Konsonanten.

Vokal	Bedingung	Aussprache
a	betont	wie deutsches **a** in <M**a**gen>
a	unbetont	wie deutsches **e** in <ein**e**>
ã	betont	nasaliert wie französisches **-an** in <Sagan>
e	betont	wie deutsches **ä** in <S**ä**le>
é	immer	wie deutsches **ä** in <S**ä**le>
ê	immer	geschlossenes **e** wie in <S**ee**>
e	unbetont	wie deutsches **e** wie in <ein**e**>
e	unbetont am Ende	fast völlig verschluckt
e	am Anfang in es- oder ex-	wie deutsches **i**
i	zwischen Vokalen	wie deutsches **j**
i	sonst	wie deutsches **i**
ó	immer	offenes **o** wie in <S**o**nne>
ô	immer	geschlossenes **o** wie in <**O**fen>
o	unbetont	wie ein **u**
õ	betont	nasaliert wie französisches **-on** in <bonjour>

Konsonant	Bedingung	Aussprache
c	vor e oder i	stimmloses **s** wie in <Ma**ß**>
c	vor t	meist stumm (arquitecto = *arquitätu*)
c	vor a, o oder u	wie **k**
ç	immer	stimmloses **s** wie in <Ma**ß**>
ch	immer	**sch** ähnlich wie dt. <Fi**sch**>
g	vor a, o und u	wie deutsches **g**
g	vor e und i	stimmhaftes **sch** wie in <**J**ournalist>
gu	vor a, o und u	wie deutsches **gu**
gu	vor e und i	wie deutsches **g**
h	am Anfang eines Wortes	wird nicht ausgesprochen
lh	immer	wie **lj**
nh	immer	wie **nj**

Etwas Portugiesisch 509

J	immer	stimmhaftes **sch** wie in <Journalist>
qu	vor a und o	wie **kw** (Ausnahme quatorze = *katorze*)
qu	vor e und i	wie **k**, das u bleibt stumm (qui = *ki*)
r	zwischen zwei Vokalen	einfaches zungengeschlagenes **r**
r	am Anfang eines Wortes	wie deutsches **Gaumen-r**
rr	immer	wie deutsches **Gaumen-r**
s	zwischen zwei Vokalen	stimmhaftes **s** wie in <Rose>
s	vor stimmhaftem Konsonant	stimmhaftes **sch** wie in <Journalist>
s	vor stimmlosem Konsonant	stimmloses **sch** ähnlich wie dt. <Fi**sch**>
s	am Ende eines Wortes, wenn nächstes Wort mit Konsonant beginnt oder am Satzende	stimmloses **sch** ähnlich wie dt. <Fi**sch**>
s	am Ende eines Wortes, wenn nächstes Wort mit Vokal beginnt	stimmhaftes **s** wie in <Ro**s**e>
s	sonst	stimmloses **s** wie in <Maß>
v	immer	wie deutsches **w**
x	meistens	wie stimmloses **sch**
x	ab und zu	wie stimmhaftes **s**
x	selten	wie deutsches **x**
z	am Ende eines Wortes, wenn nächstes Wort mit Konsonant beginnt oder am Satzende	stimmhaftes **sch** wie in <Journalist>
z	sonst	stimmhaftes **s** wie in <**S**onne>

Kleiner Wortschatz

Frau	*dona* oder *senhora dona*
Herr	*senhor*
Wie geht es Ihnen?	*Como está?*
Danke, sehr gut.	*(Muito) bem, obrigado (als Mann).* *(Muito) bem, obrigada (als Frau).*
Danke	*Obrigado (als Mann), obrigada (als Frau)*
Hallo!	*Olá!*
Guten Morgen	*Bom dia (bis 12 h mittags)*
Guten Tag	*Boa tarde (nachmittags ab 12 h)*
Guten Abend/Gute Nacht	*Boa noite (nach Sonnenuntergang)*
Auf Wiedersehen	*Adeus*
Bis gleich	*Até já*
Bis später	*Até logo*
Ich heiße ...	*Chamo-me ...*
Es tut mir sehr leid.	*Tenho muita pena* oder *lamento muito.*
Entschuldigung (um Erlaubnis bitten)	*Com licença*

510   Etwas Portugiesisch

Entschuldigung	*Desculpe!* oder *desculpa!*
Keine Ursache	*De nada*
ja	*sim*
nein	*não*
bitte	*faz favor* oder *por favor*; ganz höflich *se faz favor*
Ich verstehe nicht.	*Não entendo.*
Ich bin Deutscher (Deutsche).	*Sou alemão (alemã).*
Sprechen Sie ...	*Fala ...*
... Deutsch	*... alemão*
... Französisch	*... francês*
... Englisch	*... inglês*
... Italienisch	*... italiano*
... Spanisch?	*... espanhol?*
Sprechen Sie bitte etwas langsamer!	*Fale mais devagar, por favor!*
Was bedeutet das?	*O que quer dizer isso?*

Zahlen

1	*um/uma*	80	*oitenta*
2	*dois/duas*	90	*noventa*
3	*três*	100	*cem*
4	*quatro*	105	*cento e cinco*
5	*cinco*	200	*duzentos, duzentas*
6	*seis*	300	*trezentos, trezentas*
7	*sete*	1.000	*mil*
8	*oito*	2.000	*dois mil*
9	*nove*	1.000.000	*um milhão*
10	*dez*	2.000.000	*dois milhões*
11	*onze*	1.000.000.000	*mil milhões*
12	*doze*	Erste/r	*primeiro, primeira*
13	*treze*	Zweite/r	*segundo/a*
14	*quatorze*	Dritte/r	*terceiro/a*
15	*quinze*	Vierte/r	*quarto/a*
16	*dezasseis*	Fünfte/r	*quinto/a*
17	*dezassete*	Sechste/r	*sexto/a*
18	*dezoito*	Siebte/r	*sétimo/a*
19	*dezanove*	Achte/r	*oitavo/a*
20	*vinte*	Neunte/r	*nono/a*
30	*trinta*	Zehnte/r	*décimo/a*
40	*quarenta*	Elfte/r	*décimo/a primeiro/a,*
50	*cinquenta*	Dreizehnte/r	*décimo/a terceiro/a,*
60	*sessenta*	Zwanzigste/r	*vigésimo/a*
70	*setenta*		

Etwas Portugiesisch   511

Zeiten

Wie spät ist es?	*Que horas são?*
Es ist 7 h früh.	*São sete da manhã.*
Es ist 9 h abends.	*São nove da noite*
Es ist 10 nach 4.	*São quatro e dez.*
Es ist viertel nach 6.	*São seis e um quarto.*
Es ist halb 7.	*São seis e meia.*
Es ist (zu) früh.	*É (muito) cedo.*
Es ist (zu) spät.	*É (muito) tarde.*
Der wievielte ist heute?	*A quantos estamos?*

Tageszeit

morgens	*de manhã*
mittags	*ao meio-dia*
gegen Mittag	*pelo meio-dia*
nachmittags	*à tarde*
abends	*à noite*
nachts	*à noite*
heute abend	*esta noite*
gestern	*ontem*
morgen	*amanhã*
übermorgen	*depois de amanhã*
vorgestern	*anteontem*
morgen Nachmittag	*amanhã à tarde*
heute	*hoje*
Wann?	*Quando?*
Um wie viel Uhr?	*A que horas?*
Stunde	*hora*
Minute	*minuto*
Sekunde	*segundo*

Wochentage

Montag	*Segunda-feira*
Dienstag	*terça-feira*
Mittwoch	*quarta-feira*
Donnerstag	*quinta-feira*
Freitag	*sexta-feira*
Samstag	*sábado*
Sonntag	*domingo*

Monate

Januar	*Janeiro*
Februar	*Fevereiro*
März	*Março*
April	*Abril*
Mai	*Maio*
Juni	*Junho*
Juli	*Julho*
August	*Agosto*
September	*Setembro*
Oktober	*Outubro*
November	*Novembro*
Dezember	*Dezembro*

Weg und Richtung

Wo ist ...?	*Onde é ...?* oder *Onde fica ...?*
Wo sind ...?	*Onde são ...?* oder *Onde ficam ...?*
Gibt es hier ...?	*Há aqui ...?*
Wie komme ich am besten nach ...?	*Qual é o melhor caminho para ...?*
Wo ist ein Supermarkt?	*Onde fica um supermercado?*
... ein Fotograf?	*... um fotógrafo?*
... ein Schuhgeschäft?	*... uma sapataria?*
... ein Fremdenverkehrsbüro?	*... um posto de turismo?*
... ein Reisebüro?	*... uma agência de viagens?*
... eine Bank?	*... um banco?*

512   Etwas Portugiesisch

Geld / Einkauf

Ich möchte Geld wechseln.	*Queria cambiar dinheiro.*
... eine Quittung.	*... um recibo*
Wieviel kostet das?	*Quanta custa ?*
Wechselgeld	*o troco*
Bitte 500 Gramm davon.	*Quinhentos gramas disto, por favor.*
Bitte drei Stück von jenem dort.	*Três daquilo, por favor.*
Ich möchte gern ein Kilo Fisch.	*Queria um quilo de peixe.*
... ein Reisebüro?	*... uma agência de viagens?*
... eine Bank?	*... um banco?*

Übernachten

Wo ist ein Campingplatz?	*Onde fica um parque de campismo?*
Können Sie mir ein Hotel empfehlen?	*Seria possível recomendar-me um hotel?*
Kennen sie ein gutes, günstiges Hotel?	*Conhece algum hotel bom e barato?*
Kennen sie eine gute, nicht zu teure Pension?	*Conhece alguma pensão boa e barata?*
Ich möchte ein Zimmer.	*Queria um quarto.*
Haben Sie ein Einzelzimmer?	*Tem um quarto para uma pessoa só?*
... Doppelzimmer?	*... quarto duplo?*
... Zimmer mit Bad?	*... quarto com casa de banho?*
... Zimmer mit Dusche?	*... quarto com duche?*
Wir haben ein Zimmer reserviert.	*Reservámos um quarto.*
Kann ich das Zimmer sehen?	*Posso ver o quarto?*
Es ist zu teuer.	*É muito caro.*
... zu laut.	*... barulhento.*
... schmutzig.	*... sujo.*
... klein.	*... pequeno.*
Ich möchte ein Zimmer, das nicht auf die Straße geht.	*Queria um quarto que não desse para a rua.*
Ich nehme das Zimmer.	*Fico com este quarto.*
Ich bleibe ... Tage.	*Vou ficar ... dias.*
Ich möchte noch einen Tag bleiben.	*Queria ficar mais um dia.*
Ich werde heute auschecken.	*Vou sair hoje.*
Halbpension	*meia-pensão*
Vollpension	*pensão completa*
Frühstück inbegriffen	*com pequeno almoço incluído*
Bedienung inbegriffen	*com serviço incluído*
Ich möchte noch eine Wolldecke.	*Queria mais um cobertor.*
... ein Handtuch.	*... uma toalha.*
Der Abfluss des Waschbeckens/der Dusche funktioniert nicht.	*O esgoto do lavabo/duche não funciona.*
Wie viel kostet das pro Woche?	*Quanto custa por semana?*
... pro Tag?	*... por dia?*
... pro Monat?	*... por mês?*

Etwas Portugiesisch   513

Post/Telefon

Wo ist das nächste Postamt?	*Onde fica a mais próxima estação dos correios?*
Briefmarken	*selos*
Luftpostbrief	*carta por via aérea*
Wo kann man telefonieren?	*Onde se pode telefonar?*
Ortsgespräch	*uma chamada local*
Ferngespräch	*uma chamada interurbana*
Kann ich Ihr Telefon benutzen?	*Posso usar o seu telefone?*

Apotheken

Wo ist eine Apotheke?	*Onde fica uma farmácia?*
Ich möchte gerne Papiertaschentücher.	*Queria lenços de papel.*
... Tampons.	*... tampões.*
... Damenbinden.	*... pensos higiénicos.*
... Kopfschmerztabletten.	*... comprimidos para dores de cabeça.*
... Kondome.	*... preservativos.*
... Abführtabletten.	*... um laxativo.*

Notfall/Krankheit

Hilfe!	*socorro!*
Ich fühle mich schlecht.	*Não me sinto bem.*
Rufen Sie einen Arzt!	*Por favor, chame um médico!*
Können Sie einen Arzt empfehlen?	*Pode indicar-me um bom médico?*
Wo ist das nächste Krankenhaus?	*Onde é o hospital mais próximo?*
Rufen Sie mir einen Krankenwagen!	*Chame uma ambulância!*
Ich habe hier Schmerzen.	*Dói-me aqui.*
Ich hatte einen Unfall.	*Tive um acidente.*
Ich habe eine Erkältung.	*Apanhei uma constipação.*
Ich habe Kopfschmerzen.	*Tenho dores de cabeça.*
... Rückenschmerzen.	*... dores nas costas.*
Arm(Bein)bruch	*fractura de braço (perna)*
Blinddarmentzündung	*apendicite*
Blutvergiftung	*septicémia*
Entzündung	*inflamação*
Erkältung	*constipação*
Fieber	*febre*
Gehirnerschütterung	*comoção cerebral*
Geschwür	*úlcera*
Husten	*tosse*
Krampf	*convulsão*
Lungenentzündung	*pneumonia*
Nierenentzündung	*nefrite*
Quetschung	*contusão*

514   Etwas Portugiesisch

Sonnenstich	*insolação*
Pflaster	*emplasto*
Verbrennung	*queimadura*
Wunde	*ferida*
Zahnschmerzen	*dores de dentes*

Öffentliche Verkehrsmittel

Wo ist die nächste Bushaltestelle?	*Onde fica a mais próxima paragem de autocarro?*
... Straßenbahnhaltestelle?	*... de eléctrico?*
... U-Bahnhaltestelle?	*... do Metro?*
Wo ist der nächste Bahnhof?	*Onde fica a mais próxima estação de comboios?*
... Fernbusbahnhof?	*... de camionagem?*
... Taxistand?	*... praça de táxis?*
Wo ist der Flughafen?	*Onde fica o aeroporto?*
Was kostet die Fahrt?	*Quanto custa a viagem?*
Bitte eine Fahrkarte nach ...	*Queria um bilhete para ...*
Rückfahrkarte	*bilhete de ida e volta*
ermäßigte Fahrkarte	*bilhete com desconto*
Platzreservierung	*reserva de lugar*
Bitte reservieren sie mir einen Platz von ... nach ... !	*Reserve-me um lugar de ... para ..., faz favor!*
Nichtraucher	*não-fumadores*
Raucher	*fumadores*
Gang	*corredor*
Fenster	*janela*
Platz	*lugar*
Zuschlag	*suplemento*
Vorverkaufsbusfahrkarten	*módulos*
Um wieviel Uhr fährt der nächste Bus nach ...?	*A que horas sai o próximo autocarro para ...?*
... der erste Bus nach ...?	*a que horas sai o primeiro autocarro para ...?*
Muss ich umsteigen?	*Tenho que mudar?*
An welcher Haltestelle muss ich aussteigen?	*Qual é a paragem onde tenho que sair?*
Haben Sie einen Fahrplan nach ...?	*Tem um horário para ...?*
Welchen Bus nehme ich nach ...?	*Qual é o autocarro que vai para ...?*
Ist das der Bus/Zug nach ...?	*É este o autocarro/comboio que vai para ...?*

Auto

10 Liter Super bleifrei.	*Dez litros de super sem chumbo.*
... Diesel.	*... de gasóleo*
... Normalbenzin.	*... de gasolina normal.*
Kann ich Kühlwasser haben?	*Tem água para o radiador?*

Etwas Portugiesisch   515

Wir haben eine Panne.	*O nosso carro está avariado.*
Können Sie mir Hilfe schicken?	*Pode procurar-me ajuda?*
Ich hatte einen Unfall.	*Tive um acidente.*
Wo ist die nächste Werkstatt?	*Onde fica a estação de serviço mais próxima?*
Es (sie) ist (sind) nicht in Ordnung.	*Não funciona(m) bem.*
Es ist defekt.	*Tem um defeito.*
Ich möchte gerne ein Auto mieten.	*Queria alugar um carro.*
Ist die Straße nach ... gut befahrbar?	*A estrada para ... está em boas condições?*

Essen und Trinken

Im Restaurant

Ist hier in der Nähe ein Restaurant?	*Conhece um restaurante aqui perto?*
Ich möchte etwas essen.	*Queria comer alguma coisa.*
Haben Sie einen freien Tisch?	*Tem uma mesa livre?*
Bitte die Karte!	*A ementa, por favor!*
Ich nehme ...	*Eu tomo ...*
Alles zusammen.	*Tudo junto.*
Ober!	*Faz favor!*
Frühstück	*pequeno almoço*
Mittagessen	*almoço*
Abendessen	*jantar (ceia = später Nachtimbiss)*
Ich möchte gerne ...	*Queria ...*
... mehr Brot.	*... mais pão.*
... noch ein Bier.	*... mais uma cerveja.*
Wo ist die Toilette?	*Onde fica a casa de banho?*
Was empfehlen Sie?	*O que recomenda?*
Kleinigkeit	*petisco*
Spezialität des Hauses	*especialidade da casa*
Die Rechnung bitte.	*A conta, se faz favor.*
Die Rechnung stimmt nicht.	*A conta está errada.*
Guten Appetit!	*Bom proveito! oder bom apetite!*
Auf Ihr Wohl! Prost!	*Saúde!*

Suppen   *sopas*

Grünkohlsuppe	*caldo verde*	Meeresfrüchtesuppe	*... de marisco*
Alentejo - Suppe	*sopa*	Krautsuppe	*... de nabiço*
(Fleischbrühe, Brot, Ei,	*alentejana*	Fischsuppe	*... de peixe*
Knoblauch, Petersilie)		Hühnerbrühe	*canja*
Gemüsesuppe	*sopa de legumes/hortaliça*		

516 Etwas Portugiesisch

Meeresfrüchte und Fische *mariscos e peixes*

Gabeldorsch	*abrótea*	Schleimkopf	
Weißer Thunfisch	*albacora*	Bernsteinmakrele	*írio*
Alfoncino	*alfoncino*	Languste	*lagosta*
Herzmuscheln	*amêijoas*	kleine Langusten	*lagostins*
Thunfisch	*atum*	Hummer	*lavagante*
Kabeljau (Stockfisch)	*bacalhau*	Gemeine Napfschnecken	*lapas*
Barrakuda	*bicuda*	Kalamar	*lula*
Meerbrassen	*besugo*	Miesmuschel	*mexilhão*
Schwarzmaul	*boca negra*	Muräne	*moreia*
Bonito	*bonito*	Austern	*ostras*
Wellhornschnecken	*búzio*	Sackbrasse	*pargo*
Fischeintopf	*caldeirada*	Achselfleckbrasse	*peixão*
Rotbarsch	*cantaro*	Degenfisch	*peixe-espada*
Krabben	*camarão*	Wittling	*pescada*
Krebs	*caranguejo*	Weißling	*pescadinhas*
Strandschnecke	*caramucho*	Kleine Sardine	*petinga*
Blaukrabbe	*carangueijo*	Krake	*polvo*
Bastardmakrele	*carapau, chícharro*	Rochen	*raia*
Makrele	*cavala*	Wolfsbarsch	*robalo*
Zackenbarsch	*cherne*	Knurrhahn	*ruivo*
Sepia (Tintenfischart)	*choco*	Drachenkopf	*rocas*
Meeraal	*congro*	Meeraal	*safio*
Rabenfisch	*corvina*	Lachs	*salmão*
Seepocken	*cracas*	Meerbarbe	*salmonete*
Dorade	*dourada*	Seespinne	*santola*
Degenfisch	*espada*	Riesentaschenkrebs	*sapateira*
Schwertfisch	*espadarte*	Sardinen	*sardinhas*
große Krabben	*gambas*	Geißbrasse	*sargo*
Zackenbarsch	*garoupa*	Seeteufel	*tamboril*
Brasse	*goraz*	Forelle	*truta*
Zehnfinger-	*imperador*	Haifisch	*tubarão*

Fleisch *carne*

Fleischknödel	*almôndegas*	Hackfleisch	*carne picada*
kleines Schweineschnitzel	*bifana*	Schweinshaxe	*chispe*
Beefsteak	*bife*	geräucherte Wurst	*chouriço*
kleines Beefsteak	*bitoque*	Wachtel	*codorniz*
Lamm	*borrego*	Kaninchen	*coelho*
Zicklein	*cabrito*	Kotelett	*costeletas*
Hammel	*carneiro*	Mittelrippenstück	*entrecosto*
		Schnitzel	*escalopes*

Etwas Portugiesisch · 517

mageres Fleisch	*febras*	Ente	*pato*
gekochter Schinken	*fiambre*	Rebhuhn	*perdiz*
Leber	*fígado*	Truthahn	*peru*
Hähnchen	*frango*	Hackbraten	*picado*
Huhn	*galinha*	Taube	*pombo*
Hühnerinnereien	*moelas*	Schwein	*porco*
Lebergericht	*iscas*	kleines Rinderschnitzel	*prego*
Spanferkel	*leitão*	geräucherter Schinken	*presunto*
Zunge	*língua*	Nieren	*rins*
Räucherwurst	*linguiça*	Würstchen	*salsichas*
Lende	*lombo, lombinho,*	Kutteln	*tripas/dobrada*
	lagarto	Rind	*vaca*
junger Stier	*novilho*	Kalb	*vitela*
Lachsschinken	*paio*		

Gemüse *legumes, hortaliça*

Kürbis	*abóbora*	Erbsen	*ervilhas*
Rauke	*agrião*	Spargel	*espargo*
Artischocke	*alcachofra*	Spinat	*espinafre*
grüner Salat	*alface*	dicke Bohnenkerne	*favas*
Knoblauch	*alho*	Bohnen	*feijão*
Reis	*arroz*	Kichererbsen	*grão debico*
Oliven	*azeitonas*	Linsen	*lentilhas*
gekochte Kartoffeln	*batatas cozidas*	Mais	*milho*
Pommes Frites	*batatas fritas*	Kraut	*nabiça*
Auberginen	*beringelas*	Rübe	*nabo*
Kastanien	*castanhas*	Gurke	*pepino*
Zwiebel	*cebola*	Paprika	*pimento*
Karotte	*cenoura*	Lauch	*porro / alho*
Pilze	*cogumelos*		*francês*
Grünkohl	*couve*	Radieschen	*rabanetes*
Rosenkohl	*couve de bruxelas*	gemischter Salat	*salada mista*
Blumenkohl	*couve-flor*	Petersilie	*salsa*
Weißkohl	*couve-lombarda*	Tomate	*tomate*

Gewürze *condimentos*

Zucker	*açúcar*	Basilikum	*manjericão*
Rosmarin	*alecrim*	Majoran	*manjerona*
Knoblauch	*alho*	Senf	*mostarda*
Dill	*aneto*	Oregano	*oregão*
Olivenöl	*azeite*	Pfeffer	*pimenta*
Zimt	*canela*	rote Chilisauce	*piri-piri*
Curry	*caril*	Salz	*sal*
grüner Koriander	*coentro*	Petersilie	*salsa*
Lorbeer	*louro*	Thymian	*tomilho*

518   Etwas Portugiesisch

Nachspeisen *sobremesas*

Milchreis	*arroz doce*	Törtchen	*pastel*
Puddingteilchen	*bola com creme*	Sahnetörtchen	*pastel de nata*
Kuchen	*bolo*	Karamelpudding	*pudim flan*
Kekskuchen	*bolo de bolacha*	Käse	*queijo*
Schlagsahne	*chantilly*	Bergkäse	*queijo da serra*
		Frischkäse	*queijo fresco*
Eiscreme	*gelado*	„Armer Ritter"	*rabanadas*
Milchcreme	*leite creme*	Fruchtsalat	*salada de frutas*
Bratapfel	*maçã assada*	Torte	*tarte*
Sahne	*nata*		

Obst *frutas*

Avocado	*abacate*	Zitrone	*limão*
Aprikose	*alperce*	Limetten	*lima*
Pflaume	*ameixa*	Apfel	*maçã*
Mandeln	*amêndoas*	Wassermelone	*melancia*
Erdnüsse	*amendoins*	Honigmelone	*melão*
Brombeere	*amora*	Erdbeere	*morango*
Ananas	*ananás*	Nektarine	*nectarina*
Zimtapfel	*anona/cherimoya*	Birne	*pêra*
Haselnüsse	*avelãs*	Pfirsich	*pêssego*
Banane	*banana*	Dattel	*tâmara*
Kirsche	*cereja*	Mandarine	*tangerina*
Feige	*figo*	Grapefruit	*toranja*
Himbeere	*framboesa*	Trauben	*uvas*
Orange	*laranja*		

Zubereitung *modo de preparação*

gedämpft	*abafado*	geschmort	*guisado*
gebraten	*assado*	fast roh, blutig	*mal passado*
gut durch	*bem passado*	mittel gegart	*médio*
rot	*corado*	über Holzkohle	*na brasa*
gekocht	*cozido*	gegrillt	
süß	*doce*	im Krug	*na púcara*
eingerollt	*enrolado*	am Bratspieß	*no espeto*
mariniert	*de escabeche*	im Ofen	*no forno*
geschmort	*estufado*	paniert	*panado*
frittiert	*frito*	scharf	*picante*
geräuchert	*fumado*	Püree	*puré*
gegrillt	*grelhado*	gefüllt	*recheado*

Etwas Portugiesisch 519

Weitere Gerichte *outros pratos*

Brotsuppe mit ...	*açorda de ...*
Miesmuscheln mit Zitronensaft	*amêijoas à Bulhão Pato*
Reiseintopf mit ...	*arroz de ...*
Zerriebener Bacalhau mit Kartoffeln und Ei	*bacalhau à Brás*
Bacalhau mit gekochten Kartoffeln und Zwiebeln	*bacalhau à Gomes de Sá*
Bacalhau am Stück gekocht mit Grünkohlblättern, Kartoffeln und einem hartgekochten Ei	*bacalhau de consoada* oder *... com todos*
Steak mit Sahne	*bife à café/à Marrare*
Thunfischsteak (aus einem Stück frischem Thunfisch)	*bife de atum*
Steak mit viel Zwiebeln, Knoblauch, Lorbeer und Tomaten	*bife de cebolada*
Spieß mit ...	*espetada de ...*
Geflügelinnereien	*cabidela*
Fischeintopf	*caldeirada*
Schweinefleisch mit Muscheln	*carne de porco à alentejana*
mit Zwiebeln und Muscheln in einer Kupferpfanne gekochte und servierte Meeresfrüchte, Fleisch- oder Fischstücke	*cataplana*
Ziegenfleischgericht, zuvor in Wein eingelegt	*caldeirada de cabrito*
in Rotwein zubereitetes Ziegenfleisch	*chanfana*
Eintopf mit Rinds-, Schweine- und Hühnerfleisch, dazu Schlachtwurst, Reis, Kartoffeln, Karotten und Rüben	*cozido à portuguesa*
Rinderkutteln mit Hühnerfleisch und Bohnen	*dobrada*
Gulasch	*ensopado*
Spaghetti	*esparguete*
Bohneneintopf mit Räucherwurst, Blutwurst und Speck	*feijoada à portuguesa*
Bohneneintopf mit ...	*feijoada de ...*
Bohneneintopf mit Kutteln	*feijoada à transmontana*
Rindfleisch mit gekochten Kartoffeln, Karotten, Erbsen und Schlachtwurst	*jardineira*
Gericht aus eingeweichten Maisbrotkrumen	*migas*
Geflügelinnereien, in denen noch Blut ist	*miúdos de frango*
Aschenbrot gefüllt mit Geflügelfleisch	*pogaças*
Gericht mit Schweinefleischstückchen, geronnenem Schweineblut, Leber, Innereien und Kartoffeln	*rojões*
Thunfischsalat mit schwarzen Oliven, Tomaten- und grünem Salat sowie gekochten Kartoffeln	*salada de atum*
Schweineblutgericht	*sarrabulho*

Snacks *petiscos*

kl. Schweinesteak im Brötchen	*bifana*	kleine Pastete	*empada*
		... mit Hühnchen	*... de galinha*
Gebratenes Fleisch	*carne assada*	große Pastete	*empadão*
Hühnchenschenkel	*coxa*	Brot mit eingebackener	*pão com*

520   Etwas Portugiesisch

Räucherwurst	*chouriço*	... Stockfisch	*... bacalhau*
Pasteten aus ...	*pastéis de ...*	... Krabben	*... camarão*
... Stockfisch	*... bacalhau*	Getoastetes Brot mit Butter	*torrada*
... Krabben	*... camarão*	Gemischter Toast	*tosta mista*
Kl. Rindersteak im Brötchen	*prego*	Käsetoast	*tosta com queijo*
Frikadellen aus ...	*rissóis de ...*	Schinkentoast	*tosta com fiambre*

Sonstiges *diversos*

Tresen	*balcão*	Flasche (klein, groß)	*garrafa (pequena, grande)*
Tablett	*bandeja, tabuleiro*	Serviette	*guardanapo*
Maisfladen	*bolo de certão*	Dose	*lata*
Löffel	*colher*	Butter	*manteiga*
kleiner Löffel	*colher de sobremesa*	halbe Portion	*meia-dose*
Glas	*copo*	Sauce	*molho*
Terrasse	*esplanada*	Zahnstocher	*palitos*
Messer	*faca*	Brot	*pão*
Krug	*jarro*	Maisbrot	*pão de certão*
Gabel	*garfo*	Teller	*prato*

Getränke *bebidas*

Leitungswasser	*água da torneira*	Milchkaffee	*galão*
Mineralwasser mit/ ohne Kohlensäure	*água mineral com/sem gás*	kleine Tasse Milchcafé	*garonto*
		normales Fassbier	*imperial*
Zuckerrohr/Tresterschnaps	*aguardente*	Likör	*licor*
		Milch	*leite*
Espresso	*café (bica in Lissabon)*	Kakao	*leite com chocolate*
große Tasse schwarzer Kaffee	*café grande*	leicht	*leve*
schwarzer Kaffee mit Zucker	*café de saco*	Limonade	*limonada*
		Kaffee halb mit Milch verdünnt	*meia de leite*
große Tasse Milchkaffee	*café branco/com leite/chinesa*	in Zimmertemperatur	*natural*
koffeinfreier Kaffee	*café descafinado*	Punsch aus Zuckerrohrschnaps, Zucker u. Saft	*poncha*
großes Fassbier	*caneca de cerveja*	heiß	*quente*
Espresso mit Wasser verdünnt	*carioca*	trocken	*seco*
		Fruchtsaft aus ...	*sumo natural de ...*
heißes Wasser mit Zitrone	*carioca de limão*	mittleres Fassbier 0,3 l	*tulipa*
Bier	*cerveja*	Weißwein	*vinho branco*
Tee	*chá*	Madeirawein	*vinho da Madeira*
kleines Fassbier 0,2 l	*fino*	Portwein	*vinho do Porto*
kalt	*fresco*	„Grüner" Wein	*vinho verde*

Register

A Mulher de Capote
Eduardo Ferreira 213
Abrótea 59
Adegas 416
Agro-Turismo 52
Água d'Alto (SMi) 183
Água de Pau (SMi) 180
Água Quente (Flo) 486
Água Retorta (SMi) 233
Aguardente 61
Ajuda 108
Ajuda da Bretanha (SMi)
203
Al Idrisi 80
Alagoa da Fajãzinha (TER)
301
Albert von Monaco (Prinz)
320, 337, 366
Alcatra 59
Alfama 104
Algar do Carvão, Höhle
(TER) 311, 312
Algar do Montoso (SJo)
447
Almagreira (SMA) 129
Altares (TER) 303
Alto da Baleia (Fai) 373
Amaryllis belladonna 26
Amêijoãs 60
Ananas 177
Angeln 75
Angra do Heroísmo (TER)
278, 307
Anjos (SMA) 128
Anreise 38
Antonius von Padua 101
Apotheken 69
Arcos (Pic) 417
Areal Grande (SMi) 175
Areia Larga (Pic) 393
Arieiro (Fai) 378
Arraiais 101
ART 70
Atum 59
Auswanderung 32
Auswanderungswelle 91
Avenidas Novas 106
Aviz (Dynastie) 81
Azevedo, Henrique 364
Azevedo, José 364
Azorenhoch 22
Azulejos 62

B acalhau 57
Baden 63
Baía da Areia (SJo) 455, 460
Baía da Engrade (GRW) 342
Baía da Folga (GRW) 336,
341
Baía da Lagoa (GRW) 340
Baía da Raposa (SMA) 130
Baia da Ribeira das Cabras
(Fai) 375, 385
Baía da Salga (TER) 292
Baía de Canas (Pic) 412, 425
Baía do Filipe (GRW) 336
Baía do Tagarete (SMA)
134
Bairro Alto 107
Baixa 103
Baixa da Areia (SMi) 181
Bankautomaten 69
Barreiro da Faneca (SMA)
129
Barro Vermelho(GRW) 331
Basaltsäulen 21
Behaim, Martin 346, 363
Beira (SJo) 443
Beira Mar (GRW) 336
Belém 108
Beschäftigungsstruktur 36
Bettencourt, Nuno 67
Bevölkerung 31
Bevölkerungsstatistik 32
Bier 61
Bifana 56
Bife 58
Bildungsstandard 34
Biscoitos (TER) 301, 302
Bolo Lêvedo 245
Botelho, Gonçalo Vaz 185
Botschaften 65
Braga, Teófilo 88, 172
Bragança (Dynastie) 84
Bretanha (SMi) 203
Bücher 64
Burgund, port.
Herrscherdynastie 81
Bus 46

C abeço da Cruz (Pic) 419
Cabeço da Vigía (Fai) 373
Cabeço do Fogo (Fai) 346,
383
Cabeço dos Trinta (Fai) 383
Cabeço Gordo (Fai) 370, 381

Cabeços do Mistério (Pic)
425
Cabo da Praia (TER) 295
Cabral, Gonçalo Velho 116,
145, 174, 194
Cabral, Pedro Álvares 82
Cabrita Reis, Pedro 403
Cabrito (Pic) 417
Cafés 56
Cais da Barra (GRW) 330
Cais do Pico (Pic) 413
Caldeira (Caldera) 21
Caldeira (Fai) 370
Caldeira (Flo) 485, 493
Caldeira (GRW) 337
Caldeira da Cima (SJo) 461
Caldeira de peixe 151
Caldeira do Alferes (SMi)
249
Caldeira Grande (SMi) 245
Caldeira Velha (SMi) 218
Caldeirão (Cor) 505
Caldeiras (SMi) 220
Caldeirinha (GRW) 333
Calha da Água (Fai) 383
Calheta (SJo) 448
Calheta de Nesquim (Pic)
408
Caloura (SMi) 181
Camping 54
Candelária (SMi) 198
Capelas (SMi) 204
Capelinhos (Fai) 376
Capelo (Fai) 383
Capote-e-Capelo 150
Cara do Índio (Cor) 507
Carapacho (GRW) 338, 342
Carlos, König 194
Carne assado 59
Casa de Campo 52
Casa de Hóspedes 53
Casas de pasto 56
Castelo Branco (Fai) 348,
379
Cataplana 59

Cavalhados de São Pedro
216
Caveira (Flo) 490
Cedros (Fai) 372
Cedros (Flo) 479
Cerâmica Micaelense 213
Cerâmica Vieira 179

522 Register

Cerdan, Marcel 227
Cervejaria 56
César, Carlos 34
Chá Porto Formoso (SMi) 225
Chateaubriand, François René 320
Cherne 59
Chiado 103
Chícharros 59
Churrasqueiras 56
Cinco Ribeiras (TER) 308
Colchas de Ponto Alto 434, 454
Cook, James 352
Corte Real, Gaspar 272
Corte Real, João 272
Corvo 496
Costa (Flo) 485
Couvert (Gedeck) 58
Cozido 151
Cozido 245
Cracas 60
Criação Velha (Pic) 399, 419
Cruz da Barra (GRW) 330
Cruzeiro da Fajãzinha (Flo) 485

Da Câmara, D. Manuel 240
Dabney, John Bass 352
da Fonseca, Henrique 146
da Gama, Paulo 289
da Gama, Vasco 82, 289
Dabney, Charles William 352
Darwin, Charles Robert 87
de Bruges, Jácome 271, 320, 345, 388, 429
de Lacerda, Francisco 67, 454
de Lagos, Vicente 271
de Pombal, Marquês 85
de Quental, Antero 172
de Silves, Diogo 116
de Teive, Diogo 498
Delphine 29
Delphinschwimmen 357, 397
Deserto vermelho (SMA) 129
Deutsch-Atlantische-Telegraphengesellschaft 367
Deutschsprachige Fernseh- und Radioprogramme 68
Diaz, Bartolomeus 82

Diplomatische Vertretungen 65
do Canto Brum, António 208
Dom António 272, 279
Dom António 346, 430
Dom Miguel 86
Dom Pedro 86, 499
Donatarkapitäne 85
Dourada 59
Drake, Francis 272
Drogen 71

Einkaufen 65
Einwanderung 32
Einwohnerdichte 32
Elektrizität 66
Emanuelstil 83
Empanadas 56
Entradas (Vorspeisen) 58
Erica azorica 25
Ermäßigungen 68
Ermida (SJo) 459
Ermida da Nossa Senhora da Paz (SMi) 190
Ermida da Nossa Senhora das Vitóras (SMi) 247, 262
Ermida Nossa Senhora da Saúde (GRW) 335
Ermida Nossa Senhora do Pranto (SMi) 228
Erster Weltkrieg 88
Espaço Talassa 407
Espadarte 59
Espalhafatos (Fai) 381
Esperança Velha (GRW) 333
Essen & Trinken 55
EU 35, 146
Exekutive und Legislative 34
Extreme 67

Fábrica de Tabaco Estrela, Tabakfabrik (SMi) 159
Fagundas (SMi) 233
Fahrrad 50
Fährverbindungen 44
Faial 344
Faial da Terra (SMi) 233, 259
Fajã 430
Fajã (Fai) 375
Fajã Caldeira de Santo Cristo (SJo) 461
Fajã da Penedia (SJo) 451
Fajã da Ribeira da Areia (SJo) 452
Fajã das Almas (SJo) 447

Fajã das Pontas (SJo) 451
Fajã de Além (SJo) 453, 459
Fajã de Baixo (SMi) 175
Fajã de Lopo Vaz (Flo) 488
Fajã de Pedro Vieira (Flo) 490
Fajã de Santo Amaro (SJo) 445
Fajã de São João (SJo) 455, 460
Fajã do Belo (SJo) 450, 461
Fajã do Calhau (SMi) 233
Fajã do Centeio (SJo) 443
Fajã do João Dias (SJo) 443
Fajã do Mero 451
Fajã do Ouvidor (SJo) 452
Fajã do Valado (SJo) 444
Fajã dos Bodes (SJo) 460
Fajã dos Cubres (SJo) 450, 461
Fajã dos Vimes (SJo) 454, 460
Fajã Grande (Flo) 482, 490, 493
Fajã Grande (SJo) 448
Fajãzinha (Flo) 484, 493
Färberwaid 131
Farol da Ribeirinha (Fai) 381
Farol de Gonçalo Velho (SMA) 138
Fauna 27
Fazenda das Lajes (Flo) 487
Fazenda de Santa Cruz (Flo) 478
Feiertage 66
Felipe IV. 84
Fenais da Ajuda (SMi) 226
Fenais da Luz (SMi) 206
Fernsehen 68
Festa do Espírito Santo 277
Festa do Senhor Santo Cristo dos Milagres 168, 169
Festival Maré de Agosto (SMA) 131
Feteira (Fai) 380
Feteira (Pic) 409
Feteira (TER) 291
Feteiras (SMi) 193
Figueiral (SMA) 127
Fisch 59
Fischerei 37
FKK 64
FLA (Frente de Liberacion Açoriana – Front zur Befreiung der Azoren) 92
Flamengos (Fai) 369

Register 523

Fleischgerichte 58
Flora 24
Flores 466
Flüge, innerhalb der Azoren 42
Flugmöglichkeiten 38
Foliões 150
Folklore 66
Fonte do Mato (GRW) 342
Fontinhas (SMA) 134
Fontinhas (TER) 300
Formigas (SMA) 115
Forte de São Brás (SMA) 126
Forte de São Brás (SMi) 168
Franco, João Fernando Pinto 87
Fumarolen 21
Furna d'Água (TER) 313
Furna da Maria Encantada (GRW) 338
Furna das Pombas (SJo) 445
Furna de Abel (GRW) 338
Furna de Santana (SMA) 128
Furna do Enxofre (GRW) 337
Furna-Bucht (Pic) 414
Furnas (SMi) 239, 240
Furnas do Enxofre (TER) 311, 312
Furtado, Nelly 191
Fußball 75

Gabelflüge 39
Galão 56, 61
Garrett, Almeida 320
Geheimpolizei 90
Gelbschnabelsturmtaucher 28
Geld 68
Geographie 16
Geologie 17
Geothermische Energie 217
Geração de 70 172
Geschichte 80
Gesundheit 69
Getränke 60
Getränke, alkoholfreie 61
Ginetes (SMi) 198, 250
Gleitschirmfliegen 75
Golf 75
Graça 106

Graciosa 319
Granelas 192
Gruta da Natal (TER) 312
Gruta das Agulhas (TER) 291
Gruta das Torres (Pic) 399
Gruta do Carvão (SMI) 167
Gruta Enxaréus (Flo) 490
Guadalupe (GRW) 331
Guilherme Moniz (TER) 271

Haustiere 40
Hayes, George William 198
Heinrich der Seefahrer 80
Herzmuscheln 60
Hickling, Thomas 146, 240, 243
Hochseefischen 76
Homosexuelle 74
Horta (Fai) 351
Hortensie 26
Hotels 52

Ilhéu da Baleia (GRW) 332
Ilhéu da Praia (GRW) 334
Ilhéu da Vila (SMA) 122
Ilhéu das Lagoinhas (SMA) 134
Ilhéu de Baixo (GRW) 338
Ilhéu Deitado (Pic) 393
Ilhéu do Romeiro (SMA) 136
Ilhéu do Topo (SJo) 456
Ilhéu dos Mosteiros (SMi) 200
Ilhéu Em Pé (Pic) 393
Ilhéu Francisco (Flo) 492
Ilhéus das Cabras (TER) 291
Indigo 131
Industrie 37
Information 69
Ingwerlilie 27
Internet 70

João Bom (SMi) 202
João Quaresma 394
Johann VI. 86
Jugendherbergen 54

Kaffee 61
Karten 72
Käse 443
Kinder 71
Kleidung 71
Klima 22
Kolumbus, Christoph 128

Krankenversicherung 69
Kreditkarte 69
Kriminalität 71

Lacto Ibérica 212
Ladeira da Velha (SMi) 223
Lagoa (SMi) 178
Lagoa Azul (SMi) 194, 249, 250
Lagoa Branca (Flo) 480
Lagoa Comprida (Flo) 480, 481, 492
Lagoa da Falca (TER) 312
Lagoa da Lomba (Flo) 480
Lagoa da Rosada (Pic) 419
Lagoa das Éguas 254
Lagoa das Furnas (SMi) 247
Lagoa das Patas (TER) 312
Lagoa de Santiago (SMi) 194, 197
Lagoa de São Bras (SMi) 223
Lagoa do Caiado (Pic) 419
Lagoa do Canário (SMi) 197, 252
Lagoa do Capitão (Pic) 418
Lagoa do Fogo (SMi) 218, 247
Lagoa do Junco (TER) 313
Lagoa do Negro (TER) 312
Lagoa do Paúl (Pic) 419
Lagoa do Peixinho (Pic) 419
Lagoa Funda (Flo) 480, 481
Lagoa Rasa (Flo) 480
Lagoa Rasa (Smi) 254
Lagoa Seca (Flo) 480, 482, 492
Lagoa Seca (Pic) 419
Lagoa Seca (SMi) 240
Lagoa Verde (SMi) 194, 249
Lajedo (Flo) 485, 493
Lajes (TER) 300
Lajes das Flores (Flo) 487
Lajes do Pico (Pic) 402
Lajido (Pic) 417
Landwirtschaft 36
Lapa 107
Lapas 60
Lesben 74
Lima & Quental 191
Lindbergh, Charles 353
Linguiça 59
Lisboa Card 94
Lissabon 40, 93
Literaturtipps 64
Livrameto (SMi) 176

524 Register

Ilhéu da Vila Franca (SMi) 186
Lomba (Flo) 489
Lomba da Maia (SMi) 224
Lomba da Vaca (Flo) 480
Lomba do Alcaide (SMi) 234
Lomba do Botão (SMi) 234
Lomba do Carro (SMi) 234
Lomba do Cavaleiro (SMi) 234
Lomba do Loução (SMi) 234, 256
Lomba do Pomar (SMi) 234
Lomba dos Pós (SMi) 234, 261
Lombadas (SMi) 220
Lombinho (SMi) 224
Lombo Gordo (SMi) 232
Lourais (SJo) 455, 460
Loural (SJo) 455
Luftfeuchtigkeit 23
Lulas 60
Luz (GRW) 336

Machado, Carlos 173
Maciera 61
Madalena do Pico (Pic) 393
Madragoa 107
Maia (SMA) 137
Maia (SMi) 224
Malbusca (SMA) 132
Manadas (SJo) 447
Manenha (Pic) 409
Manuel I. 83
Manuel II. 88
Maracuja-Likör 213
Maria II. 279, 296
Mariscos 60
Marisqueiras 56
Mascardos da Corda 307
Mata da Serreta (TER) 301, 305, 315
Meeresfrüchte 60
Mehrwertsteuerrück-erstattung 79
MFA - Movimento das Forças Armadas 92
Mietwagen 46
Militärdiktatur 88
Miradouro Arcos da Ribeira Cruz (Flo) 480
Miradouro Craveiro Lopes (Flo) 481
Miradouro da Cumeeira (SMi) 203, 252

Miradouro da Ponta da Madrugada (SMi) 232
Miradouro da Ponta do Sossego (SMi) 232
Miradouro da Vigia das Baleias (SMi) 228
Miradouro da Vista dos Barcos (SMi) 229
Miradouro de Santo António (SMi) 203
Miradouro do Castelo Branco (SMi) 192
Miradouro do Cerrado dos Freitas (SMi) 194, 197
Miradouro do Escalvado (SMi) 200
Miradouro do Escalvaro (SMi) 250
Miradouro do Navio (SMi) 205
Miradouro do Pico do Ferro (SMi) 239, 246
Miradouro do Pôr-do-Sol (SMi) 233
Miradouro do Salto da Farinha (SMi) 227
Miradouro doe Pesqueiro (SMi) 228
Miradouro Nossa Senhora da Conceição (Fai) 369
Miradouro Pico dos Bodes (SMi) 262
Miradouro Ribeiras das Cabras (Fai) 374
Miradouro Terra Alta (Pic) 411
Mistérios Negros (TER) 312
Moinho da Alagoa (Flo) 484
Monchique (Flo) 482
Moniz, Carlos Alberto 67
Monte (Pic) 419
Monte Brasil (TER) 291
Monte Carneiro (Fai) 369
Monte da Ajuda (GRW) 330
Monte da Espalamaca (Fai) 369
Monte da Guia (Fai) 369
Monte Escuro (SMi) 222
Morcela 59
Moreia 59
Morro Alto (Flo) 481
Morro das Capelas (SMi) 205
Morro de Castelo Branco (Fai) 380
Morro dos Homens (CVU) 505

Morro Grande (SJo) 435, 441
Morro Pelado (SJo) 456
Mosteiro (Flo) 485, 493
Mosteiros (SMi) 200, 250
Mountainbiking 76
Musik 66

Nachspeisen 60
Nacktbaden 64
Napoleon 85
Nelkenrevolution 91
Nordeste (SMi) 228
Norte (SMA) 134, 142
Norte Grande (SJo) 452
Norte Pequeno (SJo) 456
Norte Pequeno (Fai) 375
Norte Pequeno (SJo) 450

O Calhau (Pic) 400
Öffnungszeiten 73
Opstal, John van 356
Os Montanheiros 289
OW-Ticket 43

Paradise Pool (SMi) 242
Parque Beatrice do Canto (SMi) 246
Parque da Silveira (SJo) 454
Parque das Sete Fontes (SJo) 442
Parque de Lazer da Alagoa (Flo) 478
Parque de Merendes de São Brás (TER) 315
Parque Florestal (SMi) 245
Parque José do Canto (SMi) 246
Parque Lagoa do Canário (SMi) 197
Parque Lagoas Empadadas (SMi) 197
Parque Terra Nostra (SMi) 243
Pedreira (SMi) 232
Pedro Miguel (Fai) 371
Peixão 59
Peixe-espada 59
Pensão 53
Pensionen 53
Peter Café Sport 364
Pflanzen, endemische 25
Piaf, Édith 227
Pico 387
Pico Alto 133
Pico Alto (Pic) 418
Pico Bartolomeu (SMi) 232

Register 525

Pico da Areia (SMi) 265
Pico da Barrosa (SMi) 218
Pico da Cruz (SMi) 197, 252
Pico da Esperânça (SJo) 447, 456
Pico da Figueira (SMi) 180
Pico da Pedra (SMi) 207
Pico da Pedro (SJo) 456
Pico da Se (Flo) 478
Pico da Vara (SMi) 222, 256
Pico da Velha (SJo) 442
Pico das Calderinhas (SJo) 456, 457
Pico das Éguas (Smi) 254
Pico das Vacas (SMi) 222
Pico de Mafra (SMi) 250
Pico do Areeiro (SJo) 456
Pico do Carneiro (TER) 315
Pico do Carvão (SJo) 456
Pico do Carvão (SMi) 198
Pico do Caveiro (Pic) 412
Pico do Ferro (SMi) 246, 263
Pico do Gaspar (TER) 318
Pico dos Frades (SJo) 455
Pico dos Sete Pés (Flo) 478, 482
Pico Gafanhoto (SMi) 222
Pico Pinheiro (SJo) 456
Pico Verde (SJo) 456
Pico Verde (SMi) 231
PIDE 90
Piedade (Pic) 410
Pilar da Bretanha (SMi) 203
Pinhal da Paz (SMi) 208
Pinto, Fernão Mendes 82
Piraten 444
Planalto da Achada (Pic) 387
Planalto dos Graminhais (SMi) 222
Plantações de Chá Gorreana (SMi) 225
Poça Branca (Pic) 412
Poça de Simão Dias (SJo) 453
Poça do Caneiro (SJo) 453
Poças da Beija, Paradise Pool (SMi) 242
Pocinho (Pic) 399, 419
Poço da Alagoinha (Flo) 484
Poço do Bacalhau (Flo) 483
Politik 34
Polizei 73
Polvo 59
Ponta (Flo) 490
Ponta da Barco (GRW) 332

Ponta da Caveira (Flo) 490
Ponta da Fajã (Flo) 482, 483
Ponta da Ferraria (SMi) 198, 199
Ponta da Furna (TER) 302
Ponta da Ilha (Pic) 409
Ponta da Queimada (Pic) 402
Ponta da Queimada (SJo) 444
Ponta da Ribeirinha (Fai) 372
Ponta da Serreta (TER) 305
Ponta das Cinco (TER) 307, 308
Ponta das Quatro Ribeiras (TER) 301
Ponta de Castelo Branco (Fai) 379
Ponta Delgada (Flo) 479, 490
Ponta Delgada (SMi) 152
Ponta do Albarnaz (Flo) 479
Ponta do Arnel (SMi) 229
Ponta do Cintrão (SMi) 217
Ponta do Norte (SMA) 134
Ponta do Queimado TER) 305, 315
Ponta do Raminho (TER) 305
Ponta do Rominho (TER) 304
Ponta dos Capelinhos (Fai) 376, 379
Ponta dos Rosais (SJo) 442
Ponta Garca (SMi) 191
Ponta Garça (SMi) 265
Ponta Ruiva (Flo) 479
Pontas Negras (Pic) 408
Porto Afonso (GRW) 333
Porto Cachorro (Pic) 417
Porto Calhau (Pic) 400
Porto da Eira (Fai) 373
Porto da Prainha (Pic) 401
Porto dos Poços (SMi) 204
Porto Formoso (SMi) 223
Porto Judeu (TER) 291
Porto Martins (TER) 294
Porto Negrito (TER) 309
Porto Pim (Fai) 362
Post 74
Posto Santo (TER) 286
Pottwal 29, 31, 402
Pousadas de Juventude 54
Povoação (SMi) 234, 261
Praia (GRW) 334, 340, 342
Praia (SMi) 183

Praia d'Amora (SMi) 192
Praia da Viola (SMi) 224
Praia da Vitória (TER) 294
Praia de Banhos (TER) 301
Praia de Santa Bárbara (SMi) 216
Praia de Santana (SMi) 209
Praia do Almoxarife (Fai) 371
Praia do Fogo (SMi) 238
Praia do Norte (Fai) 375
Praia do Pópulo (SMi) 176
Praia dos Inglêses (Fai) 371
Praia dos Moinhos (SMi 223
Praia Formosa (SMA) 131
Praia Ilhéu (SMi) 223
Praias das Milícias (SMi) 175
Prainha de Cima (Pic) 412
Prainha do Norte (Pic) 412
Prego 56
Preise 68
Priolo, Azoregimpel 256
Privatzimmer 53
Procissão do Trabalho 188

Quartos Particulares 53
Quatro Ribeiras (TER) 301, 302
Queijadas da Graciosa 335
Queijo São Jorge 443

Rabo de Peixe (SMi) 208
Rauchen 56
Rebelo, Domingos 173, 442
Reconquista 81
Região Autónoma dos Açores 92
Reid, Albert 353
Reisedokumente 74
Reisemonate 22
Reiseplanung 41
Reiseschecks 68
Reiseveranstalter 41
Reisezeit 22
Reiten 76
Religion 33
Relva (SMi) 193
Remédios (SMi) 180, 203
Renaissance 84
Residencial 53
Restaurant 56
Restinga (GRW) 342
Ribeira Chã (SMi) 182
Ribeira da Guilherme (SMi) 229
Ribeira da Praia (SMi) 247

526   Register

Ribeira das Tainhas (SMi) 191
Ribeira do Amaro (SMA) 134
Ribeira do Moinho (Flo) 490
Ribeira do Nabo (SJo) 445
Ribeira dos Caldeirões (SMi) 227
Ribeira Funda (Fai) 374, 381
Ribeira Grande (SMi) 210
Ribeira Seca (PDL) 212
Ribeira Seca (SJo) 453
Ribeira Seca (SMi) 191, 216
Ribeiras (Pic) 408
Ribeirinha (Fai) 348
Ribeirinha (GRW) 333
Ribeirinha (HOR) 371
Ribeirinha (Pic) 411
Ribeirinha (SMi) 217
Ribeiro de Spínola, Antonio 91
Rinquim (Fai) 381
Rissóis 56
Roca-da-velha 27
Rocha da Relva (SMi) 193
Rocha dos Bordões (Flo) 485
Romeiros 151
Rosais (SJo) 442
Rosário (SMi) 178
Rundfunk 68

Salão (Fai) 348, 372
Salazar, Antonio de Oliveira 89
Salga (SMi) 226
Salga, Schlacht von 292
Salgueiros (TER) 293
Salto da Raposa (SMA) 130
Salto do Cabrito (SMi) 221
Salto do Cavalo (SMi) 222, 246
Salto do Prego (SMi) 259
Sandes 56
Sanguinho (SMi) 259
Sanjoaninas 276
Santa Bárbara 134
Santa Bárbara (SMA) 142
Santa Barbara (SMi) 203
Santa Cruz (Pic) 408
Santa Cruz (SMi) 178
Santa Cruz da Graciosa (GRW) 324
Santa Cruz das Flores (Flo) 473
Santa Iria (SMi) 217

Santa Luzia (Pic) 416, 421
Santa Maria 114
Santa Maria, Airport 126
Santana (SMi) 209
Santo Amaro (Pic) 411
Santo Amaro (SJo) 457
Santo Antão (SJo) 456
Santo António (Pic) 414
Santo António (SMi) 203
Santo Espírito (SMA) 137
São Bento 107
São Bras (SMi) 222, 223
São Caetano (Pic) 401
São Carlos (TER) 279
São João (Pic) 401
São Jorge 428
São Lourenço (SMA) 136, 142
São Mateus (GRW) 334
São Mateus (Pic) 401
São Mateus da Calheta (TER) 308
São Miguel 144
São Pedro (SMA) 129
São Pedro (TER) 279
São Roque (SMi) 175
São Roque do Pico (Pic) 413
São Sebastião (TER) 293
Sardinhas 59
Schiffsverbindungen innerhalb der Inselgruppen 44, 45
Schnäpse 61
Schwimmen mit Delphinen 30
Schwule 74
Scooter 46
Scrimshaw 356, 365
Seepocken 60
Segeln 76
Serra Branca (GRW) 333, 340
Serra da Tronqueira (SMi) 231
Serra de Água de Pau (SMi) 180, 218
Serra de Santa Bárbara (TER) 311
Serra Devassa (SMi) 254
Serra do Cume (TER) 313
Serra do Topo (SJo) 461
Serra Dormida (GRW) 330
Serra Santa Bárbara (TER) 304
Serreta (TER) 315

Sete Cidades (SMi) 194, 249, 250, 252
Silveira (TER) 284
Silveira Grande (TER) 315
Sir Francis Drake 498
Snackbars 56
Sobremesas 60
Sondergepäck 40
Sonnenstunden 23
Sport 75
Sprachkenntnisse 77
Stockfisch 57
Straßenbezeichnungen 72
Studienreisen 41
Suppen 58
Surfen 76

Tamboril 59
Tauchen 77
Taxi 48
Tee 225
Telefonieren 78
Telefonnummern 78
Temperaturen 23
Terceira 270
Terra Brava (TER) 317
Terra do Pão (Pic) 401
Terra Nostra Park (SMi) 240, 243
Terras (Pico) 408
Terreiros (SJo) 446
Thermalbäder 64
Thunfisch 393
Tintenfisch 59
Toiletten 78
Toledo (SJo) 453
Topo (SJo) 455
Tourismus 37
Trampen 48
Transatlantikflugverkehr 353
Trinkgeld 68
Turismo de Habitação 52
Turismo no Espaço Rural 52
Turismo Rural 52
Twain, Mark 347, 469

Übernachten 51
União Nacional 90
Unterwasserwelt 29
Unterwegs 42
Urbano 172
Urzela 131
Urzelina (SJo) 445
USA 33
US-Luftwaffe 126

Register 527

Vale das Furnas (SMi) 239
van der Hagen, Wilhelm 429, 467
van Hurtere, Josse 345, 352
Varadouro (Fai) 378
Vegetarier 55
Velas (SJo) 435
Velhas 276
Verdelho-Wein 399, 400, 419
Verwaltung 34
Vieira, António 320
Vieira, Tomáz 173
Vila do Porto (SMA) 121
Vila Franca do Campo (SMi) 184
Vila Nova do Corvo (Cor) 501, 502, 505
Vinho de Cheiro 60, 400

Vista do Rei (SMi) 194, 249, 252
Vitória (GRW) 332
Vogelbeobachtungen 482
Vulkanismus 17

Wale 29
Walfang 406, 414
Walschnitzereien 79
Wandern 48
Wasser 61
Wassertemperaturen 64
Wein 60, 61, 400
Wellenreiten 76
Whale-Watching 357, 397, 407
Whale-Watching (Pic) 404

Whale-Watching *(SMi)* 160, 186
Whisky 394
Windmühlen 332
Windsurfen 76
Wirtschaft 35

Yams 60
Yamswurzel 27

Zeit 78
Zeitungen 79
Zigaretten 79
Zoll 79
Zona das Adegas (Pic) 416, 417

nette Unterkünfte bei netten Leuten

CASA FERIA die Ferienhausvermittlung von Michael Müller
Programm sind ausschließlich persönlich ausgewählte Unterkünfte
seits der großen Touristenzentren. Ideale Standorte für Wanderungen
andausflüge und Kulturtrips. Einfach www.casa-feria.de anwählen,
terkunft auswählen, Unterkunft buchen.

sa Feria wünscht *Schöne Ferien*

www.casa-feria.de

Pressestimmen

»Neuauflage des sehr gut bewerteten Individualreiseführers zur Inselgruppe der Azoren. Der reich illustrierte, klar strukturierte Band beschreibt nach einer knappen Landeskunde, Tipps zur Anreise sowie zu Verkehrsverbindungen zwischen bzw. auf den Inseln und reisepraktischen Hinweisen, einem historischen Überblick und einem Exkurs zu Lissabon die 9 Inseln mit ihren Sehenswürdigkeiten und liefert Empfehlungen für Autotouren und Wanderungen sowie Essays mit Hintergrundinformationen.«
ekz-Informationsdienst

»Der beste und derzeit aktuellste Reiseführer.«
Fuldaer Zeitung

»Der Reiseführer Azoren von Michael Bussmann (Michael Müller Verlag) ist unbestritten der umfassendste deutschsprachige Reiseführer über die Azoren. Sehr detailreich geht der Autor auf jede einzelne Insel ein und berichtet über die schönsten Orte, Touren, Unterkünfte oder Restaurants ebenso wie er alle Hintergrundinformationen z. B. zu Geschichte, Geographie oder Anreisemöglichkeiten liefert. Sogar an Reisende, die einen Stopp-over in Lissabon einlegen möchten oder müssen, ist gedacht.«
www.azoren-blog.de

»Unverzichtbar: Michael Bussmanns hervorragend detaillierter Reiseführer ›Azoren‹ mit allen wichtigen Informationen und 26 tollen Wandervorschlägen.«
Kölnische Rundschau

»Ein Führer, der optimal vorbereitet und ein ebenso idealer Begleiter am Ferienort ist.«
Thurgauer Zeitung

»Umfangreiche und sehr gute Informationen zum Reiseziel.«
Tourenfahrer

»Michael Bussmanns Porträt der Azoren deckt die Bedürfnisse, die man an einen kompetenten Reiseführer stellt, ab. Die Gliederung ist übersichtlich und die Texte sind leicht verständlich.«
Fachstelle für Schulberatung, Luzern

»Gewohnt pragmatisch und informativ bis in Details gibt der Führer sich hilfreich für Globetrotter.«
Mainpresse

»Buchtipp: Michael Bussmanns Reiseführer ›Azoren‹ gibt einen detaillierten Überblick über Geschichte, Natur und Alltag auf den Inseln.«
Echo Online